# ABHANDLUNGEN DES DEUTSCHEN PALÄSTINAVEREINS

Herausgegeben von

SIEGFRIED MITTMANN UND MANFRED WEIPPERT

Band 16

1992

IN KOMMISSION BEI
OTTO HARRASSOWITZ · WIESBADEN

ULRICH HÜBNER

# DIE AMMONITER

UNTERSUCHUNGEN ZUR GESCHICHTE,
KULTUR UND RELIGION
EINES TRANSJORDANISCHEN VOLKES
IM 1. JAHRTAUSEND V. CHR.



1992

IN KOMMISSION BEI
OTTO HARRASSOWITZ · WIESBADEN

Die Deutsche Bibliothek – CIP-Einheitsaufnahme

**Hübner, Ulrich:**
Die Ammoniter : Untersuchungen zur Geschichte, Kultur und Religion eines transjordanischen Volkes im 1. Jahrtausend v. Chr. / Ulrich Hübner. – Wiesbaden : Harrassowitz, 1992
(Abhandlungen des Deutschen Palästina-Vereins ; Bd. 16)
Zugl.: Heidelberg, Univ., Diss., 1991
ISBN 3-447-03275-8
NE: Deutscher Verein zur Erforschung Palästinas: Abhandlungen des Deutschen ...


Papier: Säurefreies Offsetpapier der Fa. Nordland, Dörpen/Ems
Gesamtherstellung: MZ-Verlagsdruckerei GmbH, Memmingen
Printed in Germany

ISSN 0173-1904
ISBN 3-447-03275-8

*Silicet quia omne, quod scitur, melius perfectiusque sciri potest,*
*nihil, uti scibile est, scitur*
(Nikolaus von Kues, De venatione sapientiae 12,10f)

Dem Andenken meiner Mutter,
Linde Hübner, geb. Pickel
(Trieste 1908 – Saarbrücken 1990)

INHALTSVERZEICHNIS

# ABKÜRZUNGSVERZEICHNIS

Die Abkürzungen für Zeitschriften und Reihen folgen S. SCHWERTNER, Internationales Abkürzungsverzeichnis für Theologie und Grenzgebiete, Berlin – New York 1976. Soweit nicht bei S. SCHWERTNER erfaßt, folgen die Abkürzungen für den Bereich von Keilschrifttexten und Verwandtes AHw, CAD, HKL bzw. RlA, für rabbinische Literatur H. L. STRACK – G. STEMBERGER, Einführung in Talmud und Midrasch (München $^{7}$1982), für den Bereich der Archäologie den Zeitschriftenverzeichnissen der Archäologischen Bibliographie 1983 bzw. dem Abkürzungsverzeichnis des Deutschen Archäologischen Instituts (DAI).
Zusätzlich oder abweichend von S. SCHWERTNER werden verwendet:

ABD Anchor Bible Dictionary (im Druck)
ABLAK (M. NOTH), Aufsätze zur biblischen Landes- und Altertumskunde I-II, 1971
ÄAT Ägypten und Altes Testament
AION.S Annali del'Istituto universitario orientale di Napoli. Supplemento agli AION
AJBA The Australian Journal of Biblical Archaeology
ALASP Abhandlungen zur Literatur Alt-Syriens – Palästinas
ARES Archivi Reali di Ebla. Studi
ATD.E ATD-Ergänzungsband
ATS Arbeiten zu Text und Sprache des Alten Testaments
Aula Or. Aula Orientalis
BAR Biblical Archaeology Review
BAR.IS British Archaeological Reports, International Series
BASOR.S BASOR Supplement
BCH.S Bulletin de correspondence hellénique. Supplement
BEATAJ Beiträge zur Erforschung des Alten Testaments und des antiken Judentums
BN Biblische Notizen
BTAVO Beihefte zum Tübinger Atlas des Vorderen Orients
BThSt Biblisch-Theologische Studien
BTS Beiruter Texte und Studien
DAJ *ʿAmmān*, Department of Antiquities of Jordan
EAEHL Encyclopedia of Archaeological Excavations in the Holy Land
EdF Erträge der Forschung
EEP (N. GLUECK), Explorations in Eastern Palestine I-IV, 1934-1951
FzB Forschung zur Bibel
Glecs Comptes rendues du Groupe linguistique d'études chamito-sémitiques
GM Göttinger Miszellen
GMSt Grazer Morgenländische Studien
GOF Göttinger Orientforschungen

GTJ Grace Theological Journal
HAL[3] Hebräisches und Aramäisches Lexikon zum Alten Testament I-IV, ed. W. BAUMGARTNER et al., 1967-1990
HdArch Handbuch der Archäologie
HNSE Handbuch der nordwestsemitischen Epigraphik
IsrMusJ Israel Museum Journal
JNWSL Journal of Northwest Semitic Languages
JSem Journal for Semitics
JSHRZ Jüdische Schriften aus hellenistisch-römischer Zeit
JSOT(.S) Journal for the Study of the Old Testament. (Supplement)
JSP Journal for the Study of the Pseudepigrapha
JSSEA Journal of the Society for the Study of Egyptian Antiquities
JUM *ʿAmmān*, Jordan University Museum
LA Liber Annuus. Studium Biblicum Franciscanum
LIMC Lexicon Iconographicum Mythologiae Classicae
LOAPL Langues orientales anciennes. Philologie et Linguistique
M G. GARBINI, Iscrizioni sudarabiche I: Iscrizioni Minee, Neapel 1974
MascaJ Journal of the Museum Applied Science Center for Archaeology
MJH *Irbid*, Museum of Jordanian Heritage
NBL Neues Bibel-Lexikon
NESE Neue Ephemeris für semitische Epigraphik
NIAAYU Newsletter of the Institute of Archaeology and Anthropology Yarmouk University, *Irbid*
OBO (Ser.Arch.) Orbis Biblicus et Orientalis (Series Archaeologica)
PAM Jerusalem, Palestine Archaeological Museum
PBF Prähistorische Bronzefunde
PCairoZen C.C. EDGAR (ed.), Zenon Papyri I-V, Kairo 1923-1940
PLondZen T.C. SKEAT (ed.), Greek Papyri in the British Museum VII, London 1974
P. Oxy The Oxyrhynchus Papyri, ed. by The Egypt Exploration Society, London
PSAS Proceedings of the Seminar for Arabian Studies
PSI G. VITELLI (ed.), Papiri greci e latini IV. VI (Pubblicazioni della Società Italiana per la ricerca dei papiri greci e latini in Egitto), Florenz 1917. 1920
RÉS Répertoire d'épigraphie sémitique
RGTC Répertoire Géographique des Textes Cunéiformes
RSF Rivista di Studi Fenici
SAA(B) State Archives of Assyria (Bulletin)
SAK(.B) Studien zur altägyptischen Kultur (Beihefte)
SB F. PREISIGKE – F. BILABEL, Sammelbuch griechischer Urkunden aus Ägypten, Bd. I-V, Straßburg u.a. 1913-1938
SBA Stuttgarter biblische Aufsätze
SBAZ Studien zur Biblischen Archäologie und Zeitgeschichte
SBL.DS Society of Biblical Literature, Dissertation Series
SEL Studi epigrafici e linguistici sul Vicino Oriente Antico
SHAJ Studies in the History and Archaeology of Jordan
SSR Studi Storico Religiosi
SWBA.S The Social World of Bibical Antiquity Series
TA Tel Aviv
TStOr Texte und Studien zur Orientalistik

TUAT Texte aus der Umwelt des Alten Testaments
VO Vicino Oriente
VSA F. Vattioni, I sigilli, le monete e gli avori aramaici, Aug. 11 (1971), 47-69
VSE F. Vattioni, I sigilli ebraici I-III , Bib. 50 (1969), 357-388; Aug. 11 (1971), 447-454; AION 28 (1978), 227-254
VSF F. Vattioni, I sigilli fenici, AION 41 (1981), 177-193
WA London, British Museum, Department of Western Asiatic Antiquities
ZAH Zeitschrift für Althebraistik

## *Sonstige Abkürzungen:*

AK Afformativkonjugation
chr(G)/Chr chronistisch(es Geschichtswerk) / Chronist
CV Constructus-Verbindung
dtr(G)/Dtr deuteronomistisch(es Geschichtswerk) / Deuteronomist
DtrN DtrNomist
GN Gottesname(n)
MT Masoretischer Text
ON Ortsname(n)
PK Präformativkonjugation
PN Personenname(n)
ST Stammesname(n)

> geworden zu
< entstanden aus

[ ] Ergänzung
] [ Anfang bzw. Ende der Inschrift(enzeile) sind abgebrochen
[] Buchstabe nicht sicher zu lesen
... (Anzahl der) fehlende(n) Buchstaben
/ danach beginnt nächste Zeile
// danach beginnt Inschrift auf der anderen Seite des Siegels

Die Schreibweise biblischer PN und ON richtet sich, wenn nicht anders nötig, nach dem „Ökumenischen Verzeichnis der biblischen Eigennamen nach den Loccumer Richtlinien" (Stuttgart $^{2}$1981).

Zur Zitierweise: Nach der ersten Erwähnung einer Monographie o. ä. mit den vollständigen bibliographischen Angaben wird sie im folgenden nur noch mit Verf., abgekürztem Titel und Erscheinungsjahr angegeben; bei Aufsätzen u. a. wird der Titel des Aufsatzes nach der ersten Erwähnung stets weggelassen.

# VORWORT

Die vorliegende Untersuchung über „Die Ammoniter" wurde zu Beginn des Wintersemesters 1990/1991 an der Theologischen Fakultät der Ruprecht-Karls-Universität Heidelberg als Dissertation eingereicht und im Sommersemester 1991 als solche angenommen. Für den Druck wurden sie geringfügig überarbeitet. Seitdem erschienene Literatur konnte nur noch sporadisch eingearbeitet werden.

M. Weippert, der mir bei einem Frühstücksgespräch in Damaskus eine Stelle als Wissenschaftlicher Mitarbeiter in Heidelberg angeboten und das von mir vorgeschlagene Dissertationsthema bereitwillig akzeptierte, hat mir zu jeder Zeit den notwendigen Freiraum gelassen, ohne den „Die Ammoniter" so nicht hätte entstehen können. Ohne die langjährige Mitarbeit an den von V. Fritz geleiteten Ausgrabungen wäre die Einbeziehung des archäologischen Materials und seine historische Beurteilung nicht möglich gewesen. Dafür und für manch anderes sei ihnen beiden an dieser Stelle von ganzem Herzen gedankt.

Ebenso herzlich danke ich E. A. Knauf (Heidelberg) für die Erstellung des Zweitgutachtens und seine großes Entgegenkommen, wenn es galt, Fachprobleme verschiedenster Art zu diskutieren.

Ch. Macholz (Heidelberg) danke ich für sein Drittgutachten, H. Petzolt und M. Langfeld (Wiesbaden) für ihre freundliche Betreuung bei der Drucklegung, den Herausgebern S. Mittmann und M. Weippert für die Aufnahme der Arbeit in die Reihe der ADPV und der Akademie der Wissenschaften zu Göttingen dafür, daß sie „Die Ammoniter" 1992 mit dem Hanns-Lilje-Preis zur Förderung der theologischen Wissenschaft ausgezeichnet hat.

Dem Lehrkurs 1983 des „Deutschen Evangelischen Instituts für Altertumswissenschaft des Heiligen Landes" habe ich für die Möglichkeit zu danken, die Ammonitis weiter kennenzulernen. Meiner Frau danke ich – neben vielem anderen – dafür, daß sie mich bei den meisten meiner Orientaufenthalte und -reisen begleitet und keinen Weg selbst zu dem entlegendsten *tell* gescheut hat.

Alle, die mir bei der Beschaffung von Literatur, Abbildungen und anderen Informationen sowie beim Einblick in laufende bzw. unpublizierte Grabungen geholfen haben, seien hier ebenfalls dankbar erwähnt; dazu gehören vor allem A.-J. ʿAmr (*ʿAmmān*), W. E. Aufrecht (Lethbridge/Alberta), G. C. Bojani (Faenza), D. Collon (London), K. Deller (Heidelberg), J.-B. Humbert (Jerusalem), E. Hinderling-Rothenbach (Basel), F. Israel (Trieste), J. Kamlah (Tübingen), O. Keel (Fribourg), A. Livingstone (Heidelberg), B. Mershen (*Irbid*),

A. E. Northedge (London), T. Ornan (Jerusalem), H. Rösel (Haifa), Gh. Saudi (*ʿAmmān*), Ch. Sermoneta (Milano), J. Stapf (Bamberg), H. Weippert (Heidelberg) und F. Zayadine (*ʿAmmān*) sowie die Bibliotheksleitung des Römisch-Germanischen Zentralmuseums in Mainz.

Leser und Leserinnen, denen die ammonitischen Inschriften (Kap. 2) vertraut sind oder aber nicht vorrangig interessant erscheinen, können die Lektüre meiner Arbeit ohne weiteres mit Kap. 3 („Das ammonitische Territorium") beginnen und sich – je nach Bedarf – zwischendurch über einzelne Inschriften in Kap. 2 informieren. Darüber hinaus sind den Kapiteln 2, 6 und 7 kurze Zusammenfassungen angefügt, die einen raschen Überblick erleichtern. In Zukunft will ich in lockerer Folge unter der Überschrift „Supplementa Ammonitica" neue Materialien, Erkenntnisse und Interpretationen zur Geschichte, Kultur und Religion der Ammoniter diskutieren, um damit auch weiterhin an der ammonitologischen Forschung teilzunehmen.

Gewidmet sind diese Untersuchungen dem Gedächtnis meiner Mutter, die in dem Jahr starb, in dem „Die Ammoniter" fertiggestellt wurden.

Heidelberg, 25. Mai 1992

# 1. EINLEITUNG

Bis zur Entdeckung der neoassyrischen Quellen im 19. Jahrhundert waren die Ammoniter fast nur aus dem Alten Testament und den von ihm abhängigen Texten bekannt; ammonitische Wörter (*bag* in Ez. 25,7, vgl. Kap. 7.2 z. St.) oder Texte bzw. Überlieferungen (Gen. 19,30-38[1]; Num. 21,27b-29a[2]; Dtn. 3,1-11[3]) gibt es entgegen anderslautenden Meinungen im Alten Testament nicht. Die ersten, sogleich als ammonitisch erkannten Inschriften tauchten gegen Ende des letzten Jahrhunderts auf dem Kunstmarkt auf (Siegel Nr. 15. 23)[4]. Während der britischen Mandatszeit waren es vor allem zufällig entdeckte Gräber (s. Kap. 6.2), die zu archäologischen Untersuchungen Anlaß boten und erste genauere Einblicke in die materielle Kultur der Ammoniter gaben. Im Vergleich dazu hat die Erforschung der (eisenzeitlichen) Ammonitis und ihrer materiellen Hinterlassenschaft in den letzten zwei Jahrzehnten erhebliche Fortschritte gemacht.

Nicht nur eine Reihe von Gräbern, sondern auch einige Ortslagen wurden ausgegraben[5]. Hierzu gehören vor allem die verschiedenen Ausgrabungen auf der Zi-

1 Vgl. dazu Kap. 7 z. St.

2 So E. A. Knauf, Hesbon, Sihons Stadt, ZDPV 106 (1990), 135 ff; der Text ist auch ohne die Annahme einer ammonitischen Herkunft problemlos verständlich, vgl. H.-Ch. Schmitt, Das Hesbonlied Num. 21,27aßb-30 und die Geschichte der Stadt Hesbon, ZDPV 104 (1988), 26-43; S. Timm, Moab zwischen den Mächten. Studien zu historischen Denkmälern und Texten (ÄAT 17; Wiesbaden 1989), 61 ff.

3 So H. Gressmann, Die Anfänge Israels (SAT 1,2; Göttingen [2]1922), 112 f. Vgl. Kap. 6 z. St.

4 Die Siegel Nr. 19. 26. 32. 49-50. 65. 78-79. 83. 121. 122. 128. 135. 149. 151. 153 u. a. wurden zwar schon vor den Siegeln Nr. 15 und 23 veröffentlicht, aber erst ca. 100 Jahre später erstmals als ammonitisch angesprochen, was sich keineswegs in jedem Fall aufrecht erhalten läßt. Vgl. U. Hübner, Fälschungen ammonitischer Siegel, UF 21 (1989), 217-226.

5 Einen raschen Überblick über neuere abgeschlossene und laufende archäologische Projekte im Ostjordanland bieten z. B. F. S. Ma'ayeh, Recent Archaeological Discoveries in Jordan, ADAJ 4-5 (1960), 114-116; 6-7 (1962), 104-113; ders., Chronique archéologique, RB 67 (1960), 226-229; M.M. Ibrahim, Archaeological Excavations in Jordan, 1971, ADAJ 16 (1971), 113-115; ders., Archaeological Excavations in Jordan, 1972, ADAJ 17 (1972), 93-95; ders., Archaeological Excavations in Jordan, 1973-1974, ADAJ 19 (1974), 11-21 (arab.); ders., Excavations in Jordan in 1975, ADAJ 20 (1975), 15-22 (arab.); ders. – H. Kurdi, Excavations in Jordan, 1976-1977, ADAJ 22 (1977-1978), 20-30 (arab.); dies., Excavations in Jordan, 1978-1979, ADAJ 23 (1979), 15-25 (arab.); Kh. Nashef (ed.), Ausgrabungen, Forschungsreisen, Geländebegehungen: Jordanien (1980-1982), AfO 29-30 (1983-1984), 241-292; ders., Ausgrabungen, Forschungsreisen, Geländebegehungen: Jordanien (II), AfO 33 (1986), 148-308; O. Aurenche (ed.), Chronique archéologique: Jordanie, Syria 60 (1983), 302-33; 62 (1985), 143-169; 63 (1986), 401-415; 64 (1987), 297-308; 65 (1988), 415-434; 67 (1990),

tadelle und im Bereich des römischen Forums von *ʿAmmān* (z.B. G. Guidi – R. Bartoccini 1927-1938; F. el-Fakharani et al. 1968; R.H. Dornemann 1969; A. Hadidi 1964-1967; F. Zayadine 1968. 1972-1973. 1975-1977; C.-M. Bennett – A.E. Northedge 1975-1979. 1981; J.-B. Humbert – F. Zayadine – M. Najjar seit 1988)[6] und auf dem Gelände des Flughafens von *Mārkā* (J.B. Hennessy 1966; L.G. Herr 1976), die Grabungen von M.M. Ibrahim in *Saḥāb* 1972-1980, die kleineren Grabungen auf *Ḫirbet el-Ḥaǧǧār* (H.O. Thompson 1972) und *Tell Sīrān* (H.O. Thompson 1972), am *Ruǧm el-Muḫēzīn* (H.O. Thompson 1973), am *Ruǧm el-Malfūf Nord* (R.S. Boraas 1969) und *Süd* (H.O. Thompson 1972), auf *Ruǧm el-Ḥenū Ost* und *West* (P.E. McGowern 1978. 1980), auf *ed-Drēǧāt (Umm el-Qubūr)* und auf *Tell Ǧāwā* (R.W. Younker 1989) sowie die laufenden Grabungen auf dem *Tell Ṣāfūṭ* (D.H. Wimmer, seit 1982), *Tell el-ʿUmērī* (L.T. Geraty, seit 1984) und auf *Ḫirbet Umm ed-Danānīr* (P.E. McGovern, 1977-1981 und wieder seit 1987)[7].

471-482; M. Piccirillo (ed.), Ricerca storico-archeologica in Giordania I-VIII, LA 31 (1981), 323-358; 32 (1982), 461-527; 33 (1983), 391-424; 34 (1984), 417-461; 35 (1985), 391-449; 36 (1986), 335-392; 37 (1987), 373-436; 38 (1988), 449-470; 39 (1989), 243-301; B. de Vries, Archaeology in Jordan, AJA 95 (1991), 253-280; F. Zayadine, Fouilles Classiques Recentes en Jordanie, AAS 21 (1971), 147-155 und jetzt vor allem D. Homès-Fredericq – J. B. Hennessy (ed.), Archaeology of Jordan I-II 1-2 (Akkadica Suppl. 3. 7-8; Leiden 1986. 1989), passim. Vgl. auch L.T. Geraty – L.A. Willis, The History of Archaeological Research in Transjordan, in: The Archaeology of Jordan and other Studies presented to S.H. Horn (Berrien Springs/MI 1986), 3-72; R.H. Dornemann, The Archaeology of Transjordan in the Bronze and Iron Ages (Milwaukee/WI 1983), 2f; P.-L. Gatier, IGLS 21,2 (Paris 1986), 17-22, J.A. Sauer, Prospects for Archaeology in Jordan and Syria, BA 45 (1982), 73-84; H. Olivier, Archaeological Discoveries in Jordan: Their Impact on Biblical Studies, In die Skriflig 26 (1992), 53-64.

6 Vgl. zusammenfassend U. Hübner, ʿAmman before the Hellenistic Period, in: A.E. Northedge (ed.), Studies on Roman and Islamic ʿAmman. The Excavations of Mrs. C.-M. Bennett and other Excavations, Vol. I: The Site and Architecture (British Institute at Amman for Archaeology and History, British Academy Monographs in Archaeology No. 3; London 1992), (im Druck).

7 Vgl. The Late Bronze and Early Iron Ages of Central Transjordan: The Baqʿah Valley Project, 1977-1981 (University Museum Monograph 65), Philadelphia/PN 1986; ders., Baqʿah Valley, 1987, LA 37 (1987), 385-389; ders., Baqʿah Valley Project – Survey and Excavation, in: D. Homès-Fredericq – J.B. Hennessy (ed.), Archaeology of Jordan II 1 (1989), 25-44. Als Vorberichte vgl. u.a. W. Glanzman, Xerodiodraphic Examination of Pottery Manufacturing Techniques: A Test Case from the Baqaʿah Valley, Jordan, MascaJ 2,6 (1983), 163-169; P.E. McGovern, The Baqʿah Valley, Jordan: A Cesium Magnetometer Survey, MascaJ V 1,2 (1977), 39-41; ders., The Baqʿah Valley, Jordan: Test Soundings of Cesium Magnetometer Anomalies, MascaJ V 1,7 (1981), 214-217; ders., Central Transjordan in the Late Bronze and Early Iron Ages: An Alternative Hypothesis of Socio-Economic Transformation and Collapse, SHAJ 3 (1987), 267-274; ders. – G. Harbottle – C. Wnuk, Late Bronze Age Pottery Fabrics from the Baqʿah Valley, Jordan: Composition and Origins, MascaJ V 2,1 (1982), 8-12; V.C. Pigott – P.E. McGovern – M.R. Notis, The Earliest Steel from Transjordan, MascaJ V 2,2 (1982), 35-39.

Die älteren Berichte über Forschungsreisen[8] in die Ammonitis (z.B. von U.J. SEETZEN 1806[9]; J.L. BURCKHARDT 1810[10]; J.G. WETZSTEIN 1860[11]; F. DE SAULCY 1863-1864[12]; H.B. TRISTRAM 1864[13]; CH. WARREN 1867[14]; A.E. NORTHEY 1871[15]; S. MERRILL 1875-1877[16]; L. OLIPHANT ca. 1880[17]; C.R. CONDER 1881-1883[18];

8 Vgl. auch B. VON HITROWO, Gutachten, betreffend die Nothwendigkeit neuer photographischer Aufnahmen der Ruinen Palästina's und Syriens, ZDPV 19 (1896), 137-143. Ein nicht unerheblicher Teil der Forschungsreisenden folgte dem *darb el-ḥaǧǧ* und berührte so die Ammonitis nur im Osten, vgl. z.B. CH.M. DOUGHTY, Travels in Arabia Deserta I (London 1936), 47ff.

9 U.J. SEETZEN's Reisen durch Syrien, Palästina, Phönicien, die Transjordan-Länder, Arabia Petraea und Unter-Aegypten, ed. F. KRUSE et al. (Berlin 1854), 386ff (vgl. Bd. IV 196ff).

10 Travels in Syria and the Holy Land, ed. W.M. LEAKE (London 1822), 264f. 355-362; J.L. BURCKHARDT's Reisen in Syrien, Palaestina und der Gegend des Berges Sinai, ed. W. GESENIUS, Bd. II (Weimar 1824), 597ff; ders. (Scheik Ibrahim), Briefe an Eltern und Geschwister, hg. C. BURCKHARDT-SARASIN – H. SCHWABE-BURCKHARDT (Basel 1956), 137: „Diese Gegend [scil. „das uralte Ammon"] aber ist äußerst gefährlich für den Reisenden wegen der Menge von feindlichen Beduinen-Horden, welche hier herumziehen. Niemand wolte mich weiter führen, und ich mußte, für jetzt wenigstens, Verzicht auf Ammon leisten" (vgl. aber auch S. 140).

11 R. DOERGENS, Consul Wetzstein's und R. Doergens Reise in das Ostjordanland, ZAEK NF 9 (1860), 402-420,; vgl. auch I. HUHN, Der Orientalist Johann Gottfried Wetzstein als preußischer Konsul in Damaskus (1849-1861) (Islamkundliche Untersuchungen 136; Berlin 1989), 4f. 178-182.

12 Voyage en Terre Sainte I (Paris 1865), 205ff; vgl. N. VILLA (ed.), F. de Saulcy (1807-1880) et la Terre Sainte (Paris 1982), passim.

13 The Land of Moab: Travels and Discoveries on the East Side of the Dead Sea and the Jordan (New York 1873), passim.

14 Amman, PEQ 1870, 295; vgl. dazu auch D. MERLING, Charles Warren's Explorations between Naʿur and Khirbet as-Suq, in: L.T. GERATY et al. (ed.), Madaba Plains Project 1. The 1984 Season at Tell el-ʿUmeiri and Vicinity and Subsequent Studies (Berrien Springs/MI 1989) 26-29.

15 Expedition to the East of Jordan, PEQ 1872, 64-67.

16 East of the Jordan. A Record of Travel and Observation in the Countries of Moab, Gilead, and Bashan (London 1881), 253ff u.ö.

17 The Land of Gilead with Excursions in the Lebanon (Edinburgh – London 1880), 223ff.

18 The Survey of Eastern Palestine. Memoirs of the Topography, Orography, Hydrography, Archaeology, etc. Vol. I: The 'Adwân Country, London 1889; ders., Heth and Moab. Explorations in Syria in 1881 and 1882 (London 1883), 151ff; ders., Lieutnant Conder's Report XII: 'Ammân and 'Arak el Emir, PEQ 1882, 107: „As regards ancient Hebrew or Ammonite remains, we found as usual little which would be ascribed to that period". Vgl. auch ders., Tour of their Royal Highnesses Princes Albert Victor and George of Wales in Palestine, PEQ 1882, 217; CH. WARREN – C.R. CONDER, The Survey of Western Palestine: Jerusalem (London 1884), 454-480; T.H. LEWIS, Amman, PEQ 1882, 113-116; A.M. MANTELL, List of Photographs, PEQ 1882, 174-176.

G. Le Strange 1884[19]; G. E. Post 1886[20]; F. J. Bliss 1893[21]; A. Musil 1896-1902[22]; R. E. Brünnow – A. von Domaszewski 1897-1898[23]; H. C. Butler et al. 1904-1905[24]; P. Thomsen 1909[25]; D. MacKenzie 1910[26]; Th. Wiegand 1916[27]) sind häufig nach wie vor mit Gewinn zu benutzen, auch wenn sie vor allem bzw. fast nur römische, byzantinische und omayyadische und kaum vorhellenistische Baudenkmäler beschreiben; einige dieser Baudenkmäler sind in der Zwischenzeit für immer verloren gegangen. Besonders wertvoll sind der in den Reiseberichten überlieferte Ortsnamen-Bestand und die häufig gut dokumentierten ethnoarchäologischen Befunde.

Von älteren Oberflächenuntersuchungen abgesehen (z. B. von H. Field 1928[28];

19 A Ride through 'Ajlûn and the Belkâ during the Autumn of 1884, in: G. Schumacher, Across the Jordan being An Exploration and Survey of Part of Hauran and Jaulan (London 1886), 269-323; ders., Account of a Short Journey east of the Jordan, PEQ 1885, 174.

20 Narrative of a Scientific Expedition in the Trans-Jordanic Region in the Spring of 1886, PEQ 1888, 194: „A generation or two of Circassian Occupation will probably complete the destruction of Rabbath Ammon".

21 Narrative of an Expedition to Moab and Gilead in March, 1895, PEQ 1895, 234.

22 Arabia Petraea I (Wien 1907 = Hildesheim 1989), 215ff u. ö. Vgl. auch die im k.u.k.-Stil verfaßte Biographie von E. Feigl, Musil von Arabien (Wien – München 1987), 28ff und die Biographie von K. J. Bauer, Alois Musil. Wahrheitssucher in der Wüste (Perspektiven der Wissenschaftsgeschichte 5; Wien – Köln 1989), 31ff.

23 Die Provincia Arabia II (Strassburg 1905), 177ff; III (1909), 249ff; vgl. R. Brünnow, Reisebericht III: ʿAmman – Jerusalem – Dscholan, MNDPV 1896, 1-5.

24 Syria. Publications of the Princeton University Archaeological Expeditions to Syria in 1904-5 and 1909. II A 1: Architecture, Southern Syria, Ammonitis (Leyden 1910), III-XXV. 1-62; vgl. auch E. Littmann – D. Magie – D. R. Stuart, Greek and Latin Inscriptions, in: a. a. O., III A 1 (Leiden 1921), V-XXVIII. 1-17.

25 Bericht über meine im Frühjahr 1909 auf Grund des Socin-Stipendiums unternommene Reise nach Palästina, ZDMG 67 (1913), 97-106, spez. 103: „Eine Menge Antiken wurden mir hier angeboten; ich mußte aber auf den Ankauf verzichten, da die Tscherkessen zu hohe Preise machten. Jedenfalls dürfte ʿammān bei genauerer Untersuchung sich als eine sehr ergiebige Fundstätte erweisen".

26 Megalithic Monuments of Rabbath Ammon at Ammān (PEFA 1911; London 1911), 1-40. Vgl. L. W. B. Rees (?), The Round Towers of Moab (*sic!*), Antiquity 3 (1929), 342f.

27 Halbmond im letzten Viertel. Archäologische Reiseberichte (Kulturgeschichte der Antiken Welt 29; Mainz 1985), 211f; Wiegand beschäftigt sich dabei interessanterweise mehr mit dem Elend der Armenier in *ʿAmmān* als mit dem Zustand der dortigen römischen Bauten.

28 North Arabian Desert Archaeological Survey, 1925-50 (Papers of the Peabody Museum of Archaeology and Ethnology, Harvard University Vol. 45,2; Cambridge/MA 1960 = Milwood/NY 1974), 70-72.

N. GLUECK 1932-1933. 1936-1940. 1942-1947[29]; R. DE VAUX 1937[30]; mehrere Lehrkurse des Deutschen Evangelischen Instituts für Altertumswissenschaft des Heiligen Landes[31]), wurden inzwischen eine Reihe neuerer Surveys durchgeführt[32], die allerdings nur Teile des ehemaligen ammonitischen Territoriums ab-

29 EEP I (1934), 4ff; ders., EEP III (1939), 151ff; ders., EEP IV (1951), 57ff; ders., Explorations in the Land of Ammon, BASOR 68 (1937), 13-21; ders., The Other Side of the Jordan (Cambridge/MA 1970), 138ff. Die Probleme der GLUECKschen Survey-Tätigkeit – und nicht nur dieser – sind bekannt und müssen nicht eigens aufgeführt werden, vgl. dazu nur R. G. BOLING, The Early Biblical Community in Transjordan (SWBA.S 6; Sheffield 1988), 11ff; H. J. FRANKEN, The Other Side of the Jordan, ADAJ 15 (1970), 5-10; ders., Einiges über die Methode von archäologischen Oberflächenuntersuchungen, in: Archäologie und Altes Testament. FS für K. GALLING zum 70.Geb., ed. A. KUSCHKE – E. KUTSCH (Tübingen 1970), 117-125; ders. – W. J. A. POWER, Glueck's Explorations in Eastern Palestine in the Light of Recent Evidence, VT 21 (1971), 119-123; G. M. MATTINGLY, Nelson Glueck and Early Bronze Age Moab, ADAJ 27 (1983), 481-489; M. F. OAKESHOTT, A Study of the Iron Age II Pottery of East Jordan with Special Reference to unpublished Material from Edom (Ph.D.Diss unpubl.; University of London 1978), 223-225; J. A. SAUER, Transjordan in the Bronze and Iron Ages: A Critique of Glueck's Synthesis, BASOR 263 (1986), 1-26; J. R. BARTLETT, Edom and the Edomites (JSOT.S 77; Sheffield 1989), 28-31. 165.

30 Exploration de la Région de Salṭ, RB 47 (1938), 398-425; vgl. ders., Bible et Orient (Paris 1967), 115ff.

31 Zu Stil und Gehalt vieler Berichte vgl. z. B. R. GRAF, Durch das Heilige Land westlich und östlich des Jordan im Jahre 1911, PJ 13 (1917), 136f („Am 17. fiel nachts im Zelt der Feldstuhl um ..."; „Als wir heraustraten, bot ein Leichenzug Abwechslung") oder A. STROBEL, Das Deutsche Evangelische Institut für Altertumswissenschaft des Heiligen Lamdes in den Jahren 1984 und 1985, ZDPV 103 (1987), 224 („Nach langen, ermüdenden Fahrten, über die von Anfang an kein Zweifel bestehen konnte, bekamen die Abende oft noch das gewünschte Niveau"). Zu den neueren Berichten vor allem G. FOHRER, Eisenzeitliche Anlagen im Raume südlich von *nāʿūr* und die Südwestgrenze von Ammon, ZDPV 77 (1961), 56-71; H. GESE, Ammonitische Grenzfestungen zwischen *wādi eṣ-ṣīr* und *nāʿūr*, ZDPV 74 (1958), 55-64; R. HENTSCHKE, Ammonitische Grenzfestungen südwestlich von *ʿammān*, ZDPV 76 (1960), 103-123; K. VON RABENAU, Ammonitische Verteidigungsanlagen zwischen *Ḫirbet el-Bišāra* und *el-Yadūde*, ZDPV 94 (1978) 46-55; W. SCHMIDT, Zwei Untersuchungen im *wādi nāʿūr*, ZDPV 77 (1961), 46-55; H. J. STOEBE, Das Deutsche Evangelische Institut für Alterumswissenschaft des Heiligen Landes. Lehrkurs 1964, ZDPV 82 (1966), 33-36. Eines und wohl das grundsätzliche Problem dieser (und anderer) Unternehmungen war (und ist) die Tatsache, daß sich hier Theologen ohne archäologische Ausbildung, Grabungserfahrung, Vertrautheit mit archäologischem Material, mit unmethodischen Fragestellungen und ohne Kenntnisse von Survey-Methoden und ihrer Auswertung dilettierend ans Werk machten; daß Archäologen in den entsprechenden Jahren bei ihren Oberflächenuntersuchungen oft kaum bessere Arbeit leisteten, muß der Fairness halber betont werden.

32 Vgl. auch im Überblick zu den neueren Surveys in Transjordanien R. G. BOLING, The Early Biblical Community in Transjordan (1988), passim. Zur Geschichte der Luftbilder-Archäologie vgl. G. DALMAN, Hundert deutsche Fliegerbilder aus Palästina (SDPI 2; Gütersloh 1925), Nr. 86ff; D. L. KENNEDY, The Contribution of Aerial Photography to Archaeology in Jordan: with special Reference to the Roman Period, SHAJ 1 (1982), 29-36; C. GAVIN, Jordan's Environment in Early Photographs, SHAJ 2 (1985), 279-285.

decken: Von P. E. McGovern wurde in den Jahren 1977-1981 Teile der *Buqēʿa*[33] und von C. Gaube-Gustavson und M. M. Ibrahim in den Jahren 1983 die Region um *Saḥāb*[34], von A. S. Abu Dayyah et al. 1988 das Gebiet nördlich der Zitadelle von *ʿAmmān*[35a], von A. H. Simmons und Z. Kafafi (seit 1987) das Gebiet um *ʿĒn Ġazāl* untersucht[35] und von L. T. Geraty, R. W. Younker et al. die Region um *Tell el-ʿUmērī*[36]. Von R. L. Gordon und E. A. Knauf wurde 1985 ein kleinerer Survey entlang des *Wādī r-Rummān* durchgeführt[37]. Der *Ḥesbān*-Survey von R. D. Ibach jr. und S. D. Waterhouse in den Jahren 1973-1974 und 1976 erfaßte auch Teile des südammonitischen Gebietes[38] und die verschiedenen Surveys nörd-

33 The Late Bronze and Early Iron Ages of Central Transjordan (1986), passim. Der ON lautet heute meist *Baqʿa* oder *Biqāʿ*.

34 *Saḥāb* Survey 1983, AfO 33 (1986), 283-286.

35 ʿAin Ghazal Archaeological Survey, 1987, NIAAYU 4,2 (1987), 8f; A Preliminary Report on the ʿAin Ghazal Archaeological Survey, 1987, ADAJ 32 (1988), 27-40; ʿAin Ghazal Survey, in: D. Homès-Fredericq – J. B. Hennessy (ed.), Archaeology of Jordan II 1 (1989), 13-16; A. H. Simmons, The ʿAin Ghazal Survey: Patterns of Settlements in the Greater Wadi Zarqa Area, SHAJ 4 (1992), 77-82.

35a A. S. Abu Dayyah et al., Archaeological Survey of Greater Amman, ADAJ 35 (1991), 361-395.

36 Madaba Plains Project. The 1987 Season at Tell el-ʿUmeiri and Vicinity, ADAJ 33 (1989), 165-174; J. A. Cole, Random Square Survey in the el-ʿUmeiri Region, in: L. T. Geraty et al. (ed.), Madaba Plains Project 1 (1989), 51-97; R. G. Boling, Site Survey in the el-ʿUmeiri Region, in: L. T. Geraty et al. (ed.), Madaba Plains Project 1 (1989), 98-188; J. A. Cole – B. E. Cole, Examination of the Valley South and West of Tell el-ʿUmeiri, in: L. T. Geraty et al. (ed.), Madaba Plains Project 1 (1989), 199-207; R. W. Younker et al., The Joint Madaba Plains Project: A Preliminary Report of the 1989 Season, including The Regional Survey and Excavations at el-Dreijat, Tell Jawa, and Tell el-ʿUmeiri (1989), AUSS 28 (1990), 7-11; L. G. Herr et al., ADAJ 35 (1991), 155-179.

37 *Rummān*-Survey 1985, AfO 33 (1986), 282f; Er-Rumman-Survey 1985, ADAJ 31 (1987), 289-298. Vgl. auch T. M. Kerestes et al., An Archaeological Survey of three Reservoir Areas in Northern Jordan, 1978, ADAJ 22 (1977-1978), 108-135 [= Kh. Yassine, Archaeology of Jordan (1988), 207-55].

38 The Topographical Survey, AUSS 13 (1975), 217-233; Archaeological Survey of the Hesban Region, AUSS 14 (1976), 119-126; Expanded Archaeological Survey of the Hesban Region, AUSS 16 (1978), 201-213. Ein Teil des endgültigen Survey-Berichts ist inzwischen erschienen: R. D. Ibach jr., Archaeological Survey of the Hesban Region: Catalogue of Sites and Characterization of Periods (Hesban 5), Berrien Springs/MI 1987; der zweite Teil soll die Survey-Keramik veröffentlichen. Dies wäre eine der seltenen Ausnahmen; bei N. Glueck ist immerhin ein kleiner Teil der Oberflächenkeramik publiziert. Häufig ist es leider so, daß keinerlei Survey-Keramik publiziert wird. Dem Leser bleibt dann das Lotterie-Spiel vorbehalten, ob er den weitgehend auf der Survey-Keramik beruhenden siedlungsgeographischen und -geschichtlichen Angaben und Schlußfolgerungen glaubt oder nicht; das Vertrauen, zu dem er auf diese Art und Weise genötigt wird, ist in solchen Fällen gegenüber ausgebildeten und ausgewiesenen Archäologen naturgemäß etwas größer als gegenüber Theologen, die sich als Hobby-Archäologen probieren wollen. Um wissenschaftlichen Mindestansprüchen, insbesondere dem der Überprüfbarkeit, zu genügen, führt für Archäologen und Theologen kein Weg an der Publikation von Survey-Keramik vorbei (anstelle von deren bloßer Behauptung). Dies sind auch hier die Gründe, warum die Ergebnisse der Surveys auf ammonitischem Territorium in dieser Arbeit kaum weiter miteinbezogen werden: fast alle sind bisher nur vorläufig und keiner überprüfbar publiziert, außerdem erfassen sie nur bestimmte Teile der Ammonitis.

lich des Jabboq (z.B. G. Schumacher 1885-1914[39], S. Mittmann 1963-1966[40]; J.W. Hanbury-Tenison 1984[41]; A. Leonard jr. 1984[42]) Regionen, die vielleicht zeitweise zum nordammonitischen Territorium gehört haben.

Die archäologische Tätigkeit und die damit verbundene Zunahme verschiedener Denkmälergattungen haben auch vereinzelt zu corpusartigen Untersuchungen einiger weniger Denkmälergruppen geführt: A. Abu Assaf untersuchte 1979 die ammonitischen, ursprünglich bemalten Steinstatuen[43] (vgl. Kap. 5 und 6) und A.-J. ʿAmr 1980 die eisenzeitlichen, ursprünglich auch meistens bemalten Terrakotten und zoomorphen Gefäße Transjordaniens[44] (vgl. Kap. 6).

Generell gilt für das bisher publizierte archäologische Material: Vieles stammt aus Zufallsfunden, insbesondere aus Gräbern oder aus dem Kunstmarkt. Reguläre

39 C. Steuernagel, Der *ʿAdschlūn*. Nach den Aufzeichnungen von G. Schumacher, ZDPV 47 (1924), 191-240; 48 (1925), 1-144. 201-392; 49 (1926), 1-167. 273-303.

40 Beiträge zur Siedlungs- und Territorialgeschichte des nördlichen Ostjordanlandes (ADPV 2; Wiesbaden 1970), 95ff.

41 Jarash Region Survey, 1984, ADAJ 31 (1987), 129-158. Vgl. F. Braemer, Occupation du sol dans la région de Jerash aux âges du bronze récent et du fer, SHAJ 4 (1992), 191-198.

42 The Jarash – Tell el-Ḥuṣn Highway Survey, ADAJ 31 (1987), 343-390.

43 Untersuchungen zur ammonitischen Rundbildkunst, UF 12 (1980), 7-102; bei der Arbeit handelt es sich um eine Diss. phil. (1979) an der Universität Saarbrücken. Das dort erstellte Corpus ist um folgende Stücke zu erweitern: A.-J. ʿAmr, An Ammonite Votive Dolomite Statue, PEQ 119 (1987), 33-38; ders., Four Ammonite Sculptures from Jordan, ZDPV 106 (1990), 114-118, Taf. 7f, davon Nrn. 1 und 4 schon publiziert bei M.M. Ibrahim – B. Mershen (ed.), Museum of Jordanian Heritage, Institue of Archaeology and Anthropology Yarmouk University Irbid, Jordan, (Irbid 1988), 44f (angeblich aus *Abū ʿAlanda*; MJH A 528 = DAJ J.12470, MJH A 265 = DAJ J.14331); T. Ornan, A Man and his Land. Highlights from the Moshe Dayan Collection (Catalogue of the Israel Museum; Jerusalem 1986), No. 12-13 (zur Frage der Echtheit vgl. Kap. 6); F. Zayadine – J.-B. Humbert – M. Najjar, The 1988 Excavations on the Citadel of Amman, Lower Terrace, Area A, ADAJ 33 (1989), 359, Pl. 51; A. Spycket, Stone Sculptures, in: Ancient Art of the Mediterranean World and Ancient Coins. Catalogue No. 7. Public Auction, Numismatic and Ancient Art Gallery AG (Zürich 1991), 82f, Nos. 316-318; die weibliche Statue No. 316 ist kaum ammonitischer, sondern eher syro-phönizischer Herkunft und die männliche Statue No. 317 wahrscheinlich eine (unvollendete) Fälschung, nur der Kopf No. 318 ist – falls echt – ammonitischer Herkunft. Das von A.-J. ʿAmr, A Nude Female Statue with Astral Emblems, PEQ 117 (1985), 104-111 veröffentlichte Exemplar gehört nicht hierher, weil es sich dabei nicht um eine Statue handelt und weil es nicht aus der vorhellenistischen Zeit stammt. Mindestens zwei weitere, bislang unpublizierte ammonitische Steinstatuen befinden sich in Jerusalemer Privatbesitz (freundlicher Hinweis von T. Ornan). Vgl. auch F. Zayadine, Sculpture in Ancient Jordan, in: Treasures from an Ancient Land. The Art of Jordan, ed. P. Bienkowski (The National Museums and Galleries on Merseyside, Liverpool; Glasgow 1991), 38-51; A. Spycket, La Statuaire du Proche-Orient Ancien (HO I 2B,2; Leiden – Köln 1981), 421f.

44 A Study of the Clay Figurines and Zoomorphic Vessels of Trans-Jordan during the Iron Age, with special Reference to their Symbolism and Function, Ph.D. (unpubl.) University of London 1980; vgl. zum Niveau dieser Arbeit auch E.A. Knauf, Supplementa Ismaelitica 12. Camels in Late Bronze and Iron Age Jordan: The Archaeological Evidence, BN 40 (1987), 20f.

Grabungen auf größeren ammonitischen Ortslagen sind bisher erst relativ wenige durchgeführt; nur wenig ist davon publiziert, das meiste nur in vorläufigen Grabungsberichten. Systematische Oberfächenforschungen wurden, von vereinzelten und häufig lokal sehr begrenzten früheren Unternehmungen abgesehen, erst in neuester Zeit durchgeführt und sind ebenfalls nicht, nur teilweise und fast nur in vorläufiger Form veröffentlicht. Nur ganz wenige Denkmälergruppen sind bisher systematisch und corpusartig erschlossen.

Mit der Zunahme[45] der epigraphischen Quellen haben sich auch die Kenntnisse der ammonitischen Sprache[46], Schrift (s. Kap. 2, Anm. 5) und Personennamen[47] so

45 Vgl. U. Hübner, UF 21 (1989), 217-226; W. E. Aufrecht, A Bibliography of Ammonite Inscriptions, Newsletters for Targum and Cognate Studies 1 (1983), 1-36; ders., A Corpus of Ammonite Inscriptions (Ancient Near Eastern Texts and Studies 4; Lewiston/NY – Queenston/Ontario 1989), der 82 Siegel für sicher, 24 für wahrscheinlich und 17 für vielleicht ammonitisch hält; vgl. dazu auch U. Hübner – E. A. Knauf, Rez.: W. E. Aufrecht, A Corpus of Ammonite Inscriptions, ZDPV 108 (1992), (im Druck). Die Arbeit von F. Israel, Osservazioni sulle iscrizioni ammonite, Ph.Diss. (unpubl.), Rom 1976 wurde ebensowenig veröffentlicht wie die von M. Ohana, The Ammonite Inscriptions and the Bible, M. A. (unpubl.), Haifa 1976 (hebr.).

46 Vgl. vor allem P. Bordreuil, 20 ans d'épigraphie transjordanienne, SHAJ 4, (im Druck); G. Garbini, La lingua degli Ammoniti, (1970), in: ders., Le Lingue Semitiche. Studi di Storia linguistica (Neapel 1972), 97-108 (in der 2.Aufl. 1984 nicht mehr abgedruckt!); W. R. Garr, Dialect Geography of Syria-Palestine 1000-586 B.C.E. (Philadelphia/PN 1985), passim; F. Israel, Geographic Linguistics and Canaanite Dialects, in: J. Bynon (ed.), Current Progress in Afro-Asiatic Linguistics: Papers of the Third International Hamito-Semitic Congress (Amsterdam Studies in the Theory and History of Linguistic Science IV / Current Issues in Linguistic Theory 28; Amsterdam – Philadelphia 1984), 363-387; ders., Les dialects de Transjordanie, Le Monde de la Bible 46 (1986), 44; K. P. Jackson, The Ammonite Language of the Iron Age (HSM 27), Chico/CA 1983; E. A. Knauf, War „Biblisch-Hebräisch" eine Sprache? Empirische Gesichtspunkte zur linguistischen Annäherung an die Sprache der althebräischen Literatur, ZAH 3 (1990), 22f; ders. – S. Maʿani, On the phonemes of Fringe Canaanite: The Cases of Zerah-Udruḥ and „Kamâšhaltâ", UF 19 (198), 91-94; M. Ohana, The Ammonite Inscriptions and the Bible (M.A. unpubl.; Haifa 1976), 63 ff (hebr.); D. Sivan, On the Grammar and Orthography of the Ammonite Findings, UF 14 (1982), 219-234; vgl. auch W. E. Aufrecht, Newsletters for Targum and Cognate Studies 1 (1983), 1-36; ders., A Corpus of Ammonite Inscriptions (1989), XII-XVI u. ö.

47 Vgl. vor allem K. P. Jackson, Ammonite Personal Names in the Context of the West Semitic Onomasticon, in: The Word of the Lord shall go forth, in: Essays in Honor of D. N. Freedman on his 60th Birthday, ed. C. L. Meyers – M. O'Connor (Philadelphia/PN 1983), 507-521; ders., The Ammonite Language of the Iron Age (1983), 95-98; M. O'Connor, The Ammonite Onomasticon: Semantic Problems, AUSS 25 (1987), 51-64; P. Bordreuil, Les Noms propres transjordaniens de l'Ostracon de Nimroud, RHPhR 59 (1979), 313-317; J. Naveh, The Ostracon from Nimrud: An Ammonite Name-List, Maarav 2 (1980), 163-171; F. Israel, The Language of the Ammonites, OLoP 10 (1979), 151-155; ders., Note Ammonite 1: Gli Arabismi nella Documentazione onomastica Ammonita, SEL 6 (1989), 91-96; ders., Note ammonite 2: La religione degli Ammoniti attraverso le fonti epigrafiche, SMSR 56 (1990), 307-337; B.E.J.H. Becking, Kann das Ostrakon ND 6231 von *Nimrūd* für ammonitisch gehalten werden?, ZDPV 104 (1988), 59-67; M. Ohana, The Ammonite Inscriptions and the Bible (M.A. unpubl.; Haifa 1976), 73-80 (hebr.); W. E. Aufrecht,

erweitert, daß eine ganze Reihe entsprechender Monographien bzw. Aufsätze erscheinen konnten.

Zu den anderen transjordanischen Völkern der Eisenzeit sind inzwischen mehrere neuere und z.T. auch zusammenfassende Arbeiten wie die von M. WEIPPERT[48] und J.R. BARTLETT[49] über Edom, von E.D. GROHMAN[50], A.H. VAN ZYL[51], D. ROSNER[52] und S. TIMM[53] über Moab, die beiden Arbeiten von E.A. KNAUF über Ismael[54] und Midian[55] sowie einige Arbeiten über die Aramäerstaaten (z.B. W.T. PITARD[56], H.S. SADER[57] und G.G.G. REINHOLD[58]) erschienen. Trotz der

A Corpus of Ammonite Inscriptions (1989), XVI-XXIX u.ö.; die Arbeit von M. ABABNEH M., A Study of Ammonite Personal Names and their Old North Arabic Cognates, M.A.Thesis (unpubl.) Yarmouk University, Irbid 1989 (arab.) war mir nicht zugänglich. Das Problem des ammonitischen Onomastikon ist in hohem Maße davon abhängig, welche epigraphischen Zeugnisse und welche Namen man für ammonitisch hält und welche nicht (vgl. Kap. 2.10.5).

48 Edom. Studien und Materialien zur Geschichte der Edomiter auf Grund schriftlicher und archäologischer Quellen (Diss. und Hab. theol. masch.), Tübingen 1971; vgl. ders., Edom und Israel, TRE 9 (1982), 291-299; E.A. KNAUF, Supplementa Ismaelitica 13. Edom und Arabien, BN 45 (1988), 62-81.

49 Edom and the Edomites (JSOT.S 77), Sheffield 1989.

50 A History of Moab (Ph.D. Diss. unpubl.; John Hopkins University), Baltimore/MD 1958.

51 The Moabites (POS 3), Leiden 1960.

52 The Moabites and their Relationship with the Kingdom of Israel and Judah in the Military, Political and Cultural Spheres, Jerusalem 1976 (hebr.).

53 Moab zwischen den Mächten (1989); ders., Das ikonographische Repertoire der moabitischen Siegel und seine Entwicklung, in: O. KEEL et al. (ed.), The Iconography of Inscribed Northwest Semitic Seals (OBO; Fribourg – Göttingen 1992), (im Druck); vgl. zuletzt auch P. BORDREUIL – CH. UEHLINGER, Inscribed Seals, in: Ancient Art of the Mediterranean World and Ancient Coins. Numismatic and Ancient Art Gallery. Public Auction, Catalogue No.7 (Zürich 1991), 16f, Nr.23. 25; J.M. MILLER, Moab and the Moabites, in: J.A. DEARMAN (ed.), Studies in the Mesha Inscription and Moab (ASOR / SBL Archaeology and Biblical Studies 2; Atlanta/GA 1989), 1-40; U. HÜBNER, Die ersten moabitischen Ostraka, ZDPV 104 (1988), 68-73; ders., Die erste großformatige Rundplastik aus dem eisenzeitlichen Moab, UF 21 (1989), 227-231; ders., Der erste moabitische Palast, BN 51 (1990), 13-18; U. WORSCHECH, Die Beziehungen Moabs zu Israel und Ägypten in der Eisenzeit. Siedlungsarchäologische und siedlungshistorische Untersuchungen im Kernland Moabs (Arḍ el-Kerak) (ÄAT 18), Wiesbaden 1990.

54 Ismael. Untersuchungen zur Geschichte Palästinas und Nordarabiens im 1.Jahrtausend v.Chr. (ADPV 7), Wiesbaden $^{2}$1989.

55 Midian. Untersuchungen zur Geschichte Palästinas and Nordarabiens am Ende des 2.Jahrtausends v.Chr. (ADPV 10), Wiesbaden 1988.

56 Ancient Damascus. A Historical Study of the Syrian City-State from Earliest Times until its Fall to the Assyrians in 732 B.C.E., Winona Lake/IN 1987.

57 Les États Araméens de Syrie depuis leur Fondation jusqu'à leur Transformation en Provinces Assyriennes (BTS 36; Beirut 1987), 231ff. Vgl. auch E. LIPINSKI, Aramäer und Israel, TRE 3 (1978), 590-599.

58 Die Beziehungen Altisraels zu den aramäischen Staaten in der israelitisch-judäischen Königszeit (EHS 23, 368), Frankfurt a.M. – Bern u.a. 1989.

seit vielen Jahrzehnten bzw. Jahrhunderten bekannten ammonitischen, alttestamentlichen, assyrischen, griechischen, hebräischen, lateinischen, südarabischen u.a. Quellen zur Geschichte und Kultur der Ammoniter bzw. der Ammonitis erschien erst 1956 die erste und bisher auch einzige Monographie über die Ammoniter, die Dissertation des ALBRIGHT-Schülers G.M. LANDES[59]. Seitdem fehlt eine neuere Arbeit, die versucht, die bisher bekannten und seitdem publizierten Forschungsergebnisse und Informationen zusammenzufassen und in ein umfassendes Bild der ammonitischen Geschichte[60], Kultur und Religion einzuarbeiten; über dieses Desiderat können auch die zahllosen Einzeluntersuchungen und Lexikon-Artikel u.a. nicht hinwegtäuschen[61].

59 A History of the Ammonites. A Study of the Political Life and Material Culture of the Biblical Land of Ammon as an Autonomous State (ca. 1300-580 B.C.), (Ph.D.Diss. unpubl. John Hopkins University), Baltimore/MD 1956; vgl. ders., The Material Civilization of the Ammonites, (1961), BA-Reader 2 (3.Aufl. 1977), 69-88; ders., Ammon, Ammonites, IDB 1 (1962), 108-114.

60 Zur Geschichte Ammons läßt sich daneben stets auch einiges in den Darstellungen zur „Geschichte Israels" nachlesen, am besten noch bei J.M. MILLER – J.H. HAYES, A History of Ancient Israel and Judah (Philadelphia/PN 1986), passim und bei H. DONNER, Geschichte des Volkes Israel und seiner Nachbarn (ATD.E. 4,1-2; Göttingen 1984. 1986), passim, auch wenn die zweite Hälfte dieses Buchtitels eine nicht geringe Übertreibung darstellt.

61 Von einigen Artikeln abgesehen hinken viele – z.T. beträchtlich – hinter dem jeweiligen Forschungsstand hinterher, paraphrasieren häufig unkritisch alttestamentliche Belege und übersehen ganz oder teilweise das epigraphische und archäologische Material aus Ammon; vgl. G.A. BARTON – S.H. HORN, Ammon, Ammonites, DB(H) $^{2}$1968, 26f; A. VAN DEN BORN, Ammon, BL $^{2}$1968, 60-62; H. BRUNNER – K. FLESSEL – FR. HILLER, Lexikon Alte Kulturen 1 (Mannheim u.a. 1990), 112 („Schriften wurden nicht gefunden"); H.H. DAMM, Ammon, CBL (1959), 50f; J.F. FENLON, Ammonites, CathEnc 1 (1907), 431-433; H. GRESSMANN, Ammoniter, RGG 1 ($^{2}$1927), 304; [RGG$^{1}$ waren die Ammoniter noch keinen eigenen Artikel wert, vgl. ders., „Nachbarvölker" 4 (1913), 633ff]; J. HAMBURGER, Ammon, in: ders., Real-Encyclopädie des Judentums I (Leipzig 1896), 89f; T. KARDONG, Ammonites, NCE 1 (1967), 450; O. KEEL et al., Orte und Landschaften der Bibel 1 (Zürich – Göttingen etc. 1984), 636; J. MACPHERSON, Ammon, Ammonites, DB(H) 1 (1898), 32f; J. MORGENSTERN, Ammon, Ammonites, UJE 1 (1939), 276f; W.M. MÜLLER – K. KOHLER, Ammon, Ammonites, JE 1 (1901), 523-525; M. NOTH, Ammoniter, RGG 1 ($^{3}$1957), 326; E. OTTO, Ammon, Reclams Bibellexikon, Stuttgart 1978, 32; L.B. PATON, Ammonites, ERE 1 (1908), 389-392; G. RICCIOTTI, Ammoniti, EncIt 3 (1929), 15; TH.H. ROBINSON, Ammonites, EBrit 1 (1962), 819; H.P. RÜGER, Ammon, BHH 1 (1962), 82f; J.E. STEINMUELLER – K. SULLIVAN, Ammonites, CBE OT 1955 = $^{3}$1959, 59f; J.A. THOMPSON, Ammon, ISBE 1 (1979), 111f; ders., Ammon, Ammoniter, Das Große Bibellexikon 1 (1987), 55f; G. WIESSNER, Ammoniter, Lexikon der Alten Welt (1965 = 1990), 140; vgl. auch S. KREUZER, Die Ammoniter, in: F. DEXINGER – J.M. OESCH – G. SAUER (ed.), Jordanien. Auf den Spuren alter Kulturen (Innsbruck – Wien 1985), 44-48; J.M. O'BRIEN, The Ammonites, BA 48 (1985), 176; F. ZAYADINE, Ammon, Moab, et Edom: Une longue histoire commune avec Israël, Le Monde de la Bible 46 (1986), 17-20. Einigermaßen informieren V. FRITZ, Ammoniter, in: ders., Kleines Lexikon der Biblischen Archäologie (Konstanz 1987), 23-25; ders., Einführung in die biblische Archäologie (Darmstadt 1985), 205-210; M. GÖRG, Ammon, NBL 1 (1991), 88f; S.H. HORN, Ammon, Ammonites, IDB-Suppl. $^{3}$1982, 20; G.M. LANDES, IDB 1 (1962), 108-114; A. LEGENDRE, Ammonites, Dictionnaire de la Bible 1,1

Ziel der vorliegenden Arbeit ist es, Geschichte, Kultur und Religion der Ammoniter von ihren Anfängen bis an das Ende der achämenidischen und den Anfang der hellenistischen Epoche aufgrund aller einschlägigen literarischen, epigraphischen und ikonographischen Quellen und aufgrund eines großen und in jedem Fall repräsentativen Teils des publizierten archäologischen Materials zu rekonstruieren[62]. Der geographische Raum, um den es im folgenden geht, umfaßt im wesentlichen das zentrale transjordanische Hochplateau ungefähr nördlich einer Linie Heschbon – Nebo bis an und über den Jabboq (vgl. Kap. 3 und Karte[63]), der Zeitraum die Epochen von der ausgehenden Spätbronzezeit bis in die hellenistische Zeit; letztere wird allerdings nur noch am Rande behandelt.

Es ist nicht Absicht dieser Arbeit, einzelne Denkmälergattungen zusammenzustellen und zu untersuchen, auch wenn z.B. eine typologische und chronologische Bearbeitung der ammonitischen Keramik[64] ein Desiderat ist; derartiges wäre nur in

(Paris 1926), 494-499; A. Negev, Ammon, in: Archäologisches Lexikon zur Bibel, ed. ders. – J. Rehork (München – Wien – Zürich 1972), 38f; ders., Ammon, Ammoniter, Archäologisches Bibel-Lexikon (Neuhausen – Stuttgart 1991), 24f; B. Oded, Ammon, Ammonites, EB(B) 6 (1971), 254-271 (hebr.); ders. – L. I. Rabinowitz, Ammon, Ammonites, EJ 2 (1971), 853-860; ziemlich umfassend J. R. Bartlett, Ammon und Israel, TRE 2 (1978), 455-463.

62 Ich beziehe mich in dieser Arbeit weitgehend auf publiziertes Material, denn nur dieses hat *de facto* einen nutzbaren wissenschaftlichtlichen Wert; nur in Ausnahmefällen beziehe ich mich unter Angabe der Informanten u.a. auf unpubliziertes Material. Auch im Ostjordanland hat sich schon seit längerer Zeit das üble Spiel eingebürgert, daß eine Reihe nicht nur jordanischer Archäologen neue Ausgrabungen begonnen haben, ohne die alte(n) in einem abschließenden Grabungsbericht publiziert zu haben; darüberhinaus muß man meist froh sein, wenn die vorläufigen Grabungsberichte auch nur einigermaßen hinlänglich informieren.

63 Die Karte S. 330f erfaßt eine Auswahl der im Text am häufigsten erwähnten Orte.

64 Von der in Grabungspublikationen veröffentlichten Keramik abgesehen vgl. R. Amiran, Ancient Pottery of the Holy Land (Jerusalem – Ramat-Gan 1969), 294-299, Pl. 83:15-17; 101, Photos 301-312; die hier abgebildete Keramik ist keineswegs so typisch für Ammon, wie der Eindruck erweckt wird; es handelt sich vielmehr um eine Auswahl überdurchschnittlicher Qualitätsware, die ausschließlich aus Gräbern der Oberschicht stammt. Vgl. auch M. F. Oakeshott, A Study of the Iron Age II Pottery of East Jordan (Ph.D.Diss unpubl.; London 1978), 129ff; R. H. Dornemann, The Archaeology of the Transjordan (1983), 31ff; auch H. J. Franken et al., in: Pottery and Potters. Past and Present. 7000 Years of Ceramic Art in Jordan (Ausstellungskataloge der Universität Tübingen Nr. 20; Tübingen 1986), 164ff u.ö.; E. Olavarri-Goicochea, El Palacio Omeya de Amman II. La Arqueología (Valencia 1985), 9f. 14, fig. 8:15-21; F. Zayadine et al., in: Der Königsweg (Mainz 1987), Nr. 121. 140ff; F. Barakat, The Barakat Gallery Vol. 1 (Beverly Hills/CA 1985), 214-217. 228f. 258f u.ö.; L. G. Herr, The Pottery Finds, in: L. T. Geraty et al. (ed.), Madaba Plains Project 1 (1989), 299-354 sowie die Literatur zu den ammonitischen Gräbern und ihrem Inventar wie z.B. E. Henschel-Simon, Note on the Pottery of the ʿAmman Tombs, QDAP 11 (1945), 75-80; O. Tufnell, Notes and Comparisions, in: G. L. Harding, The Tomb of Adoni Nur in Amman (PEFA 6; London 1953), 66-72; eventuell z.B. auch G. van der Kooij – M. M. Ibrahim (ed.), Picking up the Threads ... A Continuing Review of Excavations at Deir Alla, Jordan (Leiden 1989), No. 17 (und 151).

einer gesonderten Untersuchung möglich. Andere Bereiche der ammonitischen Kultur wie z.B. die Architektur[65] sind bisher nur sehr bedingt bekannt.

Bei der katalogartigen Zusammenstellung der ammonitischen Inschriften ist keine umfassende paläographische, sprachhistorische oder onomatologische Darstellung beabsichtigt. Dazu liegt im einzelnen schon eine Vielzahl von Arbeiten vor (s. Kap. 2). Es geht also um eine Betonung der im Zusammenhang mit den Ammonitern bislang wenig behandelten Themen wie „Geschichte", „Wirtschaft" und „Gesellschaft", „Religion" und „(israelitisch-judäische) Feindbilder" unter bewußter Beschränkung des in letzter Zeit mehrfach behandelten Materials wie Inschriften, Schrift und Sprache.

Das Interesse, das die Ammoniter bisher in der neueren Forschung gefunden haben, wurde überwiegend von Alttestamentlern abgedeckt. Mit der damit häufig verbundenen einseitigen Fixierung auf die nichtammonitischen Überlieferungen des Alten Testaments und der Vernachlässigung des archäologischen Materials ging ein entsprechend einseitiger Blickwinkel einher, aus dem heraus die Ammoniter gesehen wurden: Es ist die Sicht von christlichen und jüdischen Bibelwissenschaftlern, die Ammon als Abendländer oder zumindest mit westlich orientierten und mit 'biblischen' Augen als „Randkultur"[66] und „Nachbarvolk Israels" in „Trans"-Jordanien sahen[67] – oder selbst als solches gleich ganz beiseite ließen[68]. Diese Art

Ein Teil der Keramik der italienischen Ausgrabungen (1927-1938) von G. Guidi und R. Bartoccini befindet sich im Museo Internazionale delle Ceramiche in Faenza; dank der Hilfe von G.C. Bojani konnte ich 1989 die seit den Zerstörungen vom 13.Mai 1944 übriggebliebene Keramik durchsehen und mit den beiden Inventarlisten des Museums vergleichen; eisenzeitliche Keramik befindet sich nicht darunter, vgl. demnächst U. Hübner, Keramik aus den italienischen Grabungen in *ʿAmmān* (1927-1938) im Museo Internazionale delle Ceramiche in Faenza, Faenza, Bolletino del Museo Internazionale delle Ceramiche in Faenza 79 (1993), (in Vorbereitung).

65 Bislang fehlt z.B. der archäologische Nachweis von Tempeln und Stadttoren. Ein Palast ist vielleicht auf *Tell el-ʿUmērī* belegt. Stadtmauern sind z.B. auf der Zitadelle von *ʿAmmān*, Innenbebauung von Siedlungen z.B. in *Sāḥāb* oder *Tell Ṣāfūṭ* nachgewiesen. Zu den (Rund-)Türmen vgl. Kap. 3. Auf einem bemalten Krug aus *ʿAmmān* sind Zinnen als ein architektonisches Detail ikonographisch bezeugt, vgl. R.H. Dornemann, The Archaeology of the Transjordan (1983), fig. 36:6/12 AN 107.

66 Zur zentralen Randlage Ammons in Transjordanien vgl. Kap. 3.

67 Vgl. z.B. M. Noth, Die Welt des Alten Testament. Eine Einführung in die Grenzgebiete der alttestamentlichen Wissenschaft (STö.H 3; Berlin ⁴1962), 232f: Ammon, Moab und Edom werden hier gemeinsam auf einer halben Seite abgespeist; ähnlich O. Procksch, Die Völker Altpalästinas (Das Land der Bibel I 2; Leipzig 1914), 38f. Vgl. auch den bezeichnenden Titel von N. Glueck, The Other Side of the Jordan, Cambridge/MA 1970; dazu H.J. Franken, ADAJ 15 (1970), 5-10. Zur alttestamentlichen Begrifflichkeit vgl. B. Gemser, *Beʿēber hajjardēn*: In Jordan's Borderland, VT 2 (1952), 349-355; J.P.U. Lilley, By the River-Side, VT 28 (1978), 167-171; M.A. van den Oudenrijn, *ʿēber hayyarden*, Bib. 35 (1954), 138; E. Vogt, *ʿēber hayyardēn = regio finitima Iordani*, Bib. 34 (1953), 118f; H.F. Fuhs, *ʿbr*, ThWAT 5 (1984-1986), 1031f, vgl. auch G. Reeg, Die Ortsnamen Israels nach der rabbinischen Literatur (BTAVO.B 51; Wiesbaden 1989), 466f.

68 Ein eigener Artikel über die Ammoniter fehlt z.B. in dem von D.J. Wiseman herausgegebenen

von Zugang wird um so deutlicher, wenn man versuchsweise und als Gegenprobe Israel als „Randkultur (Phöniziens, Ammons u.a.)“ oder als „Nachbarvolk Ammons“ in „Trans“-Jordanien beschreiben würde. In dieser Arbeit wird deshalb versucht, Ammon (und seine Nachbarn) auch aus 'ammonitischer' Sicht und seinem potentiellen Selbstverständnis und nicht nur aus dem Fremdverständnis anderer zu sehen. Ohne von einer bibliozentrischen in eine 'ammonitozentrische' Sichtweise zu geraten, sollen die Ammoniter und Ammoniterinnen also auch aus der Perspektive des Forschungsgegenstandes heraus gesehen und als eigenständige Kultur gewürdigt werden – soweit dies aufgrund des innerpalästinischen politischen Separatismus und trotz des dortigen kulturellen Internationalismus überhaupt möglich ist. Da Geschichte nicht neutral[69], sondern nur kritisch[70] nachgezeichnet werden kann und da das kleine Ammon in seiner Geschichte meist Opfer und weniger Täter war, sollen hier die entsprechenden Quellen über die Ammoniter auch als Quellen von Tätern gelesen und die in ihnen beschriebenen Ammoniter auch als Opfer beschrieben werden. Daß keine diese Perspektiven die allein 'richtige' ist und beide die historische Wirklichkeit nur annäherungsweise erfassen, muß nicht weiter betont werden. Das Alte Testament als Sammlung verschiedener Texte

Buch „Peoples of the Old Testament Times“ (Oxford 1973); bei E. Sitarz, Kulturen am Rande der Bibel *(sic!)*. Ein Sachbuch über Völker und Götter im Geschichtsfeld Israels (Stuttgart 1983), 118 und B. Brentjes, Völker beiderseits des Jordans (Leipzig 1979), 71. 87f. 95f. 100f sind die Ammoniter ebenso kurz erwähnt wie z.B. bei H. Klengel (ed.), Kulturgeschichte des alten Vorderasien (Berlin 1989), 338. 440. Bei R. Wonneberger, Leitfaden zur Biblia Hebraica (Göttingen $^2$1986), 99 („Übersicht zu den Sprachverwandtschaften“) wird zwar moabitisch, nicht aber ammonitisch und edomitisch vermerkt. In O. Kaiser (ed.), TUAT [vgl. z.B. auch ANET$^3$; W. Beyerlin (ed.), Religionsgeschichtliches Textbuch zum Alten Testament (ATD.E 1), Göttingen $^2$1985; K.-H. Bernhardt, Die Umwelt des Alten Testaments I. Die Quellen und ihre Erforschung (Berlin Ost; $^2$1968), 341; K. Jaroš, Hundert Inschriften aus Kanaan und Israel (Fribourg 1982), passim] ist bisher bezeichnenderweise keine einzige der zahlreichen Inschriften Ammons auch nur erwähnt, geschweige denn publiziert worden und es wird wohl auch keine mehr publiziert werden. Wenn man bedenkt, daß danach auch sumerische und andere Texte des 3.Jahrtausend v.Chr. aus weit entlegenen Kulturen als „Texte aus der Umwelt des Alten Testaments“ gelten, sollte man den ein oder anderen ammonitischen Text aus einem direkten und zeitgleichen „Nachbarland des Alten Testaments“ – eigentlich selbstverständlich – dazu rechnen.

69 Vgl. zum Problem den Sammelband von R. Koselleck – W.J. Mommsen – J. Rüsen (ed.), Objektivität und Parteilichkeit in der Geschichtswissenschaft (Theorie der Geschichte 1; München 1977), vor allem die verschiedenen Beiträge ab S. 319ff.

70 Darunter wird hier, einschließlich der traditionellen 'historisch-kritischen' Methoden, auch gezielt eine Darstellung verstanden, die 1. die Analyse des literarischen (und epigraphischen) Quellenmaterials mit der Synthese der entsprechenden Ergebnisse dieser Analysen verzahnt, ohne sie methodisch unsauber zu vermischen, und die 2. das archäologische und ikonographische Material ständig in diese Darstellung miteinbezieht, ohne die Interpretation historischer Vorgänge mit der des archäologischen und ikonographischen Materials naiv zu vermengen. Zum Problem vgl. z.B. E.A. Knauf, Rez.: M.H. Niemann, Die Daniten, 1985, ZDPV 101 (1985), 184 oder V. Fritz, Rez.: M.H. Niemann, Die Daniten, 1985, ThRv 81 (1985), 460-462.

über die Ammoniter darf in seinem Quellenwert für eine Rekonstruktion ammonitischer Geschichte, Kultur und Religion weder unter- noch überschätzt werden, seine israelitisch-judäische Perspektive muß jedoch ständig mitbedacht werden. Originale und authentische Quellen einer bestimmten Kultur können nur schwer durch die literarischen Überlieferungen einer anderen Kultur ersetzt werden. Insofern sieht sich derjenige, der sich mit der Geschichte, Kultur und Religion der Ammoniter beschäftigt, in einer vergleichsweise schwierigen Situation. Bislang sind nämlich nur verhältnismäßig wenige, häufig nur bruchstückhaft erhaltene ammonitische Texte aufgetaucht; die wenigsten von ihnen enthalten Nachrichten, aufgrund derer man die Geschichte der Ammoniter auch nur annähernd rekonstruieren könnte.

Der Schwerpunkt der Arbeit liegt also in der ständigen Frage nach der historischen und religionsgeschichtlichen Auswertbarkeit aller Ammon betreffenden antiken Informationen. Daß diese Fragestellung vielen der literarischen Texte ihrem Wesen nach fremd ist[71], will ebenfalls ständig mitbedacht sein, ist aber kein Grund, ihr nicht nachzugehen[72]. Wo diese Frage hier nicht explizit sichtbar wird, ist sie insofern implizit beantwortet, als daß ich in diesem Fall keinen Grund sehe, an der Historizität der in den betreffenden Texten genannten Ereignisse zu zweifeln. Weiter richtet sich die Fragestellung – auch aus arbeitsökonomischen Gründen – immer gezielt auf Ammon; insofern werden eine Reihe von Problemen, die verschiedene Texte aufwerfen, nicht weiter verfolgt und bearbeitet, weil sie mit der Geschichte, Kultur und Religion der Ammoniter nichts zu tun haben. Es geht also nicht um eine umfassende Exegese der Quellentexte, sondern um ihre Bearbeitung unter ganz bestimmten und eingegrenzten Fragestellungen und Interessen.

Zunächst werden die verschiedenen Inschriften der Ammoniter vorgestellt und behandelt (Kap. 2), damit sie allen weiteren historischen Überlegungen zu Territorium (Kap. 3), Geschichte (Kap. 4), Wirtschaft, Gesellschaft (Kap. 5) und Religion der Ammoniter und Ammoniterinnen (Kap. 6) sowie zu den Feindbildern, die Israeliten und Judäer sich von Ammonitern und Ammoniterinnen gemacht haben (Kap. 7), zugrundegelegt werden können. Die nichtammonitischen Quellen über Ammoniter und Ammoniterinnen, insbesondere die des Alten Testaments, werden – soweit notwendig – jeweils an thematisch geeigneten Stellen analysiert und historisch ausgewertet.

71 Vgl. z.B. G. von Rad, Theologie des Alten Testaments II (München $^{5}$1968), 442-446.

72 Die undifferenzierte Art, diese Fragestellungen als „typische Interessefixierungen der mitteleuropäischen Exegese“ zu bezeichnen [N. Lohfink, Rez.: H.D. Preuss, Deuteronomium, 1982, ThLZ 108 (1983), 352], ist wohl der Ausdruck einer biblizistisch orientierten Form von Bibel-Eisegese. Zum Problem vgl. z.B. M. Oeming, Bedeutung und Funktionen von „Fiktionen“ in der alttestamentlichen Geschichtsschreibung, EvTh 44 (1984), 254-266.

## 2. DIE AMMONITISCHEN INSCHRIFTEN

Im Folgenden soll das epigraphische Fundmaterial, also die ammonitischen Quellen, sofern sie jemals für ammonitisch erklärt wurden, behandelt und – soweit nötig – in Transliteration[1] und Übersetzung sowie mit einem kurzem Kommentar vorgestellt werden. Da dies in den Erstveröffentlichungen und späteren Bearbeitungen schon mehrfach gemacht wurde, enthält der Kommentar nur die wichtigsten und vor allem die einigermaßen gesicherten Angaben und Interpretationen; auf abweichende Lesungen, Übersetzungen und Interpretationen wird in den Anmerkungen hingewiesen.

Was die im Folgenden vorgeschlagenen Datierungen und – vor allem bei den Siegeln – sprachlichen bzw. ethnischen Zuordnungen angeht, so wurde soweit wie möglich von sicher echten und sicher ammonitischen Inschriften ausgegangen und dabei auch auf die Vergleichbarkeit der Schriftträger geachtet (also z.B. nicht Inschriften auf Ostraka mit Inschriften auf Stein oder Metall verglichen). Die Datierungen und paläographischen Zuordnungen werden zumeist nicht eigens begründet, weil dies den Umfang der Arbeit sprengen würde; sie haben, da ich in Bezug auf die Genauigkeit bzw. Sicherheit paläographischer Datierungs- und Zuordnungsmöglichkeiten relativ skeptisch bin, in den meisten Fällen nur Annäherungswert und begrenzte Wahrscheinlichkeit[2].

1 Zu den Problemen vgl. W. RICHTER, Transliteration und Transkription. Objekt- und metasprachliche Metazeichensysteme zur Wiedergabe hebräischer Texte (ATS 19; St.Ottilien 1983), 22 u. ö. Auf Abbildungen der Inschriften wird hier verzichtet, weil sie mittels der bibliographischen Angaben leicht greifbar sind, am leichtesten bei W. E. AUFRECHT, A Corpus of Ammonite Inscriptions (1989), Pl. 1ff; auch bei U. HÜBNER, Ammon (AW Sonderheft, Mainz 1993), (in Vorbereitung).

2 Vgl. U. HÜBNER, UF 21 (1989), 220, Anm. 36; auch N. AVIGAD, Hebrew Bullae from the Time of Jeremiah (Jerusalem 1986), 113; PH. R. DAVIES, How not to do Archaeology: The Story of Qumran, BA 51 (1988), 206f. Bei der paläographischen Zuordnung ist m.E. eine Entscheidung manchmal gar nicht möglich, vgl. z.B. W. RÖLLIG, Ein phönikischer Krugstempel, in: R. HACHMANN (ed.), Bericht über die Ergebnisse der Ausgrabungen in Kāmid el-Lōz in den Jahren 1977 bis 1981 (SBA 36; Bonn 1986), 159, Anm. 5 [vgl. ders., in: R. HACHMANN (ed.), Frühe Phöniker im Libanon. 20 Jahre deutsche Ausgrabungen in Kāmid el-Lōz (Mainz 1983), 47f]; ders., Die aramäische Inschrift für Haza'el und ihr Duplikat, MDAI.A 103 (1988), 68f. Vgl. z.B. auch die Bemerkungen zu den Versatzmarken (s.u.) und die manchmal völlig kontroverse Einordnung einzelner Siegel, die für sich spricht. Generell gilt zudem: 1) In nordwestsemitischen Inschriften sind sehr häufig gleiche Buchstaben in verschiedenen Formen in ein und derselben Inschrift belegt; 2) Der Fundort gilt solange als wichtiges Kriterium für die paläographische Zuordnung, als nicht bewiesen ist, daß die Inschrift nicht von Einheimischen produziert wurde.

Als Kriterien, weshalb die Sprache einer Inschrift als ammonitisch[3] betrachtet wird, gelten 1. der GN Milkom, 2. die kanaanäische Sprache (wobei Aramäisch eine ammonitische Verfasserschaft keineswegs ausschließt)[4], 3. der (gesicherte) Fundort (insbesondere auf ammonitischem Territorium), 4. die Paläographie[5], 5. die Ikonographie[6] und 6. das Onomastikon. Außer dem GN *mlkm* ist keines der Kriterien für sich allein betrachtet ein klares Indiz oder gar ein Beweis für eine ammonitische Herkunft. Je mehr Kriterien ineinandergreifen, desto größer wird ihre Beweiskraft[7]. Der Gebrauch der Filiation *br* (statt *bn*) beweist m.E. keineswegs zwingend, daß die Sprache bzw. die PN einer Inschrift deshalb insgesamt als aramäisch einzuordnen sind. Vielmehr kann es sich dabei um die Benutzung des Aramäischen als *lingua franca* handeln, ein Vorgang, der gerade bei Siegel-Formu-

Was die Datierung bzw. Datierbarkeit angeht, sei nur auf das Problem individueller Grapheme („Handschrift"), an die Schreibgewohnheiten der älteren im Vergleich zu den jüngeren Generation, an das Problem graphischer Archaismen und an die Problematik der häufig stillschweigend vorausgesetzten Theorie erinnert, nach der die Entwicklung einer Schrift *angeblich* ein gleichmäßiger Prozeß einer steten Weiterentwicklung ist; wie schnell sich bei diesen und anderen Unwägbarkeiten der Spielraum für eine Datierung auf mehrere Jahrzehnte ausdehnt, muß angesichts der bei Paläographen häufig vorgetäuschten Sicherheit ihrer Bemühungen deutlich betont werden; zur Vielschichtigkeit des Problems vgl. auch G. VAN DER KOOIJ, Early North-West Semitic Script Traditions. An Archaeological Study of the Linear Alphabetic Scripts upto c. 500 B.C.; Ink and Argillary (Ph.D.Diss. Leiden 1986), passim, der allerdings kaum auf ammonitische Inschriften eingeht (von den Heschbon-Ostraka abgesehen, die er dafür hält).

3 Das Problem, ob „ammonitisch" die Sprache und / oder die Volkszugehörigkeit der Verfasser der Inschriften meint, wird hier nicht weiter vertieft bzw. alternativ entschieden.

4 Vgl. z.B. unten die Sockelinschrift aus *ʿAmmān*.

5 Da es genügend paläographische Untersuchungen zur ammonitischen Epigraphik gibt, wird hier von wenigen Ausnahmen abgesehen auf die Paläographie nicht eigens eingegangen. Zur ammonitischen Schrift, ihrer Entstehung und Entwicklung vgl. vor allem P. BORDREUIL, SHAJ 4 (1992), 185-189; G. GARBINI, Storia e problemi dell'epigrafia semitica (Neapel 1979), 61-64; L. G. HERR, The Scripts of Ancient Northwest Semitic Seals (HSM 18; Missoula/MT 1978), 55-78; ders., The Formal Scripts of Iron Age Transjordan, BASOR 238 (1980) 21-34; F. ISRAEL, Note Ammonite III: Problemi di epigrafia sigillare ammonita, in: Studia Phoenicia 12 (1991), 215-241; G. VAN DER KOOIJ, The Identity of Trans-Jordanian Alphabetic Writing in the Iron Age, SHAJ 3 (1987), 107-121; J. NAVEH, The Scripts in Palestine and Transjordan in the Iron Age, in: Near Eastern Archaeology in the Twentieth Century. Essays in Honor of N. GLUECK, ed. J. A. SANDERS (Garden City/NY 1970), 277-283; ders., Early History of the Alphabet (Jerusalem – Leiden 1982), 100ff; M. OHANA, The Ammonite Inscriptions and the Bible (M.A. unpubl.; Haifa 1976), 61-63 (hebr.); vgl. auch W. E. AUFRECHT, BASOR 266 (1987), 85-95; ders., A Corpus of Ammonite Inscriptions (1989), XVIII-XXIII u.ö.

6 U. HÜBNER, Das ikonographische Repertoire der ammonitischen Siegel und seine Entwicklung, in: O. KEEL et al. (ed.), The Iconography of Inscribed Northwest Semitic Seals (OBO; 1992), (im Druck).

7 Vgl. A. LEMAIRE, Quel est le poids des arguments paléographiques, linguistiques et onomastiques pour attribuer un sceau à une certaine ethnie?, in: O. KEEL et al, (ed.), The Iconography of Inscribed Northwest Semitic Seals (1992), (im Druck).

laren häufig zu beobachten ist[8]; niemand käme ansonsten auf die Idee, die Verfasser der zahllosen in nabatäischer Schrift und aramäischer Sprache geschriebenen Inschriften der Nabatäer mit der Filiation *br* als Aramäer oder aber einen deutschsprachigen Vater, der seinen Sohn als seinen „*filius*" vorstellt, als Römer zu bezeichnen.

Das epigraphische Material der Ammoniter[9] läßt sich in folgende Gruppen einteilen:

1. Steininschriften
2. Metallinschriften
3. Ostraka (d.h. auf Scherben eingeritzte oder mit Tinte geschriebene Inschriften)
4. Gefäßinschriften (d.h. auf Gefäßen eingeritzte oder mit Tinte geschriebene Inschriften)
5. Versatzmarken
6. Gefäßmarkierungen

[7. Verputzinschriften]

[8. Inschriften auf Papyrus und Leder]

9. Siegelinschriften bzw. Inschriften auf Siegelabdrücken (samt drei kurzen Anhängen zu den anepigraphischen Siegeln der Ammoniter, zu Fälschungen ammonitischer Siegel und zu nichtammonitischen Siegeln aus Ammon)

## 2.1. Die Steininschriften

Nr. 1) Die *ʿAmmān*-Zitadellen-Inschrift:

Die Inschrift wurde 1961 bei Grabungen R. W. Dajanis an der Südwestseite der Zitadelle (*Ǧebel el-Qalʿa*) von *ʿAmmān* außerhalb der römischen Stadtmauern in eisenzeitlichen Schichten gefunden und 1968 von S. H. Horn publiziert[10]. Da die

8 Vgl. die Siegelinschriften Nr. 72. 153.

9 Nur ein Teil des epigraphischen Materials konnte von mir auch in Autopsie bearbeitet werden; dazu gehören die *Yrḥʿzr*-Sockelinschrift, die *Tell Sīrān*-Flasche, die *Umm Uḏaina*-Bronzeinschrift, die *Tell el-Mazār*-Ostraka, einen Teil der *Tell Dēr ʿAllā*-Verputzinschriften und ein kleiner Teil der Siegel. Für alle Inschriften wurden sämtliche publizierten Photographien und Zeichnungen als Hilfsmittel benutzt.

10 *ʿAmmān*, Archaeological Museum, No. J.9000. S. H. Horn, The Ammān Citadel Inscription, ADAJ 12-13 (1967-68), 81-83, Pl. 54 (Photo); ders., The Amman Citadel Inscription, BASOR 193 (1969), 2-13, fig. 1 f (Photo / Zeichnung); vgl. schon die Notiz bei F. S. Maayeh, Chronique archéologique: Amman, RB 69 (1962), 86. Weitere Sekundärliteratur: Sh. Aḥituv, Two Ammonite Ins-

Erstveröffentlichung keine genauen Fundortangaben macht und die Grabungen selbst nie publiziert wurden, ist über die Fundsituation nichts genaueres bekannt. Der Kalksteinblock ist bei wechselnder Dicke maximal 25 cm hoch und 19,4 cm breit, auf allen vier Seiten abgebrochen bzw. sekundär behauen und auf der Schriftfläche durch zahlreiche Absplitterungen zusätzlich beschädigt. Dadurch sind die Anfänge und Enden der 8 erhaltenen Zeilen verloren. Bei Z.1 dürfte es sich allerdings wegen des relativ breiten, unbeschriebenen Streifens am oberen Rand um die originale, wenn auch fragmentarische Anfangszeile handeln. Z.8 bildete – wegen der *šlm*-Formel – vielleicht die originale Schlußzeile. Überhaupt dürfte sowohl an der rechten als auch an der linken Seite der Inschrift nicht allzuviel verlorengegangen sein. Paläographisch fällt der mehr (oder weniger) regelmäßige (aber in Z.5 auch korrekte?[11]) Gebrauch des Worttrenners auf. Der fragmentarische Erhaltungszustand der Inschrift erschwert ihre Lesung und ihr Verständnis erheblich: Letzteres wird weniger durch die Lesung als solche als vielmehr durch die verschie-

criptions, Cathedra 4 (1977), 179-185 (hebr.); W. F. ALRIGHT, Some Comments on the ʿAmmân Citadel Inscription, BASOR 198 (1970), 38-40 mit einigen seltsamen Lesungen und Übersetzungen; W. E. AUFRECHT, Review of K. P. JACKSON, The Ammonite Language of the Iron Age, BASOR 266 (1987), 88f; ders., A Corpus of the Ammonite Inscriptions (1989), 154-163, No. 59, Pl. 20:59 (Photo); T. G. CRAWFORD, Blessing and Curse in Syro-Palestinian Inscriptions of the Iron Age (Ph.D. Diss. unpubl.; The Southern Baptist Theol. Seminary 1990), 226-232. 296. 298; F. M. CROSS, Epigraphic Notes on the ʿAmmân Citadel Inscription, BASOR 193 (1969), 13-19; P.-E. DION, Notes d'épigraphie ammonite, RB 82 (1975), 29-33; W. J. FULCO, The ʿAmmān Citadel Inscription: A New Collation, BASOR 230 (1978), 39-43; G. GARBINI, La Lingua degli Ammoniti, AION 20 (1970), 253-256; ders., Le Lingue Semitiche (1972), 104-107; K. P. JACKSON, Ammonite Language (1983), 9-33; G. VAN DER KOOIJ, Early North-West Semitic Script Traditions (Ph.Diss. 1986), 248f; R. A. KUTSCHER, A New Inscription from Rabbat-Ammon, Qad. 17 (1972), 27f (hebr.); M. OHANA, The Ammonite Inscriptions and the Bible (M.A. unpubl.; Haifa 1976), 8. 19-27 (hebr.); L. PALMAITIS, The First Ancient Ammonite Inscription of the 1th Millenium, VDI 118 (1971), 119-126 (russ.) mit weitgehend unhaltbaren Lesungen; É. PUECH – A. ROFÉ, L'inscription de la citadelle d'Amman, RB 80 (1973), 531-546; V. SASSON, The ʿAmmān Citadel Inscription as an Oracle promising Divine Protection: Philological and Literary Comments, PEQ 111 (1979), 117-125; A. VAN SELMS, Some Remarks on the ʿAmmān Citadel Inscriptions (*sic*), BiOr 32 (1975), 5-8; W. H. SHEA, Milkom as the Architect of Rabbath-Ammon's Natural Defences in the Amman Citadel Inscription, PEQ 111 (1979), 17-25; ders., The Amman Citadel Inscription again, PEQ 113 (1981), 105-110; K. A. D. SMELIK, Historische Dokumente aus dem alten Israel (Göttingen 1987), 84; J. TEIXIDOR, Bulletin d'épigraphie sémitique (BAH 127; Paris 1986), 115f u. ö.; U. WORSCHECH, Das Land jenseits des Jordan (Wuppertal – Zürich 1991), 180-182, Abb. 114; K. R. VEENHOF, De Amman Citadel inscriptie, Phoe. (Leiden) 18 (1972), 170-179

11 In Z.5 wird von einigen eine Dittographie des ersten oder zweiten *t* (S.H. HORN, W. J. FULCO) oder aber ein unkorrekter Gebrauch des Worttrenners (F.M. CROSS) angenommen, vgl. dazu auch den Gebrauch des Worttrenners in der *Tell Sīrān*-Inschrift Z.4 (unsystematische Verwendung) und in den Siegeln Nr. 61. 90.

denen legitimen (!) Möglichkeiten der syntaktischen Bezüge und der morphologischen Interpretation[12] erschwert. Im folgenden wird nach der Transliteration die m.E. sinnvollste, aber gleichwohl (vor allem in den Z.4-6) hypothetische Übersetzungsmöglichkeit geboten[13]:

*1) m]lkm.bnh.lk.mbʾt.sbbt[*
*2) ].kkl.msbb ʿlk.mt ymtn[*
*3) ]kḥd.ʾkḥd̊.wkl.mʿrb[*
*4) ]wbkl.s̊drt yl̊n.ṣdq̊[*
*5) ]l.tdlt bdlt.bṭn kbh[*
*6) ]h.tštʿ.bbn.ʾlm[*
*7) ]wš[ ].wn[*
*8) ]šlm.lk.wš[lm*

*1) Mi]lkom: „Baue für dich Eingänge ringsum (= Säulenhallen?)[*
*2) ]entsprechend allem, was um/gegen dich ist (denn jeder, der gegen dich ist); sterben, ja sterben sollen sie[*[14]
*3) ]will ich vernichten, ja vernichten. Und jeder, der hereinläßt/der hereingelassen wird*[15]*[*
*4) ]und in jeder (der) Halle(n)*[16] *werden nächtigen*[17] *Gerecht[e*
*5) ]* (kaum sinnvoll übersetzbar) *[*[18]
*6) ]h.(= ?) du sollst dich fürchten*[19] *vor den Söhnen der Götter[*

12 Einen guten Überblick über die verschiedenen Übersetzungen und die dahinterstehenden grammatischen Urteile bieten W.J. Fulco, BASOR 230 (1978), 39-41 und K.P. Jackson, Ammonite Language (1983), 11 ff.

13 Durch die m.E. weitgehend gesicherte Transliteration erübrigen sich einige der in der Sekundärliteratur aufgestellten Hypothesen von selbst.

14 Oder: *„Denn jeder, der dich umgibt, soll sterben"*.

15 Part. akt. / (oder pass.?) hif. oder pi.

16 Vgl. z.B. at.-hebr. **śdrh*, HAL$^3$ 4, 1221; akkad. *sidirtu*, *sidru* u.a., AHw 1039; ägypt. *śdrt*, M. Görg, Noch einmal zu *śdrt* in 1Kön 6,9, BN 57 (1991), 14-16; ders., BN 60 (1991), 24-26; aramä. *sdrʾ*, M. Jastrow, Dictionary of the Targumim (1903), 968 f.

17 **yalīnūn* (vgl. Z.2 **mōt yamūtūn*), vgl. K.P. Jackson, Ammonite Language (1983), 19.

18 Alle mir bekannten Übersetzungsversuche beruhen auf Konjekturen oder sind grammatisch problematisch. Vielleicht liegen die Schwierigkeiten auch weniger bei den modernen 'Ammonitologen' als vielmehr bei dem Abschreiber der Inschrift, der seine Vorlage nicht oder falsch verstand und sie entsprechend zu Stein brachte!

19 Wahrscheinlich 2.sg. mask. PK qal *štʿ* [vgl. Jes. 41,10.23 (bei geringfügigen Vokalisationsänderungen) sowie phön. und ugarit.].

*7)* *]* (unübersetzbar)[20] *[*
*8)* *]Friede für dich und F[riede ...“*

Mit dem „Ich“ der Inschrift dürfte stets der Gott Milkom, mit dem angeredeten „Du“ stets ein ammonitischer König gemeint sein. Wenn es richtig ist, daß die Inschrift als direkte Gottesrede formuliert ist, hat sie folgenden Aufbau: In Z.1 fordert der Staatsgott den König zu einer Bautätigkeit auf[21]. In Z.2-3 wird der Schutz des Bau und seines königlichen Besitzers vor feindlichen Anschlägen aller Art mittels Strafandrohung bzw. Selbstverpflichtung durch die Gottheit zu sichern gesucht. Z.4-5 scheinen irgendwelche speziellen Einzelheiten des Baus und seiner Nutzung festzuhalten. Z.6 enthält das Gebot religiösen Gehorsams gegenüber Milkom und anderen Gottheiten, den der König als Repräsentant seines Volkes zu leisten hat. In Z.8 wird ihm (und seinem „Haus“?) dafür *šlm* von Seiten der Gottheit(en) zugesichert.

Die Datierung der Inschrift ist schwierig. Da es sich wahrscheinlich um die älteste ammonitische Steininschrift handelt, können, vielleicht von einigen wenigen ammonitischen Siegeln abgesehen (z. B. Nr. 123), nur nichtammonitische Inschriften wie z. B. die Mescha-Inschrift (KAI Nr. 181), die Bar-Hadad-Inschrift (KAI Nr. 201) oder die *Zkr*-Inschrift (KAI Nr. 202) zum paläographischen Vergleich herangezogen werden[22]. Danach kann die Zitadellen-Inschrift vermutlich an das Ende des 9. bzw. den Anfang des 8.Jh.s v. Chr. datiert werden[23].

Der Größe und dem Umfang nach handelt es sich um eine Monumentalinschrift, dem Inhalt nach offenbar um eine Bauinschrift. (Um was für ein Gebäude es geht, ist nicht bekannt. Es könnte sich um einen Milkom-Tempel gehandelt haben). Ihr Charakter als monumentale Bauinschrift, ihre Herkunft von der Zitadelle der am-

20 Die meisten Untersuchungen lassen diese Zeile zu Recht unübersetzt. Die wenigen anderen Versuche beruhen entweder auf unhaltbaren Lesungen (L. Palmaitis) oder sind paläographisch und inhaltlich spekulativ (É. Puech – A. Rofé; V. Sasson; A. van Selms).

21 Falls *bnh* nicht als AK oder anders zu übersetzen ist; in diesem Fall könnte man aber nicht *l-k* lesen.

22 Zu beiden Inschriften zuletzt G. G. G. Reinhold, Die Beziehungen Altisraels zu den aramäischen Staaten (1989), 221-249. 250-265.

23 Vgl. É. Puech – A. Rofé, RB 80 (1973), 544 (um 800 v. Chr.) und A. van Selms, BiOr 32 (1975), 8 (2.Hälfte 9. / 1.Hälfte 8.Jh.v.Chr.); G. van der Kooji, SHAJ 3 (1987), 109 (9.-8.Jh.v.Chr.). Vgl. auch W. F. Albright, BASOR 198 (1970), 38 (Mitte 9.Jh.v.Chr.); F. M. Cross, BASOR 193 (1969), 17 (875-825 v. Chr.); S. H. Horn, ADAJ 12-13 (1967-68), 83; ders., BASOR 193 (1969), 8 (frühes 8.Jh.v.Chr.); K. P. Jackson, Ammonite Language (1983), 33 (9.Jh.v.Chr.); G. van der Kooji, Early North-West Semitic Script Traditions (Ph.Diss. 1986), 248f (um 800 v. Chr., „with a wide margin of error“!); W. H. Shea, PEQ 111 (1979), 22 (2.Hälfte 9.Jh.v.Chr.); ders., PEQ 113 (1981), 109f (neue Datierung aufgrund seiner spekulativen ’Türme-Interpretation’ in die 1.Hälfte 8.Jh.v.Chr.); K. A. D. Smelik, Historische Dokumente (1987), 84 (um 850 v. Chr.).

monitischen Hauptstadt und die (wahrscheinliche) Erwähnung des Staatsgottes Milkom erlauben, sie als frühe ammonitische Königsinschrift zu interpretieren.

Nr. 2) Die *ʿAmmān*-Theater-Inschrift:[24]

Die Inschrift wurde im Mai 1961 bei Grabungen R. W. Dajanis an der Westseite des römischen Theaters von *ʿAmmān* gefunden (map ref. 2389.1512). Aus der unzureichenden Beschreibung der Fundsituation geht nicht hervor, ob der Steinblock (26 cm x max. 17 cm) mit der Inschrift als Spolie verbaut war oder z. B. in einer (welcher?) Aufschüttungsschicht lag[25]. Die Inschrift ist auf einem Basaltblock eingemeißelt und nur fragmentarisch erhalten. Der ursprüngliche Umfang der Inschrift ist unbekannt und die Lesung am Ende beider Zeilen unsicher:

*]bʿl.ʾbnh̊[*

*]bnʿm̊[*

Da Anfang und Ende beider Zeilen verloren sind und die Lesung des jeweils letzten Buchstabens am Ende beider Zeilen unsicher ist, ist der Text insgesamt mehrdeutig. Endgültige Sicherheit über die Interpretation der Lesung bzw. Inschrift ist nicht zu gewinnen. Schon bei dem ersten Element der ersten Zeile vor dem Worttrenner stellt sich z. B. die – letztlich nicht zu beantwortende – Frage, ob es sich bei *]bʿl.* – wie meistens angenommen wird – um das theophore Element eines PN oder um den Titel bzw. das Epitheton eines Gottes (oder Königs) oder den GN *bʿl* handelt. Bei dem zweiten Element der ersten Zeile wird die Mehrdeutigkeit

24 Erstveröffentlichung durch R. W. Dajani, The Amman Theater Fragment, ADAJ 12-13 (1967-68), 65-67, Pl. 39 (Photo), allerdings mit widersprüchlichen Lesungen (*bʿl.ʾbnh* bzw. *bʿl lʾbnh*) und wenig überzeugenden Interpretationen (die Lesung *bʿl lbnh*, bei der er den Worttrenner als *l* liest, interpretiert er als ON). Weitere Literatur: W. E. Aufrecht, BASOR 266 (1987), 89; ders., A Corpus of the Ammonite Inscriptions (1989), 151-153, No. 58, Pl. 19:58 (Photo); P. Bordreuil, Inscriptions sigillaires ouest-sémitiques I, Syria 50 (1973), 184, No. 20; F. M. Cross, Notes on the Ammonite Inscription from Tell Sīrān, BASOR 212 (1973), 13, Anm. 9; ders., Ammonite Ostraca from Heshbon. Heshbon Ostraca IV-VIII, AUSS 13 (1975), 11 f; ders., Heshbon Ostracon XI, AUSS 14 (1976), 148; W. J. Fulco, The Amman Theater Inscription, JNES 38 (1979), 37 f, fig. 1-2 (Photo / Zeichnung); G. Garbini, Le Lingue Semitiche (1972), 102, No. 18; K. P. Jackson, Ammonite Language (1983), 45-49; G. van der Kooji, SHAJ 3 (1987), fig. 9 (Zeichnung); B. Oded, The „Amman Theater Inscription", RSO 44 (1969), 187-189; M. Ohana, The Ammonite Inscriptions and the Bible (M.A. unpubl.; Haifa 1976), 8. 18 f (hebr.); É. Puech, L'inscription de la statue d'Amman et la paléographie Ammonite, RB 92 (1985), 11 f, fig. 3 (Zeichnung); ders., Recension: K. P. Jackson, The Ammonite Language of the Iron Age, RB 92 (1985), 289 f; J. A. Sauer, in: F. Zayadine – H. O. Thompson, The Ammonite Inscription from Tell Siran, Ber. 22 (1973), 133-135; K. A. D. Smelik, Historische Dokumente (1987), 85 f; J. Teixidor, Bulletin d'épigraphie sémitique (1986), 166, No. 94.

25 Zur eisenzeitlichen Besiedlung im Bereich des römischen Forums von *ʿAmmān* vgl. A. Hadidi, The Pottery from the Roman Forum at Amman, ADAJ 15 (1970), 12; ders., The Excavation of the Roman Forum at Amman (Philadelphia), 1964-1967, ADAJ 19 (1974), 82-85; vgl. auch die „Wasserstadt" in 2Sam. 12,27.

durch die unsichere Lesung des letzten Buchstabens zusätzlich vergrößert: Handelt es sich bei *'bnh̊[* z. B. um eine Verbalform (1.sg. qal PK *bnh*) oder handelt es sich, wenn man stattdessen *'bnr̊[* oder *'bnd̊[* liest, um den PN *'bnr* oder *'bndb*?[26] Darüberhinaus ist das syntaktische Verhältnis beider Elemente zueinander unklar. Auch in der zweiten Zeile ist die Lesung des letzten Buchstabens unsicher: Die Lesung *]bnʿm̊[* wird entweder ethnisch als *]bn ʿm[(w)n* interpretiert[27] oder aber als Filiation *]bn ʿm[ndb* verstanden[28]. Nicht auszuschließen ist auch die Lesung *]bnʿš̊[*[29]. In beiden Fällen wird keine Rücksicht auf den offensichtlichen (aber nur gelegentlichen?) Gebrauch von Worttrennern in der Inschrift bzw. die *lectio continua* der letzten Zeile (CV) genommen – wohl zu Recht, weil Interpretationen als *]b-nʿm̊[*, *]bnʿ m̊[*, *]b-nʿš̊[* oder *]bnʿš̊[* kaum einen Sinn machen.

Bei einem mit so vielen Unsicherheiten und Problemen belasteten Inschriftenfragment fragt es sich, ob ein Übersetzungsversuch überhaupt sinnvoll oder gerechtfertigt ist. Da oben schon eine gewisse Präferenz für eine der möglichen Lesungen vorausgesetzt ist, sei hier deshalb ein entsprechender Übersetzungsversuch beigefügt:

„*-]baal. Ich will / werde bauen[*
*]die Söhne von Am[mon*"

Versucht man aus allen vorhandenen Informationen und aus der mit dem Übersetzungsversuch gegebenen Interpretation einige weitere Schlüsse zu ziehen, läßt sich der Gesamtcharakter des Inschriftenfragments ungefähr so deuten: Der Größe des Fragments bzw. der Buchstaben nach handelt es sich, an ammonitischen Verhältnissen gemessen, um eine Monumentalinschrift. Aus ihrem Inhalt geht ihr Charakter als Bauinschrift hervor. Da der Bauherr wahrscheinlich einer der ammonitischen Könige war, kann die Monumentalinschrift als Königsinschrift betrachtet werden. Da die Inschrift aus der ammonitischen Hauptstadt stammt, bezieht sie sich wohl auf Baumaßnahmen in Rabbat-Ammon.

26 P. Bordreuil, Syria 50 (1973), 184; G. Garbini, Le Lingue Semitiche (1972), 102 (ohne sich auf bestimmte PN festzulegen); B. Oded, RSO 44 (1969), 187-189; É. Puech, RB 92 (1985), 11 f. 289 f.

27 P. Bordreuil, Syria 50 (1973), 184; F. M. Cross, BASOR 212 (1973), 13; ders., AUSS 13 (1975), 11 f; R. W. Dajani, ADAJ 12-13 (1967-68), 65-67; K. P. Jackson, Ammonite Language (1983), 45-49; K. A. D. Smelik, Historische Dokumente (1987), 85.

28 B. Oded, RSO 44 (1969), 187-189; M. Ohana, The Ammonite Inscriptions and the Bible (M.A. unpubl.; Haifa 1976), 18 f (hebr.); É. Puech, RB 92 (1985), 11 f; J. A. Sauer, in: F. Zayadine – H. O. Thompson, Ber. 22 (1973), 133-135; W. E. Aufrecht, A Corpus of Ammonite Inscriptions (1989), 151.

29 W. J. Fulco, JNES 38 (1979), 37 f.

Wegen der unsicheren Lesung ist die Frage, um welchen der ammonitischen Könige es sich handelt, nicht klar zu beantworten; da die Inschrift allein aufgrund ihrer Paläographie in die Zeit um 600 v. Chr. datiert werden kann[30], muß es sich um einen der in dieser Zeit regierenden Könige handeln. Auf keinen Fall darf man den Namen eines der bekannten Könige dieser Zeit über ein angeblich in der Inschrift vorhandenes Patronym in die Lesung der Inschrift interpolieren; dies ist nichts weiter als Spekulation[31].

Nr. 3) Die Sockelinschrift aus *ʿAmmān*:

Die Sockelinschrift wurde 1949 auf einem privaten Grundstück am Nordwesthang der Zitadelle von *ʿAmmān* zusammen mit einer weiteren Statue, einem Kopf und einem Torso durch Zufall bei Baumaßnahmen gefunden und 1950 duch G. L. Harding – ohne Lesung – publiziert[32]. Sie ist auf der Vorderseite des Sockels (10 cm x 12,5 cm) einer männlichen Kalkstein-Statue eingraviert und nur fragmentarisch erhalten. Wahrscheinlich umfaßte sie zwei Zeilen. Da ein Teil der Buchsta-

30 F. M. Cross, AUSS 13 (1975), 11f („ca. 580 B.C."); ders., AUSS 14 (1976), 148 („ca. 575 B.C."); F. M. Cross überschätzt die paläographischen Datierungsmöglichkeiten stark; R. W. Dajani, ADAJ 12-13 (1967-68), 66 (zwischen dem 7.Jh. und der Mitte des 6.Jh. v. Chr.); W. J. Fulco, JNES 38 (1979), 37f (nach 600 v. Chr.); É. Puech, RB 92 (1985), 11f (um 600 v. Chr.); J. A. Sauer, in: F. Zayadine – H. O. Thompson, Ber. 22 (1973), 133-135 (um 580 v. Chr.); K. A. D. Smelik, Historische Dokumente (1987), 85 (um 575 v. Chr.).

31 Genau das macht J. A. Sauer, in: F. Zayadine – H. O. Thompson, Ber. 22 (1973), 113-135.

32 Map ref. 2384.1518. *ʿAmmān*, Archaeological Museum No. J.1656. G. L. Harding, A Find of Great Archaeological Interest and Importance: Unique Statues of the Iron Age discovered at Amman, ILN 216 (1950), 266f (Photos); A. Abou Assaf, UF 12 (1980), Statuette 9, 25-27, Taf. 6 (Photos). Gute Farbphotos in: La Voie Royale (1988), No. 129 (Frontispice); Der Königsweg (1987), Nr. 130

ben nicht genau bestimmt werden kann, wurde eine Reihe verschiedener Lesungen und Deutungen vorgeschlagen[33]. Am besten liest man wohl[34]:

*d]m̊ẘ yrḥʿzr Sta]tue des Yrḥʿzr*
*b]r̊ z̊k̊r br šnp̊ So]hn des Z̊k̊r, Sohn des Šnp̊*[35]

33 R. D. BARNETT, Four Sculptures from Amman, ADAJ 1 (1951), 34-36, Pl. 11. 13 (Photos) liest (drei Zeilen!) *] [ / ]sn yrḥʿzr / (br zk)]r br špn*. Y. AHARONI, A New Ammonite Inscription, IEJ 1 (1950-51), 220, fig. 2 (Zeichnung) liest wenig überzeugend einen GN mit zwei nachfolgenden Attributen *šdyrḥ ʿṣ p/nn rb ršpn*. R. T. O'CALLAGAHN, A Statue recently found in ʿAmmân, Or. 21 (1952), 184, Tab. 26:B (Photo) liest *s̊ t̊ yrḥʿzr̊ / ..r̊ b̊ršp̊n*, ohne eine plausible Erklärung seiner Lesung zu bieten. Y. YELLIN-KALLAI, Notes on the New Ammonite Inscription, IEJ 3 (1953), 124, fig. 2 (Zeichnung) liest – so kaum haltbar – *]š/ś/ṣw yrḥʿzr / ]n̊r b ršpn* (= PN). W. F. ALBRIGHT, Notes on Ammonite History, in: Miscellanea Biblica B. UBACH (SDM 1; Montserrat 1953), 135 = in: The Archaeology of Jordan and Other Studies presented to S. H. HORN (Berrien Springs/MI 1986), 505 und mit ihm sein Schüler G. M. LANDES, BA-Reader 2 (3.Aufl. 1977), 82; ders., History of the Ammonites (Ph.D.Diss. 1956), 267-269 lesen *yrḥʿzr / rb rkšn* („Yaraḥʿazar, chief of the horse"). M. OHANA, The Ammonite Inscriptions and the Bible (M.A. unpubl.; Haifa 1976), 8. 13-18 liest *š yrḥʿzr / krbršnb* (hebr.). G. GARBINI, Le Lingue Semitiche (1972), 100, No. 8; ders., AION 20 (1970), 251, No. 7 liest ohne weitere Erläuterungen *... š.yrḥʿzr/ ... rbršp̊n*. F. ZAYADINE bzw. J. STARCKY, Note sur l'inscription de la statue d'Amman J.1656, Syria 51 (1974), 134. 136, fig. 3 (Zeichnung), Pl. 3:1 und fig.5 (Photos) sowie W. E. AUFRECHT, A Corpus of Ammonite Inscriptions (1989), 106-109, No. 43, Pl. 13:43 (Photos) lesen *]šw yrḥʿzr / [br z]kr br šnb* und bieten für *]šw* als Interpretationsmöglichkeiten neben *qdšw* auch *nfšw*, *mšw* oder *nšw* an, vgl. F. ZAYADINE, in: DER KÖNIGSWEG (1987), Nr. 130 und K. P. JACKSON, Ammonite Language (1983), 5: *]šw yrḥʿzr[ / ]kr br šnb[* sowie Y. ALAMI et al., The Archaeology of Amman 2000 B. C. – 750 A. D. (Amman 1975), 25 („Statue of Yeraḥʿazzar, son of Zakir, son of Shanib"). K. P. JACKSON, The Ammonite Language (1983), 6 liest *]šw yrḥʿzr[ / ]kr br šnb[*, hält sie aramäisch und behandelt sie deshalb nicht weiter. A. LEMAIRE, Notes d'épigraphie nord-ouest sémitique, Syria 61 (1984), 263 f liest *d]m̊w yrḥʿzr / br z]kr̊ br šnb̊* und É. PUECH, RB 92 (1985), 8, fig. 1 (Zeichnung) *s]m̊l̊ yrḥʿzr / b]r̊ z̊kr br šnp*; letztere Lesung vermeidet die grammatisch problematische Endung *-w* in einer (wahrscheinlichen) CV. A. ABOU ASSAF, UF 12 (1980), 10. 79 scheint die Lesung *m]lk yrḥʿzr / br z]kr br šnb* vorauszusetzen, was paläographisch gesehen nicht möglich ist.

34 A. LEMAIRE, Notes d'épigraphie nord-ouest sémitique, Syria 61 (1984), 252-254, mit verschiedenen Möglichkeiten, die Endung *-w* zu erklären. Im Altaramäischen ist es unwahrscheinlich, die Endung auch als übliche Absolutus-Form und beide Zeilen als Kurzform eines Nominalsatzes zu verstehen: „Statue: *Yrḥʿzr ...*" im Sinne von „Dies ist die Statue des *Yrḥʿzr ...*"; vgl. den Anfang der *Tell el-Feḫḫerīje*-Inschrift *dmwt' zy ...*: A. ABOU ASSAF – P. BORDREUIL – A. R. MILLARD, La Statue de Tell Fekherye et son inscription bilingue assyro-araméenne (Études Assyriologiques; Paris 1982), 23 ff.

35 Die Lesung des PN *šnp̊* ist paläographisch nicht gesichert, wird aber durch onomastische Belege gestützt: *šnf* ist im Safaitischen, *šnypw* im Nabatäischen, *šanīf* im Arabischen belegt, vgl. auch *šnfmnt* im Liḥyānischen; vgl. G. L. HARDING, An Index and Concordance of Pre-Islamic Arabian Names and Inscriptions (NMES 8; Toronto 1971), 359; F. AL-KHRAYSHEH, Die Personennamen in den nabatäischen Inschriften des Corpus Inscriptionum Semiticarum (Diss. phil. masch; Marburg/Lahn 1986), 180. Schwierigkeiten bereitet dabei allerdings der anlautende Sibilant, der nach den nab. Belegen die Phoneme /$s_1$/ (hebr. ‹š›) und /$s_2$/ (hebr. ‹ś›), nach saf. und (modern-)arab. *Šanīf* aber nur das Phonem /$s_2$/ repräsentieren n kann. Da im Moabitischen /$s_2$/ als stimmloser frikativer Lateral

Paläographisch kann die Inschrift in die Zeit um 700 v. Chr. datiert werden[36]. Die Schrift ist – von leichten aramäischen Einflüssen abgesehen – ammonitisch[37], die Sprache (wahrscheinlich) aramäisch. Die Rundskulptur selbst, ihr Fundort (und die Schrift) lassen keinen Zweifel daran, daß das Objekt als ganzes von ammonitischen Kunsthandwerkern für ammonitische Auftraggeber in Ammon hergestellt wurde; dies rechtfertigt, die Inschrift hier unter den ammonitischen Inschriften aufzuführen, auch wenn ihre Sprache wahrscheinlich nicht Ammonitisch war, sondern das auch von Ammonitern gesprochene und geschriebene Aramäisch.

Die Inschrift will aller Wahrscheinlichkeit nach die in der Rundplastik dargestellte Person namentlich identifizieren. Ein *Yrḫʿzr* ist sonst unter den bislang bekannten Königs- oder Beamtennamen des ammonitischen Onomastikons nicht belegt, ebensowenig ein *Z̊k̊r* (*Zakkūr). Dagegen ist ein ammonitischer Herrscher namens $^{I}$*Sa-ni-pu/bu* in einer Tontafelinschrift Tiglat-Pilesers III. aus dem Jahr 729 v. Chr. bekannt (K 3751, RS 10')[38]; sie setzt die Liste westländischer Tributäre des „Syrisch-ephraimitischen Krieges" voraus, sodaß sie – zumindest partiell – auch auf das Jahr 733/732 v. Chr. Bezug nehmen dürfte. Namensgleichheit bedeutet bekanntlich nicht automatisch die Identität der Namenträger. In diesem Fall wird man aber fragen müssen, wer anders als ein König in einer derartigen Rundplastik dargestellt werden konnte und durfte. Der fehlende Königstitel[39] erklärt sich aus dem geringen, zur Verfügung stehenden Platz und wurde für einen ammonitischen Betrachter ikonographisch durch die Kopfbinde (Diadem), die Lotusblüte[40] und

erhalten ist, ist anzunehmen, daß das auch im Ammonitischen der Fall war. Dann hätten die Assyrer aber ‹**Ta-ni-BU*› o. ä. und nicht ‹*Sa-ni-BU*› umschreiben müssen. Es gibt drei einander ausschließende Möglichkeiten: 1) Der anlautende Sibilant ist /$s_1$/; dann kann arab. *Šanīf* nur vergleichen werden unter der Voraussetzung, daß *[š]* hier ausnahmsweise /$s_1$/ repräsentiert. 2) Der anlautende Sibilant ist /$s_2$/, das die Ammoniter wie wahrscheinlich die Israeliten, Phönizier u. a. als *[š]* realisiert hätten. 3) Der anlautende Sibilant ist /$s_2$/, und die Assyrer haben den Namen nach einem Dokument in westsemitischer Konsonatenschrift, in der das Wort als ‹*šnp*› erscheinen mußte, ohne Rücksicht auf die tatsächliche Aussprache wiedergegeben [freundlicher Hinweis von M. Weippert und E. A. Knauf, ZDPV 106 (1990), 144]. Vgl. auch I. J. Gelb, Computer-aided Analysis of Amorite (AS 21; Chicago/IL 1980), 128. 636 (*Sa-ni-bu-um / Ḏanib-um*) (freundlicher Hinweis von E. A. Knauf).

36 R. D. Barnett, ADAJ 1 (1951), 35 und R. T. O'Callaghan, Or. 21 (1952), 184 datieren ins 9./8.Jh.v.Chr., P. Bordreuil, ADAJ 18 (1973), 37 ins 8.Jh., die meistens ins 7.Jh.v.Chr. A. Abou Assaf, UF 12 (1980), Nr. 9 datiert – stilistisch – ins letzte Drittel bzw. Viertel des 8.Jh.v.Chr.

37 Y. Aharoni, IEJ 1 (1950-51), 219 spricht von „classical Hebrew-Phoenician Script", R. T. O'Callaghan, Or. 21 (1952), 184 von „Old Phoenician". Die meisten sprechen von aramäischer Schrift bzw. „aramaic writing tradition", so G. van der Kooji, SHAJ 3 (1987), 111. É. Puech, RB 92 (1985), 10ff nennt die Schrift m.E. zu Recht ammonitisch.

38 M. Weippert, Edom (Diss. und Hab. theol. masch.; 1971), 69. 76. 82. Vgl. Kap. 4.3.

39 Das Fehlen eines Beamtentitels wäre genausoviel bzw. genausowenig auffällig.

40 Vgl. E. Bleibreu, Lotos, RlA 7 (1987-1990), 103-106; E. Brunner-Traut, Lotos, LÄ 3 (1980), 1091-1096; M. van Loon, The Drooping Lotus Flower, in: Insight through Image. Studies in Honor of E. Porada, ed. M. Kelly-Buccellati (Bibl.Mes. 21; Malibu 1986), 245-252.

epigraphisch durch die ausführliche genealogische Angabe hinreichend ersetzt. Da die paläographische Datierung der Inschrift mit der stilistisch-kunstgeschichtlichen in etwa übereinstimmt und der hier genannte *Yrḫʿzr* als Enkel eines *Šnp̊* / **Šanīp* bezeichnet wird, wäre es wohl ein zu großer Zufall, wenn der Großvater nicht mit dem *Šanipu* Tiglat-Pilesers III. identisch wäre. Die Sockelinschrift ist also wie schon die Theater- und die Zitadellen-Inschrift aus *ʿAmmān* als Königsinschrift zu betrachten.

## 2.2. Die Metallinschriften

Nr. 1) Die Bronzeflasche vom *Tell Sīrān*:[41]

Die Metallflasche wurde 1972 während der Grabungen H. O. THOMPSONS auf

41 Map ref. 2342.1581. *ʿAmmān*, Archaeological Museum, No. J.12943. Erstveröffentlichung(en): F. ZAYADINE – H. O. THOMPSON, Ber. 22 (1973), 115-140, fig. 1 (Zeichnung), Pl. 13 (Photos); dies., The Tell Siran Inscription, BASOR 212 (1973), 5-11, fig. 1 (Zeichnung / Photo); H. O. THOMPSON, Commentary on the Tell Siran Inscription, AJBA 1,6 (1973), 125-136. 228-30 (u. a. mit Fundphotos); ders., The Excavation of Tell Siran (1972), ADAJ 18 (1973), 7ff, Pl. 3:2 (Photo) = ders., Archaeology in Jordan (American University Studies IX 55; New York u. a. 1989), 119ff; M. M. IBRAHIM, ADAJ 17 (1972), 93f; gute Farbphotos in: DER KÖNIGSWEG (1987), Nr. 155. Weitere Literatur: G. W. AHLSTRÖM, The Tell Sīrān Bottle Inscription, PEQ 116 (1984), 12-15; SH. AḤITUV, Cathedra 4 (1977), 186-189 (hebr.); Y. ALAMI et al., Archaeology of Amman (1975), 28f, fig. 10; W. E. AUFRECHT, BASOR 266 (1987), 89; ders., A Corpus of the Ammonite Inscriptions (1989), 203-211, No. 78, Pl. 28f (Photos); M. BALDACCI, The Ammonite Text from Tell Siran and North-West Semitic Philology, VT 31 (1981), 363-368; B.E.J.H. BECKING, Zur Interpretation der ammonitischen Inschrift vom Tell Sīrān, BiOr 38 (1981), 273-276; R. B. COOTE, The Tell Siran Bottle Inscription, BASOR 240 (1980), 93; J. BRIEND – M.-J. SEUX (ed.), Textes du Proche-Orient Ancien et Histoire d'Israël (Paris 1977), 141; T. G. CRAWFORD, Blessing and Curse in Syro-Palestinian Inscriptions (Ph.D. Diss. unpubl.; 1990), 113-118. 293. 301; F. M. CROSS, BASOR 212 (1973), 12-15; P.-E. DION, RB 82 (1975), 24-27; J. A. EMERTON, The Meaning of the Ammonite Inscription from Tell Siran, in: Von Kanaan bis Kerala. FS für J. P. M. VAN DER PLOEG (AOAT 211; Kevelaer – Neukirchen-Vluyn 1982), 367-377; F. ISRAEL, L'iscrizione di Tell Siran e la Bibbia, BeO 22 (1980), 283-287; K. P. JACKSON, Ammonite Language (1983), 35-44; G. VAN DER KOOJI, SHAJ 3 (1987), 109-120; Ch. KRAHMALKOV, An Ammonite Lyric Poem, BASOR 223 (1976), 55-57; O. LORETZ, Die ammonitische Inschrift vom Tell Siran, UF 9 (1977), 169-171; M. OHANA, The Ammonite Inscriptions and the Bible (M.A. unpubl.; Haifa 1976), 9. 27-31 (hebr.); M. PICCIRILLO, I Re di Ammon, TS(I) 51 (1975), 369-371; É. PUECH, RB 92 (1985), 12; W. H. SHEA, The Siran Inscription: Amminadab's Drinking Song, PEQ 110 (1978), 107-112; K. A. D. SMELIK, Historische Dokumente (1987), 85; E. J. SMIT, The Tell Siran Inscription. Linguistic and Historical Implications, JSem 1,1 (1989), 108-117; J. TEIXIDOR, Bulletin d'épigraphie sémitique (1986), 289f. 314f. 328. 401. 487; H. O. THOMPSON, BASOR 249 (1983), 87-89 = ders., Archaeology in Jordan (American University Studies IX 55; New York u. a. 1989), 195-199; ders. – F. ZAYADINE, The Works of Amminadab,

dem *Tell Sīrān* (map ref. 2342.1581) in einem gemischten Locus knapp über dem gewachsenen Fels gefunden. Die 10 cm hohe Flasche aus Bronze (mit geringen Anteilen von Blei und Zinn u.a.) hat einen zylindrischen Hals, auf dem mittels eines Splints ein pilzförmiger Deckel aus der gleichen Legierung *in situ* befestigt war. Die vollständig erhaltene Inschrift ist in 8 Zeilen in Längsrichtung auf dem Flaschenkörper eingraviert; die *scriptio continua* ist dabei ohne erkennbares System gelegentlich durch einen Worttrenner unterbrochen.

*1) mʿbd ʿmndb mlk bn ʿmn*
*2) bn hṣlʾl.mlk bn ʿmn*
*3) bn ʿmndb mlk bn ʿmn*
*4) hkrm.wh.gnt.whʾtḥr*
*5) wʾšḥt*
*6) ygl wyśmḥ*
*7) bywmt rbm wbšnt*
*8) rḥqt*

*1) Die Werke des ʿAmmīnadab, des Königs der Ammoniter,*[42]
*2) des Sohnes des Haṣṣilʾil, des Königs der Ammoniter,*
*3) des Sohnes des ʿAmmīnadab, des Königs der Ammoniter:*
*4) Der Weingarten und der Obstgarten und der/die/das ʾtḥr*[43]
*5) und (ein) Wasserreservoir(e).*[44]

(1974), BA-Reader 4 (1983), 257-263; U. Worschech, Das Land jenseits des Jordan (1991), 193f, Abb. 121; K.R. Veenhof, Phoe. (Leiden) 19 (1973), 299-301.

42 Zum ammonitischen plur. mask. cs. auf -ø [anders das moabitische Ostrakon II aus Heschbon: *bny gbl*] vgl. K.P. Jackson, The Ammonite Language (1983), 88; W.G. Garr, Dialect Geography of Syria-Palestine 1000 – 586 B.C.E. (1985), 91-93; F. Friedrich – W. Röllig, Phönizisch-Punische Grammatik (AnOr 46; Rom ²1970), § 225. Anders, aber nicht überzeugend D.I. Block, *Bny ʿmwn*: The Sons of Amon, AUSS 22 (1984), 208-210.

43 *w-h-ʾtḥr*: Geht man aufgrund der Nominalreihung in Z.4(-5) auch hier von einem Nomen aus, muß man seine Bedeutung mangels Belegen hypothetisch aus einer Wurzel herleiten; diese muß inhaltlich zu den anderen Nomina der Reihung passen: am ehesten bietet sich eine Ableitung von ithp. *ḥrr* [vgl. z.B. G.W. Ahlström, PEQ 116 (1984), 13f: „pool", „shaft"], vgl. zusammenfassend E.J. SMIT, JSem 1,1 1989), 108ff. Vielleicht aber auch in Ableitung von der Wuzel ʾ*XR* (hebr. ʾ*ḤR*) als „Staudamm, Terrassenmauer" (also ʾ*das, was danach, später kommt*ʾ bzw. ʾ*aufschiebt, verzögert*ʾ) zu verstehen: T.M. Johnstone, Mehri Lexicon and English-Mehri Word-List (London 1987), 9; vgl. schon die Ableitungen von der gleichen Wurzel, aber in anderem Sinn bei O. Loretz, UF 9 (1977), 170; B.E.J.H. Becking, BiOr 38 (1981), 274f; Ch. Krahmalkov, BASOR 223 (1976), 56f.

44 *w-ʾšḥt*: Vgl. ʾ*šwḥ* in der *Mēšʿā*-Inschrift Z.9. 23 und ʾ*šyḥ* (*lakkos*) Jes.Sir. 50,3, wohl mit *aleph prostheticum*, vgl. im AT *šūḥāh, šīḥāh, šaḥat* und *šwḥ* und *šyḥ*, auch arab. *sāḥa* „fließen" und *sīḥ* „Zisterne" laut F. Zayadine, Ber. 22 (1973), 132, vgl. E. von Mülinen, Beiträge zur Kenntnis des Karmels, ZDPV 30 (1907), 155; A. al-Hilou, Topographische Namen des syro-palästinischen

*6) Möge er (ʿmndb) jubeln und sich freuen*
*7) während vieler Tage und während*
*8) langer Jahre!*[45]

Die Metallflasche und ihre Inschrift können, da sie nicht *in situ* gefunden wurden, weder stratigraphisch noch durch den Kontext datiert werden. Auch eine typologische Einordnung der Flasche ('alabastron-shaped bottle'), die allenfalls einen *terminus post quem* für die Inschrift abgeben würde, hilft wegen der relativ langen Laufzeit (und weiten Verbreitung) des Typs nicht viel weiter[46]. Die C-14-Datierung des Flascheninhalts, der vor allem aus verschiedenen (teilweise karbonisierten) Getreidearten und Wildpflanzen bestand[47], in die Zeit um 460-440 ± 50 v. Chr., ist – falls sie zutrifft[48] – nicht nur recht ungenau, sondern auch zusätzlich von verschiedenen (Interpretations-) Problemen belastet[49]. Nur über die Paläographie und, methodisch davon unabhängig, über die historischen Daten, die in der Inschrift überliefert werden, läßt sich die Inschrift datieren. Paläographisch führt sie in das 7.Jh.v.Chr. Der in ihr erwähnte ammonitische König *ʿmndb bn hṣl'l bn ʿmndb* hat wahrscheinlich in der Zeit um 600 v. Chr. regiert. Die durch die Filiation bezeugte Papponymie könnte auf Gepflogenheiten der phönizischen Namengebung zurückgehen[50]. Die Diskrepanz zwischen der paläographischen und der 'hi-

Raumes nach arabischen Geographen. Historische und etymologische Untersuchungen (Diss. phil. masch.; Freie Universität Berlin 1986), 224. Zusammenfassend E. J. Smit, JSem 1,1 (1989), 108 ff.

45 Vgl. z. B. die Übersetzungen von Sh. Aḥituv, G. W. Ahlström, M. Baldacci, P.-E. Dion, F. Israel, K. A. D. Smelik, J. Teixidor, H. O. Thompson und F. Zayadine.

46 Vgl. Kh. Yassine, Ammonite Fortresses: Date and Function, in: ders,, Archaeology of Jordan: Essays and Reports (Amman 1988), 14. 16. 19f, fig. 4:6; 5:1 f (*Ḫirbet Ḫulde*, Tomb 1); E. Stern, Material Culture of the Land of the Bible in the Persian Period 538-332 B. C. (Warminster – Jerusalem 1982), 125; die Liste vergleichbarer Flaschen aus verschiedenen Materialien ließe sich leicht verlängern.

47 H. Helbaek, Grains from the Tell Siran Bronze Bottle, ADAJ 19 (1974), 167f; H. O. Thompson, BASOR 249 (1983), 87-89. Neben den vegetabilischen Resten wurde auch ein kleines, weiter nicht mehr identifizierbares Kupferfragment gefunden.

48 Und falls der Inhalt nicht wesentlich später in als die Inschrift auf die Flasche kam, was wegen des Verschlusses (*in situ*) wenig wahrscheinlich ist.

49 B. Fishman – H. Forbes – B. Lawn, University of Pennsylvania Radiocarbon Dates XIX, Radiocarbon 19 (1977), 211; H. O. Thompson, BASOR 249 (1983), 88; J. M. Weinstein, Radiocarbon Dating in the Southern Levant, Radiocarbon 26 (1984), 354.

50 Vgl. z. B. die phönizischen und punischen Inschriften KAI Nr. 14. 18. 36. 40f. 48. 63. 85. 172, auch M. Dunand, Nouvelles inscriptions phéniciennes du temple d'Eshmoun à Bostan-esh-Cheikh, près Sidon, BMB 18 (1965), 105-109 = Ch. Butterweck, TUAT 2 (1991), 594. Ansonsten ist die Papponymie bei Nabatäern, Palmyrenern und Safaiten gut belegt. Im prähellenistischen Westjordanland ist sie nicht belegt; laut Sext. Julius Africanus, Epist. ad Aristidem (bei Eusebios, hist. ecc. 1,6,2; 7,11) hieß Herodes d.Gr. wie sein Großvater, was aber Joseph., Ant. 14,1,3 (§ 8f) widerspricht. Im Ostjordanland ist sie offenbar erst wieder bei den Tobiaden bezeugt, vgl. Kap. 4.4.2. Zu Elephan-

storischen' Datierung läßt sich einerseits mit der relativen Ungenauigkeit paläographischer Datierungsmöglichkeiten und andererseits mit einem gewissen Archaismus einzelner Buchstabenformen bzw. dem Schriftträger (Metall), der Graviertechnik sowie mit einer relativ langen Regierungsdauer der einzelnen Könige erklären[51].

Obwohl die Inschrift einen vollständig erhaltenen, gut lesbaren, in sich geschlossenen und plausiblen Text darstellt, ist ihre Deutung umstritten. Um eine Bauinschrift[52] kann es sich kaum handeln, da die in der Inschrift erwähnten „Werke" keine eigentlichen Bauwerke darstellen, der Inschrift im Vergleich zu echten Bauinschriften jedweder monumentaler Charakter abgeht und am Fundort keine Architekturreste freigelegt wurde, bei denen man davon ausgehen könnte, daß ihnen ein derartiger Schriftträger als Gründungsbeigabe o.ä. beigefügt worden sei[53]. Noch weniger überzeugend ist die Interpretation der Inschrift als „drinking song"[54]: Der Flaschentyp ist weder ein Trinkgefäß noch ein Weinbehälter und in ihm wurden auch keine Wein- oder Traubenreste gefunden. Sämtliche Versuche, in der Inschrift Lyrik u.a.[55] oder Zitate aus entsprechenden Texten[56] wiederzufinden, sind unbeweisbar. Unwahrscheinlich sind auch die Versuche, Z.4-5 der Inschrift mit *„Soll ich (diese = Weingarten etc.) vernichten?"* o.ä. zu übersetzen[57]; der Sinn solcher Formulierungen läßt sich nur unter Aufbietung zu großer Phantasie nachvollziehen.

Eine Gesamtinterpretation der Inschrift hat alle verfügbaren Informationen zu berücksichtigen, nämlich Lesung (Übersetzung) und Datierung der Inschrift sowie Schriftträger, Fundort und Inhalt des Gefäßes. Unter Berücksichtigung der oben angeführten Lesung und Übersetzung kann man den Charakter der Inschrift und der Flasche folgendermaßen umschreiben: Es handelt sich um eine ammonitische

tine vgl. M.H. Silverman, Religious Value in the Jewish Proper Names at Elephantine (AOAT 217; Kevelaer – Neukirchen-Vluyn 1985), 291-293 u.ö.

51 Vgl. dazu unten die Liste der ammonitische Herrscher (Kap. 4.3.4). Es ist nicht auszuschließen, daß es drei ammonitische Könige namens ʿAmmīnadab gab; doch kann man das nicht dogmatisch über bestimmte Theorien zur ammonitischen Schrift entscheiden, vgl. dazu z.B. W.E. Aufrecht, A Corpus of Ammonite Inscriptions (1989), XXII.

52 So v.a. H.O. Thompson – F. Zayadine, BASOR 212 (1973), 10.

53 Trotz D. Kaye bzw. W.H. Shea, PEQ 110 (1978), 112 ist von einem Palast keine Spur vorhanden und ein solcher dort auch nicht zu erwarten.

54 W.H. Shea, PEQ 110 (1978), 107-112.

55 J.A. Emerton, in: FS für J.P.M. van der Ploeg (AOAT 211; 1982), 367ff; Ch. Krahmalkov, BASOR 223 (1976), 55ff, der den König gleich zum Poeten macht; O. Loretz, UF 9 (1977), 169ff; W.H. Shea, PEQ 110 (1978), 107ff.

56 Ch. Krahmalkov, BASOR 223 (1976), 55ff; O. Loretz, UF 9 (1977), 169ff.

57 So B.E.J.H. Becking, BiOr 38 (1981), 275. Auch als Frage übersetzt, aber offenbar auf die Folgen (zu) kräftigen Alkoholgenusses bezogen J.A. Emerton, in: FS für J.P.M. van der Ploeg (AOAT 211; 1982), 372-376; O. Loretz, UF 9 (1977), 169ff; W.H. Shea, PEQ 110 (1978), 107ff.

Königsinschrift auf einem nur 10 cm großen Schriftträger, der auf einer Ortslage an der wichtigen Straße zwischen der Hauptstadt Rabbat-Ammon und der fruchtbaren *Buqēʿa* gefunden wurde. Die Ortslage war während der Eisenzeit II besiedelt, offensichtlich aber nur in geringem Umfang[58]. Der vegetabilische Inhalt des Flasche, die wegen ihrer Herstellung aus Metall ein wertvoller und seltener Luxusgegenstand gewesen sein muß, ist für diesen Gefäßtyp ungewöhnlich[59]. Wahrscheinlich sind die in der Inschrift erwähnten Weingärten etc. auf den Fundort und seine Umgebung zu beziehen. Ist das richtig, dürfte es sich bei der Ortslage um ein Landgut der genannten ammonitischen Könige gehandelt haben, dessen Ausstattung mit Gärten[60] und hinreichend Wasser einem (alt-)orientalischen Herrscher standesgemäß zustand und auf dem einer der Könige bei einem (Ernte-)Fest die Flasche samt Inhalt als Opfergabe[61] darbrachte.

Nr. 2) Die Bronzeschale von *Umm Uḏaina*:[62]

Auf die Außenseite einer bronzenen Schale („Phiale") mit scheibenförmigem,

58 Vgl. die Grabungsberichte H. O. THOMPSON, ADAJ 18 (1973), 5-14; ders., AJBA 1,6 (1973), 23-30; ders. – F. ZAYADINE, RB 81 (1974), 80-85 sowie A. HADIDI, The Pottery from Tell Siran, Faculty of Arts, Amman, University of Jordan 4 (1973), 23-38 = in: H. O. THOMPSON (ed.), Archaeology in Jordan (American University Studies IX 55; New York u. a. 1989), 135-152.

59 Auf die eigentliche Funktion derartiger Flaschen als Parfüm- oder Salbenbehälter o. ä. kann wohl von den (späteren) *Unguentaria* (*Balsamar*ien) zurückgeschlossen werden, vgl. z. B. N. I. KHAIRY, Nabataean Piriform Unguentaria, BASOR 240 (1980), 88f und V. R. ANDERSON-STOJANOVIC, The Chronology and Function of Ceramic Unguentaria, AJA 91 (1987), 114-122.

60 Zu den Gärten altorientalischer Herrscher vgl. u. a. P. ALBENDA, Grapevines in Ashurbanipal's Garden, BASOR 215 (1974), 5ff; E. EBELING, Garten, RlA 3 (1957-71), 147-150; V. HAAS, Magie in hethitischen Gärten, in: Documentum Asiae Minoris Antiquae. FS für H. OTTEN zum 75.Geb. (Wiesbaden 1988), 121-142; J.-C. HUGONOT, Le jardin dans l'Egypte ancienne (EHS 38,27; Frankfurt a. M. u. a. 1989), passim; M. HUTTER, Garten, NBL 1 (1991), 729f; B. JACOBS-HORNIG, *gan*, ThWAT 2 (1974-77), 35-41; I. SEYBOLD – P. ROLL, Kräutergärten in Mesopotamien, GMSt 2 (1989), 297-309; D. J. WISEMAN, Mesopotamian Gardens, AnSt 33 (1983), 137-144; vgl. auch W. FAUTH, Der königliche Gärtner und Jäger im Paradeisos. Beobachtungen zur Rolle des Herrschers in der vorderasiatischen Hortikultur, Persica 8 (1979), 1-53; W. RICHTER, Tiergärten, KP 5 (1975), 823.

61 Vgl. z. B. G. W. AHLSTRÖM, PEQ 116 (1984), 14; B.E.J.H. BECKING, BiOr 38 (1981), 275; M. PICCIRILLO, TS(I) 51 (1975), 371; H. O. THOMPSON, AJBA 1,6 (1973), 132; ders., BASOR 249 (1983), 88; F. ZAYADINE – H.O. THOMPSON, Ber. 22 (1973), 139f. Zu kultische Begehungen in Gärten vgl. Jes. 1,29; 65,3; 66,17, zu mesopotamischen (und ugaritischen) Belegen D. J. WISEMAN, AnSt 33 (1983), 137ff. Um eine Grabbeigabe, so eine Vermutung vom K. A. D. SMELIK, Historische Dokumente (1987), 85, kann es sich wegen des archäologischen Kontextes kaum gehandelt haben.

62 *ʿAmmān*, Archaeological Museum No. J.14653. H. HADDAD, The Tomb of Umm Uḏaina, ADAJ 28 (1984), 13*, Pl. 6*:5 (arab.); A. HADIDI, An Ammonite Tomb at Amman, Levant 19 (1987), 102, fig. 3. 10; F. ZAYADINE – P. BORDREUIL, in: LA VOIE ROYALE (1986), No. 188 (Photos); dies., in: DER KÖNIGSWEG (1987), Nr. 191 (Photos) lesen als Patronym *'l[y]zr̊* (zum PN vgl. den PN *yzn'l*, Siegel Nr. 79) oder *'l[ʿ]zr̊*; A. LEMAIRE, Les inscriptions palestiniennes d'époque perse: un bilan provisoire, Transeuphratène 1 (1989), 89, Anm. 6 (liest als Patronym *'lʿzr̊*).

zentralem Omphalos und „gegenständigen Buckeln bzw. Buckelnetz“[63], die zu den reichen Beigaben (vgl. das moabitische Siegel Nr. 132) eines ammonitischen Grabes in *Umm Uḏaina* (map ref. 2355.1520) gehört, ist zwischen der gerade nach außen ausgezogenen Lippe und der Bogenriefelung eine einzeilige Inschrift graviert. Sie stellt eine Besitzerangabe dar und umfaßte ursprünglich 13 Buchstaben, von denen zwei durch Korrosion verschwunden und einige schwer lesbar sind:
*l'lšm̊r̊ (b)n̊ 'l[ʿ]zr̊*

Die – ammonitische – Schrift ähnelt der der Bronzeflasche vom *Tell Sīrān* und kann an den Anfang des 6.Jh.s v.Chr. datiert werden. Omphalosschalen waren – zumindest bei den Griechen – beliebte Libations- und Trinkgefäße.

Nr. 3) Metall-Gewichte unbekannter Herkunft:

Das im Kunsthandel erworbene, rechteckige Gewicht (25,74 gr; 22,5 x 24 x 7-10 mm)[64] aus Bronze ist auf der gewölbten Oberseite mit einem Halbmond verziert und am Rand mit der Besitzerangabe *lmgn* beschriftet[65]. Aufgrund der Schrift, die einen in charakteristischer Weise vom Material und Schreibtechnik abhängigen Schrifttyp darstellt, ist eine ammonitische Herkunft möglich, aber keineswegs sicher. Das Gewicht ist in das 8. oder 7. Jahrhundert vor Christus zu datieren.

63 Terminologie nach H. Luschey, Die Phiale (Bleicherode im Harz 1939), 41ff. Parallelen zum Schalentyp z.B. bei G.L. Harding, An Iron Tomb at Meqabelen, QDAP 14 (1950), 45, Pl. 14:6.8; Kh. Yassine, Tell el Mazar I. Cemetery A (Amman 1984), 76-78, fig. 7:1f; 50:53f; ders., Archaeology of Jordan (1988), 16. 21, fig. 7:1f (*Ḫirbet Ḫulde*, Tomb 2); E. Stern, Material Culture (1982), 144f; M. Dayagi-Mendels, Petaled Bowl from Kibbutz Gath, in: K. Howard (ed.), Treasures of the Holy Land. Ancient Art from the Israel Museum (The Metropolitan Museum of Art; New York 1986), 187f, No. 96. Zur Verbreitung u.a. vgl. P.H.G.H. Smith, A Study of 9th-7th Century Metal Bowls from Western Asia, IrAnt 21 (1986), 1-88; zuletzt auch F. Brommer, Eine achaemenidische Silberschale mit Besitzerzeichen, Anat. 21 (1978-1980), 105-112 und L. van den Berghe, Les pratiques funéraires à l'âge du Fer III du Pusht-i Kūh, Luristan: Les Nécropoles „Genre war Kabūd“, IrAnt 22 (1987), 230f. 245, fig. 14:12-19; vgl. auch die Schalen in der Händen der Tribute bringenden „Syrer“ auf den Reliefs von Persepolis, G. Walser, Die Völkerschaften auf den Reliefs von Persepolis. Historische Studien über den sogenannten Tributzug an der Apadana-Treppe (TF 2; Berlin 1966), 78-80, Taf. 45; etwas anders W. Hinz, Die Völkerschaften der Persepolis-Reliefs, in: ders., Altiranische Funde und Forschungen (Berlin 1969), 95-114.

64 Tel Aviv, Kadman Numismatic Museum, No. K 525. G. Barkay, A Group of Iron Age Scale Weights, IEJ 28 (1978), 214-216, No. 4, fig. 1:4; Pl. 34 A.B [= ammonit. (oder aramä.)]; F. Bron – A. Lemaire, Poids inscrits phénico-araméens du VIIIe siècle av. J.C., in: Atti del I Congresso Internazionale di Studi Fenici e Punici, Rom 1979 (Collezione di Studi Fenici 16; Rom 1983), 769, No. 9 (= phön.).

65 Zum PN *mgn* vgl. z.B. VSE Nr. 192. 404; KAI Nr. 60:2; Y. Shiloh, A Hoard of Hebrew Bullae from the City of David, ErIs 18 (1985), 80, No. 19; auch F. L. Benz, Personal Names in the Phoenician and Punic Inscriptions (StP 8; Rom 1972), 133-137 (*mgn*, *mgnbʿl* u.a.); F. Gröndahl, Die Personennamen der Texte aus Ugarit (StP 1; Rom 1967), 50. 156.

Daneben kann ein anderes beschriftetes Gewicht (ca. 7.Jh.v.Chr.) wahrscheinlich für ammonitisch gehalten werden: Es handelt sich dabei um ein rechteckiges Gewicht aus Eisen (?) (5,55 gr; ca. 1,1 x 0,97 x 0,7 cm) mit der Aufschrift *bqʿ*, die es als eines der kleineren Gewichtstypen ausweist[66].

## 2.3. Die Ostraka

Die bisher immer als ammonitisch interpretierten Ostraka aus Heschbon (*Tell Ḥeṣbān*) sind hier nicht zu behandeln; sie sind vielmehr als moabitische Ostraka zu verstehen[67].

Das sechszeilige Ostrakon DA 2600 (1978) vom *Tell Dēr ʿAllā* stammt aus dem 5.Jh.v.Chr. und ist in aramäischer Schrift und Sprache geschrieben; selbst wenn die bemalte Scherbe, auf die der Text mit schwarzer Tinte aufgetragen wurde, Teil eines ammonitischen Gefäßes wäre – was keineswegs gesichert ist –, gäbe dies keinerlei Hinweis auf die Herkunft des Verfassers bzw. Schreibers[68]. Das zweiseitig

66 Jerusalem, Pontifical Biblical Institute. E. SHANY, A New Unpublished 'Beqʿa' Weight in the Collection of the Biblical Institute, Jerusalem, Israel, PEQ 99 (1967), 54f (= „hebr."); F. ISRAEL, SMSR 56 (1990), 310 (= ammonit.). Vgl. allgemein H. WEIPPERT, Gewicht, BRL ([2]1977), 93f.

67 U. HÜBNER, ZDPV 104 (1988), 68-73. Anders nach wie vor z.B. F. ISRAEL, SMSR 56 (1990), 311; A. LEMAIRE, Transeuphratène 1 (1989), 88 oder W.E. AUFRECHT, A Corpus of the Ammonite Inscriptions (1989), Nos. 65. 76. 80f. 94. 137 (= sicher bzw. wahrscheinlich ammonit.); G.G.G. REINHOLD, Die Beziehungen Altisraels zu den aramäischen Staaten (1989), 21. Da in der Mescha-Inschrift (9.Jh.v.Chr.!) die mask. Plural-Endung *-n* (**-īn*) lautet und in einem einzigen der zahlreichen Heschbon-Ostraka [Nr. XI (1.H. 6.Jh.v.Chr.!): *bʿrm* und *ḫblm*] die Endung *-m* (**-īm*) belegt ist (vgl. *ʿAmmān*-Zitadellen- und *Tell Sīrān*-Inschrift), werden mit diesem einem Argument gerne alle Heschbon-Ostraka für ammonitisch erklärt [vgl. dagegen z.B. *bn ʿmn* in der ammonitischen *Tell Sīrān*-Inschrift und *bny gbl* im moabitischen Heschbon-Ostrakon II]. Da zudem die Ostraka eindeutig von verschiedenen Schreibern zu unterschiedlichen Zeiten geschrieben worden sind, wäre es konsequent, allenfalls das Heschbon-Ostrakon Nr. XI für ammonitisch zu halten, die anderen aber für moabitisch. Das Vorkommen der Relativpartikel *'š* im Heschbon-Ostrakon Nr. IV (in der Mescha-Inschrift *'šr*) halte ich für noch weniger aussagekräftig als die Plural-Endungen *-n/m*. Das moabitische (oder möglicherweise ammonitische) Heschbon-Ostrakon Nr. XI lautet:

| | |
|---|---|
| 1) *t'n[* | 1) *Feigen[* |
| 2) *t'n mn[* | 2) *Feigen von[* |
| 3) *bʿrm[* | 3) *Lasttiere[* |
| 4) *ḫblm[* | 4) *Stricke[* |

Zur Methodik der Ausgrabungen und ihrer Interpretation vgl. S. TIMM, Die Ausgrabungen in Ḥesbān als Testfall der neueren Palästine-Archäologie (*sic*), NGTT 30 (1989), 169-177.

68 H.J. FRANKEN – M.M. IBRAHIM – J. HOFTIJZER, Two Seasons of Excavations at Tell Deir ʿAlla, 1976-1978, ADAJ 22 (1977-1978), 79, Pl. 29:2 (Photo) (ohne Einordnung); J. HOFTIJZER – G. VAN

beschriftete Ostrakon DA 2755 (1982) vom *Tell Dēr ʿAllā* mit Listen männlicher und weiblicher PN ist bislang zu unzureichend publiziert, als daß es sich paläographisch, sprachlich und onomatologisch einordnen ließe[69].

Auf dem *Tell el-ʿUmērī* (map ref. 2342.1420) wurden 1987 zwei (?) offenbar schlecht erhaltene (und nicht mehr lesbare?) Ostraka gefunden[70]. Da sie (bisher) nicht veröffentlicht wurden, läßt sich aufgrund der topographischen Lage des Fundortes auf unbezweifelbar ammonitischem Territorium und aufgrund der Besiedlungsgeschichte des *tell* nur vermuten, daß es sich dabei um ammonitische Schriftdenkmäler der ausgehenden Eisenzeit handelt.

Nr. 1) Das Ostrakon Nr. 7 (JUM 222/79) vom *Tell el-Mazār*:[71]

Das Ostrakon stammt aus einem Silo vom *Tell el-Mazār* mit perserzeitlicher und frühhellenistischer Keramik (Area M, Stratum I/II, Loc. 6). Es handelt sich dabei um eine neunzeilige Namenliste:

*1) mlkmyt[ ]*
*2) ʾsʾ[ ]*
*3) bgʾ[ ]*
*4) gdl br ʾlʾmr*
*5) ʾwrʾl[ ]ʿ̊[ ]*
*6) hṣlʾl ʾ[ ]*
*7) yhẘẙdʿ̊*
*8) ʿlyʾlʿ̊ [ ]*
*9) yqm[ʾ]l̊[ ]*

der Kooij, Inscriptions, in: G. van der Kooji – M. M. Ibrahim (ed.), Picking up the Threads ... A Continuing Review of Excavations at Deir Alla, Jordan (Leiden 1989), 66. 69f. 107, No. 151 (Photo), fig. 151 (Zeichnung der einzelnen Buchstaben) (= aramä.).

69 J. Hoftijzer – G. van der Kooij, in: G. van der Kooij – M. M. Ibrahim (ed.), Picking up the Threads ... (1989), 66. 69. 103f, No. 123 (Photo der konkaven Seite), fig. 84 [Zeichnung einiger (?) Buchstaben] (= aramä.-ammonit. Schrift?).

70 W. H. Shea, Review: K. P. Jackson, The Ammonite Language, 1983, JBL 105 (1986), 113; L. T. Geraty et al., A Preliminary Report on the Second Season at Tell el-ʿUmeiri and Vicinity, AUSS 26 (1988), 246; dies., Madaba Plains Project: A Preliminary Report on the 1987 Season at Tell el-ʿUmeiri and Vicinity, in: W. E. Rast (ed.), Preliminary Reports of ASOR-Sponsored Excavations 1983-1987 (BASOR.S 25; Baltimore/MD 1990), 84; dies., Madaba Plains Project: The 1987 Season at Tell el-ʿUmeiri, ADAJ 33 (1989), 161.

71 Map ref. 2074.1810. Kh. Yassine – J. Teixidor, Ammonite and Aramaic Inscriptions from Tell El-Mazar in Jordan, BASOR 264 (1986), 48f, No. 7, fig. 9 (Photo); J. Teixidor, Bulletin d'épigraphie sémitique (1986), 490 liest in Z. 1 falsch *mlkm*. Zum vorläufigen Grabungsbericht vgl. Kh. Yassine, ADAJ 27 (1983), 495ff. Zum Ostrakon auch W. E. Aufrecht, A Corpus of the Ammonite Inscriptions (1989), 340-342, No. 147, Pl. 52:147 (Photo).

Die Schrift kann paläographisch ins 5.Jh.v.Chr. datiert werden; diese Datierung wird durch den perserzeitlichen Anteil im Silo unterstützt. Das Onomastikon ist deshalb interessant, weil es mit Milkom und mit Jahwe gebildete theophore PN gleichzeitig überliefert. Dies zeigt, daß der *Tell el-Mazār* in der achämenidischen Zeit von einer religiös (und ethnisch) gemischten Bevölkerung besiedelt gewesen ist, was auch durch die unterschiedlichen Grabbeigaben und Bestattungssitten des nahegelegenen Friedhofs belegt wird[72] und durch die politischen Rahmenbedingungen[73] dieser Zeit erklärbar ist. PN[74] und Schrift beweisen nicht eine ammonitische Herkunft des Ostrakons, sondern nur, daß ein Teil der Bevölkerung aus Ammonitern bestand. Der Gebrauch von *br* (statt *bn*) und die kursive Schrift deuten sprachlich und paläographisch auf Aramäisch; da der Gebrauch der aramäischen Schrift und Sprache im 5.Jh.v.Chr. üblich war, läßt sich nicht eindeutig sagen, aus welchem Teil der Bevölkerung auf dem *Tell el-Mazār* das Ostrakon hervorgegangen ist.

[Das beidseitig leicht kursiv beschriebene Ostrakon Nr. 3 (JUM 223/79)[75] vom *Tell el-Mazār* (Area L, Loc.6, Stratum III, frühes 6.Jh. v.Chr.)[76] wird von Kh. Yassine und J. Teixidor mit den angeblich ammonitischen Heschbon-Ostraka IV[77] und A3[78] verglichen und demzufolge als ammonitisch in Schrift und Sprache

72 Kh. Yassine, Tell el Mazar I (1984), passim; vgl. ders., Social-Religious Distructions in Iron Age Burial Practice in Jordan, in: J.F.A. Sawyer – D.J.A. Clines (ed.), Midian, Moab, and Edom (JSOT.S 24; Sheffield 1983), 29-36; E.A. Knauf, Supplementa Ismaelitica 7. Zwei Siegel vom Tell el-Mazār, BN 25 (1984), 22ff.

73 Vgl. P. Frei – K. Koch, Reichsidee und Organisation im Perserreich (OBO 55; Fribourg – Göttingen 1984), passim.

74 M. Heltzer, The Tell el-Mazār Inscription n° 7 and some historical and literary Problems of the Vth Satrapy, Transeuphratène 1 (1989), 111-118 hält, abgesehen vom PN *mlkmyt*, die PN *gdʿzr*, *ʾlʾmr*, *ʾwrʾl*, *ḥṣlʾl* (vgl. die *Tell Sīrān*-Flasche), *ʿlyʾl* und *yqmʾl* ohne jeden Beweis für ammonitisch. Der PN *ḥṣlyhw* ist auf den Siegeln VSE Nr. 186. 419f, judäischen Bullen und Siegelabdrücken aus Jerusalem, *el-Ğīb* und Lachisch und auf Ostraka aus Lachisch (Nr. 1:1) und *Ḫirbet Ġazze*, der PN *ḥṣwl* in Ägypten mehrfach belegt; auch für den PN *ḥṣlʾl* ist die Annahme ammonitischer Herkunft allenfalls Spekulation.

75 Kh. Yassine – J. Teixidor, BASOR 264 (1986), 47f, No. 3, fig. 4f (Photos); vgl. W.E. Aufrecht, A Corpus of the Ammonite Inscriptions (1989), 334-337, No. 144, Pl. 51:144 (Photo).

76 Kh. Yassine – J. Teixidor, BASOR 264 (1986), 47f, No. 3, fig. 4f (Photos). Zum vorläufigen Grabungsbericht vgl. Kh. Yassine, Tell el-Mazar, Field I. Preliminary Report of Area G, H, L, and M: The Summit, ADAJ 27 (1983), 495-513.

77 F.M. Cross, AUSS 13 (1975), 1-18, fig. 1 (Zeichnung), Pl. 1 (Photo): „Ammonite cursive script", Sprache ammonitisch, spätes 7. oder Anfang 6.Jh.v.Chr.

78 F.M. Cross, An unpublished Ammonite Ostracon from Hesbân, in: L.T. Geraty – L.G. Herr (ed.), The Archaeology of Transjordan and other Studies presented to S.H. Horn (Berrien Springs/MI 1986), 475-489 (Zeichnung, Photo): „at the end of a series of cursive scripts of Transjordan", Mitte oder 3.Viertel des 6.Jh.v.Chr.; vgl. schon K.P. Jackson, Ammonite Language (1983), 53f: „Date: ca. 550-525", „Script: Ammonite".

(„Like other Ammonite texts the language is Canaanite") bezeichnet, ohne daß sie dafür einen Beweis oder ein klares Indiz vorweisen könnten. Eine derart sichere Einordnung der in Frage kommenden Ostraka vom *Tell el-Mazār* innerhalb der denkbaren kanaanäischen Sprachen ist m.E. sowohl paläographisch als auch von der Bevölkerungssituation im mittleren Jordan-Tal (z.Zt.) kaum möglich.]

Nr. 2) Das Ostrakon ND 6231 aus *Nimrūd* (*Kalḫu*):

Das Ostrakon wurde 1957 in *Nimrūd* (*Kalḫu*) bei den Ausgrabungen M. E. L. Mallowans im „Fort Shalmaneser" („Arsenal, Zeughaus", *ekal māšarti*), Raum SW 1 gefunden und unmittelbar darauf von J. B. Segal veröffentlicht[79]. Die maximal 5,5 x 10 cm große Scherbe ist zuerst auf der konvexen, dann von einem zweiten Schreiber auf der konkaven Seite mit schwarzer Tinte beschrieben worden. Beide Seiten enthalten Namenslisten. Der ältere Text I ist nicht ganz vollständig erhalten; die Namensliste ist in zwei Kolumnen angeordnet, die Worttrenner bestehen aus Punkten. Der spätere Text II ist vollständig erhalten, die Worttrenner bestehen aus senkrechten Strichen. Außer in I 4f sind die ausschließlich männlichen PN mittels des Formulars *X.bn Y* angegeben. Dabei wird *bn* durch den Worttrenner vom vorausgehenden Sohnesnamen abgetrennt, aber durch *lectio continua* mit dem nachfolgenden Vatersnamen verbunden. Die Schrift beider Texte ist aramäisch[80]. Da der Fundort 612 v. Chr. zerstört wurde, dürfte das Ostrakon nicht allzulange davor geschrieben worden sein; auch paläographisch spricht nichts gegen eine Datierung beider Handschriften in die Mitte des 7.Jh.v.Chr.[81]. Der Raum SW 1 war wahrscheinlich ein Vorratsraum für Wein und/oder Getreide; da die zum gleichen Gebäudeteil gehörenden Nachbarräume zum größten Teil nicht ausgegraben wurden, läßt sich über die Funktion des Ostrakons bzw. seiner beiden Namenslisten nichts genaues aussagen[82].

79 Bagdad, Iraq Museum, No. IM 73200. J. B. Segal, An Aramaic Ostracon from Nimrud, Iraq 19 (1957), 139-145, Pl. 34 (Photos).

80 G. van der Kooij, Early North-West Semitic Script Traditions (Ph.Diss. 1986), 41 f, fig. 3:19a-b. É. Puech, RB 92 (1985), 12 f hält die Schrift für ammonitisch, ohne einen überzeugenden Beweis dafür anzutreten.

81 W. F. Albright, An Ostracon from Calah and the North-Israelite Diaspora, BASOR 149 (1958), 33-36; P. Bordreuil, RHPhR 59 (1979), 313-317; F. M. Cross, AUSS 13 (1975) 13; J. Naveh, IEJ 17 (1967), 256; ders., The Development of the Aramaic Script (PIASH 5,1; Jerusalem 1970), 14; ders., Early History of the Alphabet (Jerusalem 1982), 88. 109; ders., Maarav 2 (1980), 163 datieren das Ostrakon an das Ende des 8.Jh.s v. Chr. Eine solche Frühdatierung ist archäologisch unwahrscheinlich und paläographisch nicht zwingend.

82 M. E. L. Mallowan, Nimrud and its Remains II (London 1966), 407, Pl. 8.

*1) (b)]n ʿn’l. ’lnr.bn mḥm*
*2) (ḥ)]nn’l bn ʿn’l̊ ’lnr.bn̊ [..]ʿ̊l̊*
*3) mnḥm.bn byd’l .zkr’l.bn ṣnr*
*4) šb’l.bn ʿz’ ndb’l.bn ḥnn.*
*5) ḥnn’l.bn ḥz’l.*
*6) gn’.bn mnḥm.*

*1) mnḥm.bn ’lyšʿ̊*
*2) ’lnr̊.b̊n̊ šk’l.*[83]
*3) ’yndb.b̊n ḥgy.*
*4) ’ltmk.kbs.*[84]
*5) ʿkbr.blmtn.*[85]

Das *Nimrūd*-Ostrakon ND 6231 ist in der Forschung stark umstritten, insbesondere was die sprachliche bzw. ethnische Identifizierung der in den Namenslisten genannten Personen betrifft. Dabei gehen viele Forscher von einer Hypothese aus, die sie weder benennen noch beweisen: Die genannten Personen, seien es Israeliten, Phönizier[86], ’Transjordanier’[87] oder Ammoniter[88], gehören alle einer einzigen, maximal zwei sprachlichen bzw. ethnischen Gruppen an. Da weder ihre Herkunft (Deportierte?) noch ihr sozialer Status (Arbeiter, Soldaten, Kaufleute o. ä.) und

83 W. F. Albright, BASOR 149 (1958), 33-36; K. P. Jackson, Ammonite Language (1983), 63-67 und J. Naveh, Maarav 2 (1980), 164 wollen – kaum zu Recht – *mk’l* lesen; vgl. auch W. E. Aufrecht, A Corpus of Ammonite Inscriptions (1989), 118, No. 47, Pl. 15:47 (Photos).

84 J. Naveh, Maarav 2 (1980), 171 interpretiert *kbs* – aufgrund methodisch problematischer Belege – als Berufsbezeichnung „Wäscher" oder „Walker".

85 W. F. Albright, BASOR 149 (1958), 33-36; K. P. Jackson, Ammonite Language, 63ff und B. E. J. H. Becking, ZDPV 104 (1988), 59-67 wollen *blntn* lesen. J. Naveh, Maarav 2 (1980), 164. 170 liest – wenig überzeugend – *bl ntn* und interpretiert *bl* als Dissimilation von *bn*; vgl. auch W. E. Aufrecht, A Corpus of Ammonite Inscriptions (1989), 119: *ʿkbr.b[n ’]lntn.*

86 Israeliten (und / oder Phönizier): W. F. Albright, BASOR 149 (1958) 33ff; M. E. L. Mallowan, Nimrud II (1966), 407; J. Naveh, Development of the Aramaic Script (1982), 14; J. B. Segal, Iraq 19 (1957) 139ff; S. Segert, Kann das Ostrakon von Nimrud für aramäisch gehalten werden?, AAS(B) 1 (1965), 147ff; E. Vogt, Nomina Hebraica-Phoenicia in Assyria exeuntis saec. 7 a Chr., Bib. 39 (1958), 114f. B. Oded, Mass Deportations and Deportees in the Neo-Assyrian Empire (Wiesbaden 1979), 16. 60f. 89 geht wohl zurecht davon aus, daß es sich bei den in derartigen Listen genannten Personen um Deportierte bzw. deren Nachfahren handeln dürfte.

87 P. Bordreuil, RHPhR 59 (1979), 313-317.

88 J. Naveh, Maarav 2 (1980), 163-171; ders., Early History of the Alphabet (1982), 88. 109; J. Na'aman – R. Zadok, Sargon II's Deportations to Israel and Philistia (716-708 B.C.), JCS 40 (1988), 45f; É. Puech, RB 92 (1985), 12f; W. E. Aufrecht, A Corpus of the Ammonite Inscriptions (1989), 118-124, No. 47, Pl. 15:47 (Photos); G. G. G. Reinhold, Die Beziehungen Altisraels zu den aramäischen Staaten (1989), 20; F. Israel, SMSR 56 (1990), 311; ders., Die Sprache des Ostrakons aus Nimrud, UF 21 (1989), 233-235.

nur wenig über den administrativen Umgang der Assyrer mit derartigen Gruppen bekannt ist[89], ist mit der Möglichkeit zu rechnen, daß die auf dem Ostrakon genannten Personen mehr als nur ein oder zwei ethnischen Gruppen angehört haben[90], zumal gerade in den assyrischen Großstädten besonders viele Deportierte (verschiedenster Herkunft) und deren Nachfahren belegt sind[91]. Dem entspricht das Onomastikon des Ostrakons auch eher: Klar zuzuordnende theophore Elemente fehlen; der Großteil der PN ist in Ammon, Edom, Israel, Juda, Moab und Phönizien (und darüber hinaus) mehr oder weniger gut belegt oder aber ohne weiteres in Ammon u. a. gut vorstellbar[92]. Demnach ist es zwar nicht auszuschließen, daß sich hinter einigen der PN Ammoniter verbergen, aber insgesamt ist das Ostrakon kaum als eine (von Ammonitern geschriebene) ammonitische Namensliste zu verstehen[93].

89 Vgl. z. B. die von M. WEIPPERT, Israel und Juda, RlA 5 (1976-80), 203f und S. DALLEY – (J.N. POSTGATE), The Tablets from Fort Shalmaneser (CTN 3; Oxford 1984), 17-22. 27-47; S. DALLEY, Foreign Chariotry and Cavalry in the Armies of Tiglath-Pileser III and Sargon II, Iraq 47 (1985), 31-48 zusammengetragenen Belege. Zu dem sehr unterschiedlichen Umgang mit Deportierten durch die Assyrer vgl. B. ODED, Mass Deportations (1979), 75-115.

90 B. E. J. H. BECKING, ZDPV 104 (1988), 59-67.

91 B. ODED, Mass Deportations (1979), 28. 48 u. ö., zu *Kalḫu* 60f.

92 Zum Belegmaterial vgl. z. B. J. B. SEGAL, Iraq 19 (1957), 141ff; P. BORDREUIL, RHPhR 59 (1979), 313ff; B.E.J.H. BECKING, ZDPV 104 (1988), 59-67. Die Vermutungen von G. GARBINI, Appunti di epigrafia aramaica, AION 17 (1967), 94f führen kaum weiter. Zu den methodischen Problemen, derartige Onomastika historisch auszuwerten, vgl. B. ODED, Mass Deportations (1979), 12f.

93 B.E.J.H. BECKING, ZDPV 104 (1988), 59-67.

## 2.4. Die Gefäßinschriften[94]

Nr. 1) Gefäßinschrift vom *Ǧebel el-Qalʿa, ʿAmmān*:[95]

Diese Gefäßinschrift stammt aus einer Grabung F. ZAYADINES am Südrand des unteren Plateaus der Zitadelle von *ʿAmmān* (Area A, Stratum V). Sie ist auf einer Körperscherbe einer Kanne („jug") eingeritzt und umfaßt 4 Buchstaben, von denen allerdings nur der dritte, ein *b*, fast vollständig erhalten ist. Dennoch ist die Lesung ziemlich sicher: *lʿbd̊[*[96].

Aufgrund der wenigen Buchstabenformen und des archäologischen Kontextes kann die Inschrift wohl ins 7.Jh. v. Chr. datiert werden. Wegen des *l* (*l-*) am Anfang ist sie wahrscheinlich als Besitzerangabe zu verstehen, die aus einem nachfolgenden PN besteht, der mit *ʿbd* beginnt und dessen theophores Element o. ä. verloren ist[97]. Eine Interpretation von *ʿbd* als Titel, auf den dann ein (verlorener) Name gefolgt sei, ist nicht auszuschließen, aber deshalb wenig wahrscheinlich, weil der Titelträger selbst (wegen Platzmangels) namenlos geblieben wäre[98].

Nr. 2) Gefäßinschrift vom *Ǧebel el-Qalʿa, ʿAmmān*:[99]

Diese Gefäßinschrift stammt aus einer Grabung R. H. DORNEMANNS am Fuß des

94 Die angeblich mit einer Inschrift *ʿm(w)n* (?) beschriftete Scherbe aus einer eisenzeitlichen Zisterne von der Zitadelle in *ʿAmmān* wurde von F. EL-FAKHARANI, The Library of Philadelphia (?) or The So-Called Temple on the Citadel Hill in Amman, WZ(R).GS 24,6 (1975), 534 (Anm. 13). 549 unzureichend, ohne Abb. und unüberprüfbar 'beschrieben'; daher läßt sich dazu nichts weiter sagen.

Die fragmentarische Gefäßinschrift vom *Tell es-Saʿīdīye* Stratum VII B (Area AA), vgl. J. T. TUBB, Tell es-Saʿidiyeh: Preliminary Report on the First three Seasons of Renewed Excavations, Levant 20 (1988), 31. 33, fig. 8 (Photo) („West Semitic letters") ist aus territorialgeschichtlichen Gründen kaum ammonitisch, was auch paläographisch nicht beweisbar wäre.

95 F. ZAYADINE, ADAJ 18 (1973), 28. 31-33, fig. 2 (Zeichnung), Pl. 20:3 (Photo).

96 É. PUECH, RB 92 (1985), 11, fig. 2a (Zeichnung) liest „*]lʿbd[*" und datiert die Inschrift ins 8./7.Jh.v.Chr. J. TEIXIDOR, Bulletin d'épigraphie sémitique (1986), 328 liest ebenso, bezweifelt aber (wohl zu Unrecht) die ammonitische Herkunft der Inschrift; F. ZAYADINE, Le Pays d'Ammon: La Citadelle d'Amman, Le Monde de la Bible 46 (1986), 19, fig. 22 (Photo) (= ammonit.); W. E. AUFRECHT, A Corpus of the Ammonite Inscriptions (1989), 202, No. 77, Pl. 27:77 (Photo) liest *lʿbr* (= ammonit.).

97 F. ZAYADINE, Recent Excavations on the Citadel of Amman (A Preliminary Report), ADAJ 18 (1973), 31 liest *lʿbr̊* und verweist auf *ʿbry* in 1Chr. 24,27; die Lesung *ʿbry* ist allerdings keineswegs sicher: LXX A liest *ōbdi*; M. NOTH, Personennamen (1928), Nr. 1017 und K. GALLING, Die Bücher der Chronik (ATD 12; Göttingen 1954), 65 ändern wohl zu Recht in *ʿbdy*, vgl. BHK. Zum PN vgl. auch die Siegel des *ʿbd'* etc. (s.u.).

98 Vgl. z. B. die Siegel des *'dnr ʿbd ʿmndb* (Nr. 14), *'dnpḷt ʿbd ʿmndb* (Nr. 15), *byd'l ʿbd pd'l* (Nr. 65), *mnḥm bn smk ʿbd mlk* (Nr. 98), *mlkm'wr ʿbd bʿlyš* (Nr. 88).

99 R. H. DORNEMANN, Archaeology of the Transjordan (1983), 103, fig. 68:400 (Photo).

nördlichen Endes des oberen Zitadellenplateaus von *ʿAmmān* (Area III, layer 4). Sie ist auf die Innenseite[100] einer Körperscherbe einer Schale eingeritzt. Anfang und Ende der Inschrift sind verloren. Nur vier Buchstaben sind erhalten; davon sind die beiden mittleren mit Sicherheit *bn* zu lesen. Der erste muß entweder als *ṣ* oder als *h* gelesen werden; der letzte, von dem nur ein Bruchteil erhalten ist, könnte ein *q* gewesen sein. Die Buchstabenfolge ist wahrscheinlich als Namensangabe *-ṣ/h bn q̊-* einschließlich einer Filiation zu verstehen, wobei von beiden Namen jeweils nur der letzte bzw. erste Buchstabe erhalten ist. Aufgrund der Buchstabenformen ist eine Datierung ins 8./7.Jh.v.Chr. möglich.

Nr. 3) Gefäßinschrift vom *Ǧebel el-Qalʿa, ʿAmmān*:[101]

Auch diese Gefäßinschrift wurde in der Grabung R. H. DORNEMANNS 1969 auf der Zitadelle von *ʿAmmān* (Area III, layer 5c, Period II) gefunden. Sie ist auf dem Henkel eines Vorratsgefäßes eingeritzt, vermutlich nur unvollständig überliefert und durch eine sekundäre Bohrung zusätzlich beschädigt: *lḥ[.* Wahrscheinlich handelt es sich um eine Besitzerangabe *l-ḥ[.* vermutlich des 7.Jh.s v. Chr. mit einem unvollständig erhaltenen PN.

Nr. 4) Gefäßinschrift aus *Saḥāb*:[102]

Die Gefäßinschrift wurde 1975 in *Saḥāb* (map ref. 2452.1425), Areal B (Eisen II-Zeit; 7.Jh.v.Chr.?) gefunden und befindet sich auf der Randscherbe eines Vorratsgefäßes. Da nur ein Zeichen (*t* ?) erhalten zu sein scheint und seine Form es nicht sicher als Buchstaben ausweist, ist nicht auszuschließen, daß es sich nur um eine Gefäßmarkierung handelt (s.u.).

Nr. 5) Gefäßinschrift aus *Ḫirbet Umm ed-Danānīr*:[103]

Die 1987 gefundene Inschrift wurde vor dem Brennen auf einem Vorratskrug angebracht, ist in ammonitischer Schrift des 7.Jh.s v. Chr. geschrieben und lautet *].šmʿ[*; dabei dürfte es sich um eine fragmentarische Besitzerangabe handeln. Da der erste, nur noch bruchstückhaft erhaltene Buchstaben ein *l* darstellen dürfte, könnte der vollständige PN *ʾlšmʿ* gelautet haben.

100 Vgl. z.B. Y. AHARONI (ed.), Arad Inscriptions (Judean Desert Studies; Jerusalem 1981), Nos. 99. 102f.

101 R. H. DORNEMANN, Archaeology of the Transjordan (1983), 103, fig. 68:399 (Photo).

102 M. M. IBRAHIM, Third Season of Excavations at Sahab, ADAJ 20 (1975), 73, Pl. 25:1 (Photo) ohne Lesung des Zeichens.

103 Map ref. 2273.1659. Philadelphia/PN, University Museum, No. 87-9-138. P. E. MCGOWERN, LA 37 (1987), 386; ders., in: D. HOMÈS-FREDERICQ – J. B. HENNESSY (ed.), Archaeology of Jordan II (1989), 42; ders., The Baqʿah Valley Project 1987, Khirbet Umm ad-Dananir and el Qeṣir, ADAJ 33 (1989), 125, fig. 4:1 (Zeichnung): „early Semitic inscription".

## 2.5. Die Versatzmarken

Auf den Rückseiten von Einlagen[104] an drei doppelgesichtigen steinernen Köpfen (vgl. auch Kap. 6), die auf der Zitadelle von *ʿAmmān* gefunden wurden[105], befinden sich Markierungen in Form von Buchstaben. Es handelt sich dabei um folgende Markierungen[106]:

| | | | | |
|---|---|---|---|---|
| Nr. 1) | Kopf | J. 11688, | Seite A, | linkes Auge: *r* |
| Nr. 2) | Kopf | J. 11688, | Seite B, | linkes Auge: *z* |
| Nr. 3) | Kopf | J. 11688, | Seite B, | rechtes Auge: *w* |
| Nr. 4) | Kopf | J. 11689, | Seite A, | linkes Auge: *s* |
| Nr. 5) | Kopf | J. 11689, | Seite A, | rechtes Auge: *b* |
| Nr. 6) | Kopf | J. 11689, | Seite B, | linkes Auge: *š (?)*[107] |
| Nr. 7) | Kopf | J. 11690, | Seite A, | rechtes Auge: *k* |
| Nr. 8) | Kopf | J. 11690, | Seite A, | Glied einer Halskette: *s* |
| Nr. 9) | Kopf | J. 11690, | Seite A, | Glied einer Halskette: *b* |

Die Markierungen befinden sich alle *in situ* auf der Rückseite der Einlagen. Da sie offensichtlich jeweils für bestimmte Köpfe individuell angefertigt wurden, mußte eine Verwechselung beim Einpassen vermieden werden; darauf deutet auch die Tatsache hin, daß bei den Augen und ebenso bei den Perleneinlagen kein gleicher Buchstabe zweimal verwendet wurde. Die Markierungen können daher als Versatzmarken interpretiert werden[108], die den ammonitischen Handwerkern ein fehlerfreies Einpassen der Einlagen ermöglichten.

104 Vgl z. B. P. J. Riis – M.-L. Buhl, Hama II 2: Les objects de la période dite syro-hittite (âge du fer). Fouilles et Recherches de la Fondation Carlsberg 1931-1938 (Nationalmuseets Skrifter, Større Beretninger 12; Kopenhagen 1990), 54. 244, fig. 24:43f; 116:983-985.

105 F. Zayadine, AAS 21 (1971), 152, Pl. 41; ders., ADAJ 18 (1973), 27f. 33-35, Pl. 21f

106 P. Bordreuil, ADAJ 18 (1973), 37-39, fig. 2f (Photos und Zeichnungen); F. Zayadine, ADAJ 18 (1973), 33; A. Abou Assaf, UF 12 (1980), 32-34, Köpfe 21-23, Taf. 12-15 (Photos); W. E. Aufrecht, A Corpus of the Ammonite Inscriptions (1989), 192f, No. 73, Pl. 25f (Photos).

107 P. Bordreuil, ADAJ 18 (1973) bringt zwar eine Abbildung (fig. 1:9), geht aber im Text nicht darauf ein. F. Zayadine, ADAJ 18 (1973), 33 nennt die Markierung einerseits rätselhaft, sieht in ihr aber andererseits eine Ähnlichkeit mit dem ägyptischen Zeichen *nfr*, das von zwei Uräen flankiert werde, vgl. ders., in: Der Königsweg (1987), Nr. 131. É. Puech, RB 92 (1985), 11, fig. 8 hält die Markierung offenbar am ehesten für ein ‹*s*›'; vgl. auch R. H. Dornemann, Archaeology of the Transjordan (1983), 159, Anm. 8. Da es sich bei allen anderen Markierungen um Buchstaben handelt, ist diese Annahme die wahrscheinlichste; demnach handelt es sich wohl um ein spielerisch und besonders artifiziell ausgearbeitetes ‹*š*›.

108 Vgl. dazu auch W. Röllig, Alte und neue Elfenbeininschriften, NESE 2 (1974), 37-64.

Weniger aufgrund der Buchstabenformen[109] als vielmehr aufgrund der stilistischen Einordnung der Köpfe können die Versatzmarken ins 7.Jh. v.Chr. datiert werden[110].

## 2.6. Gefäßmarkierungen[111]

Bei einer Reihe eisenzeitlicher Tonscherben, die auf der Zitadelle von *ʿAmmān* und anderen Ostslagen gefunden wurden, befinden sich verschiedenartige Markierungen. Einige ähneln Buchstaben und Zahlzeichen o.ä., andere haben offenbar eher dekorativen Charakter. Ob es sich dabei im Einzelfall tatsächlich um Buchstaben, Zahlzeichen, Dekorationen o.ä. handelt, ist schwer zu entscheiden. Deshalb ist die Funktion der einzelnen Zeichen auch einigermaßen unsicher: Handelt es sich um Produktions- bzw. Töpfermarken, um Besitzermarkierungen, Maßangaben oder Dekorationen? Da die meisten Markierungen offensichtlich vor dem Brennen der Gefäße angebracht wurden, dürfte es sich bei den Markierungen am ehesten um Töpfer(ei)zeichen handeln[112].

109 Die meisten Buchstabenformen können paläographisch nicht eindeutig eingeordnet werden, vgl. P. Bordreuil, ADAJ 18 (1973), 37ff, fig. 2 (= ammonit); É. Puech, RB 92 (1985), 11 (= ammonit.); D. Homes-Fredericq, SHAJ 3 (1987), 94f (= ammonit., phön. oder aramä.); F. Zayadine, AAS 21 (1971), 152 sprach zuerst von aramäischen, dann ADAJ 18 (1973), 34 von phönizischen Buchstaben.

110 P. Bordreuil, ADAJ 18 (1973), 39: zwischen 800-600, am ehesten Anfang oder 1.Hälfte 7.Jh. v.Chr.; É. Puech, RB 92 (1985), 11: 1.Hälfte 7.Jh. v.Chr.; F. Zayadine, AAS 21 (1971), 152: 7.Jh. v.Chr.

111 R.H. Dornemann, Archaeology of the Transjordan (1983), 102f, fig. 68f; vgl. P.E. McGovern, ADAJ 33 (1989), 125.

112 Vgl. z.B. I. Sharon et al., in: A. Ben-Tor – Y. Portugali (ed.), Tell Qiri (Qedem 24; Jerusalem 1987), 224-235.

## [2.7. Verputzinschriften]

Die Verputzinschriften, die im März 1967 auf *Tell Dēr ʿAllā* (map ref. 2088.1782) – allerdings nicht *in situ* – gefunden wurden[113], sind in vielerlei Hinsicht stark umstritten. Hier ist vor allem die Frage zu klären, ob es sich bei ihnen, wie verschiedentlich behauptet wird, um ammonitische Inschriften handelt[114].

Topographisch gesehen hat die eisenzeitliche Siedlung auf *Tell Dēr ʿAllā*, dem alttestamentlichen Sukkot[115], niemals zu Ammon, sondern vor der assyrischen Eroberung stets zum Reich Israel gehört (und war vielleicht einmal vorübergehend von Damaskus okkupiert)[116]. Die Datierung der Inschriften ist – vor allem paläo-

113 J. Hoftijzer – G. van der Kooij (ed.), Aramaic Texts from Deir ʿAlla (DMOA 21; Leiden 1976), 173ff; vgl. dies., Inscriptions, in: G. van der Kooij – M. M. Ibrahim (ed.), Picking up the Threads ... (1989), 63-70. Übersetzungsversuche vgl. J. Hoftijzer, TUAT 2,138-148 (mit weiterer Literatur!), zur neueren Diskussion die verschiedenen Beiträge in: J. Amitai (ed.), Biblical Archaeology Today (Jerusalem 1985), 313ff. K. P. Jackson, The Ammonite Language (1983), 6-8 folgt J. A. Hackett, The Balaam Text from Deir ʿAllā (HSM 31), Chico/CA 1983 [vgl. Rez. durch E. A. Knauf, ZDPV 101 (1985), 187-191] und behandelt die Verputzinschrift nicht unter den ammonitischen Inschriften; ähnlich, aber nicht eindeutig W. E. Aufrecht, A Corpus of the Ammonite Inscriptions (1989), XXVI-XXIX.

114 Vgl. z. B. F. M. Cross, BASOR 193 (1969), 14, Anm. 2; ders., BASOR 212 (1979), 12; J. C. Greenfield, Review: J. Hoftijzer – G. van der Kooij, Aramaic Texts from Deir ʿAlla (1976), JSSt 25 (1980), 251; J. Naveh, Early History (1982), 107-110; É. Puech, RB 92 (1985), 10. 12; ders., in: Biblical Archaeology Today, (1982), 354ff; ders., Le texte „ammonite" de Deir ʿAlla: Les admonitions de Balaam, in: La Vie de la Parole. De l'Ancien Testament au Nouveau Testament. Études d'exégèse et d'herméneutiques bibliques offertes à P. Grelot (Paris 1987), 13-30; ders., Approches paléographiques de l'inscription sur plâtre de Deir ʿAlla, in: The Balaam Text from Deir ʿAlla re-evaluated. Proceedings of the International Symposium held at Leiden 21-24 August 1989, ed. J. Hoftijzer – G. van der Kooij (Leiden 1991), 221-238; vgl. J. A. Hackett, Religious Traditions in Israelite Transjordan, in: Ancient Israelite Religion. Essays in Honor of F. M. Cross, ed. P. D. Miller – P. D. Hanson – S. D. McBride (Philadelphia/PN 1987), 125 [„an example of the Ammonite offshoot of that (Aramaic) script"]; vgl. auch A. Wolters, The Balaamites of Deir ʿAlla as Aramean Deportees, HUCA 59 (1988), 101-113, der meint, die Inschrift sei in einer aramäisch-ammonitischen Schrift von „Balaamiten" geschrieben, die von Assyrern deportierte Aramäer gewesen seien.

115 Zum Problem vgl. G. Reeg, Die Ortsnamen Israels nach der rabbinischen Literatur (1989), 218f. 451f und wenig überzeugend H. J. Franken, The Identity of Tell Deir ʿAlla, Jordan, Akkadica 14 (1979), 11-15; ders., Deir ʿAlla (Tell), in: D. Homes-Fredericq – J. B. Hennessy (ed.), Archaeology of Jordan II 1 (1989), 201-205; ders., Deir ʿAlla re-visited, in: The Balaam Text from Deir ʿAlla re-evaluated, ed. J. Hoftijzer – G. van der Kooij (1991), 3-15; H. J. Franken behauptet zu allem Überfluß auch noch, *Tell Dēr ʿAllā* sei „an Ammonite site in *every* respect" gewesen! W. H. Shea, The inscribed Tablets from Tell Deir ʿAlla, AUSS 27 (1989), 21-37. 97-119 glaubt an eine Gleichsetzung mit *Ptwr* (Num. 22,5; Dtn. 23,5), das er in den spätbronzezeitlichen, angeblich hebräischen (?) Tontäfelchen von *Tell Dēr ʿAllā* gefunden zu haben glaubt (*„Ptr"*).

116 Vgl. z. B. A. Lemaire, Les inscriptions sur plâtre de Deir ʿAlla et leur signification historique et

graphisch – umstritten. Sie stammen aus der von einem Erdbeben zerstörten Phase M = IX[117]. Sowohl die Keramik als auch die Radiocarbon-Daten[118] dieser Fundschicht deuten klar auf eine Zeit vor der assyrischen Invasion hin; dem widerspricht eine paläographische Datierung an den Anfang oder in die Mitte des 8.Jh.s v.Chr. in keiner Weise. Schon aus topographischen und chronologischen Gründen ist daher mit einer Verfasserschaft durch Israeliten bzw. Gileaditen zu rechnen. Bedenkt man dabei die vielfältige religiöse Situation in Israel und die entsprechenden epigraphischen Funde aus dem Süden (*Kuntillet ʿAǧrūd, Ḫirbet el-Qōm*), so überraschen die Inschriften religionsgeschichtlich kaum. Auch ihr lokales bzw. regionales Mischidiom („an Aramaic pidgin")[119] oder wohl besser ihre Sprache, „die auf dem Weg ist, Aramäisch zu werden, ohne es schon ganz geworden zu sein"[120], und die Verwendung eines aramäischen / aramaisierenden Schrifttyps[121] passen in die Gegend östlich des mittleren Jordan. Im gleichen Kontext wurden auch einige kurze Inschriften in unzweifelhaft aramäischer Sprache (und Schrift) gefunden[122]. Und selbst wenn man die Inschriften in die Zeit der assyrischen Herrschaft datieren wollte, bleibt festzuhalten, daß sich bei einem Wechsel der politischen Herrschaft

culturelle, in: The Balaam Text from Deir ʿAlla re-evaluated, ed. J. Hoftijzer – G. van der Kooij (1991), 33-57.

117 H.J. Franken, in: J. Hoftijzer – G. van der Kooij (ed.), Aramaic Texts (1976), 3-16; H.J. Franken, Excavations at Tell Deir ʿAllā I (DMOA 16; Leiden 1969), 61-63; ders. – M.M. Ibrahim, Two Seasons of Excavations at Deir ʿAlla, ADAJ 22 (1977-78), 60-68; M.M. Ibrahim – G. van der Kooij, Excavations at Tell Deir ʿAlla, Season 1979, ADAJ 23 (1979), 48-50; dies., Excavations at Tell Deir ʿAlla, Season 1982, ADAJ 27 (1983), 583f; dies., Excavations at Deir ʿAlla, Season 1984, ADAJ 30 (1986), 135-142, fig. 1-4, Pl. 12. 16-20. 21:1; dies., The Archaeology of Deir ʿAlla Phase IX, in: The Balaam Text from Deir ʿAlla re-evaluated, ed. J. Hoftijzer – G. van der Kooij (1991), 16-29.

118 H.J. Franken, in: J. Hoftijzer – G. van der Kooij, Aramaic Texts (1976), 16 (80070 v.Chr.); J.C. VOGEL – H.T. Waterbolk, Groningen Radiocarbon Dates X, Radiocarbon 14 (1972), 53 (650 v.Chr.); M.M. Ibrahim – G. van der Kooij, ADAJ 30 (1986), 142 (880-780 v.Chr.); J.M. Weinstein, Radiocarbon 26 (1984), 351 (890-765 v.Chr. und 820-765 v.Chr.); G. van der Kooij, Tell Deir ʿAlla (East Jordan Valley) during the Achaemenid Period. Some Aspects of the Culture, in: Achaemenid History I. Sources, Structures and Synthesis. Proceedings of the Groningen 1983 Achaemenid History Workshop, ed. H. Sancisi-Weerdenburg (Leiden 1987), 97 (um 800 v.Chr.); W.G. Mook, Carbon-14 Dating, in: G. van der Kooij – M.M. Ibrahim (ed.), Picking up the Threads ... (1989), 71-73 (ca. 800 v.Chr.).

119 A.F. Rainey, Book Review: Biblical Archaeology Yesterday (and Today), BASOR 279 (1989), 95.

120 E.A. Knauf, Midian (1988), 65, Anm. 313; ders., ZDPV 101 (1985), 190f; vgl. M. Weippert, The Balaam Text from Deir ʿAllā and the Study of the Old Testament, in: The Balaam Text from Deir ʿAlla re-evaluated, ed. J. Hoftijzer – G. van der Kooij (1991), 151-184.

121 Vgl. u.a. G. van der Kooij, Book and Script at Deir ʿAllā, in: The Balaam Text from Deir ʿAlla re-evaluated, ed. J. Hoftijzer – G. van der Kooij (1991), 239-262.

122 J. Hoftijzer – (G. van der Kooij), Aramaic Texts from Deir ʿAlla (1976), 267; dies., in: G. van der Kooij – M.M. Ibrahim (ed.), Picking up the Threads ... (1989), 62-70.

weder automatisch noch grundsätzlich auch die Zusammensetzung der Bevölkerungsmehrheit zu ändern pflegt (was auch für eine denkbare aramäische Okkupation gilt!). Historisch, paläographisch und linguistisch gibt es jedenfalls keine auch nur einigermaßen gesicherte Möglichkeit, die Schrift und Sprache der Inschriften als ammonitisch zu betrachten. Zudem ist die „Heimat Bileams" nach den Angaben der Inschrift und denen des Alten Testaments kaum in Ammon zu suchen, auch wenn einige Mss, Sam., Syr. und Vulg. in Num. 22,5 statt (*'rṣ bny*) *ʿmw* (MT) *ʿmwn* lesen wollen[123].

Somit gibt es keinen einzigen gesicherten Anhaltspunkt dafür, daß es sich bei den *Tell Dēr ʿAllā*-Inschriften um ammonitische Inschriften handelt[124]. Die Wahrscheinlichkeit, daß es sich bei ihnen um von Israeliten bzw. Gileaditen in einem ihnen geläufigen lokalen Dialekt bzw. Sprache verfaßte Schriftdenkmäler handelt, ist sehr viel größer. Ammonitische Verputzinschriften, an deren Existenz aufgrund vergleichbarer Funde in Palästina (vgl. auch *Kuntillet ʿAǧrūd*)[125] kaum zu zweifeln ist, wurden bisher nicht gefunden, immerhin aber ein altnordarabischer Graffito auf dem Verputz einer Zisterne in *Umm Ruǧūm*, das aber wohl kaum in die Zeit vor dem 3.Jh.v.Chr. datiert werden kann (vgl. auch Kap. 5)[126].

123 Vgl. W. Gross, Bileam (StANT 38; München 1974), 96-115; M. Görg, Die „Heimat Bileams", BN 1 (1976), 24-28; A. Lemaire, Balaʿam / Bela fils de Beʿôr, ZAW 102 (1990), 180-198; vgl. auch unten Kap. 7.

124 Vgl. E. A. Knauf, Midian (1988), 64f; ders., Ismael ($^2$1989), 141; ders., ZAH 3 (1990), 15-18; H. Weippert, Palästina in vorhellenistischer Zeit (HdArch, Vorderasien 2,1; München 1988), 626; B. Halpern, Dialect Distribution in Canaan and the Deir Alla Inscriptions, in: „Working with No Data". Semitic and Egyptian Studies presented to Th.O. Lambdin, ed. D.M. Golomb (Winona Lake/IN 1987), 119-139; B.A. Levine, The Balaam Inscription from Deir ʿAlla. Historical Aspects, in: J. Amitai (ed.), Biblical Archaeology Today (Jerusalem 1985), 326-339.

125 Weitere Belege bei H. und M. Weippert, Die „Bileam"-Inschrift von *Tell Dēr ʿAllā*, ZDPV 98 (1982), 79.

126 Map ref. 2370.1590. The Archaeological Heritage of Jordan. Part I: The Archaeological Periods and Sites (East Bank) (Amman 1973), Site No. 402. Zur vorgeschlagenen Datierung E. A. Knauf mündlich. G. E. Mendenhall, Amman – Iron Age Arabic Inscriptions discovered, ADAJ 11 (1966), 104; ders., The Building Inscription from Umm Rujum, NIAAYU 5,1 (1988), 3; ders., Where was the Arabic Language during the Bronze Age?, NIAAYU 5,1 (1988), 10, die er ins 7.Jh.v.Chr. hinabdatieren will. Als paläographischer Vergleich bietet sich eventuell die stratifizierte Bustrophedon-Inschrift Ur U.7815 (RÉS Nr. 3934) an, die – was immer das genau heißt – „unter" dem Fußboden Nebukadnezzars II. in Raum 6 des *É-nun-maḫ* gefunden wurde, vgl. L. Woolley, Ur Excavations IX. The Neobabylonian and Persian Periods (London 1962), 114, Pl. 36; B. Sass, Studia Alphabetica. On the Origin and Early History of the Northwest Semitic, South Semitic and Greek Alphabets (OBO 102; Fribourg – Göttingen 1991), 40, fig. 12f; vgl. auch – mit den Hinweisen auf weitere Lit. – G. Garbini, Le iscrizioni proto-arabe, AION 36 (1976), 172-194. Die Inschrift von *Umm Ruǧūm* ist sicher später als die von Ur. Zu Inschriften in Zisternen vgl. E. A. Knauf, Zwei thamudische Inschriften aus der Gegend von *Ǧeraš*, ZDPV 97 (1981), 188-192.

## [2.8. Inschriften auf Papyrus oder Leder]

Ammonitische Inschriften auf Papyrus oder Leder wurden bisher nicht gefunden und haben sich wegen der klimatischen Verhältnisse auf dem transjordanischen Hochplateau wohl auch nicht erhalten, sind aber aufgrund der ammonitischen Siegel und der zahlreichen Indizien aus den Nachbarkulturen der Ammoniter (Jer. 36; Ez. 2,9; 3,1-3; Sach. 5,1f; Ps. 40,8) als selbstverständlich vorauszusetzen[127].

## 2.9. Die Siegelinschriften bzw. Inschriften auf Siegelabdrücken

Hier sollen katalogartig[128] alle epigraphischen (und als Anhang alle anepigraphischen) Siegel und Siegelabdrücke behandelt werden, die jemals für ammonitisch erklärt wurden. Damit werden forschungsgeschichtlich implizit auch Wege und Irrwege, Methoden und Kriterien in der Bestimmung ammonitischer Siegel vorgeführt. Ziel ist es unter anderem, die sicher und wahrscheinlich ammonitischen Siegel von den vielleicht ammonitischen und nichtammonitischen zu trennen. Ein Teil der Siegel wird nicht oder nicht eindeutig eingeordnet, weil sie mehr als einer einzigen Kultur zugeordnet werden können. Dazu werden sie mit folgenden Angaben angeführt:

a) Herkunft
b) gegenwärtiger Aufbewahrungsort bzw. Sammlung (soweit bekannt)

127 (P. Benoit) – J. T. Milik – (R. de Vaux) (ed.), Les Grottes de Murabbaʿât (DJD 2; Oxford 1961)), 93-96, Pl. 28; F. M. Cross, in: P. W. and N. L. Lapp (ed.), Discoveries in the Wâdī ed-Dâliyeh (AASOR 41; Cambridge/MA 1974), 17-29; ders., Samaria Papyrus I, ErIs 18 (1985), 7*-17*. Vgl. auch G. van der Kooij, Early North-West Semitic Script Traditions (Ph.Diss. 1986), 77-79.; A. R. Millard, The Practice of Writing in Ancient Israel, BA-Reader 4 (1983), 181ff; ders., An Assessment of the Evidence for Writing in Ancient Israel, in: J. Amitai (ed.), Biblical Archaeology Today (1985), 301ff; G. van der Kooij, SHAJ 3 (1987), 107f. Bullen-Belege für Leder vgl. C. M. Bennett, Fouilles d'Umm el-Biyara. Rapport préliminaire, RB 73 (1966), 399; für Papyrus z. B. N. Avigad, Hebrew Bullae from the Time of Jeremiah (1986), passim.

128 Aus praktischen Gründen soweit wie möglich in alphabetischer Reihenfolge der (jeweils zuerst genannten) PN. Auf eine chronologische Anordnung wurde bewußt verzichtet, da sie aus paläographischen Gründen kaum sinnvoll sein kann. Zum Corpus vgl. auch durchgehend W. E. Aufrecht, A Corpus of Ammonite Inscriptions (1989), passim und dazu die Rezension von U. Hübner – E. A. Knauf, ZDPV 108 (1992), (im Druck).

c) Erstveröffentlichung in Kurzform (die weitere Literatur in einer repräsentativen Auswahl in den Anm.)[129]
d) Kurze (!) Beschreibung des Siegels bzw. der Siegelfläche(n)[130]
e) Fragen der sprachlichen und paläographischen Zuordnung[2], der Datierung etc.

Nr. 1) *'bgd*
a) unbekannt
b) Privatsammlung
c) P. Bordreuil – A. Lemaire, Sem. 26 (1976), 54, No. 25, Pl. 5:25 (Photo) (= aramä. Alphabet-Inschrift)[131]
d) Durchbohrter Skaraboïd. Auf der Siegelfläche sind eine einzeilige Inschrift hinter einem schreitenden Mann mit erhobenen Händen, davor eine Pflanze eingraviert. Die Inschrift ist wegen des fehlenden *l*- wahrscheinlich eher als Alphabet-Inschrift denn als PN *'bgd* zu verstehen[132].
e) Aufgrund der Paläographie ist das Siegel wahrscheinlich eher aramäischer als ammonitischer Herkunft. 7.Jh.v.Chr.

Nr. 2) *'bgd*°
a) unbekannt
b) Jerusalem, Department of Antiquities

129 Die sprachliche Einordnung der Inschriften durch die verschiedenen Autoren wird in Klammern angeführt; dabei wird die Einordnung „hebrew", „hébraïque", „hebräisch" o.ä. in Anführungszeichen gesetzt („hebr."), da die Autoren meist offen lassen, ob sie darunter judäisch, nordisraelitisch oder aber einen Oberbegriff dazu verstehen und weil eine sichere Entscheidung judäisch – (nord)israelitisch keineswegs immer zu treffen ist.

130 Auf die Ikonographie sicher oder wahrscheinlich ammonitischer Siegel wird hier aus arbeitsökonomischen Gründen nur gelegentlich eingegangen; vgl. dazu U. Hübner, in: O. Keel et al. (ed.), The Iconography of Inscribed Northwest Semitic Seals (OBO; Fribourg – Göttingen 1992), (im Druck). Materialangaben werden in der Regel nicht gemacht, weil sie in den Erstpublikationen und Bearbeitungen meist ungenau, oft widersprüchlich und so gut wie nie von Fachleuten, also vor allem von Geologen, gemacht werden, und weil die Farbangaben dazu rein subjektiv statt nach dem Munsellschen Prinzip angegeben werden. In Kap. 5 wird bei einigen Siegeln, deren Material-Bestimmungen wohl zuverlässig sind, im Rahmen der Handelsbeziehungen auf den 'Rohstoff' eingegangen.

131 A. Lemaire, Abécédaires et exercises d'écolier en épigraphie nord-ouest sémitique, JA 266 (1978), 266 (= aramä.); ders., Notes d'épigraphie nord-ouest sémitique, Syria 62 (1985), 47 (= ammonit.); F. Israel, Les sceaux ammonites, Syria 64 (1987), 143 (= ammonit.); W. E. Aufrecht, A Corpus of Ammonite Inscriptions (1989), No. 82, Pl. 32:82 (Photo) (= vielleicht ammonit.).

132 Zum interpretatorischen Problem dieser und ähnlicher Inschriften vgl. z.B. G. Garbini, Le serie alfabetiche semitiche e il loro significato, AION 32 (1982), 403-411; A. R. Millard, 'BGD... – Magic Spell or Educational Exercise?, ErIs 18 (1985), 39*-42*; F. Israel, Studia Phoenicia 12 (1991), 232ff.

c) L. Y. Rahmani, IEJ 14 (1964), 180f, Pl. 41:A-E (Photos) (= aramä.)[133]
d) Vierkantiges, an der Spitze durchbohrtes Stempelsiegel[134]. Auf der (unteren) annähernd quadratischen Siegelfläche sind ein sitzender Vogel im Profil, vor ihm ein Zweig und hinter ihm die einzeilige Inschrift eingraviert, die mit einem Worttrenner (?) endet. Die vier rechteckigen Seitenflächen sind mit verschiedenen ikonographischen Motiven (Kuh mit säugendem Kalb[135], stehende und sitzende menschliche Figur etc.) ausgestaltet. Die Inschrift ist wegen der fehlenden enklitischen Partikel *l*- wahrscheinlich eher als Alphabet-Inschrift denn als PN zu verstehen.
e) Paläographie (und Ikonographie) sprechen eher für aramäische als für eine ammonitische Herkunft. Spätes 8.Jh.v.Chr.

Nr. 3) *l'bgd*
a) unbekannt
b) Jerusalem, Israel Museum, No. 68.35.203
c) N. Avigad, IEJ 18 (1968), 52f, Pl. 4:C (Photos) (= phön.?)[136]
d) Der Länge nach durchbohrter Skaraboïd. Auf der Siegelfläche ist ein sitzender Vogel (Falke?) im Profil eingraviert, davor eine stilisierte Pflanze und dahinter die einzeilige Inschrift, die wegen des *l*- eher als Besitzerangabe denn als Alphabetinschrift zu verstehen ist.

133 VSF Nr. 79; L. G. Herr, The Scripts (1978), 44f, No. 90 (= aramä.); F. Israel, Review: S. Abbadi, Die Personennamen der Inschriften aus Hatra, WO 15 (1984), 213; ders., Syria 64 (1987), 143 (= ammonit.); A. Lemaire, JA 266 (1978), 226 (= aramä.); ders., Syria 62 (1985), 47 (= ammonit.); G. Garbini, AION 32 (1982), 407 (= nordsyrische Herkunft); J. Naveh, Old Aramaic Inscriptions, Leš. 29 (1963-64), 184f (= aramä.); ders., Old Aramaic Inscriptions, AION 16 (1966), 22 (= aramä.); W. E. Aufrecht, A Corpus of Ammonite Inscriptions (1989), 344f (ohne laufende Nr. und Identifikation).

134 Vgl. W. Culican, Syrian and Cypriote Cubical Seals, (1977), in: ders., Opera Selecta: From Tyre to Tartessos (SIMA Pocket-Book 40; Göteborg 1986), 517-525; E. Gubel, „Syro-Cypriote" Cubical Stamps. The Phoenician Connection (CGPH 2), in: E. Lipinski (ed.), Studia Phoenicia 4 (OLA 22; Leuven 1987), 195-224.

135 Zum Motiv vgl. Siegel Nr. 19. 121. 131 sowie O. Keel, Das Böcklein in der Milch seiner Mutter und Verwandtes im Lichte einers altorientalischen Bildmotivs (OBO 33; Fribourg – Göttingen 1980), passim; weitere Belege ders., Bildträger aus Palästina/Israel und die besondere Bedeutung der Miniaturkunst, in: ders. – S. Schroer, Studien zu den Stempelsiegeln aus Palästina / Israel I (OBO 67; Fribourg – Göttingen 1985), 33-38; E. A. Knauf, Zur Herkunft und Sozialgeschichte Israels. „Das Böcklein in der Milch seiner Mutter", Bib. 69 (1988), 153-169.

136 VSE Nr. 234; L. G. Herr, The Scripts (1978), 115, No. 71 (= „hebr."); R. Hestrin – M. Dayagi-Mendels (ed.), Inscribed Seals (Jerusalem 1979), 161, No. 127 (= phön. oder „hebr."); G. Garbini, AION 32 (1982), 408; F. Israel, WO 15 (1984), 211; ders., Syria 64 (1987), 142 (= ammonit.); A. Lemaire, JA 266 (1978), 226 (= aramä.); ders., Syria 62 (1985), 47 (= ammonit.); W. E. Aufrecht, A Corpus of Ammonite Inscriptions (1989), No. 60, Pl. 20:60 (Photo) (= vielleicht ammonit.).

e) Paläographisch (und ikonographisch) ist eine ammonitische Herkunft nicht auszuschließen. 8. / 7.Jh.v.Chr.

Nr. 4) *'bgdh*

a) unbekannt
b) New York, J. Pierpont Morgan Library, No. 790
c) W. H. Ward, Cylinders (New York 1909), 120, No. 284, Pl. 37:284 (Photo) liest „Arbadi" *('rbdy)* (= phön.)[137]
d) Skaraboïd. Auf der Siegelfläche ist ein schreitender Mann in langem Gewand und mit erhobenen Händen eingraviert, davor eine stilisierte Pflanze (Lotus ?) und darüber ein Vogel, dahinter die einzeilige Alphabet-Inschrift.
e) Aufgrund der Paläographie ist eine ammonitische Herkunft möglich. Ende 8. / Anfang 7.Jh.v.Chr.

Nr. 5) *'̊bgdh̊/ẘzḥṭẙ*

a) unbekannt
b) Privatsammlung
c) P. Bordreuil – A. Lemaire, Sem. 32 (1982), 33f, No. 16, Pl. 6:16 (Photo) (= aramä., eventuell ammonit.)[138]
d) Skaraboïd. Die Siegelfläche ist durch eine Doppellinie in zwei epigraphische Register (mit einer Alphabet-Inschrift) geteilt.
e) Paläographisch gesehen ist das Siegel wahrscheinlich aramäischer Herkunft. 7.Jh.v.Chr.

Nr. 6) *'bgdh/wzḥṭy*

a) unbekannt
b) Lands of the Bible Archaeology Foundation, Coll. E. Borowski, No. 1682
c) M. Heltzer, Inscribed Scaraboid Seals, in: O. W. Muscarella (ed.), Ladders to Heaven (Toronto 1981), 18, Pl. 16 (Photo) (= ammonit.?)[139]
d) Der Länge nach durchbohrter Skaraboïd. Die Siegelfläche ist durch zwei Dop-

137 VSA Nr. 54 und Nr. 133 (nimmt fälschlicherweise zwei verschiedene Siegel an); K. Galling, Beschriftete Bildsiegel des ersten Jahrtausends v. Chr., ZDPV 64 (1941), 157, Nr. 127; L. G. Herr, The Scripts (1978), 197, No. 15; F. Israel, Syria 64 (1987), 143 (= ammonit.); A. Lemaire, Syria 62 (1985), 42 (= ammonit.); E. Porada, The Collection of the Pierpont Morgan Library (Corpus of Ancient Near Eastern Seals in North American Collections; Washington 1948), 97f, No. 790, Pl. 120:790 (= aramä.); W. E. Aufrecht, A Corpus of Ammonite Inscriptions (1989), No. 24, Pl. 8:24 (Photo) (= wahrscheinlich ammonit.).

138 G. Garbini, Nuovi documenti epigrafici dalla Palestina – 1981-1982, Henoch 7 (1985), 328 (= ammonit. oder philistä.); A. Lemaire, JA 266 (1978), 227 (= aramä.); W. E. Aufrecht, A Corpus of Ammonite Inscriptions (1989), No. 115, Pl. 41:115 (Photo) (= ammonit.).

139 M. Heltzer, in: Archäologie zur Bibel (1981), Nr. 273 (= ammonit.); F. Israel, Syria 64 (1987),

pellinien in drei horizontale Register geteilt. Im mittleren anepigraphischen Register befindet sich ein Widderkopf *en face* (vgl. Siegel Nr. 27. 60. 109. 130. 155), flankiert von zwei sitzenden Vögeln im Profil, im oberen und unteren epigraphischen Register eine Alphabet-Inschrift.

e) Paläographisch und ikonographisch ist eine ammonitische Herkunft wahrscheinlich. (8.) / 7.Jh.v.Chr.

Nr. 7) *'bgdh/wzḥṭy*

a) unbekannt (angeblich aus Sidon)
b) unbekannt (ehemalige Sammlung H. Spoer)
c) H. Spoer – (C.C. Torrey), JAOS 28 (1907), 359 (Photo / Zeichnung) (= phön.)[140]
d) Skaraboïd. Die Siegelfläche wird durch eine Doppellinie in zwei epigraphische Register geteilt.
e) Paläographisch ist eine ammonitische Herkunft nicht auszuschließen, eine aramäische aber wahrscheinlicher. 7.Jh.v.Chr.

Nr. 8) *'bgdhẘ/zḥṭykl*

a) unbekannt
b) Privatsammlung
c) P. Bordreuil – A. Lemaire, Sem. 26 (1976), 63, No. 37, Pl. 6:37 (Photo) (= ammonit.)[141]
d) Durchbohrter Skaraboïd. Die Siegelfläche ist durch eine Doppellinie in zwei epigraphische Register geteilt.
e) Aufgrund der Paläographie ist eine ammonitische Herkunft wahrscheinlich. 7.Jh.v.Chr.

143 (= ammonit.); W. E. Aufrecht, A Corpus of Ammonite Inscriptions (1989), No. 114, Pl. 40:114 (Photo) (= ammonit.).

140 RÉS (J.B. Chabot) Nr. 925 (= phön.) und F. I. Benz, Personal Names in the Phoenician and Punic Inscriptions (1972), 46 (= phön.) mit Zweifeln an der Echtheit, vgl. M. Lidzbarski, Ephemeris für semitische Epigraphik III (Gießen 1915), 68 mit argumentativ falschen Zweifeln an der Echtheit; P. Bordreuil – A. Lemaire, Nouveaux Sceaux Hébreux, Araméens et Ammonites, Sem. 26 (1976), 54f; U. Hübner, UF 21 (1989), 221; F. Israel, Syria 64 (1987), 142 (= ammonit.); A. Lemaire, JA 266 (1978), 227 (= aramä.); ders., Syria 62 (1985), 47 (= ammonit.); C. C. Torrey, Remarks on a Phoenician Seal published by H. H. Spoer, JAOS 28 (1907), 359; W. E. Aufrecht, A Corpus of Ammonite Inscriptions (1989), No. 22, Pl. 7:22 (Zeichnung) (= wahrscheinlich ammonit.).

141 VSE Nr. 391. Gilt allgemein als ammonitisch: G. Garbini, Nuovi documenti epigrafici dalla Palestina – 1976, Henoch 1 (1979), 399; F. Israel, Syria 64 (1987), 143; K. P. Jackson, Ammonite Language (1983), 74, No. 31; W. E. Aufrecht, A Corpus of Ammonite Inscriptions (1989), No. 93, Pl. 35:93 (Photo).

Nr. 9) *l̊’bṭl̊*: *b*/ *ʾ̊l̊ʾ̊m*

a) unbekannt
b) Privatsammlung
c) A. Lemaire, Syria 63 (1986), 325, No. 17, fig. 17 (Photo) (= ammonit., aramä., „hebr.“ oder moabit.)
d) Skaraboïd. Die Siegelfläche ist durch eine leicht gekrümmte, gepunktete Linie in zwei epigraphische Register geteilt.
e) Die Filiation ist (wahrscheinlich) nur mit *b* angeführt; dies deutet eher auf eine kanaanäische Herkunft, da sich /*n*/ leichter an den folgenden Konsonanten assimiliert als /*r*/ (vgl. auch Siegel Nr. 56. 61). Die Lesung des Patronyms ist ungewiß[142]. Paläographisch ist eine Entscheidung, ob die Inschrift ammonitisch, israelitisch oder aramäisch ist, kaum möglich. 6.Jh.v.Chr. (?).

Nr. 10) *l’byḥy*/ *bt* / *ynḥm*

a) unbekannt (in Kairo gekauft)
b) Paris, Bibliothèque Nationale, Cabinet des Médailles, No. M 7338
c) Ch. Clermont-Ganneau, CRAIBL 1909, 333-335 (= „semit.“)[143]

142 Zum (nicht ganz sicher lesbaren) männlichen (?) PN *’bṭl* vgl. die weibl. PN *’byṭl* (1Sam. 3,4; 1Chr. 3,3) und *ḥmw/yṭl* (2Kön. 23,31; 24,18; Jer. 52,1) sowie den männl. und weibl. PN *yhwṭl* bei W. Kornfeld, Onomastica Aramaica aus Ägypten (SÖAW.PH 333; Wien 1978), 53 [„*Jahwe ist Tau*“, gegen diese Ableitung schon M. H. Silverman, Aramean Name-Types in the Elephantine Documents, JAOS 89 (1969), 694], auch *ṣlty* [1Chr. 8,20; 12,21; M. Maraqten, Die semitischen Personennamen in den alt- und reichsaramäischen Inschriften aus Vorderasien (TStOr 5; Hildesheim – Zürich – New York 1988), 206 u. ö.], *bṣl’l* (Ex. 31,2; 1Chr. 2,20; 2Chr. 1,15; Es. 10,30 u. ö.); vgl. die PN in AHw 1101: Wohl alle aufgeführten PN sind von *ṭ/ṣll* „ein Dach, Schutz, Schatten geben/sein“ abzuleiten.

143 RÉS Nr. 878 (= „hebr.“); VSE Nr. 103; W. F. Albright, in: FS B. Ubach (1953), 134 (= ammonit.); N. Avigad, IEJ 2 (1952), 164; ders., BASOR 189 (1968), 49 (liest *l’byḥz* ...); ders., in: FS N. Glueck (1970), 285 liest falsch *bn* (= ammonit.); P. Bordreuil, Syria 50 (1973), 186, fig. 1; ders., ADAJ 18 (1973), 39; ders., in: Der Königsweg (1987), Nr. 180 (= ammonit.); ders., Catalogue des sceaux ouest-sémitiques inscrits (Paris 1986), No. 78 (= ammonit.); D. Diringer, Le iscrizioni antico-ebraiche palestinensi (Florenz 1934), 260, No. 103; K. Galling, ZDPV 64 (1941), Nr. 70; M. Ohana, The Ammonite Inscriptions and the Bible (M.A. unpubl.; Haifa 1976), 10. 41 f, No. 1 (= ammonit.); G. Garbini, AION 20 (1970), 250, No. 3; ders., Le Lingue Semitiche (1972), 99; ders., JSSt 19 (1974), 160 (liest falsch *l’byḥz bn* ...); L. G. Herr, The Scripts (1978), 60, No. 4; ders., BASOR 238 (1980) 23, No. 4 (= ammonit.); F. Israel, SYRIA 64 (1987), 142; ders., Quelques précisions sur l’onomastique hébraïque féminine dans l’épigraphie, SEL 4 (1987), 80 ff (= ammonit.); K. P. Jackson, Ammonite Language (1983), 75 f, No. 40 (= ammonit.); M. Lidzbarski, Ephemeris III (1915), 67-69; A. Reifenberg, Ancient Hebrew Seals (London 1950), No. 40 (= aramä.); W. E. Aufrecht, A Corpus of Ammonite Inscriptions (1989), No. 23, Pl. 8:23 (Photo) (= ammonit.); D. Parayre Les cachets ouest-sémitiques à travers l’image du disque solaire ailé (Perspective iconographique), Syria 67 (1990), 283, No. 102, Pl. 10:102; 13:102 (= ammonit.); A. Millard, Writing in Jordan: From Cuneiform to Arabic, in: Treasures from an

d) Konisches, an der Spitze durchbohrtes Stempelsiegel. Die Siegelfläche ist durch zwei Doppellinien in drei horizontale Register geteilt. Im mittleren Register ist, von den beiden Buchstaben der zweiten Zeile flankiert, eine geflügelte Sonnenscheibe[144] eingraviert.
e) Von M. Lidzbarski ohne überzeugende Gründe als Fälschung erklärt. Eine ammonitische Einordnung der Inschrift ist möglich. Mitte bis Ende 7.Jh.v.Chr.

Nr. 11) *l'byḥy / bt ʿzy'*
a) unbekannt
b) Haifa, R. and E. Hecht Museum, No. H-635
c) N. Avigad, IEJ 35 (1985), 3f, No. 2, Pl. 1:B (Photo) (= ammonit.)
d) Der Länge nach zweifach durchbohrter Skaraboïd. Die Siegelfläche ist durch zwei einfache Linien in drei horizontale Register geteilt. Im mittleren Register sind ein liegender Stier, darüber ein achtstrahliger Stern und dahinter zwei Lotusblüten eingraviert.
e) Von N. Avigad, Israel, Syria 64 (1987), 144 und W. E. Aufrecht, A Corpus of Ammonite Inscriptions (1989), No. 126 für ammonitisch gehalten, da die PN und die Ikonographie typisch ammonitisch seien. Die Schrift ist aramäisch. Eine ammonitische Herkunft des Siegels ist nicht beweisbar, aber auch nicht auszuschließen. 7.-6.Jh.v.Chr.

Nr. 12) *J'bndb š nd/r lʿšt bṣdn / tbrkh*
a) unbekannt (angeblich aus der Region von Tyros)
b) Paris, Bibliothèque Nationale, Cabinet des Médailles (Collection de Luynes), No. N 3316
c) N. Avigad, IEJ 16 (1966), 247-251, No. 2, Pl. 26:D (Photo) (= phön.)[145]

Ancient Land. The Art of Jordan, ed. P. Bienkowski (The National Museums and Galleries on Merseyside, Liverpool; Glasgow 1991), 142, fig. 161 (Photo) (= ammonit.).

144 Zum Motiv der geflügelten Sonnenscheibe vgl. die Siegel Nr. 38. 55. 97 und D. Parayre, Syria 67 (1990), 269-301, Pl. 1-13; vgl. dies., Le rôle de l'iconographie dans l'attribution d'un sceau à une aire culturelle et un atélier, in: O. Keel et al. (ed.), The Iconography of Inscribed Northwest Semitic Seals (OBO; Fribourg – Göttingen 1992), (im Druck).

145 VSF Nr. 82; W. E. Aufrecht, BASOR 266 (1987), 91f; ders., A Corpus of Ammonite Inscriptions (1989), No. 56, Pl. 19:56 (Photo) (= ammonit.); P. Bordreuil, Catalogue (1986), 70f, No. 80 (Photos); ders., Les sceaux des grandes personnages, Le Monde de la Bible 46 (1986), 45; ders., in: Der Königsweg (1987), Nr. 182 (= ammonit.); ders. – A. Lemaire, Nouveau Group de Sceaux Hébreux, Araméens et Ammonites, Sem. 29 (1979), 80f; W. J. Fulco, CBQ 48 (1986), 536; G. Garbini, AION 37 (1977), 483 (= ammonit.); L. G. Herr, The Scripts (1978), 71, No. 36; ders., BASOR 238 (1980), 23, No. 36 (= ammonit.); D. Homes-Fredericq, Possible Phoenician Influence in Jordan in the Iron Age, SHAJ 3 (1987), 92. 96 (= ammonit.); F. Israel, Syria 64 (1987), 143; ders., Observations on Northwest Semitic Seals, Or. 55 (1986), 74 (= ammonit.);

d) Fragmentarisch erhaltener Skaraboïd. Ursprünglich durch drei einfache Linien in vier Register geteilt; nur die drei unteren sind – beschädigt – erhalten. Am Anfang der ersten erhaltenen Zeile sind vermutlich *l-*, ein PN und *bn* zu ergänzen: „*[(Siegel) des NN, des Sohnes des] Abinadab; dies ist es, was er gelobt hat vor ʿšt (ʿAšiti*[146] *bzw. *ʿAštā/ʿAṯṯā ?)-in-Sidon, daß sie ihn segnen möge.*"

e) Der Schrift nach kann weder eine phönizische, nordisraelitische oder ammonitische Herkunft ausgeschlossen werden. Grammatikalisch ist die Relativpartikel *š* für das Ammonitische und das Possesivsuffix *-h* für das Phönizische (insbesondere das Sidonische) des 7.Jh.s ungewöhnlich[147]. Die (angebliche) Fundregion, der ON Sidon und der GN *ʿšt* sprechen eher für eine phönizische Herkunft und einen phönizischen Besitzer des Siegels, die angeführten sprachlichen Indizien für eine (nord)israelitische Herkunft bzw. Besitzer. Wenn es sich um ein nordisraelitisches (oder um ein ammonitisches) Siegel handeln sollte, dürfte es der nordisraelitische (bzw. ammonitische) Besitzer entweder schon graviert aus seiner Heimat mit nach Phönizien gebracht haben (GN und ON würden dann nicht den Herkunfts-, sondern den Zielort des Siegels, einer Votivgabe, bedeuten) oder es in Phönizien eigenhändig graviert haben oder aber von einem dortigen Siegelschneider graviert haben lassen. 7.Jh.v.Chr.

Nr. 13) *l'gbrt / dbl'ḥs*

a) unbekannt

b) unbekannt

c) L. A. Wolfe, in: ders. – F. Sternberg (ed.), Objects with Semitic Inscriptions 1100 B.C. – A.D. 700. Jewish, Early Christian and Byzantine Antiquities. Auction XXIII (Jerusalem – Zürich 1989), 17. 20, No. 23 (Photos) liest falsch „*L'GBRT-DL'HS*" (= ammonit.)[148]

d) Der Länge nach durchbohrter Skaraboïd. Die Siegelfläche ist durch eine Doppellinie in zwei Schriftregister geteilt. Der PN *'gbrt* ist wahrscheinlich weib-

K. P. Jackson, Ammonite Language (1983), 77-80, No. 49 [= ammonit. (oder israelit.)]; E. A. Knauf, ZAH 3 (1990), 23 (= israelit.); P. Magnanini, Le iscrizioni fenicie dell'Oriente (Rom 1973), 149, No. 26 (= phön.); W. Röllig, Rez.: P. Bordreuil, Catalogue des sceaux, 1986, WO 19 (1988), 196 (= ammonit.); J. Teixidor, Bulletin d'épigraphie sémitique (1986), 47f. 429f; M. Weippert, Über den asiatischen Hintergrund der Göttin „Asiti", Or. 44 (1975), 13 (= phön.).

146 So jedenfalls die Ägyptologen-'Aussprache', vgl. M. Weippert, Or. 44 (1975), 12-21.

147 J. Friedrich – W. Röllig, Phönizisch-punische Grammatik ($^2$1970), § 112; F. M. Cross – D. N. Freedman, The Pronominal Suffixes of the Third Person Singular in Phoenician, JNES 10 (1951), 228-230. Vgl. auch *'š* im moabitischen Heschbon-Ostrakon IV:6, *'šr* in der Mescha-Stele.

148 (Rücktranskription aus dem Akkad.?). Vgl. auch F. Israel, Studia Phoenicia 12 (1991), 219 (= ammonit.) liest *l'gbrt ddlhs*.

lich[149]; das Patronym *dbl'ḥs* ist ein mir nicht hinreichend erklärlicher PN (vgl. vielleicht PN *dblbs*, Siegel Nr. 127).

e) Sofern das Siegel nicht gefälscht ist, dürfte es aufgrund der Paläographie ammonitischer Herkunft sein. 7.Jh.v.Chr.

Nr. 14) *l'dnnr.ʿ/bd ʿmndb*

a) *ʿAmmān*, Grab des Adoninur (map ref. 2386.1513)
b) *ʿAmmān*, Archaeological Museum, No. J.1191
c) G. L. Harding, ILN 3.9.1949, 351, fig. 2f (Photos) (= ammonit.)[150]
d) Durchbohrter Skaraboïd, von einem Silberring gefaßt. Die Siegelfläche ist durch eine Doppellinie in zwei epigraphische Register geteilt.
e) Ob der im Siegel Nr. 73 erwähnte *'dnr̊* eventuell mit dem hier erwähnten *'dnnr* identisch ist, ist zwar nicht auszuschließen, bleibt aber völlig ungewiß. Fundort, Paläographie (und Onomastikon) lassen keinen Zweifel an der ammonitischen Herkunft des Beamtensiegels. Mitte 7.Jh.v.Chr.

Nr. 15) *l'dnplṭ / ʿbd ʿmndb*

a) unbekannt
b) Philadelphia, Annenberg Research Institute (Dropsie College) (unauffindbar)

149 Zum PN *'gbrt* („weibliche Maus") vgl. z.B. W. Helck, Die Beziehungen Ägyptens zu Vorderasien im 3. und 2.Jahrtausend v.Chr. (ÄA 5; Wiesbaden ²1971), 375 (*ʿ-k-b-r*); Siegel Nr. 123 (*ʿkbry*); judä. / israelit. 2Kön. 22,12.14; Jer. 26,22; 36,12; VSE Nr. 25. 210; N. Avigad, Hebrew Bullae from the Time of Jeremiah (1986), No. 140; [*ʿkb(w)r*]; edomit. (oder aramä.?) *ʿkbwr* Gen. 36,38f; *Nimrūd*-Ostrakon ND 6231 (*ʿkbr*); aramä. *ʿkbr* W. Kornfeld, Onomastica Aramaica (1978), 66; pun. *ʿkbr, ʿkbr', ʿkbrm, ʿkbrt* sowie *'kbrt* = KAI Nr. 109 (weibl. PN), F. L. Benz, Personal Names (1972), 61. 171. 377; minä. *ʿkbr, ʿkbrm* L. G. Harding, Index and Concordance (1971), 428; *Agbor* CIL VIII Nr. 26701; keilschriftl. z.B. *Akbaru(m), Agbaru, Agbara, Agaburu, Agbartum*] AHw 28.

150 VSE Nr. 164. Gilt allgemein als ammonitisch: G. L. Harding – G. R. Driver, The Tomb of Adoni Nur in Amman (PEFA 6; London 1953), 51, No. 1, Pl. 6:1; 7:d; G. R. Driver, Seals and Tombstones, ADAJ 2 (1953), 62, Pl. 8:1; Th. C. Vriezen – J. H. Hospers, Palestine Inscriptions (Leiden 1951), 38; Y. Alami et al., Archaeology of Amman (1975), 40, fig. 9; W. F. Albright, in: FS B. Ubach (1953), 133; N. Avigad, EB(B) 3 (1958), 79; M. Ohana, The Ammonite Inscriptions and the Bible (M.A. unpubl.; Haifa 1976), 10. 42f, No. 2; P. Bordreuil, in: Der Königsweg (1987), Nr. 179; ders., Le Monde de la Bible 46 (1986), 45; ders. – A. Lemaire, Sem. 26 (1976), 63; G. Garbini, AION 20 (1970), 251, N0. 8; ders., Le Lingue Semitiche (1972), 10, No. 9; L. G. Herr, The Scripts (1978), 59, No. 1; ders., BASOR 238 (1980), 23, No. 2; F. Israel, Syria 64 (1987), 142; K. P. Jackson, Ammonite Language (1983), 72, No. 18; G. M. Landes, BA-Reader 2 (³1977), 84; ders., History of the Ammonites (Ph.D.Diss.; 1956), 266; É. Puech, Deux Nouveaux Sceaux Ammonites, RB 83 (1976), 61, No. 13; W. E. Aufrecht, A Corpus of Ammonite Inscriptions (1989), No. 40, Pl. 13:40 (Photo); S. A. Rashid, Einige Denkmäler aus Tēmā und der babylonische Einfluß, BaghM 7 (1974), 161 liest falsch „... Amin-Adad".

c) M. Jastrow, Hebr. 7 (1890-1891), 257-267 liest falsch *l'dnglḥ* / *ʿbdʿmnrb* (= phön.)[151]
d) Der Länge nach durchbohrter Skaraboïd. Auf der Siegelfläche ist eine assyrisierende Darstellung eines schreitenden zweibeinigen, geflügelten Dämons [*ugallu*(?)] im Profil mit einem Dolch in der Hand zu sehen, darüber eine Mondsichel und eine Scheibe.
e) Paläographie (und Onomatologie) lassen keinen Zweifel an der ammonitischen Herkunft des Beamtensiegels. Mitte 7.Jh.v.Chr.

Nr. 16) *'dnšʿ*

a) unbekannt (gekauft in Syrien)
b) Paris, Bibliothèque Nationale, Cabinet des Médailles, Inv. A. Chabouillet No. 1050/3 = M 8536
c) Ph. Berger, CRAIBL 1894, 340 (= phön.?)[152]
d) Durchbohrter Skaraboïd. Die Siegelfläche ist durch eine einfache Linie in zwei Register geteilt. Im oberen Register befindet sich die einzeilige Inschrift hinter dem Rücken einer knienden menschlichen Gestalt mit erhobenen Händen, da-

151 VSE Nr. 98; W. F. Albright, in: FS B. Ubach (1953), 133; N. Avigad, in: FS N. Glueck (1970), 285 (= ammonit.); P. Bordreuil, Le Monde de la Bible 46 (1986), 45 (= ammonit.); Ch. Clermont-Ganneau, Recueil d'archéologie orientale I (Paris 1895), 85-90 (= „hebr." oder ammonit.); vgl. ders., CRAIBL 1891, 356f; S. A. Cook, The Religion of Ancient Palestine in the Light of Archaeology (SchL 1925; London 1930 = München 1980), 53 (= ammonit.); H. Derenbourg, Un sceau phénicien, RÉJ 23 (1891), 314-317 (= phön.; falsche Lesung); D. Diringer, Le iscrizioni anticho-ebraiche (1934), 253-255, No. 98 (= ammonit.); K. Galling, BRL[1] (1937), 487; ders., ZDPV 64 (1941), Nr. 99 (= ammonit.); M. Ohana, The Ammonite Inscriptions and the Bible (M.A. unpubl.; Haifa 1976), 10. 43, No. 3 (= ammonit.); G. Garbini, AION 20 (1970), 250, No. 1; ders., Le Lingue Semitiche (1972), 98, No. 1; L. G. Herr, The Scripts (1978), 59, No. 2; ders., BASOR 238 (1980), 23, No. 1 (= ammonit.); F. Israel, Or. 55 (1986), 72f (= ammonit.). 77 (= phön.); ders., Syria 54 (1987), 142 (= ammonit.); K. P. Jackson, Ammonite Language (1983), 72, No. 19 (= ammonit.); G. M. Landes, History of the Ammonites (Ph.D.Diss.; 1956), 266; ders., BA-Reader 2 ([3]1977), 83f (= ammonit.); M. Lidzbarski, HNSE (1898), 209. 243; A. Reifenberg, Hebrew Seals (1950), No. 35 (= ammonit.); S. Timm, Anmerkungen zu vier neuen hebräischen Namen, ZAH 2 (1989), 195 (= ammonit.); C. C. Torrey, A Few Ancient Seals, AASOR 2-3 (1923), 103-105 (= ammonit.); Th. C. Vriezen – J. H. Hospers, Palestine Inscriptions (1951), 37, No. 98; W. E. Aufrecht, A Corpus of Ammonite Inscriptions (1989), No. 17, Pl. 6:17 (Photo) (= ammonit.).

152 RÉS Nr. 1239 (= phön.); P. Bordreuil, Catalogue (1986), 22, No. 5 (Photos) (= phön.); Ch. Clermont-Ganneau, Recueil d'archéologie orientale II (Paris 1897), 46; L. G. Herr, The Scripts (1978), 45, No. 91 (= „probable aramaic", liest falsch *'dnš*); F. Israel, Or. 55 (1986), 72f.77 (= phön.); ders. – (E. Gubel), Syria 64 (1987), 145 (= phön.); M. Ohana, The Ammonite Inscriptions and the Bible (M.A. unpubl.; Haifa 1976), 10. 43f, No. 4 (= ammonit.); ders. – M. Heltzer, The Extra-Biblical Tradition of Hebrew Personal Names (Haifa 1978), 29 (= ammonit. oder moabit.); A. Reifenberg, Hebrew Seals (1950), No. 30 (= phön.); W. E. Aufrecht, A Corpus of Ammonite Inscriptions (1989), 343 (ohne laufende Nr. und Identifikation).

vor ein sitzender Löwe auf einer Blüte; im unteren Register ein geflügelter Skarabäus.

e) Aufgrund der Ikonographie und auch der Paläographie ist eine phönizische Herkunft anzunehmen. Mitte 8.Jh.v.Chr.

Nr. 17) *l'w' b/n mr'l*

a) *ʿAmmān, Ǧebel Ǧōfe* (map ref. 2393.1512)

b) Privatsammlung (London)

c) PH.C. HAMMOND, BASOR 160 (1960), 38-41 (Photos) (= ammonit.)[153]

d) Konisches Stempelsiegel. Die Siegelfläche ist durch eine Doppellinie in zwei epigraphische Register geteilt.

e) Fundort und Paläographie belegen die ammonitische Herkunft des Siegels; die PN weisen das im ammonitischen Onomastikon gelegentlich vorkommende arabische Adstrat auf[154]. 7.Jh.v.Chr.

Nr. 18) *l'ḥ'b̊ / ẙr̊mlk*

a) unbekannt

b) Jerusalem, Israel Museum, No. 73.19.42

c) R. HESTRIN – M. DAYAGI-MENDELS, Inscribed Seals (Jerusalem 1979), No. 106 (Photos) (= ammonit.)[155]

153 VSE Nr. 194. Gilt allgemein als ammonitisch: P. BORDREUIL, ADAJ 18 (1973), 125; G. GARBINI, AION 20 (1970), 252, No. 11; ders., Le Lingue Semitiche (1972), 101, No. 12; M. OHANA, The Ammonite Inscriptions and the Bible (M.A. unpubl.; Haifa 1976), 10. 44, No. 5; M. HELTZER, An Old-Aramean Seal-Impression and some Problems of the Kingdom of Damascus, in: M. SOKOLOFF (ed.), Arameans, Aramaic and the Aramaic Literary Tradition (Ramat-Gan 1983), 11f, No. 3; L.G. HERR, The Scripts (1978), 64f, No. 16; ders., BASOR 238 (1980), 23, No. 16; F. ISRAEL, Syria 64 (1987), 142; K.P. Jackson, Ammonite Language (1983), 77, No. 47; G.M. LANDES, BA-Reader 2 (³1977), 86; J. NAVEH, Canaanite and Hebrew Inscriptions (1960-1964), Leš. 30 (1965), 79, No. 29; H.O. THOMPSON, AJBA 2 (1974-75), 125; M. O'CONNOR, AUSS 25 (1987), 63; W.E. AUFRECHT, A Corpus of Ammonite Inscriptions (1989), No. 49, Pl. 16:49 (Photo).

154 E.A. KNAUF, Midian (1988), 83.

155 VSE Nr. 444 liest *l't'b yrmlk*; N. AVIGAD, New Moabite and Ammonite Seals at the Israel Museum, ErIs 13 (1977), 108f, Anm. 2 (= moabit.); P. BORDREUIL – A. LEMAIRE, Sem. 29 (1979), 82, Anm. 8; G. GARBINI, Nuovi documenti epigrafici dalla Palestina – 1977, Henoch 2 (1980), 150f liest falsch *l'ḥd/pdmlk*; ders., Nuovi documenti epigrafici dalla Palestina – 1978, Henoch 3 (1981), 380 (= moabit.); M. HELTZER, Addenda to the List of Names in M. HELTZER, M. OHANA, The Extra-Biblical Tradition of Hebrew Personal Names, in: Studies in the History of the Jewish People and the Land of Israel, ed. B. ODED, Vol. V (Haifa 1980), 60 (= ammonit.); F. ISRAEL, Syria 64 (1987), 145; ders., Studi moabiti I, in: G. BERNINI – V. BRUGNATELLI (ed.), Atti della 4ª Giornata di Studi Camito-Semitici e Indoeuropei (Milano 1987), 114, No. 13 liest *l'ḥ'd pdmlk* (= moabit.); A. LEMAIRE, Syria 57 (1980), 496 (= moabit.?); S. TIMM, Moab (1989), 227f, Nr. 28 liest *l'ḥ'd grmlk* (= moabit.); W.E. AUFRECHT, A Corpus of Ammonite Inscriptions (1989), No. 98, Pl. 37:98 (Photo) (= ammonit.). Denkbar ist auch eine Lesung *l-'ḥ' bydmlk* (freundlicher Hinweis von M. WEIPPERT).

d) Der Länge nach durchbohrter Skaraboïd. Die Siegelfläche ist durch zwei Doppellinien in drei horizontale Register geteilt. Im oberen Register sind eine Mondsichel und ein Stern zu sehen.
e) Die Paläographie deutet eher auf eine moabitische als auf eine ammonitische Herkunft hin. 7.Jh.v.Chr.

Nr. 19) *l'ḫndb*

a) unbekannt (angeblich aus Sidon)
b) Paris, Musée du Louvre, No. AO 1134/5818 (A 1141)
c) E. LEDRAIN, RA 1 (1884), 35f (Zeichnung) (= „hebr.")[156]
d) Konisches Stempelsiegel. Auf der Siegelfläche ist eine Ziege, die ihr Junges säugt (vgl. Siegel Nr. 2. 121. 131), eingraviert, darüber ein *ʿnḫ*-Zeichen. Die einzeilige Inschrift befindet sich seitlich auf dem Konus.
e) Die ungelenke Schrift auf der gewölbten Außenseite des Siegelkonus macht eine sichere Zuordung kaum möglich. Paläographisch ist m.E. eher mit einer phönizischen oder nordisraelitischen, ikonographisch[157] eher mit einer aramäischen Herkunft zu rechnen. 7.Jh.v.Chr.

Nr. 20) *l'y' / bn / tmk'l*

a) unbekannt
b) Paris, Bibliothèque Nationale, Cabinet des Médailles, Collection H. Seyrig, No. 1972.1317.131
c) P. BORDREUIL, Catalogue (Paris 1986), 65, No. 72 (Photos) (= ammonit.)[158]
d) Der Länge nach durchbohrter Skaraboïd. Die Siegelfläche ist durch zwei einfache Linien in drei horizontale Register geteilt. Im mittleren Register (zwischen den beiden Buchstaben *bn*) ist ein angreifender Stier (aufgestemmte Vorderbeine, gesenkter Kopf, vgl. Siegel Nr. 80. 84. 135. 146. 149) eingraviert.

156 VSA Nr. 109 liest *l'ḫndt*; RÉS Nr. 898 (= phön.); P. BORDREUIL, Catalogue (1986), 70, No. 79 (Photos); ders., in: DER KÖNIGSWEG (1987), Nr. 181 (= ammonit.); L. DELAPORTE, Catalogue des cylindres orientaux, cachets et pierres gravées de style oriental (Musée du Louvre) II: Acquisitions (Paris 1923), 207, No. A.1141, Pl. 104:31 (= phön.); K. GALLING, ZDPV 64 (1941), No. 35 (= phön.); G. GARBINI, AION 37 (1977), 482 (= ammonit.); L. G. HERR, The Scripts (1978), 42, No. 84 (= aramä.); F. ISRAEL, Or. 55 (1986), 72; ders., Syria 64 (1987), 143 (= ammonit.); O. KEEL, Das Böcklein in der Milch seiner Mutter (1980), 118, Abb. 95 (= phön.); E. LEDRAIN, Notice sommaire des monuments phéniciens du Musée du Louvre (Paris 1900), 168, No. 414 liest *'ḫndl* (= phön.); P. MAGNANINI, Le iscrizioni fenicie (1973), 147, No. 17 (= phön.); W. E. AUFRECHT, A Corpus of Ammonite Inscriptions (1989), No. 16, Pl. 6:16 (Photo) (= wahrscheinlich ammonit.); M. SHUVAL, A Catalogue of Early Iron Stamp Seals from Israel, in: O. KEEL et al. (ed.), Studien zu den Stempelsiegeln aus Palästina/Israel Bd. III: Die Frühe Eisenzeit (OBO 100; Fribourg – Göttingen 1990), 108. 110. 161, Nr. 86.

157 Vgl. z.B. P. BORDREUIL, Catalogue (1986), No. 134.

158 F. ISRAEL, Syria 64 (1987), 144 (= ammonit.); W. E. AUFRECHT, A Corpus of Ammonite Inscriptions (1989), No. 132, Pl. 45:132 (Photo) (= ammonit.).

e) Paläographisch gesehen handelt es sich wahrscheinlich eine ammonitische Inschrift; der PN *tmk'(l)* (Siegel Nr. 149-154) und das ikonographische Motiv sind in Ammon (*und* in den Nachbarkulturen) mehrfach belegt. 7.Jh.v.Chr.

Nr. 21) *l'yndb / bn ḥnn'l*

a) unbekannt
b) unbekannt
c) L. A. WOLFE, Antiquities of the Phoenician World – Ancient Inscriptions, in: F. STERNBERG (ed.), Antike Münzen etc. Auktion XXIV (Zürich 1990), 71, Nr. 442, Pl. 26:442 (Photos) liest falsch „*L'YNDB B/NHNN'L*" (= ammonit.).
d) Der Länge nach durchbohrter Skaraboïd. Die Siegelfläche ist durch eine Doppellinie in zwei epigraphische Register geteilt.
e) Aufgrund der Paläographie ist eine ammonitische Herkunft des Siegels wahrscheinlich. 7.Jh.v.Chr.

Nr. 22) *l'l'. / bn ḥṭš*

a) unbekannt (angeblich aus „Jordan"; gekauft in Jerusalem)
b) unbekannt
c) N. AVIGAD, in: FS N. GLUECK (Garden City/NY 1970), 287f, No. 3, Pl. 30:3 (Photo) (= ammonit.)[159]
d) Durchbohrter Skaraboïd. Die Siegelfläche ist durch eine Doppellinie in zwei Schriftregister geteilt. Am Ende der ersten Zeile befindet sich ein Stern (Worttrenner?).
e) Paläographisch ist eine ammonitische Einordnung der Inschrift wahrscheinlich. Die Bedeutung des Patronyms (bzw. der Wurzel) *ḥṭš* ist unbekannt[160]. 7.Jh.v.Chr.

159 VSE Nr. 262. Gilt allgemein als ammonitisch: P. BORDREUIL, Syria 50 (1973), 185, No. 24; G. GARBINI, Le Lingue Semitiche (1972), 103, No. 22; M. OHANA, The Ammonite Inscriptions and the Bible (M.A. unpubl.; Haifa 1976), 11. 44f, No. 6; L. G. HERR, The Scripts (1978), 65, No. 17; ders., BASOR 238 (1980), 23, No. 17; F. ISRAEL, Syria 64 (1987), 142; K. P. JACKSON, Ammonite Language (1983), 72, No. 14; W. E. AUFRECHT, A Corpus of Ammonite Inscriptions (1989), No. 69, Pl. 24:69 (Photo).

160 Vgl. *u.a.* die PN *ḥṭš* in Siegel Nr. 74, *ḥṭwš* in Neh. 3,10; 10,5; 12,2; Es. 8,2; 1Chr. 3,22; judä. *ḥṭš*; keilschriftl. *ḫanṭušu* u. a. [R. ZADOK, On West Semites in Babylonia during the Chaldean and Achaemenian Periods (Jerusalem 1977), 207; ders., Phoenicians, Philistines, and Moabites in Mesopotamia, BASOR 230 (1978), 62]; nab. *ḥṭyšw*; safait. *ḥṭ(ṭ)š* u. a. sowie persisch-aramä. *ḥṭwt* bei E. EBELING, Das aramäisch-mittelpersische Glossar Frahang-i-Pahlavīk im Lichte der assyriologischen Forschung (MAOG 14,1; Leipzig 1941), 33 „scharf, spitz"; vgl. auch F. ISRAEL, Note di onomastica semitica 1, Lat. 48 (1982), 106f.

Nr. 23) *l'l'mṣ / bn 'lš'*

a) unbekannt (in *ʿAmmān* gekauft)
b) unbekannt (ehemalige Sammlung R. Brünnow)
c) R. Brünnow, MNDPV 1896, 4 f. 21 f, fig. 4 f. 21 f (Photos / Zeichnung)[161]
d) Stempelsiegel in assyrisierendem Stil: Auf der Siegelfläche ist ein stehender, langhaariger, bärtiger Mann in langem, gegürtetem Gewand und erhobenen Händen zu sehen. Die zweizeilige Inschrift befindet sich vor und hinter dieser Figur.
e) Die Paläographie läßt keinen Zweifel an der ammonitischen Herkunft der Inschrift. 7.Jh.v.Chr.

Nr. 24) *l'l'mṭ bn 'l'wr*

a) unbekannt
b) Cambridge/MA, Harvard Semitic Museum
c) K. P. Jackson, The Ammonite Language (Chico/CA 1983), 74, No. 34 (= ammonit.)[162]
d) Bisher wurde (m.W.) keine Abb. publiziert.
e) Wegen der mangelnden Informationen bzw. lückenhaften Publikation läßt sich z.Zt. über die paläographische Zuordung und Datierung des Siegels nichts sagen.

Nr. 25) *l'l'r b/n 'lzkr*

a) unbekannt
b) Paris, Bibliothèque Nationale, Cabinet des Médailles, Collection H. Seyrig, No. 1972.1317.136

161 VSE Nr. 115; RÉS Nr. 1888 (= „hebr."); AOB² Nr. 579. Gilt allgemein als ammonitisch: vgl. z. B. Ch. Clermont-Ganneau, Recueil d'archéologie orientale 2 (1897), 45 f; S. A. Cook, The Religion of Ancient Palestine (1930), 63, Pl. 9:13 (= ammonit.?); G. Dalman, Ein neugefundenes Jahwebild, PJ 2 (1906), 49 f (mit argumentativ unzutreffenden Zweifeln an der Echtheit des Siegels); A. Reifenberg, Denkmäler der jüdischen Antike (Berlin 1937), Taf. 9:1 („hebr."); K. Galling, ZDPV 64 (1941), Nr. 128; G. Garbini, AION 20 (1970), 250, No. 2; ders., Le Lingue Semitiche (1972), 98, No. 3; M. Ohana, The Ammonite Inscriptions and the Bible (M.A. unpubl.; Haifa 1976), 11. 45, No. 7; L. G. Herr, The Scripts (1978), 60 f, No. 5; ders., BASOR 238 (1980), 23, No. 5; U. Hübner, UF 21 (1989), 222 f; F. Israel, Syria 64 (1987), 142; K. P. Jackson, Ammonite Language (1983), 76, No. 44; W. E. Aufrecht, A Corpus of Ammonite Inscriptions (1989), No. 18, Pl. 7:18 (Photo).

162 F. M. Cross, in: FS S. H. Horn (1986), 478 (= ammonit.); W. E. Aufrecht, A Corpus of Ammonite Inscriptions (1989), 345 f, No. 148 (= ohne Identifikation); F. Israel, Syria 64 (1987), 143 schlägt als Lesung des ersten PN *'l'mṣ* vor (= ammonit.), was onomastisch wahrscheinlicher ist, auch wenn statt des Elements *'mṣ* das Element *'mt* keineswegs auszuschließen ist, vgl. den PN *'mty* 2Kön. 14,25; Jona 1,1. Allerdings sind die Buchstaben *t* und *ṣ* in der Regel gut zu unterscheiden; im speziellen Fall des Siegels Nr. 24 ist eine Kontrolle der Lesung aber mangels Abbildungen nicht möglich.

c) P. BORDREUIL, Catalogue (Paris 1986), 72, No. 82 (Photos) (= ammonit.)[163]
d) Der Länge nach durchbohrter Skaraboïd. Die Siegelfläche ist durch eine Doppellinie in zwei Register geteilt. In der Mitte der Linie befindet sich eine kreisförmige Verzierung, im unteren Register unterhalb der 2.Zeile ein stilisierter Vogel.
e) Die Paläographie macht eine ammonitische Zuordnung der Inschrift wahrscheinlich. Mitte 6.Jh.v.Chr.

Nr. 26) *l'lbr[k*
a) unbekannt
b) Paris, Musée du Louvre, No. AO 5830 (A 1143)
c) M. DE VOGÜÉ, Mélanges d'archéologie orientale (Paris 1868), 112, No. 10 (Zeichnung) (= phön.)[164]
d) Der Länge nach durchbohrter, fragmentarisch erhaltener Skaraboïd. Auf der Siegelfläche unterhalb der einzeiligen, offensichtlich unvollständig erhaltenen Inschrift (wohl zu *l'lbrk* zu ergänzen) befindet sich ein liegender Löwe[165], über seinem Rücken eine Mondsichel und vor ihm ein stilisierter Vogel.
e) Die Paläographie (und Ikonographie) erlauben eher eine aramäische als eine ammonitische Einordnung. Mitte (?) 8.Jh.v.Chr.

Nr. 27) *l'l/ḥnn*
a) unbekannt
b) unbekannt (ehemalige Sammlung Ustinov)
c) A. JAUSSEN – H. VINCENT, RB 10 (1901), 578f (Zeichnung) (= phön.)[166]

163 F. ISRAEL, Syria 64 (1987), 144 (= ammonit.); W. E. AUFRECHT, A Corpus of Ammonite Inscriptions (1989), No. 134, Pl. 46:134 (Photo) (= ammonit.).

164 VSA Nr. 8; P. BORDREUIL, Catalogue (1986), 77, No. 88 (Photos) (= aramä.); L. DELAPORTE, Catalogue II: Acquisitions (Paris 1923), 207, No. A 1143, Pl. 104:33; K. GALLING, ZDPV 64 (1941), Nr. 23; L. G. HERR, The Scripts (1978), 49, No. 103 (= „probable aramaic"); F. ISRAEL, Syria 64 (1987), 145 (= aramä.?); E. LEDRAIN, Notice sommaire des monuments (1900), 167, No. 412 (= phön.); A. LEMAIRE, Syria 62 (1985), 43f (= ammonit.); ders., Transeuphratène 1 (1989), 88, Anm. 4; M. A. LEVY, Siegel und Gemmen mit aramäischen, phönizischen, althebräischen, himjarischen, nabathäischen und altsyrischen Inschriften (Breslau 1869), 25f, Nr. 8 (= phön.); W. E. AUFRECHT, A Corpus of Ammonite Inscriptions (1989), No. 7, Pl. 2:7 (Photo) (= wahrscheinlich ammonit.).

165 Vgl. z. B. P. BORDREUIL, Catalogue (1986), No. 87.

166 VSE Nr. 5; RÉS Nr. 243 (= „hebr."); P. BORDREUIL – A. LEMAIRE, Sem. 24 (1974), 27 (= phön. oder 'palästin.'); dies., Sem. 29 (1979), 83 (= ammonit.); D. DIRINGER, Le iscrizioni antico-ebraiche (1934), 167f, No. 5 (= „hebr."); K. GALLING, ZDPV 64 (1941), Nr. 75 (= „hebr."?); F. ISRAEL, Syria 64 (1987), 142 (= ammonit.); S. MOSCATI, L'epigrafia ebraica antica 1935-1950 (BibOr 15; Rom 1951), 66, No. 5 (= „hebr."); W. E. AUFRECHT, A Corpus of Ammonite Inscriptions (1989), No. 19, Pl. 7:19 (Zeichnung) (= ammonit.).

d) Skaraboïd. Die Siegelfläche ist durch zwei Doppellinien in drei horizontale Register geteilt. Im mittleren anepigraphischen Register befindet sich ein Widderkopf *en face* (vgl. Siegel Nr. 6. 60. 109. 130. 155), flankiert von zwei Blüten auf langen Stielen.
e) Die sechs, z.T. recht unspezifischen Buchstaben (davon zwei ⟨*l*⟩ und zwei ⟨*n*⟩) erlauben keine sichere Zuweisung; eine ammonitische Einordnung ist gut möglich, aber – trotz der Ikonographie – nicht wahrscheinlich. 2.Hälfte (?) 8.Jh.v.Chr.

Nr. 28) *l'lḥnn / bn / 'wr'l*

a) unbekannt (angeblich aus *Saḥāb*)
b) Beverly Hills/CA, Barakat Gallery, No. C 57
c) A. Lemaire, Sem. 33 (1983), 22f, No. 8, Pl. 2:8 (Photos) (= ammonit.)[167]
d) Kreisrundes, bombiertes Stempelsiegel mit Durchbohrung. Die Inschrift ist um einen vierflügeligen Skarabäus (?) herum eingraviert.
e) Aufgrund der Paläographie (und der Ikonographie) ist eine ammonitische Einordnung wahrscheinlich. 8. / 7.Jh.v.Chr.

Nr. 29) *l'lḥnn / bn mnḥ*

a) unbekannt
b) Haifa, R. and E. Hecht Museum, No. H-917
c) N. Avigad, Michmanim 4 (1989), 13, No. 11 (Photo) (= ammonit.)
d) Der Länge nach durchbohrter Skaraboïd. In der Mitte der Siegelfläche ist ein Vogel mit zurückgewandtem Kopf eingraviert, der von der umlaufenden Inschrift gerahmt wird.
e) Aufgrund der Paläographie ist eine ammonitische Herkunft wahrscheinlich. 7.Jh.v.Chr.

Nr. 30) *] 'lḥnn*

a) unbekannt (aus „Transjordan")
b) Haifa, R. and E. Hecht Museum, No. H-637
c) A. Lemaire, Syria 63 (1986), 320f, No. 12, fig. 12 (Photo des Abdrucks) liest *](b)n / 'lḥnn* (= ammonit.)[168]

167 Gilt allgemein als ammonitisch: F. Israel, Syria 64 (1987), 143f liest falsch *l'lḥnn 'wr'l*; F. Barakat, The Barakat Gallery Vol. 1 (1985), 186f, No. C 57 (winziges Buntphoto) liest – wie (fast) immer – falsch *„L'LH'NH BN 'WR'L"*; W.E. Aufrecht, A Corpus of Ammonite Inscriptions (1989), No. 122, Pl. 42:122 (Photo).

168 Gilt allgemein als ammonitisch: F. Israel, Syria 63 (1987), 146; W.E. Aufrecht, A Corpus of Ammonite Inscriptions (1989), No. 141, Pl. 50:141 (Photo); N. Avigad, Another Group of West-Semitic Seals from the Hecht Collection, Michmanim 4 (1989), 14, No. 13 (Photo).

d) Der Länge nach durchbohrter Skaraboïd. Die Siegelfläche ist durch zwei Doppellinien in drei horizontale Register geteilt. Das obere Register ist verloren; im mittleren ist ein vierflügeliger Skarabäus zwischen zwei Pflanzen oder Standarten (?) eingraviert. Bei dem PN im unteren Register dürfte es sich um das Patronym handeln; der Anfang der Besitzerangabe dürfte im obersten, verlorenen Register gestanden haben.
e) Paläographie (und Ikonographie) machen eine ammonitische Herkunft wahrscheinlich. 7.Jh.v.Chr.

Nr. 31) *l'lybr / bn mnḥm // l'lybr*
a) unbekannt
b) Jerusalem, The Hebrew University Museum, No. 774
c) E. L. Sukenik, Kedem 2 (1945), 10, No. 3, fig. 3 (Zeichnungen) (= „hebr.“)[169]
d) Der Breite nach durchbohrtes Stempelsiegel mit zwei Siegelflächen. Die flache Siegelfläche ist durch eine Doppellinie in zwei epigraphische Register geteilt: *l'lybr / bn mnḥm*. Die bombierte Siegelfläche ist ebenfalls durch eine Doppellinie in ein oberes, anepigraphisches Register (schreitende geflügelte Sphinx) und in ein unteres, epigraphisches Register geteilt: *l'lybr*.
e) Die Paläographie macht eine ammonitische Herkunft wahrscheinlich. Mitte (?) 7.Jh.v.Chr.

Nr. 32) *l'lẙʿm*
a) unbekannt
b) London, British Museum, No. WA 102970
c) Catalogue des Antiquités in Sir W. Hamilton's Collection Vol. II (1778), 580, No. 437 (Manuscript Catalogue in the Greek and Roman Department of the British Museum)[170]; W. Wright, PSBA 4 (1882), 54 (Zeichnung) (= phön.)[171]

169 VSE Nr. 133; P. Bordreuil – A. Lemaire, JA 265 (1977), 18f; dies., Sem. 29 (1979), 82 (= ammonit.); M. Heltzer, Some North-West Semitic Epigraphic Gleanings from the XI-VI Centuries B.C., AION 31 (1971), 189, No. 19 (= judä.); M. Ohana, The Ammonite Inscriptions and the Bible (M.A. unpubl.; Haifa 1976), 11. 45, No. 8 (= ammonit.); L. G. Herr, The Scripts (1978), 69f, No. 20f nimmmt fälschlicherweise zwei verschiedene Siegel an; ders., BASOR 238 (1980), 23, No. 29 (= ammonit.); F. Israel, Syria 64 (1987), 142 (= ammonit.); K. P. Jackson, Ammonite Language (1983), 75, No. 38 (= ammonit.); S. Moscati, L'epigrafia (1951), 55, No. 11 (= „hebr.“); J. Naveh, Early History (1982), 107, fig. 98 (= ammonit.); M. Ohana – M. Heltzer, The Extra-Biblical Tradition (1978), 33, fig. 7 (= ammonit.); É. Puech, RB 83 (1976), 61 (= ammonit.); W. E. Aufrecht, A Corpus of Ammonite Inscriptions (1989), No. 39, Pl. 12:39 (Photo) (= ammonit.).

170 Freundlicher Hinweis von D. Collon (London, British Museum); der Katalog war mir nicht zugänglich.

171 VSE Nr. 6; RÉS Nr. 1872 (= „hebr.“); M. Baldacci, Rec.: K. P. Jackson, The Ammonite Language of the Iron Age, AION 45 (1985), 520 liest *l'lhʿm* (= ammonit.); P. Bordreuil – A. Le-

d) Leicht beschädigter Skaraboïd, durch zwei Doppel(?)linien in drei horizontale Register geteilt; die einzeilige Inschrift befindet sich im mittleren Register. In allen Registern ist ein geflügelter Greif in verschiedenen Varianten eingraviert.
e) Aufgrund der Paläographie ist eine ammonitische Herkunft möglich. 7.Jh.v.Chr.

Nr. 33) *l'l.ẙ/š*ͨ
a) *ͨAmmān, Ǧebel Ǧōfe*, Grab A
b) Jerusalem, PAM, No. 41.889
c) G.L. Harding – G.R. Driver, QDAP 11 (1945), 67f. 81f, Pl. 18:42 (Photos) (= ammonit.)[172]
d) Zylindrisches, beschädigtes Stempelsiegel. Die Siegelfläche ist durch eine Doppellinie in zwei epigraphische Register geteilt; am Ende der Inschrift befindet sich eine nicht mehr genau erkennbare Verzierung (?).
e) Aufgrund des gesicherten Fundortes (und der Paläographie) ammonitisch. Eine genauere Datierung ist aufgrund der ungelenken Schrift (und ihres Zustandes) kaum möglich. 7.Jh.v.Chr.(?).

Nr. 34) *l'lyš*ͨ */ bn grgr̊*
a) unbekannt (angeblich aus der Gegend von Kerak; gekauft in Jerusalem)
b) Paris, Musée Biblique de Bible et Terre Sainte, No. 5127
c) P. Bordreuil – A. Lemaire, Sem. 24 (1974), 30-34, Pl. 1:3 (Photos) (= ammonit.)[173]

maire, Sem. 29 (1979), 83 (= ammonit.); Ch. Clermont-Ganneau, Sceaux et cachets Israélites, Phéniciens et Syriens, JA 8.Série, 1 (1883), 157, No. 44 (Zeichnung) (= nicht „hebr."); D. Diringer, Le iscrizioni anticho-ebraiche (1934), 168, No. 6 (= „hebr."); K. Galling, ZDPV 64 (1941), Nr. 69; L.G. Herr, The Scripts (1978), 70f, No. 35 (= ammonit.); F. Israel, Syria 64 (1987), 144 liest *l'lhͨm* (= vielleicht ammonit., theophores Element eher aramä.); K.P. Jackson, Ammonite Language (1983), 72, No. 20 (= ammonit.); J. Offord, Note on the Winged Figures on the Jar-Handles discovered by Dr. Bliss, PEQ 1900, 379f; I. Zolli, Rez.: D. Diringer, Le iscrizioni antico-ebraiche, MGWJ 79 (1935), 336; W.E. Aufrecht, A Corpus of Ammonite Inscriptions (1989), No. 10, Pl. 4:10 (Photo), liest *l'lhͨm* (= ammonit.).

172 VSE Nr. 117 liest (falsch) *l'ltš*. Gilt allgemein als ammonitisch: W.F. Albright, in: FS B. Ubach (1953), 131; P. Bordreuil – A. Lemaire, Trois Sceaux Nord-Ouest Sémitiques inédits, Sem. 24 (1974) 33; G. Garbini, AION 20 (1970), 250, No. 5; ders., Le Lingue Semitiche (1972), 99, No. 6; M. Ohana, The Ammonite Inscriptions and the Bible (M.A. unpubl.; Haifa 1976), 11. 45, No. 9; L.G. Herr, The Scripts (1978), 70, No. 32; ders., BASOR 238 (1980), 23, No. 32 liest *l'lt/š*ͨ; F. Israel, OLoP 10 (1979), 144, no. 6; ders., Or. 55 (1986), 73; ders., Syria 64 (1987), 142; K.P. Jackson, Ammonite Language (1983), 81, No. 54; W.E. Aufrecht, A Corpus of Ammonite Inscriptions (1989), No. 38, Pl. 12:38 (Photo).

173 VSE Nr. 317. Gilt allgemein als ammonitisch: P. Bordreuil, Catalogue (1986), 71f, No. 81 (Photos); ders., in: Der Königsweg (1987), Nr. 184; M. Heltzer, Zu einer neuen ammonitischen

d) Skaraboïd. Die Siegelfläche ist durch zwei Doppellinien in drei horizontale Register geteilt. Im mittleren, anepigraphischen Register ist ein Stierkopf *en face* (vgl. Widderkopf *en face* Siegel Nr. 6. 27. 60. 109. 130. 155), von zwei sitzenden Vögeln flankiert, eingraviert.
e) Aufgrund der Paläographie (und der Ikonographie) ist eine ammonitische Herkunft wahrscheinlich. 1.Hälfte 6.Jh.v.Chr.

Nr. 35) *l'l/mšl*

a) unbekannt
b) Privatsammlung
c) P. Bordreuil – A. Lemaire, Sem. 26 (1976), 62, No. 35, Pl. 6:36 (Photo) [= ammonit. (oder phön.)][174]
d) Durchbohrter Skaraboïd. Die Siegelfläche ist durch eine Doppellinie in zwei Register geteilt. Im oberen Register unterhalb der 1.Schriftzeile ist ein schreitender Quadrupede (Stier?) eingraviert.
e) Weder paläographisch noch ikonographisch ist eine sichere Zuweisung möglich; eine ammonitische Herkunft ist nicht auszuschließen. 6.Jh.v.Chr.(?).

Nr. 36) *l'ln b/n 'lybr*

a) unbekannt
b) Privatsammlung
c) P. Bordreuil – A. Lemaire, JA 265 (1977), 18f, fig. 2 (Photos) (= ammonit.)[175]
d) Durchbohrter Skaraboïd. Die Siegelfläche ist durch eine Doppellinie in zwei epigraphische Register geteilt.

Siegelinschrift, UF 8 (1976), 441 f liest *l'lyš̃ bn grgd*; M. Ohana, The Ammonite Inscriptions and the Bible (M.A. unpubl.; Haifa 1976), 11. 46, No. 10 liest *l'lyš̃ bn grgd*; L. G. Herr, The Scripts (1978), 61, No. 6; ders., BASOR 238 (1980), 23, No. 6; F. Israel, Or. 55 (1986), 73 liest ... *grgd*, 77 zieht er diese Lesung wieder zurück; ders., Syria 64 (1987), 142; M. O'Connor, AUSS 25 (1987), 53. 56; K. P. Jackson, Ammonite Language (1983), 82, No. 58; W. E. Aufrecht, A Corpus of Ammonite Inscriptions (1989), No. 79, Pl. 30:79 (Photo), liest *l'lyš̃ / bn grgr̊*; A. Millard, Writing in Jordan, in: Treasures from an Ancient Land, ed. P. Bienkowski (1991), 142, fig. 158 (Photo).

174 VSE Nr. 389; G. Garbini, Henoch 1 (1979), 399 (= ammonit.); M. Heltzer, in: Studies in the History of the Jewish People and the Land of Israel V (1980), 58 (= ammonit.); F. Israel, Syria 64 (1987), 142 (= ammonit.); K. P. Jackson, Ammonite Language (1983), 76, No. 42 (= ammonit.); W. E. Aufrecht, A Corpus of Ammonite Inscriptions (1989), No. 91, Pl. 35:91 (Photo) (= ammonit.).

175 VSE Nr. 397; P. Bordreuil – A. Lemaire, Sem. 29 (1979), 82 (= ammonit.); G. Garbini, Henoch 2 (1980), 351 (= ammonit.); M. Heltzer, in: Studies in the History of the Jewish People and the Land of Israel V (1980), 57 (= ammonit.); F. Israel, Syria 64 (1987), 143 (= ammonit.); J. Teixidor, Bulletin d'épigraphie sémitique (1986), 397 (= aramä.); W. E. Aufrecht, A Corpus of Ammonite Inscriptions (1989), No. 104, Pl. 50:141 (Photo) (= ammonit.).

e) Aufgrund der Paläographie ist eine ammonitische Herkunft möglich. 7.Jh.v.Chr.

Nr. 37) *l'ln b/n 'lydn*

a) unbekannt
b) Haifa, R. and E. Hecht Museum, No. H-632
c) N. AVIGAD, Michmanim 4 (1989), 14f, No. 15 (Photo) (= ammonit.)
d) Durchbohrter Skaraboïd. Die nahezu runde Siegelfläche ist durch eine Doppellinie (mit einer Scheibe in der Mitte) in zwei epigraphische Register geteilt.
e) Aufgrund der Paläographie ist eine ammonitische Herkunft des Siegels wohl wahrscheinlich. 7.Jh.v.Chr.

Nr. 38) *l'ln b/n / 'mr'l*

a) unbekannt (angeblich aus *ʿAmmān*)
b) Beverly Hills/CA, Barakat Gallery, No. C 52
c) A. LEMAIRE, Sem. 33 (1983), 19f, No. 4, Pl. 1:4 (Photos) (= ammonit.)[176]
d) Der Länge nach durchbohrter Skaraboïd. Die Siegelfläche ist durch zwei Doppellinien in drei horizontale Register geteilt. Im mittleren Register ist neben */n/* eine geflügelte Sonnenscheibe eingraviert (vgl. Siegel Nr. 10. 55. 97).
e) Aufgrund der Paläographie ist eine ammonitische Herkunft wahrscheinlich. Um 700 v. Chr.

Nr. 39) *l'lndb*

a) unbekannt
b) Jerusalem, Israel Museum, No. 68.35.194
c) R. HESTRIN – M. DAYAGI-MENDELS, Inscribed Seals (Jerusalem 1979), 128, No. 101 (Photos) (= ammonit.)[177]
d) Der Länge nach durchbohrter Skaraboïd. Die Siegelfläche ist durch eine Doppellinie in zwei Register geteilt. Im oberen, anepigrahischen Register ist eine schreitende Sphinx eingraviert, davor eine Palmette, dahinter und über dem Kopf (Krone?) eine scheibenförmige Verzierung.
e) Aufgrund der Paläographie ist eine ammonitische Herkunft wahrscheinlich. 7.Jh.v.Chr.

176 Gilt allgemein als ammonitisch: F. ISRAEL, Syria 64 (1987), 143; F. BARAKAT, The Barakat Gallery Vol. 1 (1985), 186f, No. C 52 (winziges Buntphoto); W. E. AUFRECHT, A Corpus of Ammonite Inscriptions (1989), No. 118, Pl. 41:118 (Photo); D. PARAYRE, Syria 67 (1990), 283, No. 121, Pl. 10:121 (angeblich vom gleichen Produzenten wie Siegel Nr. 55).

177 VSE Nr. 442. Gilt allgemein als ammonitisch: P. BORDREUIL – A. LEMAIRE, Sem. 29 (1979), 82; G. GARBINI, Henoch 3 (1981), 379 (= ammonit.); M. HELTZER, in: Studies in the History of the Jewish People and the Land of Israel V (1980), 58; F. ISRAEL, Syria 64 (1987), 143; W. E. AUFRECHT, A Corpus of Ammonite Inscriptions (1989), No. 104, Pl. 34:104 (Photo).

Nr. 40) *l'lndb bn 'lydn*

a) unbekannt
b) Privatsammlung (London)
c) N. AVIGAD, ErIs 9 (1969), 8f, No. 20, Pl. 2:20 (Photo) (= phön.)[178]
d) Skaraboïd. In der Mitte der Siegelfläche ist ein bärtiges Gesicht *en face*, umlaufend die Inschrift eingraviert.
e) Die Paläographie erlaubt keine sichere Zuweisung; eine ammonitsche Zuweisung ist nicht unmöglich. Die Ikonographie weist eher auf eine phönizische Herkunft hin. Um 700 v. Chr.

Nr. 41) *l'lndb / bn šm̊ʿ*

a) unbekannt
b) unbekannt
c) A. LEMAIRE, Syria 63 (1986), 321f, No. 13, fig. 13 (Photos) (= ammonit.)[179]
d) Der Länge nach durchbohrter, auf Ober- und Unterseite gravierter Skaraboïd. Auf der schlecht erhaltenen flachen Siegelfläche ist ein laufender Quadruped / Bovide (?) eingraviert, darüber eine Mondsichel und ein Stern (?). Die beschädigte bombierte Oberseite ist durch eine mit drei Punkten verzierte Doppellinie in zwei epigraphische Register geteilt.
e) Aufgrund der Paläographie ist eine ammonitische Zuweisung möglich. 6.Jh.v.Chr.(?).

Nr. 42) *l'lntn*

a) unbekannt (gekauft in Damaskus)
b) Jerusalem, Israel Museum, No. 71.46.82
c) A. REIFENBERG, PEQ 71 (1939), 196, No. 2, Pl. 34:2 (Photo) (= „hebr.")[180]

178 VSE Nr. 357; P. BORDREUIL – A. LEMAIRE, Sem. 26 (1976), 56 (= ammonit. oder phön.); G. GARBINI, JSSt 19 (1974), 164f (= ammonit.); M. OHANA, The Ammonite Inscriptions and the Bible (M.A. unpubl.; Haifa 1976), 11. 46f, No. 11 (= ammonit.); L. G. HERR, The Scripts, 69, No. 30; ders., BASOR 238 (1980), 23, No. 30 (= ammonit.); F. ISRAEL, Syria 64 (1987), 142 (= ammonit.); K. P. JACKSON, Ammonite Language (1983), 71, No. 11 (= ammonit.); W. E. AUFRECHT, A Corpus of Ammonite Inscriptions (1989), No. 64, Pl. 22:64 (Photo) (= ammonit.).

179 F. ISRAEL, Syria 64 (1987), 146 (= ammonit.); W. E. AUFRECHT, A Corpus of Ammonite Inscriptions (1989), No. 142, Pl. 50:142 (Photo) (= ammonit.).

180 VSE Nr. 138; G. R. DRIVER, Semitic Writing from Pictograph to Alphabet (SchL 1944; London $^{3}$1976), Pl. 57 („Israelite Seal with Hebrew Legend"); G. GARBINI, Dati epigrafici e linguistici sul territorio Palestinese fino al VI sec.a.C., RivBib 32 (1984), 83 (= philistä.); ders., Philistine Seals, in: FS S. H. HORN (1986), 443-448 (= philistä.); L. G. HERR, The Scripts (1978), 51, No. 110 (= aramä.); R. HESTRIN – M. DAYAGI-MENDELS, Inscribed Seals (1979), No. 133 (= aramä.); F. ISRAEL, Syria 64 (1987), 144 (= vielleicht ammonit.); A. LEMAIRE, Rec.: R. HESTRIN – M. DAYAGI-MENDELS (ed.), Inscribed Seals, 1979, Syria 57 (1980), 496; ders., Syria 62 (1985), 45f (= ammonit.); S. MOSCATI, L'epigrafia (1951), 57f, No. 18 (= „hebr."); A. REIFENBERG, Hebrew

d) Konisches, unterhalb der Spitze durchbohrtes Stempelsiegel. Auf der kreisrunden Siegelfläche ist ein vierflügeliger Skarabäus mit der umlaufender Inschrift eingraviert.
e) Die Paläographie erlaubt keine sichere Zuweisung; eine ammonitische Herkunft ist nicht auszuschließen. 8.Jh.v.Chr.

Nr. 43) *l'lntn / bn ytyr*

a) unbekannt
b) Privatsammlung
c) P. BORDREUIL – A. LEMAIRE, Sem. 26 (1976), 61f, No. 34, Pl. 6:34 (Photo) (= ammonit.)[181]
d) Der Länge nach durchbohrter Skaraboïd. Die Siegelfläche ist durch eine Doppellinie in zwei epigraphische Register geteilt.
e) Aufgrund der Paläographie ist eine ammonitische Herkunft wahrscheinlich. 7.Jh.v.Chr.

Nr. 44) *l'lsmky*

a) unbekannt (angeblich aus Transjordanien; gekauft in Jerusalem)
b) Jerusalem, Israel Museum, No. 71.46.87
c) A. REIFENBERG, Denkmäler der jüdischen Antike (1937), Taf. 9:2 („hebr.")[182]
d) Durchbohrter Skaraboïd. Auf der Siegelfläche ist eine stehende männliche Gestalt im Profil in langem Gewand eingraviert, die die eine Hand erhoben hat und in der anderen einen Quadrupeden (als Opfergabe?) hält.

Seals (1950), No. 15; ders., Ancient Hebrew Arts (New York 1950), 32, No. 4 (= „hebr."); W.E. AUFRECHT, A Corpus of Ammonite Inscriptions (1989), No. 32, Pl. 10:32 (Photo) (= ammonit.).

181 VSE Nr. 388. Gilt allgemein als ammonitisch: G. GARBINI, Henoch 1 (1979), 39; M. HELTZER, in: Studies in the History of the Jewish People and the Land of Israel V (1980), 60; F. ISRAEL, Syria 64 (1987), 142; K.P. JACKSON, Ammonite Language (1983), 73, No. 29; M. O'CONNOR, AUSS 25 (1987), 60; W.E. AUFRECHT, A Corpus of Ammonite Inscriptions (1989), No. 90, Pl. 34:90 (Photo).

182 VSE Nr. 129; M. HELTZER – M. OHANA, The Extra-Biblical Tradition (1978), 33 (= ammonit.); M. OHANA, The Ammonite Inscriptions and the Bible (M.A. unpubl.; Haifa 1976), 11. 47, No. 12 (= ammonit.); L.G. HERR, The Scripts (1978), 177f, No. 11 (= phön.); R. HESTRIN – M. DAYAGI-MENDELS, Inscribed Seals (1979), No. 132 (= aramä.); F. ISRAEL, Or. 55 (1986), 77 (= ammonit.); ders., Syria 64 (1987), 144 (= vielleicht ammonit., Onomastikon vielleicht aramä.); A. LEMAIRE, Sept Sceaux Nord-Ouest Sémitiques inscrits, ErIs 18 (1985), 30, Anm. 16 (= ammonit.); S. MOSCATI, L'epigrafia (1951), 54, No. 6; ders., On Ancient Hebrew Seals, JNES 11 (1952), 167f (= „hebr."); A. REIFENBERG, PEQ 71 (1938), 113f, Pl. 6:1 (Photo) (= „hebr."); ders., Hebrew Seals (1950), No. 3; ders., Hebrew Arts (1950), 31 (= „hebr."); W.E. AUFRECHT, A Corpus of Ammonite Inscriptions (1989), 344 (ohne laufende Nr. und Identifikation).

e) Die Paläographie läßt entweder auf eine phönizische oder aramäische Herkunft schließen. (Zum PN vgl. *smk*, Siegel Nr. 98)[183]. (1.Hälfte) 7.Jh.v.Chr.

Nr. 45) *l'lᶜz b/n mnḥm*

a) unbekannt (angeblich aus der Region von *ᶜAmmān*)
b) Jerusalem, Collection É. Puech
c) É. PUECH, RB 83 (1976), 59-62, No. B, Pl. 2:b (Zeichnung / Photo) (= ammonit.)[184]
d) Unterhalb der Spitze durchbohrtes Stempelsiegel. Auf der ovalen Siegelfläche ist eine langhaarige, stehende menschliche Figur im Profil in langem gegürtetem Gewand mit erhobenen Händen eingraviert, davor und dahinter die zweizeilige Inschrift.
e) Die Paläographie macht eine ammonitische Herkunft wahrscheinlich. 7.Jh.v.Chr.

Nr. 46) *l'lᶜz / bn ᶜzr'l*

a) unbekannt
b) N. AVIGAD, Yediot 18 (1954), 150, No. 4 (Photo) (= „hebr.")[185]
c) Jerusalem, The Hebrew University Museum, No. 3409
d) Skaraboïd. Auf der Siegelfläche ist ein sitzender Vogel eingraviert, darüber eine Scheibe davor und dahinter die zweizeilige Inschrift.
e) Aufgrund der Paläographie (und der Ikonographie) ist eine ammonitische Einordnung möglich. Ende 7. / Anfang 6.Jh.v.Chr.

Nr. 47) *l'lrm*

a) unbekannt (gekauft in Jerusalem)
b) Jerusalem, YMCA, Collection H. E. Clark

183 Vgl. vor allem E. LIPINSKI, ᶜAttar-Sumki and related Names, in: ders., Studies in Aramaic Inscriptions and Onomastics I (OLA 1; Leuven 1975), 58-76.

184 VSE Nr. 353. Gilt allgemein als ammonitisch: P. BORDREUIL – A. LEMAIRE, Sem. 26 (1976), 63, P.S.; G. GARBINI, Henoch 1 (1979), 399; M. HELTZER, in: Studies in the History of the Jewish People and the Land of Israel V (1980), 58; F. ISRAEL, Syria 64 (1987), 142; K. P. JACKSON, Ammonite Language (1983), 74, No. 32; W. E. AUFRECHT, A Corpus of Ammonite Inscriptions (1989), No. 96, Pl. 37:96 (Photo).

185 VSE Nr. 170; N. AVIGAD, in: FS N. GLUECK (1970), 288 (= ammonit.?); P. BORDREUIL, Syria 50 (1973), 185f, Anm. 5 (= vielleicht ammonit.); ders. – A. LEMAIRE, Sem. 26 (1976), 56f (= wahrscheinlich ammonit.); L. G. HERR, The Scripts (1978), 72, No. 38 (= wahrscheinlich ammonit.); ders., BASOR 238 (1980), 23, No. 38 (= ammonit.); F. ISRAEL, Syria 64 (1987), 142 (= ammonit.); K. P. JACKSON, Ammonite Language (1983), 81, No. 55 (= ammonit.); W. E. AUFRECHT, A Corpus of Ammonite Inscriptions (1989), No. 46, Pl. 14:46 (Photo) (= ammonit.).

c) C.C. Torrey, AASOR 2-3 (New Haven/CT 1923), 106, No. 5, fig. 5 (Photo) liest *l'rmz* (= aramä.)[186]
d) Skaraboïd. Auf der Siegelfläche im Profil ist ein stehender, bärtiger Mann in langem Gewand, erhobenen Händen (und Mütze auf dem Kopf?) eingraviert, davor eine Pflanze auf langem Stiel und ein Stern (?), dahinter die einzeilige Inschrift.
e) Die Paläographie läßt keine eindeutige Zuweisung zu; eine ammonitische Herkunft ist nicht auszuschließen. 7. / 6. (?) Jh.v.Chr.

Nr. 48) *l'lrm bn / bd/'l*
a) unbekannt
b) Paris, Bibliothèque Nationale, Cabinet des Médailles, Collection H. Seyrig, No. 1972.1343.2
c) P. Bordreuil, Catalogue, 72f (Paris 1986), No. 83 (Photos); ders., in: La Voie Royale (1986), No. 185 (Photos) (= ammonit.)[187]
d) Der Länge nach durchbohrter Skaraboïd. Die Siegelfläche ist durch eine kordelähnliche Linie in zwei Register geteilt. Im unteren Register über bzw. unter der 2. und 3.Schriftzeile *(bd/'l)* ist ein laufender Bovide (Stier?) eingraviert.
e) Die Paläographie deutet auf aramäische, der Gebrauch von *bn*, das Onomastikon (und die Ikonographie) eher auf ammonitische Herkunft. 2.Hälfte 6.Jh.v.Chr.

Nr. 49) *l'lrm bn / tm'*
a) unbekannt
b) London, British Museum, No. WA 102973
c) Ch. Clermont-Ganneau, JA 8.Série, 1 (1883), 145f.508, No. 25 (Zeichnung) (= phön.?)[188]

186 VSA Nr. 113 liest *l'lrmz*; F. Israel, Syria 64 (1987), 143 (= ammonit.); A. Lemaire, Syria 62 (1985), 41f (= ammonit.); W. E. Aufrecht, A Corpus of Ammonite Inscriptions (1989), No. 28, Pl. 9:28 (Photo) (= ammonit.).

187 P. Bordreuil, Perspectives nouvelles de l'épigraphie sigillaire Ammonite et Moabite, SHAJ 3 (1987), 283f (= Schrift aramä., Sprache ammonit.); F. Israel, Syria 64 (1987), 144 (= ammonit.); A. Lemaire, Transeuphratène 1 (1989), 88, Anm. 4; W.E. Aufrecht, A Corpus of Ammonite Inscriptions (1989), No. 135, Pl. 47:135 (Photo) (= wahrscheinlich ammonit.)

188 VSE Nr. 94; P. Bordreuil – A. Lemaire, Sem. 26 (1976), 58 (= ammonit.); S.A. Cook, The Religion of Ancient Palestine (1930), 63, Pl. 9:5 (Photo); F.M. Cross, in: FS S.H. Horn (1986), 477, Anm. 3 (= ammonit.); D. Diringer, Le iscrizioni antico-ebraiche (1934), 248f, No. 94 (= phön. Schrift, wohl keine hebr. Inschrift); K. Galling, ZDPV 64 (1941), Nr. 126 (= phön.); M. Ohana, The Ammonite Inscriptions and the Bible (M.A. unpubl.; Haifa 1976), 11. 47, No. 13 (= ammonit.); L.G. Herr, The Scripts (1978), 21f, No. 27 (= Schrift aramä., Sprache nicht aramä.); F. Israel, Or. 55 (1986), 72 (= ammonit.); P. Magnanini, Le iscrizioni fenicie (1973),

d) Konisches Stempelsiegel. Auf der Siegelfläche ist im Profil eine stehende, bärtige Gestalt in langem gegürtetem Gewand mit erhobenen Händen eingraviert; darüber eine Mondsichel, davor ein Stern (?).
e) Die Schrift ist aramäisch, die Sprache (der Filiation) wegen des Gebrauchs von *bn* nicht aramäisch. Dies und das Onomastikon könnten möglicherweise auf eine ammonitische Herkunft schließen lassen. 6.Jh.v.Chr. (?).

Nr. 50) *l'lšgb / bt 'lšmʿ*
a) unbekannt
b) London, British Museum, No. WA 48504
c) M.A. Levy, Siegel und Gemmen (Breslau 1869), 36f, No. 4, Taf. 3:3 (Zeichnung) (= „hebr.“)[189]
d) Skaraboïd. Die Siegelfläche ist durch zwei Doppellinien in drei horizontale Register geteilt. Im mittleren anepigraphischen Register befindet sich eine Pflanze (?) flankiert von zwei sitzenden Tieren (Affen?) im Profil[190].
e) Aufgrund der Paläographie ist eine ammonitische Zuordnung möglich. 7.Jh.v.Chr.(?).

Nr. 51) *l'lš/mʿ*
a) unbekannt
b) Paris, Bibliothèque Nationale, Cabinet des Médailles, No. M 6456
c) Ch. Clermont-Ganneau, L'Annuaire. École des Hautes Études, IVe Section, 1907, 96 (mir nicht zugänglich); N. Avigad, BASOR 230 (1978) 68, fig. 4 (Photo) (= ammonit.)[191]

145, No. 12 (= phön.); W.E. Aufrecht, A Corpus of Ammonite Inscriptions (1989), No. 15, Pl. 6:15 (Photo) (= vielleicht ammonit.).

189 VSE Nr. 59; AOB² Nr. 591 (= „hebr.“); P. Welten, BRL² (1977), 302, Abb. 78:22; P. Bordreuil – A. Lemaire, Sem. 29 (1979), 82 (= ammonit.); D. Diringer, Le iscrizioni anticho-ebraiche (1934), 216, No. 59 (= „hebr.“); K. Galling, ZDPV 64 (1941), Nr. 46 (= „hebr.“); L.G. Herr, The Scripts (1978), 61, No. 7; ders., BASOR 238 (1980), 23, No. 7 (= ammonit.); F. Israel, Syria 64 (1987), 142; ders., SEL 4 (1987), 80ff (= ammonit.); K.P. Jackson, Ammonite Language (1983), 80, No. 51 (= ammonit.); S. Moscati, L'epigrafia (1951), 68, No. 59 (= „hebr.“); J. Naveh, Early History (1982), 107, fig. 98 (= ammonit.); É. Puech, RB 83 (1976), 60, Anm. 4 (= ammonit.); A. Reifenberg, Hebrew Seals (1950), No. 8 (= „hebr.“); W.E. Aufrecht, A Corpus of Ammonite Inscriptions (1989), No. 9, Pl. 4:9 (Photo) (= ammonit.); A. Millard, Writing in Jordan, in: Treasures from an Ancient Land, ed. P. Bienkowski (1991), 142, fig. 156 (Photo) (= ammonit.).

190 Zum Motiv vgl. die Siegel Nr. 54. 65. 108 und 150 sowie z.B. E. Gubel, Phoenician Seals in the Allard Pierson Museum, Amsterdam (CGPH 3), RSF 16 (1988), 148-151, No. 1, Tav. 26:a.

191 Gilt allgemein als ammonitisch: P. Bordreuil, Catalogue (1986), 69, No. 77 (Photos); ders. – A. Lemaire, Sem. 29 (1979), 82; G. Garbini, Henoch 3 (1981), 379; L.G. Herr, The Scripts (1978), 68, No. 26; F. Israel, Or. 55 (1986), 73; K.P. Jackson, Ammonite Language (1983), 70, No. 5. 33 (fälschlicherweise als zwei verschiedene ammonitische Siegel angesprochen); J. Teixi-

d) Der Breite nach durchbohrter Skaraboïd. Auf der Siegelfläche ist ein bärtiger Mann mit erhobenen Händen eingraviert, davor und dahinter die zweizeilige Inschrift.
e) Die Paläographie macht eine ammonitische Zuweisung wahrscheinlich. 7.Jh.v.Chr.

Nr. 52) *l'lšmᶜ / bn 'lmšl*

a) unsicher (angeblich aus *ᶜAmmān, Ğebel el-Ḥusain*, map ref. 2343.1525)
b) Privatsammlung
c) S. Abbadi, ZDPV 101 (1985), 30f, Abb. 1 (Zeichnung), Taf. 1A (Photo) (= ammonit.)[192]
d) Stempelsiegel. Die Siegelfläche ist durch eine Doppellinie in zwei epigraphische Register geteilt.
e) Die Paläographie (und der angebliche Fundort) machen eine ammonitische Herkunft wahrscheinlich. (2.Hälfte) 7.Jh.v.Chr.

Nr. 53) *l'lšmᶜ / bn 'lᶜz*

a) unbekannt (angeblich aus *ᶜAmmān*)
b) Beverly Hills/CA, Barakat Gallery, No. C 60
c) A. Lemaire, Sem. 33 (1983), 20, No. 5, Pl. 1:5 (Photos) (= ammonit.)[193]
d) Der Länge nach durchbohrter Skaraboïd. Die Siegelfläche ist durch eine Doppellinie in zwei epigraphische Register geteilt.
e) Die Paläographie macht eine ammonitische Zuordnung wahrscheinlich. (Ende 8.) / Anfang 7.Jh.v.Chr.

Nr. 54) *l'lšmᶜ / bn b[][]ˀl*

a) unbekannt
b) Jerusalem, Israel Museum, No. 68.35.185
c) R. Hestrin – M. Dayagi-Mendels, Inscribed Seals (Jerusalem 1979), 138, No. 111 (Photos) (= ammonit.)[194]
d) Der Länge nach durchbohrter Skaraboïd; beschädigt. In der Mitte der Siegelflä-

dor, Bulletin d'épigraphie sémitique (1986), 430; W. E. Aufrecht, A Corpus of Ammonite Inscriptions (1989), No. 105, Pl. 39:105 (Photo).

192 F. Israel, Syria 64 (1987), 144 (= ammonit.); W. E. Aufrecht, A Corpus of Ammonite Inscriptions (1989), No. 125, Pl. 43:125 (Photo) (= ammonit.).

193 Gilt allgemein als ammonitisch: F. Israel, Syria 64 (1987), 143; F. Barakat, The Barakat Gallery Vol. 1 (1985), 186f, No. C 460 (winziges Buntphoto) liest falsch „*L'L S"M//BN "L'Z*"; W. E. Aufrecht, A Corpus of Ammonite Inscriptions (1989), No. 119, Pl. 41:119 (Photo).

194 VSE Nr. 448. Gilt allgemein als ammonitisch: P. Bordreuil – A. Lemaire, Sem. 29 (1979), 82; G. Garbini, Henoch 3 (1981), 379; F. Israel, Syria 64 (1987), 143; W. E. Aufrecht, A Corpus of Ammonite Inscriptions (1989), No. 111, Pl. 40:111 (Photo) (= wahrscheinlich ammonit.).

che ist eine auf (?) einem nur schwer identifizierbaren Gegenstand (Blüte?) sitzende Gestalt (Harpokrates?) im Profil mit erhobenen Händen eingraviert (vgl. Siegel Nr. 50. 65. 108). Die zweizeilige fragmentarische Inschrift befindet sich zu beiden Seiten der Figur; das Patronym kann wahrscheinlich analog zum im ammonitischen Onomastikon häufiger belegten PN als *byd'l* ergänzt werden.

e) Paläographie (und Ikonographie) machen eine ammonitische Zuordnung wahrscheinlich. 7.Jh.v.Chr.

Nr. 55) *l'lšmʿ // l'lšmʿ bn bʿr'*

a) unbekannt
b) Privatsammlung
c) P. Bordreuil – A. Lemaire, Sem. 26 (1976), 60f, No. 32, Pl. 6:32 (Photo) (= vielleicht ammonit.)[195]
d) Durchbohrter Skaraboïd. Die bombierte Oberseite ist durch eine Doppellinie in zwei Register geteilt. Im oberen Register ist eine geflügelte Sonnenscheibe (vgl. Siegel Nr. 10. 38. 97), im unteren die einzeilige Inschrift eingraviert. Die flache Unterseite ist durch eine Doppellinie in zwei epigraphische Register geteilt.
e) Aufgrund der Paläographie und der Ikonographie ist eine ammonitische Herkunft wahrscheinlich. 7.Jh.v.Chr.

Nr. 56) *l'lšm/ʿ b pll*

a) unbekannt (angeblich aus *ʿĒn el-Bāšā*)
b) unbekannt
c) É. Puech, RB 83 (1976), 59-62, No. A, Pl. 2:a (Zeichnung / Photo) (= ammonit.)[196]
d) Der Länge nach durchbohrter Skaraboïd. Die Siegelfläche ist durch zwei Doppellinien in drei horizontale Register geteilt; im oberen anepigraphischen Register ist ein vierflügeliger Uraeus eingraviert. Die Filiation ist abgekürzt nur mittels *b* statt *bn* angezeigt (vgl. Siegel Nr. 9. 61).

195 VSE Nr. 386. Gilt allgemein als ammonitisch: G. Garbini, Henoch 1 (1979), 399; F. Israel, Syria 64 (1987), 142; K. P. Jackson, Ammonite Language (1983), 73, No. 27; M. O'Connor, AUSS 25 (1987), 52. 63; W. E. Aufrecht, A Corpus of Ammonite Inscriptions (1989), No. 88, Pl. 33:88 (Photo); D. Parayre, Syria 67 (1990), 283, No. 120, Pl. 10:120 (angeblich vom gleichen Produzenten wie Siegel Nr. 38).

196 VSE Nr. 352; P. Bordreuil – A. Lemaire, Sem. 26 (1976), 63 (= „hebr."); G. Garbini, Henoch 1 (1979), 399 liest (falsch) ... *ʿll* (= ammonit.); F. Israel, Syria 64 (1987), 145 (= „hebr."); O. Keel, Jahwe-Visionen und Siegelkunst (SBS 84-85; Stuttgart 1977), 108, Nr. 96; ders., Musikinstrumente, Figurinen und Siegel im judäischen Haus der Eisenzeit II (900-586 v. Chr.), Heiliges Land 4 (1976), 42 liest *l'lšmr* ... (= „hebr."); W. E. Aufrecht, A Corpus of Ammonite Inscriptions (1989), 247f, No. 95, Pl. 37:95 (Zeichnung) (= „hebr.").

e) Paläographie und Ikonographie[197] schließen eine ammonitische Herkunft zwar nicht aus, machen aber eine judäische oder israelitische wahrscheinlicher. Falls das Siegel tatsächlich in der Ammonitis gefunden worden sein sollte, würde es sich um ein Importstück handeln. 2.Hälfte 8. / (1.Hälfte 7.) Jh.v.Chr.

Nr. 57) *l'ltmk b/n ʿms'l*

a) unbekannt
b) Jerusalem, Israel Museum, No. 68.35.190
c) N. Avigad, ErIs 9 (1969), 8, No. 18, Pl. 2:18 (Photo) [= phön. (oder aramä.)][198]
d) Skaraboïd. Die Siegelfläche ist durch drei Doppellinien in vier Register geteilt. Im oberen und unteren anepigraphischen Register sind je eine Mondsichel und eine Scheibe eingraviert.
e) Die Paläographie macht eine ammonitische Herkunft möglich. 7.Jh.v.Chr.

Nr. 58) *l'mr' / bn bn'l*

a) unbekannt
b) Haifa, R. and E. Hecht Museum, No. H-787
c) N. Avigad, Michmanim 4 (1989), 14, No. 14 (Photo) (= ammonit.)
d) Der Länge nach durchbohrter Skaraboïd. Die Siegelfläche ist durch eine Doppellinie in zwei epigraphische Register geteilt.
e) Aufgrund der Paläographie ist eine ammonitische Herkunft des Siegels wahrscheinlich. 7.Jh.v.Chr.

Nr. 59) *l'mr'l / bn ynḥm*

a) unbekannt (angeblich aus „Jordan"; gekauft in Jerusalem)
b) Jerusalem, Israel Museum, No. 68.35.186
c) N. Avigad, in: FS N. Glueck (Garden City/NY 1970), 285f, No. 1, Pl. 30:1 (Photos) (= ammonit.)[199]
d) Quer durchbohrtes Stempelsiegel in Form einer Ente mit zurückgelegtem

197 Zum Motiv des vierflügeligen Uraeus vgl. z.B. VSE Nr. 64. 72. 89; N. Avigad, Hebrew Bullae from the Time of Jeremiah (1986), No. 201.

198 VSE Nr. 443; F.M. Cross, Heshbon Ostracon II, AUSS 11 (1973), 127, Anm. 6 (= ammonit. oder moabit.); M. Ohana, The Ammonite Inscriptions and the Bible (M.A. unpubl.; Haifa 1976), 11. 48, No. 14 (= ammonit.); L.G. Herr, The Scripts (1978), 70, No. 33 (= ammonit.); R. Hestrin – M. Dayagi-Mendels, Inscribed Seals (1979), No. 105 (= ammonit.); F. Israel, Syria 64 (1987), 143 (= ammonit.); K.P. Jackson, Ammonite Language (1983), 73, No. 22 (= ammonit.); S. Timm, Moab (1989), 229f, Nr. 29 (= moabit.); W.E. Aufrecht, A Corpus of Ammonite Inscriptions (1989), No. 62, Pl. 22:62 (Photo) (= ammonit.).

199 VSE Nr. 259. Gilt allgemein als ammonitisch: P. Bordreuil, Syria 50 (1973), 185, No. 22; G. Garbini, Le Lingue Semitiche (1972), 102, No. 20; M. Ohana, The Ammonite Inscriptions and the Bible (M.A. unpubl.; Haifa 1976), 11. 49, No. 15; L.G. Herr, The Scripts (1978), 61f,

Kopf[200]. Die Siegelfläche ist durch eine Doppellinie in zwei epigraphische Register geteilt, die beide seitlich von einer senkrechten Linie begrenzt werden.

e) Die Paläographie macht eine ammonitische Herkunft wahrscheinlich. 7.Jh.v.Chr.

Nr. 60) *l'š'*

a) unbekannt (angeblich aus Hebron)
b) Privatsammlung
c) P. Bordreuil – A. Lemaire, Sem. 24 (1974), 27-30, Pl. 1:2 (Photos) (= „hebr.“)[201]
d) Der Länge nach durchbohrter Skaraboïd. Die Siegelfläche ist durch zwei Doppellinien in drei horizontale Register geteilt. In den beiden unteren anepigraphischen Registern befinden sich ein Widderkopf *en face* (vgl. Siegel Nr. 6. 27. 109. 130. 155), von zwei sitzenden Vögeln im Profil flankiert, und ein Halbmond mit Scheibe.
e) Die vier Buchstaben (davon zwei ⟨'⟩) sind unspezifisch und erlauben keine einigermaßen sichere Zuweisung. Die Paläographie deutet vielleicht eher auf

No. 8; ders., BASOR 238 (1980), 23, No. 8; R. Hestrin – M. Dayagi-Mendels, Inscribed Seals (1979), No. 104; Inscriptions Reveal, ed. E. Carmon – R. Grafman (Israel Museum Catalogue No. 100; Jerusalem 1972), No. 135; F. Israel, Syria 64 (1987), 142; K. P. Jackson, Ammonite Language (1983), 76, No. 45; W. E. Aufrecht, A Corpus of Ammonite Inscriptions (1989), No. 67, Pl. 23:67 (Photo).

200 Die Form einer Ente geht auf mesopotamischen (oder aramäischen) Einfluß zurück. Das Material (Jaspis) spricht zusätzlich dafür, daß das Siegel ursprünglich in Mesopotamien hergestellt und dann in Ammon mit der Inschrift versehen wurde. (Beschriftete) und anepigraphische Siegel dieser Form sind selten, Gewichte dagegen häufiger belegt, vgl. z. B. ANEP² fig. 120; A. Barrois, Deux nouveaux poids-canards à Neirab, RA 25 (1928), 51f; F. von Luschan – W. Andrae, Die Kleinfunde von Sendschirli (Sendschirli V), (Berlin 1943), 27f, Abb. 17f; M. Dunand, Fouilles de Byblos II (Paris 1950. 1954), 547, fig. 627, Pl. 185:12747; R. Koldewey, Das wieder erstehende Babylon (Leipzig 1925 = Zürich 1981), 197, Abb. 120; N. Avigad, Three Ancient Seals, BA 49 (1986), 52f; S. Mazzoni, Observations about Iron Age Glyptics from Tell Afis and Tell Mardikh, in: Resurrecting the Past. A Joint Tribute to A. Bounni (UNHAII 67; Leiden 1990), 219f, Pl. 60a; B. Parker, Excavations at Nimrud, 1949-1953. Seals and Seal Impressions, Iraq 17 (1955), 109, P. 19:4 (ND 3261); H. D. Hill et al., Old Babylonian Public Buildings in the Diyala Region (OIP 98; Chicago/IL 1990), 146. 152. 227. 235, Pl. 44. 66:d; B. Hrouda, Tell Halaf IV (1962), 51.55, Taf. 40f; P. J. Riis – M.-L. Buhl, Hama II 2 (1990), 78f, fig. 38:119; R. W. Hamilton, QDAP 4 (1934), 34, No. 211; B. Buchanan – P. R. S. Moorey, Catalogue of Ancient Near Eastern Seals in the Ashmolean Museum Vol. III: The Iron Age Stamp Seals (Oxford 1988), Nos. 414-426; O. Keel – Ch. Uehlinger, Altorientalische Miniaturkunst (Mainz 1990), 54f, Abb. 73.

201 VSE Nr. 316; L. G. Herr, The Scripts (1978), 187, No. 6, fig. 99:6 (Zeichnung) (= „undistinguishable“); F. Israel, Syria 64 (1987), 142 (= ammonit.); J. Teixidor, Bulletin d'épigraphie sémitique (1986), 362f; W. E. Aufrecht, A Corpus of Ammonite Inscriptions (1989), 345 (= ohne laufende Nr. und Identifikation).

eine israelitische (gileaditische?), die Ikonographie eher auf eine ammonitische Herkunft hin. 2.Hälfte 8.Jh.v.Chr.

Nr. 61) *lbd'l.b/] ndb'l // lbd'l / bn ndb'l*

a) unbekannt
b) Haifa, R. and E. Hecht Museum, No. H-788
c) N. Avigad, BASOR 225 (1977), 64, fig. 1b (Photo nur der Seite B) (= ammonit.)[202]
d) Der Länge nach durchbohrter Skaraboïd, auf der Unter- und Oberseite graviert: Die flache Siegelfläche (A) ist durch eine Doppellinie in zwei epigraphische Register (mit einer leicht beschädigten, zweizeiligen Inschrift mit Worttrenner) geteilt; auf der konvexen Seite (B) befindet sich eine nackte Frau *en face*, die ihre Brüste mit den Händen hält, umgeben von einer gleichlautenden Inschrift. Das Siegel ist mit einer (sekundären) Ringfassung versehen.
e) Aufgrund der Paläographie ist eine ammonitische Herkunft wahrscheinlich. (Ende 8.) / Anfang 7.Jh.v.Chr.

Nr. 62) *lbṭš / nʿr brk/'l*

a) unbekannt
b) Privatsammlung
c) M.F. Martin, RSO 39 (1964), 207f, No. 2, fig. 1:2, tav. 1:2 (Zeichnung / Photo) (= ammonit.)[203]
d) Der Länge nach durchbohrter Skaraboïd. Die Siegelfläche ist durch eine Doppellinie, die in der Mitte durch eine kreisrunde Verzierung unterbrochen wird, in zwei epigraphische Register geteilt. (Zum Titel *nʿr* vgl. auch Siegel Nr. 116).
e) Aufgrund der Paläographie wahrscheinlich ammonitisch. Ende 7. / Anfang 6.Jh.v.Chr.

202 VSE Nr. 400. Gilt allgemein als ammonitisch: P. Bordreuil – A. Lemaire, Sem. 29 (1979), 82; G. Garbini, Henoch 2 (1980), 351; M. Heltzer, in: Studies in the History of the Jewish People and the Land of Israel V (1980), 58; F. Israel, Syria 64 (1987), 143; K.P. Jackson, Ammonite Language (1983), 71, No. 7; W.E. Aufrecht, A Corpus of Ammonite Inscriptions (1989), No. 103, Pl. 38:103 (Photo).

203 VSE Nr. 221; N. Avigad, New Light on the Naʿar Seals, in: Magnalia Dei. Essays in Memory of G.E. Wright (Garden City/NY 1976), 195 (= wahrscheinlich ammonit.); P. Bordreuil, Syria 50 (1973), 183, No. 18 (= ammonit.); G. Garbini, Le Lingue Semitiche (1972), 101, No. 15 (= ammonit.); M. Ohana, The Ammonite Inscriptions and the Bible (M.A. unpubl.; Haifa 1976), 11. 49, No. 16 (= ammonit.); L.G. Herr, The Scripts (1978), 69, No. 31; ders., BASOR 238 (1980), 23, No. 31 (= ammonit.); F. Israel, Syria 64 (1987), 142 (= ammonit.); K.P. Jackson, Ammonite Language (1983), 81, No. 53 (= ammonit.); J. Naveh, Leš. 30 (1965), 79, No. 30 (= ammonit.); J. Teixidor, Bulletin d'épigraphie sémitique (1986), 9 (= „non classifié"); M. O'Connor, AUSS 25 (1987), 55 (= ammonit.); W.E. Aufrecht, A Corpus of Ammonite Inscriptions (1989), No. 54, Pl. 17:54 (Photo) (= ammonit.).

Nr. 63) *lbyd'l / bn 'lmg*

a) unbekannt
b) Jerusalem, Israel Museum, No. 73.19.34
c) N. AVIGAD, ErIs 13 (1977), 109f, No. 5, Pl. 14:5 (Photo) (= ammonit.)[204]
d) Der Länge nach durchbohrter Skaraboïd. Die Siegelfläche ist durch eine Doppellinie in zwei epigraphische Register geteilt.
e) Aufgrund der Paläographie ist eine ammonitische Herkunft möglich; die Schrift ist aramäisch beeinflußt. 6. / (5.) Jh.v.Chr.

Nr. 64) *lbyd'l / bn tmk'l*

a) unbekannt (angeblich aus *es-Salṭ*; gekauft in Damaskus)
b) Privatsammlung
c) N. AIMÉ-GIRON, MFOB 5 (1911), 75f (Zeichnungen) (= „hebr.“)[205]
d) An der Spitze durchbohrtes, konisches Stempelsiegel. Die Siegelfläche ist durch eine Doppellinie in zwei epigraphische Register geteilt.
e) Aufgrund der Paläographie ist eine ammonitische Herkunft nicht auszuschließen; eine sichere Entscheidung ist aber nicht möglich. 7.(?) Jh.v.Chr.

Nr. 65) *lbyd'l. ʿbd pd'l // lbyd'l. ʿbd pd'l*

a) unbekannt (gekauft in Beirūt)
b) Paris, Bibliothèque Nationale, Cabinet des Médailles, Collection de Clercq, No. 2512
c) CH. CLERMONT-GANNEAU, JA 8.Série, 1 (1883), 135-137, No. 10 (Zeichnung) (= phön. oder aramä.)[206]

204 VSE Nr. 450. Gilt allgemein als ammonitisch: P. BORDREUIL – A. LEMAIRE, Sem. 29 (1979), 82; G. GARBINI, Henoch 2 (1980), 351; M. HELTZER, in: Studies in the History of the Jewish People and the Land of Israel V (1980), 58; R. HESTRIN – M. DAYAGI-MENDELS, Inscribed Seals (1979), No. 113; F. ISRAEL, Syria 64 (1987), 143; K. P. JACKSON, Ammonite Language (1983), 84, No. 61; W. E. Aufrecht, A Corpus of Ammonite Inscriptions (1989), No. 100, Pl. 38:100 (Photo) (= vielleicht ammonit.), dort auch zur Erklärung des PN *'lmg*.

205 VSE Nr. 17; RÉS Nr. 879 (= „hebr.“); P. BORDREUIL – A. LEMAIRE, Sem. 29 (1979), 80 (= ammonit.); F. M. CROSS, AUSS 11 (1973), 127, Anm. 6 (= ammonit.); D. DIRINGER, Le iscrizioni antico-ebraiche (1934), 176f, No. 17 (= „hebr.“); M. OHANA, The Ammonite Inscriptions and the Bible (M.A. unpubl.; Haifa 1976), 11. 50, No. 17 (= ammonit.); G. GARBINI, JSSt 19 (1974), 162 (= ammonit.); F. ISRAEL, Syria 64 (1987), 142 (= ammonit.); W. E. AUFRECHT, A Corpus of Ammonite Inscriptions (1989), No. 26, Pl. 8:26 (Photo) (= ammonit.).

206 CIS II,1 Nr. 76 (= aramä.); VSE Nr. 403 und VSA Nr. 9: mit zwei unterschiedlichen Lesungen; F. VATTIONI nimmt dabei offenbar fälschlicherweise zwei unterschiedliche Siegel an; N. (AIMÉ-) GIRON, Notes épigraphiques, MFOB 5 (1911), 75f (= „hebr.“); P. BORDREUIL, in: DER KÖNIGSWEG (1987), Nr. 173; ders., Catalogue (1986), No. 69 (= ammonit.); ders., Le Monde de la Bible 46 (1986), 45 (= ammonit.); ders. – A. LEMAIRE, Sem. 26 (1976), 57. 63 (= ammonit.); F. M. CROSS, Leaves from an Epigraphist's Notebook, CBQ 36 (1974), 493f (= ammonit.); K. GALLING, ZDPV

d) Der Länge nach durchbohrtes, zweiseitig graviertes Stempelsiegel. Auf Seite A sind in der Mitte ein schreitender Stier, auf Seite B eine auf / über einer Pflanze sitzende Gestalt (Affe bzw. Harpokrates[207]) mit der Hand am Mund (bzw. eine Frucht essend) eingraviert (vgl. Siegel Nr. 50. 54. 108); beide ikonographischen Motive sind von der gleichen, umlaufenden Inschrift umgeben.

e) Aufgrund der Paläographie ist eine ammonitische Herkunft des Beamtensiegels wahrscheinlich. Die Schrift ist aramäisch beeinflußt. (Anfang) 7.Jh.v.Chr. Wenn die Einordnung unter die ammonitischen Siegel richtig ist, dürfte es sich wegen des Titels *ʿbd*, den *byd'l* trägt, bei *pd'l* um den PN des oder eines der beiden (?) bei Sanherib, Asarhaddon und / oder bei Assurbanipal erwähnten ammonitischen Königs bzw. Könige namens *P/Buduilu (*Pådå̄'il)* handeln (vgl. Kap. 4.3).

Nr. 66) *lbʿzr'l / ʿbd h̊bʿl*

a) unbekannt (gekauft in Petra)

b) Jerusalem, PAM, No. 40.451

c) G.R. Driver, QDAP 11 (1945), 82, Pl. 18 (Photos) liest *lbʿzr'l ʿbdybʿl* (= edomit.?)[208]

d) Skaraboïd. Die fast kreisrunde Siegelfläche ist durch zwei Doppellinien und eine einfache Linie in 4 Register geteilt. Die Inschrift befindet sich in den beiden mittleren epigraphischen Registern.

e) Aufgrund der Paläographie ist eine ammonitische Herkunft des Beamten(?)-Siegels (Priester o. ä.)[209] möglich. 7.Jh.v.Chr.

Nr. 67) *lbqš b/n ndb'l*

a) unbekannt (angeblich aus der Nähe von Hebron)

b) Jerusalem, Israel Museum, No. 71.46.100

64 (1941), Nr. 30 (= aramä.?); M. Ohana, The Ammonite Inscriptions and the Bible (M.A. unpubl.; Haifa 1976), 11. 50, No. 18 (= ammonit.); L.G. Herr, The Scripts (1978), 59f, No. 3; ders., BASOR 238 (1980), 23, No. 3 (= ammonit.); F. Israel, Syria 64 (1987), 143 (= ammonit.); K.P. Jackson, Ammonite Language (1983), 70, No. 6 liest fälschlicherweise nur 1 Inschrift (= ammonit.); A. de Ridder, Collection de Clerq. Catalogue Tome VII (Paris 1911), 492f, No. 2512 (= phön.); J. Teixidor, Bulletin d'épigraphie sémitique (1986), 324 (= ammonit.); W.E. Aufrecht, A Corpus of Ammonite Inscriptions (1989), No. 13, Pl. 5:13 (Photo) (= ammonit.).

207 Zum Mischmotiv vgl. U. Hübner, in: O. Keel et al. (ed.), The Iconography of Inscribed Northwest Semitic Seals (OBO; 1992), (im Druck).

208 VSE Nr. 118 (*ʿbdybʿl*); P. Bordreuil, Le Monde de la Bible 46 (1986), 45 liest *ʿbd hbʿl* (= ammonit.); F. Israel, Syria 64 (1987), 142; ders., Supplementum Idumeum I, RivBib 37 (1987), 338f liest *lbʿzr l/ʿbd hbʿl* (= ammonit.); W.E. Aufrecht, A Corpus of Ammonite Inscriptions (1989), 344 (= ohne laufende Nr. und Identifikation).

209 Zur Problematik derartiger Siegel-Formulare vgl. z. B. H. Schmökel, Akkadische Siegellegenden und „Bekenntnis“, BaghM 7 (1974), 189-195.

c) A. Reifenberg, PEQ 74 (1942), 110f, No. 5, Pl. 14:5 (Photo) (= „hebr.")[210]
d) Der Länge nach durchbohrter Skaraboïd. Die Siegelfläche ist durch eine Doppellinie in zwei epigraphische Register geteilt.
e) Aufgrund der Paläographie ist eine ammonitische Herkunft wahrscheinlich. 7.Jh.v.Chr.

Nr. 68) *lbqš / bn ʿzʾ*
a) unbekannt
b) Privatsammlung
c) A. Lemaire, Syria 63 (1986), 318f, No. 11, fig. 11 (Photo) (= ammonit.)[211]
d) Der Länge nach durchbohrter Skaraboïd. Die Siegelfläche ist durch zwei Doppellinien in drei horizontale Register geteilt. Im mittleren anepigraphischen Register befinden sich eine schreitende menschenköpfige Sphinx, davor eine Standarte oder stilisierte Pflanze (zur Ikonographie vgl. Siegel Nr. 150).
e) Aufgrund der Paläographie ist eine ammonitische Herkunft wahrscheinlich. Ende 8. / Anfang 7.Jh.v.Chr.

Nr. 69) *lbrkʾl / bn ʾlšmʿ*
a) unbekannt
b) Haifa, R. and E. Hecht Museum, No. H-7
c) N. Avigad, Michmanim 4 (1989), 15, No. 16 (Photo) (= ammonit.)
d) Der Länge nach durchbohrter Skaraboïd. Die Siegelfläche ist durch eine Doppellinie in zwei epigraphische Register geteilt.
e) Aufgrund der Paläographie ist eine ammonitische Herkunft des Siegels wahrscheinlich. 7.Jh.v.Chr.

Nr. 70) *lbtʾl*
a) unbekannt
b) Haifa, R. and E. Hecht Museum, No. H-919
c) N. Avigad, Michmanim 4 (1989), 13, No. 12 (Photo) (= ammonit.)
d) Skaraboïd. Die Siegelfläche ist durch eine Doppellinie in zwei Register geteilt. Die Inschrift befindet sich im oberen Register. Im unteren ist ein Vogel mit

210 VSE Nr. 159; P. Bordreuil – A. Lemaire, Sem. 29 (1979), 81f (= ammonit.); F. M. Cross, AUSS 13 (1975), 4, Anm. 5 (= ammonit.); L. G. Herr, The Scripts (1978), 1978, 65, No. 18; ders., BASOR 238 (1980), 23, No. 18 (= ammonit.); R. Hestrin – M. Dayagi-Mendels, Inscribed Seals (1979), No. 103 (= ammonit.); F. Israel, Syria 64 (1987), 142 (= ammonit.); K. P. Jackson, Ammonite Language (1983), 76, No. 41 (= ammonit.); S. Moscati, L'epigrafia (1951), 64, No. 41 (= „hebr."); A. Reifenberg, Hebrew Seals (1950), 38. 55, No. 22 (Photo) (= „hebr."); W. E. Aufrecht, A Corpus of Ammonite Inscriptions (1989), No. 37, Pl. 11:37 (Photo) (= ammonit.).

211 F. Israel, Syria 64 (1987), 146 (= ammonit.); W. E. Aufrecht, A Corpus of Ammonite Inscriptions (1989), No. 140, Pl. 49:140 (Photo) (= ammonit.).

zurückgewendetem Kopf eingraviert, unter und über dem sich je eine Scheibe befindet.

e) Aufgrund der Paläographie ist eine ammonitische Herkunft des Siegels wohl wahrscheinlich. 7.Jh.v.Chr.

Nr. 71) *lḥml / šṭṭ*

a) *Tell el-Mazār*, Friedhof A, Grab 7
b) *ʿAmmān*, JUM, No. 165
c) Kh. Yassine – P. Bordreuil, SHAJ 1 (1982), 191-193 (ohne Abb.) (= „westsemit.")[212]
d) Konisches, unterhalb der Spitze durchbohrtes Stempelsiegel. Auf der oktogonalen Siegelfläche ist ein stehender bärtiger Mann in langem Gewand mit Langhaarfrisur und erhobenen Händen vor einer Kultstandarte (oder Thymiaterion?) zu sehen, darüber eine Mondsichel. Die zweizeilige Inschrift (Besitzerangabe ohne *bn* bzw. *br*) ist parallel zu den Langseiten der Siegelfläche eingraviert.
e) Die ungelenke Schrift ist aramäisch. Weder die PN noch der Fundort beweisen eine ammonitische Herkunft des Siegels. Die Form des Siegels und seine Ikonographie sind neobabylonisch (beeinflußt). Der Grabkontext datiert das Siegel in die 1.Hälfte des 5.Jh.s v. Chr.

Nr. 72) *lzkʾ / br / mlkmʿz*

a) unbekannt
b) Paris, Bibliothèque Nationale, Cabinet des Médailles, Collection H. Seyrig, No. 1972.1317.122
c) P. Bordreuil, Catalogue (Paris 1986), 73, No. 84 (Photos); ders., in: La Voie Royale (Alençon 1986), No. 186 (Photos) (= ammonit.)[213]
d) Unterhalb der Spitze durchbohrtes konisches Stempelsiegel. Die Siegelfläche ist durch zwei einfache Linien in drei horizontale Register geteilt. Im mittleren

212 W. E. Aufrecht, BASOR 266 (1987), 86 liest *lḥml ‹bn› šṭṭ* (= ammonit.); ders., A Corpus of Ammonite Inscriptions (1989), No. 116, Pl. 41:116 (Photo), liest *lḥml / ddh* (= vielleicht ammonit.); (P. Bordreuil) – E. Gubel, Bulletin d'antiquités archéologiques du Levant inédits ou méconnues, Syria 60 (1983), 337f, fig. 1 (Photo); F. Israel, Syria 64 (1987), 143 (= ammonit.); E. A. Knauf, BN 25 (1984), 22-26, Abb. 1 (= arab. PN in aramä. Schrift; lies dort aber *hml* pro *ḥml* und vgl. saf. *hm*, *hmm*, *hmmʾ*l oder *hml* – freundlicher Hinweis E. A. Knauf) (Zeichnung); A. Lemaire, Transeuphratène 1 (1989), 90 hält auch die Lesung *lḥml ddh* für möglich; Kh. Yassine – P. Bordreuil, Tell el-Mazar I (1984), 20f. 105f. 132f, fig. 9:4; 57:184 (Zeichnung/Photos) (= „westsemit."); U. Worschech, Das Land jenseits des Jordan (1991), Abb. 126 liest *hml stt* (= ammonit.); M. O'Connor, AUSS 25 (1987), 62 (= ammonit.).

213 P. Bordreuil, SHAJ 3 (1987), 284, No. 2 (Photo); ders., in: Der Königsweg (1987), Nr. 186 (Photos); F. Israel, Syria 64 (1987), 144 (= ammonit.); W. E. Aufrecht, A Corpus of Ammonite Inscriptions (1989), 319, No. 136, Pl. 47:136 (Photo) [= vielleicht (!) ammonit.].

Register sind ein schreitender Bovide (Stier?), darüber eine Mondsichel, die zweite Zeile und das Ende der vierzeiligen Inschrift eingraviert, davor eine kaum zu identifizierende Darstellung.

e) Das theophore Patronym [*mlkmʿz*. (mit nachfolgendem 'Worttrenner') oder *mlkmʿzr*] läßt keinen Zweifel an der ammonitischen Herkunft des Siegels. Schrift und Sprache sind in dem inzwischen zur Verwaltungssprache gewordenem Aramäisch gehalten. Ende 6. / (Anfang 5.) Jh.v.Chr.

Nr. 73) *lḥṭy.sp/r 'dnr̊*

a) unbekannt
b) Privatsammlung
c) A. Lemaire, Syria 63 (1986), 317f, No. 10, fig. 10 (Photo des Abdrucks) (= ammonit.)[214]
d) Der Länge nach durchbohrter Skaraboïd. Die Siegelfläche ist durch eine Doppellinie in zwei epigraphische Register geteilt.
e) Ob der hier genannte *'dnr̊* eventuell mit dem *'dnnr* des Siegels Nr. 14 identisch ist, ist nicht ganz auszuschließen, bleibt aber völlig ungewiß. Aufgrund der Paläographie ist eine ammonitische Herkunft des Beamtensiegels („der Schreiber") möglich. 7.Jh.v.Chr.

Nr. 74) *lḥṭš bn / ]m̊k[*

a) unbekannt (in Kerak gekauft)
b) Paris, Musée biblique de Bible et Terre Sainte, No. 6053
c) P. Bordreuil, Syria 50 (1973), 187-195, No. 29, fig. 2 (Photos) (= ammonit.)[215]
d) Der Länge nach durchbohrter Skaraboïd. Die vor allem unten stark beschädigte Siegelfläche ist durch eine Doppellinie in zwei epigraphische Register geteilt.
e) Aufgrund der Paläographie ist eine ammonitische Herkunft möglich. (Zum PN *ḥṭš* vgl. Siegel Nr. 22). Ende 7. / Anfang 6.Jh.v.Chr.

214 W. E. Aufrecht, A Corpus of Ammonite Inscriptions (1989), No. 139, Pl. 49:139 (Photo) (= ammonit.).

215 VSE Nr. 297; P. Bordreuil, Catalogue (1986), 64f, No. 71 (Photos); ders., in: Der Königsweg (1987), Nr. 175 (Photos) (= ammonit.); M. Ohana, The Ammonite Inscriptions and the Bible (M.A. unpubl.; Haifa 1976), 11. 51, No. 19 liest *lḥtš bn/... k* (= ammonit.); L. G. Herr, The Scripts (1978), 65, No. 19, fig. 39:19; ders., BASOR 238 (1978), 23, No. 19 (= ammonit.); F. Israel, Syria 64 (1987), 142 (= ammonit.); K. P. Jackson, Ammonite Language (1983), 71, No. 8 (= ammonit.); J. Teixidor, Bulletin d'épigraphie sémitique (1986), 287; W. E. Aufrecht, A Corpus of Ammonite Inscriptions (1989), No. 74, Pl. 27:74 (Photo) (= ammonit.). Das Patronym ist nicht mehr sicher zu rekonstruieren; wahrscheinlich lautete es *smk(y)* oder *tmk'* o.ä. (vgl. die PN der Siegel Nr. 44. 98).

Nr. 75) *lḥl'.bn./ hwš'l.*

a) unbekannt
b) unbekannt (Privatsammlung)
c) A. Lemaire, ErIs 18 (1985), 31*, No. 7, Pl. 3:7 (Photo) (= ammonit.)[216]
d) Der Breite nach durchbohrter Skaraboïd. Die Siegelfläche ist durch eine Doppellinie in zwei epigraphische Register geteilt.
e) Aufgrund der Paläographie ist eine ammonitische Herkunft möglich. 7.Jh.v.Chr.

Nr. 76) *lḥmyws' / bt smṭ*

a) *Tell el-Mazār*, Friedhof A, Grab 33 (= Grab eines männlichen Individuums!)
b) *'Ammān*, JUM, No. 164
c) Kh. Yassine – P. Bordreuil, SHAJ 1 (1982), 191-194, No. 206 (ohne Abb.) (= „westsemit.")[217]
d) Der Länge nach durchbohrter, in einen silbernen Anhänger gefaßter Skaraboïd. Die Inschrift wird durch ein symmetrisch angeordnetes, dreiteiliges florales Motiv in der Mitte der Siegelfläche auf zwei Zeilen verteilt.
e) Die Schrift ist aramäisch. Weder die PN noch der Fundort beweisen eine ammonitische Herkunft des Siegels. Die Ikonographie ist judäisch[218]. Der Grab-

216 F. Israel, Syria 64 (1987), 144 (= ammonit.); W. E. Aufrecht, A Corpus of Ammonite Inscriptions (1989), No. 130, Pl. 45:130 (Photo) (= ammonit.).

217 W. E. Aufrecht, BASOR 266 (1987), 86 (= ammonit.); ders., A Corpus of Ammonite Inscriptions (1989), No. 117, Pl. 41:117 (Photo) (= wahrscheinlich ammonit.); (P. Bordreuil) – E. Gubel, Syria 60 (1983), 338, fig. 2 (Photo); F. Israel, Syria 64 (1987), 143, Anm. 11 (= ammonit.); E. A. Knauf, BN 25 (1984), 24-26, Abb. 2 (= arab. PN in aramä. Schrift) (Zeichnung); Kh. Yassine – P. Bordreuil, Tell el-Mazar I (1984), 33f. 106. 133f, fig. 9:5; 57:185 (Zeichnung/Photo) (= „westsemit."); M. O'Connor, AUSS 25 (1987), 62 (= ammonit.).

218 Dem Fundort nach gesicherte (!) Parallelen aus einer der Nekropolen Jerusalems und aus Arad (Stratum VII): G. Barkay, Ketef Hinnom. A Treasure Facing Jerusalem's Walls (Israel Museum Cat. 274; Jerusalem 1986), 29. 34* (Lotus-Motiv); Y. Shiloh, ErIs 18 (1985), Nos. 10. 17. 28; Y. Aharoni, Arad Inscriptions (1981), 119f, No. 107 („a geometric design") (VSE Nr. 232); vgl. z. B. auch die Siegel unbekannter Herkunft bei Ch. Clermont-Ganneau, JA 8.Série, 1 (1883), 156f, No. 42 („disque ailé conventionnel, ou foudre") (VSE Nr. 30); C. C. Torrey, AASOR 2-3 (1923), 105 („a small floral ornament") (VSE Nr. 31); N. Avigad, in: FS R. R. Hecht (1979), 119f, No. 1 („beaded motif"); ders., Titles and Symbols on Hebrew Seals, ErIs 15 (1985), 303, Pl. 57:1; ders., Hebrew Bullae from the Time of Jeremiah (1986), 118, Nos. 38. 147. 152 („bud design"); ders., Two Seals of Woman and other Hebrew Seals, ErIs 20 (1989), 90f, No. 1; P. Bordreuil, Catalogue (1986), No. 53 („emblème de Min"); ders. – A. Lemaire, Sem. 29 (1979), 72, No. 2 („un motif décoratif géométrique"); dies., Sem. 32 (1982), 25f, Nos. 7f („un motif composé de trois éléments principaux; un gros point au milieu d'un petit cercle situé entre deux 'flammes' horizontales"); VSE Nr. 21. 37. 145. 148. 431; L. Jakob-Rost, Die Stempelsiegel im Vorderasiatischen Museum (Berlin Ost 1975), 44, Nr. 186, Taf. 9:186. *Möglicherweise* geht das Motiv auf ein Symbol des ägyptischen Gottes Min zurück, vgl. C. J. Bleeker, Die Geburt eines Gottes. Eine Studie über den

kontext kann in die 1.Hälfte des 5.Jh.s v. Chr. datiert werden; das Siegel könnte aufgrund seiner Paläographie etwas älter sein (Ende 6. / Anfang 5.Jh.v.Chr.).

Nr. 77) *lḥn' bn / byd'l*

a) unbekannt
b) Jerusalem, Israel Museum, No. 73.19.43
c) N. AVIGAD, ErIs 13 (1977), 109, No. 4, Pl. 14:4 (Photo) (= ammonit.)[219]
d) Durchbohrtes, konisches Stempelsiegel. Die Siegelfläche wird durch zwei einfache Linien in drei horizontale Register geteilt. Im mittleren anepigraphischen Register sind als singuläres Motiv ein liegender Widder eingraviert, darüber eine Mondsichel, davor und dahinter je eine stilisierte Pflanze.
e) Die Schrift ist aramäisch; aufgrund des Schrifttyps ist eine ammonitische Zuweisung möglich. Die Ikonographie und das Onomastikon machen eine ammonitische Herkunft wohl wahrscheinlich. Ende 7. / Anfang 6.Jh.v.Chr.

Nr. 78) *lḥnnyh b/n ẘryh*

a) unbekannt (angeblich aus Assyrien)
b) London, British Museum, No. WA 48486
c) H.C. RAWLINSON, JRAS NS 1 (1865), 241f, No. 16 (Zeichnung) liest (falsch) *lḥnnyh bn wdysḥ* (= phön.?)[220]
d) Skaraboïd. Die Siegelfläche ist durch eine Doppellinie in zwei epigraphische Register geteilt.

ägyptischen Gott Min und sein Fest (SHR 3; Leiden 1956), Taf. II:8.13; GARDINER R 22. R 23; R. GUNDLACH, Min, LÄ 4 (1982), 136-140; W. HELCK, „Klettern für Min", LÄ 3 (1980), 454f; G. A. WAINWRIGHT, The Emblem of Min, JEA 17 (1931), 185-195; O. KEEL, Jahwe-Visionen und Siegelkunst (1977), 281ff; J. H. TIGAY, You shall have no other Gods. Israelite Religion in the Light of Hebrew Inscriptions (HSM 31; Atlanta/GA 1986), 67.

219 VSE Nr. 449. Gilt allgemein als ammonitisch: P. BORDREUIL – A. LEMAIRE, Sem. 29 (1979), 82; G. GARBINI, Henoch 2 (1980), 351; M. HELTZER, in: Studies in the History of the Jewish People and the Land of Israel V (1980), 58f; R. HESTRIN – M. DAYAGI-MENDELS, Inscribed Seals (1979), 139, No. 112; F. ISRAEL, Syria 64 (1987), 143; K. P. JACKSON, Ammonite Language (1983), 83, No. 60; W. E. AUFRECHT, A Corpus of Ammonite Inscriptions (1989), No. 99, Pl. 38:99 (Photo) (= vielleicht ammonit.).

220 VSE Nr. 23; W. E. AUFRECHT, BASOR 266 (1987), 86 liest *lḥnnyh b/⟨n⟩ nwryh* (= ammonit.); ders., A Corpus of Ammonite Inscriptions (1989), No. 4, Pl. 1:4 (Photo), liest ... *b / Nwryh* (= wahrscheinlich ammonit.); P. BORDREUIL – A. LEMAIRE, Sem. 29 (1979), 83 (= ammonit.?); D. DIRINGER, Le iscrizioni antico-ebraiche (1934), 182-184, No. 23, Tav. 19:23 (Zeichnung) (= „hebr.") liest *ḷnnyh bn 'ryh* oder *tryh*; L. G. HERR, The Scripts (1978), 35, No. 64, fig. 19:64 (Zeichnung) liest *lḥnnyh bn tryh* (= aramä.); F. ISRAEL, Syria 64 (1987), 142 (= ammonit.); M. A. LEVY, Siegel und Gemmen (1869), 36, Nr. 3 liest *lḥnnyh bn tdyh* (oder *'ryh*) (= „althebr."); M. LIDZBARSKI, HNSE (1898), 384. 388 (= kanaanä.); M. DE VOGÜÉ, Mélanges d'archéologie orientale (1868), 134, No. 36 (Zeichnung) liest *lḥnnyh bn gdyh* (= „hebr.").

e) Paläographie und PN sprechen eher für eine israelitische Herkunft. Die Schrift ist aramäisch beeinflußt. 7.Jh.v.Chr.

Nr. 79) *lyzn'l / bn 'lḥnn*

a) unbekannt
b) Paris, Bibliothèque Nationale, Cabinet des Médailles, Collection de Clercq, No. 2503
c) M. DE VOGÜÉ, Mélanges d'archéologie orientale (Paris 1868), 113, No. 11 (Zeichnung) (= phön.)[221]
d) Der Länge nach durchbohrter Skaraboïd. Die zweizeilige Inschrift befindet sich auf der Oberseite des Siegels. Auf der Unterseite ist ein stehender bärtiger Mann in kurzem Gewand und mit erhobenen Händen, flankiert von drei sitzenden Vögeln, eingraviert.
e) Paläographie (und Ikonographie) sprechen für eine phönizische Herkunft. 7. / 6.Jh.v.Chr.

Nr. 80) *lyn/ḥm.*

a) unbekannt
b) unbekannt
c) L. A. WOLFE, Antiquities of the Phoenician World – Ancient Inscriptions, in: F. STERNBERG (ed.), Antike Münzen etc. Auktion XXIV (Zürich 1990), 71, Nr. 443, Pl. 26:443 (Photos) (= ammonit.)
d) Konisches, an der Spitze durchbohrtes Stempelsiegel. Die Siegelfläche ist durch zwei einfache Linien in drei horizontale Register geteilt. Das mittlere anepigraphische Register mit einem angreifenden Stier wird oben und unten von den beiden Schriftregistern gerahmt (vgl. Siegel Nr. 20. 84. 135. 146).
e) Aufgrund der Paläographie (und der Ikonographie) ist eine ammonitische Herkunft des Siegels wahrscheinlich. 7.Jh.v.Chr.

221 VSE Nr. 28; W. E. AUFRECHT, BASOR 266 (1987), 86 (= ammonit.); ders., A Corpus of Ammonite Inscriptions (1989), No. 8, Pl. 3:8 (Photo) (= wahrscheinlich ammonit.); P. BORDREUIL, Catalogue (1986), 37, No. 27 (Photos) (= phön.); S. A. COOK, The Religion Religion of Ancient Palestine (1930), 63 (= ohne Identifikation); D. DIRINGER, Le iscrizioni antico-ebraiche (1934), 188, No. 28, fig. 19:28 (Zeichnungen) (= „hebr."); K. GALLING, ZDPV 64 (1941), Nr. 142, Taf. 9:142 (= „hebr."?); F. ISRAEL, Syria 64 (1987), 144 (= phön.); A. LEMAIRE, Syria 62 (1985), 46 (= ammonit.); M. A. LEVY, Siegel und Gemmen (1869), 26, Nr. 9, Taf. 2:8 (Zeichnungen) (= phön.); M. LIDZBARSKI, HNSE (1898), 287 (= kanaanä.); S. MOSCATI, L'epigrafia (1951), 68, No. 28 (= „hebr."); A. DE RIDDER, Collection de Clerq. Catalogue Tome VII 2 (Paris 1911), 488, No. 2503, Pl. 16:2503 (= phön.); P. SCHRÖDER, Die phönizische Sprache. Entwurf einer Grammatik nebst Sprach- und Schriftproben (Halle 1869), 273, Nr. 5 (= phön.). Zur Herleitung des PN *yzn'l* (**y'zn'l*) vgl. W. E. AUFRECHT, A Corpus of Ammonite Inscriptions (1989), 20, vgl. auch die mögliche Lesung des PN *'l[y]zn̊* (statt *'l(ʿ)zr̊*) auf der *Umm-Uḏaina*-Schale.

Nr. 81) *ynḥ/m bn ʾl*

a) unbekannt (angeblich aus *ʿAmmān*)
b) Beverly Hills/CA, Barakat Gallery, No. C 48
c) A. Lemaire, Sem. 33 (1983), 23f, No. 9, Pl. 2:9 (Photos) (= ammonit.)[222]
d) Bronzener Siegelring. Die Siegelfläche ist durch eine Doppellinie in zwei epigraphische Register geteilt.
e) Aufgrund der Paläographie ist eine ammonitische Herkunft möglich. 7.Jh.v.Chr.

Nr. 82) *yʿ°*

a) unbekannt
b) Haifa, R. and E. Hecht Museum, No. H-638
c) A. Lemaire, Syria 63 (1986), 315-317, No. 9, fig. 9 (Photo des Abdrucks) liest falsch *yʿl* (= ammonit. oder „hebr.")[223]
d) Der Länge nach durchbohrter Skaraboïd. Die Siegelfläche ist durch eine Doppellinie in zwei Register geteilt. Im oberen (größeren) Register ist über der einzeiligen Inschrift ein springender Steinbock eingraviert. Das untere, offenbar anepigraphische Register ist stark beschädigt. Der dritte Buchstaben ist, obwohl gut erhalten, nicht eindeutig zu identifizieren (die Lesung *yʿl* ist allerdings ausgeschlossen).
e) Da die Inschrift unsorgfältig eingraviert und relativ schlecht erhalten ist, ist eine Zuweisung des Siegels aufgrund der Paläographie nicht sicher möglich; eine ammonitische Herkunft ist nicht auszuschließen, eine aramäische oder phönizische m.E. aber wahrscheinlicher. 7.Jh.v.Chr. (?).

Nr. 83) *yšʿʾ*

a) unbekannt (gekauft in Beirūt)
b) Oxford, Ashmolean Museum, No. 1889:408
c) M. Lidzbarski, Ephemeris I (Gießen 1902), 11, Nr. 2 (Zeichnung) (= phön. oder „hebr.")[224]

222 F. Israel, Syria 64 (1987), 144 (= ammonit.); F. Barakat, The Barakat Gallery Vol. 1 (1985), 186f, No. C 48 (winziges Buntphoto) liest falsch *„LYNH'H/M BN'L"* (= ammonit.); W. E. Aufrecht, A Corpus of Ammonite Inscriptions (1989), No. 123, Pl. 42:123 (Photo) (= ammonit.).

223 F. Israel, Syria 63 (1987), 146 (= „hebr."?); W. E. Aufrecht, A Corpus of Ammonite Inscriptions (1989), No. 138, Pl. 49:138 (Photo) (= vielleicht ammonit.); N. Avigad, Michmanim 4 (1989), 18, No. 23 (Photo) (= unter „miscellaneous seals" eingeordnet).

224 VSE Nr. 85; RÉS Nr. 61 (= phön. oder „hebr."); W. E. Aufrecht, BASOR 266 (1987), 86 (= ammonit.); ders., A Corpus of Ammonite Inscriptions (1989), No. 20, Pl. 7:20 (Photo) (= vielleicht ammonit.); B. Buchanan – P. R. S. Moorey, Catalogue III (1988), 45, No. 295, Pl. 10:295 (Photos) liest *„lyšʿ* (*sic*!), 'belonging to Yeshʿa'" (= moabit.); Ch. Clermont-Ganneau, Recueil d'archéologie orientale 4 (Paris 1901), 193; S. A. Cook, PSBA 26 (1904), 106; D. Diringer, Le

d) (Nicht durchbohrter) Skaraboïd. Die Siegelfläche ist durch eine Doppellinie in zwei Register geteilt. Im unteren epigraphischen Register ist die einzeilige Inschrift eingraviert, im oberen, anepigraphischen eine geflügelte Sonnenscheibe, darunter zwei achtstrahlige Sterne.
e) Die Paläographie erlaubt keine einigermaßen abgesicherte Einordnung. Eine ammonitische Herkunft ist zwar nicht auszuschließen, eine moabitische aber eher wahrscheinlich. Spätes 8. / frühes 7. Jh.v.Chr.

Nr. 84) *yšʿʾl*
a) unbekannt
b) London, British Museum, No. WA 48490
c) CH. CLERMONT-GANNEAU, JA 8.Série, 1 (1883), 135, No. 8 (Zeichnung) (= nicht israelit.)[225]
d) Durchbohrter Skaraboïd. Die Siegelfläche ist durch eine Doppellinie in zwei Register geteilt. Im unteren epigraphischen Register ist die einzeilige Inschrift, im oberen anepigraphischen Register ein angreifender Stier (vgl. Siegel Nr. 20. 80. 135. 146), darüber ein siebenstrahliger Stern eingraviert.
e) Aufgrund der Paläographie ist eine ammonitische Herkunft möglich. 7.Jh.v.Chr.

Nr. 85) *lkpr*
a) unbekannt (angeblich aus Tyros)
b) Paris, Bibliothèque Nationale, Cabinet des Médailles, Collection Pérétié et de Clerq, No. 2514

iscrizioni antico-ebraiche (1934), 242f, No. 85, Tav. 21:22 (Zeichnung) (= „hebr." oder phön.); K. GALLING, ZDPV 64 (1941), Nr. 72, Taf. 7:72 (Zeichnung) (= „hebr."?); L. G. HERR, The Scripts (1978), 19f, No. 21, fig. 17:21 (Zeichnung) (= aramä.); F. ISRAEL, Syria 64 (1987), 144; ders., Studi Moabiti I, in: G. BERNINI – V. BRUGNATELLI (ed.), Atti della 4a Giornata di Studi Camito-Semitici e Indoeuropei (1987), 121, No. 29 (Photo) (= moabit.); J. NAVEH, BASOR 239 (1980), 76 (= ammonit.); S. TIMM, Moab (1989), 237-239, Nr. 34 liest *lyšʿ* (= ammonit., aramä., „hebr." oder moabit.).

225 VSE Nr. 86; P. BORDREUIL – A. LEMAIRE, Sem. 29 (1979), 83 (= ammonit.); S. A. COOK, The Religion of Ancient Palestine (1930), 59, Pl. 9:23; D. DIRINGER, Le iscrizioni antico-ebraiche (1934), 243, No. 86, Tav. 21:23 (Zeichnung) (= „hebr."); K. GALLING, ZDPV 64 (1941), Nr. 29, Taf. 5:29 (Zeichnung) (= „hebr."); L. G. HERR, The Scripts (1978), 70, No. 34, fig. 40:34 (Zeichnung); ders., BASOR 238 (1980), 23, No. 34 (= ammonit.); F. ISRAEL, Syria 64 (1987), 142 (= ammonit.); K. P. JACKSON, Ammonite Language (1983), 77, No. 48 (= ammonit.); S. MOSCATI, L'epigrafia (1951), 71, No. 86 (= „hebr."); W. E. AUFRECHT, A Corpus of Ammonite Inscriptions (1989), No. 11, Pl. 5:11 (Photo) (= ammonit.); A. MILLARD, Writing in Jordan, in: Treasures from an Ancient Land, ed. P. BIENKOWSKI (1991), 142, fig. 156 (Photo) (= ammonit.) liest falsch *l-yšʿ*.

c) M. DE VOGÜÉ, Mélanges d'archéologie orientale (Paris 1868), 116, No. 17 (Zeichnung) (= phön.)[226]
d) Der Länge nach durchbohrter Skaraboïd. Die Siegelfläche ist durch eine Doppellinie in zwei Register geteilt. Im unteren epigraphischen Register ist die einzeilige Inschrift, im oberen anepigraphischen eine aus verschiedenen Elementen kombinierte Darstellung eingraviert.
e) Aufgrund der Paläographie und Ikonographie ist eine phönizische Herkunft anzunehmen. (2.Hälfte) 7.Jh.v.Chr. Die Inschrift des Siegels Nr. 85 ist paläographisch nahezu identisch mit der Inschrift des Siegels Nr. 86; aus paläographischen Gründen müssen beide daher gleich eingeordnet werden, es sei denn, man würde aus ikonographischen Gründen eine unterschiedliche Herkunft annehmen, wozu es keinen Grund gibt[227].

Nr. 86) *lkpr*

a) unbekannt
b) Jerusalem, Israel Museum, No. 65.11.3
c) R. HESTRIN – M. DAYAGI-MENDELS, Inscribed Seals (Jerusalem 1979), 126, No. 99 (Photos) (= ammonit.)[228]
d) Der Länge nach durchbohrter, beschädigter Skaraboïd. Die Siegelfläche ist durch eine einfache Linie in zwei Register geteilt. Im unteren epigraphischen Register ist die einzeilige Inschrift, im oberen anepigraphischen eine schreitende vierflügelige Gestalt mit menschlichem Kopf und Atef-Krone (?) eingraviert, die in ihren Händen zwei nicht klar erkennbare Gegenstände hält.

226 VSA Nr. 29; F. L. BENZ, Personal Names (1972), 132 (= phön.); P. BORDREUIL, Catalogue (1986), 35, No. 24 (Photos) (= phön.); K. GALLING, ZDPV 64 (1941), 152, Nr. 87, Taf. 7:87 (Zeichnung) (= aramä. oder phön.?); E. GUBEL, Art in Tyre during the First and Second Iron Age: A Preliminary Survey, in: Studia Phoenicia I-II (OLA 15; Leiden 1983), 39, Anm. 95, fig. 12 (Photo) (= phön.); U. HÜBNER, UF 21 (1989), 221 (= phön.); M. A. LEVY, Siegel und Gemmen (1869), 29f, Nr. 15, Taf. 2:14 (Zeichnung) (= phön.); D. PARAYRE, Syria 67 (1990), No. 127, Pl. 11:127 (= phön.?); A. DE RIDDER, Collection de Clerq. Catalogue Tome VII,2 (1911), 493f, No. 2514, Pl. 16:2514 (Photo) (= phön.). L. G. HERR, The Scripts (1978), 180, No. 18, fig. 95:18 (Zeichnung) (= phön.) gibt als Sammlung „Israel Museum" an, als bibliographische Notiz aber „Clerq, no. 2514", seine Zeichnung gibt nur – wie ständig in seiner Arbeit – die Inschrift wieder; damit ist unklar, auf welches der beiden *lkpr*-Siegel er sich bezieht bzw. ob ihm die Existenz der zwei *lkpr*-Siegel überhaupt bekannt war.

227 Vgl. U. HÜBNER, UF 21 (1989), 222, Anm. 52.

228 VSE Nr. 441; W. E. AUFRECHT, BASOR 266 (1987), 86 (= ammonit.); ders., A Corpus of Ammonite Inscriptions (1989), No. 107, Pl. 39:107 (Photo) (= ammonit.); G. GARBINI, I sigilli del regno di Israele, OA 21 (1982), 168. 175 (= „dubbia autenticità"); U. HÜBNER, UF 21 (1989), 222 (= phön.); F. ISRAEL, Or. 55 (1986), 77; ders., Syria 64 (1987), 145 (= phön.?). Zur Konfusion bei L. G. HERR, The Scripts (1978), 180, No. 18, fig. 95:18 s.o.

e) Aufgrund der Paläographie und Ikonographie[229] ist eine phönizische Herkunft anzunehmen. (2.Hälfte) 7.Jh.v.Chr. Zur Einordnung vgl. Siegel Nr. 85.

Nr. 87) *lmk/m'l*

a) unbekannt
b) Jerusalem, Israel Museum, No. 73.19.39
c) N. AVIGAD, ErIs 13 (1977), 110, No. 6, Pl. 14:6 (Photo) (= ammonit.)[230]
d) Konisches, durchbohrtes Stempelsiegel. Die kreisrunde Siegelfläche ist durch eine Doppellinie in zwei epigraphische Register geteilt. In der Durchbohrung hat sich ein goldener Draht erhalten.
e) Aufgrund der Paläographie ist eine ammonitische Herkunft wahrscheinlich. 7.Jh.v.Chr.

Nr. 88) *lmlkm'wr / ʿb/d bʿlyšʿ*

a) *Tell el-ʿUmērī* (Fund nahe der Oberfläche auf der westlichen Zitadelle)
b) *ʿAmmān*, DAJ
c) L. T. GERATY, AUSS 23 (1985), 98-100, Pl. 7f (Photo / Zeichnung); L. G. HERR, BA 48 (1985), 169-172 (Photo / Zeichnung)[231]
d) Siegelabdruck auf der Flachseite eines handgeformten stumpfen Tonkegels. Die „Siegelfläche" ist durch zwei Doppellinien in drei horizontale Register geteilt. Während in dem oberen und unteren Register Anfang und Ende der dreizeiligen Inschrift eingraviert sind, befindet sich im mittleren Register ein vierflügeliger Skarabäus, der von den beiden Anfangsbuchstaben /*ʿb*/ der Titulatur und von zwei Standarten (?) flankiert wird.

229 Vgl. z. B. das Siegel bei N. AVIGAD, The Seal of Mefa'ah, IEJ 40 (1990), 42f, das der Autor für „hebr." oder moabit. halten zu müssen glaubt; P. BORDREUIL, Catalogue (1986), No. 19.

230 VSE Nr. 445. Gilt allgemein als ammonitisch: P. BORDREUIL – A. LEMAIRE, Sem. 29 (1979), 82; G. GARBINI, Henoch 2 (1980), 351; M. HELTZER, in: Studies in the History of the Jewish People and the Land of Israel V (1980), 60; R. HESTRIN – M. DAYAGI-MENDELS, Inscribed Seals (1979), 134, No. 107 (Photos); F. ISRAEL, Syria 64 (1987), 143; K. P. JACKSON, Ammonite Language (1983), 74, No. 35; W. E. AUFRECHT, A Corpus of Ammonite Inscriptions (1989), No. 101, Pl. 38:101 (Photo).

231 Gilt allgemein als ammonitisch: W. E. AUFRECHT, BASOR 266 (1987), 86; ders., A Corpus of Ammonite Inscriptions (1989), No. 129, Pl. 44:129 (Photo / Zeichnung); P. BORDREUIL, Le Monde de la Bible 46 (1986), 45; L. T. GERATY et al., ADAJ 31 (1987), 196, Pl. 27; L. G. HERR, AUSS 23 (1985), 187-191; ders., The Inscribed Seal Impression, in: L. T. GERATY et al. (ed.), Madaba Plains Project (1989), 369-374, fig. 20.5; 21.1-2; F. ISRAEL, Syria 64 (1987), 144; W. H. SHEA, Mutilation of Foreign Names by Bible Writers, AUSS 23 (1985), 111-115; R. W. YOUNKER, Israel, Judah and Ammon and the Motifs on the Baalis Seal from Tell el-ʿUmeiri, BA 48 (1985), 173-180; ders., Historical Background and Motifs of a Royal Seal Impression, in: L. T. GERATY et al. (ed.), Madaba Plains Project (1989), 375-380; (zum PN *bʿlyšʿ* vgl. auch Kap. 4.3).

e) Fundort, Onomastikon und Paläographie lassen keinen Zweifel an der ammonitischen Herkunft des Siegelabdrucks bzw. des entsprechenden Beamtensiegels. Um 600 v.Chr (vgl. auch Kap. 4.3).

Nr. 89) *lmlkmgd*

a) unbekannt
b) Haifa, R. and E. Hecht Museum, No. H-808
c) N. Avigad, IEJ 35 (1985), 4-6, No. 3, Pl. 1:C (Photo) (= ammonit.)[232]
d) Der Länge nach durchbohrter, leicht konischer Skaraboïd. Die Siegelfläche ist durch zwei einfache Linien in drei horizontale Register geteilt. Im oberen epigraphischen Register befindet sich die einzeilige Inschrift, das untere Register ist leer (unvollendet? Platz für das Patronym?). Im mittleren Register sind zwei sitzende, antithetisch angeordnete Sphingen eingraviert, die eine Pflanze (?) flankieren.
e) Das theophore Element des PN läßt keinen Zweifel an der ammonitischen Herkunft des Siegels. Die Schrift ist aramäisch (beeinflußt), die Ikonographie neobabylonisch. 6.Jh.v.Chr.

Nr. 90) *ḥtm.mng'nr/t brk lmlkm*

a) unbekannt
b) Paris, Bibliothèque Nationale, Cabinet des Médailles, No. M 6761
c) N. Avigad, IEJ 15 (1965), 222-228, fig. 1 (Zeichnung), Pl. 40B-D (Photos) (= ammonit. Inschrift)[233]

232 W. E. Aufrecht, BASOR 266 (1987), 86; ders., A Corpus of Ammonite Inscriptions (1989), No. 127, Pl. 43:127 (Photo) (= ammonit.); F. Israel, Syria 64 (1987), 144 (= ammonit.).

233 VSE Nr. 225. Gilt meist als ammonitisch: P. Bordreuil, Syria 50 (1973) 183f, No. 19; ders., in: Der Königsweg (1987), Nr. 178 (Photos); ders., Le Monde de la Bible 46 (1986), 45; ders., Catalogue (1986), 67-69, No. 76 (Photos); ders., SHAJ 3 (1987), 285, fig. 4 (Photos); G. Garbini, Un nuovo sigillo aramaico-ammonita, AION 17 (1967), 251-256; ders., Further Considerations on the Aramaic-Ammonite Seal (AION NS XVII 1967, 251-6), AION 18 (1968), 453f; ders., AION 20 (1970), 252, No. 12; ders., Le Lingue Semitiche (1972), 101, No. 16; M. Ohana, The Ammonite Inscriptions and the Bible (M.A. unpubl.; 1976), 12. 53f, No. 24; L. G. Herr, The Scripts (1978), 62, No. 9, fig. 38:9 (Zeichnung); ders., BASOR 238 (1980), 23, No. 9; F. Israel, Syria 64 (1987), 142; K. P. Jackson, Ammonite Language (1983), 74, No. 36; J. Naveh, BASOR 239 (1980), 76; ders. – H. Tadmor, Some doubtful Aramaic Seals, AION 18 (1968) 448-452, Pl. 1:1; D. Sivan, UF 14 (1982), 231; H. Tadmor, A Note on the Seal of Mannu-ki-Inurta, IEJ 15 (1965), 233f; J. Teixidor, Bulletin d'épigraphie sémitique (1986), 46f; K. R. Veenhof, Nieuwe Aramese Inscripties, Phoe. (Leiden) 14 (1968), 141f; J. Naveh, Review: P. Bordreuil, Catalogue (1986), JSSt 33 (1988), 115 (= „definitely Aramaic"); W. E. Aufrecht, A Corpus of Ammonite Inscriptions (1989), No. 55, Pl. 17-18:55 (Photo) (= wahrscheinlich ammonit.); A. Millard, Writing in Jordan, in: Treasures from an Ancient Land, ed. P. Bienkowski (1991), 142, fig. 163 (Photo) (= ammonit.).

d) Konisches, unterhalb der Spitze durchbohrtes Stempelsiegel. Das Siegel ist an drei Seiten graviert: 1) Auf der kreisrunden Basis kämpft ein Heros (oder der Gott Inurta?) mit einem vierbeinigen geflügelten Drachen; die Szene ist sowohl von der Ikonographie als auch von der Gravurtechnik ('drilled style') her gesehen eindeutig assyrisch. 2) Auf der einen Langseite ist ein schreitender bärtiger Mann mit Langhaarfrisur, erhobenen Händen und kurzem Gewand – in 'westsemitischem' Stil – eingraviert. 3) Auf der anderen gegenüberliegenden Langseite ist die Siegelfläche durch eine Doppellinie in zwei epigraphische Register eingeteilt; bei der zweizeiligen Inschrift (*„Siegel des Mannu-ki-Inurta, er sei gesegnet von Milkom"*)[234] fallen der Anfang der Inschrift mit der typisch aramäischen Formel *ḥtm PN [(br) PN]*[235], der Worttrenner nach *ḥtm* und die (ungeschickte) Zeilenaufteilung des PN *mngʾnr/t* auf.

e) Die Schrift (und Sprache?) sind aramäisch, der GN eindeutig ammonitisch, der PN[236] und ein Teil der Ikonographie assyrisch. Über den Besitzer des Siegels läßt sich nichts sicheres aussagen; da vergleichbare PN bei Ammonitern sonst nicht belegt sind, ist es durchaus möglich, in dem Besitzer einen Assyrer zu sehen, der sein Siegel aus seiner Heimat mitbrachte und es in Ammon, wo er wohl im Dienst seiner Großmacht arbeitete, zusätzlich zur schon vorhandenen Verzierung an der Basis auf den beiden Langseiten gravieren ließ[237]. Nicht auszuschließen ist allerdings, in dem Besitzer einen Ammoniter zu sehen, der in assyrischen Diensten stand und einen assyrischen PN annahm, aber an dem traditionellen GN *mlkm* festhielt. 7.Jh.v.Chr.

Nr. 91) *mnḥ / bn ḥg̊*

a) unbekannt (angeblich aus *ʿAmmān*)

b) Beverly Hills/CA, Barakat Gallery, No. C 58

c) A. Lemaire, Sem. 33 (1983), 25f, No. 10, Pl. 3:10 (Photos) (= ammonit.)[238]

234 Wegen der fehlenden Vokalisation läßt sich nicht sicher entscheiden, um welche grammatische Form es sich bei *brk* handelt und wie die Form im Zusammenhang mit dem folgenden *l-* am besten zu übersetzen ist; vgl. dazu u.a. M. Weippert, Zum Präskript der hebräischen Briefe von Arad, VT 25 (1975), 206-211; P. Bordreuil, Catalogue (1986), 68f.

235 Vgl. z.B. VSA Nr. 12. 17-18. 75-76. 81. 88. 96. 136. 142-144.

236 *„Wer ist wie (N)inurta?"*; vgl. zur Gottheit D.O. Edzard, Ninurta, WM I 1 (1965), 114f; vgl. auch auf aramäischen Siegeln die PN *knbw* (**kī-Nabū*) und *mnk* (**Mannu-kī*) bei P. Bordreuil, Catalogue (1986), Nr. 99. 124 (= VSE Nr. 43. 47), die ammonitischen PN *mkmʾl* und *mnr* (Siegel Nr. 87. 102) oder den hebräischen PN *mykhw* (HAL$^3$ II, 546).

237 Anders z.B. N. Avigad, IEJ 15 (1965), 222ff, der in dem Siegelbesitzer einen heimgekehrten Exilierten sehen will.

238 Gilt allgemein als ammonitisch: W.E. Aufrecht, BASOR 266 (1987), 86; ders., A Corpus of Ammonite Inscriptions (1989), No. 124, Pl. 43:124 (Photo) (= wahrscheinlich ammonit.); F. Israel, Syria 64 (1987), 144; F. Barakat, The Barakat Gallery Vol. 1 (1985), 186f, No. C 58 (winziges Buntphoto) liest falsch *„LMNH'/BN H'G"*.

d) Der Länge nach durchbohrter Skaraboïd. Die Siegelfläche ist durch eine Doppellinie in zwei epigraphische Register geteilt.
e) Die Schrift ist aramäisch beeinflußt. Aufgrund der Paläographie ist eine ammonitische Herkunft wahrscheinlich. Ende 8. / 1.Hälfte 7.Jh.v.Chr.

Nr. 92) *lmnḥm*
a) unbekannt
b) Paris, Musée du Louvre, No. AO 2292
c) L. Delaporte, Catalogue II (Paris 1923), 171, A.737, Pl. 92:4 (Photo) (= mesopotam. Siegel in aramä. Schrift und hebr. oder phön. PN)[239]
d) Oktogonales Stempelsiegel. Auf der Siegelfläche ist ein stehender bärtiger Mann (Adorant) mit Langhaarfrisur und erhobenen Händen vor einem Postament mit dem *mušḫuššu*-Drachen zu sehen, der die Kultstandarten von Marduk (Spaten) und Nabu (Doppelgriffel) trägt. Darüber ist ein achtstrahliger Stern; hinter der Figur die einzeilige Inschrift eingraviert.
e) Die Ikonographie des Siegels ist neobabylonisch (vgl. Kap. 2.10.3), die Schrift aramäisch. Aufgrund der Paläographie ist eine ammonitische Herkunft des Siegels möglich, eine aramäische m.E. aber wahrscheinlicher. 7.Jh.v.Chr.(?).

Nr. 93) *l̊m̊n̊ḥ/m̊*
a) unbekannt
b) Privatsammlung
c) P. Bordreuil – A. Lemaire, Sem. 26 (1976), 55, No. 27, Pl. 6:27 (Photo) (= in der Überschrift unter den aramäischen Siegeln eingeordnet, im Text als „araméenne ou ammonite“ bezeichnet)[240]
d) Durchbohrter Skaraboïd. Auf der Siegelfläche ist außer der Inschrift eine Person mit erhobenen Händen (?) eingraviert.
e) Die schlecht erhaltene Inschrift erlaubt weder eine einigermaßen gesicherte Zuweisung noch Datierung. 7.Jh.v.Chr.(?)

Nr. 94) *]mnḥm/ bn 'l'*
a) unbekannt

239 VSA Nr. 48; W. E. Aufrecht, BASOR 266 (1987), 86 (= ammonit.); ders., A Corpus of Ammonite Inscriptions (1989), No. 29, Pl. 9:29 (Photo) (= ammonit.); P. Bordreuil, Catalogue (1986), 87, No. 108 (Photos) (= aramä.); K. Galling, ZDPV 64 (1941), 156, Nr. 117, Taf. 8:117 (Zeichnung) (= aramä.?); L. G. Herr, The Scripts (1978), 32, No. 55, fig. 19:55 (Zeichnung) (= aramä.); F. Israel, Syria 74 (1987), 145 (= nicht ammonit.); A. Lemaire, Syria 62 (1985), 46f (= ammonit.).

240 W. E. Aufrecht, BASOR 266 (1987), 86 (= ammonit.); ders., A Corpus of Ammonite Inscriptions (1989), No. 83, Pl. 32:83 (Photo) (= ammonit.); F. Israel, Syria 64 (1987), 146 (= nicht ammonit.); A. Lemaire, Syria 62 (1985), 46 (= ammonit.).

b) unbekannt
c) P. Bordreuil – Ch. Uehlinger, Inscribed Seals, in: Ancient Art of the Mediterranean World and Ancient Coins. Numismatic and Ancient Art Gallery AG. Public Auction, Catalogue No. 7 (Zürich 1991), 10. 17, Nr. 26 (Photos) (= ammonit.)
d) Durchbohrter Skaraboid mit kreisrunder Siegelfläche. Das Stempelsiegel ist beidseitig graviert: Auf dem konvexen Rücken ist eine Rosette in ungewöhnlicher Stilisierung eingraviert. Die flache Unterseite ist durch zwei Doppellinien in drei horizontale Register eingeteilt: Im mittleren Register ist ein geflügelter Quadruped zu sehen, der von zwei vegetabilischen Elementen flankiert wird; im oberen und unteren anikonischen Register befindet sich die Inschrift.
e) Aufgrund der Paläographie ist eine ammonitische Herkunft zwar nicht auszuschließen, aber eben auch nicht wahrscheinlich zu machen. 7.Jh.v.Chr.

Nr. 95) *lmnḥm / b/n brk'l*

a) unbekannt
b) Paris, Bibliothèque Nationale, Cabinet des Médailles, Collection H. Seyrig, No. 1972.1317.125
c) P. Bordreuil, Catalogue (Paris 1986), 67, No. 75 (Photos) (= ammonit.)[241]
d) Der Länge nach durchbohrter Skaraboïd. Die Siegelfläche ist durch zwei Doppellinien in drei horizontale Register geteilt. Im mittleren Register sind ein schreitender Stier (vgl. Siegel Nr. 80. 149) und die zweite Zeile der Inschrift eingraviert.
e) Aufgrund der Paläographie ist eine ammonitische Herkunft durchaus möglich. (Mitte) 7.Jh.v.Chr.

Nr. 96) *lmnḥm b̊/n ynḥm*

a) *ʿAmmān*, Grab des Adoninur
b) *ʿAmmān*, Archaeological Museum, No. J.1200
c) L. G. Harding, ILN 3.Sept. 1949, 351, fig. 9 (Photo) (= ammonit.)[242]

241 F. Israel, Syria 64 (1987), 144 (= ammonit.); W. E. Aufrecht, A Corpus of Ammonite Inscriptions (1989), No. 133, Pl. 46:133 (Photo) (= ammonit.).

242 VSE Nr. 166 liest *lmnḥm (b)/n jmn*. Gilt allgemein als ammonitisch: W. F. Albright, in: FS B. Ubach (1953), 133f; N. Avigad, IEJ 2 (1952), 163f, fig. 1; G. R. Driver, ADAJ 2 (1953), 63, Pl. 8:3 (Photo); G. Garbini, AION 20 (1970), 252, No. 10; ders., Le Lingue Semitiche (1972), 100, No. 11; L. G. Harding – G. R. Driver, PEFA 6 (1953), 52f, No. 3, fig. 20, Pl. 6.2 (Zeichnung / Photo); M. Ohana, The Ammonite Inscriptions and the Bible (M.A. unpubl.; 1976), 11. 51, No. 20; L. G. Herr, The Scripts (1978), 66, No. 20, fig. 39:20 (Zeichnung) liest *lmnḥm bn ymn*; ders., BASOR 238 (1980), 23, No. 20 liest falsch *lmngm bn ymn*; F. Israel, Syria 64 (1987), 142; K. P. Jackson, Ammonite Language (1983), 70, No. 1 liest *lmnḥm/b/n ymn*; G. M. Landes, History of the Ammonites (Ph.D.Diss.; 1956), 267; ders., BA-Reader 2 ($^3$1977), 84; R. W. Younker,

d) Der Länge nach durchbohrter Skaraboïd. Die schlecht erhaltene Siegelfläche ist durch zwei einfache Linien in drei horizontale Register geteilt. Im mittleren anepigraphischen (?) Register ist ein vierflügeliger Skarabäus, flankiert von zwei Standarten (?), eingraviert.
e) Der Fundort macht eine ammonitische Herkunft in hohem Maße wahrscheinlich; die Paläographie steht dem nicht im Wege. 7.Jh.v.Chr.

Nr. 97) *lmnḥm b/n mgr'l*

a) unbekannt
b) Privatsammlung
c) P. Bordreuil – A. Lemaire, Sem. 26 (1976), 61, No. 33, Pl. 6:33 (Photo) (= ammonit.)[243]
d) Skaraboïd. Die Siegelfläche ist durch zwei Doppellinien in drei horizontale Register geteilt. Im mittleren anepigraphischen Register ist eine geflügelte Sonnenscheibe eingraviert (vgl. Siegel Nr. 10. 38. 55).
e) [Aufgrund der Paläographie wäre eine ammonitische Herkunft nicht auszuschließen und eine Datierung ins 7.Jh.v.Chr. denkbar]. M. E. sind wegen der auffällig geneigten und kantigen Schrift und der ebenso kantigen Ausführung der Sonnenscheibe erhebliche Zweifel an der Echtheit des Siegels angebracht (s.u.).

Nr. 98) *lmnḥm bn smk / ʿbd mlk*

a) unbekannt
b) unbekannt
c) N. Avigad, BASOR 225 (1977), 63f, fig. 1a (Photo) (= ammonit.)[244]
d) Der Länge nach durchbohrter Skaraboïd. Die Siegelfläche ist von einer Reihe von Punkten gerahmt; in der Mitte ist eine nackte Frau mit den Händen an den Brüsten frontal eingraviert. Die zweizeilige Inschrift befindet sich zu beiden Seiten der *dea nutrix*.

BA 48 (1985), 173-180; W. E. Aufrecht, A Corpus of Ammonite Inscriptions (1989), No. 42, Pl. 13:42 (Photo).

243 VSE Nr. 387. Gilt allgemein als ammonitisch: G. Garbini, Henoch 1 (1979), 399; M. Heltzer, in: Studies in the History of the Jewish People and the Land of Israel V (1980), 60; F. Israel, Syria 64 (1987), 142; K. P. Jackson, Ammonite Language (1983), 73, No. 28; W. E. Aufrecht, A Corpus of Ammonite Inscriptions (1989), No. 89, Pl. 34:89 (Photo); D. Parayre, Syria 67 (1990), 283, No. 119, Pl. 10:119; U. Hübner, UF 21 (1989), 223f (= wahrscheinlich eine Fälschung).

244 VSE Nr. 401. Gilt allgemein als ammonitisch: P. Bordreuil, Le Monde de la Bible 46 (1986), 45; ders. – A. Lemaire, Sem. 29 (1979), 82; G. Garbini, Henoch 2 (1980), 351; M. Heltzer, in: Studies in the History of the Jewish People and the Land of Israel V (1980), 60; F. Israel, Syria 64 (1987), 143; K. P. Jackson, Ammonite Language (1983), 72, No. 17; J. Teixidor, Bulletin d'épigraphie sémitique (1986), 399; W. E. Aufrecht, A Corpus of Ammonite Inscriptions (1989), No. 102, Pl. 38:102 (Photo).

e) Der ungrammatische Titel *ʿbd mlk (sic!)* statt korrekt *ʿbd h-mlk* ist entweder ein Fehler des eisenzeitlichen Siegelherstellers oder eines modernen Fälschers. Aufgrund der Paläographie ist eine ammonitische Herkunft des – echten (?) – Beamtensiegels nicht auszuschließen; die perlenartige Umrahmung deutet allerdings auf eine judäische bzw. israelitische Herkunft[245]. (Zum PN *smk* vgl. *ʾlsmky*, Siegel Nr. 44). 7.Jh.v.Chr.

Nr. 99) *lmnḥm / bn šwḥr*

a) unbekannt
b) unbekannt
c) N. Avigad, in: Sefer N. Tur-Sinai (Jerusalem 1960), 321-324, No. 2, fig. 2 (Zeichnung) (= „hebr." ?)[246]
d) Der Länge nach durchbohrter Skaraboïd. Die Siegelfläche ist durch eine Doppellinie in zwei epigraphische Register geteilt.
e) Aufgrund der Paläographie ist eine ammonitische Herkunft wahrscheinlich. 7.Jh.v.Chr.

Nr. 100) *lmnḥm / bn tnḥm*

a) unbekannt (angeblich aus „Jordan"; gekauft in Jerusalem)
b) Privatsammlung (London)
c) N. Avigad, in: FS N. Glueck (Garden City/NY 1970), 288 f, No. 5, Pl. 30:5 (Photo) (= ammonit.)[247]
d) Skaraboïd. Die Siegelfläche ist durch eine Doppellinie in zwei epigraphische Register geteilt.
e) Aufgrund der Paläographie ist eine ammonitische Herkunft wahrscheinlich. 7.Jh.v.Chr.

245 Zum Motiv vgl. z.B. VSE Nr. 24. 38. 67; P. Bordreuil, Catalogue (1986), 48, No. 45; R. Hestrin – M. Dayagi-Mendels (ed.), Inscribed Seals (1979), Nos. 73 f = VSE Nr. 424 f; N. Avigad, Hebrew Bullae from the Time of Jeremiah (1986), Nos. 52. 69. 83.

246 VSE Nr. 195; W. E. Aufrecht, BASOR 266 (1987), 86 (= ammonit.); ders., A Corpus of Ammonite Inscriptions (1989), No. 48, Pl. 16:48 (Zeichnung) (= ammonit.); N. Avigad, in: FS N. Glueck (1970), 285 (= ammonit.); P. Bordreuil, Syria 50 (1973), 182 (= ammonit.); P.-E. Dion, RB 82 (1975), 28 (= ammonit.); G. Garbini, Le Lingue Semitiche (1972), 101, No. 13 (= ammonit.); M. Heltzer, AION 21 (1971), 189, No. 18 (= judä.); M. Ohana, The Ammonite Inscriptions and the Bible (M.A. unpubl.; 1976), 11. 51, No. 21 (= ammonit.); F. Israel, Syria 64 (1987), 142; J. Naveh, Leš. 30 (1965), 80, No. 32; ders., Early History (1982), 137, fig. 98 (= ammonit.).

247 VSE Nr. 264. Gilt allgemein als ammonitisch: P. Bordreuil, Syria 50 (1973), 185, No. 26; G. Garbini, Le Lingue Semitiche (1972), 103, No. 24; M. Ohana, The Ammonite Inscriptions and the Bible (M.A. unpubl.; 1976), 11. 51 f, No. 22; L. G. Herr, The Scripts (1978), 66, No. 21, fig. 39:21 (Zeichnung); ders., BASOR 238 (1980), 23, No. 21; F. Israel, Syria 64 (1987), 142; K. P. Jackson, Ammonite Language (1983), 70, No. 3; W. E. Aufrecht, A Corpus of Ammonite Inscriptions (1989), No. 71, Pl. 24:71 (Photo).

Nr. 101) *lmnḥmt / 'št gdmlk*

a) unbekannt
b) London, British Museum, BM 136202
c) M. DE VOGÜÉ, Mélanges d'archéologie orientale (Paris 1868), 138f, No. 40 (Zeichnungen) (= „hebr.")[248]
d) Zweiseitig graviertes Stempelsiegel. Auf der einen Seite ist eine bärtige Gottheit mit erhobener Hand in der geflügelten Sonnenscheibe eingraviert (Šamaš), darunter zwei sich gegenüberstehende bärtige Männer mit erhobenen Händen und langen Gewändern, die das vorgestellte Bein bis über das Knie frei lassen; dazwischen sind eine Mondsichel (*Sīn*) und ein Stern (*Ṣarpanītu*[249] / *Ištar*) eingraviert. Auf der anderen Seite ist die Siegelfläche durch eine Doppellinie in zwei epigraphische Register geteilt; die Rahmenlinie ist unten zu einer eigens ausgestalteten Zierleiste ausgearbeitet.
e) Die Ikonographie ist persisch (beeinflußt). Aufgrund der Paläographie (aramäische Schrift) ist eine ammonitische Herkunft des Frauensiegels zwar nicht auszuschließen, eine moabitische, phönizische (oder nordisraelitische) aber wahrscheinlicher. (7./)6. Jh.v.Chr.

Nr. 102) *lmnr*

a) unbekannt
b) Privatsammlung
c) P. BORDREUIL – A. LEMAIRE, Sem. 26 (1976), 62f, No. 36, Pl. 6:36 (Photos) (= ammonit.)[250]

248 VSE Nr. 64; AOB² Nr. 594, Taf. 226:594 (Zeichnung) (= „hebr."); D. DIRINGER, Le iscrizioni antico-ebraiche (1934), 220f, No. 64, Tav. 21:1 (Zeichnungen) (= „hebr."); K. GALLING, ZDPV 64 (1941), 151.184, Nr. 82, Taf. 7:82 (Zeichnung) (= „hebr."); M. OHANA, The Ammonite Inscriptions and the Bible (M.A. unpubl.; 1976), 11. 52, No. 23 (= ammonit.); ders. – M. HELTZER, The Extra-Biblical Tradition (1978), 56. 84f u. ö., fig. 5; M. HELTZER, UF 8 (1976), 441, Anm. 4 (= ammonit.); L. G. HERR, The Scripts (1978), 199, No. 52; F. ISRAEL, Miscellanea Idumea, RivBib 27 (1979), 176, No. 15 (= edomit.); ders., Studi Moabiti, in: G. BERNINI – V. BRUGNATELLI (ed.), Atti della 4a Giornata di Studi Camito-Semitici e Indoeuropei (1987), 199f, No. 26 (Zeichnungen) (= moabit.); ders., SEL 4 (1987), 80ff (= moabit.); ders., RivBib 37 (1987), 338 (= moabit.); M. A. LEVY, Siegel und Gemmen (1869), 44f, Nr. 14 , Taf. 3:12 (Zeichnungen) (= „hebr."); É. PUECH, in: J. BRIEND – J.-B. HUMBERT, Tell Keisan (1971-1976). Une cité phénicienne en Galilée (OBO, Ser.Arch. 1; Fribourg – Göttingen – Paris 1980), 206 (= phön.); H. VINCENT, Un nouveau cachet israélite, RB NS 7 (1910), 417, Anm. 2 (= „hebr."); S. TIMM, Moab (1989), 247f, Nr. 39; D. PARAYRE, Syria 67 (1990), 283, No. 125, Pl. 11:125 (= moabit. oder edomit.).

249 Vgl. das spätbronzezeitliche babylonische Import-Siegel aus *Mārkā* bei R. TOURNAY, Un cylindre babylonien découvert en Transjordanie, RB 74 (1967), 248-254.

250 VSE Nr. 390. Gilt allgemein als ammonitisch: W. E. AUFRECHT, BASOR 266 (1987), 91; ders., A Corpus of Ammonite Inscriptions (1989), No. 92, Pl. 35:92 (Photo) (= wahrscheinlich ammonit.); G. GARBINI, Henoch 1 (1979), 399; M. HELTZER, in: Studies in the History of the Jewish People

d) Durchbohrter Skaraboïd. Die annähernd kreisrunde Siegelfläche ist durch eine einfache Linie in zwei Register geteilt. Im oberen anepigraphischen Register ist ein laufender Capride (?) eingraviert, im unteren Register die einzeilige Inschrift.
e) Aufgrund der Paläographie (und Ikonographie) ist eine ammonitische Herkunft wahrscheinlich. 7.Jh.v.Chr.

Nr. 103) *lmṣry*

a) unbekannt
b) Paris, Bibliothèque Nationale, Cab. des Médailles, Collection de Lynes No. 223
c) M. DE VOGÜÉ, Mélanges d'Archéologie Orientale (Paris 1868), 114, No. 13 (= phön.)[251]
d) Skaraboïd. Die Siegelfläche ist durch eine einfache Linie in zwei Register geteilt. Im unteren befindet sich die Inschrift; im oberen anepigraphischen Register ist ein Mann mit ägyptisierender Krone zu sehen, der in der linken Hand ein Szepter hält und die rechte mit der Handfläche nach außen erhoben hat. Er ist von zwei *ʿnḫ*-Zeichen flankiert.
e) Aufgrund der Paläographie und der Ikonographie ist eine phönizische Herkunft wahrscheinlich. 7.Jh.v.Chr.

Nr. 104) *lmq̊n*

a) unbekannt
b) Privatsammlung
c) A. LEMAIRE, Syria 63 (1986), 307-309, No. 2, fig. 26 (Photo) (= phön.-aram. oder israelit. oder ammonit.)[252]
d) Der Länge nach durchbohrter Skaraboïd. Die Siegelfläche ist durch drei Doppellinien (?) in drei anepigraphische und ein epigraphisches Register geteilt. Im

and the Land of Israel V (1980), 60; F. ISRAEL, Syria 64 (1987), 142; K.P. JACKSON, Ammonite Language (1983), 74, No. 30.

251 VSF Nr. 19 (= phön.); L. DELAPORTE, Aréthouse 19 (1928), 51, No. 37, Pl. 7:23; K. GALLING, ZDPV 64 (1941), 159. 192, Nr. 134, Taf. 9:134 (Zeichnung) (= phön.); M.A. LEVY, Siegel und Gemmen (1869), 27f, Nr. 12, Taf. II:11 (Zeichnung) (= phön.); J. NAVEH, Review: P. BORDREUIL, Catalogue des sceaux ouest-Sémitiques (1986), JSSt 33 (1988), 115 (= „Aramaic, or Phoenician, or perhaps Ammonite"); P. BORDREUIL, Syria 62 (1985), 25f (Photo); ders., in: DER KÖNIGSWEG (1987), 161, Nr. 171 (Photos); ders., Catalogue (1986), 60f, No. 65 (Photos) (= moabit.); F. ISRAEL, Studi Moabiti I, in: G. BERNINI – V. BRUGNATELLI (ed.), Atti della 4ª giornata di Studi Camito-Semitici e Indoeuropei (1987), 118, No. 23, Tav. 6:23 (Photo) (= moabit.); L.G. HERR, The Scripts of Ancient Northwest-Semitic Seals (1978), 199, No. 53; P. MAGNANINI, Le iscrizioni fenicie dell'Oriente (1973), 143, No. 3 (= phön.).

252 F. ISRAEL, Syria 64 (1987), 146 (= phön.).

oberen Register sind eine sitzende Sphinx mit Greifenkopf vor einer Pflanze (?) eingraviert, im zweiten Register ein vierflügeliger Skarabäus, der von zwei menschlichen Gestalten in kurzen Gewändern und mit erhobenen Händen flankiert wird, im dritten Register zwei Steinböcke, die von einem Löwen verfolgt werden, und im untersten Register die einzeilige Inschrift.

e) Die kurze Inschrift ist wegen ihrer unspezifischen Buchstaben nicht sicher einzuordnen; eine ammonitische Herkunft ist zwar nicht auszuschließen, die Ikonographie spricht aber eher für eine phönizische Herkunft. 8.Jh.v.Chr.(?).

Nr. 105) *lmr'yš*ᶜ

a) unbekannt (in Aleppo gekauft)
b) (Privatsammlung)
c) N. Aimé-Giron, JA 19 (1922), 63-65, fig. 1 (Photo): in Syrien von Nachfahren der von Sargon II. Exilierten hergestellt[253].
d) Der Länge nach durchbohrter Skaraboïd. Die Siegelfläche ist durch mehrere einfache und zwei Doppellinien in sechs Register geteilt, die mit Ausnahme des vorletzten epigraphischen Registers mit Uräen (?) gefüllt sind. In der Mitte ist ein annähernd quadratisches Rechteck ausgespart, in das ein vierflügeliger Skarabäus eingraviert ist.
e) Aufgrund der Onomastik, Paläographie (und Ikonographie) ist eine aramäische Herkunft am ehestens denkbar. 7.Jh.v.Chr.

Nr. 106) *lmr*ᶜ*ẘ*

a) unbekannt (in Syrien gekauft)
b) Oxford, Ashmolean Museum, No. 1890:117
c) Ch. Clermont-Ganneau, Recueil d'archéologie orientale IV (Paris 1901), 193 liest *lpr*ᶜ*s/š/ś* (= ohne Identifikation)[254]
d) Der Länge nach durchbohrter Skaraboïd. Auf der Siegelfläche ist ein sich duk-

253 VSA Nr. 24; K. Galling, ZDPV 64 (1941), 146f, Nr. 61a, Taf. 6:61a (Zeichnung) (= aramä.); M. Heltzer, in: M. Sokoloff (ed.), Arameans, Aramaic, and the Aramaic Literary Tradition (1983), 11f, No. 2 (= entweder ammonit. oder „hebr." oder moabit.); L. G. Herr, The Scripts (1978), 31, No. 53, fig. 19:53 (Zeichnung) (= aramä.).

254 VSF Nr. 42 liest *lsr*ᶜ; RÉS Nr. 62 liest *lsr*ᶜ (= phön.); B. Buchanan – P. R. S. Moorey, Catalogue III (1988), 45, No. 293, Pl. 10:293 (Photos) lesen *lmr*ᶜ*ẘ* (= ammonit.); D. Diringer, Le iscrizioni antico-ebraiche (1934), 225, Anm. 1, fig. 25 (Zeichnung) liest *lmr*ᶜ (= phön.); K. Galling, ZDPV 64 (1941), 176, Nr. 24, Taf. 5:24 (Zeichnung) liest *lmr*ᶜ.. (= aramä.); L. G. Herr, The Scripts (1978), 68, No. 27, fig. 40:27 (Zeichnung) (= ammonit.); F. Israel, Or. 55 (1986), 73 (= ammonit.); ders., Syria 64 (1987), 145 (= nicht identifizierbar; Ikonographie „nordsyr."); K. P. Jackson, Ammonite Language (1983), 72, No. 21 (= ammonit.); M. Lidzbarski, Ephemeris I (1902), 11, Nr. 3 (Zeichnung) liest *lsr*ᶜ-; W. E. Aufrecht, A Corpus of Ammonite Inscriptions (1989), No. 21, Pl. 7:21 (Photo) (= wahrscheinlich ammonit.).

kender, fauchender Löwe mit steil aufgerichtetem Schwanz, darüber die einzeilige Inschrift eingraviert.

e) Die kurze Inschrift ist wegen ihrer unspezifischen Buchstaben nicht sicher einzuordnen; paläographisch ist eine ammonitische Herkunft nicht auszuschließen. Onomatologisch gesehen dürfte der PN, dessen Ableitung unsicher ist[255], mit -*ẘ* im Auslaut arabisch sein. 7.Jh.v.Chr.

Nr. 107) *lmšᶜ ᶜd'l*

a) unbekannt (in Jerusalem gekauft)
b) Jerusalem, Israel Museum, No. 71.46.108
c) A. Reifenberg, PEQ 70 (1938), 114f, No. 6, Pl. 6:6 (Photo) liest *lyšᶜ ᶜd'l* (= „hebr.")[256]
d) Der Länge nach durchbohrter Skaraboïd. Die Siegelfläche ist durch eine Doppellinie in zwei epigraphische Register geteilt. Am Ende der Inschrift ist ein achtstrahliger Stern eingraviert.
e) Aufgrund der Paläographie ist eine ammonitische Herkunft zwar nicht auszuschließen, eine moabitische allerdings wahrscheinlicher. (2.Hälfte 7.Jh.) / 1.Hälfte 6.Jh.v.Chr.

Nr. 108) *lmt' b/n šᶜl*

a) unbekannt
b) Jerusalem, Israel Museum, No. 73.19.28
c) R. Hestrin – M. Dayagi-Mendels, Inscribed Seals (Jerusalem 1979), 137, No. 110 (Photos) (= ammonit.)[257]
d) Der Länge nach durchbohrter Skaraboïd. Auf der Siegelfläche ist eine hockende

255 Vgl. zuletzt W. E. Aufrecht, A Corpus of Ammonite Inscriptions (1989), 50.

256 VSE Nr. 146 liest *lyšᶜ*...; N. Avigad, Second Readings of Hebrew Seals, ErIs 1 (1951), 33f, fig. 4 (Zeichnung) liest *lmšᶜ*...; L. G. Herr, The Scripts (1978), 73, No. 41, fig. 41:41 (Zeichnung) liest *lyšᶜ* ... (= „possible Ammonite"); ders., BASOR 238 (1980), 23, No. 41 (= ammonit.); R. Hestrin – M. Dayagi-Mendels, Inscribed Seals (1979), No. 116 (Photos) lesen *lmšᶜ*... (= moabit.); F. Israel, Syria 64 (1987), 145; ders., Studi Moabiti I, in: G. Bernini – V. Brugnatelli (ed.), Atti della 4a Giornata di Studi Camito-Semitici e Indoeuropei (1987), 111f, No. 6 (Photo) liest *lmšᶜ*... (= moabit.); K. P. Jackson, Ammonite Language (1983), 81, No. 56 liest *lyšᶜ*... (= ammonit.); A. Lemaire, in: F. Israel, Studi Moabiti I (1987, s.o.), 122 (= edomit.); S. Moscati, L'epigrafia (1951), 60, No. 26, Pl. 13:2 (Photo) liest *lyšᶜ*... (= „hebr."); J. Naveh, Early History (1982), 101f, fig. 90 (Zeichnung) liest *lmšᶜ*... (= moabit.); S. Timm, Moab (1989), 256f, Nr. 43 liest *lmšᶜ*..., bezweifelt aber zugleich „Authentizität und Zuordnung"; W. E. Aufrecht, A Corpus of Ammonite Inscriptions (1989), No. 31, Pl. 10:31 (Photo) liest *lyšᶜ* / *ᶜd'l* (= vielleicht ammonit.).

257 VSE Nr. 447. Gilt allgemein als ammonitisch: P. Bordreuil – A. Lemaire, Sem. 29 (1979), 82; G. Garbini, Henoch 3 (1981), 379; M. Heltzer, in: Studies in the History of the Jewish People and the Land of Israel V (1980), 60; F. Israel, Syria 64 (1987), 143; W. E. Aufrecht, A Corpus of Ammonite Inscriptions (1989), No. 110, Pl. 40:110 (Photo).

Figur mit erhobenen Händen eingraviert (wahrscheinlich Harpokrates, vgl. Siegel Nr. 50. 54. 65), darüber eine Mondsichel und eine Scheibe, darunter eine Lotus-Blüte (?); die zweizeilige Inschrift befindet sich zu beiden Seiten der Figur.

e) Aufgrund der Paläographie und der Ikonographie ist eine ammonitische Herkunft wohl wahrscheinlich. 7.Jh.v.Chr.

Nr. 109) *lm̊t̊n'l / bn 'ẘr'*

a) *Tell Dēr ʿAllā*, Oberflächenfund
b) *Dēr ʿAllā*, Archaeological Museum, No. 2250
c) H. J. Franken – M. M. Ibrahim, ADAJ 22 (1977-78), 78f, Pl. 30:2 (Photo) (ohne Lesung publiziert)[258]
d) Skaraboïd. Die Siegelfläche wird durch zwei Doppellinien in drei horizontale Register geteilt. Im mittleren anepigraphischen Register ist ein Widderkopf *en face* (vgl. Siegel Nr. 6. 27. 60. 130. 155), flankiert von zwei sitzenden Vögeln im Profil, eingraviert. Die Lesung des ersten PN ist wegen des schlechten Erhaltungszustandes des oberen epigraphischen Registers unsicher (*mtn'l* oder *ḥnn'l*).
e) Aufgrund der teilweise schlecht erhaltenen Buchstaben ist eine sichere Zuweisung kaum möglich. Aufgrund der Paläographie ist eine ammonitische Herkunft nicht auszuschließen, eine israelitische bzw. gileaditische aber ebenso möglich; die Ikonographie könnte ammonitisch (beeinflußt) sein. 1.Hälfte 7.Jh.v.Chr.

Nr. 110) *lndb'l / bn 'lʿzr*

a) unbekannt (in Jerusalem gekauft)
b) Jerusalem, Israel Museum, No. 68.35.200
c) N. Avigad, in: FS N. Glueck (Garden City/NY 1970), 288, No. 4, Pl. 30:4 (Photo) (= ammonit.)[259]

258 W. E. Aufrecht, BASOR 266 (1987), 86 liest *lḥnn'l bn 'wr'* (= ammonit.); ders., A Corpus of Ammonite Inscriptions (1989), No. 106, Pl. 39:106 (Photo) liest *[lḥ]nn'l / bn 'wr'* (= ammonit.); P. Bordreuil – A. Lemaire, Sem. 29 (1979), 82 lesen falsch (Druckfehler) *lḥnn/bn 'wr'* (= ammonit.); G. Garbini, Henoch 3 (1981), 379 liest *lḥnn'l bn 'wr'* (= ammonit.); F. Israel, Syria 64 (1987), 143, Anm. 10 liest *lḥnn'l bn ·wr'* (= ammonit.); A. Lemaire, Syria 61 (1984), 255f, fig. 1 (Photo) liest *lmtn'l bn 'wr'* (= ammonit.); J. Teixidor, Bulletin d'épigraphie sémitique (1986), 425 liest *lmtn'l bn 'wr'*; J. Hoftijzer – G. van der Kooij, in: Picking up the Threads ... (1989), 66. 70. 106, No. 140 (Photo), fig. 84 (Zeichnung der Buchstaben) (= ammonit.) lesen *mtn'l/bn 'wr'*.

259 VSE Nr. 263. Gilt allgemein als ammonitisch: P. Bordreuil, Syria 50 (1973), 185, No. 25; G. Garbini, Le Lingue Semitiche (1972), 103, No. 23; M. Ohana, The Ammonite Inscriptions and the Bible (M.A. unpubl.; 1976), 12. 54, No. 27; L. G. Herr, The Scripts (1978), 62, No. 10, fig. 38:10 (Zeichnung); ders., BASOR 238 (1980), 23, No. 10; R. Hestrin – M. Dayagi-Men-

d) Unterhalb der Spitze durchbohrtes, konisches Stempelsiegel. Die Siegelfläche ist durch eine Doppellinie in zwei epigraphische Register geteilt.
e) Aufgrund der Paläographie ist eine ammonitische Herkunft wahrscheinlich. 7.Jh.v.Chr.

Nr. 111) *[l]ndb'l / bn g̊dmr̊m*
a) unbekannt (angeblich aus *ʿAmmān*)
b) Oslo, Universität, Collection of Coins and Medals, Coll. Ustinov
c) H. VINCENT, RB NS 7 (1910), 417f, fig. 6 (Zeichnung – allein auf dieser Zeichnung beruhen alle weiteren Abbildungen) liest *[l]ndb'l/bn gdmrm* (= israelit.)[260]
d) Der Breite nach durchbohrter Skaraboïd. Die Siegelfläche ist durch eine Doppellinie in zwei epigraphische Register geteilt.
e) Aufgrund der Paläographie ist eine ammonitische Herkunft möglich. 8.(-7.) Jh.v.Chr.

Nr. 112) *lndb'l / bn ʿms'l*
a) unbekannt (in Nikosia gekauft)
b) Jerusalem, Pontifical Biblical Institute, No. 187
c) N. AVIGAD, Yediot 25 (1961), 241, No. 3, Pl. 4:3 (Photo) (= ammonit.?)[261]

DELS, Inscribed Seals (1979), 129, No. 102 (Photos); F. ISRAEL, Syria 64 (1987), 142; K. P. JACKSON, Ammonite Language (1983), 75, No. 37; W. E. AUFRECHT, A Corpus of Ammonite Inscriptions (1989), No. 70, Pl. 24:70 (Photo).

260 VSE Nr. 29 liest (falsch) *'ddm*(?); RÉS Nrn. 881. 1489 (J.-B. CHABOT äußert wegen der unterschiedlichen Formen der gleichen Buchstaben Zweifel an der Echtheit des Siegels; die Begründung dieser Echtheitszweifel ist deshalb nicht zwingend, weil die genannte Beobachtung auch bei zweifelsfrei echten Inschriften immer wieder zu machen ist) liest *gdmrm* (= „hebr."); W. E. AUFRECHT, BASOR 266 (1987), 86 liest *gdmdm* (= ammonit.); ders., A Corpus of Ammonite Inscriptions (1989), No. 25, Pl. 8:25 (Photo) (= ammonit.); M. BALDACCI, AION 45 (1985), 520 liest (falsch) *gtdm* (= ammonit.); P. BORDREUIL, Syria 50 (1973), 185, No. 27 liest *gdmdm* (= ammonit.); S. A. COOK, The Religion of Ancient Palestine (1930), 51f, Anm. 4 (ohne Abb. und Identifikation) liest *gdmrm*; D. DIRINGER, Le iscrizioni antico-ebraiche (1934), 188f, No. 29, Tav. 19:29 (Zeichnung) liest *'dmdm* (= „hebr."); G. GARBINI, Le Lingue Semitiche (1972), 98, No. 2 liest *'dmdm* (oder *gdmdm*); M. OHANA, The Ammonite Inscriptions and the Bible (M.A. unpubl.; 1976), 12. 54, No. 28 liest *gdmrm* (= ammonit.); M. HELTZER, UF 8 (1976), 441f, Anm. 11 liest *gdmrm* (= ammonit.); F. ISRAEL, Syria 64 (1987), 142 liest *gdmrm*; ders., SMSR 56 (1990), 327 liest *gdnʿm* (= ammonit.); M. LIDZBARSKI, Ephemeris III (1915), 279 liest *'dmdm* (= „althebr."); S. MOSCATI, L'epigrafia (1951), 68, No. 29 liest *gdmdm* (= „hebr."); R.-M. SAVIGNAC, Rec.: D. DIRINGER, Le iscrizioni antico-ebraiche Palestinesi, 1934, RB 44 (1935), 294 liest *gdmdm*; J. TEIXIDOR, Bulletin d'épigraphie sémitique (1986), 287 liest *gdmdm*.

261 VSE Nr. 201. Gilt allgemein als ammonitisch: P. BORDREUIL, Syria 50 (1973), 182, No. 16; G. GARBINI, Le Lingue Semitiche (1972), 101, No. 14; M. OHANA, The Ammonite Inscriptions and the Bible (M.A. unpubl.; 1976), 12. 55, No. 29; L. G. HERR, The Scripts (1978), 63, No. 11, fig. 38:11 (Zeichnung); ders., BASOR 238 (1980), 23, No. 11; F. ISRAEL, Syria 64 (1987), 142;

d) Skaraboïd. Die Siegelfläche ist durch eine Doppellinie in zwei epigraphische Register geteilt.
e) Aufgrund der Paläographie ist eine ammonitische Herkunft wahrscheinlich. 1.Hälfte 7.Jh.v.Chr.

Nr. 113) *lndb'l / bn / tmk'*

a) unbekannt
b) Privatsammlung
c) P. Bordreuil – A. Lemaire, Sem. 26 (1976), 59, No. 29, Pl. 6:29 (Photo) (= ammonit.)[262]
d) Der Länge nach durchbohrter Skaraboïd. Die Siegelfläche ist durch zwei Doppellinien in drei horizontale Register geteilt. Im mittleren Register ist eine schreitende geflügelte Sphinx mit bärtigem Menschenkopf eingraviert, flankiert von den beiden Buchstaben der zweiten Zeile der Inschrift.
e) Aufgrund der Paläographie ist eine ammonitische Herkunft wahrscheinlich. 7.Jh.v.Chr.

Nr. 114) *lnṣr'l / ḥṣrp.*

a) unbekannt (angeblich aus Kerak)
b) unbekannt
c) E. J. Pilcher, PEQ 47 (1915), 42 (Zeichnung) (= „hebr.")[263]
d) Der Länge nach durchbohrter Skaraboïd. Die Siegelfläche ist durch eine Doppellinie in zwei epigraphische Register geteilt.
e) Auch wenn das Siegel echt bzw. Pilchers Zeichnung, von der alle späteren Abbildungen abhängen, korrekt sein sollten, ist eine Einordnung wegen der auffällig eckigen Schrift kaum möglich. Aufgrund der Paläographie ist eine ammonitische Herkunft nicht auszuschließen, eine moabitische aber wahrscheinlicher (wozu der angebliche Fundort passen würde). 1.Hälfte 7.Jh.v.Chr.(?).

K. P. Jackson, Ammonite Language (1983), 71, No. 12; J. Naveh, Leš. 30 (1965), 79, No. 31; W. E. Aufrecht, A Corpus of Ammonite Inscriptions (1989), No. 51, Pl. 16:51 (Photo).

262 VSE Nr. 383. Gilt allgemein als ammonitisch: G. Garbini, Henoch 1 (1979), 399; F. Israel, Syria 64 (1987), 142; K. P. Jackson, Ammonite Language (1983), 73, No. 25; W. E. Aufrecht, A Corpus of Ammonite Inscriptions (1989), No. 85, Pl. 32:85 (Photo).

263 VSE Nr. 102; RÉS Nr. 1267 (= „hebr."); N. Avigad, An Early Aramaic Seal, IEJ 8 (1958), 229 (= moabit.); D. Diringer, Le iscrizioni antico-ebraiche (1934), 259, No. 102, Tav. 22:15 (Zeichnung); U. Hübner, UF 21 (1989), 221; F. Israel, Syria 64 (1987), 142; ders., Studi Moabiti I, in: G. Bernini – V. Brugnatelli (ed.), Atti della 4a Giornata di Studi Camito-Semitici e Indoeuropei (1987), 105f (= ammonit.); A. Lemaire, Syria 62 (1985), 44f (= ammonit.); A. R. Millard, BA-Reader 4 (1983), 193, Anm. 20 (= moabit.); S. Timm, Moab (1989), 258f, Nr. 44 (= moabit.); W. E. Aufrecht, A Corpus of Ammonite Inscriptions (1989), No. 27, Pl. 9:27 (Zeichnung) (= wahrscheinlich ammonit.).

Nr. 115) *lʿbdʾ*

a) unbekannt (in Nikosia erworben)
b) unbekannt
c) N. Avigad, Yediot 25 (1961), 239f, Pl. 5:1 (Photo) (= phön.)[264]
d) Der Länge nach durchbohrter Skaraboïd. Auf der Siegelfläche ist eine liegende Sphinx mit Greifenkopf vor einem *ʿnḫ*-Zeichen eingraviert, darunter die einzeilige Inschrift.
e) Aufgrund der Paläographie (und Ikonographie) ist eine ammonitische Herkunft zwar nicht auszuschließen, eine phönizische aber wahrscheinlicher. 2.Hälfte 8. – 1.Hälfte 7.Jh.v.Chr.

Nr. 116) *lʿbdʾ n/ʿr ʾlrm*

a) unbekannt (angeblich aus Westjordanland)
b) Privatsammlung (London)
c) N. Avigad, IEJ 14 (1964), 192f, No. B, Pl. 14:B (Photo) (= ammonit.)[265]
d) Der Länge nach durchbohrter Skaraboïd. Die Siegelfläche ist durch eine Doppellinie in zwei epigraphische Register geteilt.
e) Aufgrund der Paläographie ist eine ammonitische Herkunft des Beamtensiegels (vgl. Siegel Nr. 62) wahrscheinlich. 7.Jh.v.Chr.

Nr. 117) *lʿbdʾd/d/ bn ʾddʾ/l*

a) unbekannt
b) Toronto, Collection A. D. Tushingham
c) A. D. Tushingham, in: FS O. Tufnell (London 1985), 209, Nr. 16 (Cat. No. 1), fig. 1:16 (Zeichnung), Pl. 16 (Photo) (= ammonit.)[266]

264 VSF Nr. 78; W. E. Aufrecht, BASOR 266 (1987), 91 (= ammonit.); ders., A Corpus of Ammonite Inscriptions (1989), No. 50, Pl. 16:50 (Photo) (= ammonit.); L. G. Herr, The Scripts (1978), 71f, No. 37, fig. 40:37 (Zeichnung) liest falsch *lʿbd* (= ammonit.); F. Israel, Syria 64 (1987), 145 (= zypr.-phön.?); K. P. Jackson, Ammonite Language (1983), 75, No. 39 liest falsch *lʿbd* (= ammonit.); P. Magnanini, Le iscrizioni fenicie (1973), 148, No. 22 (= phön.); J. Naveh, Leš. 30 (1965-66), 233, No. 3 (= phön.).

265 VSE Nr. 217; W. E. Aufrecht, BASOR 266 (1987), 91; ders., A Corpus of Ammonite Inscriptions (1989), No. 53, Pl. 17:53 (Photo) (= vielleicht ammonit.); N. Avigad, in: Essays in Memory of G. E. Wright (1976), 295 (= wahrscheinlich ammonit.); P. Bordreuil, Syria 50 (1973), 182, No. 17; ders., ADAJ 18 (1973), 37 (= ammonit.); ders. – A. Lemaire, Sem. 26 (1976), 58 (= ammonit.); M. Ohana, The Ammonite Inscriptions and the Bible (M.A. unpubl.; 1976), 12. 55, No. 30 (= ammonit.); L. G. Herr, The Scripts (1978), 74, No. 44, fig. 41:44 (Zeichnung) (= „possible Ammonite"); ders., BASOR 238 (1980), 23, No. 44 (= ammonit.); F. Israel, Syria 64 (1987), 142 (= ammonit.); K. P. Jackson, Ammonite Language (1983), 80, No. 50 (= ammonit.); J. Naveh, Leš. 30 (1965-1966), 78f, No. 28 (= moabit.?).

266 F. Israel, Syria 64 (1987), 144 (= ammonit.); W. E. Aufrecht, A Corpus of Ammonite Inscriptions (1989), No. 131, Pl. 45:131 (Photo) (= wahrscheinlich ammonit.).

d) Skaraboïd. Die Siegelfläche ist durch zwei einfache Linien in drei horizontale Register geteilt. Im mittleren Register sind ein schreitender geflügelter Sphinx sowie der jeweils letzte Buchstabe der beiden Schriftzeilen eingraviert.
e) Paläographisch (und ikonographisch) ist eine ammonitische Herkunft des Siegels möglich. 7.Jh.v.Chr. Die beiden PN fallen durch die akkadische Form des theophoren Elements *'dd* (statt des zu erwartenden *hdd)* auf, das (bisher) im ammonitischen Onomastikon weder in der einen noch in der anderen Form belegt ist[267]. Möglicherweise handelte es sich bei dem Siegelbesitzer um einen in Diensten der Assyrer stehenden Westsemiten.

Nr. 118) *ʿbd̊'ym̊*
a) unbekannt
b) Paris, Bibliothèque Nationale, Cabinet des Médailles, No. M 5811
c) CH. CLERMONT-GANNEAU, Recueil d'archéologie orientale 6 (Paris 1905), 116 (Photo) liest *ʿbd'yn* oder *ʿbdkyn* [= phön. (oder israelit.)][268]
d) Skaraboïd. Die Siegelfläche ist durch eine Doppellinie und (?) eine geflügelte Sonnenscheibe in drei (?) Register geteilt. Im oberen anepigraphischen Register sind zwei sich gegenübersitzende Falken vor zwei *ʿnḫ*-Zeichen eingraviert, im unteren ein zweiflügeliger Skarabäus.
e) Die Einordnung des Siegels ist stark umstritten. Aufgrund der Paläographie und Ikonographie ist m.E. eine phönizische Herkunft am ehesten denkbar. (8.) – 7.Jh.v.Chr.

Nr. 119) *lʿz' b/n 'lyš̊*
a) unbekannt (angeblich aus *ʿAmmān)*
b) Beverly Hills/CA, Barakat Gallery, No. C 56

267 Der PN *'dd'l* ist in dieser Form sonst nicht belegt; zum Vorkommen des PN *ʿbdhdd* vgl. M. MARAQTEN, Die semitischen Personalnamen in den alt- und reichsaramäischen Inschriften (1988), 193f.

268 VSE Nr. 87; RÉS Nr. 616 liest *ʿbd'yn* oder *ʿbdkyn* (= „hebr."); P. BORDREUIL, Catalogue (1986), 29, No. 16 (Photos) liest *ʿbd'ym* (= phön.); D. DIRINGER, Le iscrizioni antico-ebraiche (1934), 243f, No. 87, Pl. 21:24 (Zeichnung) (= „hebr."); K. GALLING, ZDPV 64 (1941), 145, Nr. 52, Taf. 6:52 (Zeichnung) (= phön.); ders., BRL[1] (1937), 484, Nr. 6 (Zeichnung) liest (falsch) *ʿbdqyw*; G. GARBINI, in: FS S.H. HORN (1986), 445f, No. 15 liest *ʿbdkyn* (= philistä.); M. HELTZER – M. OHANA, The Extra-Biblical Tradition (1978), 61, fig. 13 (Photo) liest *ʿbd'yw* (= ammonit.); M. OHANA, The Ammonite Inscriptions and the Bible (M.A. unpubl.; 1976), 12. 56, No. 31 liest *ʿbd'yw* (= ammonit.); L.G. HERR, The Scripts (1978), 46, No. 96, fig. 21:96 (Zeichnung) liest *ʿbd'yẘ* (= „probable aramaic"); F. ISRAEL, Syria 64 (1987), 144 (= nicht ammonit.); A. LEMAIRE, Syria 62 (1985), 40 liest *ʿbd'yw* (= israelit.); M. LIDZBARSKI, Ephemeris II (1908), 147f liest ...*ʿbdq̊yn*; S. MOSCATI, L'epigrafia (1951), 71, No. 87 (= „hebr."); A. REIFENBERG, Hebrew Seals (1950), 36, No. 17 (Photo) liest *ʿbdkyn* (= „hebr.").

c) A. Lemaire, Sem. 33 (1983), 20f, No. 6, Pl. 2:6 (Photos) (= ammonit.)[269]
d) Der Länge nach durchbohrter Skaraboïd. Die schlecht erhaltene Siegelfläche ist durch eine Doppellinie in zwei epigraphische Register geteilt.
e) Wegen des schlechten Erhaltungszustandes der Inschrift ist eine sichere Einordnung des Siegels nicht möglich; aufgrund der Paläographie ist eine ammonitische Herkunft nicht auszuschließen. Ende 8. / 1.Hälfte 7.Jh.v.Chr.

Nr. 120) *lʿz'l b/n zt̉'*

a) unbekannt
b) Jerusalem, YMCA, Collection H. E. Clark
c) N. Avigad, Yediot 25 (1961), 243, No. 5, Pl. 4:5 (Photo) liest *...b/n zt'* (= „hebr.“)[270]
d) Skaraboïd. Die Siegelfläche ist durch zwei Doppellinien in drei horizontale Register geteilt. Im mittleren anepigraphischen Register ist ein schreitender Löwe (?), davor ein fünfstrahliger Stern und darunter ein nicht identifizierbarer rhombischer Gegenstand eingraviert. Im oberen epigraphischen Register sind die Buchstaben *z* und *b* (*w* in der zweiten Zeile ist entsprechend der Schriftrichtung dieser Zeile wohl so und nicht als *t* zu lesen) in umgekehrter Schriftrichtung eingraviert, der Buchstabe ' wurde wahrscheinlich später nachgetragen, nachdem er beim Schreiben des Namens *ʿz'l* ursprünglich vergessen worden war; im unteren epigraphischen Register ist die Schriftrichtung der des oberen Register entgegengesetzt (*Bustrophedon*).
e) Die genannten Auffälligkeiten der ('aramäischen') Schrift erlauben Zweifel an der Echtheit des Siegels; vermutlich handelt es sich um die Anfängerarbeit eines ungeübten Fälschers. [Falls es doch echt sein sollte, ist aufgrund der Paläographie eine ammonitische Herkunft zwar nicht auszuschließen, aber keineswegs sicher. 6.Jh.v.Chr.?].

Nr. 121) *lʿzy*

a) unbekannt
b) unbekannt

269 F. Israel, Syria 64 (1987), 143 (= ammonit.); F. Barakat, The Barakat Gallery Vol. 1 (1985), 186f, No. C 56 (winziges Buntphoto) liest falsch *„L'Z'B/N'LY'S“* (= ammonit.); W. E. Aufrecht, A Corpus of Ammonite Inscriptions (1989), No. 120, Pl. 42:120 (Photo) (= wahrscheinlich ammonit.).

270 VSE Nr. 200 liest *zt'*; W. E. Aufrecht, BASOR 266 (1987), 86 liest *zw'* (= ammonit.); ders., A Corpus of Ammonite Inscriptions (1989), No. 52, Pl. 17:52 (Photo) liest *zw'* (= vielleicht ammonit.); L. G. Herr, The Scripts (1978), 23f, No. 31, fig. 17:31 (Zeichnung) liest *zt'* (= aramä. Schrift; Sprache nicht aramä.? Aus Transjordanien); U. Hübner, UF 21 (1989), 224f (Zeichnung) (= Fälschung); F. Israel, Syria 64 (1987), 142 (= ammonit.); A. Lemaire, Syria 62 (1985), 42f, fig. 9 (Photo) liest *zw'* (= ammonit.).

c) F. LAJARD, Recherches sur le culte ... de Venus (Paris 1849), 6, Pl. 14 G:13 (Zeichnung) (ohne Lesung publiziert)[271]
d) Skaraboïd. Auf der Siegelfläche ist eine Kuh mit einem am Euter trinkenden Kalb (vgl. Siegel Nr. 2. 19. 131) vor einer stilisierten Pflanze eingraviert, darüber die einzeilige Inschrift.
e) Die Schrift ist aramäisch beeinflußt. Aufgrund der Paläographie ist eine ammonitische Herkunft möglich. Die Ikonographie deutet eher auf eine nordisraelitische oder phönizische Herkunft. 2.Hälfte 7.Jh.v.Chr.

Nr. 122) *lʿzrʾ*
a) unbekannt
b) Jerusalem, Israel Museum, No. 73.19.5
c) R. HESTRIN – M. DAYAGI-MENDELS, Inscribed Seals (Jerusalem 1979), 124, No. 97 (Photos) (= ammonit.)[272]
d) Der Länge nach durchbohrter Skaraboïd. Die Siegelfläche ist durch eine Doppellinie in zwei Register geteilt. Im oberen anepigraphischen Register sind zwei antithetisch angeordnete, bärtige Männer mit erhobenen Händen und in langen Gewändern vor einem Altar eingraviert, über dem sich eine Mondsichel und ein acht(?)strahliger Stern befindet; hinter den beiden Männern je eine Standarte (?).
e) Die Ikonographie des Siegels ist neoassyrisch beeinflußt. Aufgrund der Paläographie ist eine moabitische Herkunft des Siegels wahrscheinlicher als eine ammonitische. 8.(- 7.) Jh.v.Chr.

271 VSA Nr. 11; CIS II Nr. 90 (= aramä.); W. E. AUFRECHT, BASOR 266 (1987), 86 (= ammonit.); ders., A Corpus of Ammonite Inscriptions (1989), No. 2, Pl. 1:2 (Zeichnung) (= vielleicht ammonit.); N. AVIGAD, A Seal of a Slave-Wife (Amah), PEQ 68 (1946), 129, Anm. 2 (= aramä.?); K. GALLING, ZDPV 64 (1941), Nr. 33, Taf. 5:33 (Zeichnung) (= aramä.); G. GARBINI, JSSt 19 (1974), 164 (= ammonit.); M. OHANA, The Ammonite Inscriptions and the Bible (M.A. unpubl.; 1976), 12. 56, No. 32 (= ammonit.); L. G. HERR, The Scripts (1978), 203, No. 4; F. ISRAEL, Syria 64 (1987), 143 (= ammonit.); O. KEEL, Das Böcklein in der Milch seiner Mutter (1980), 138, Abb. 122 (= aus Nordsyrien oder Phönizien); BRL[2] Abb. 78:14; M. A. LEVY, Siegel und Gemmen (1869), 8, Nr. 10 (= aramä.); ders., Phönizische Studien II (Breslau 1857), 35 f, Nr. 10, Abb. 9 (Zeichnung (= phön.).

272 VSE Nr. 439; N. AVIGAD, ErIs 13 (1977), 108, Anm. 1 (= moabit.); G. GARBINI, Henoch 2 (1980), 350 (= moabit.); F. ISRAEL, Syria 64 (1987), 145; ders., Studi Moabiti I, in: G. BERNINI – V. BRUGNATELLI (ed.), Atti della 4a Giornata di Studi Camito-Semitici e Indoeuropei (1987), 114, No. 12 (= moabit.); A. LEMAIRE, Syria 57 (1980), 496 (= moabit.?); ders., Nouveaux Sceaux Nord-Ouest Sémitiques, Sem. 33 (1983), 27 (= moabit.); A. R. MILLARD, BA-Reader 4 (1983), 113, Anm. 20 (= ammonit.); S. TIMM, Moab (1989), 215 f, Nr. 21 (= moabit.); W. E. AUFRECHT, A Corpus of Ammonite Inscriptions (1989), 251 f. 352 f, No. 97, Pl. 37:97 (Photo) (= wahrscheinlich phön.).

Nr. 123) *lʿkbry / bn ʾmṣʾ*

a) unbekannt (angeblich vom *Tell Dēr ʿAllā*; dort in der Nähe gekauft)
b) *ʿAmmān*, Archaeological Museum, No. J.12938
c) S. Abbadi, ZDPV 95 (1979), 36-38, Abb. 1, Taf. 4 (Zeichnung / Photo) (= ammonit.)[273]
d) Konisches Stempelsiegel. Auf der Siegelfläche ist um einen sitzenden Vogel herum die zweizeilige Inschrift positiv (!) eingraviert.
e) Aufgrund der Paläographie (und der Ikonographie) ist eine ammonitische Herkunft zwar nicht auszuschließen, eine israelitische bzw. gileaditische aber wahrscheinlicher. 2.Hälfte 7. / Anfang 6.Jh.v.Chr.

Nr. 124) *lʿlʾ b/t ʾmr*

a) unbekannt (angeblich aus *ʿAmmān*)
b) Beverly Hills/CA, Barakat Gallery, No. C 55
c) A. Lemaire, Sem. 33 (1983), 21f, No. 7, Pl. 2:7 (Photos) (= ammonit.)[274]
d) Der Länge der Siegelfläche nach durchbohrtes, konisches Stempelsiegel. Die Siegelfläche ist durch eine Doppellinie in zwei epigraphische Register geteilt.
e) Aufgrund der Paläographie ist eine ammonitische Herkunft des Frauensiegels wahrscheinlich. 2.Hälfte 8.-1.Hälfte 7.Jh.v.Chr.

Nr. 125) *lʿlyḫʾ/mt.ḥnnʾl*

a) unbekannt (in *ʿAmmān* gekauft)
b) Jerusalem, Israel Museum, No. 71.46.96
c) A. Reifenberg, PEQ 74 (1942), 109f, No. 3, Pl. 14:3 (Photo) liest *ʾ/št.ḥnnʾl* (= „hebr.")[275]

273 Gilt allgemein als ammonitisch: P. Bordreuil, in: Der Königsweg (1987), Nr. 183 (Photos); ders. – A. Lemaire, Sem. 29 (1979), 82; G. Garbini, Henoch 5 (1983), 64; F. Israel, Syria 64 (1987), 143; K. Jaroš, Hundert Inschriften aus Kanaan und Israel (1982), 81, Nr. 63 (Zeichnung); J. Teixidor, Bulletin d'épigraphie sémitique (1986), 485; W. E. Aufrecht, A Corpus of Ammonite Inscriptions (1989), No. 112, Pl. 40:112 (Photo). Belegmaterial zum PN *ʿkbry* vgl. Siegel Nr. 13.

274 Gilt allgemein als ammonitisch: W. E. Aufrecht, BASOR 266 (1987), 86; ders., A Corpus of Ammonite Inscriptions (1989), No. 121, Pl. 42:121 (Photo) (= wahrscheinlich ammonit.); F. Israel, Syria 64 (1987), 143 liest (falsch) *lʾlʿb/t ʾmr*; F. Barakat, The Barakat Gallery Vol. 1 (1985), 186f, No. C 455 (winziges Buntphoto) liest falsch *„L'L'B//T'MR"*.

275 VSE Nr. 157 liest *ʾšt*; W. F. Albright, in: FS B. Ubach (1953), 134 (= ammonit.); N. Avigad, PEQ 78 (1946), 125-132, fig. 1; ders., IEJ 2 (1952), 164; ders., EB(B) 3 (1958), 79, Pl. 4 (Photo); ders., in: FS N. Glueck (1970), 285f (= ammonit.); P. Bordreuil, Le Monde de la Bible 46 (1986), 45 (= ammonit.); P.-E. Dion, RB 82 (1975), 28f (= ammonit.); G. Garbini, AION 20 (1970), 250, No. 4; ders., Le Lingue Semitiche (1972), 99, No. 5 (= ammonit.); M. Ohana, The Ammonite Inscriptions and the Bible (M.A. unpubl.; 1976), 12. 56f, No. 33 (= ammonit.); L. G. Herr, The Scripts (1978), 63, No. 12, fig. 38:12 (Zeichnung); ders., BASOR 238 (1980), 23,

d) Skaraboïd. Die Siegelfläche ist durch eine Doppellinie in zwei epigraphische Register geteilt.
e) Aufgrund der Paläographie ist eine ammonitische Herkunft des Frauensiegels möglich. (Zum Titel *'mh* vgl. Siegel Nr. 127). 7.Jh.v.Chr.

Nr. 126) *lʿms'l*

a) unbekannt (in *ʿAmmān* erworben)
b) *ʿAmmān*, Archaeological Museum, No. J.1920
c) S.H. Horn, BASOR 205 (1972), 43-45, fig. 1 (Photos) [= phön. (Schrift)?][276]
d) In einen bronzenen Anhänger gefaßtes, doppelseitig graviertes Stempelsiegel. Auf der einen Seite ist ein fauchender Löwe, darüber die einzeilige Inschrift und davor ein sitzender Vogel eingraviert. Auf der anderen anepigraphischen Seite sind die Motive 'Mondsichel mit Scheibe' viermal, sechs um einen zentralen Punkt kreisförmig angeordnete Punkte ('Pleiaden') zweimal sowie zwei weitere, nicht klar identifizierbare Motive zu sehen.
e) Aufgrund der Paläographie ist eine ammonitische, aber auch eine israelitische Herkunft des Siegels möglich, die Ikonographie deutet eher auf eine aramäische Herkunft. 7.Jh.v.Chr.

Nr. 127) *lʿnmwt 'lmt dblbs*

a) unbekannt (angeblich aus der Nähe von *Irbid*, Transjordanien)
b) Jerusalem, Israel Museum, No. 75.31
c) A. Reifenberg, Hebrew Seals (London 1950), 43. 53. 55, No. 36, fig. 36; 51:2 (Photos) (= ammonit.?)[277]

No. 12 (= ammonit.); R. Hestrin – M. Dayagi-Mendels, Inscribed Seals (1979), 45, No. 28 (Photos) (= ammonit.); Inscriptions Reveal (1972), 24.35, No. 25 (Photo) (= ammonit.); F. Israel, Syria 64 (1987), 142 (= ammonit.); K.P. Jackson, Ammonite Language (1983), 80f, No. 52 (= ammonit.); G.M. Landes, BA-Reader 2 ($^3$1977), 85f; ders., History of the Ammonites (Ph.D.Diss.; 1956), 299 (= ammonit.); A. Lemaire, Syria 54 (1977), 130 (= ammonit.); S. Moscati, L'epigrafia (1951), 64, No. 39, Taf. 14:3 (Photo) (= „hebr."); A. Reifenberg, Hebrew Seals (1950), 39.55, No. 27, fig. 27 liest ...*'mt* ... (Photo) (= „hebr.", ammonit. oder edomit.); W.E. Aufrecht, A Corpus of Ammonite Inscriptions (1989), No. 36, Pl. 11:36 (Photo) (= ammonit.).

276 VSF Nr. 90. Gilt allgemein als ammonitisch: P. Bordreuil, Syria 50 (1973), 185, No. 28, Anm. 5; M. Ohana, The Ammonite Inscriptions and the Bible (M.A. unpubl.; 1976), 12. 57, No. 34; L.G. Herr, The Scripts (1978), 66, No. 22, fig. 39:22 (Zeichnung); ders., BASOR 238 (1980), 23, No. 22; F. Israel, Syria 64 (1987), 143; K.P. Jackson, Ammonite Language (1983), 70, No. 4; J. Teixidor, Bulletin d'épigraphie sémitique (1986), 287; W.E. Aufrecht, A Corpus of Ammonite Inscriptions (1989), No. 72, Pl. 24:72 (Photo).

277 VSE Nr. 116 liest *dblks*. Gilt allgemein als ammonitisch: W.F. Albright, in: FS B. Ubach (1953), 134f, No. 18f liest *dblks*; W.E. Aufrecht, BASOR 266 (1987), 88; ders., A Corpus of Ammonite Inscriptions (1989), No. 44, Pl. 14:44 (Photo); N. Avigad, in: FS N. Glueck (1970), 285 liest *dblbs*; P. Bordreuil, ADAJ 18 (1973), 39; P.-E. Dion, RB 82 (1975), 27; G. Garbini, AION 20

d) In Silber gefaßter Skaraboïd. Die Siegelfläche ist durch eine Doppellinie in zwei epigraphische Register geteilt.
e) Aufgrund der Paläographie ist eine ammonitische Herkunft des Frauensiegels wahrscheinlich. Bisher gibt es keine allgemein befriedigende Erklärung des PN (?) *dblbs* (vgl. Kap. 2.10.5). (Zum Titel *'mh* vgl. Siegel Nr. 125). 2.Hälfte 7.Jh.v.Chr.

Nr. 128) *lʿšn'l*

a) unbekannt
b) London, British Museum, No. WA 48489
c) M. DE VOGÜÉ, Mélanges d'archéologie orientale (Paris 1868), 112, No. 8 (Zeichnung) (= phön.)[278]
d) Der Länge (?) nach durchbohrter Skaraboïd. Die Siegelfläche ist durch eine einfache Linie in zwei Register geteilt. Im unteren anepigraphischen Register ist ein zweiflügeliger Skarabäus, im oberen Register ein schreitender, fauchender Löwe eingraviert, darüber die einzeilige Inschrift.
e) Aufgrund der Paläographie (sowie der Ikonographie und des Onomastikons) ist eine israelitische Herkunft des Siegels wahrscheinlich. 8./(1.Hälfte 7.) Jh.v.Chr.

Nr. 129) *pd'l*

a) unbekannt

(1970), 250f, No. 6 liest *dblks*; ders., Le Lingue Semitiche (1972), 99f, No. 7 liest *dblbs*; M. O-HANA, The Ammonite Inscriptions and the Bible (M.A. unpubl.; 1976), 12. 57f, No. 35 liest *dblbs*; L. G. HERR, The Scripts (1978), 63f, No. 13, fig. 38:13 (Zeichnung); ders., BASOR 238 (1980), liest *dblbs*; R. HESTRIN – M. DAYAGI-MENDELS, Inscribed Seals (1979), 46, No. 29 lesen *dblbs*; F. ISRAEL, Syria 64 (1987), 142 liest *dblbs*; K. P. JACKSON, Ammonite Language (1983), 81f, No. 57 liest *dblbs*; G. M. LANDES, History of the Ammonites (Ph.D.Diss.; 1956), 299-302; ders., BA-Reader 2 ([3]1977), 85f liest *dblks*; A. LEMAIRE, Syria 54 (1977), 130 liest *dblbs*; J. NAVEH, Early History (1982), 107, Pl. 12:E (Photo).

278 VSE Nr. 88; S. A. COOK, The Religion of Ancient Palestine (1930), 60, Pl. 9:24 (Photo) (= „hebr."); D. DIRINGER, Le iscrizioni antico-ebraiche (1934), 244f, No. 88 (Zeichnung) (= „hebr."); K. GALLING, ZDPV 64 (1941), 136f. 145, Nr. 21, Taf. 5:21 (Zeichnung); ders., BRL[1] (1937), 487, Nr. 11 (Zeichnung); G. GARBINI, OA 21 (1982), 174. 176 (Zeichnung) (= israelit.); L. G. HERR, The Scripts (1978), 72, No. 39, fig. 40:39 (Zeichnung) (= „probable Ammonite"); ders., BASOR 238 (1980), 23, No. 39 (= ammonit.); F. ISRAEL, Or. 55 (1986), 74 (= ammonit.); ders., Syria 64 (1987), 145 (= israelit.); K. P. JACKSON, Ammonite Language (1983), 70, No. 2 (= ammonit.); M. A. LEVY, Siegel und Gemmen (1869), 13f, Nr. 19, Taf. 1:10 (Zeichnung) (= aramä.); A. REIFENBERG, Hebrew Seals (1950), 29. 54, No. 6 (Photo) (= „hebr." oder phön.); W. E. AUFRECHT, A Corpus of Ammonite Inscriptions (1989), No. 6, Pl. 2:6 (Photo) (= wahrscheinlich ammonit.); A. MILLARD, Writing in Jordan, in: Treasures from an Ancient Land, ed. P. BIENKOWSKI (1991), 141f, fig. 156 (Photo) (= ammonit. oder israelit.).

b) Jerusalem, Israel Museum, No. 71.46.95
c) A. REIFENBERG, PEQ 71 (1939), 196f, No. 3, Pl. 34:3 (Photo) (= „mixed Phoenico-Palestinian style")[279]
d) Skaraboïd. Die Siegelfläche ist durch eine Doppellinie in zwei Register geteilt. Im oberen anepigraphischen Register ist eine schreitende geflügelte Sphinx mit menschlichem Kopf eingraviert.
e) Aufgrund der Paläographie ist eine ammonitische Herkunft des Siegels nicht ausgeschlossen, eine einigermaßen sichere Einordnung m.E. aber nicht möglich. Die Datierung des Siegel ist stark umstritten. (2.Hälfte) 8.Jh.v.Chr.(?).

Nr. 130) *lplṭ*
a) unbekannt
b) Privatsammlung
c) P. BORDREUIL – A. LEMAIRE, Sem. 26 (1976), 60, No. 31, Pl. 6:31 (Photo) (= ammonit.)[280]
d) Der Länge nach durchbohrter Skaraboïd. Die Siegelfläche ist durch zwei Doppellinien in drei horizontale Register geteilt. Im mittleren anepigraphischen Register ist ein Widderkopf *en face* (vgl. Siegel Nr. 6. 27. 60. 109. 155), von zwei sitzenden Vögeln flankiert, eingraviert; im unteren, ebenfalls anepigraphischen Register befinden sich eine Mondsichel und eine Scheibe, flankiert von zwei weiteren Scheiben.
e) Aufgrund der Paläographie und der Ikonographie ist eine ammonitische Herkunft des Siegels wahrscheinlich. 7.Jh.v.Chr.

Nr. 131) *lplṭy*
a) unbekannt
b) unbekannt
c) L. A. WOLFE, in: ders. – F. STERNBERG (ed.), Objects with Semitic Inscriptions

279 VSE Nr. 135; P. BORDREUIL – A. LEMAIRE, Sem. 26 (1976), 63 (= ammonit.); F. M. CROSS, CBQ 36 (1974), 494 (= ammonit.); G. R. DRIVER, Semitic Writing ([3]1976), Pl. 57 („Israelite Seal with Hebrew Legend"); L. G. HERR, The Scripts (1978), 74, No. 43, fig. 41:43 (Zeichnung) (= „possible Ammonite"); R. HESTRIN – M. DAYAGI-MENDELS, Inscribed Seals (1979), 127, No. 100 (Photos) (= ammonit.); F. ISRAEL, Syria 64 (1987), 142 (= ammonit.); K. P. JACKSON, Ammonite Language (1983), 76, No. 43 (= ammonit.); S. MOSCATI, L'epigrafia (1951), 56, No. 13, Tav. 12:1 (Photo) (= „hebr."); A. REIFENBERG, Hebrew Seals (1950), 40, No. 29 (Photo) (= phön.); ders., Hebrew Art (1950), 31, No. 2 (Photo) (= probable Phoenician); J. TEIXIDOR, Bulletin d'épigraphie sémitique (1986), 363; S. TIMM, ZAH 2 (1989), 196 (= ammonit.); W. E. AUFRECHT, A Corpus of Ammonite Inscriptions (1989), No. 33, Pl. 10:33 (Photo) (= ammonit.).

280 VSE Nr. 385. Gilt allgemein als ammonitisch: G. GARBINI, Henoch 1 (1979), 399; F. ISRAEL, Syria 64 (1987), 142; K. P. JACKSON, Ammonite Language (1983), 73, No. 26; W. E. AUFRECHT, A Corpus of Ammonite Inscriptions (1989), No. 87, Pl. 33:87 (Photo).

1100 B.B. – A.D. 700. Jewish, Early Christian and Byzantine Antiquities. Auction XXIII (Zürich 1989), 17 (Photos). 20, No. 22, Pl. A:22 (Farbphoto) (= ammonit.)[281]

d) Der Länge nach durchbohrter Skaraboïd. Die Siegelfläche ist durch eine Doppellinie in zwei Register geteilt. Im oberen anepigraphischen sind über einer ihr Kalb säugenden Kuh (?) (vgl. Siegel Nr. 2. 19. 121) Halbmond und Scheibe und neben ihr je eine weitere Scheibe eingraviert.

e) (Falls das Siegel echt ist), ist aufgrund der Paläographie eine ammonitische Herkunft wahrscheinlich. 7.Jh.v.Chr.

Nr. 132) *lplṭy bn / m'š hm/zkr̊.*

a) *Umm Uḏaina*, Grab (aber nicht *in situ*)

b) *ʿAmmān*, Archaeological Museum, No. 14.653

c) H.J. Haddad, ADAJ 28 (1984) 11f*, fig. 2, Pl. 9:2* (Zeichnung / Photo) (= ammonit.?)[282]

d) Der Länge nach durchbohrter Skaraboïd. (Ein halbmondförmiger Anhänger aus Silber gehörte wahrscheinlich zu dem Siegel). Die Siegelfläche ist durch drei Doppellinien in vier Register geteilt. Im oberen anepigraphischen Siegel sind zwei senkrechte Striche, eine Mondsichel und ein sechsstrahlige Stern eingraviert. Am Ende der dreizeiligen Inschrift befindet sich ebenfalls ein senkrechter Strich ('Worttrenner').

e) Das Siegel wird mit paläographischen (und onomatologischen) Argumenten fast allgemein und wohl zu Recht als moabitisch bezeichnet, obwohl eine ammonitische Herkunft m.E. nicht ausgeschlossen ist. Das moabitische Beamtensiegel macht den Fundort allerdings nicht zu einer moabitischen Grablege: Er liegt inmitten des ammonitischen Territoriums. Aus dem Grab stammt eine ammonitische Metallinschrift (s.o.); auch das übrige Inventar unterscheidet

281 Freundlicher Hinweis von F. Israel (Trieste).

282 A.-J. ʿAmr, PEQ 117 (1985), 109; N. Avigad, Hebrew Seals and Sealing and their Significance for Biblical Research, VT.S 40 (1988), 9 (= moabit.); P. Bordreuil, Le Monde de la Bible 46 (1986), 45; ders., in: Der Königsweg (1987), Nr. 170 (Photo); ders., Un cachet moabite du Musée Biblique de Palma de Mallorca, Aula Or. 4 (1986), 120 (= moabit.); A. Hadidi, Levant 19 (1987), 101. 120, fig. 12, No. 11 (= ammonit.); F. Israel, Studi Moabiti I, in: G. Bernini – V. Brugnatelli (ed.), Atti della 4a Giornata di Studi Camito-Semitici e Indoeuropei (1987), 119, No. 25 (= moabit.); M.A. Taleb, The Seal of *plṭy bn m'š* the *mazkīr*, ZDPV 101 (1985), 21-29, fig. 1, Taf. 1B-C (Zeichnung / Photos) (= moabit.); S. Timm, ZAH 2 (1989), 196; ders., Moab (1989), 217-219, Nr. 22 (= moabit.); R.W. Younker, BA 48 (1985), 179, Anm. 2 (= nordisraelit.?); F. Zayadine, Une tombe du Fer II à Umm Udheina, Syria 62 (1985), 155-158, fig. 13 (Photos / Zeichnungen) (= moabit.); ders., Le Monde de la Bible 46 (1986), 20, fig. 28 (Photo) (= ammonit. nicht ausgeschlossen); A. Millard, Writing in Jordan, in: Treasures from an Ancient Land, ed. P. Bienkowski (1991), 142, fig. 162 (Photo) (= moabit.).

sich – von den Importen abgesehen – nicht von dem Fundmaterial anderer ammonitischer Gräber. Zudem wäre es historisch recht auffällig, wenn ein hoher offizieller Vertreter Moabs weit außerhalb (nordwestlich!) der ammonitischen Hauptstadt und nicht nahe bei ihr bzw. auf dem Gebiet seines nahen Heimatlandes begraben worden sein sollte. Insofern muß das Siegel aus dem ammonitischen Grab als von Ammonitern wiederverwendetes, irgendwie ererbtes, gekauftes oder gefundenes moabitisches Siegel interpretiert werden[283]. 1.Hälfte 7.Jh.v.Chr.

Nr. 133) *lplṭy / bn šʿl*

a) unbekannt (angeblich aus *ʿAmmān*)
b) Jerusalem, Israel Museum, No. 76.7.37
c) R. Hestrin – M. Dayagi-Mendels, Inscribed Seals (Jerusalem 1979), 136, No. 109 (Photos) (= ammonit.)[284]
d) Der Länge nach durchbohrter Skaraboïd. Die Siegelfläche ist durch eine Doppellinie in zwei epigraphische Register geteilt.
e) Aufgrund der Paläographie ist eine ammonitische Herkunft des Siegels wahrscheinlich. 7.Jh.v.Chr.

Nr. 134) *lprʿ*

a) unbekannt (in Beirūt gekauft)
b) Jerusalem, Israel Museum, No. 71.46.83
c) A. Reifenberg, PEQ 71 (1939), 197, No. 4, Pl. 34:4 (Photo) (= nicht „hebr.")[285]

283 Eine Interpretation als Beutestück ist zwar nicht auszuschließen; da aber keine ammonitisch-moabitischen Kriege belegt sind, ist sie unwahrscheinlich. Zur Wiederverwendung von Siegeln bzw. Skarabäen in wesentlicher späterer Zeit vgl. z. B. das Fundmaterial vom Queen Alia Airport oder aus Heschbon.

284 VSE Nr. 446. Gilt allgemein als ammonitisch: P. Bordreuil – A. Lemaire, Sem. 29 (1979), 82; G. Garbini, Henoch 3 (1981), 379; F. Israel, Syria 64 (1987), 143; S. Timm, ZAH 2 (1989), 196; W. E. Aufrecht, A Corpus of Ammonite Inscriptions (1989), No. 109, Pl. 39:109 (Photo).

285 VSE Nr. 126; P. Bordreuil, Syria 62 (1985), 26f, fig. 7 (Photo); ders. – A. Lemaire, Sem. 29 (1979), 81 (= ammonit.?); G. R. Driver, Semitic Writing ([3]1976), Pl. 57 (= „Israelite Seal with Hebrew Legend"); L. G. Herr, The Scripts (1978), 48, No. 100, fig. 21:100 (Zeichnung) liest einmal *lgrʿ*, das andere Mal *lprʿ* (= aramä.); R. Hestrin – M. Dayagi-Mendels, Inscribed Seals (1979), 158, No. 124 (Photos) (= phön.); F. Israel, Un nuovo sigillo Ammonita? (Vattioni, Sigilli ebraici, n.126), BeO 19 (1979), 167-170, fig. 7 (Photo) (= ammonit.); ders., Syria 64 (1987), 145 (= nicht ammonit.); S. Moscati, L'epigrafia (1951), 52f, No. 3, Taf. 11:2 (Photo) (= „hebr."); A. Reifenberg, Hebrew Seals (1950), 41.55, No. 31 (Photo) (= phön.?); ders., Hebrew Art (1950), 32, No. 1 (Photo) (= probably Phoenician); J. Simons, Enkele opmerkingen over 'Palestinijsche Zegels' en de bestudeering daarvan, JEOL 8 (1942), 688, fig. 66 (Photo); W. E. Aufrecht, A Corpus of Ammonite Inscriptions (1989), No. 24, Pl. 8:24 (Photo) (= wahrscheinlich phön.).

d) Der Länge nach durchbohrter, beschädigter Skaraboïd. Auf der Siegelfläche ist ein schreitender bärtiger Mann in einem kurzen Gewand zu sehen, der in seiner linken Hand einen Stab hält. Darüber befindet sich eine Mondsichel mit einer Scheibe, hinter der Figur die einzeilige Inschrift.
e) Aufgrund der Paläographie ist eine ammonitische Herkunft des Siegels zwar nicht auszuschließen, eine phönizische aber wahrscheinlicher. 8.-7.Jh.v.Chr.

Nr. 135) *lṣnr./bn / 'l'mṣ*

a) unbekannt
b) Paris, Bibliothèque Nationale, Cabinet des Médailles, Collection de Luynes, No. 228
c) M. de Vogüé, Mélanges d'archéologie orientale (Paris 1868), 111, No. 7 (Zeichnung) liest (falsch) *ltndw bn 'l'mt* (= phön.)[286]
d) Der Länge nach durchbohrter Skaraboïd. Die Siegelfläche ist durch zwei Doppellinien in drei horizontale Register geteilt. Im mittleren Register ist zwischen den beiden Buchstaben der zweiten Inschriftenzeile ein angreifender Stier (vgl. Siegel Nr. 20. 80. 84. 146. 149) eingraviert. Im oberen epigraphischen Register endet die erste Zeile mit einem Worttrenner.
e) Aufgrund der Paläographie ist eine ammonitische Herkunft des Siegels wahrscheinlich. 7.Jh.v.Chr.

Nr. 136) *lšb'l*

a) ʿ*Ammān*, Grab des Adoninur
b) ʿ*Ammān*, Archaeological Museum, No. J.1195
c) L. G. Harding, ILN 3.Sept. 1949, 351, fig. 6 (Photos) (= ammonit.)[287]

286 VSF Nr. 17 liest *ltnr bn 'l'mn*; W. E. Aufrecht, BASOR 266 (1987), 86 liest *ltnr bn 'l'mn* (= ammonit.); ders., A Corpus of Ammonite Inscriptions (1989), No. 5, Pl. 2:5 (Photo) (= wahrscheinlich ammonit.); P. Bordreuil, Catalogue (1986), 66f, No. 74 (Photos); ders., in: Der Königsweg (1987), Nr. 177 (Photos) liest *lṣnr bn 'l'mṣ* (= ammonit.); ders. – A. Lemaire, Sem. 26 (1976), 57f lesen *ltnr bn 'l'mn* (= ammonit.); L. Delaporte, Cachets orientaux de la Collection de Luynes, Aréthouse 5 (1928), 51, No. 36, Pl. 7:22 liest *ltndy bn 'l'mt*; K. Galling, ZDPV 64 (1941), 138f, Nr. 26, Taf. 5:26 (Zeichnung) liest *ltnr bn 'l'mn*; L. G. Herr, The Scripts (1978), 200, No. 95 liest *ltnr bn 'l'mn*; F. Israel, Syria 64 (1987), 143 liest *lṣnr bn 'l'mṣ* (= ammonit.); A. Lemaire, Divinités égyptiennes dans l'onomasticon phénicienne, in: Studia Phoenicia 4 (1986), 91f, Anm. 38 (= ammonit.); M. A. Levy, Siegel und Gemmen (1869), 24f, Nr. 5, liest *ltnr* (oder *ltnd*) *bn 'l'mn* (= phön.); E. Lipinski, Notes d'épigraphie phénicienne et punique, OLoP 14 (1983), 131 liest „... *'l'mn*" (= phön.).

287 VSE Nr. 165. Gilt allgemein als ammonitisch: W. F. Albright, in: FS B. Ubach (1953), 133; G. R. Driver, ADAJ 2 (1953), 63f, Pl. 8:2 (Photo); G. Garbini, AION 20 (1970), 251, No. 9; ders., Le Lingue Semitiche (1972), 100, No. 10; L. G. Harding – G. R. Driver, PEFA 6 (1953), 52, No. 3, fig. 19, Pl. 6:3; 7:3 (Zeichnung / Photos); M. Ohana, The Ammonite Inscriptions and the Bible (M.A. unpubl.; 1976), 12. 58, No. 36; L. G. Herr, The Scripts (1978), 67, No. 23,

d) Der Länge nach durchbohrter Skaraboïd, der auf beiden Seiten graviert ist. Auf der einen (anepigraphischen) Seite befindet sich eine vierflügelige menschliche Gestalt mit einem langen assyrischen Gewand bekleidet, auf der anderen Seite ein geflügelter menschenköpfiger Stier, der auf seinen Hinterbeinen steht, darunter die einzeilige Inschrift.
e) Die Ikonographie des Siegels ist neoassyrisch. Aufgrund des Fundortes und der Paläographie ist die ammonitische Herkunft der Inschrift gesichert. Wahrscheinlich handelt es sich bei dem ikonographisch gravierten Siegel um ein assyrisches Importstück, das in Ammon sekundär mit der Inschrift versehen wurde. 7.Jh.v.Chr.

Nr. 137) *lšb'l b/n 'lyšʿ*
a) Ur, Grab P.54 (AH Grave 202)
b) London, British Museum, No. WA 123006
c) L. Legrain, Ur Excavations X (London 1951), 42, No. 576, Pl. 34:576 (Photo) (= phön.)[288]
d) Skaraboïd. Die Siegelfläche ist durch eine Doppellinie in zwei epigraphische Register geteilt.
e) Aufgrund der Paläographie ist eine phönizische Herkunft des Siegels wohl eher denkbar als eine ammonitische. (2.Hälfte 8.-) 1.Hälfte 7.Jh.v.Chr.

Nr. 138) *lšwḥr./ hnss.*
a) unbekannt (angeblich aus „Jordan"; gekauft in Jerusalem)
b) Jerusalem, Israel Museum, No. 68.35.187
c) N. Avigad, in: FS N. Glueck (Garden City/NY 1970), 286f, Pl. 30:2 (Photo) (= ammonit.)[289]

fig. 39:23 (Zeichnung); F. Israel, Syria 64 (1987), 142; K.P. Jackson, Ammonite Language (1983), 72, No. 15; G.M. Landes, History of the Ammonites (Ph.D.Diss.; 1956), 266f; ders., BA-Reader 2 (³1977), 84; W.E. Aufrecht, A Corpus of Ammonite Inscriptions (1989), No. 41, Pl. 13:41 (Photo).

288 VSF Nr. 71; F. Israel, Syria 64 (1987), 145 (= nicht ammonit.); A. Lemaire, Syria 62 (1985), 44 (= phön. oder ammonit.); L. Woolley, Ur Excavations IX (1962), 71. 122. 134, Pl. 30 (Photo) liest „*lšb'(k?) (n?) 'lyšʿ*" (= phön.); W.E. Aufrecht, A Corpus of Ammonite Inscriptions (1989), No. 45, Pl. 14:45 (Photo) (= ammonit.); A.R. Millard, Alphabetic Inscriptions on Ivories from Nimrud, Iraq 24 (1962), 49; R. Zadok, The Jews in Babylonia during the Chaldean and Achaemenian Periods according to the Babylonian Sources (Studies in the History of the Jewish People and the Land of Israel, Monograph Series 3; Haifa 1979), 45f; ders., Notes on the Early History of the Israelites and Judeans in Mesopotamia, Or. 51 (1982), 391-393 (= „hebr.").

289 VSE Nr. 261. Gilt allgemein als ammonitisch: P. Bordreuil, Syria 50 (1973), 185, No. 23; ders., Le Monde de la Bible 46 (1986), 45; P.-E. Dion, RB 82 (1975), 28; G. Garbini, Le Lingue Semitiche (1972), 102f, No. 21; M. Ohana, The Ammonite Inscriptions and the Bible (M.A. unpubl.; 1976), 12. 58f, No. 37; L.G. Herr, The Scripts (1978), 64, No. 14, fig. 39:14 (Zeichnung); ders.,

d) Der Länge nach durchbohrter Skaraboïd. Die Siegelfläche ist durch zwei Doppellinien in drei horizontale Register geteilt. Im mittleren anepigraphischen Register befindet sich ein vierflügeliger Skarabäus, flankiert von zwei verschieden gestalteten Standarten (oder stilisierten Pflanzen).
e) Aufgrund der Paläographie (und Ikonographie) ist eine ammonitische Herkunft des Siegels wahrscheinlich. Der Titel *h-nss* („der Standartenträger" o. ä.) weist das Siegel als Beamtensiegel aus. (2.Hälfte) 7.Jh.v.Chr.

Nr. 139) *šlmy / hʿd*

a) unbekannt
b) Cambridge/MA, Harvard Semitic Museum
c) F. M. Cross, ErIs 9 (1966), 26f, Pl. 5:3-4 (Photos) (= „hebr.")[290]
d) Ungewöhnlich großes Stempelsiegel mit einer unregelmäßigen länglichen Siegelfläche und einem schmalen durchbohrten Griff in Längsrichtung.
e) Die Schrift ist aramäisch, die Sprache kanaanäisch (Artikel *h-*). Paläographisch spricht kaum etwas für eine ammonitische Herkunft des Siegels (wobei festzuhalten ist, daß es bisher so gut wie keine ammonitischen (Stein-)Inschriften aus achämenidischer Zeit gibt, die man zum paläographischen Vergleich heranziehen könnte); wahrscheinlich stammt es aus judäischem Gebiet. 4.Jh.v.Chr.

Nr. 140) *lšmʿ*

a) unbekannt
b) London, British Museum, No. WA 48488 (1053)
c) Ch. Clermont-Ganneau, JA 8.Série, 1 (1883), 135, No. 9 (Zeichnung) (= nicht israelitisch)[291]

BASOR 238 (1980), 23, No. 14; R. Hestrin – M. Dayagi-Mendels, Inscribed Seals (1979), 25, No. 10 (Photos); Inscriptions Reveal (1972), 20. 35, No. 24 (Photos); F. Israel, Syria 64 (1987), 142; K. P. Jackson, Ammonite Language (1983), 83, No. 59; R. W. Younker, BA 48 (1985), 173-180; M. O'Connor, AUSS 25 (1987), 53; W. E. Aufrecht, A Corpus of Ammonite Inscriptions (1989), No. 68, Pl. 23:68 (Photo).

290 W. E. Aufrecht, BASOR 266 (1987), 87 (= „hebr."?); ders., A Corpus of Ammonite Inscriptions (1989), 177f. 350, No. 66, Pl. 23:66 (Photo) (= „hebr."); B.E.J.H. Becking, A Remark on a post-exilic Seal, UF 18 (1986), 445f (= „hebr." oder ammonit.); G. Garbini, JSSt 19 (1974), 166f (= ammonit.); F. Israel, Syria 64 (1987), 146 (= jud.-aramä.); J. Naveh, Hebrew Texts in Aramaic Script in the Persian Period, BASOR 203 (1971), 27-32 (= ammonit. oder edomit.); ders., Varia Epigraphica Judaica, IOS 9 (1979), 24f, fig. 4 (Zeichnung) (= „hebr."); ders., Hebrew and Aramaic in the Persian Time, in: N. D. Davies – L. Finkelstein (ed.), Cambridge History of Judaism I (Cambridge u. a. 1984), 127 (edomit. oder ammonit.); J. Teixidor, Bulletin d'épigraphie sémitique (1986), 207 (= „hebr."); F. Vattioni, Aug. 11 (1971), 179, No. 42 (= „hebr."?).

291 M. Baldacci, AION 45 (1985), 520 (= aramä.); S. A. Cook, The Religion of Ancient Palestine (1930), 64, Pl. 9:28 (Photo); D. Diringer, Le iscrizioni antico-ebraiche (1934), 176, No. 16, Tav. 19:16 (Zeichnung) (= „hebr."); L. G. Herr, The Scripts (1978), 72f, No. 40, fig. 41:40 (statt 42!

d) Skaraboïd. Auf der Siegelfläche ist eine stehende menschliche Gestalt in langem Gewand zu sehen, die eine Hand erhoben hat und in der anderen ein ägyptisierendes Zepter (?) mit zwei Straußenfedern als Aufsatz hält; auf dem Kopf trägt sie die Atef-Krone; vor der Brust bzw. unter den Armen befindet sich ein Uräus. Hinter der Figur ist ein obeliskenartiges Objekt (mit einer – unlesbaren – Inschrift?) eingraviert. Die einzeilige Inschrift befindet sich zwischen der Figur und dem Zepter.
e) Die [aramäisch (beeinflußte)] Inschrift ist wegen ihrer wenigen, relativ unspezifischen Buchstaben nur schwer einzuordnen. Eine ammonitische Herkunft des Siegels ist zwar nicht auszuschließen, eine phönizische (auch aufgrund der Ikonographie) eher wahrscheinlich. 7.Jh.v.Chr.

Nr. 141) *lšmʿ*

a) unbekannt
b) Jerusalem, Israel Museum, No. 68.35.196
c) N. Avigad, ErIs 9 (1969), 8, No. 19, Pl. 2:19 (Photo) (= phön.)[292]
d) Der Länge nach durchbohrter Skaraboïd. Die Siegelfläche ist durch zwei Doppellinien in drei horizontale Register geteilt. Im oberen anepigraphischen Register befindet sich ein vierflügeliges Mischwesen mit einem Schakal(?)-Kopf und einem Vogelschwanz; im unteren, ebenfalls anepigraphischen Register ist ein zweiflügeliger Skarabäus eingraviert.
e) Wie bei dem anderen *lšmʿ*-Siegel (Nr. 136) ist auch hier die Einordnung nur schwer möglich. Aufgrund der Paläographie ist eine ammonitische Herkunft des Siegels durchaus möglich. 7.Jh.v.Chr.

Nr. 142) *lšmʿz*

a) *Tell el-ʿUmērī* (Field F, *in situ*)
b) *ʿAmmān*, DAJ

Zeichnung) (= probable Ammonite"); F. Israel, Syria 64 (1987), 144 (= phön.?); K. P. Jackson, Ammonite Language (1983), 71, No. 13 (= ammonit.); A. Reifenberg, Hebrew Seals (1950), 30. 54, No. 7 (Photo) (= „hebr."); W. E. Aufrecht, A Corpus of Ammonite Inscriptions (1989), No. 12, Pl. 5:12 (Photo) (= vielleicht ammonit.); A. Millard, Writing in Jordan, in: Treasures from an Ancient Land, ed. P. Bienkowski (1991), 142, fig. 156 (Photo) (= moabit.).

292 VSE Nr. 440; P. Bordreuil – A. Lemaire, Sem. 26 (1976), 56 (= ammonit.?); G. Garbini, JSSt 19 (1974), 164 (= ammonit.); E. Gubel, Art in Tyre, in: Studia Phoenicia I-II (1983), 40, Anm. 101 (= phön.?); M. Ohana, The Ammonite Inscriptions and the Bible (M.A. unpubl.; 1976), 12. 59, No. 38 (= ammonit.); L. G. Herr, The Scripts (1978), 73, No. 42, fig. 40:42 (statt 40 / Zeichnung) (= „possible Ammonite"); R. Hestrin – M. Dayagi-Mendels, Inscribed Seals (1979), 125, No. 98 (Photos) (= ammonit.); F. Israel, Syria 64 (1987), 145 (= wahrscheinlich ammonit.); K. P. Jackson, Ammonite Language (1983), 73, No. 23 (= ammonit.); W. E. Aufrecht, A Corpus of Ammonite Inscriptions (1989), No. 63, Pl. 22:63 (Photo) (= wahrscheinlich ammonit.).

c) L. T. Geraty et al., AUSS 26 (1988), 250, Pl. 27 (Photo)[293]
d) Beschädigter Skaraboïd schlechter handwerklicher Qualität. Die Siegelfläche ist durch eine einfache Linie in zwei epigraphische Register geteilt.
e) Aufgrund des Fundortes und der Paläographie ist eine ammonitische Herkunft des Siegels so gut wie sicher. Um 600 v. Chr.

Nr. 143) *lšmʿʾl*
a) unbekannt (angeblich aus *Buṣērā*; erworben in *eṭ-Ṭafīle*)
b) unbekannt
c) L. G. Harding, PEQ 69 (1937), 255, fig. 12, Pl. 10:10 (Zeichnungen / Photos) (= ohne Identifikation)[294]
d) Der Länge nach durchbohrtes, ovoides Stempelsiegel. Die Siegelfläche ist durch zwei Doppellinien in drei horizontale Register geteilt. In mittleren befindet sich die einzeilige Inschrift, das obere und das untere sind u. a. mit Astralsymbolen versehen.
e) Der (angebliche) Fundort und der Kaufort deuten auf eine edomitische Herkunft, der die Paläographie nicht entgegensteht. Ungefähr Mitte 7.Jh.v.Chr.

Nr. 144) *lšmʿl / bn plṭẘ*
a) unbekannt
b) Paris, Bibliothèque Nationale, Cabinet des Médailles, Collection A. Chabouillet, No. 1058/5 (F 9104)
c) P. Bordreuil, Syria 50 (1973), 189-195, No. 30, fig. 3 (Photos) (= ammonit.)[295]
d) Der Länge nach durchbohrter Skaraboïd. Die Siegelfläche ist durch eine Doppellinie in zwei epigraphische Register geteilt.
e) Aufgrund der Paläographie ist eine ammonitischer Herkunft des Siegels wahr-

293 L. T. Geraty et al., ADAJ 33 (1989), 161 f. 165, Pl. 21:2 (Photo); dies., BASOR.S 26 (1990), 84 f, fig. 30 (Photo).

294 G. R. Driver, Notes on some recently recovered Proper Names, BASOR 90 (1943), 34 (= „early Israelite"); ders., Semitic Writing (³1976), 112 f, fig. 63A (Zeichnung) (= ammonit.); K. Galling, ZDPV 64 (1941), 150. 198, Nr. 183 (= edomit.); L. G. Herr, The The Scripts (1978), 165, No. 5, fig. 78:5 (Zeichnung) (= edomit.); ders., BASOR 238 (1980), 29-31, No. 5; J. R. Bartlett, Edom and the Edomites (1989), 214 f, No. 7 (= edomit.).

295 VSE Nr. 298. Gilt allgemein als ammonitisch: P. Bordreuil, Catalogue (1986), 64, No. 70 (Photos); ders., in: Der Königsweg (1987), Nr. 174 (Photos); M. Ohana, The Ammonite Inscriptions and the Bible (M.A. unpubl.; 1976), 12. 59 f, No. 39; L. G. Herr, The Scripts (1978), 67, No. 24, fig. 39:24 (Zeichnung); ders., BASOR 238 (1980), 21, No. 24; F. Israel, Syria 64 (1987), 142; K. P. Jackson, Ammonite Language (1983), 71, No. 9; J. Teixidor, Bulletin d'épigraphie sémitique (1986), 287; S. Timm, ZAH 2 (1989), 195; W. E. Aufrecht, A Corpus of Ammonite Inscriptions (1989), No. 75, Pl. 27:75 (Photo) liest *lšmʿ [ʾ] b/n plṭ*.

scheinlich. Der PN *plṭw* ist seiner Form nach arabisch[296], der PN *šmʿl* dürfte auf **šmʿʾl* zurückgehen (vgl. Siegel Nr. 143). (Ende 8.-) 1.Hälfte 7.Jh.v.Chr.

Nr. 145) *śn̊ʾb*

a) unbekannt (angeblich aus Syrien; erworben in Kairo)
b) Jerusalem, Israel Museum, No. 71.46.84
c) A. Reifenberg, PEQ 71 (1939), 198, No. 5, Pl. 34:5 (Photo) liest *lšmʾb* (= „hebr.")[297]
d) Skaraboïd. Die Siegelfläche ist durch eine einfache Linie in zwei Register geteilt. Im oberen anepigraphischen Register befindet sich eine stehende menschliche Gestalt in ägyptisch beeinflußter Kleidung (und Haartracht), die eine Hand erhoben hat und in der anderen Hand ein Zepter (oder eine Standarte?) hält. Hinter der Figur ist ein sitzender Vogel (Falke?) auf einer Pflanze (?) eingraviert.
e) Die kurze Inschrift ist paläographisch nur schwer einzuordnen; eine ammonitische Herkunft ist zwar nicht auszuschließen, eine phönizische (oder israelitische) scheint mir allerdings wahrscheinlicher. 8. – 1.Hälfte 7.Jh.v.Chr.

Nr. 146) *lšʿl b/n ʾlyšʿ*

a) unbekannt (in Bagdad gekauft)
b) Jerusalem, Israel Museum, Collection E. Borowski, No. 67.32.449
c) K. Galling, ZDPV 51 (1928), 234-236, Taf. 17:C (Photos) (= judä.)[298]

296 Zum PN *plṭw* vgl. E. A. Knauf, Midian (1988), 93.

297 VSE Nr. 128 liest *šmʾb*; G. R. Driver, Semitic Writing (³1976), Pl. 57 (= „Israelite Seal with Hebrew Legend"); L. G. Herr, The Scripts (1978), 34, No. 62, fig. 19:62 (Zeichnung) liest *šmʾb* (= aramä.); R. Hestrin – M. Dayagi-Mendels, Inscribed Seals (1979), No. 125 (Photos) liest *šmʾb* (= phön. oder aramä.); F. Israel, Syria 64 (1987), 144 liest *šnʾb* (= ammonit?); S. Moscati, L'epigrafia (1951), 53f, No. 5, Tav. 11:4 (Photo) liest *šmʾb* (= „hebr."); J. Naveh, BASOR 239 (1980), 76 liest *śnʾb* (= ammonit.?); A. Reifenberg, Hebrew Seals (1950), 28. 54, No. 2 (Photo); ders., Hebrew Art (1950), 33, No. 2 (Photo) liest *šmʾb* (= „hebr."); W. E. Aufrecht, A Corpus of Ammonite Inscriptions (1989), No. 35, Pl. 11:35 (Photo) liest *šmʾb* (= vielleicht ammonit.).

298 VSE Nr. 41; N. Avigad, Six Old Hebrew Seals, in: Sefer Sh. Yeivin (Jerusalem 1970), 306 (= phön.); P. Bordreuil – A. Lemaire, Sem. 29 (1979), 83 (= ammonit.); S. A. Cook, PEQ 61 (1929), 123; D. Diringer, Le iscrizioni antico-ebraiche (1934), 200, No. 41, Tav. 20:11 (Zeichnung) (= judä.); K. Galling, ZDPV 64 (1941), Nr. 28, Taf. 5:28 (Zeichnung) (= „hebr."); ders., BRL¹ (1937), 487, Nr. 10 (Zeichnung); L. G. Herr, The Scripts (1978), 64, No. 15, fig. 39:15 (Zeichnung); ders., BASOR 238 (1980), 23, No. 15 (= ammonit.); R. Hestrin – M. Dayagi-Mendels, Inscribed Seals (1979), 135, No. 108 (Photos) (= ammonit.); F. Israel, AION 39 (1979), 517; ders., Or. 55 (1986), 73; ders., Syria 64 (1987), 142 (= ammonit.); K. P. Jackson, Ammonite Language (1983), 76, No. 46 (= ammonit.); P. Welten, BRL² (1977), 302, Abb. 78:13 (Zeichnung); R. Zadok, The Jews in Babylonia during the Chaldean and Achaemenian Periods (1979), 45 (= „hebr."); W. E. Aufrecht, A Corpus of Ammonite Inscriptions (1989), No. 30, Pl. 10:30 (Photo) (= ammonit.). Gemeint ist dieses Siegel wahrscheinlich auch bei A. R. Millard, Iraq 24 (1962), 49, Anm. 55 (= ammonit.?).

d) Der Länge nach durchbohrter Skaraboïd. Die Siegelfläche ist durch zwei Doppellinien in drei horizontale Register geteilt. Im mittleren anepigraphischen Register ist ein angreifender Stier (vgl. Siegel Nr. 20. 80. 84. 135. 149), flankiert von zwei stilisierten Pflanzen, eingraviert.

e) Aufgrund der Paläographie und der Ikonographie ist eine ammonitische Herkunft des Siegels wahrscheinlich. Wegen des Kaufortes Bagdad ist die Annahme legitim, daß es sich bei dem Siegel um den Besitz eines (exilierten?) Auslandsammoniters handeln könnte. 2.Hälfte 7.-6.Jh.v.Chr.

Nr. 147) *lšʿly*

a) unbekannt

b) Privatsammlung

c) A. Lemaire, Syria 63 (1986), 322f, No. 14, fig. 14 (schlechtes Photo eines Abdrucks) (= „hebr.“ oder ammonit.)[299]

d) Von dem Siegel ist nur der Abdruck bekannt (Skaraboïd?). Auf der Siegelfläche ist ein sitzender Vogel (?) vor einer Pflanze (?), dahinter die einzeilige Inschrift eingraviert.

e) Aufgrund der Paläographie ist eine ammonitische Herkunft des Siegels möglich. 2.Hälfte 8. – Anfang 7.Jh.v.Chr.

Nr. 148) *lšr̊̊.*

a) unbekannt (angeblich aus Hebron)

b) Beverly Hills/CA, Barakat Gallery, No. C 54

c) F. Barakat, The Barakat Gallery. A Catalogue of the Collection Vol. 1 (Beverely Hills/CA 1985), 186f, C 54 (winziges Farbphoto)[300]

d) Skaraboïd. Auf der schlecht erhaltenen Siegelfläche ist ein schreitender Mann mit erhobenen Händen, einer ägyptisch beeinflußten Kurzhaarfrisur und in einem Rock, der das vorgestellte Bein frei läßt, eingraviert, davor ein sitzender Vogel, dahinter die einzeilige Inschrift (am Ende mit einem 'Worttrenner'?).

e) Die schlecht erhaltene Inschrift ist [auf den Photos A. Lemaire, Syria 63 (1986), 314f, fig. 8] nur schwer zu erkennen, ihre Einordung ist durch ihre Kürze zusätzlich erschwert; eine ammonitische Herkunft der Inschrift ist nicht auszuschließen, ebenso gut denkbar ist aber auch eine phönizische (oder judäische?) Herkunft. Ende 8. – Anfang 7.Jh.v.Chr.

299 F. Israel, Syria 64 (1987), 146 (= vielleicht ammonit.); W. E. Aufrecht, A Corpus of Ammonite Inscriptions (1989), No. 143, Pl. 50:143 (Photo) (= ammonit.).

300 A. Lemaire, Syria 63 (1986), 314f, No. 8, fig. 8 (Photos) (= judä. oder ammonit.); F. Israel, Syria 64 (1987), 146 (= phön.); W. E. Aufrecht, A Corpus of Ammonite Inscriptions (1989), No. 128, Pl. 43:128 (Photo) (= vielleicht ammonit.).

Nr. 149) *ltmkʾ̊ / bn / mqnmlk*

a) unbekannt (in Aleppo erworben)
b) Paris, Bibliothèque Nationale, Cabinet des Médailles, Inv. A. Chabouillet, No. 1087/2 (D 6322)
c) A. de Longpérier, JA 5.Série, 6 (1855), 429 (Zeichnung) liest ...*sqnmlk* (= phön.)[301]
d) Der Länge nach durchbohrter Skaraboïd. Die Siegelfläche ist durch zwei Doppellinien in drei horizontale Register geteilt. Im mittleren Register wird ein angreifender Stier (vgl. Siegel Nr. 20. 80. 84. 135. 146) von den beiden Buchstaben der zweiten Inschriftenzeile flankiert.
e) Aufgrund der Paläographie ist eine ammonitische Herkunft etwas wahrscheinlicher als eine phönizische. (Mitte) 7.Jh.v.Chr.

Nr. 150) *ltmkʾl*

a) unbekannt
b) Privatsammlung
c) P. Bordreuil – A. Lemaire, Sem. 26 (1976), 58f, No. 28, Pl. 6:28 (Photo) (= ammonit.)[302]
d) Der Länge nach durchbohrter Skaraboïd. Die Siegelfläche ist durch eine Doppellinie in zwei Register geteilt. Im oberen anepigraphischen Register ist eine schreitende geflügelte Sphinx eingraviert; davor befinden sich zwei Affen (?). (Zur Ikonographie vgl. auch Siegel Nr. 50 und 68).
e) Aufgrund der Paläographie ist eine ammonitische Herkunft wahrscheinlich. 7.Jh.v.Chr.

301 VSE Nr. 318; P. Bordreuil, Catalogue (1986), 66, No. 73 (Photos); ders., in: Der Königsweg (1987), No. 176 (Photos) (= ammonit.); ders. – A. Lemaire, Sem. 26 (1976), 57 (= ammonit.); F. M. Cross, AUSS 11 (1973), 127, Anm. 6 (= ammonit.); K. Galling, ZDPV 64 (1941), Nr. 27, Taf. 5:27 (Zeichnung); G. Garbini, JSSt 19 (1974), 163; ders., AION 37 (1977), 482f (= ammonit.); L. G. Herr, The Scripts (1978), 67f, No. 25, fig. 39:25 (Zeichnung); ders., BASOR 238 (1980), 23, No. 25 (= ammonit.); K. P. Jackson. Ammonite Language (1983), 71, No. 10 (= ammonit.); M. A. Levy, Siegel und Gemmen (1869), 24, Nr. 4, Taf. 2:3 (Zeichnung) (= phön.); ders., Phönizische Studien II (1857), 31f, Nr. 6, Taf. 5 (= phön.); P. Magnanini, Le iscrizioni fenicie (1973), 144, No. 7 (= phön.); M. Heltzer – M. Ohana, The Extra-Biblical Tradition (1978), 57. 70. 104 u.ö., fig. 11 (Photo) (= „hebr.“); A. Reifenberg, Hebrew Seals (1950), 41. 55f, No. 33 (Photo) liest (falsch) „*ltmkḇ mḵnmlkḇ*“ (= phön.); E. Renan, Observations sur le nom de Sanchoniathon, JA 5.Série, 7 (1856), 85-88; P. Schröder, Die phönizische Sprache (1869), 272f, Nr. 2 (= phön.); W. E. Aufrecht, A Corpus of Ammonite Inscriptions (1989), No. 3, Pl. 1:3 (Photo) (= ammonit.); A. Millard, Writing in Jordan, in: Treasures from an Ancient Land, ed. P. Bienkowski (1991), 142, fig. 159 (Photo) (= ammonit.).

302 VSE Nr. 382. Gilt allgemein als ammonitisch: G. Garbini, Henoch 1 (1979), 399; F. Israel, Syria 64 (1987), 142; K. P. Jackson, Ammonite Language (1983), 73, No. 24; W. E. Aufrecht, A Corpus of Ammonite Inscriptions (1989), No. 84, Pl. 32:84 (Photo).

Nr. 151) *ltmk'l / bn ḥgt*

a) unbekannt (in Beirūt gekauft)
b) unbekannt
c) CH. CLERMONT-GANNEAU, JA 8.Serie, 1 (1883), 144f. 508, No. 23 (Zeichnung) (= „hebr.“); W. WRIGHT, PSBA 5 (1883), 101, No. 2 (Zeichnung) (= phön.) liest ... *ḥpt*[303]
d) Skaraboïd. Auf der Siegelfläche ist ein sitzender Vogel eingraviert, darüber eine Mondsichel. Die zweizeilige Inschrift befindet sich zu beiden Seiten des Vogels.
e) Aufgrund der Paläographie ist eine ammonitische Herkunft möglich. 7.Jh.v.Chr.

Nr. 152) *ltmk'l./ bn yš*

a) unbekannt
b) Privatsammlung
c) P. BORDREUIL – A. LEMAIRE, Sem. 29 (1979), 84, No. 11, Pl. 4:11 (Photo) (= ammonit.)[304]
d) Der Länge nach durchbohrter Skaraboïd. Die Siegelfläche ist durch eine Doppellinie in zwei epigraphische Register geteilt.
e) Aufgrund der Paläographie ist eine ammonitische Herkunft des Siegels wahrscheinlich. 7.Jh.v.Chr.

Nr. 153) *ltmk'l / bř mlkm*

a) unbekannt
b) London, British Museum, No. WA 102971 (1026)
c) F. LAJARD, Recherches sur le culte public et les mystères de Mithra (Paris 1847), 18, Pl. 43:1 (Zeichnung) (= ohne Identifikation)[305]

303 VSE Nr. 347; F. M. CROSS, AUSS 11 (1973), 127, Anm. 5 (= ammonit.); K. GALLING, ZDPV 64 (1941), Nr. 51, Taf. 6:51 (Zeichnung) (= phön.); G. GARBINI, JSSt 19 (1974), 165f (= ammonit.); M. OHANA, The Ammonite Inscriptions and the Bible (M.A. unpubl.; 1976), 12. 60, No. 40 (= ammonit.); F. ISRAEL, Syria 64 (1987), 142 (= ammonit.); P. MAGNANINI, Le iscrizioni fenicie (1973), 145, No. 11 (= phön.); W. E. AUFRECHT, A Corpus of Ammonite Inscriptions (1989), No. 14, Pl. 6:14 (Zeichnung) (= vielleicht ammonit.).

304 Gilt allgemein als ammonitisch: G. GARBINI, Henoch 5 (1983), 399; F. ISRAEL, Syria 64 (1987), 143; W. E. AUFRECHT, A Corpus of Ammonite Inscriptions (1989), No. 113, Pl. 40:113 (Photo).

305 VSA Nr. 16; CIS II, Nr. 94 liest *br mlkm* (= aramä.); W. E. AUFRECHT, BASOR 266 (1987), 86 liest *(bn) bdmlkm* (= ammonit.); ders., A Corpus of Ammonite Inscriptions (1989), No. 1, Pl. 1:1 (Photo) (= wahrscheinlich ammonit.); N. AVIGAD, IEJ 35 (1985), 5, Anm. 25 liest *bdmlkm* (= ammonit.); M. OHANA, The Ammonite Inscriptions and the Bible (M.A. unpubl.; 1976), 12. 60, No. 41 (= ammonit.); J. BOARDMAN, Pyramidal Stamp Seals in the Persian Empire, Iran 8 (1970),

d) Der Länge nach durchbohrter Skaraboïd. Die achteckige Siegelfläche ist durch zwei einfache Linien und eine Doppellinie in vier Register geteilt. Im mittleren anepigraphischen Register befindet sich eine schreitender Bovide (Stier?), über ihm eine Mondsichel und ein achtstrahliger (?) Stern, vor ihm eine (Lotus?)-Blüte. Im unteren anepigraphischen Register sind mehrere senkrechte Striche (?) eingraviert.

e) Die Filiation *br̊ mlkm* (oder *ʿbd mlkm?)* könnte daraufhin deuten, daß es sich um das Siegel eines Priesters handelt – falls nicht *bdmlkm* zu lesen ist. Die Schrift ist aramäisch, der GN ammonitisch und das Siegel ammonitischer Herkunft. 6.Jh.v.Chr.

Nr. 154) *ltmk'l / bn plṭy*

a) unbekannt

b) Privatsammlung

c) P. Bordreuil – A. Lemaire, Sem. 26 (1976), 59f, No. 30, Pl. 6:30 (Photo) (= ammonit.)[306]

d) Der Länge nach durchbohrter Skaraboïd. Die Siegelfläche ist durch eine Doppellinie in zwei epigraphische Register geteilt.

e) Aufgrund der Paläographie ist eine ammonitische Herkunft des Siegels wahrscheinlich. 1.Hälfte 7.Jh.v.Chr.

Nr. 155) *l'l'mṣ // l'l'mṣ bn tmk'l*

a) *Tell el-ʿUmērī* (Field A, Oberflächenfund 1989)

b) *ʿAmmān*

44, No. 173 (= ohne Identifikation); P. Bordreuil – A. Lemaire, Sem. 26 (1976), 57 lesen *(ʿ)bdmlkm* (= ammonit.); S. A. Cook, The Religion of Ancient Palestine (1930), 58, Pl. 9:22 (Photo); G. A. Cooke, A Text-Book of North-Semitic Inscriptions (Oxford 1903), 361, No. 4, Pl. 11:4 (Zeichnung) liest *br mlkm* (= aramä.; 5.Jh.v.Chr.); F. M. Cross, AUSS 11 (1973), 127f, Anm. 6 liest *(ʿ)bd mlkm*; K. Galling, ZDPV 64 (1941), Nr. 45, Taf. 6:45 (Zeichnung) (= aramä.?); G. Garbini, JSSt 19 (1974), 161f liest *(ʿ)bd mlkm* (= ammonit.); L. G. Herr, The Scripts (1978), 15, No. 10, fig. 16:10 [Zeichnung (falsch)] liest *br mlkm* (= aramä.); F. Israel, Or. 55 (1986), 71 liest *ʿbdmlkm*, 77 *bdmlkm*; ders., Syria 64 (1987), 143 liest *bdmlkm* (= ammonit.); F. Lajard, Recherches sur le culte public et les mystères de Mithra (Paris 1867), Pl. 43:1 (Zeichnung); A. Lemaire, Transeuphratène 1 (1989), 88, Anm. 4; M. A. Levy, Siegel und Gemmen (1869), 15f, Nr. 22 liest *br mlkm* (= aramä.?); ders., Phönizische Studien II (1857), 31f, Nr. 6, Taf. Nr. 5 (Zeichnung) (= phön.?); E. Puech, in: J. Briend – J.-B. Humbert, Tell Keisan (1971-1976) (1980), 298, Anm. 6 liest *bn* (= ammonit.).

306 VSE Nr. 384. Gilt allgemein als ammonitisch: G. Garbini, Henoch 1 (1979), 393; M. Heltzer, in: Studies in the History of the Jewish People and the Land of Israel V (1980), 61; F. Israel, Syria 64 (1987), 142; K. P. Jackson, Ammonite Language (1983), 72, No. 16; S. Timm, ZAH 2 (1989), 195; W. E. Aufrecht, A Corpus of Ammonite Inscriptions (1989), No. 86, Pl. 33:86 (Photo).

c) R. W. Younker et al., AUSS 28 (1990), 25, Pl. 25 (Photo zweier moderner Abdrücke) (= ammonit.)[307]

d) Zweiseitig gravierter Skaraboid. Auf der einen Seite ist in der Mitte der Siegelfäche ein Widderkopf *en face* zu sehen, über dem die Inschrift *l-'l'mṣ* eingraviert ist. Auf der anderen Seite ist in der Mitte ein Vogel (Falke?) auf einer Lotus(?)-Blüte (?) abbgeildet, der von der Inschrift *l-'l'mṣ bn tmk'l* umrandet ist. Das Patronym *tmk'l* ist dabei in entgegengesetzter Schreibrichtung geschrieben als der Name des Siegelbesitzers *'l'mṣ (bn)*.

e) Aufgrund des Fundortes, der Paläographie und der Ikonographie ist eine ammonitische Herkunft des Siegels sicher. (2.Hälfte) 7.Jh.v.Chr.

Nr. 156) *lb'rʿmn* (?)

a) *Tell el-ʿUmērī* (Field A, Oberflächenfund 1989)

b) *ʿAmmān*

c) R. W. Younker et al., AUSS 28 (1990), 23. 25 (ohne Abb.!) (= ammonit.)

d-e) Zwei anikonische (?) Siegelabdrücke auf Krughenkeln, die bisher nur unzulänglich beschrieben und ohne Abbildung publiziert worden sind, so daß Lesung, Datierung u. a. bisher nicht überprüfbar sind. Aufgrund des Fundortes und der Paläographie dürfte eine ammonitische Herkunft der Siegelabdrücke gesichert sein. 7.Jh.v.Chr. (?).

## 2.10. Anhänge

### 2.10.1. Fälschungen beschrifteter ammonitischer Siegel

Die beiden Siegel mit der Aufschrift *ḥtm n̊g'd/t brk lmlkm*[308] und *ḥtm ng'n̊r̊/t brk*

307 Die Siegel Nr. 155f sind nicht mehr in der alphabetischen Reihenfolge in das Siegel-Corpus eingeordnet, weil sie mir erst kurz vor der Drucklegung bekannt geworden sind. Zu weiteren Siegeln vgl. U. Hübner, Supplementa Ammonitica I, BN 1992, (im Druck).

308 Erstveröffentlichung des Zylindersiegels durch G. Garbini, AION 17 (1976), 251-256, Tav. 1 (Photo); vgl. VSE Nr. 229; W. E. Aufrecht, BASOR 266 (1987), 86; ders., A Corpus of Ammonite Inscriptions (1989), No. 61, Pl. 21:61 (Photo) (= wahrscheinlich Fälschung); N. Avigad, IEJ 35 (1985), 5, Anm. 24 (= Fälschung); P. Bordreuil, Syria 50 (1973), 183f, No. 13; G. Garbini, AION 18 (1968), 453f; ders., AION 20 (1970), 252, No. 13; ders., Le Lingue Semitiche (1972), 101, No. 17; L. G. Herr, The Scripts (1978), 74, No. 45, fig. 41:45 (?) (Zeichnung) (= Fälschung); F. Israel, Syria 64 (1987), 141; J. Teixidor, Bulletin d'épigraphie sémitique (1986), 46 (mit anderer Lesung); K. R. Veenhof, Phoe. (Leiden) 14 (1968), 141.

*lmlk/m*[309] wurden von J. NAVEH und H. TADMOR als Fälschungen entlarvt[310]. M. E. muß auch das Siegel mit der Aufschrift *lʿz'l b/n zť* (Nr. 120) als solche bezeichnet werden; an der Authentizität des Siegel *lmnḥm b/n mgr'l* (Nr. 97) sind vor allem aus stilistischen und ikonographischen Gründen ebenfalls erhebliche Zweifel angebracht[311]. Darüberhinaus dürfte jedem, der sich mit Fälschungen beschäftigt hat, klar sein, daß man stets mit einem Anteil von (mindestens) rund 20 % Fälschungen bei Gegenständen aus dem Kunsthandel zu rechnen hat, d. h. hier mit (mindestens) rund 30 anstatt nur mit rund 5 gefälschten Siegeln[312].

### 2.10.2. Die anepigraphischen Siegel aus Ammon

Von den mesopotamischen und iranischen (sowie ägyptischen[313]) Importen aus dem Grab des Adoninur (*ʿAmmān*)[314], vom Südosthang der Zitadelle in *ʿAmmān*[315], aus einem Grab in *Meqābelēn*[316] und Grab 2 in *Ḫirbet Ḫulde*[317] sowie vom *Tell*

309 Erstveröffentlichung des Stempelsiegels – als Fälschung – durch J. NAVEH – H. TADMOR, AION 18 (1968), 448-452, Pl. 2:1-5 (Photos); vgl. W. E. AUFRECHT, BASOR 266 (1987), 86; ders., A Corpus of Ammonite Inscriptions (1989), No. 57, Pl. 19:57 (Photo) (= wahrscheinlich Fälschung); N. AVIGAD, IEJ 35 (1985), 4, Anm. 24 (= Fälschung); P. BORDREUIL, Syria 50 (1973), 183f, No. 19; G. GARBINI, AION 18 (1968), 453f; L. G. HERR, The Scripts (1978), 75, No. 46, fig. 41:46 (?) (Zeichnung) (= Fälschung).

310 AION 18 (1968), 448-452.

311 U. HÜBNER, UF 21 (1989), 217-226.

312 Vgl. zuletzt A. BECK, Original – Fälschung? (Konstanz 1991), passim.

313 Vgl. die (z. T. mit Hieroglyphen beschrifteten) Exemplare z. B. aus *Umm Uḏaina*, *Saḥāb* und *Tell el-ʿUmērī*: A. HADIDI, Levant 19 (1987), 120, fig. 12:4.6.-9; M. M. IBRAHIM, ADAJ 20 (1975), 72, Pl. 31:2; ders., *Saḥāb*, AfO 29-30 (1983-1984), 258; ders., SHAJ 3 (1987), 77f; O. KEEL, Früheisenzeitliche Glyptik in Palästina / Israel, in: ders. et al., Studien zu den Stempelsiegeln aus Palästina/Israel (OBO 100; 1990), 419. 421, Nr. 107f; L. T. GERATY et al., ADAJ 33 (1989), 169, Pl. 21:3 (Photo); dies., BASOR.S 26 (1990), 85. Bei diesen Objekten ist allerdings – z. T. auch mangels einer hinreichend informierenden Publikation – nicht immer sicher, ob es sich um ägyptisches oder ägyptisierendes Fundmaterial handelt, ebenso ist die genauere Datierung z. T. unklar. Zum „scarab perforated" aus *Abū Nṣēr* s.u. Anm. 320.

314 L. G. HARDING, PEFA 6 (1953), 53f, Nos. 4-6, Pl. 6:4-6; 7:6 (Photos); ders., ILN 3.Sept. 1949, 351, fig. 3-5.8 (Photos); vgl. J. H. HOSPERS, Enige pas gevonden zegels uit ʿAmmān, JEOL 11 (1949), 79f, Pl. 19:c-e (Photos).

315 R. W. DAJANI, A New-Babylonian Seal from Amman, ADAJ 6-7 (1962), 124f, Pl. 4:8 (Photos), mit Keilinschrift.

316 Map ref. 2361.1460. L. G. HARDING, QDAP 14 (1959), 46, No. 33f, Pl. 13:2; 15:9f (Photos).

317 Map ref. 2303.1565. KH. YASSINE, Archaeology of Jordan (1988), 16. 21f, fig. 8:3f.

*Ṣāfūṭ*[318] abgesehen, wurden im Grab des Adoninur (*ʿAmmān*)[319], in dem Grab bei *Abū Nṣēr*[320], in Grab 2 in *Ḫirbet Ḫulde*[321] (und bei *Umm Uḏaina*)[322] sowie auf *Ḫirbet Umm ed-Danānīr*[323] und auf *Ḫirbet el-Ḥağğār*[324] mehrere nichtepigraphische Siegel gefunden, an deren ammonitischer Herkunft zu zweifeln kein Anlaß besteht. Vom *Tell el-ʿUmērī* stammen zwei Zylindersiegel des 6.(-5.)Jh.v.Chr., die mit hoher Wahrscheinlichkeit lokale, einheimische Produkte darstellen[325] und ihrer Form und Ikonographie nach neoassyrische bzw. neobabylonische / achämenidische Vorbilder umsetzen. Aus dem Kunsthandel stammt ein in *ʿAmmān* erworbenes Siegel, dessen ammonitische Herkunft allerdings nicht sicher ist[326]. In der Eisen I-Zeit sind nur nichtepigraphische Siegel bekannt (Funde aus *Saḥāb*[327] und der *Buqēʿa*[328]) – sieht man von ägyptischen Importen und ägyptisierenden Imitationen ab[329].

318 D.H. Wimmer, The Excavations at Tell Safut, SHAJ 3 (1987), 281, fig. 3 (Zeichnung); ders., Tell Ṣāfūṭ Excavations, 1982-1985. Preliminary Report, ADAJ 31 (1987), 171, fig. 9.

319 L.G. Harding, PEFA 6 (1953), 54f, Nos. 7-11, Pl. 6:79.11; 7:79 (Photos); zu No. 7 vgl. U. Hübner, Schweine, Schweineknochen und eine Speiseverbot im alten Israel, VT 39 (1989), 227.

320 Map ref. 2306.1652. Kh. Abu Ghanimeh, Abu Nseir Excavation, ADAJ 28 (1984), 310 („scarab perforated"), Pl. 6:3 (44); dabei könnte es sich um einen mesopotamischen Import oder ein entsprechend beeinflußtes Stück handeln, doch ist die Abb. zu klein und zu schlecht, als daß man sicheres dazu sagen könnte.

321 Kh. Yassine, Archaeology of Jordan (1988), 16. 22, fig. 8:5.

322 Map ref. 2335.1520. A. Hadidi, Levant 19 (1987), 120, fig. 12:4 (winzige Photographie): „two bone scarab stamps".

323 Philadelphia/PN, University Museum, No. P.87-9-43. P.E. McGovern, ADAJ 33 (1989), 125, fig. 4:3 (Zeichnung).

324 H.O. Thompson, The 1972 Excavations of Khirbet al-Hajjar, ADAJ 17 (1972), 53f. 59f. 65f. 69f, Nos. 3. 5f. 22. 29, Pl. 5, fig. 1; 6, fig. 2:1-4; 8, fig. 1:1-4; 11:5.

325 E. Porada, Two Cylinder Seals from ʿUmeiri, Nos. 49 and 363, in: L.T. Geraty et al. (ed.), Madaba Plains Project (1989), 381-384, fig. 23.1-2.

326 W.A. Ward, The Four-Winged Serpent of Hebrew Seals, RSO 43 (1968), 135, fig. 1:1 (Zeichnungen) (= „possible ... Hebrew Origin").

327 R.W. Dajani, ADAJ 15 (1970), 34, Pl. 23; S.H. Horn, Three Seals from Sahab Tombs, ADAJ 16 (1971), 103-106; M.M. Ibrahim, ZDPV 99 (1983), 48. 50. 52f, Nr. 5a-d. 8-10, Abb. 5a-d. 8-10 (Zeichnungen), Taf. 3a-b. 5C-E.4 (Photos); ders., AfO 29-30 (1983-1984), 259; ders., SHAJ 3 (1987), 77f, vgl. O. Keel, in: ders. et al., Studien zu den Stempelsiegeln aus Palästina / Israel (OBO 100; 1990), 419. 421, Nr. 109.

328 P.E. McGovern, The Late Bronze and Early Iron Ages of Central Transjordan (1986), 59f. 243, Pl. 28g, fig. 75.

329 Vgl. z.B. *Saḥāb*: M.M. Ibrahim, Siegel und Siegelabdrücke aus *Saḥāb*, ZDPV 99 (1983) 51, Nr. 6a-b, Abb. 6-7 (Zeichnungen), Taf. 5A-B (Photos); ders., SHAJ 3 (1987), 77f aus einem früheisenzeitlichen Grab [vgl. M. Shuval, A Catalogue of Early Iron Stamp Seals from Israel (*sic*), in: ders. et al., Studien zu den Stempelsiegeln aus Palästina / Israel (OBO 100; 1990), 104f. 121. 149. 158, Nos. 57. 81f; O. Keel, in: ders. et al., Studien zu den Stempelsiegeln aus Palästina / Israel (OBO 100; 1990), 384f. 386f. 419. 421, Nr. 89. 99. 109], und vom *Tell el-ʿUmērī*: L.T. Geraty et al., AUSS 26 (1988), 250f, Pl. 28 (Photo) (12.Jh.v.Chr.); vgl. auch P.E. McGovern, The Late Bronze

## 2.10.3. Nichtammonitische Siegel aus Ammon

Bisher sind auf ammonitischem Territorium drei judäische Siegel aufgetaucht, beide allerdings ohne wirklich gesicherte Herkunftsangabe. Vom *Tell Ṣāfūṭ* soll das Siegel *lšlm bn nḥm* (VSE Nr. 373)[330], aus *Umm el-Qanāfid* (map ref. 228.139) das Siegel *lg'lyhw ʿbd hmlk* stammen[331] und aus *ʿĒn el-Bāšā* das Siegel Nr. 56. Aus *ʿĒn el-Bāšā* stammt das wahrscheinlich israelitische Siegel des *'lšmʿ b pll* (Siegel Nr. 56) und aus einem ammonitischen Grab in *Umm Uḏaina* das moabitische Siegel Nr. 132. Die Siegel sind in das späte 8. bzw. 7.Jh.v.Chr. zu datieren. Alle dürften Belege für wirtschaftliche und diplomatische Beziehungen zwischen Ammon auf der einen und Juda, Israel und Moab auf der anderen Seite sein.

Darüberhinaus sind, von Skarabäen und anepigraphischen Stempelsiegeln der Eisen II-Zeit abgesehen, auch Siegel neoassyrisch-neobabylonischen[332] und persischen Ursprungs auf ammonitischem Territorium bezeugt[333]; dazu gehören vor allem die in und außerhalb Palästinas massenhaft verbreiteten Siegel mit einem Adoranten (Priester?) vor dem Postament mit den Symbolen des Marduk und Nabu (vgl. Siegel Nr. 92), wie sie in *ʿAmmān*[334], *Ḫirbet Ḫulde*[335] und auf *Tell Ṣāfūṭ*[336] belegt sind. Das „protoarabische" Siegel aus Grab 20 des römerzeitlichen

and Early Iron Ages of Central Transjordan (1986), 60. 286. 288, Pl. 38b, fig. 93:7 (Object No. A4.156).

330 P. Bordreuil – A. Lemaire, Sem. 26 (1976), 51, No. 15; G. Garbini, Henoch 5 (1983), 63f; M. Weippert, Ein Siegel vom *Tell Ṣāfūṭ*, ZDPV 95 (1979), 173-177; ders., Berichtigung zu ZDPV 95 (1979) 173-177, ZDPV 96 (1980), 100.

331 W.J. Fulco, A Seal from Umm el Qanāfid, Jordan, *g'lyhw ʿbd hmlk*, Or. 48 (1979), 107f; G. Garbini, Henoch 5 (1983), 63; J. Teixidor, Bulletin d'épigraphie sémitique (1986), 485; M. Weippert, ZDPV 95 (1979), 176f. Vgl. auch die zeitgleichen Parallelen bei R. Hestrin – M. Dayagi-Mendels, Inscribed Seals (1979), No. 7; N. Avigad, Hebrew Bullae from the Time of Jeremiah (1986), No. 6 (*lg'lyhw bn hmlk*).

332 Zusammenfassend T. Ornan, Neo-Assyrian and Neo-Babylonian Elements in Inscribed Northwest Semitic Seals, in: O. Keel et al. (ed.), The Iconography of Inscribed Northwest Semitic Seals (1992), (im Druck). Vgl. auch die Enten-Form bei Siegel Nr. 59 und das importierte spätbronzezeitliche Zylinder-Siegel aus *Markā* bei R. Tournay, RB 74 (1967), 248-254.

333 Die Herkunft der bislang sechs bekannten Stempelsiegel (syro-)transjordanischen Typs mit südsemitischen Inschriften ist leider nicht genau bekannt; möglicherweise stammen sie aus entsprechenden Kolonien in transjordanischen Städten entlang der Weihrauchstraße, B. Sass, Studia Alphabetica (1991), 59-65. 72f, fig. 35-40.

334 R.W. Dajani, ADAJ 6-7 (1962), 124f, Pl. 4, fig. 8; L.G. Harding, PEFA 6 (1953), 53f, Nos. 4-6, Pl. 6:4-6; 7:6 (Photos). Zu TJ 1193 vgl. ders., PEFA 6 (1953), 53f, No. 6, Pl. 6; ders., The Antiquities of Jordan (1967), Pl. 4 (Photo) sowie A. Green, The Lion-Demon in the Art of Mesopotamia and Neighbouring Regions, BaghM 17 (1986), 165. 231f, Pl. 40:152 (Photos), der das Siegel als Kopie, nicht als originale mesopotamische Arbeit betrachtet.

335 Kh. Yassine, Archaeology of Jordan (1988), 16. 21f, fig. 8:3 (neobabylon.); 8:4 (pers.).

336 D.H. Wimmer, SHAJ 3 (1987), 281, fig. 3.

Friedhofs auf dem Gelände des jetztigen Queen Alia Airport[337] (in der Nähe von *el-Qasṭal* / Castellum, also auf dem Boden der Moabitis) ist nichts anderes als eine magische Gemme[338].

### 2.10.4. Zusammenfassung: Die epigraphischen Siegel der Ammoniter und Ammoniterinnen

Insgesamt sind bisher – einschließlich der Fälschungen – 158 beschriftete nordwestsemitische Siegel bzw. Siegelabdrücke jemals für ammonitisch erklärt worden[339]. Davon können vierzehn als sicher (Nr. 14-15. 17. 33. 72. 88-90. 96. 136. 142. 153. 155-156), 57 als wahrscheinlich [Nr. 6. 8. 13. 20-23. 25. 28-31. 34. 37-39. 43. 45. (48). 51-55. 58-59. 61-62. 65. 67-70. 77. 80. 87. 91. 99-100. 102. 108. 110. 112-113. 116. 124. 127. 130-131. 133. 135. 138. 144. 146. 149-150. 152. 154] und der Rest als vielleicht / möglicherweise ammonitisch oder als nichtammonitisch (phön., israelit., judä., aramä., moabit., edomit.) betrachtet werden. Vier Siegel sind als Fälschungen anzusehen; die Dunkelziffer selbst ist unbekannt, aber wahrscheinlich hoch.

In dieser Arbeit werden im folgenden nur die sicher und die wahrscheinlich ammonitischen Siegel behandelt, also insgesamt 71 Siegel bzw. Siegelabdrücke, um auf einigermaßen abgesichertem und begründbarem Boden zu bleiben und den Unsicherheitsgrad historischer und religionsgeschichtlicher Schlußfolgerungen nicht unnötig und zusätzlich durch eine ungesicherte Quellenlage zu vergrößern.

Von diesen 71 Siegeln bzw. Siegelabdrücken ist nur bei neun der Fundort gesichert (*ʿAmmān* Nr. 14. 17. 33. 96. 136 und *Tell el-ʿUmērī* Nr. 88. 142. 155-156); zu mehreren Siegeln gibt es mehr oder weniger unsichere Herkunftsangaben (z. B. Nr. 23. 28. 34. 38. 45. 52-53. 56. 64. 81. 91. 111. 114. 127. 133) und beim Rest ist die Herkunft gänzlich unbekannt. Nur bei den Siegeln Nr. 88-90 und 153 ist das theophore Element *mlkm* belegt. Die 71 Siegel stammen aus dem 8.-6. / 5. (vgl. Nr. 72), der größte Teil aus dem 7. Jh. v. Chr.; diese chronologische Verteilung paßt gut zu dem, was aus den angrenzenden Nachbarländern bekannt ist[340].

337 E. A. KNAUF, The Proto-Arabic Seal, in: M. M. IBRAHIM – R. L. GORDON, A Cemetery at Queen Alia International Airport (Yarmouk University Publications, Institute of Archaeology and Anthropology Series Vol. I; Wiesbaden 1987), 46 f. 63. 74, Pl. 37:2; 54:1.

338 E. A. KNAUF, Alia Airport 20/53/44: a Graeco-Egyptian Magical Gem from Jordan, GM 100 (1987), 45 f; B. SASS, Studia Alphabetica (1991), 66, fig. 42 f; ders., The Queen Alia Airport Seal – Proto-Arabic or Gnostic?, Levant 23 (1991), 187-190.

339 Zum Corpus könnte man auch noch das Siegel *ṣdqrmn* VSA Nr. 3 = CIS II, No. 73 zählen, von dem L. G. HERR, Scripts (1978), 43, Nr. 87, fig. 20:87 nicht zu Unrecht sagt, es sei wahrscheinlich ein aramäisches Siegel, dessen Buchstabenformen auch ammonitisch sein könnten.

340 H. WEIPPERT, Palästina in vorhellenistischer Zeit (1988), 578-587. 674-678.

Von den 71 Siegel gehörten drei – rein epigraphische – Siegel Frauen (Nr. 13. 124. 127), der Rest Männern. Bei den Männern sind die Titel *ʿbd* (Nr. 14-15. 65. 88), *nʿr* (Nr. 62. 116), *nss* (Nr. 138) und eventuell *br̊ mlkm* (Nr. 153), bei den Frauen der Titel *ʾmh* (Nr. 127) belegt; insgesamt dürften alle diese Siegel aus den politisch und wirtschaftlich führenden Schichten der ammonitischen Gesellschaft stammen (vgl. Kap. 5.2).

Bei zwei Siegeln könnte – aufgrund der Filiation *br* (statt *bn*) u. a. – die Sprache (soweit man davon bei *br* sprechen kann) nicht ammonitisch, sondern aramäisch sein (Nr. 72. 153) (vgl. dazu aber oben Kap. 1).

Bei fünf Siegeln lassen sich Einflüsse der aramäischen Schrift oder der Gebrauch der aramäischen Schrift beobachten (Nr. 65. 72. 89-90. 153). Diese Siegel gehören wahrscheinlich dem 7. und 6.Jh.v.Chr. an.

Bei mindestens vier Siegeln ist ein klarer neoassyrischer bzw. neobabylonischer Einfluß im Onomastikon (Nr. 13. 90) und in der Ikonographie (Nr. 15. 23. 89. 136) erkennbar.

Von den 71 Siegeln bzw. Siegelabdrücken sind 31 (?) als mehr oder weniger rein epigraphische Siegel gestaltet [Nr. 8. 13-14. 17. 22-23. 33. 37. 43. 52-53. 58-59. 62. 67. 69. 87. 91. 99-100. 110. 112. 116. 124. 127. 133. 142. 144. 152. 154. 156 (?)][341].

### 2.10.5. Liste der Personennamen von Ammonitern und Ammoniterinnen[342]

*ʾgbrt* (Siegel Nr. 13) (weibl. PN)
*ʾdnnr* (Siegel Nr. 14)
*ʾdnplṭ* (Siegel Nr. 15), vgl. PN *plṭ, plṭw, plṭy*
[*ʾḥyʾwr* (Jdt. 5f; 11,7; 13,26.29; 14,6)][343]
*ʾwrʾl* (Siegel Nr. 28)
*ʾyndb* (Siegel Nr. 21)[344]
*ʾlʾ* (Siegel Nr. 22)
*ʾlʾmṣ* (Siegel Nr. 23. 135. 155)

341 Zu den übrigen Siegeln vgl. demnächst auch U. Hübner, in: O. Keel et al. (ed.), The Iconography of Inscribed Northwest Seals (1992), (im Druck).

342 Lit. und Hinweise auf die Etymologie der PN wird im folgenden meist nicht angegeben, da sie den bibliographischen Angaben zu den einzelnen Inschriften und in der Liste der ammonitischen Herrscher (Kap. 4.3.4) u. a. leicht zu entnehmen sind. Zum ammonitischen Onomastikon vgl. auch oben Kap. 1, Anm. 47.

343 Ein der Form nach durchaus im ammonitischen Onomastikon denkbarer (vgl. PN *mlkmʾwr*, Siegel Nr. 88), im konkreten Fall aber von jüdischer Seite aus theologischen Gründen einem fiktiven ammonitischen Proselyten beigelegter PN.

344 Auch auf dem *Nimrūd*-Ostrakon ND 6231, Text II, Z.3 belegt. Zum PN vgl. zuletzt W. E. Aufrecht, A Corpus of Ammonite Inscriptions (1989), 123.

*'l'r* (Siegel Nr. 25)
*'lzkr* (Siegel Nr. 25), vgl. PN *z̊k̊r*
*'lḥnn* (Siegel Nr. 28-30), vgl. PN *ḥnwn, ḥnn'l, mnḥm, tnḥm*
*'lybr* (Siegel Nr. 31)
*'lydn* (Siegel Nr. 37)
*'lyš*ᶜ (Siegel Nr. 33-34. 146), vgl. PN *'lš*ᶜ
*'lm̆sl* (Siegel Nr. 52)
*'ln* (Siegel Nr. 37-38)
*'lndb* (Siegel Nr. 39), vgl. PN *ndb'l*, ᶜ*mndb*
*'lntn* (Siegel Nr. 43)
*'l*ᶜz (Siegel Nr. 53), vgl. PN *mlkm*ᶜz, ᶜz'
*'l*ᶜ*zr* (Siegel Nr. 110; *Umm-Uḏaina*-Schale), vgl. PN *yrḥ*ᶜ*zr*
*'lrm* (Siegel Nr. 116)
*'lšm*ᶜ (Siegel Nr. 51-55. 69)
*'lšmr* (*Umm Uḏaina*-Schale)
*'lš*ᶜ (Siegel Nr. 23), vgl. PN *'lyš*ᶜ, *b*ᶜ*lyš*ᶜ, *yš*ᶜ
*'mr* (Siegel Nr. 124), vgl. PN *'mr'l, 'mr'*
*'mr'* (Siegel Nr. 58), vgl. PN *'mr, 'mr'l*
*'mr'l* (Siegel Nr. 38. 59), vgl. PN *'mr, 'mr'*
[*b'r*ᶜ*mn* (?) (Siegelabdruck Nr. 156) (Lesung unsicher!)]
*bd'l* (Siegel Nr. 61), vgl. PN *byd'l*
*bṭš* (Siegel Nr. 62)
*byd'l* (Siegel Nr. 65. 77), vgl. PB *bd'l*
*bn'l* (Siegel Nr. 58)[345]
[*bn* ᶜ*my* (Gen. 19,38)][346]
*b*ᶜ*lyš*ᶜ (Siegel Nr. 88) **Ba*ᶜ*alyiṯa*ᶜ, vgl. *b*ᶜ*ls* (Jer. 40,14), vgl. PN *'lyš*ᶜ, *yš*ᶜ
*b*ᶜ*r'* (Siegel Nr. 55)
*bqš* (Siegel Nr. 67-68)
*brk'l* (Siegel Nr. 62. 69)
*bt'l* (Siegel Nr. 70)
*grg̊r̊* (Siegel Nr. 34)
*dbl'ḥs* (Siegel Nr. 13)[347]
*dblbs* (Siegel Nr. 127)[348]

345 Gemeint ist wohl **banā' il*; vgl. den PN *bnyh(w)* im AT.
346 Fiktiver PN, den eine israelitische Mutter ihrem Sohn gegeben haben soll, den sie mit ihrem eigenen Vater zeugte und der zum Stammvater der Ammoniter avanciert sein soll (vgl. Kap. 7.2).
347 Ein mir nicht hinreichend erklärlicher PN.
348 Der PN (?) [falls es sich nicht um einen vom antiken oder modernen Graveur falsch geschriebenen Namen handelt] ist bisher nicht sicher erklärt. Zuletzt hat F. Israel, SMSR 56 (1990), (im Druck) vermutet, es handele sich dabei um eine Variante zu **zbl bs*; dies ist jedoch wenig wahrscheinlich,

*zk'* (Siegel Nr. 72)
*z̊k̊r* (Sockelinschrift), vgl. PN *'lzkr*
*ḥg* (Siegel Nr. 91)
*ḥn'* (Siegel Nr. 77)
*ḥṭš* (Siegel Nr. 22)[349]
*ḥnwn* (1Sam. 10,1.2-4; 1Chr. 19,2-6)[350], vgl. PN *'lḥnn, ḥn', ḥnn'l, mnḥm, tnḥm*
*ḥnn'l* (Siegel Nr. 21)
*ḥṣl'l* (*Tell Sīrān*-Flasche)
*ynḥm* (Siegel Nr. 59. 80. 96), vgl. PN *'lḥnn, ḥn', ḥnwn, ḥnn'l, tnḥm*
*yrḥʿzr* (Sockelinschrift) **Yarḥʿazar*, vgl. PN *'lʿzr*
*yšʿ* (Siegel Nr. 152), vgl. PN *'lyšʿ*, *bʿlyšʿ*
*ytyr* (Siegel Nr. 43)
*mkm'l* (Siegel Nr. 87)
*mlkm'wr* (Siegel Nr. 88) [vgl. PN *'ḥy'wr*]
*mlkmgd* (Siegel Nr. 89)
*mlkmyt[* (*Tell el-Mazār*-Ostrakon Nr. 7)
*mlkmʿz* (Siegel Nr. 72), vgl. PN *'lʿz*, *ʿz'*
[*mng'nrt* (Siegel Nr. 90): assyr. PN **Mannu-ki-Inurta*][351]
*mnḥ* (Siegel Nr. 29. 91)
*mnḥm* (Siegel Nr. 96. 99-100), vgl. PN *'lḥnn, ḥn', ḥnwn, ḥnn'l, tnḥm*
*mnr* (Siegel Nr. 102)
*mt'* (Siegel Nr. 108)

da die Wurzel /*zbl*/ als 1.Radikal /*z*/ und nicht /*ḏ*/ hat; zudem müßte ein Wort mit dem Konsonatenbestand */*ḏbl*/ in der 2.H. des 7.Jh.s v.Chr. in aramäischer Schreibung noch als ‹*zbl*› erscheinen (freundlicher Hinweis von M. Weippert). Zur Diskussion vgl. auch W.E. Aufrecht, A Corpus of Ammonite Inscriptions (1989), 45. Zur Wurzel *zbl* zuletzt M. O'Connor, AUSS 25 (1987), 57-59; P. Bordreuil, *Mizzebul lô*: A propos de Psaume 49:15, in: L. Eslinger – G. Taylor (ed.), Ascribe to the Lord. Biblical and other Studies in Memory of P.C. Craigie (JSOT.S 67; Sheffield 1988), 93-98. Zum GN *bs* / Bes vgl. H. Altenmüller, Bes, LÄ 1 (1975), 720-724; J.H. Tigay, You shall have no other Gods (1986), 66. Zum PN *bsy* im nordwestsemitischen Onomastikon vgl. VSE Nr. 247; R. Hestrin – M. Dayagi-Mendels, Inscribed Seals (1979), No. 38 (*bsy*); Samaria-Ostrakon Nr. 1 [*Qd̊bš*(?)]; W. Kornfeld, Onomastica Aramaica (1978), 79 (*bs'*; *bsh*); Es. 2,49; Neh. 7,52 (*bsy*; LXX aber *Basi*, *Bassou*), vgl. allerdings HAL³ I, 135. Der Gott Bes hatte in Palästina viele Verehrer und Verehrerinnen, wie die Malereien von *Kuntillet ʿAǧrūd*, die zahlreichen Amulette und Skarabäen mit Bes-Abbildungen, Bes-Vasen und südpalästinische Münzen der Perser-Zeit zeigen.

349 Trotz zahlreicher Belege in verschiedenen Onomastika (at.-hebr.; keilschriftl.; judä. ammonit.; nabatä., safait. u.a.) ist die Bedeutung der Wurzel *ḥṭš* unbekannt, s.o. Siegel Nr. 22.

350 PN *Ḥnwn* vgl. phön., aramä., judä. (Neh. 3,13.30), westsemit. *Ḫanūnu*, auch I.J. Gelb, Computer-aided Analysis of Amorite (1980), 250f.

351 Es ist nicht auszuschließen, daß der Namensträger ein Ammoniter war, vgl. die ammonitischen PN *mnr* und *mkm'l*.

*ndb'l* (Siegel Nr. 61. 67. 110. 112-113), vgl. PN *'lndb*, *ʿmndb*
*nḥš* (1Sam. 11,1f; 12,12; 2Sam. 10,2; 17,27; 1Chr. 19,1f)[352]
*nʿmh* (1Kön. 14,21.31; 2Chr. 12,13; LXX 3Kön. 12,24a) (weibl. PN)
*ṣlq* (2Sam. 23,37; 1Chr. 11,39)
*ṣnr* (Siegel Nr. 135)
*ʿbd'* (Siegel Nr. 116)
*ʿdnt* (M 393) (weibl. PN in minä. Fassung)[353]
*ʿz'* (Siegel Nr. 68), vgl. PN *'lʿz*, *mlkmʿz*
*ʿl'* (Siegel Nr. 124) (weibl. PN)
*ʿms'l* (Siegel Nr. 112)
*ʿmndb* (Siegel Nr. 14-15; *Tell Sīrān*-Flasche), assyr. *Amminadbi*, vgl. PN *'lndb*, *ndb'l*
*ʿnmwt* (Siegel Nr. 127) (weibl. PN)[354]
*pd'l* (Siegel Nr. 65), vgl. assyr. *P/Buduilu* (**På̄då̄'il*)
*plṭ* (Siegel Nr. 130), vgl. PN *'dnplṭ*, *plṭẘ*, *plṭy*
*plṭẘ* (Siegel Nr. 144), vgl. PN *'dnplṭ*, *plṭ*, *plṭy*

352 Laut MT-Vokalisation bedeutet der PN des ammonitischen Herrschers „Schlange" (LXX *Naas*), vgl. auch den israelitischen PN und ON *nḥš* (2Sam. 17,25; 1Chr. 4,12), B. Reicke, Nahas, BHH 2 (1964), 1281. Geht man von einem unvokalisierten PN *nḥš* aus, ist seine Bedeutung nicht so sicher, vgl. z. B. M. Masson, Remarques sur la racine hébraïque N-Ḥ-Š, Glecs 18-23 (1973-1979), 661-668; M. Greenberg, Nḥštk (Ezek. 16:36): Another Hebrew Cognate of Akkadian naḫāšu, in: Essays on the Ancient Near East in Memory of J. J. Finkelstein, ed. M. de Jong Ellis (Memoirs of the Connecticut Academy of Arts and Sciences 19; Hamden/CT 1977), 85f; H.-J. Fabry, *nāḥāš*, ThWAT 5 (1984-1986), 384-397; H. Schult, Vergleichende Studien zur alttestamentlichen Namenkunde (Diss. theol. masch.; Bonn 1967), 97f; R. Zadok, On West Semites in Babylonia during the Chaldean and Achaemenian Periods (1977), 65. 217f. Vergleichbare Tiernamen bei Herrschern (insbesondere bei jenen, die am Anfang der jeweiligen Geschichtsschreibung stehen) sind öfters belegt, vgl. z. B. in Ägypten [W. Helck, Wadj, LÄ 6 (1986), 1126f] und in Mesopotamien, D. O. Edzard – A. K. Grayson, Königslisten und Chroniken, RlA 6 (1980-1983), 77-135. Tiernamen sind ansonsten in den sicher bzw. wahrscheinlich ammonitischen Inschriften nur in Siegel Nr. 13 (*'gbrt*) und 108. 133. 146 (*šʿl*) belegt.

353 Zum – wahrscheinlich – kanaanä. oder aramä. PN vgl. z. B. thamud. *ʿdnt*, minä. *ʿdn*, *ʿdnt*, sabä. und safait. *ʿdn*, *ʿdnn*, L. G. Harding, An Index and Concordance of Pre-Islamic Names (1971), 410; arab. *ʿAdnān*, aber auch at.-hebr. *ʿdn* [2Chr. 29,12 (LXX *Iōdan*); 31,15 (LXX *Odom*)], *ʿdn'* [Es. 10,30 (LXX *Edene*); Neh. 12,15 (LXX *Adras*)], *ʿdnh* [2Chr. 17,14 (LXX *Ednas*; Joseph., Ant. 8,15,2, § 397 *Ednaios*)], *ʿdyn* [Es. 2,15; 8,6 (LXX *Adin*); Neh. 7,20; 10,17 (LXX *Edin*, *Edania*)], *ʿdyn'* [1Chr. 11,42 (LXX *Adina*], *ʿdnh* (*Kuntillet ʿAğrūd*), ugarit. *ʿdn*, *ʿdyn*, keilschriftl. *A-di-na-'*, *Ad-na-a-a* (auch *Bīt-Adini*?) R. Zadok, On West Semites in Babylonia (1977), 122f. 171; K. Tallquist, Assyrian Personal Names (Helsingfors 1914 = Osnabrück 1966), 13. Ob alle der hier aufgeführten Namen auf die Wurzel *ʿdn* zurückgehen, ist nicht ganz sicher, vgl. auch HAL³ 3 (1983), 748f.

354 Zum PN vgl. W. E. Aufrecht, A Corpus of Ammonite Inscriptions (1989), 44; F. Israel, SMSR 56 (1990), 331. Zu Gottheit Mōt vgl. z. B. J. H. Tigay, You shall have no other Gods (1986), 66f (*Mawet*); H. Gese, Die Religion Altsyriens, in: ders., Die Religionen Altsyriens, Altarabiens und der Mandäer (1970), 70ff u. ö.; M. H. Pope, Mōt, WM I 2 (1965), 300-302.

*plṭy* (Siegel Nr. 131. 133. 154), vgl. PN *'dnplṭ*, *plṭ*, *plṭẘ*
[*rḥbʿm* (1Kön. 11f; 14f; 1Chr. 3,10; 2Chr. 9,31; 10-13 u.ö.)][355]
*šb'l* (Siegel Nr. 136), vgl. PN *šby* (?)
*šwḥr* (Siegel Nr. 99. 138)[356]
*šby* (2Sam. 17,27), vgl. PN *šb'l* (?)[357]
*šmʿz* (Siegel Nr. 142)[358]
*šmʿl* (Siegel Nr. 144)
*šnp̄* (Sockelinschrift), vgl. assyr. *Sa-ni-Bu*, **Šanīp*
*šʿl* (Siegel Nr. 108. 133. 146)
*tmk'* (Siegel Nr. 113), vgl. PN *tmk'l*
*tmk'l* (Siegel Nr. 20. 150. 152-155), vgl. PN *tmk'*
*tnḥm* (Siegel Nr. 100), vgl. PN *'lḥnn*, *ḥnwn*, *ḥnn'l*, *mnḥm*

[*Zenon* gen. *Kotylas* (= *Getal* ?)][359]
[*Timotheos*][360]

355 (Ammonitischer?) PN des judäischen Königs, den er von seiner ammonitischen Mutter bekommen haben dürfte, vgl. R. Kessler, Die Benennung des Kindes durch die israelitische Mutter, WuD 19 (1987), 23-35. Zum PN vgl. J.J. Stamm, Zwei alttestamentliche Königsnamen, (1971), in: ders., Beiträge zur hebräischen und altorientalischen Namenkunde (OBO 30; Fribourg – Göttingen 1980), 137-146.

356 Vgl. auch die PN *šḥr* [z.B. VSE Nr. 198. 199. 223], *šḥrḥr* [VSE Nr. 35] und den GN *šḥr* in Ugarit [F. Gröndahl Die Personennamen der Texte aus Ugarit (1967), 192]. Zur Diskussion vgl. auch W.E. Aufrecht, A Corpus of Ammonite Inscriptions (1989), 113. 126f.

357 Wohl Hypokoristikon von *š(w)b'l*. Weitere Belege N. Avigad, Michmanim 4 (1989), No. 3; KAI Nr. 200:7/8; Es. 2,42; Neh. 7,45 (*šobāy*); VSE Nr. 43; W. Kornfeld, Onomastica Aramaica (1978), 73 (*šwby*). Vgl. aber auch nabatä. *šby* F. al-Khraysheh, Die Personennamen in den nabatäischen Inschriften des CIS (Diss. phil. masch.; Marburg/Lahn 1986), 169; N. Lewis – Y. Yadin – J.C. Greenfield (ed.), The Documents from the Bar-Kokhba Period in the Cave of Letters (Jerusalem 1989), 91, No. 20.

358 Die Etymologie des PN ist nicht ganz eindeutig.

359 Belege vgl. Liste der ammonitischen Herrscher (Kap. 4.3.4). Ob Zenon zur einheimischen Bevölkerung gehörte, ist nicht sicher.

360 Belege vgl. Liste der ammonitischen Herrscher (Kap. 4.3.4). Ob Timotheos zur einheimischen Bevölkerung gehörte, ist nicht sicher.

# 3. DAS AMMONITISCHE TERRITORIUM

Kern des ammonitischen Siedlungsgebietes[1] war die Region um Rabbat-Ammon (*ʿAmmān*, vor allem *Ǧebel el-Qalʿa*[2], ca. 840 m ü.d.M., map ref. 2386.1516). Nur wenige tatsächlich oder angeblich ammonitische Ortsnamen sind überliefert[3]:

a) Am häufigsten wird die Hauptstadt[4] *Rbt bny ʿmwn* (Dtn. 3,11; 2Sam. 12,26;

1 *ʾrṣ bny ʿmwn* Dtn. 2,37; Jos. 13,25; Ri. 11,15; 2Sam. 10,2; 1Chr. 19,2; 20,1; *gbwl bny ʿmwn* Dtn. 3,16; Jos. 12,2; 13,20. Vgl. zum Folgenden vor allem N. Glueck, EEP 3 (1939), 151ff; G. M. Landes, A History of the Ammonites (Ph.D.Diss. unpubl.; 1956), 17ff. 69ff; B. Oded, The Political Status of Israelite Transjordan during the Period of the Monarchy (to the Fall of Samaria) (Ph.D.Diss. unpubl.; Hebrew University Jerusalem 1968), 93ff. 145ff (hebr.) und als nützliches Hilfsmittel W. Zwickel, Eisenzeitliche Ortslagen im Ostjordanland (BTAVO.B 81; Wiesbaden 1990), passim, Karten 5 und 8. Vgl. noch die kreuzfahrerzeitlichen Termini wie *regio Amonitarum, fines Amonitarum, Amon, Ammonitae* bei Wilhelm von Tyros u.a. Auf die israelitischen bzw. judäischen „Land"-Vorstellungen und den damit verbundenen Meinungen über den Status (des israelitischen) Transjordaniens wird hier nicht näher eingegangen, weil sie z.T. völlig unterschiedlich sind und vor allem nichts zu den realen Grenzen der Ammonitis beitragen; aus der Flut der Sekundärliteratur vgl. z.B. M. Weinfeld, The Extent of the Promised Land – the Status of Transjordan, in: G. Strecker (ed.), Das Land Israel in biblischer Zeit. Jerusalem-Symposium 1981 (Göttingen 1983), 59-75; J. Bergman – M. Ottosson, *ʾrṣ*, ThWAT 1 (1970-1973), 418-436; G. Stemberger, Die Bedeutung des „Landes Israel" in der rabbinischen Tradition, (1983), in: ders., Studien zum rabbinischen Judentum (SBA 10; Stuttgart 1990), 321-355.

2 Map ref. 2386.1516. Vgl. dazu auch LXX Dtn. 3,11: *Rabbath hē akra tōn hyiōn Ammōn*.

3 Vgl. *ʿry bny ʿmwn* (2Sam. 12,31; 1Chr. 20,3; auch 1Chr. 19,7), *w-bntyh* (Jer. 49,2) sowie *ʿśrym ʿyr* (Ri. 11,33). Der in Jos. 18,24 überlieferte und bisher nicht lokalisierte ON *kpr h-ʿmny* (LXX: *Kephira, kaferammin*; Vulg.: *Villa Emona*) liegt in Benjamin. Eine Verbindung zu den Ammonitern könnte *vielleicht* darin bestehen, daß dort Ammoniter von Assyrern angesiedelt worden sind, vgl. z.B. N. Naʾaman – R. Zadok, JCS 40 (1988), 45f. Im arabischen ON-Bestand der Ammonitis sind vor allem *ʿAmmān* und *Tell Ṣāfūṭ* ON mit kanaanäischem Substrat, vgl. S. Maʿani, Nordjordanische Ortsnamen (Hildesheim u.a. 1992), passim.

4 Map ref. 238.151. Zum Status der Stadt vgl. neben *ʿyr h-mlwkh* (2Sam. 12,26) auch *Metropolis* [z.B. Joseph., Ant. 7,6,2f (§ 123.129); Hieronymus, PL 25,233], *polis* [z.B. IGLS 21,2, Nos. 23-24; Joseph. Ant. 4,5,3 (§ 98) (*polis tōn basileiōn*); Eusebios – Hieronymus, Onom. 16f,15-17; Steph. Byz., z.St.; Theodoret, PG 81, 320], *urbs* [z.B. Hieronymus, PL 25,233; Martin I., PL 87 (1863), 165f], *civitas metropolis* (z.B. Hieronymus, PL 25, 205); *civitas* [z.B. Hieronymus, PL 30 (1846), 469; ActaSS 64 Nov. II 2 (1931), 408. 410]. Vgl. auch Rabbat-Ammon und seine 'Tochterstädte' in Jer. 49,2.

17,27; Jer. 49,2; Ez. 21,25)[5] = *Rbh* (Jos. 13,25; 2Sam. 11,1; 12,27[6].29; 1Chr. 20,1; Am. 1,14; Jer. 49,3; Ez. 25,5)[7] erwähnt, die einige Male ihren Namen änderte oder wechselte: *Rab(b)ath(a)*[8] = *Rabbatham(m)an(a)*[9] = *Astartē* (Steph. Byz.) = *Philadelph(e)ia*[10] = *Birta* (PCairoZen 59003) = *Amman(a)*[11] = *Ahamant(h)*[12] = *ʿAmmān*[13] u. a.

b) Das im Alten Testament nur in Ri. 11,33 erwähnte Abel-Keramim (griech. *Abel ampelōnōn*, latein. *Abel quae est in vineis, Abel vinearum*) ist *wahrscheinlich* mit dem *krmn* (Nr. 96) der Palästina-Liste Tuthmosis' III.[14] und dem *Ābil* (*az-*

5 W. Zwickel, in: U. Worschech, Die Beziehungen Moabs zu Israel und Ägypten (1990), 127, Anm. 15 will Nr. 95 (*ʿa-y-n*) der Palästina-Liste Thutmosis' III. mit *Rās el-ʿAin* (map ref. 2364.1505) bzw. *ʿAmmān* gleichsetzen; vgl. D. B. Redford, JSSEA 12 (1982), 74; U. Worschech, Das Land jenseits des Jordan (1991), 104f, Abb. 60 (= Rabbat-Ammon).

6 Einschließlich *ʿyr h-mym*.

7 Zur vorhellenistischen Besiedlungsgeschichte vgl. zusammenfassend U. Hübner, in: A. E. Northedge (ed.), Studies on Roman and Islamic ʿAmman, Vol. I (1992), (im Druck).

8 Vgl. z. B. LXX; Joseph., Ant. 4,5,3 (§ 98); 7,6,2f; 7,7,5 (§§ 123. 129. 160); Hieronymus, PL 25, 205. 233; Theodoret, PG 81, 1013; vgl. Georg. Cypr. 1065.

9 Vgl. z. B. PSI VI, No. 616; Polybios, hist. 5,71,4; Steph. Byz., z. St.; vgl. Ptol., geo. 5,17,6; Hieronymus, PL 25,1261.

10 Vgl. z. B. IGLS 21,2 (1986), Nos. 16. 23f (*kata Koilēn Syrian*); M. Piccirillo, Le iscrizioni di Um er-Rasas – Kastron Mefaa in Giordania I (1986-1987), LA 37 (1987), 196, No. 23; Strabo 16,2,34; Joseph., Ant. 13,8,1 (§ 235); 20,1,1 (§ 2f); ders., BJ 1,2,4; 6,3; 19,5 (§§ 60. 129. 380); 2,18,1 (§ 458); 3,3,3 (§§ 46. 47), passim; Plinius d.Ä., nat. hist. 5,16,74; Solinus, Coll. rerum memor. 36,1; Hieronymus, PL 30 (1846), 469; Eusebios – Hieronymus, Onom. 16f,15f; Hierokles, Synek. 722f; Georg. Kyp. 1065; Epiphanios, PG 41, 1011f; ders., PG 42, 865f; Martin I., PL 87, 165f; Tabula Peutingeriana; Ammianus 14,8,13; *Pilodelpia* vgl. W. Selzer et al., Römische Steindenkmäler. Mainz in römischer Zeit (Katalog Landesmuseum Mainz 1; Mainz 1988), Nr. 90; *Filadelfia*; *Finadelfina* u. a. [ActaSS 64 Nov. II 2 (1931), 408. 410].

11 Vgl. z. B. Eusebios – Hieronymus, Onom. 16f,15-17; Hieronymus, PL 25,1261; Theodoret, PG 81,320. 1013. Vgl. ON *Aman Balkan* bei P. Garitte, La Passion de S.Élien de Philadelphie (ʿAmman), AnBoll 79 (1961), 427.

12 *Haman, Aman* u. a., vgl. H. E. Mayer, Die Kreuzfahrerherrschaft Montréal (*Šōbak*). Jordanien im 12. Jahrhundert (ADPV 14; Wiesbaden 1990), 159-162 u. ö.

13 Vgl. nab. RÉS No. 1284 bzw. IGLS 21,2 (1986), No. 154. Belege bei L. G. Harding, *ʿAmmān*, EI 1 (1960 = $^{2}$1979), 447f; L. Conrad, The History of ʿAmman in the Early Islamic Period, in: A. E. Northedge (ed.), Studies on Roman and Islamic ʿAmman, Vol. I (1992), (im Druck).

14 Vgl. z. B. J. Simons, Handbook for the Study of Egyptian Topographical Lists relating to Western Asia (Leiden 1937), 112. 118 (List I); A. Jirku (ed.), Die ägyptischen Listen palästinensischer und syrischer Ortsnamen (Klio Bh. 38; 1937 = Aalen 1967), 15; W. Helck, Die Beziehungen Ägyptens zu Vorderasien im 3. und 2. Jahrtausend v. Chr. ($^{2}$1971), 131; M. Noth, ABLAK 2 (1971), 44ff. Sh. Aḥituv, Canaanite Toponyms in Ancient Egyptian Documents (Jerusalem – Leiden 1984), 124 bearbeitet nur Nr. 49. Anders S. Timm, Moab zwischen den Mächten (1989), 29-31, vgl. auch M. Görg, Transjordanische Ortsnamen unter Amenophis III., in: ders., Beiträge zur Zeitgeschichte der Anfänge Israels. Dokumente – Materialien – Notizen (ÄAT 2; Wiesbaden 1989), 40-53. W. F. Albright, The Jordan Valley in the Bronze Age, in: AASOR 6 (New Haven 1926), 19,

*Zait*) im *Ta'rīḫ* des *Abū Ǧaʿfar M. ibn Ǧarīr aṭ-Ṭabarī*[15] identisch und auf *Saḥāb* (map ref. 2452.1425) zu lokalisieren[16].

c) Ein Ort namens Aroër, der „gegenüber (im Westen?![17]) von Rabba liegt", also auf dem Gebiet der Ammonitis gelegen haben soll, wird nur in Jos. 13,25 erwähnt[18]. Es fragt sich allerdings, ob die geographischen Kenntnisse des cisjordanischen Verfassers korrekt sind und der Ort nicht mit dem moabitischen Aroër am Arnon (*Ḫirbet ʿArāʿir*, map ref. 2281.0981) verwechselt wird. Der Kontext von Jos. 13,25 gibt keine näheren Anhaltspunkte für seine Lage. *Vielleicht* ist der Ort mit *Ḫirbet Bēder* (?)[19] zu identifizieren.

d) Innerhalb der sekundär eingetragenen Handelsliste Ez. 27,(11).12-24.(25*) wird in Ez. 27,17 ein Ort (?) namens Minnit[20] genannt: „Juda und das Land Israels, sie sind deine Handelspartner; um[21] Minnit-Weizen und *png*[22] und Honig und Öl

Anm. 20 wollte Nr. 106 (vgl. SIMONS Liste XXXIV, Nos. 13. 109, Šošenq I.) mit Rabbat(-Ammon) gleichsetzen, was sicher falsch ist.

15 *Ta'rīḫ ar-rusul wa-l-mulūk*, ed. M. A. IBRAHIM III (Kairo 1969), 184. 389 = ed. M. J. DE GOEJE, Part I (Leiden 1879 = 1964), 1795. 2081 f.

16 E. A. KNAUF, Abel Keramim, ZDPV 100 (1984), 119-121, vgl. auch Z. A. KAFAFI, BN 29 (1985), 17. Andere Identifizierungsvorschläge sind *Kōm Yāǧūz* (S. MITTMANN), *Nāʿūr* [F.-M. ABEL; M. GÖRG; D. B. REDFORD, SHAJ 1 (1982), 119], *Tell el-ʿUmērī* [D.B. REDFORD, JSSEA 12 (1982), 61 f. 66-70; W. ZWICKEL, in: U. WORSCHECH, Die Beziehungen Moabs zu Israel und Ägypten (1990), 127, Anm. 15; U. WORSCHECH, Das Land jenseits des Jordan (1991), 104 f, Abb. 60] oder *Ḫirbet es-Sūq* (F. SCHULTZE; A. ALT).

17 Vgl. HAL³ 3 (1983), 890; J. F. DRINKARD, *ʿal penê*, JBL 98 (1979), 285 f (westlich oder nördlich von Rabbat-Ammon); H. SIMIAN-YOFRE, *pānîm*, ThWAT 6 (1989), 656; J. VOLLMER, *pānīm*, THAT 2 (²1979), 445; M. WÜST, Untersuchungen zu den siedlungsgeographischen Texten des Alten Testaments I. Ostjordanland (BTAVO.B 9; Wiesbaden 1975), 35, Anm. 121.

18 S. MITTMANN, Aroer, Minnith und Abel Keramim (Jdc. 11,33), ZDPV 85 (1969), 63-75; M. WÜST, Untersuchungen zu den siedlungsgeographischen Texten des Alten Testaments I (1975), 170 ff. 245.

19 Map ref. 2383.1560. Vgl. z. B. C. H. CORNILL, Miszelle. Jdc 11,3, ZAW 37 (1917-18), 251 f (ohne Lokalisierung); M. NOTH, Das Buch Josua (HAT I 7; Tübingen ²1953), 81 (ohne Lokalisierung); S. MITTMANN, ZDPV 85 (1969), 63-75.

20 So z. B. H. J. VAN DIJK, Ezekiel's Prophecy on Tyre (Ez. 26,1-28,19). A New Approach (BibOr 20; Rom 1968), 49; W. EICHRODT, Der Prophet Hesekiel Kapitel 19-48 (ATD 22,2; Göttingen ²1969), 263 f; H. F. FUHS, Ezechiel II: 25-48 (Echter-Bibel 22; Würzburg 1988), 146-149; H. P. RÜGER, Das Tyrusorakel Ez 27 (Diss. theol. masch.; Tübingen 1961), 20-26; M. KISLEV, Towards the Identity of Some Species of Wheat in Antiquity, Leš. 42 (1977), 64-72 (hebr.); M. LIVERANI, The Trade Network of Tyre according to Ezek. 27, in: Ah, Assyria... Studies in Assyrian History and Ancient Near Eastern Historiography presented to H. TADMOR, ed. M. COGAN – I. EPHʿAL (ScrHier 33; Jerusalem 1991), 65-79; W. ZIMMERLI, Ezechiel (BK AT 13,2; Neukirchen-Vluyn ²1979), 625-661.

21 Syr. liest nur *ḥṭ'*.

22 Ein Hapaxlegomenon unsicherer Bedeutung, vgl. HAL³ 3 (1983), 884; Vermutungen bei CH. RABIN, Rice in the Bible, JSSt 11 (1966), 8 f; H. R. COHEN, Biblical Hapax Legomena in the Light of Akkadian and Ugaritic (SBL Diss.Ser. 37; Missoula/MT 1978), 118 „(type of) cake or meal"; AHw 818. LXX liest *kasias*. Vulg., die *myrōn* der LXX mit *balsamum* übersetzt hatte, übergeht es stillschweigend; Syr. liest *dwḥn'* („Hirse") und Targ. *qlwwy'* [„Näschereien", G. DALMAN, Aramäisch-Neuhebräi-

und (Mastix-?)Harz[23] haben sie deine Tauschware[24] gegeben". Dabei sind *b-ḥṭy mnyt* und auch das nachfolgende *w-png* textkritisch bzw. lexikographisch strittig: die angebliche Ortsangabe Minnit unterbricht die Aufzählung der Handelsgüter; dem MT nach handelt es sich bei *mnyt* kaum um einen ON. Entsprechend haben die alten Übersetzungen *(b-ḥṭy) mnyt* ganz offensichtlich als weiteres Produkt in der Liste der Handelswaren aufgefaßt: LXX übersetzt *b-ḥṭy mnyt* mit *en siton prasei kai myrōn*, Syr. mit *ḥṭ' w-rwz'/n* „Reis"[25], Targ. mit *b-ḥyṭy ryḥwš* „Balsamöl" o.ä.[26], Vulg. mit *in frumento primo balsamum*. Um das damit gestellte Problem zu lösen, wird gerne unter Hinweis auf Gen. 37,25; 43,11 *(b-)ḥṭym w-nk't* (vgl. BHK$^3$ und BHS z.St.)[27] oder *ḥṭym zyt* konjiziert (vgl. BHK$^3$ z.St.)[28] oder aber *mnyt* mit „Reis" übersetzt[29], während andere, z.T. mit deutlichem Unbehagen, an dem ON festhalten[30].

Ein ON Minnit wird im Alten Testament nur noch in Ri. 11,33 erwähnt[31]: LXX liest hier, wenn überhaupt (vgl. LXX B: *Arnōn*), *Semōi(e)th*, *Semenith* oder *Mōith*, Vulg. *Mennith* und Syr. *Machir*. Josephus, Ant. 5,7,10 (§263), der in seiner Wiedergabe der Jefta-Passage den Ort mit *Maniath(ē) / (Maliathē)* wiedergibt, ohne Aroër und Abel-Keramim zu erwähnen, schreibt dann: *„kai diabas eis tēn Ammanitin"*, d.h. daß seiner Meinung nach der genannte Ort möglicherweise nicht zur

sches Handwörterbuch zu Targum, Talmud und Midrasch (Göttingen $^3$1938 = Hildesheim 1987), 378]; vgl. auch H.P. Rüger, Das Tyrusorakel Ez 27 (Diss. theol. masch.; 1961), 2. 12f. Daß es sich auch hier um einen ON handelt (der sonst nirgends mehr belegt ist), ist mehr als unwahrscheinlich.

23 Vgl. vor allem P. Crone, Meccan Trade and the Rise of Islam (Oxford 1987), 54f und wenig überzeugend K. Nielsen, Incense in Ancient Israel (VT.S 38; Leiden 1986), 61f sowie B. Greger, Ein Erklärungsversuch zu *ṣry – ṣor(y)y*, BN 45 (1988), 28-39.

24 BHS z.St. schlägt aufgrund von LXX *(eis ton symmikton sou)*, Targ. *(b-ḥnwty-k)* und Vulg. *(in nundinis tuis)* die Lesung *b-mʿrb-k* anstatt *mʿrb-k* (MT) vor.

25 Ch. Rabin, JSSt 11 (1966), 2-9.

26 G. Dalman, Aramäisch-Neuhebräisches Handwörterbuch ($^3$1938), 401; M. Jastrow, A Dictionary of the Targumim, the Talmud Babli and Yerushalmi and the Midrashic Literature (New York 1903 = 1989), 1474, vgl. Ch. Rabin, JSSt 11 (1966), 3.

27 HAL$^3$ 3 (1983), 658. Vgl. z.B. auch W. Eichrodt, Der Prophet Hesekiel ($^2$1969), 258. Vgl. aber auch H.P. Rüger, Das Tyrusorakel Ez 27 (Diss. theol. masch.; 1961), 12; E.A. Knauf, Ismael ($^2$1989), 15f.

28 Vgl. auch H.F. Fuhs, Ezechiel II (1988), 148.

29 Ch. Rabin, JSSt 11 (1966), 2-9, vgl. auch HAL$^3$ 2 (1974), 570.

30 Vgl. z.B. A. Bertholet, Hesekiel (HAT I 13; Tübingen 1936), 98f; J. Garrett, A Geographical Commentary on Ezekiel XXVII, Geography 24 (1939), 244; G. Hölscher, Maanith, RE 16,1 (1928), 92; H.P. Rüger, Das Tyrusorakel Ez 27 (Diss. theol. masch.; 1961), 2. 80; W. Zimmerli, Ezechiel ($^2$1979), 630f. 654.

31 V. 33a ist sekundär, vgl. S. Mittmann, ZDPV 85 (1969), 63ff! C.R. Conder, PEQ 1882, 10; ders., Heth and Moab (1883), 140. 404 will das at. Minnit mit *el-Minya* südlich des Nebo identifizieren, vgl. A. Strobel, Topographische Untersuchungen bei der *ʿAin el-Minya*, ZDPV 98 (1982), 192-203; M. Piccirillo, Chiese e mosaici di Madaba (SBF.CMa 42; Jerusalem 1989), 247-251.

Ammanitis bzw. zum ammonitischen Territorium gehörte, ganz abgesehen davon, daß fraglich ist, ob der Ort zur Zeit des Josephus überhaupt existierte bzw. besiedelt war und ihm tatsächlich mehr als nur dem Namen nach bekannt war. Als einziger eisenzeitlicher ON-Beleg für Minnit bleibt Ri. 11,33. Die beiden anderen in Ri. 11,33 genannten Orte lassen sich in etwa lokalisieren: Aroër ist vielleicht mit dem in Jos. 13,25 genannten „Aroër, das gegenüber Rabba liegt" (*Ḫirbet Bēder*?) und wohl nicht mit dem moabitischen *Ḫirbet ʿArāʿir* zu identifizieren – sofern es sich nicht überhaupt um eine ON-Fiktion handelt[32]. Abel-Keramim ist wahrscheinlich mit dem auf ammonitischen Territorium gelegenen *Saḥāb* zu identifizieren. Ein letztes Mal[33] wird der Ort bei Eusebios / Hieronymus, Onom. 132,1f; 133,1f als *Mennēth (Mennith)* bzw. *kōmē Maanith (Maanith villa)* erwähnt, der 4 rm von Esbus entfernt an der Straße nach Philadelphia gelegen habe, d.h. wohl auf dem Gebiet der Ammanitis. In der Regel wird mittels der Gleichung[34] Minnit des Alten Testaments = *Me/annith* des Onom. (= *Maniathē / Maliathē* des Joseph.) ein Ort gesucht, der den geographischen Angaben des Onom. entspricht und in der Eisenzeit (I und / oder II) und in der (spät-)römisch-byzantinischen Epoche besiedelt war[35]; entsprechend wurden *Ḫirbet Ḥešrūm*[36] und *Umm al-Basātīn* (bzw. *Umm el-Ḥanāfīš*) (einschließlich *Ḫirbet Hamze*)[37] vorgeschlagen.

32 Vgl. M. Wüst, Untersuchungen zu den siedlungsgeographischen Texten des Alten Testaments I (1975), 170ff.

33 Daß der ON sonst nicht, also weder in den zahlreichen spätantiken Paraphrasen at. Passagen (z.B. Pseudo-Philo, Ant. Bibl.) noch in den Pilgerberichten noch epigraphisch (Madeba-Karte u.a.) noch in späteren arabischen Quellen, belegt ist, fällt auf, muß aber nichts besagen, da die betreffenden at. Belegstellen für geistliche Übungen wie Pilgerfahrten offenbar zu unergiebig und unbedeutend waren.

34 Eine Beziehung des ON in Ez. 27,17 wurde wohl zusätzlich dadurch angeregt, daß das an gleicher Stelle belegte *ṣry* laut Gen. 37,25; Jer. 8,22; 46,11 auch aus Gilead stammen konnte, vgl. auch Gen. 43,11; Jer. 51,8 sowie HAL³ 3 (1983), 987f; G. Dalman, Aramäisch-Neuhebräisches Handwörterbuch (³1938), 367; Ch. Rabin, JSSt 11 (1966), 2.

35 Vgl. auch F.-M. Abel, Géographie de la Palestine II (Paris 1938 = 1967), 388; B. Reicke, Minnith, BHH 2 (1964), 1218. M. Noth, ABLAK I (1971), 365 (Anm. 47). 514 war der Meinung, daß das at. Minnit aus lautlichen Gründen nicht mit dem *Maanith* des Onom. identisch und nicht lokalisierbar sei.

36 Map ref. 2311.1402. z.B. F. Buhl, Geographie des alten Palästina (GThW II 4; Freiburg – Leipzig 1896), 266; P. Thomsen, Loca Sancta (Leipzig 1907 = Hildesheim 1966), 85; R.D. Ibach, Archaeological Survey of the Hesban Region (1987), No. 130; laut der Oberflächenuntersuchung war die Ortslage in der Eisenzeit nicht besiedelt.

37 Map ref. 233.137. The Archaeological Heritage of Jordan I: The Archaeological Periods and Sites (East Bank) (Amman 1973), Site No. 396. A. Alt, Erwägungen über die Landnahme der Israeliten in Palästina, (1939), in: ders., Kleine Schriften zur Geschichte Israels I (München ⁴1968), 159; ders., Das Institut im Jahre 1932, PJ 29 (1933), 27f; E.A. Knauf, ZDPV 100 (1984), 121; S. Mittmann, ZDPV 85 (1969), 63-75; H.P. Rüger, Das Tyrusorakel Ez 27 (Diss. theol. masch.; 1961), 80; F. Schultze, Ein neuer Meilenstein und die Lage von Jaser, PJ 28 (1932), 70 (*Ḫirbet Hamze*). Nach

Dabei ist aber keineswegs sicher, ob das Minnit von Ez. 27,17 mit dem von Ri. 11,33 identisch ist. Methodisch gesehen kann man die Angabe über einen Ort, von dem man nichts weiß (das angebliche oder tatsächliche Minnit in Ez. 27,17), schlecht mit der Angabe eines Ortes kombinieren, von dem man kaum etwas weiß (Minnit in Ri. 11,33). Die Addition von Nichtwissen führt nicht zu mehr Wissen.

Angesichts der Tatsache, daß 1) schon die alten Übersetzungen den angeblichen ON von Ez. 27,17 sachlich anders verstanden haben, 2) die Lage des angeblichen Minnit von Ez. 27,17 (falls der Verf. überhaupt über hinreichende geographische Kenntnisse verfügte) völlig unbekannt ist, 3) in Ez. 27,17 Juda und Israel, nicht aber Ammon (und / oder Moab) erwähnt sind, und 4) der angebliche ON in Ez. 27,17 die Aufzählung der Handelsgüter etwas störend unterbricht, ist die Schlußfolgerung, die aus diesen Sachverhalten zu ziehen ist, klar: Selbst wenn man den MT nicht ändert und *wenn* man am ON festhält, kann Ez. 27,27 nicht als Beleg für einen angeblich ammonitischen Ort namens Minnit verwendet werden; viel wahrscheinlicher wäre es dem Kontext nach, wenn es sich bei Minnit – wenn überhaupt – um einen westjordanischen Ort handeln würde[38]. Doch ist die Möglichkeit, daß in Ez. 27,17 gar kein ON genannt ist, sondern eine weitere Handelsware im Sinne der alten Übersetzungen, keineswegs auszuschließen. Auch als Beleg für einen ammonitisch-phönizischen Handel, an dem sich Juda / Israel als Zwischenhändler betätigten[39], kann Ez. 27,17 nicht herangezogen werden. Phönizischer Kultureinfluß in Ammon und die damit vorauszusetzenden Handelsbeziehungen sind mit Hilfe der Archäologie besser nachweisbar (vgl. Kap. 5 u. ö.).

e) Heschbon (*Tell Ḥesbān*) hat mit größter Wahrscheinlichkeit nie zur Ammonitis, sondern stets zur Moabitis gehört[40].

Oberflächenuntersuchungen war die Ortslage u.a. in der Eisen I-II-Zeit und in der römisch-byzantinischen Periode besiedelt, R. D. Ibach, Archaeological Survey of the Hesban Region (1987), Nos. 103. 140; U. Worschech, Das Land jenseits des Jordan (1991), 127; C. R. Conder, The Survey of Eastern Palestine I (1889), 247f; anders ders., Heth and Moab (1883), 140. 404.

38 Der Versuch von A. Sarsowsky, Notizen zu einigen biblischen geographischen und ethnographischen Namen, ZAW 32 (1912), 148, das Minnit von Ez. 27,17 mit *Manṣuate* zu identifizieren, ist nicht mehr als diesen Hinweis wert; vgl. J. D. Hawkins, Manṣuate, RlA 7 (1987-1990), 342f.

39 Zum israelitisch-tyrischen Handel vgl. neben at. Belegen wie 2Sam. 5,11; 1Chr. 14,1ff; 22,4; 1Kön. 5,15ff; 7,13f; 9,11f; 2Chr. 2,2ff; Ez. 27,17; Es. 3,7 auch die archäologische Diskusssion bei Sh. Geva, Archaeological Evidence for the Trade between Israel and Tyre?, BASOR 248 (1982), 70; P. M. Bikai, Observations on Archaeological Evidence for the Trade between Israel and Tyre, BASOR 258 (1985), 71f, vgl. zuletzt auch U. Hübner, Areale B 2. Areal B 1. Die Keramik, in: V. Fritz (ed.), Kinneret. Ergebnisse der Ausgrabungen auf dem *Tell el-ʿOrēme* am See Gennesaret, 1982-1985 (ADPV 15; Wiesbaden 1990), 94f; E. A. Knauf, ZAH 3 (1990), 23.

40 Map ref. 2265.1342. U. Hübner, ZDPV 104 (1988), 68-73. Zuletzt, aber unbefriedigend M. Vyhmeister, The History of Heshbon from the Literary Sources, in: L. T. Geraty – L. G. Running (ed.), Historical Foundations: Studies in Literary References to Hesban and Vicinity (Hesban 3) (Berrien Springs/MI 1989), 1-23.

f) Einen ammonitischen Ort namens „Ai“ (Jer. 49,3 MT) hat es nie gegeben (vgl. Kap. 7).

Gesicherte und archäologisch einigermaßen bekannte ammonitische Siedlungen, von denen mehr als nur einzelne Gräber bekannt sind, sind neben *ʿAmmān* vor allem *Saḥāb, Tell Ṣāfūṭ* (map ref. 2286.1606), *Tell ʿUmērī* (map ref. 2342.1420), *Ḫirbet Umm ed-Danānīr* (map ref. 2273.1659) und *Ḫirbet el-Ḥaǧǧār* (map ref. 2298.1466)[41]. Sie liegen alle in einem Umkreis von ca. 11-18 km um *ʿAmmān* herum. Rabbat-Ammon selbst ist nicht nur durch die literarischen Quellen als Hauptstadt dieser Region ausgewiesen, sondern auch durch seine zentrale, handelspolitisch und strategisch günstige Lage, seine Ausdehnung[42] und durch das archäologische und epigraphische Fundmaterial. Die Fundorte, aus denen die verschiedenen männlichen und weiblichen Steinstatuen stammen [*ʿAmmān* und unmittelbare Umgebung; *Ḫirbet el-Ḥaǧǧār; Abū ʿAlanda* (map ref. 2413.1457); *ʿArǧān* (map ref. 2328.1553)], gruppieren sich um *ʿAmmān* herum, das als Produktionsort aller dieser Denkmäler zu gelten hat. Die bisher in der Ammonitis gefundenen ammonitischen Inschriften stammen aus *ʿAmmān, Saḥāb, Umm Uḏaina, Tell Sīrān, Ḫirbet Umm ed-Danānīr* und *Tell el-ʿUmērī*.

Die westlichen Grenzen der Ammonitis lassen sich auch durch die wenigen bekannten israelitischen Grenzorte nicht näher bestimmen, da letztere sich entweder nicht sicher genug lokalisieren lassen [Jaser (s.u.); Ramat-Mizpe[43]] oder aber nicht nahe genug in der israelitisch-ammonitischen Grenzregion liegen wie z.B. Betonim (*Ḫirbet Baṭne*, map ref. 2162.1564)[44].

In Anbetracht des konservativen Charakters von Grenzen und ihres territorialgeschichtlichen Beharrungsvermögens lohnt es sich, auch die Gebietsgrenzen späterer Epochen näher zu betrachten[45]; in ihnen können sich die eisenzeitlichen Grenzen der Ammonits widerspiegeln[46].

– Die Mosaik-Inschriften (IGLS 21,2, Nr. 53. 56) der byzantinischen Kirchen von

41 *Ḫirbet Umm ed-Danānīr* als Vorstadt der nordwestlichen Ammonitis, *Tell Ṣāfūṭ* als Vorstadt der *Buqēʿa, Saḥāb* als Vorstadt der östlichen und *Tell el-ʿUmērī* als Vorstadt der südlichen Ammonitis.

42 *Ǧebel el-Qalʿa* (obere und mittlere Terrasse), und die „Wasserstadt“.

43 Jos. 13,26; vgl. Ri. 11,29 (?). Vgl. A. Kuschke, Historisch-topographische Beiträge zum Buche Josua, in: Gottes Wort und Gottes Land. FS für H.-W. Hertzberg zum 70.Geb., ed. H. Graf Reventlow (Göttingen 1965), 96f.

44 Jos. 13,26 [in der *ʿAmmān*-Zitadellen-Inschrift Z.5 ist kaum ein (israelitischer) ON *bṭn* zu lesen]. Vgl. z.B. R. de Vaux, RB 47 (1938), 404; ders., Bible et Orient (1967), 135; N. Glueck, EEP III (1939), 236 (Site 219); S. Mittmann, Beiträge zur Siedlungs- und Territorialgeschichte des nördlichen Ostjordanlandes (1970), 236, Anm. 84.

45 Vgl. z.B. R. North, Israel's Tribes and Today's Frontier, CBQ 16 (1954), 146-153.

46 Die Grenzen der voreisenzeitlichen Territorien im mittleren Ostjordanland sind nicht bekannt.

*el-Quwēsime* (map ref. 241.147)[47] und von *el-Yādūde* (map ref. 2365.1395)[48] datieren nach der pompeianischen Ära von Philadelphia[49] bzw. der Dekapolis und nicht nach der seleukidischen von Medeba [vgl. IGLS 21,2, Nr. 131 (?)] und Dibon (IGLS 21,2, Nr. 179)[50]. Danach unterstand *auch* der Sprengel von *el-Yādūde* dem Bischof von Philadelphia und gehörte territorialgeschichtlich gesehen zum Gebiet der Ammonitis. Die Kirche von *Ḫirbet Māsūḥ* (map ref. 2294.1325), die ca. 3 km östlich von Esbous liegt, gehörte dagegen mit großer Wahrscheinlichkeit zu diesem Bistum, also zur Moabitis[51]. Dies alles paßt gut zu den Überlegungen über die moabitische Geschichte Heschbons[52].

– Im Norden grenzte das Gebiet des byzantinischen Philadelphia an das des

47 S.J. SALLER, An Eighth-Century Christian Inscription at el-Quweisme, near Amman, Transjordan, JPOS 21 (1948), 138-147; M. PICCIRILLO, Le chiese di Quweismeh – Amman, LA 34 (1984), 329-340; ders, Quweismeh, in: D. HOMES-FREDERICQ – J.B. HENNESSY (ed.), Archaeology of Jordan II 2 (1989), 486; R. SCHICK – E. SULEIMAN, Excavations of the Lower Church at el-Quweisma, LA 39 (1989), 264f, Pl. 83-85; K. BEYER, Die aramäischen Texte vom Toten Meer (1984), 402f; É. PUECH, L'inscription christo-palestinienne du monastère d'el-Quweisme, LA 34 (1984), 341-346.

48 The Archaeological Heritage of Jordan I (1973), Site No. 410. Vgl. schon A. ALT, Inschriftliches zu den Ären von Scythopolis und Philadelphia, ZDPV 55 (1932), 132-134; R.D. IBACH, Archaeological Survey of the Hesban Region (1987), Site 143; M. PICCIRILLO, Yadudeh, in: D. HOMES-FREDERICQ – J.B. HENNESSY (ed.), Archaeology of Jordan II 2 (1989), 631f; auch K. VON RABENAU, ZDPV 94 (1978), 51f; R.S. ABUJABER, Yadoudeh: The Modern History of its People, in: L.T. GERATY et al. (ed.), Madaba Plains Project 1 (1989), 30f; auch ders., Pioneers over Jordan. The Frontier of Settlement in Transjordan 1850-1914 (London 1989), 134-162; ders. – H.J. FRANKEN, Yadoudeh: The History of a Land, in: L.T. GERATY et al. (ed.), Madaba Plains Project 1 (1989), 407-436.

49 Vgl. die Münzen von Philadelphia bei A. SPIJKERMAN, The Coins of the Decapolis and Provincia Arabia (SBF.CMa 25; Jerusalem 1978), 242ff; vgl. A. ALT, ZDPV 55 (1932), 132-134; J.-P. REY-COQUAIS, Philadelphie de Coelésyrie, ADAJ 25 (1981), 25-27. Zum römisch-byzantinischen Philadelphia vgl. H. MACADAM, The History of Philadelphia in the Classical Times, in: A.E. NORTHEDGE (ed.), Studies on Roman and Islamic ʿAmman, Vol. I (1992), (im Druck).

50 Zum byzantinischen Dibon vgl. zuletzt U. HÜBNER, Ein byzantinischer Brotstempel aus Dibon, ZDPV 106 (1990), 177-179.

51 The Archaeological Heritage of Jordan I (1973), Site No. 233. IGLS 21,2 (1986), No. 57; R.D. IBACH, Archaeological Survey of the Hesban Region (1987), Site 100; M. PICCIRILLO, La chiesa di Massuh e il territorio della diocesi di Esbous, LA 33 (1983), 335-346; ders., Masuh, in: D. HOMES-FREDERICQ – J.B. HENNESSY (ed.), Archaeology of Jordan II 2 (1989), 380; R. DEVREESSE, Le Patriarchat d'Antioche depuis la paix de l'église jusqu'à la conquête Arabe (Études Palestiniennes et Orientales; Paris 1945), 220 u.ö. Allgemein auch ders., Le christianisme dans la Province d'Arabie, VivPen 2 (1942), 110-146; ders., Les Anciens évêchés de Palestine, in: Memorial LAGRANGE (Paris 1940), 217-227; N. EDELBY, La Transjordanie chrétienne des origines aux Croisades, POC 6 (1956), 97-117 sowie M. PICCIRILLO et al., Églises locales de la Province d'Arabie, Le Monde de la Bible 35 (1984), 12-38; ders., Chiese e mosaici di Giordania. Una communità cristiana dalle origini bibliche, Anton. 58 (1983), 85-101.

52 U. HÜBNER, ZDPV 104 (1988), 68-73; E.A. KNAUF, ZDPV 106 (1990), 135ff. Selbst die gegenwärtigen Verwaltungsgrenzen in diesem Gebiet unterstützen diese Grenzhypothese, vgl. Ø.S. LABIANCA, Sedentarization and Nomadization (Hesban 1; 1990), 101, fig. 3.14.

Bischofs von Gerasa[53], wobei der mittlere Abschnitt des Jabboq (*Nahr ez-Zerqā*)[54] zum Teil die Bistumsgrenze bildete (Eusebios, Onom. 102,19-22)[55]. Allerdings reichte das Gebiet von Gerasa an einer Stelle auch über den Jabboq südwärts hinaus, wie die römischen Meilensteine zeigen[56]. Dies bestätigen auch die entsprechenden Verwaltungsgrenzen in osmanischer Zeit und im gegenwärtigen Haschemitischen Königreich Jordanien[57].

– Im Nordwesten grenzte das Gebiet des byzantinischen Philadelphia wahrscheinlich an das von Gada/ora (*Tell Ǧādūr / es-Salṭ*)[58] bzw. an das ehemalige

53 Noch in der Kreuzfahrerzeit und später wird Gerasa auch Gilead genannt (vgl. z. B. Benjamin von Tudela; *'Eštōrī ha-Parḥī*); dies deutet daraufhin, daß Gerasa wahrscheinlich stets oder zumindestens meistens zum (israelitischen) Gilead gehört hat.

54 Der Jabboq wird im AT verschiedentlich, aber meist fiktiv oder sehr ungenau, als Nordgrenze des Ammoniter- (*Ybq h-nḥl gbwl bny ʿmn* Dtn. 3,16; Jos. 12,2) bzw. des Amoriter-Reiches (Sihons) (vor allem Num. 21,24; Ri. 11,22) und der Stämme Ruben und Gad (Dtn. 3,16) verstanden; vgl. auch die hebräische Inschrift in der Synagoge von Rehov [K. BEYER, Die aramäischen Texte vom Toten Meer (1984), 380 (*Ybqh*); G. REEG, Die Ortsnamen Israels nach der rabbinischen Literatur (BTAVO.B 51; Wiesbaden 1989), 284f (*Y(w)bq'/h*)]. In der Kreuzfahrerzeit bildete der Jabboq die Nordgrenze der Seigneurie von Montréal (und Kerak). D. B. REDFORD, JSSEA 12 (1982), 64-66. 74 will Nr. 92 (*'u-bí-r*) der Palästina-Liste Thutmosis' III. mit dem Jabboq identifizieren. W. H. SHEA, AUSS 27 (1989), 99 glaubt, in den spätbronzezeitlichen, angeblich hebräischen Tontäfelchen von *Tell Dēr ʿAllā* den Jabboq („*Ywbbq*") entdecken zu können; zum Problem vgl. E. A. KNAUF, The Tell Deir 'Alla Tablets, NIAAYU 3,1 (1987), 14-16. Allgemein vgl. auch H. HILDESHEIMER, Beiträge zur Geographie Palästinas (Berlin 1886), 63-65; R. SMEND sen., Beiträge zur Geschichte und Topographie des Ostjordanlandes, ZAW 22 (1902), 137-148; J. SIMONS, Two Connected Problems relating to the Israelite Settlement in Trans-Jordan, PEQ 1947, 87-101; M. WÜST, Untersuchungen zu den siedlungsgeographischen Texten des Alten Testaments I (1975), 13-16. 245. Bei Benjamin von Tudela wird der Jabboq fälschlicherweise mit dem Orontes gleichgesetzt.

55 Vgl. R. DEVREESSE, Le Patriarchat d'Antioche (1945), 223f u. ö.; M. PICCIRILLO, Chiese e Mosaici della Giordania Settentrionale (SBF.CMi 30; Jerusalem 1981), 35ff.

56 P. THOMSEN, Die römischen Meilensteine der Provinzen Syria, Arabia und Palaestina, ZDPV 40 (1917), 63; R. E. BRÜNNOW – A. VON DOMASZEWSKI, Die Provincia Arabia II (1905), 231f; G. BEYER, Die Meilenzählung an der Römerstraße von Petra nach Bostra und ihre territorialgeschichtliche Bedeutung, ZDPV 58 (1935), 157; auch TH. BAUZOU, Préparation du Corpus des Milliaires de Jordanie (IGLS 21), LA 39 (1989), 259-261.

57 Vgl. z. B. K. HACKSTEIN, Ethnizität und Situation. Ǧaraš – eine vorderorientalische Kleinstadt (BTAVO.B 94; Wiesbaden 1989), Karte 2.

58 Map ref. 218.160. Neben den zahlreichen griechischen und lateinischen Quellen auch E. A. KNAUF – C. J. LENZEN, Notes on Syrian Toponyms in Egyptian Sources II 4: *Gadōra – es-Salṭ, GM 98 (1987), 52f; G. REEG, Die Ortsnamen Israels (1989), 164f. Vgl. z. B. C. R. CONDER, Heth and Moab (1883), 184ff; G. SCHUMACHER, *Es-Salṭ*, ZDPV 18 (1895), 65-72; J. J. DUNCAN, Es-Salt, PEQ 1928, 28-31. 98-100; R. DE VAUX, RB 47 (1938), 400-403; ders., Bible et Orient (1967), 142-147; L. WAHLIN, Es-Salt – Eine transjordanische Stadt im Wandel, in: Pracht und Geheimnis, ed. G. VÖLGER et al. (1987), 74-79; A. HADIDI, Salt, in: D. HOMES-FREDERICQ – J. B. HENNESSY (ed.), Archaeology of Jordan II 2 (1989), 546-551; IGLS 21,2 (1986), No. 3. Für die islamische Zeit vgl.

Gebiet der Peraia bei Zia (*Ḫirbet Zēy*)[59]. Allerdings ist der Verlauf der Grenze – nicht nur während dieser Zeit – nicht näher bekannt.

– Im Westen[60] und Südwesten stieß das Gebiet des Bistums von Philadelphia an das von Livias (Bet-Haram = Bet-Haran = Livias = Julias = *Tell er-Rāme*, map ref. 2111.1371), das zu *Palaestina Prima* und nicht wie Philadelphia zu *Provincia Arabia* gehörte[61].

Insgesamt zeigt sich, daß die Ammonitis einerseits in größeren administrativen Einheiten wie z.B. in der Seigneurie von Montréal (und Kerak)[62] oder in der *Nāḥiya* von *es-Salṭ* (*Liwā' ʿAǧlūn*) während der frühosmanischen Zeit[63] aufgehen konnte und daß dabei ihre Grenzen vorübergehend an Bedeutung verlieren konnten; andererseits konnte sie zu anderen Zeiten, z.B. als halbwegs autonomer Ort der Dekapolis oder als byzantinisches Bistum[64], wieder in ihren alten Grenzen neu

zusammenfassend z.B. F. Buhl, *al-Balḳā'*, EI(D) 1 (1913), 647; J. Sourdel-Thomine, *al-Balḳā'*, EI 1 (1960 = ²1979), 997f.

59 Map ref. 2183.1674. Literarische Belege: Joseph., Ant. 20,1,1 (§ 2) (in *Peraia*) (z.T. in Mss auch *Mia*); *Zēb* bei Eusebios – Hieronymus, Onom. 94,3f; 95,3f (*polis Amman*!) ist nicht zuverlässig, da es sich auf Jer. 49,4 (MT *zāb*) beziehen soll. R. de Vaux, RB 47 (1938), 409f; ders., Bible et Orient (1967), 143-145; M. Piccirillo, Il complesso monastico di Zay el-Gharbi e la diocesi di Gadara della Perea, in: Nell'Ottavo Centenario Francescano (1182-1982) (Studia Hierosolymitana 3; SBF.CMa 30; Jerusalem 1982), 359-378; ders., Zay el-Gharbi, in: D. Homes-Fredericq – J.B. Hennessy (ed.), Archaeology of Jordan II 2 (1989), 640; ders., Chiese e Mosaici della Giordania Settentrionale (1981), 29-31, vgl. IGLS 21,1 (1986), No. 2.

60 Zur byzantinischen Kirche von *Ṣuwēfiye* (map ref. 232.151) vgl. IGLS 21,2 (1986), No. 7.

61 IGLS 21,2 (1986), 203; M. Avi-Yonah, Gazetteer of Roman Palestine (Qedem 5; Jerusalem 1976), 75; R.D. Ibach, Archaeological Survey of the Hesban Region (1987), Site 95; vgl. allgemein M. Piccirillo, Églises locales des provinces Palestina Prima et Secunda, Le Monde de la Bible 35 (1984), 8-12; ders. et al., Le Monde de la Bible 35 (1984), 12-38.

62 Unter der Bezeichnung *regio Amonitarum, Amon* u.a., vgl. H.E. Mayer, Die Kreuzfahrerherrschaft Montréal (1990), 159-162.

63 W.-D. Hütteroth, Palästina und Transjordanien im 16. Jahrhundert. Wirtschaftsstruktur ländlicher Siedlungen nach osmanischen Steuerregistern (BTAVO.B 33; Wiesbaden 1978), passim; ders. – K. Abdulfattah, Historical Geography of Palestine, Transjordan and Southern Syria in the Late 16th Century (Erlanger Geographische Arbeiten, Sonderbd. 5; Erlangen 1977), passim. Für die vorosmanische Zeit vgl. zusammenfassend z.B. F. Buhl, *ʿAmmān*, EI(D) 1 (1913), 348f; ders., *Filasṭīn*, EI(D) 3 (1964), 107f; ders., *Al-Urdunn*, EI(D) 8 (1973), 1029-1031; L.G. Harding, *ʿAmmān*, EI 1 (1960 = ²1979), 447f; L. Conrad, The History of ʿAmman in the Early Islamic Period, in: A.E. Northedge (ed.), Studies on Roman and Islamic ʿAmman, Vol. I (1992), (im Druck); D. Sourdel – (P. Minganti), *Filasṭīn*, EI 2 (1965 = ²1983), 910-914.

64 Wo der Ort *Bakatha (Bacatha)* zu lokalisieren ist, der bei Epiphanios, Anakeph. 38 (PG 42, 865f) als *mētrokōmia* (nicht *metropolis*!) *tēs Arabias tēs Philadelphias* bezeichnet wird und in der Ammonitis gelegen haben muß [vgl. ders., Adv. haer. 38 sive 58 (PG 41, 1011f): *en Bakathois tēs Philadelphēnēs chōras peran tou Iordanou*], ist unbekannt [vgl. z.B. auch Martin I., ep. 5. 7, PL 87 (1863), 163-166; Kyrill von Skythopolis (ed. E. Schwartz), Vita Sabae 73; ACO II 1,1 (1938), 80:23; 185:3; 193:41; ACO III (1940), 80:188; vgl. auch IGLS 21,2 (1986), 203]. Da der Ort einen eigenen *episcopus* hatte (!), der gegenüber dem von Philadelphia autonom (?) war, muß sein Gebiet in den letzten Jahrzehn-

entstehen. Selbst der nördliche Abschnitt der heutigen modernen Grenze zwischen den Verwaltungsprovinzen von *el-Balqā* (mit dem Hauptort *es-Salṭ*) und *ʿAmmān* innerhalb des Haschemitischen Königreiches Jordanien dürfte teilweise auf Vorgängergrenzen des 1.Jahrtausends v.Chr. zurückgehen.

Auch wenn vieles aufgrund der lückenhaften und spröden Quellenlage unsicher bleibt, können die Grenzen des ammonitischen Staates aus den vorangegangenen Überlegungen annäherungsweise wie folgt beschrieben werden:

Die Südgrenze des ammonitischen Staates verlief nördlich von Heschbon, Elale (*el-ʿAl*)[65], *Ḫirbet Māsūḥ* und Bezer (*Umm el-ʿAmed?*)[66] bzw. südlich von *el-Yādūde*, *Tell Ǧāwā*[67] und *Saḥāb* (Abel-Keramim?). An der Dreiländerecke Ammon – Moab – Israel bog sie südwestlich von *Umm el-Qanāfid* (map ref. 2284.1386)[68] nach Norden ab, ohne nach Westen die Anhöhen des transjordanischen Hochplateaus zu verlassen[69]. Die Tatsache, daß sich die ammonitische Südgrenze auf der

ten der byzantinischen Herrschaft (vorübergehend?) aus dem Bistum Philadelphia ausgegliedert worden sein. Am besten bringt man den ON mit der *Buqēʿa* in Verbindung (vgl. die byzantinische Kirche bei *Tell Ṣafūṭ*), vgl. aber auch B. Bagatti, Ricerche su alcuni antichi siti giudeo-cristiani, LA 11 (1960-1961), 307-311. Ob der in einem in georgischer Sprache verfaßten Märtyrerbericht erwähnte ON *Bacaland* in R.P. Blake – P. Peeters (ed.), La Passion Geogienne des SS. Théodore, Julien, Eubulus, Malcamon, Mocimus et Salamanes, AnBoll 44 (1926), 85. 90 damit zusammenhängt, ist unsicher.

65 Map ref. 2284.1365. Vgl. vor allem W. L. Reed, The Archaeological History of Elealeh in Moab, in: Studies in Ancient Palestinian World presented to F. V. Winnett on the Occasion of his Retirement 1 July 1971, ed. J. W. Wewers – D. B. Redford (Toronto Semitic Texts and Studies 2; Toronto – Buffalo 1972), 18-28; R. D. Ibach, Archaeological Survey of the Hesban Region (1987), Site 7. Die wichtigsten literarischen Belege: Num. 32,3.37; Jes. 15,4; 16,9; Jer. 48,24 (*ʾlʿlʾlh* = griech. *Elealē*). W. Zwickel, in: U. Worschech, Die Beziehungen Moabs zu Israel und Ägypten (1990), 127, Anm. 15 und U. Worschech, Das Land jenseits des Jordan (1991), 104f, Abb. 60 wollen Nr. 97 der Palästina-Liste Thutmosis' III. mit Elale (*el-ʿAl*), D. B. Redford, JSSEA 12 (1982), 74 mit *Tell Ǧalūl* gleichsetzen; zum *Tell Ǧalūl* vgl. auch R. Ibach, An Intensive Surface Survey at Jalul, AUSS 16 (1978), 215-222.

66 Map ref. 2355.1328. The Archaeological Heritage of Jordan I (1973), Site No. 392. Die wichtigsten literarischen und epigraphischen Belege: Dtn. 4,43; Jos. 20,8; 21,36; *Bṣr* Mescha-Stele Z.27; G. Reeg, Die Ortsnamen Israels (1989), 134f. Vgl. z.B. R. D. Ibach, Archaeological Survey of the Hesban Region (1987), Site 102; zuletzt J. A. Dearman, Historical Reconstruction and the Meshaʿ Inscription, in: ders. (ed.), Studies in the Mesha Inscription and Moab (1989), 186; ders., The Levitical Cities of Reuben and Moabite Toponymy, BASOR 276 (1989), 55-66 (*Tell Ǧalūl*).

67 Map ref. 2392.1401. The Archaeological Heritage of Jordan I (1973), Site No. 175; N. Glueck, EEP I (1934), 4, Nr. 1; R. G. Boling, in: Madaba Plains Project I (1989), 143f u.ö., Site 29, fig. 8.57f; R. W. Younker, AUSS 28 (1990), 14ff.

68 R.D. Ibach, Archaeological Survey of the Hesban Region (1987), Site 29.

69 Zu den – methodisch verfehlten – Überlegungen zu diesem Grenzgebiet vgl. G. Fohrer, ZDPV 77 (1961), 56-71. Daß der Jordan die ammonitisch-israelitische Grenze gebildete habe, weil die israelitischen Gesandten aus Rabbat-Ammon nach Jericho zurückkehrten (2Sam. 10,5), wie W. Rieckmann, Der Beitrag Gustaf Dalmans zur Topographie des Ostjordanlandes. Eine Untersuchung der

Hochebene des mittleren Ostjordanlandes nicht an natürlichen Gegebenheiten wie tiefen Tälern oder sich deutlich abhebenden Bergzügen orientieren konnte, korrespondiert mit der Beobachtung, daß die „Türme" (s.u.) auf der ammonitischen und moabitischen Seite keine strategischen Gegenpole waren, daß es keine Belege für ammonitisch-moabitische Kriege gibt und daß es kaum jemals (nennenswerte) Grenzverschiebungen[70] zwischen Ammon und Moab gab[71].

Im Westen gehörte das in ptolemäischer Zeit von Toubias und in der 2.Hälfte des 2.Jh.s v.Chr. von Hyrkan beherrschte Gebiet um Tyros / **Soul/ōrabitta* (*ʿIrāq el-Emīr*, map ref. 2217.1474) nie zum Herrschaftsbereich der Ammonitis bzw. Philadelphias (vgl. Kap. 4.4). In römischer Zeit gehörte es nicht zur Dekapolis, sondern zur Peraia, und in byzantinischer Zeit wahrscheinlich nicht zum Bistum von Philadelphia, sondern zu dem von Livias. Entsprechend diesen territorialgeschichtlichen Überlegungen dürfte die ammonitische Westgrenze[72] in der Eisenzeit am Westrand des transjordanischen Hochplateaus und kaum jemals hinunter in die tiefen Täler des *Wādī el-Baḥḥāṯ* oder des *Wādī ṣ-Ṣīr* gereicht haben. Die erheblichen Höhenunterschiede dürften hier auf einer Tiefe von ein paar wenigen Kilometern eine Art natürlichen Grenzbereich gebildet haben, an dessen Verletzung auf beiden Seiten offenbar kein besonderes Interesse bestanden hat. Siedlungen wie die von *Umm el-Qanāfid* und *Ḫirbet el-Ḥaǧǧār* dürften stets ammonitisch gewesen sein; *Ḫirbet (Ruǧm) el-Kursī* (map ref. 2280.1533) dürfte stets zum Bistum Phila-

topographischen Aufzeichnungen seiner Notizhefte, die während der Reisen in den Gebieten el-Belḳâ, el-Kerak und el-Ǧibāl entstanden (Diss. theol. masch.; Greifswald 1986), 155 behauptet, ist so abwegig wie manch anderes in dieser Arbeit.

70 Zur Nordgrenze Moabs vgl. z.B. E.D. Grohman, A History of Moab (1958),1ff. 70ff; A.H. van Zyl, The Moabites (1960), 46ff.

71 Das unmittelbar an ammonitisches Territorium grenzende Stammesgebiet von Gad hat nie zu Ammon gehört, aber stets eine gemeinsame Grenze mit ihm gebildet. Die Frage ist dabei allerdings, ob Gad – wie meist angenommen wird – ein israelitischer oder aber nicht viel eher ein moabitischer Stamm war; dann wäre die gaditisch-ammonitische Grenze nahezu stets eine moabitisch-ammonitische und so gut wie nie eine israelitisch-ammonitische Grenze gewesen. Die Tatsachen, daß 1. sich der moabitische König Mescha als Gadit aus Dibon betrachtete (KAI 181:1.10 *w-ʾš gd ybš b-ʾrṣ ʿṭrt m-ʿlm*) und Dibon wohl zum Krongut der moabitischen Könige gehörte (KAI 181:28), 2. die untere östliche Jordan-Ebene im AT häufig *ʿrbwt mwʾb* (also implizit mit dem Jordan als Grenzfluß) genannt wird, 3. die israelitisch-judäischen Überlieferungen des ATs über Gad noch magerer und verschwommener sind als die Überlieferungen über die anderen transjordanischen Stämmen, und daß 4. das gaditische Gebiet nur zur Zeit der Omriden – vorübergehend – in israelitischer Hand gewesen sein kann, legen es nahe, Gad als moabitischen Stamm zu verstehen oder zumindest zu konstatieren, daß Gad nicht nur von Israel (frühestens seit der Zeit der Omriden), sondern auch von Moab (spätestens seit der Zeit von Meschas Vater) als eigene *tribus* beansprucht wurde [freundlicher Hinweis von M. Weippert und E.A. Knauf, Midian (1988), 162f; ders., JSOT 51 (1991), 26f.].

72 Vgl. dazu die – methodisch verfehlten – Überlegungen bei H. Gese, ZDPV 74 (1958), 55-64; R. Hentschke, ZDPV 76 (1960), 103-123, die sich dennoch von der hier vorgetragenen Grenzhypothese im Ergebnis nur wenig unterscheiden.

delphia gehört haben. Ein Problem bleibt die Lokalisierung des in Num. 32,35 und Ri. 8,11 erwähnten israelitischen Ortes Jogboha [*Ygbhh*; Targ. *Ygbḥh*; LXX (wenn überhaupt) *Iegebaal*; Vulg. *Iebaa*]; gewöhnlich wird er mit *Ḫirbet el-Ǧubēha* (map ref. 2316.1590)[73] identifiziert. Sollte das richtig sein, hätte Jogboha inmitten des westammonitischen Territoriums gelegen, keine 10 km nordwestlich von Rabbat-Ammon und ca. 3 km von *Tell Ṣāfūṭ* bzw. ca. 2 km vom *Tell Sīrān* (map ref. 2342.1581) entfernt. Ri. 8,11 gibt keinen genaueren Hinweis auf die Lage von Jogboha[74]. Num. 32,34-36 nennt es im Zusammenhang mit Dibon (*Ḏībān*), Atarot (*Ḫirbet ʿAṭṭārūs*), Aroër (am Arnon = *Ḫirbet ʿArāʿir*), Atrot-Schofan (?)[75], Jaser (?)[76], Bet-Nimra (*Tell el-Blēbil*)[77] und Bet-Haram (= Bet-Haran = Livias = Julias = *Tell er-Rāme*). Die Nennung zwischen dem nicht genauer zu identifizierenden Jaser und Bet-Nimra im Jordantal läßt einen erheblichen Spielraum für eine mögliche Identifizierung. Der Grund, Jogboha mit *Ḫirbet el-Ǧubēha* gleichzusetzen, ist die Namensähnlichkeit; allerdings hat *Ǧubēha* wohl keine vorarabische

73 The Archaeological Heritage of Jordan I (1973), Site No. 194. F. Buhl, Geographie des alten Palästina (1896), 261; C. R. Conder, The Survey of Eastern Palestine (1889), 111f; N. Glueck, EEP 3 (1939), 172, No. 234; M. al-Muḥesen, *Ǧubēha* Church 1976, ADAJ 21 (1976), 8-10, Pl. 13-22 (arab.); B. Oded, Jogbehah and Rujm el-Jebēha, PEQ 103 (1971), 33f; E. A. Knauf, Midian (1988), Anm. 198. 203; E. Suleiman, Salvage Excavations in Jordan 1985 / 1986, ADAJ 31 (1987), 543; IGLS 21,2 (1986), No. 6.

74 M. Wüst, Untersuchungen zu den siedlungsgeographischen Texten des Alten Testaments I (1975), 71ff.

75 Nur hier belegt und nicht identifiziert. LXX* liest nur *Sōphar/n* , Vulg. *Etrothsophan / et etroth et sophan / etroth et sophan / ramoth et saphon*; Targ. *(ʿṭrt) špym*, Syr. *(ʿṭrt) šwpm.*

76 Die Quellenlage ist z. T. widersprüchlich: So siedeln z. B. Jes. 16,9; Jer. 48,32 den Ort in Moab an, Num. 32,1.3.35; Jos. 13,25; 21,39; 1Chr. 6,66 in Gad, 1Makk. 5,8 und Joseph., Ant. 12,8,1 (§ 329) in der Ammonitis (*Iazēr / Iazōra*); nach Eusebios – Hieronymus, Onom. 12,1-4 (*Azōr*) und 104,13-19 (*Iazēr*) lag er 8 bzw. 10 rm westlich von Philadelphia bzw. 15 rm von Heschbon entfernt (in der Peraia). Zur ungelösten Diskussion vgl. u. a. M. Wüst, Untersuchungen zu den siedlungsgeographischen Texten des Alten Testaments I (1975), 18f. 346; C. R. Conder, Survey of Eastern Palestine (1889), 91 (= *Bēt Zerʿa*); A. Musil, Arabia Petraea I (1907 = 1989), 390. 394 (= *Bēt Zerʿa*); F. Schultze, PJ 28 (1932), 68-80 (= *el-Yādūde*); F.-M. Abel, Géographie de la Palestine II (1937), 356f (= *Ḫirbet Ǧazzīr*, map ref. 218.158); G. M. Landes, The Fountain at Jazer, BASOR 144 (1956), 30-37 (= *Ḫirbet es-Sīre*); R. Rendtorff, Zur Lage von Jaser, ZDPV 76 (1960), 124-135 (= *Tell el-ʿOrēme*); W. Schmidt, ZDPV 77 (1961), 46-55 [*Nāʿūr* (map ref. 2282.1429) und *Tell Abū ʿAnēze* (map ref. 2216.1420)] sind nicht mit Jaser zu identifizieren); A. H. van Zyl, The Moabites (1960), 203 (= nahe bei *Nāʿūr* oder auf *Ḫirbet eṣ-Ṣār*, map ref. 2288.1505); M. Ottosson, Gilead. Tardition and History (CB OT Series 3; Lund 1969), 85 (= *Ḫirbet el-Ǧubēha*); I. Ben-Shem, The Conquest of Trans-Jordan (A Biblical Study) (Tel Aviv 1972), VIf u. ö. (hebr.) (= *Ḫirbet eṣ-Ṣār*); S. Mittmann et al., Karte TAVO B IV 5 (1985) (= *Ḫirbet eṣ-Ṣār*); R. de Vaux, RB 47 (1938), 405; ders., Bible et Orient (1967), 124-129 (= *Ḫirbet Ǧazzīr*); A. Kuschke, in: Gottes Wort und Gottes Land. FS für H.-W. Hertzberg zum 70.Geb. (1965), 99-102; K.-H. Bernhardt, Jaser, BHH 2 (1964), 805 (= *Tell el-ʿOrēme*) und BHH 4 (= *Tell el-ʿOrēme*).

77 Map ref. 2103.1461. N. Glueck, EEP 4 (1951), No. 203.

Etymologie![78] Daß dort *angeblich* eisenzeitliche Keramik gefunden wurde und ein – aufgrund von (unpublizierter) Oberflächenkeramik nicht datierbarer – *ruǧm* vorhanden ist, macht den Ort nicht schon zum sicheren Kandidaten; bisher gibt es keinen (publizierten) Beleg für eine eisenzeitliche Besiedlung! Der (runde) *ruǧm* ist darüberhinaus vielleicht eher ein Indiz für eine *ammonitische* Ortslage als für eine israelitische; dies könnte bei einer hypothetischen Gleichung Jogboha = *Ḫirbet el-Ǧubēha* bedeuten, daß die Ortslage vorübergehend einmal in israelitischer Hand oder aber nur in der Vorstellung der alttestamentlichen Tradenten, aber faktisch niemals israelitisch war. Zwar ist in der in Frage kommenden Region kein weiterer ON bekannt, mit dem Jogboha identifiziert werden könnte; die genannten topographischen Schwierigkeiten sind allerdings so groß, daß auf eine Identifizierung mit *Ḫirbet el-Ǧubēha* solange verzichtet werden sollte, solange man nur die Namensähnlichkeit als Grund anführen kann. Der Kontext von Num. 32,34-36, der nicht unbedingt für eine besondere geographische Kenntnis seiner westjordanischen Tradenten spricht, sowie die Territorialgeschichte Ammons lassen die Möglichkeit offen, Jogboha weiter westlich zu suchen[79]. In jedem Fall war diese näher in Betracht zu ziehende Region am Westrand des transjordanischen Hochplateaus die strategische Schwachstelle des ammonitischen Territoriums gegenüber dem israelitischen Nachbarn und Gegner.

Im Norden ist der Verlauf der Grenze weder aus literarischen noch aus epigraphischen Quellen her bekannt. Das Gebiet, das sich im Nord(osten) an das ammonitische Territorium und östlich an das gileaditische anschloß, ist archäologisch weitgehend unerforscht und sein politischer Status unbekannt[80]. Die Ergebnisse der Ausgrabungen von *Ḫirbet el-Fedēn*[81] bei *el-Mafraq* (und eventuell von

78 Freundlicher Hinweis von E. A. Knauf (Heidelberg).

79 Der Vorschlag von B. Oded, PEQ 103 (1971), 33f, Jogboha entweder mit *Ḫirbet Umm ʿŌseǧ* (map ref. 231.160) oder mit *Tell Ṣāfūṭ* zu identifizieren, löst kein einziges Problem.

80 Vgl. vor allem S. Mittmann, Beiträge zur Siedlungs- und Territorialgeschichte des nördlichen Ostjordanlandes (1970), 208ff; vgl. ders. et al., Karte TAVO.B IV 5 (1985). Zumindest die Ebene von *Irbid* dürfte meist in aramäischer Hand gewesen sein. Auf eine geringe Ausdehnung des städtischen Gebietes von Philadelphia nach Nordosten in spätrömischer Zeit deuten die Meilensteine an der *via nova* zwischen Bostra und Philadelphia, vgl. P. Thomsen, ZDPV 40 (1917), 45; R. E. Brünnow – A. von Domaszewski, Die Provincia Arabia II (1905), 221f. 320-323; G. Beyer, ZDPV 58 (1935), 157.

81 Map ref. 2653.1953. J.-B. Humbert (Jerusalem) danke ich für ausführliche Erläuterungen seiner Grabungen. J.-B. Humbert, El-Fedein / Mafraq, LA 36 (1986), 354-358; ders., Fedein, in: D. Homes-Fredericq – J. B. Hennessy (ed.), Archaeology of Jordan II 1 (1989), 221-224; M. Piccirillo, Una Tomba del Ferro I a Mafraq, LA 26 (1976), 27-30. Einen ähnlichen Wechsel zwischen 'palästinischer' und 'syrischer' Keramik soll es auch in den verschiedenen Strata auf dem *Tell er-Rāmīt* (map ref. 2455.2116) gegeben haben, vgl. N. L. Lapp, Rumeith, in: D. Homes-Fredericq – J. B. Hennessy (ed.), Archaeology of Jordan II 2 (1989), 494-497.

*Riḫāb*)[82] deuten auf wechselnde Herrschaften hin; anscheinend haben Israeliten / Gileaditer, Aramäer und lokale Herrschaften immer wieder, aber stets nur mit befristetem Erfolg die Kontrolle über dieses Gebiet zu erlangen versucht. Die Ebene von *Irbid* dürfte wohl meist in der Hand der Aramäer gewesen sein.

Im Nordwesten gehörte die *Arḍ el-ʿArḍe* stets zu Gilead. Die *Buqēʿa* (u.a. mit *Ruǧm el-Ḥenū* und *Ruǧm el-Ḥāwī*)[83] und die im Norden und Westen an sie angrenzenden Bergzüge haben mit großer Wahrscheinlichkeit stets zu Ammon gehört; *Ḫirbet* und *ʿĒn Umm ed-Danānīr* kontrollierten den Zugang aus dem *Wādī Umm ed-Danānīr* zur *Buqēʿa* im Nordwesten, *Tell Ṣāfūṭ* (map ref. 2286.1606) den südöstlichen Aufstieg aus der *Buqēʿa* Richtung Rabbat-Ammon. Wo genau die Grenze im nordwestlichen und westlichen Hinterland der *Buqēʿa* verlief, ist unbekannt; da aber das Gebiet um *es-Salṭ / Tell Ǧādūr*, Mizpa (*Ḫirbet er-Rāšūnī* oder Ḫirbet el-Mušērīfe?)[84] und Gilead (*Ḫirbet Ǧelʿad*)[85] offenbar stets in israelitisch-gileaditischer Hand blieb, muß sie irgendwo zwischen in den die *Buqēʿa* im Nordwesten und Westen umschließenden Bergzügen verlaufen und weiter nördlich auf den Jabboq gestoßen sein. Dabei könnte der Abschnitt des *Wādī ed-Danānīr* nördlich von *Ḫirbet Umm ed-Danānīr* und später der Unterlauf des *Wādī r-Rummān* die Grenze zwischen Gilead und Ammon gebildet haben. Siedlungen wie die von *Abū Billāna* („*Ḫirbet er-Rummān*") dürften ammonitische Grenzorte mit starken Festungsanlagen gewesen sein[86]. Weiter nordöstlich lag *Tell Ǧanaʿbe* am Nordufer des Jabboq; die Stadt muß eine kaum zu unterschätzende handelspolitische und strategische Bedeutung gehabt haben[87].

82 Map ref. 2532.1927. The Archaeological Heritage of Jordan I (1973), Site No. 319. Vgl. vor allem N. Glueck, EEP IV (1951), 81 (dessen Befund überholt ist); S. Mittmann, Beiträge zur Siedlungs- und Territorialgeschichte des nördlichen Ostjordanlandes (1970), 120f. 187-190; M. Piccirillo, Rihab, in: D. Homes-Fredericq – J. B. Hennessy (ed.), Archaeology of Jordan II 2 (1989), 488; ders., Chiese e mosaici della Giordania Settentrionale (1981), 63-96.

83 Map ref. 2284.1655 und 2282.1652.

84 Map ref. 2154.1907. Vgl. z.B. K. Elliger, BHH 2 (1964), 1228f; S. Mittmann, ZDPV 85 (1969), 66. Die wichtigsten Belege: Ri. 10,17; 11,11.34.

85 Map ref. 2235.1695. Vgl. z.B. N. Glueck, EEP 3 (1939), 231f; M. Noth, ABLAK I (1971), 360-364 u.ö.; M. Ottosson, Gilead (1969), 29-32. Die wichtigsten literarischen Belege: Ri. 10,17ff; Hos. 6,8; 12,2; M. Weippert, Rez.: S. Parpola, Neo Assyrian Toponyms, (1970), GGA 224 (1972), 154f. Herrn Gh. Saudi (*ʿAmmān*) danke ich dafür, daß er mir *Ḫirbet Ǧelʿad* und Umgebung ausführlich gezeigt hat.

86 Map ref. 2230.1736. R. L. Gordon – E. A. Knauf, AfO 33 (1986), 283; dies., ADAJ 31 (1987), 292ff.

87 Map ref. 2384.1775. N. Glueck, EEP III (1939), 219. 266 (Site 330); S. Mittmann, Beiträge zur Siedlungs- und Territorialgeschichte (1970), 111. W. Zwickel (freundlicher Hinweis) will entweder die Nr. 93 oder die Nr. 94 der Palästina-Liste Thutmosis' III. mit *Tell Ǧanʿabe* oder Gerasa identifizieren, vgl. U. Worschech, Das Land jenseits des Jordan (1991), 104, Abb. 60. D. B. Redford, JSSEA 12 (1982), 74 will diese beiden Nr. in der *Buqēʿa* lokalisieren.

Im Osten bildete der Übergang vom seßhaft besiedelten Land zur Steppe bzw. zur Wüste die 'Grenze' des ammonitischen Territoriums. Sie glich mehr einer tief gestaffelten Interessenzone und weniger einer Grenzlinie und änderte sich entsprechend den klimatischen Schwankungen und den politischen Kräfteverhältnissen: Während Dürre-Perioden und ebenso in Zeiten schwacher Zentralgewalt lag sie weiter im Westen als das in klimatisch günstigen Phasen und in Zeiten politisch, ökonomisch und militärisch stabiler Herrschaft in Rabbat-Ammon der Fall war[88]. *Saḥāb* war eine der am weitesten nach Osten vorgeschobenen ammonitischen Siedlungen[89].

Insgesamt war Ammon flächenmäßig gesehen ein Klein- oder Zwergstaat, der sich in Nord-Süd-Richtung auf kaum mehr als ca. 40-50 km ausdehnte und sich von West nach Ost auf einen Streifen von ca. 25-35 km Tiefe seßhaft besiedelten Landes beschränkte (ca. 1300 $km^2$). Seine Grenzen stießen an drei Seiten an die zweier erheblich größerer Nachbarstaaten: im Süden und Südwesten an Moab, im Norden und Nordwesten an Israel (und im Nordosten *zeitweise* an Gebiete der Aramäer?)[90]. Die Grenzen Ammons dürften sich während der Zeit seiner Staatlichkeit allenfalls im Detail, aber niemals wesentlich verschoben haben; das ammonitische Territorium blieb aufs ganze gesehen stets ungefähr das gleiche. Die geographische Lage und die Kleinräumigkeit der Ammonitis brachten ihren Einwohnern und Einwohnerinnen alle damit verbundenen Vor- und Nachteile: Auf der einen Seite zahlreiche Handelsverbindungen, eine die Region stabilisierende Pufferfunktion und eine gewisse, zum Überleben wichtige politische und materielle Unauffälligkeit, auf der anderen Seite eine permanente Gefährdung durch die mächtigeren Nachbarn und den steten Zwang, die eigenen Interessen mit denen anderer realpolitisch in Einklang zu bringen.

Ammon hatte weder einen direkten Zugang zu den Häfen des Mittelmeeres oder des Roten Meeres noch zu den prosperierenden Handels- und Gewerbesiedlungen des Jordangrabens noch zu den Asphalt-[91] und Salzvorkommen des Toten Meeres (*Asphaltites lacus*). Im Osten grenzten die landwirtschaftlich wenig ergiebigen, aber viehwirtschaftlich und handelspolitisch durchaus interessanten (Wüsten-)

88 Vgl die TAVO-Karten A X 8f.

89 Vgl. dazu auch H. J. Stoebe, ZDPV 82 (1966), 33-36; C. Gaube-Gustavson – M. M. Ibrahim, AfO 33 (1986), 283-286.

90 Vgl. z. B. H. Tadmor, The Southern Border of Aram, IEJ 12 (1962), 114-122. In der altaramäischen Inschrift auf den Bronzeblechen aus Samos bzw. Eretria ist kaum der ON *bšn* zu lesen, so W. Röllig – (H. Kyrieleis), Ein altorientalischer Pferdeschmuck aus dem Heraion von Samos, MDAI.A 103 (1988), 61-75, sondern *b-šnt*, vgl. F. Bron – A. Lemaire, Les inscriptions araméennes de Hazaël, RA 83 (1989), 35-44; A. Charbonnet, Le dieu aux lions d'Erétrie, AnnAStorAnt 8 (1986), 140-144; I. Ephʿal – J. Naveh, Hazael's Booty Inscription, IEJ 39 (1989), 192-200.

91 Asphalt wurde schon im Neolithikum in die Ammonitis (*ʿĒn Ġazāl*, map ref. 233.151) importiert, ebenso auch in der Eisen-II-Zeit, vgl. J.-B. Humbert et al., LA 39 (1989), 252.

Steppen an das eigene Territorium; immerhin konnte man von ammonitischem Gebiet aus ohne nennenswerte Probleme das *Wādī s-Sirḥān* erreichen[92], durch das man Kontakt mit den innerarabischen Oasenkulturen, vor allem mit Duma (*Dūmat al-Ǧandal, al-Ǧōf*) aufnehmen konnte, und war so nicht allein auf den durch Edom und Moab laufenden und kontrollierten Südarabien-Handel angewiesen. Im Norden ging die große Süd-Nord-Verbindung, die (seit dem 8.Jh.v.Chr. als Weihrauchstraße)[93] aus Südarabien kam und durch Edom, Moab und Ammon führte[94], *via* Gerasa[95] in transjordanische Gebiete des Nordreiches Israel über. Über sie war der Kontakt mit den Aramäern der Damaszene und ihrer südlichen Gebiete schneller möglich[96] als wenn man die ostgileaditischen Gebiete in einem Bogen in die östlichen Steppen *via* Bostra umgangen hätte[97]. Indirekt eröffneten sich über diese Route auch die Kontakte mit Mesopotamien und der Anschluß an die südwestli-

92 Vgl. *drk h-škwny* (MT) *b-'hlym* (Ri. 8,11); dazu z.B. E.A. Knauf, Midian (1988), Anm. 197f. Zum *Wādī s-Sirḥān* vgl. z.B. T.E. Lawrence, Die sieben Säulen der Weisheit (dtv 1456; München 1979), 305ff; A. Musil, Arabia Deserta. A Topographical Itinerary (Oriental Explorations and Studies 2; New York 1927), 87ff; G.W. Bowersock, Roman Arabia (Cambridge/MA u.a. 1983), 154-159; N. Glueck, Wâdī Sirḥân in North Arabia, BASOR 96 (1944), 7-17; ders., EEP IV (1951), 34-46; F.V. Winnett – W.L. Reed, Ancient Records from North Arabia (NMES 6; Toronto 1970), 56-64. 133-137. 160-162. 180-182; R. Adams – P.J. Parr – M.M. Ibrahim – A.S. al-Mughannum et al., Saudi Arabian Archaeological Reconnaissance Programm: The Preliminary Report on the First Phase of the Comprehensive Archaeological Survey Programm, Atlal 1 (1977), 36-39, Pl. 4; P.J. Parr – J. Zarins – M.M. Ibrahim et al., Comprehensive Archaeological Survey Pogramm b: Preliminary Report on the Second Phase of the Northern Province Survey 1397/1977, Atlal 2 (1978), 33f; M.L. Ingraham – Th.D. Johnson et al., Saudi Arabian Comprehensive Survey Programm: Preliminary Report on a Reconnaissance Survey of the Northwestern Province (with a Note on a Brief Survey of the Northern Province), Atlal 5 (1981), 79f; P.J. Parr, Contacts between North West Arabia and Jordan in the Late Bronze and Iron Ages, SHAJ 1 (1982), 127-133; ders., Aspects of the Archaeology of North-West Arabia in the First Millenium BC, in: T. Fahd (ed.), L'Arabie préislamique et son environnement historique et culturel. Actes du Colloque de Strasbourg 1987 (Université des Sciences Humaines de Strasbourg; Travaux du Centre de Recherche sur le Proche-Orient et la Grèce Antiques 10; Leiden 1989), 39-66.

93 Ein hypothetischer Versuch zur Spätbronzezeit aufgrund der Palästina-Liste Thutmosis' III. vgl. z.B. D.B. Redford, A Bronze Age Itinerary in Transjordan (Nos. 89-101 of Thutmose III's List of Asiatic Toponyms), JSSEA 12 (1982), 55-74.

94 *drk h-mlk* [Num. 20,17; 21,22, vgl. Dtn. 2,27 (MT)]; auch *drk mdbr Mw'b* (Dtn. 2,8). Vgl. z.B. Y. Aharoni, Das Land der Bibel (1984), 55-58; H.P. Rüger, Das Tyrusorakel Ez 27 (Diss. theol. masch.; 1961), 115ff; B. Oded, JNES 29 (1970), 182-184.

95 Zur vorhellenistischen Besiedlung von Gerasa (map ref. 2347.1876) vgl. Kap. 4.3-4. W. Zwickel (freundlicher Hinweis) will die Nr. 93 oder 94 der Palästina-Liste Thutmosis' III. mit Gerasa oder *Tell Ǧanʿabe* identifizieren; D.B. Redford, JSSEA 12 (1982), 74 will diese beiden Nr. in der *Buqēʿa* lokalisieren.

96 *drk h-Bšn* (Num. 21,33; Dtn. 3,1).

97 Zur vorhellenistischen Besiedlung vgl. U. Hübner, Bozrah III, ABD 1 (1992), 775f.

chen Ausläufer der Seidenstraße[98]. Von Rabbat-Ammon aus konnte man auf verschiedenen Wegen in das Jordantal und von dort z. B. nach Jerusalem oder Samaria gelangen[99]. Insofern war Ammon gut an das internationale Wegesystem der damaligen Zeit angeschlossen[100] und bildete handelspolitisch ein bedeutendes Transitland; seine Händler und Kaufleute agierten vor allem als Zwischenhändler, eine ökonomisch durchaus lukrative Rolle.

Die Ammonitis (ca. 800-1050 m ü.d.M.) gehört geographisch gesehen zu den randständigen Gebieten des südlichen „Fruchtbaren Halbmonds" und kulturell zu den südöstlichen Teilen der Levante bzw. der *Bilād aš-Šām*. Den Ammonitern standen fruchtbare Böden[101] vor allem auf jenem Teil des transjordanischen Hochplateau zur Verfügung, das sich nach Süden bis weit in jene Region erstreckte, die im Alten Testament Mischor genannt wird („die Hochebene", Jos. 20,8; Dtn. 3,10; Jer. 48,21 u. a.); es bildete die natürliche Grundlage für eine ertragreiche Land- und Viehwirtschaft (vgl. Kap. 5). Hier herrscht ein deutlich mediterran beeinflußtes (Steppen-)Klima[102] mit milden, feuchten Wintern und heißen, trockenen Sommern, das nach Osten hin in semi- und vollaride Zonen übergeht. Zwischen den beiden Hauptjahreszeiten liegen kurze Übergangsperioden. Dank der eher günsti-

98 H.-W. Haussig, Die Geschichte Zentralasiens und der Seidenstraße in vorislamischer Zeit (Darmstadt 1983), 216 u. ö.

99 Vgl. Jos. 12,3 *drk byt h-yšmwt* (= *Tell el-ʿAzēme*, map ref. 2088.1322). Auch M. Wüst, Untersuchungen zu den siedlungsgeographischen Texte des Alten Testaments I (1975), 153 ff; Y. Yadin, Some Aspects of the Strategy of Ahab and David (I Kings 20; II Sam. 11), Bib. 36 (1955), 347-349; vgl. S. D. Waterhouse – R. D. Ibach, AUSS 13 (1975), 217-228; M. Piccirillo, The Jerusalem-Esbus Road and its Sanctuaries in Transjordan, SHAJ 3 (1987), 165-172; D. A. Dorsey, The Roads and Highways of Ancient Israel (Baltimore/MD – London 1991), 201 ff.

100 Vgl. B. G. Jones, Interregional Relationships in Jordan: Persistence and Change, SHAJ 2 (1985), 297-314.

101 F. Bender, Geologie von Jordanien (Beiträge zur regionalen Geologie der Erde 7; Stuttgart 1968), 179-185; W. Haude, Witterung und Weizenanbau in Jordanien, Meteorologische Rundschau 19 (1966), 97-111; L. Lacelle, Bedrock, Surficial Geology, and Soils, in: Ø.S. LaBianca – L. Lacelle (ed.), Environmental Foundations: Studies of Climatological, Geological, Hydrological, and Phytological Conditions in Hesban and Vicinity (Hesban 2; Berrien Springs/MI 1986), 23-58; J. A. Cole – B. E. Cole, Geophysical Exploration, in: L. T. Geraty et al. (ed.), Madaba Plains Project 1 (1989), 189-194. Vgl. auch Kap. 5.

102 Das Klima der Eisenzeit dürfte, von geringen regionalen Unterschieden abgesehen, dem heutigen wesentlich geglichen haben, vgl. z. B. A. D. Crown, Toward a Reconstruction of the Climate of Palestine 8000 B. C. – 0 B. C., JNES 31 (1972), 312-330; F. Bender, Geologie von Jordanien (1968), 12-16; A. Danin, Palaeoclimates in Israel: Evidence from Weathering Patterns of Stones in and near Archaeological Sites, BASOR 258 (1985), 33-43; M. Alex, Klimadaten ausgewählter Stationen des Vorderen Orients (BTAVO.A 14; Wiesbaden 1985), 350 f. 356 u. ö. sowie die TAVO-Karten A IV 1-6; N. Shedadeh, The Climate of Jordan in the Past and Present, SHAJ 2 (1985), 25-37; K. Ferguson – T. Hudson, Climate of Tell Hesban and Area, in: Ø.S. LaBianca – L. Lacelle (ed.), Environmental Foundations (1986), 7-22; Ø.S. LaBianca, Sedentarization and Nomadization (1990), fig. 3.3-3.5.

gen hydrologischen Verhältnisse[103] und der aus dem Westen kommenden, aber nach Osten deutlich nachlassenden Steigungsregen war in weiten Teilen der Ammonitis regenbewässerter, ertragreicher (Terrassen-)Ackerbau möglich. Neben der Landwirtschaft spielte sicherlich auch die Waldwirtschaft[104] vor allem in den nordwestlichen Teilen der Ammonitis zur Gewinnung von Baumaterialien, Holzkohle u. a. eine nicht unwesentliche Rolle[105].

Standen den Ammonitern auf der einen Seite fruchtbare Ackerböden zur Verfügung, so lebten sie auf der anderen Seite in einer Region, die nur wenige Bodenschätze aufwies[106]. Zu den wenigen Ausnahmen gehören die bedeutenden Kaolinreichen Ton-Lager bei *ʿĒn Umm ed-Danānīr*[107] und im israelitisch-ammonitischen

103 F. Bender, Geologie von Jordanien (1968), 174-178; W. Haude, Zur Beurteilung des Wasserhaushaltes in Jordanien, ZDPV 85 (1969), 117-135; ders., Meteorologische Rundschau 19 (1966), 97-111; L. Lacelle, Surface and Groundwater Resources of Tell Hesban and Area, Jordan, in: Ø.S. LaBianca – L. Lacelle (ed.), Environmental Foundations (1986), 59-73; J. A. Cole, Available Water Resources and Use in the el-ʿUmeiri Region, in: L. T. Geraty et al. (ed.), Madaba Plains Project 1 (1989), 41-50. Vgl. TAVO-Karte A V 1-2.

104 Durch moderne Aufforstungsmaßnahmen [A.A. Razzag, Einfluß des Standortes auf den Aufforstungserfolg in Jordanien (Göttingen 1986), passim] gibt es in diesen Gebieten der Ammonitis wieder einige Wälder, die seit der Antike [z. B. J. D. Currid, The Deforestation of the Foothills of Palestine, PEQ 116 (1984), 1-11, der mich allerdings nicht ganz überzeugt] bis weit ins 20.Jh.n.Chr. Rodung, Überweidung und Ausbeutung zum Opfer gefallen waren, vgl. z. B. Th. Wiegand, Halbmond im letzten Viertel (1985), 180 (*el-ʿArīš*, 1916: „Seit unserem Aufbruch von Gülek im Taurus habe ich bei der Heizung der Lokomotiven ausschließlich Holzfeuerung gesehen, und wenn das so weiter geht, werden die wenigen Bäume des Landes weit und breit verschwinden. Nachts ist es ein feines Schauspiel, wie Millionen Funken die Fahrt begleiten, aber das Herz tut einem doch weh, wenn man an solche Vernichtung denkt“. Neben der Lit. in der folgenden Anm. vor allem H. Bardtke, Die Waldgebiete des jordanischen Staates, ZDPV 72 (1956), 109-122.

105 Vgl. auch 2Sam. 18,8ff. Zur Verwendung von Baumstämmen als Baumaterial vgl. z. B. H.O. Thompson, Archaeology of Jordan (1989), 50. Zur Vegetation allgemein vgl. D. M. al-Eisawi, Vegetation in Jordan, SHAJ 2 (1985), 45-57; P. Crawford, Flora of Tell Hesban and Area, Jordan, in: Ø.S. LaBianca – L. Lacelle (ed.), Environmental Foundations (1986), 75-98; L. Lacelle, Ecology of the Flora of Tell Hesban and Area, Jordan, in: Ø.S. LaBianca – L. Lacelle (ed.), Environmental Foundations (1986), 99-109; R. W. Younker, Present and Past Plant Communities of the Tell el-ʿUmeiri Region, in: L. T. Geraty et al. (ed.), Madaba Plains Project 1 (1989), 35-40; W. Frey – H. Kürschner, Die Vegetation im Vorderen Orient (BTAVO.A 30; Wiesbaden 1989), 1-6. 19f. 24; M. Zohary, Vegetation in Israel and Adjacent Areas (BTAVO.A 7; Wiesbaden 1982), passim sowie die TAVO-Karte A VI 8. Vgl. auch Kap. 5.

106 G. S. Blake, The Mineral Resources of Palestine and Transjordan (Jerusalem 1930), 33ff; F.-M. Abel, Géographie de la Palestine I (1933 = 1967), 180-202; F. Bender, Geologie von Jordanien (1968), 133-166; A. M. Quennell, The Geology and Mineral Resources of (Former) Trans-Jordan, Colonial Geology and Mineral Resources 2 (1951), 85-115. Vgl. TAVO-Karten A II 1; II 6; III 4.

107 P. E. McGovern, Environmental Constraints for Human Settlement in the Baqʿah Valley, SHAJ 2 (1985), 141-148; ders. et al., The Late Bronze and Early Iron Ages of Central Transjordan (1986), 178-193, Pl. 4a.

Grenzgebiet bei *Māḫaṣ*[108]. Die Schmelzplätze bzw. Eisenerz-Vorkommen[109] bei *Abū Ṯawwāb* (map ref. 2305.1747), deren eisenzeitliche Benutzung bzw. Ausbeutung allerdings nicht gesichert ist, lagen im ammonitischen Grenzgebiet[110], die bei *Muġāret el-Warde* haben niemals zum Territorium der Ammonitis gehört[111].

Als typisch für die ammonitische Architektur und Landschaft galten und gelten runde und viereckige „Türme", die völlig unterschiedlich datiert und interpretiert wurden[112]. Einen großen und bis heute anhaltenden Einfluß hatte N. GLUECK mit

108 F. BENDER, Geologie von Jordanien (1968), 162.

109 Zu Eisen als ammonitischem (?) Tribut an Tiglat-Pileser III. vgl. 2 R 67, 12'-13'; zu Eisen-Funden vgl. Kap. 5, auch 2Sam. 12,31: *mgsr h-brzl* und **ḥryṣ h-brzl*. Zur häufig überschätzten Rolle des Eisens vgl. z. B. H. GEISS, Die Bedeutung des Eisens und Wechselbeziehungen im postmykenischen östlichen Mittelmeer, Klio 69 (1987), 388-405; zum Stand der eisenzeitlichen Technologie im Ost- und Westjordanland zuletzt zusammenfassend J. D. MUHLY – R. MADDIN – T. STECH, The Metal Artifacts, in: V. FRITZ (ed.), Kinneret (1990), 159-175.

110 N. GLUECK, EEP 3 (1939) 225; R. A. COUGHENOUR, Preliminary Report on the Exploration and Excavation of Mugharat el Wardeh and Abu Thawwab, ADAJ 21 (1976), 71-78; V. C. PIGOTT – P. E. MCGOVERN – M. R. NOTIS, MascaJ 5,2 (1982), 35-39; P. E. MCGOVERN et al., The Late Bronze and Early Iron Ages of Central Transjordan (1986), 272 ff.

111 Map ref. 213.181; The Archaeological Heritage of Jordan I (1973), Site No. 295; wohl die *spelunca David* der Kreuzfahrer. N. GLUECK, EEP 3 (1939), 237 f; R. A. COUGHENOUR, ADAJ 21 (1976), 71 ff; ders., Mugharat el Wardeh, in: D. HOMES-FREDERICQ – J. B. HENNESSY (ed.), Archaeology of Jordan II 2 (1989), 386-390; F. BENDER, Geologie von Jordanien (1968), 149-151; P. E. MCGOVERN, SHAJ 2 (1985), 145-148; S. H. BASHA, Stratigraphic Accumulation, Origin and Prospection of Iron Ore Deposits at Warda – Southern Ajlun District (Amman 1968) war mir nicht zugänglich. Vgl. auch die vorhellenistischen Eisen-Schlacken u. a. auf *Tell eḏ-Ḏahab el-Ġarbī* (map ref. 2149.1771), vgl. R. L. GORDON – L. E. VILLIERS, Telul edh Dhahab and its Environs Surveys of 1980 and 1982. A Preliminary Report, ADAJ 27 (1983), 281-286, Pl. 68; R. L. GORDON, Telul edh Dhahab Survey (Jordan) 1980 and 1982, MDOG 116 (1984), 133; R. L. GORDON – E. A. KNAUF – A. HAUPTMANN – CH. RODEN, Antiker Eisenbergbau und alte Eisenverhüttung im *ʿAǧlūn*, AfO 33 (1986), 231 f; zur Metallverarbeitungstradition im mittleren Ostjordan-Tal vgl. neben den Ausgrabungen auf *Tell es-Saʿīdīye* auch 1Kön. 7,46, dazu E. A. KNAUF, King Solomon's Copper Supply, in: E. LIPINSKI (ed.), Phoenicia and the Bible (Studia Phoenicia 11, OLA 44; Leuven 1991), 184 f. Zum *sidēroun oros* / *hr h-brzl*, dessen Lokalisierung im (mittleren) Ostjordanland umstritten ist, vgl. Joseph., BJ 4,8,2 (§ 454); mSuk 3,1; bSuk 32b; bʿEr. 19a; ySuk 3,1 (53c,41); yŠeb 9,2. Bei Joh. Malalas, Chronographia 18,447 wird der Eisen-Berg *Trachōn* (*el-Leǧǧā*) genannt, der Aristeas-Brief § 119 spricht vom Kupfer- und Eisenabbau in den Bergen 'Arabiens'. Vgl. auch Dtn. 8,9: *'rṣ 'šr 'bnyh brzl*.

112 Zum Folgenden vgl. z. B. zusammenfassend CH. CRETAZ, Les Tours Ammonites, Le Monde de la Bible 46 (1986), 21; G. M. LANDES, BA-Reader 2 (³1977), 72 ff; A. KUSCHKE, in: Gottes Wort und Gottes Land. FS für H.-W. HERTZBERG zum 70. Geb. (1965), 94-96; P. E. MCGOVERN, SHAJ 4 (1992), 179-183; H. O. THOMPSON, The Towers of Jordan, in: ders., Archaeology in Jordan (1989), 1-9; KH. YASSINE, Archaeology of Jordan (1988), 16 ff; R. W. YOUNKER, „Towers" in the Region surrounding Tell el-ʿUmeiri, in: L. T. GERATY et al. (ed.), Madaba Plains Project 1 (1989), 195-198; Ø. S. LABIANCA, Sedentarization and Nomadization: Food System Cycles at Hesban and Vicinity in Transjordan (Hesban 1; Berien Springs/MI 1990), 146-148.

seiner Hypothese von den eisenzeitlichen Grenzfestungen[113]. Diese Hypothese beruhte auf methodisch unhaltbaren Voraussetzungen und projizierte überdies römische Limes-Vorstellungen in die Eisenzeit. Zur Zeit N. GLUECKS war kein einziger dieser Türme mittels Grabungen stratigraphisch untersucht; sämtliche Datierungen beruhten ausschließlich auf der vorgefundenen Oberflächenkeramik und dem angeblich 'archaischen' Erscheinungsbild der megalithischen Bauweise[114]. Solange die an der Oberfläche erkennbaren Grundriße keine Datierung erlauben, können Gebäude in der Regel nur über Grabungen und nicht über Oberflächenkeramik datiert werden; methodisch gesehen sind deshalb gesicherte Bau- und Benutzungsdaten in der Regel nur durch stratigraphische Grabungen zu gewinnen. Eine Oberflächenuntersuchung belegt meistens weder ein Baudatum noch eine Benutzung des Gebäudes. Die während einer Oberflächenuntersuchung gesammelte Keramik beweist nur die Anwesenheit von Menschen in den belegten Epochen. Ob die Ortslage während der durch die Oberflächenuntersuchung nicht belegten Epochen besiedelt war oder nicht, kann auf der Grundlage eines solchen Befundes nicht beantwortet werden[115]. Landesgrenzen sind weder mit Hilfe undatierter Gebäude noch mittels (unpublizierter) Oberflächenkeramik oder durch willkürliche ethnische Zuordnungen der (Oberflächen-)Keramik zu rekonstruieren, sondern, solange keine Grabungen stattgefunden haben, nur durch die kritische Auswertung topographischer und territorialgeschichlicher Angaben der literarischen und epigraphischen Quellen. Deshalb ist es zwecklos, hier alle bisher in der Fachliteratur erwähnten, angeblich eisenzeitlichen Gebäude dieser Art aufzulisten, deren Keramik unpubliziert und zudem als Oberflächenmaterial unstratifiziert ist[116]. Die vor allem unter den sich als 'Oberflächen-Archäologen' betätigenden deutschen Altte-

113 EEP 3 (1939), passim. Bei U. WORSCHECH, Das Land jenseits des Jordan (1991), 145-147, Abb. 90 werden bedenkenlos, aber haufenweise Gebäude als ammonitisch betrachtet, deren eisenzeitliche Herkunft nicht belegt und oft unwahrscheinlich ist.

114 In Trockenmauerwerk, das in den meisten Fällen außen verputzt war.

115 Zur Interpretation von Oberflächenuntersuchungen vgl. z.B. H.J. FRANKEN, in: Archäologie und Altes Testament. FS für K. GALLING zum 70.Geb. (1970), 117ff. Wie schwierig die Datierung von Türmen sein kann, zeigt auch F. BRAEMER, Une tour en pierres sèches du Jebel Druze (Syrie). Note d'architecture, Ber. 32 (1984), 191-199.

116 Einige Beispiele angeblich oder tatsächlich ammonitischer Türme sollen genügen, wobei nicht generell die Datierungen und Schlußfolgerungen angezweifelt werden, sondern aus den genannten methodischen Gründen in jedem Einzelfall der bloße Behauptungscharakter der entsprechenden Hypothesen festgestellt werden muß. Zukünftige Grabungen könnten durchaus in Einzelfällen Datierungen u.a. bestätigen: R. DE VAUX, RB 47 (1938), 405f. 420f; N. GLUECK, EEP 3 (1939), 74. 156-174. 201-204. 242-249 u.ö.; A.-J. ʿAMR, Excavations at Meqabelein, ADAJ 18 (1973), 73f, Pl. 44:2; 45; C. GUSTAVSON-GAUBE – M.M. IBRAHIM, AfO 33 (1986), 286; A. ABOU ASSAF, UF 12 (1980), 17-19; Z. KAFAFI – A. SIMMONS, in: D. HOMES-FREDERICQ – J.B. HENNESSY (ed.), Archaeology of Jordan II 1 (1989), 13-16; A.H. SIMMONS, SHAJ 4 (1992), 77-82; F. ZAYADINE, An Early Bronze – Middle Bronze Bilobate Tomb at Amman, in: Archaeology in the Levant. Essays for

stamentlern so beliebte und eifrig ausgebaute Grenzfestungshypothese erlitt deutliche Einbußen[117], als Grabungen den posthellenistischen Ursprung einiger dieser Türme bewiesen und darüber hinaus Türme der Eisen II-Zeit außerhalb der angeblichen Grenzlinien im ammonitischen Kernland nachgewiesen wurden.

Der *Ruǧm el-Malfūf Nord* (map ref. 2353.1517)[118] ist eines der größten und besterhaltensten Beispiele von Rundtürmen in der Ammonitis. Er galt weithin als typisch für die ammonitischen Türme um *ʿAmmān* herum, obwohl die Vermutung C. R. Conders von 1889 über einen römerzeitlichen Ursprung des Gebäudes mehr Beachtung verdient hätte[119]. Die amerikanischen Grabungen durch R. S. Boraas von 1969 im und am Turm haben Conders Vermutung bestätigt[120].

*Ḫirbet (Ruǧm) el-Kursī*[121] galt lange als Ort ammonitischer Türme. Inzwischen

K. Kenyon, ed. R. Moorey – P. Parr (Warminster 1978), 59; R. G. Boling, in: L. T. Geraty et al. (ed.), Madaba Plains Project 1 (1989), 98ff, Sites No. 2. 22. 32. 35. 37. u. ö.

117 Vgl. auch schon H. Graf Reventlow, ZDPV 79 (1963), 127-137, der sich aber der üblichen methodischen Unzulänglichkeiten befleißigt.

118 The Archaeological Heritage of Jordan I (1973), Site No. 255. Vgl. D. MacKenzie, Megalithic Monuments of Rabbath Ammon at Amman (1911), 22ff, fig. 9f, Pl. 4 (prähistorisch?); L. W. B. Rees, Antiquity 3 (1929), 342f; F. W. M. Petrie – C. Pape, in: F. W. M. Petrie et al. (ed.), Ancient Gaza 5 (British School of Egyptian Archaeology, Vol. 64; London 1952), 38-42, Pl. 48f, Site No. 107/3; C. Watzinger, Die Denkmäler Palästinas I (Leipzig 1933), 23f (neolithisch); C. C. McCown, Spring Field Trip 1930, BASOR 39 (1930), 12 (chalkolith. oder frühbronzezeitl.); N. Glueck, EEP 3 (1939), 165-168 (eisenzeitlich). Die besten Pläne bei F. Zayadine, Les Fortifications Pré-Héllenistiques et Héllenistiques en Transjordanie et en Palestine, in: La Fortification dans l'Histoire du Monde Grec. Actes du Colloque International 'La Fortification et sa Place dans l'Histoire Politique, Culturelle et Sociale du Monde Grec', Valbonne 1982, ed. P. Leriche – H. Tréziny (Paris 1986), 155, fig. 261.

119 C. R. Conder, Survey of Eastern Palestine (1889), 193; vgl. auch Ch. Warren – C. R. Conder, Survey of Western Palestine: Jerusalem (1884), 464.

120 R. S. Boraas, A Preliminary Sounding at Rujm el-Malfuf, (1971), in: H. O. Thompson (ed.), Archaeology in Jordan (1989), 11-34; ders., Some Aspects of Archaeology – Tactics and Strategy, in: The Answers lie below. Essays in Honor of L. E. Toombs, ed. H. O. Thompson (Lanham/MD – London 1984), 39-50. Anders L. de Polacky laut Kh. Yassine, Archaeology of Jordan (1988), 17, aber ohne publizierten Beleg. Die Arbeit von D. E. Anderson, Ceramic Typology Analysis: Rujm al-Malfuf (Ph.D.Diss. unpubl.; Upsala College East Orange/NJ 1970) war mir nicht zugänglich.

121 ʿA.-J. ʿAmr (*ʿAmmān*) danke ich für Erläuterungen zu seinen Grabungen auf *Ḫirbet el-Kursī*. The Archaeological Heritage of Jordan I (1973), Site No. 221. (Vorläufige) Grabungsberichte vor allem: A.-J. ʿAmr, Some Ayyubid Pottery Lamps from Rujm el-Kursi and other related Mameluke Examples, Ber. 32 (1984), 201-210; ders., Umayyad Painted Bowls from Rujm el-Kursi, Jordan, Ber. 34 (1986), 145-159; ders., More Islamic Inscribed Pottery Lamps from Jordan, Ber. 34 (1986), 161-168; ders., *Ruǧm al-Kursī*, AfO 33 (1986), 210f; ders., Shallow Umayyad Painted Pottery Bowls from Rugm el-Kursi Excavations, ADAJ 32 (1988), 247-254; M. Piccirillo – A.-J. ʿAmr, A Chapel at Khirbet el-Kursi – Amman, LA 38 (1988), 361-382; É. Puech, Les Inscriptions Christo-Palestiniennes de Khirbet el-Kursi – Amman, LA 38 (1988), 383-389. Zur älteren Literatur vgl. vor allem C. R. Conder, The Survey of Eastern Palestine (1889), 150; N. Glueck, EEP 3 (1939), 162f; H. Gese, ZDPV 74 (1958), 58f.

ist durch die Grabungen A.-J. ʿAMRS wahrscheinlich geworden, daß der Ort vor der achämenidischen Zeit kaum besiedelt war und daß die an der Oberfläche sichtbaren, bisher als ammonitische Türme interpretierten Gebäude keine Türme sind und nicht aus ammonitischer Zeit stammen; damit ist die Ortslage forschungsgeschichtlich ein typisches Beispiel für die betreffenden methodisch verfehlten Interpretationen[122].

Bisher können nur folgende Türme aufgrund von Grabungen mehr oder weniger sicher in die Eisenzeit II datiert werden: Viereckige bzw. quadratische 'Türme' sind auf *Ruğm el-Muḫēzīn* (map ref. 2440.1535) auf dem Gelände der Schneller-Schule bei *Mārkā*[123], auf *Ruğm Selīm* (map ref. 2346.1432)[124] nördlich und auf *ed-Drēğāt* (bzw. *Umm el-Qubūr*, map ref. 2328.1398)[125] südwestlich *Tell el-ʿUmērī*, auf *Ǧebel el-Aḫḏar* (map ref. 2374.1500)[126] im Süden des *Ǧebel ʿAmmān* und bei *Abū Nṣēr* (map ref. 2306.1652) am Ostrand der *Buqēʿa*[127] belegt[128]. Runde Türme

122 Vgl. auch *Ḫirbet Salāme* (map ref. 2325.1579); die amerikanischen Grabungen 1984 (nur vorläufig publiziert) haben keinen ammonitischen Turm belegt: C. J. LENZEN – A. M. MCQUITTY, Khirbet Salameh, ADAJ 28 (1984), 295; dies., The Site of Khirbet Salameh, ADAJ 31 (1987), 201-205; dies., Salameh, in: D. HOMES-FREDERICQ – J. B. HENNESSY (ed.), Archaeology of Jordan II 2 (1989), 543-546. Vgl. N. GLUECK, EEP 3 (1939), 172f (?).

123 The Archaeological Heritage of Jordan I (1973), Site No. 254. Amerikanische Grabungen 1973, nur vorläufig publiziert, durch H. O. THOMPSON, Rujm al-Malfuf Sud et Rujm al-Mekheizin (Transjordanie), RB 82 (1975), 99f; ders., The Excavation of Rujm el-Mekheizin, ADAJ 28 (1984), 31-34 = ders., in: Archaeology in Jordan (1989), 45-58.

124 Amerikanische Grabung 1984, vorläufig publiziert von L. T. GERATY, AUSS 23 (1985), 106-108, Pl. 14; ders. et al., The Andrews University Madaba Plains Project. A Preliminary Report on the First Season at Tell el-ʿUmeri (June 18 to August 8, 1984), AUSS 23 (1985), 90f; ders. et al., Madaba Plains Project: A Preliminary Report of the 1984 Season at Tell el-ʿUmeri and Vicinity, in: W. E. RAST (ed.), Preliminary Reports of ASOR-sponsered Excavations 1980-1984 (BASOR.S 24; Winona Lake/IN 1986), 128f; ders. et al., The Madaba Plains Project. A Preliminary Report on the First Season at Tell el-ʿUmeri and Vicinity, ADAJ 31 (1987), 189-191; ders. et al., AUSS 26 (1988), 230-234; dies., ADAJ 33 (1989), 174f, Pl. 22; ders. et al, in: W. E. RAST (ed.), Preliminary Reports of ASOR-sponsered Excavations 1983-1987 (BASOR.S 26; Baltimore/MD 1990), 70ff.

125 R. D. IBACH, Archaeological Survey of the Hesban Region (Hesban 5) (1987), 28f, Site No. 135, Pl. 2:166; G. FOHRER, ZDPV 77 (1961), 60, Site D (*„Umm el-Qubūr"*); L. T. GERATY et al., Madaba Plains Project: A Preliminary Report of the 1987 Season, in: BASOR.S 26 (1990), 69f, fig. 9; R. W. YOUNKER et al., AUSS 28 (1990), 11-14, Pl. 5-8.

126 Jordanische Rettungsgrabungen 1983, nur vorläufig publiziert: F. ZAYADINE, Syria 62 (1985), 152.

127 The Archaeological Heritage of Jordan I (1973), Site No. 23. Nur vorläufig publizierte, jordanische Grabungen 1981, die an einem der beiden rechteckigen Türme (und an zwei Gräbern) durchgeführt wurden: KH. ABU GHANIMEH, Excavation of *Abū Nṣēr*, ADAJ 26 (1982), 16f* (arab.); ders., ADAJ 28 (1984), 305-310. Vgl. auch C. R. CONDER, The Survey of Eastern Palestine (189), 2; R. DE VAUX, RB 47 (1938), 422; N. GLUECK, EEP 3 (1939), 195. Zur neuesten Besiedlungsgeschichte A. ROTH, Abu Nuseir. New Town (Zürich – Amman 1980), passim.

128 Wie viele andere auch, sind die (wahrscheinlich eisenzeitlichen) Türme z. B. auf *Ḫirbet Ḫulde* nicht durch Grabungen erforscht worden, vgl. aber unten Anm. 135.

sind auf *Ḫirbet el-Ḥaǧǧār*[129] und *Ruǧm el-Malfūf Süd* (map ref. 2352.1515)[130] auf dem *Ǧebel ʿAmmān* belegt, rechteckige Festungen[131] auf *Ruǧm el-Ḥenū West*[132] (und *Ost*[133]), *Ruǧm el-Ḥāwī*[134] und auf *Ḫirbet Ḫulde* (map ref. 2303.1559)[135]. [Das unvollendete (?) Gebäude von *el-Mabrak*[136] gehört wohl nicht hierher].

129 The Archaeological Heritage of Jordan I (1973), Site No. 159. Der Rundturm stammt kaum aus der Eisenzeit I. Amerikanisch-jordanische Grabungen 1971-1972, nur vorläufig publiziert: H. O. THOMPSON, Kh. el-Hajjar (Jordanie), RB 81 (1974), 77-80; ders., The 1972 Excavation of Khirbet al-Hajjar, ADAJ 17 (1972), 47-72; ders., The Biblical Ammonites, AJBA 1,6 (1973), 31-38; ders., The Ammonite Remains at Khirbet el-Hajar, (1977), in: ders., Archaeology in Jordan (1989), 73-103; M. M. IBRAHIM, Two Ammonite Statuettes from Khirbet el-Hajjar, (1971), in: H. O. THOMPSON (ed.), Archaeology in Jordan (1989), 59-71; ders., What Gods are these? Two Ammonite Statues from Khirbat el-Hajjar, Jordan 4 (1972), 20-27; vgl. A. ABOU ASSAF, UF 12 (1980), Statuetten I-II; F. ZAYADINE, in: DER KÖNIGSWEG (1987), Nrn. 134f.

130 The Archaeological Heritage of Jordan I (1973), Site No. 255. F. W. M. PETRIE – C. PAPE, Malfūf, near 'Amman (*sic*). Description of Sites, in: F. W. M. PETRIE – E. J. H. MACKAY – M. A. MURRAY, Ancient Gaza 5 (1952), 40, Site No. 108/4; D. MACKENZIE, Megalithic Monuments of Rabbath Ammon at Amman (1911), 18ff, fig. 7, Pl. 3 (prähistorisch?). Nur vorläufig publizierte amerikanische Grabungen 1972 durch H. O. THOMPSON, RB 82 (1975), 97-99; ders., Rujm al Malfuf South, ADAJ 18 (1973), 47-50 = in: ders., Archaeology in Jordan (1989), 35-43 (wahrscheinlich eisen-II-zeitlich).

131 Vgl. z. B. auch R. DE VAUX, RB 47 (1938), 405; C. GUSTAVSON-GAUBE – M. M. IBRAHIM, AfO 33 (1986), 286.

132 Map ref. 2284.1655. R. DE VAUX, RB 47 (1938), 420f; N. GLUECK, EEP 3 (1939), 194. Amerikanische Grabungen 1980: P. E. MCGOVERN, The Late and Early Iron Ages of Central Transjordan (1986), 7. 9. 11, Pl. 7; ders., ADAJ 27 (1983), 110ff. 127ff, fig. 3. 6-14, Pl. 12. 17f; ders., SHAJ 2 (1985), 143f; V. A. CLARK, The Iron II C / Persian Pottery from Rujm al-Ḥenu, ADAJ 27 (1983), 143-163; Die rechteckige Festung schließt einen Rundturm mit ein; die Datierung beider Komplexe in das 7.-6. Jh. v. Chr. ist hinreichend gesichert.

133 Map ref. 2284.1655. Das Baudatum ist trotz der Grabungen von 1980 nicht gesichert, vielleicht stammt das Gebäude aus der Spätbronzezeit und wurde während der Eisenzeit I und II weiterbenutzt; daß es mit dem Quadratbau von *Mārkā* verwandt sein soll, kann ich nicht erkennen. P. E. MCGOVERN, The Late and Early Iron Ages of Central Transjordan (1986), 11-13, fig. 2, Pl. 7; ders., ADAJ 27 (1983), 109-127, fig. 2. 5. 8ff, Pl. 12-16; ders., SHAJ 2 (1985), 143f; ders., in: D. HOMES-FREDERICQ – J. B. HENNESSY (ed.), Archaeology of Jordan (1989), 36; V. A. CLARK, ADAJ 27 (1983), 143ff; vgl. auch R. DE VAUX, RB 47 (1938), 420f; N. GLUECK, EEP 3 (1939), 194.

134 Map ref. 2282.1652. The Archaeological Heritage of Jordan I (1973), Site No. 164. R. DE VAUX, RB 47 (1938), 420f, fig. 8; N. GLUECK, EEP 3 (1939), 194; P. E. MCGOVERN, The Late and Early Iron Ages of Central Transjordan (1986), 9.

135 The Archaeological Heritage of Jordan I (1973), Site No. 212. J. A. SAUER hat an der Festung A Sondagen durchgeführt, die ihre Eisen-II-zeitliche Herkunft belegten; ein Grabungsbericht ist nie erschienen. Vgl. KH. YASSINE, Archaeology of Jordan (1988), 11-31.

136 Map ref. 243.149. Es ist direkt auf den nackten Fels gebaut und eine typische 'one-period-site', die so gut wie keine Scherben o. ä. hinterlassen hat: KH. YASSINE, El Mabrak: An Architectural Analogue of the Amman Airport Building?, (1983), in: ders., Archaeology of Jordan (1988), 61-64. Es ist daher weder stratigraphisch noch über Keramik o. ä., sondern allein bautypologisch zu datieren. Sein Grundriß und seine Bautechnik verbindet es weniger mit dem spätbronzezeitlichen Gebäude

Weder die Türme noch die Festungen sind allein für die Ammonitis typisch und darüber hinaus auch bautechnisch nicht überraschend[137]. Vergleichbare Bauten sind im übrigen Trans-[138] und Cisjordanien[139] (und verwandten Gesellschaften der Eisenzeit und anderer Epochen[140]) gut belegt, wenn auch in nur wenigen Fällen durch Grabungen in ihrer Datierung gesichert. Ähnliches gilt für die Rundtürme. Da Rundtürme und Rundbauten in Palästina spätestens seit dem Neolithikum über mehrere Jahrtausende belegt sind, besteht vorläufig kein Anlaß, ihre architektonische Form als Folge griechischen o.a. Einflusses aufzufassen und entsprechend später als die rechteckigen Türme zu datieren[141]; erst stratifizierte Fußbodenkeramik aus dem Innern der Türme könnte diese Hypothese erhärten. Insgesamt stammen die Türme in etwa aus dem 8.-6.Jh.v.Chr. und wurden z.T. in der achämenidischen und hellenistischen Zeit weiter- bzw. wiederbenutzt (vgl. z.B. *Ḫirbet el-Ḥaǧǧār, Ruǧm Selīm* oder *Ǧebel el-Aḫḏar*)[142].

Auch die Frage nach der Funktion der Türme wurde völlig unterschiedlich be-

von *Markā* [laut V. Fritz ein Turm] oder assyrischen Hofraum-Gebäuden [Die Paläste während der assyrischen, babylonischen und persischen Vorherschaft in Palästina, MDOG 111 (1979), 63-74; ders., Paläste während der Bronze- und Eisenzeit in Palästina, ZDPV 99 (1983), 1-42], wie Kh. Yassine behauptet, sondern eher mit römischen Gebäuden im Umfeld des *limes Arabicus*, vgl. z.B. A. Jaussen – R. Savignac, Mission Archéologique en Arabie I (Publications de la Societé Française des Fouilles Archéologiques; Paris 1909), 23f, fig. 19 (*Ruǧm Quṣēr*); vgl. auch M. Euzennat, Quatre Années de Recherches sur la frontière Romaine en Tunesie Méridionale, CRAIBL 1972, 7-27, fig. 9:5. Dazu paßt auch, daß die zwei Körper-Scherben, die ich 1983 – außerhalb des Gebäudes an der Oberfläche – fand, zwar kaum exakt datierbar, aber mit großer Wahrscheinlichkeit nacheisenzeitlich sind, und daß dort auch *tesserae*-ähnliche Steine gefunden wurden (freundlicher Hinweis von H. und M. Weippert).

137 U. Hübner, Wohntürme im eisenzeitlichen Israel?, BN 41 (1988), 23-30.

138 R.D. Ibach, Archaeological Survey of the Hesban Region (1987), Sites No. 5. 8. 22. 42. 49. 73. 108. 132-135. 137. 147f u.ö.; B. MacDonald, The Wadi el-Ḥasā Archaeological Survey 1979-1983, West-Central Jordan (Waterloo/Ontario 1988), 188f, 364-387 u.ö.; J.M. Miller – J.W. Pinkerton (ed.), Archaeological Survey of the Kerak Plateau (1991), 87 u.ö.; U. Worschech, Die Beziehungen Moabs zu Israel und Ägypten (1990), 105. 109ff u.ö.

139 M. Kochavi (ed.), Judaea, Samaria and the Golan. Archaeological Survey 1967-1968 (Jerusalem 1972), 43. 49. 53f u.ö.; H. Ogawa, Hellenistic and Roman Towers on the North Rise, Tel Zeror, Orient 20 (1984), 109-128; Sh. Dar, Landscape and Pattern. An Archaeological Survey of Samaria 800 B.C.E. – 636 C.E. (BAR.IS 308,1-2; Oxford 1986), 2. 6-8, fig. 1, Photo 1 u.ö., vgl. auch Sh. Gibson – G. Edelstein, Investigating Jerusalem's Rural Landscape, Levant 17 (1985), 145, Pl. 11A.

140 Vgl. die Belege bei U. Hübner, BN 41 (1988), 23ff; auch K. Hopwood, Towers, Territory and Terror: How the East was held, in: Ph. Freeman – D. Kennedy (ed.), The Defence of the Roman and Byzantine East I (BAR.IS 297,1; Oxford 1986), 343-356.

141 J.A. Sauer, BA 45 (1982), 82; ders., BASOR 263 (1982), 18; E.A. Knauf, Ismael ($^2$1989), 143; ders., Transeuphratène 2 (1990), 209.

142 Von römischen, byzantinischen, ayyubidisch-mamlukischen, osmanischen und haschemitischen Wiederbenutzungen abgesehen.

antwortet: Einige sahen in ihnen Grenzfestungen in einer Art ammonitischen Limes entlang der ammonitischen Westgrenze[143] bzw. vorgelagerte Sicherungssysteme um die Hauptstadt Rabbat-Ammon, andere mit Wehrtürmen befestigte Gehöfte inmitten Ammons[144]. Will man die Funktion näher bestimmen, sollte man *nur* von den als solche gesicherten ammonitischen Türmen ausgehen, alle vorhandenen Beobachtungen zusammentragen und von monokausalen Erklärungen Abschied nehmen: Die geographische Verteilung der Türme spricht gegen die Hypothese von *limes*-artigen Festungen an den ammonitischen Grenzen oder an der Peripherie der ammonitischen Hauptstadt. Die Tatsache, daß mit hoher Wahrscheinlichkeit kaum einer der Türme isoliert für sich gestanden hat[145], sondern so gut wie jeder mit Anbauten versehen oder gar Teil einer Siedlung war, spricht wie die geographische Verteilung für eine überwiegend zivile Nutzung der Gebäude. Daß sie eine offizielle institutionalisierte Grenzfunktion gehabt haben sollen, ist mithin zweifelhaft. Bemerkenswert ist auch, daß Türme nicht nur in der südlichen Ammonitis, sondern gleichermaßen auch in der nördlichen Moabitis belegbar sind[146], ohne daß zwischen ihnen architektonische o. ä. Unterschiede erkennbar und ohne daß sie als strategische Gegenpole angelegt wären. Vieleher handelt es sich um multifunktionale Bauten, nämlich um befestigungsähnliche landwirtschaftliche Gehöfte[147], die vor allem dem Schutz ihrer Bewohner und Bewohnerinnen und der umliegenden Nutzflächen gegen Razzien nomadischer Bevölkerungselemente dienten und in entsprechenden Situationen auch militärisch als Signalstationen, Grenzfestungen, Straßenstationen u. a. verwendet werden konnten. Die Tatsache, daß es im mittleren Ostjordanland deutlich mehr derartige turmartige Gebäude als im Westjordanland gab, ist ein klares Indiz für eine höhere Bedrohung

143 A. Abou Assaf, UF 12 (1980), 17-19; G. Fohrer, ZDPV 77 (1961), 56-71; H. Gese, ZDPV 74 (1958), 55-64; R. Hentschke, ZDPV 76 (1960), 103-123; G. M. Landes, A History of the Ammonites (Ph.D.Diss. unpubl.; 1956), passim; ders., BA 24 (1961), 65-86 = BA-Reader 2 ($^3$1977), 69-88; K. von Rabenau, ZDPV 94 (1978), 46-55; ders., ADAJ 6-7 (1962), 93 f; W. Schmidt, ZDPV 77 (1961), 46-55; H. J. Stoebe, ZDPV 82 (1966), 33-36. Anders, aber nicht überzeugend E. A. Knauf, vgl. Anm. 134, der glaubt, die Rundtürme hätten in achämenidischer Zeit eine Verteidigungslinie gegen Osten gebildet und den Zugang zu *ʿAmmān* gesichert.

144 Vgl. z. B. K. von Rabenau, ZDPV 94 (1978), 46-55; Ch. Cretaz, Le Monde de la Bible 46 (1986), 21; L. T. Geraty et al., BASOR.S 26 (1990), 67 ff.

145 Neben dem Umstand, daß sämtliche Grabungsberichte über ammonitische Türme vorläufig sind und dies offensichtlich in den meisten Fällen der 'Endzustand' ist und bleibt, besteht eine der gravierendsten archäologischen Lücken darin, daß in keinem Fall die eindeutig vorhandenen Anbauten und umliegenden Gebäude ausgegraben, datiert und in ihrer Funktion bestimmt wurden.

146 Vgl. z. B. E. D. Grohman, A History of Moab (1958), 55 ff. 97.

147 E. Meyer, Pyrgos – „Wirtschaftsgebäude", Hermes 65 (1920), 100-102. Vgl. auch M. Heltzer, *Dimtu – gt – pyrgos*. An Essay about the Non-Etymological Sense of these Terms, JNWSL 7 (1979), 31-35; C. Zaccagnini, Calchi semantici e persistenze istituzionali: A proposito di „torri" nel Vicino Oriente Antico, VO 3 (1980), 123-151.

durch nichtseßhafte Gruppen als dies in Cisjordanien der Fall war. Welche zivilen Funktionen genau die Türme innerhalb der Gehöfte hatten (Wohntürme, Speicher, 'Fluchtburgen'[148]), ist bisher aufgrund des geringen Fundmaterials, der einseitigen Grabungen an den Türmen statt an der umfassenden Erforschung der Gesamt-Gehöfte und wegen der dürftigen vorläufigen Berichte unbekannt.

148 Vgl. U. Worschech, Die *Šēḫ*burgen am *W̄adī Ibn Ḥammād*. Eine Studie zu einer Gruppe von Bauten im antiken Moab, BN 28 (1985) 66-88; R. Kletter, BASOR 284 (1991), 33-50.

# 4. DIE GESCHICHTE DER AMMONITER UND AMMONITERINNEN

## 4.1. Die Ammonitis in der Spätbronze- und frühen Eisenzeit[1]

Die Ammonitis der Spätbronzezeit ist bisher archäologisch nur unzureichend erforscht[2]. Ihre materielle Kultur stand, wie vor allem die verschiedenen (früh-), mittel- und spätbronzezeitlichen Grabanlagen z.B. in *ʿAmmān*[3], *Saḥāb*[4] und der *Buqēʿa*[5] zeigen, in einer deutlichen Tradition und Kontinuität mit der Bronzezeit[6]. Politisch gesehen wurde die Ammonitis offenbar von mehreren urbanen, miteinander rivalisierenden Zentren beherrscht [vor allem *ʿAmmān*, *Saḥāb* und *Ḫirbet Umm ed-Danānir* (mit *Ruǧm el-Ḥenū Ost*?[7])]. Sie dürften den zeitgleichen kanaa-

1 Zu der hier verwendeten Periodeneinteilung und den entsprechenden Datierungen vgl. H. Weippert, Palästina in vorhellenistischer Zeit (1988), 25ff u.ö.

2 Vgl. z.B. zusammenfassend R.H. Dornemann, The Archaeology of the Transjordan (1983), 20ff; Z. Kafafi, Late Bronze Age Pottery in Jordan (East Bank) 1575-1200 B.C. (M.A. Thesis unpubl.; University of Jordan, Amman 1977), 2-75. 323-418; ders., BN 29 (1985), 17-22; M.M. Ibrahim – Z. Kafafi, Mittlere und Späte Bronzezeit, in: Der Königsweg (1987), 86-88; J. Balensi, La Jordanie au IIe millénaire, Le Monde de la Bible 46 (1986), 8f; dies., Das 2.Jahrtausend v.Chr., in: Der Königsweg (1987), 88-92; P.E. McGovern, Settlement Patterns of the Late Bronze and Iron Ages, SHAJ 4 (1992), 179-183; L.G. Herr, Shifts in Settlement Patterns of Late Bronze and Iron Age Ammon, SHAJ 4 (1992), 175-177.

3 R.W. Dajani, Jabal Nuhza Tomb at Amman, ADAJ 11 (1966), 48-52; ders., An (Early Bronze – Middle Bronze) Burial from Amman, ADAJ 12-13 (1967-1968), 68f; A. Hadidi, An Early Bronze-Middle Bronze Tomb at Jabal Jofeh in Amman, ADAJ 26 (1982), 283-286; L.G. Harding – B.S.J. Isserlin, A Middle Bronze Tomb at Amman, in: L.G. Harding (ed.), Four Tomb Groups from Jordan (PEFA 6; London 1953), 14-26; M. Piccirillo, Una tomba del Bronzo Medio ad Amman?, LA 28 (1978), 79-86, W.A. Ward, Scarabs, Seals and Cylinders from two Tombs at Amman, ADAJ 11 (1966), 5-18; F. Zayadine, in: Archaeology in the Levant. Essays for K. Kenyon, ed. R. Moorey – P. Parr (1978), 59-61; S. Helms, An Early Bronze IV Pottery Repertoire at Amman, BASOR 273 (1989), 17-36, vgl. auch ders. – D. McCreery, Rescue Excavations at Umm el-Bighal. The Pottery, ADAJ 32 (1988), 319-347; E. Suleiman, An Early Bronze / Middle Bronze Tomb at Tla' el-ʿAli, ADAJ 29 (1985), 179.

4 R.W. Dajani, A Late Bronze – Iron Age Tomb at Sahab, ADAJ 15 (1970), 29-34.

5 P.E. McGovern, The Late Bronze and Early Iron Ages of Central Transjordan (1986), 32ff vgl. zu den Datierungen auch W.E. Rast, BASOR 280 (1990), 93f.

6 Vgl. z.B. auch R.G. Boling, The Early Biblical Community in Transjordan (1988), 11ff.

7 Vgl. Kap. 3.

näischen Stadtstaaten des Westjordanlandes in etwa entsprochen haben, nur daß ihre Bedeutung und der Umfang ihres Territoriums zumeist erheblich geringer waren und sie z.T. näher beieinander lagen als dies in Cisjordanien der Fall war. *Saḥāb*[8], die bislang am besten bekannte spätbronzezeitliche Stadt der Ammonitis, war ca. 5 ha groß und lag nur rund 12 km von *ʿAmmān* entfernt, dessen Stadtgebiet sich wohl auf die obere und mittlere Terrasse des *Ǧebel el-Qalʿa* erstreckte und damit ca. 8 ha umfaßte[9]. *Ḫirbet Umm ed-Danānīr* war ca. 2,5 ha groß und seinerseits nur ca. 20 km von *ʿAmmān* entfernt. Die nur partiell publizierten Surveys auf dem zentraljordanischen Hochplateau deuten auf eine geringere Besiedlungsdichte als in der Eisen (I- und) II-Zeit.

Das inzwischen zerstörte bzw. überbaute quadratische Gebäude bei *Mārkā*[10] (map ref. 243.153) soll nach der gängigen Interpretation allein auf weiter Flur gestanden haben. Keine spätbronzezeitliche Siedlung soll sich in der Nähe befunden

8 M.M. Ibrahim, Saḥāb and its Foreign Relations, SHAJ 3 (1987), 83-89; ders., *Saḥāb*, AfO 29-30 (1983-1984), 258f; ders., Sahab, in: D. Homès-Fredericq – J.B. Hennessy (ed.), Archaeology of Jordan II 2 (1989), 516-520.

9 Vgl. zusammenfassend R.H. Dornemann, The Archaeology of the Transjordan (1983), 22; U. Hübner, in: A.E. Northedge (ed.), Studies on Roman and Islamic ʿAmman, Vol. I (1992), (im Druck).

10 J.R. Bartlett, Edom and the Edomites (1989), 68-70; S. Ben-Arieh, The Late Bronze Age Temple at Amman, Qad. 1 (1968), 98f (hebr.); E.F. Campbell – E.G. Wright, Tribal League Shrines in Amman and Shechem, BA 32 (1969), 104-116; V. Fritz, Erwägungen zu dem spätbronzezeitlichen Quadratbau bei Amman, ZDPV 87 (1971), 140-152; V. Hankey, Mycenaean Pottery in the Middle East: Notes on Finds since 1951, ABSA 62 (1967), 135-142; dies., Imported Vessels of the Late Bronze Age at High Places, in: A. Biran (ed.), Temples and High Places in Biblical Times (Jerusalem 1981), 108-117; dies., A Late Bronze Age Temple at Amman, Levant 6 (1974), 131-178; L.G. Harding, Amman, ADAJ 3 (1956), 80; ders., Recent Discoveries in Jordan, PEQ 91 (1958), 10-12; J.B. Hennessy, Amman Airport, in: D. Homès-Fredericq – ders. (ed.), Archaeology of Transjordan II 1 (1989), 167-178; ders., Amman, RB 73 (1966), 561-564; ders., Amman – Excavation of a Late Bronze Age Temple, ADAJ 11 (1966), 105f; ders., Excavation of a Late Bronze Age Temple at Amman, PEQ 98 (1966), 155-262; ders., Supplementary Note, ZAW 78 (1966), 357-359; ders., A Temple of Human Sacrifice at Amman, The Gazette, University of Sydney 2,20 (1970), 307-309 (mir nicht zugänglich); ders., Thirteenth Century B.C. Temple of Human Sacrifice at Amman, in: Phoenicia and its Neighbours (Studia Phoenicia III 1; Leiden 1985), 85-104; L.G. Herr (ed.), The Amman Airport Excavations, 1976 (AASOR 48; Winona Lake/IN 1983), passim; ders., The Amman Airport Structure and the Geopolitics of Ancient Transjordan, BA 46 (1983), 223-229; A. Leonard, The Significance of the Mycenaean Pottery found east of the Jordan River, SHAJ 3 (1987), 261-266; ders., The Late Bronze Age. Archaeological Sources for the History of Palestine, BA 52 (1989), 32; P.E. McGovern, Late Bronze Palestinian Pendants. Innovation in a Cosmopolitan Age (JSOT/ASOR Monograph Series 1; Sheffield 1985), passim; H.W. Müller, Der Waffenfund von Balâṭa-Sichem und Die Sichelschwerter (ABAW.PH NF, H.97; München 1987), 155f; R. Tournay, RB 74 (1967), 248-254; W.A. Ward, Cylinders and Scarabs from the Late Bronze Temple at Amman, ADAJ 8-9 (1964), 47-55; G.R.H. Wright, The Bronze Age Temple at Amman, ZAW 78 (1966), 351-357.

haben. Seine Erbauer sollen, wie immer wieder behauptet wurde, '(Halb-)Nomaden' gewesen sein. Dem stehen einige Tatsachen entgegen, die gerne übersehen werden: 1) Niemand weiß, was beim Bau des Flughafen von *Mārkā* alles unwiederbringlich zerstört worden ist; dazu dürfte, wie die Fundsituation des Parallelgebäudes in *Ḫirbet Umm ed-Danānīr* nahelegt, eine Siedlung zum Turm gehört haben[11]. Die Annahme eines ohne Siedlungskontext errichteten Gebäudes von der Größe und Ausstattung des sog. „Airport-Temple" ist an sich schon völlig unwahrscheinlich. 2) Genauso unwahrscheinlich ist die Nomaden-Theorie[12]: '(Halb-) Nomaden' pflegen keine Gebäude von dieser Größe, Qualität und diesem Grundriß zu errichten und tragen gewöhnlich nicht im internationalen Handel Inventare aus lokaler Ware und ägyptischen, mesopotamischen, mykenischen[13], midianitischen und zyprischen Importen zusammen, die genau denen urbaner Zentren der spätbronzezeitlichen Kultur Palästinas entsprechen. 3) Auch wenn die unmittelbar angrenzende Besiedlung um das Quadratgebäude bei *Mārkā* offenbar unwiderruflich verloren ist, sind in der weiteren Umgebung durchaus kleinere und größere Siedlungen dieser Epoche vorhanden[14]. Das Quadratgebäude gehört zur urbanen, seßhaften Kultur der spätbronzezeitlichen Ammonitis[15].

11 So auch z.B. Y. Aharoni, Das Land der Bibel (1984), 212, Anm. 54. Daß bei dem bisherigen *ʿĒn-Ġazāl*-Survey, der die unmittelbare Umgebung des Flughafen (bisher) nicht berührte, bis jetzt keine spätbronzezeitliche Keramik gefunden wurde, beweist für die Besiedlungsgeschichte dieser Region höchstens, daß die Besiedlungsdichte geringer war als in den anderen, positiv nachgewiesenen Perioden; Z. Kafafi – A. H. Simmons, in: D. Homès-Fredericq – J. B. Hennessy (ed.), Archaeology of Jordan II 1 (1989), 13-16; dies., ADAJ 32 (1988), 27-39; A. H. Simmons, SHAJ 4 (1992), 77-82.

12 Vor allem E. F. Campbell – E. G. Wright, BA 32 (1969), 104-116.

13 Weitere mykenische Importe in *Saḥāb*, vgl. M. M. Ibrahim, ADAJ 20 (1979), 80, Pl. 20:3: 34:3; ders., SHAJ 3 (1987), 77.

14 *ʿAmmān* liegt ca. 3 km weiter südwestlich.

15 Die Funktion des Gebäudes ist bisher noch nicht hinreichend geklärt, da 1) der archäologische Siedlungskontext zerstört ist und deshalb unbekannt ist, und weil 2) das Grabungsmaterial bisher immer noch nicht vollständig publiziert wurde. Im Rahmen dieser Untersuchungen braucht dieser Frage auch nicht weiter nachgegangen zu werden, da es sich um ein vorammonitisches Relikt der Spätbronzezeit handelt, dessen Bautradition nach bisherigem Wissen keine ammonitische Wiederaufnahme gefunden hat, auch nicht in dem Gebäude von *el-Mabrak* oder dem von *Ruǧm el-Ḥenū Ost*. Laut Harding, Hennessy, G. E. Wright, G. R. H. Wright, Campbell u. a. war es ein Tempel, laut Fritz ein bewohnter Turm, laut Hankey ein Vorratsgebäude, laut Herr eine „mortuary / cremation institution" und laut Hennessy eine Ritualstätte für Menschenopfer; letzteres übersieht u. a. die Tatsache, daß die hunderte von menschlichen Knochen-Fragmenten wahrscheinlich kaum mehr als zwei oder drei Individuen ausmachen, deren osteologische Reste keinen einzigen Hinweis auf eine Opferung geben, allenfalls auf Kremation, die bald nach Eintritt des Todes durchgeführt worden sein muß, vgl. R. M. Little Human Bone Fragment Analysis, in: L. G. Herr (ed.), The Amman Airport Excavations, 1976 (1983), 47-55: Zum methodischen Problem, verbrannte Knochen zu interpretieren vgl. J. Wahl, Leichenbranduntersuchungen. Ein Überblick über die Bearbeitung und Aussagemöglichkeiten von Brandgräbern, PZ 57 (1982), 1-125. Zur immer wieder neu belebten und gehegten Phantasie eines „Moloch"-Kultes, wie z. B. bei U. Worschech, Das Land

ON der spätbronzezeitlichen Ammonitis[16] sind kaum bekannt. In Frage kommt vor allem das *krmn* der Palästina- Liste Thutmosis' III. (Nr. 96)[17], das mit dem Abel-Keramim von Ri. 11,33 identisch sein dürfte und wahrscheinlich auf *Saḥāb* lokalisiert werden kann. Daß *Tell el-ʿUmērī* „a candidate for the city of Sihon, the Amorite (cf. Numbers 21:21-30)" sein soll[18], geht auf ein biblizistisches Mißverständnis der alttestamentlichen Belege über Sihon zurück[19].

Anders als in verschiedenen Teilen vor allem des Westjordanlandes, aber auch Transjordaniens gibt es in der Ammonitis keine Belege für eine längerfristige ägyptische Präsenz[20]. Sofern überhaupt jemals ägyptische Truppen ammonitisches Territorium und daran angrenzende Gebiete betreten haben, so handelte es sich dabei stets um Machtdemonstrationen, die den nominellen, aber kaum faktisch eingelösten Anspruch Ägyptens auch auf diese Teile Zentraltransjordaniens deutlich machen sollten. Die Ammonitis wurde von Ägypten, wenn überhaupt, zu keinem Zeitpunkt durchgreifend und dauerhaft beherrscht oder gar in die Provinz Kanaan inkorporiert[21]. Dem entspricht, daß für die spätbronzezeitliche Ammonitis weder *ʿApiru*[22] noch *Š³św*[23] belegt sind, – was ihre Existenz dort aber nicht ausschließt –,

jenseits des Jordan (1991), 120f, Abb. 71, ist nur zu sagen, daß es dafür nicht den Hauch eines Beweises gibt, vgl. auch unten Kap. 6.

16 Die ON der Palästina-Liste Thutmosis' III. Nr. 93-95, die vielleicht in der Ammonitis gelegen haben könnten, sind z.Zt. kaum mit hinreichender Sicherheit zu identifizieren, vgl. Kap. 3, auch z. B. D. B. Redford, JSSEA 12 (1982), 55-74; Z. Kafafi, BN 29 (1985), 17-22.

17 Vgl. Kap. 3.

18 So L. T. Geraty et al., ADAJ 31 (1987), 187.

19 Vgl. E. A. Knauf, ZDPV 106 (1990), 135ff.

20 Auf dem transjordanischen Hochplateau fehlen im Gegensatz zum Jordan-Tal und Cisjordanien weitgehend bedeutendere ägyptische Funde (der Spätbronzezeit) wie Tempel, Paläste, größere Inschriften, Statuen u. a. Vgl. allgemein W. Helck, Die Beziehungen Ägyptens zu Vorderasien im 3. und 2. Jahrtausend v. Chr. ([2]1971), passim; zu transjordanischem Fundmaterial vgl. neben Kap. 2.10.3 z. B. J. Yoyotte, Un souvenir du „Pharaon" Taousert en Jordanie, VT 12 (1962), 464-469 (*Tell Dēr ʿAllā*); H. J. Franken, VT 11 (1961), 365, Pl. 4f (*Tell Dēr ʿAllā*); S. H. Horn, An Egyptian Scarab in Early Roman Tomb F.31, AUSS 16 (1978), 223f (Heschbon); W. A. Ward, A Possible New Link between Egypt and Jordan during the Reign of Amenhotep III, ADAJ 18 (1973), 45f (bei Petra); M. M. Ibrahim – R. L. Gordon, A Cemetery at Queen Alia International Airport (1987), 22, Pl. 37:1; 51:1 (aus dem römerzeitlichen Grab 75). In einem Grab in *ʿAmmān* ist einer der Hyksos-Herrscher auf einem Skarabäus belegt, vgl. W. A. Ward, ADAJ 11 (1966), 12, Pl. 20 (J.9386).

21 Vgl. dazu W. Helck, Kanaan, LÄ 3 (1980), 309f; R. Grieshammer, Palästina, LÄ 4 (1982), 642-644; D. B. Redford, SHAJ 1 (1982), 115-119; M. Weippert, Kanaan, RlA 5 (1976-1980), 352-355; ders., Kinaḫḫi, BN 27 (1989), 18-21; F. Stolz, Kanaan, TRE 17 (1988), 539-556; H. J. Zobel, *knʿn*, ThWAT 4 (1982-1984), 224-243.

22 Vgl. z. B. J. Bottéro, Ḫabiru, RlA 4 (1972-1975), 14-27.

23 Vgl. z. B. R. Giveon, Les Bédouins Shosou des Documents Égyptiens (DMOA 18; Leiden 1971), passim; M. Weippert, Semitische Nomaden des zweiten Jahrtausends. Über die *Š³św* der ägyptischen Quellen, Bib. 55 (1974), 265-280. 427-433.

und daß Ammon im Gegensatz zu Moab[24], Edom bzw. Seïr[25] und Israel[26] in ägyptischen Quellen nicht erwähnt wird[27].

Die verschiedenen alttestamentlichen Überlieferungen geben keine historisch haltbaren Anhaltspunkte über die spätbronzezeitliche Ammonitis[28]:

Um die Mitte des 1.Jahrtausends v.Chr. glaubten Judäer zu wissen, daß *Zmzmym* (Dtn. 2,20; LXX *Zomzommin*; Sam. *Zamzāmem*; Vulg. *Zomzommim*)[29] die Bezeichnung der Ammoniter für die vorammonitische Bevölkerung der nachmaligen Ammonitis gewesen sei; die *Zmzmym* werden mit den riesenhaften Anakitern[30] verglichen, die von Jahwe (!) zugunsten der Ammoniter (!) vertrieben worden seien (Dtn. 2,20f). Historisch gesehen werden damit für die ausgehende Spätbronze- bzw. Eisenzeit I keine auswertbaren Informationen gegeben: Die Gleichung Samsummim = Refaïm (vgl. Anakiter) und der Name *Zmzmym*[31] weist einerseits klar auf den numinosen Charakter dieser angeblichen vorammonitischen Bevölkerung hin und belegt andererseits das judäische Halb- bzw. Unwissen über die frühe Geschichte des (nicht-)israelitischen Transjordaniens rund ein halbes Jahrtausend zuvor (vgl. auch Kap. 4.4; 5; 7). Gleiches gilt für die angeblichen Kämpfe der Israeliten[32] unter der Führung des Mose gegen Og von Baschan: Og war ebenfalls einer der Refaïm [Dtn. 3,11; Jos. 12,4; 13,12; vgl. Byblos 13 (Kap. 6)][33], und mit Refaïm konnte man sich nicht militärisch, sondern allenfalls

24 Amenophis III. bzw. Ramses II., vgl. zuletzt S. Timm, Moab zwischen den Mächten (1989), 5ff; M. Görg, Transjordanische Ortsnamen unter Amenophis III., in: ders., Beiträge zur Zeitgeschichte der Anfänge Israels. Dokumente – Materialien – Notizen (ÄAT 2; Wiesbaden 1989), 40-53; ders., Weitere Beobachtungen zum sogenannten Moab-Feldzug Ramses' II., in: ders., a.a.O., 123-134.

25 Vgl. M. Weippert, Edom (Hab. und Diss. theol. masch.; 1971), 4ff; ders., TRE 9 (1982), 291ff; J. R. Bartlett, Edom and the Edomites (1989), 67ff.

26 Merenptah, sog. Israel-Stele, vgl. zuletzt H. Sourouzian, Les Monuments du Roi Merenptah (DAI Kairo, Sonderschrift 22; Mainz 1989), 167-170, Pl. 31.

27 Erstmals in sicher zu datierenden nichtammonitischen Quellen wird Ammon in neuassyrischer Zeit während der Herrschaft Tiglat-Pilesers III. erwähnt, vgl. Kap. 4.3.2.

28 Zur Ehud-Eglon- und zur Og-Überlieferung Ri. 3,12-30 vgl. Kap. 6 und 7.2.

29 Zu 1QGenAp XXI 23ff und den *Zwzym* in Gen. 14,5 vgl. Kap. 7.2.

30 Zuletzt L. Perlitt, Riesen im Alten Testament (NAWG.PH 1, 1990; Göttingen 1990), 34-38.

31 Vgl. F. Schwally, Ueber einige palästinische Völkernamen, ZAW 18 (1898), 138; dazu auch I. M. Casanowicz, Two Jewish Amulets in the United States National Museum, JAOS 37 (1917), 48-56, No. 2; auch Kap. 3.4; 5 und 7.

32 Vgl. auch M. Weippert, The „Israelite" Conquest and the Evidence from Transjordan, in: F. M. Cross (ed.), Symposia celebrating the Seventy-fifth Anniversary of the Founding of the American Schools of Oriental Research (1900-1975) (Zion Research Foundation Occasional Publications 1-2; Cambridge/MA 1979), 15-34. Die phantasievolle Meinung von H. P. Hurd, A Forgotten Ammonite War (Newark/NJ 1967), 7ff, aus Dtn. 3,11 einen „Bashano-Ammonite War" rekonstruieren zu wollen, ist keiner weiteren Beschäftigung wert.

33 Laut Dtn. 3,8; 4,47; 31,4; Jos. 2,10; 9,10 war Og einer der Amoriter-Könige. Zum Problem

(geschichts-)theologisch bzw. folkloristisch auseinandersetzen, indem man sie, wie Og, von einer Unterweltsgottheit zu einem weltlichen Herrscher depotenziert. Zudem berührten diese angeblichen Auseinandersetzungen zwischen Israeliten und Og nach dem Wortlaut der alttestamentlichen Überlieferungen geographisch gesehen die Ammonitis nicht, weil das angebliche Herrschaftsgebiet Ogs nicht die Ammonitis, sondern der Baschan gewesen sein soll (Num. 21,33; 32,33; Dtn. 1,4; 3,1ff; 4,47; 29,6; Jos. 9,10; 12,4; 13,12.31; 1Kön. 4,19; Neh. 9,22; Ps. 135,11; 136,20; Etheria 12,8 u.a.)[34]. Weder die Refaïm noch die *Zmzmym* sind jemals historisch belegbare Ethnien oder Politien noch ist Og jemals der Herrscher einer solchen gewesen[35]. Die Og-Überlieferung in Dtn. 3,1ff ordnet die angeblich okkupierten Gebiete dem „Verheißenen Land“ zu und legitimiert so sämtliche judäisch-israelitische Ansprüche einer späteren Zeit auf das gesamte mittlere und nördliche Transjordanien im Rahmen einer legendären, theologisch 'begründeten' Geographie[36].

Der Zusammenbruch des ostmediterranen und vorderasiatischen Wirtschaftssystems um 1200 v. Chr.[37] führte das Ende der kanaanäischen Stadtstaaten des zentralen transjordanischen Hochplateaus wie *ʿAmmān* und *Saḥāb* herbei: Der Handel mit Rohstoffen und verschiedenen (Luxus-)Gütern wurde innerhalb weniger Jahrzehnte unterbrochen bzw. massiv reduziert. Die Ammonitis geriet noch mehr ins internationale Abseits als sie es schon immer in einem gewissen Maß war. Der Übergang von der Spätbronzezeit zur frühen Eisenzeit bedeutete für die Ammonitis das Ende einer kosmopolitisch und urban geprägten Kultur. Aus der veränderten Situation heraus, d.h. aus der kanaanäischen Kultur und ihrer in der Ammonitis verbliebenen seßhaften wie halbseßhaften Bevölkerung, entwickelte sich, ohne

U. HÜBNER, Og von Baschan und sein Bett in Rabbat-Ammon (Deuteronomium 3,11), ZAW 104 (1992), (im Druck).

34 Laut Joseph., Ant. 4,5,3 (§ 96) war Og der Herrscher der Galaditis und Gaulanitis.

35 M. NOTH, Geschichte Israels (⁷1969), 147f; J.M. MILLER; L. PERLITT, Riesen im Alten Testament (1990), 18f. 30-33. 49 u.a. halten die Og-Überlieferungen für unhistorisch; in der „Geschichte Israels“ von A.H.J. GUNNEWEG taucht Og nicht zu Unrecht erst gar nicht auf.

36 Vgl. M. WÜST, Untersuchungen zu den siedlungsgeographischen Texten des Alten Testaments (1975), 45-52; zuletzt P. KASWALDER, Lo schema geografico Deuteronomista: Dt 3,8-17, LA 36 (1986), 63-84.

37 Vgl. z.B. A.B. KNAPP, Complexity and Collapse in the North Jordan Valley: Archaeometry and Society in the Middle-Late Bronze Ages, IEJ 39 (1989), 129-148; ders., Response: Independence, Imperialism, and the Egyptian Factor, BASOR 275 (1989), 64-68; M. LIVERANI, The Collapse of the Near Eastern Regional System at the End of the Bronze Age: The Case of Syria, in: Centre and Periphery in the Ancient World, ed. W. ROWLANDS – M.T. LARSEN – K. KRISTIANSEN (Cambridge 1987), 66-73. Veränderungen im Klima haben dabei wohl nur eine geringfügige Rolle gespielt (vgl. Kap. 3), die sich aber in Randgebieten stärker ausgewirkt haben könnten als anderswo, vgl. z.B. P.E. MCGOVERN, The Late Bronze and Iron Ages of Central Jordan (1986), 16f. 339-341; W.H. STIEBING, The End of the Mycenean Age, BA 43 (1980), 7-21.

daß die Besiedlung der Ammonitis insgesamt jemals abgebrochen wäre, mehr oder weniger kontinuierlich eine mehr dörflich orientierte Gesellschaft mit zunächst geringerem Lebensstandard, aber stetig zunehmendem Bevölkerungswachstum[38]. Dieser Prozeß, der schon während der Spätbronzezeit einsetzte, verlief ohne das Einwirken militärischer Eingriffe von außen; gelegentliche Zerstörungen sind als Folgen der sich aus dem ökonomischen Wandel unvermeidlich ergebenden Entwicklung anders strukturierter Herrschaftsformen zu verstehen.

Dafür, daß die Proto-Ammoniter von außerhalb (bzw. im Zuge der sog. „aramäischen Wanderung")[39] in die Ammonitis eingewandert wären, gibt es weder literarische noch epigraphische noch archäologische Belege[40]. Dafür, daß sie sich aus der autochthonen Bevölkerung der spätbronzezeitlichen Ammonitis heraus entwickelt haben, gibt es dagegen – neben dem literarischen *argumentum e silentio* – eine Reihe verschiedener Anhaltspunkte: Die materielle Kultur der frühen Eisenzeit steht in der Kontinuität der spätbronzezeitlichen Epoche[41]. Ein kultureller Wechsel, aus dem man eine Einwanderung von außen hypothetisch erschließen könnte, ist nicht erkennbar. Auch die kanaanäische Sprache der Ammoniter deutet ebenso wie der GN Milkom oder der ON bzw. SN Ammon auf eine Kontinuität zwischen der Bronze- und Eisenzeit. Diese Kontinität war möglicherweise größer und die Diskontinuität kleiner als in weiten Teilen des Westjordanlandes, weil das Ostjordanland von den militärischen Folgen und ethnischen Verschiebungen im Zuge der politischen Umwälzungen insbesondere des sog. Seevölkersturms weniger betroffen war als das Westjordanland.

Ebensowenig gibt es literarische, epigraphische (oder archäologische) Hinweise auf eine „nomadische" Herkunft der Proto-Ammoniter. So wenig Israel eine nomadische Herkunft oder eine Einwanderung von außen hinter sich hatte[42], so we-

38 Vgl. z.B. S. Mittmann, Beiträge zur Siedlungs- und Territorialgeschichte des nördlichen Ostjordanlandes (1970), passim und die verschiedenen anderen Surveys sowie die Analogien im Westjordanland, z.B. bei L.E. Stager, The Archaeology of the Family in Ancient Israel, BASOR 260 (1985), 1-35.

39 Eine frühere beliebte Theorie, die zu Recht immer weniger Abhänger findet, weil sie auch nicht annäherungsweise beweisbar ist; zuletzt wieder G.G.G. Reinhold, Die Beziehungen Altisraels zu den aramäischen Staaten (1989), 68ff.

40 Vgl. für die Edomiter J.R. Bartlett, Edom and the Edomites (1989), 65.

41 Vgl. z.B. M.M. Ibrahim, AfO 29-30 (1983-1984), 259; P.E. McGovern, The Late Bronze and Early Iron Ages of Central Transjordan (1986), 335ff.

42 Vgl. z.B. G.W. Ahlström, Who were the Israelites? (Winona Lake/IN 1986), passim; R.G. Boling, The Early Biblical Community in Transjordan (1988), passim; R.B. Coote – K.W. Whitelam, The Emergence of Ancient Israel in Historical Perspective (SWBA.S 5; Sheffield 1987), passim; I. Finkelstein, The Archaeology of the Israelite Settlement (Jerusalem 1988), 336ff; V. Fritz, Conquest or Settlement? The Early Iron Age in Palestine, BA 50 (1987), 84-100; E.A. Knauf, Bib. 69 (1988), 153ff; N.P. Lemche, Early Israel. Anthropological and Historical Studies on the Israelite Society before the Monarchy (VT.S 37; Leiden 1985), 411ff.

nig hatten die Proto-Ammoniter eine solche Herkunft oder Vorgeschichte. Nach dem Zusammenbruch der Stadtstaaten des mittleren Transjordaniens um 1200 v. Chr. und der damit verbundenen ökonomischen Katastrophe für das bestehende Wirtschafts- und Handelsgeflecht entwickelte sich die Ammonitis in einem jahrhundertelangen Prozeß mehr oder weniger kontinuierlich vom 13.-10./(9.) Jh. v. Chr. über eine dörfliche, vorstaatliche Klassengesellschaft[43] zu einem – wieder auch urban geprägten – Territorialstaat mit einem Königtum an der Spitze (Kap. 5.2).

Insgesamt führt kein Weg an der Feststellung vorbei, daß sich die einheimische Bevölkerung der Ammonitis aus der Konkursmasse der spätbronzezeitlichen Kultur des zentralen Ostjordanlandes zu den Proto-Ammonitern (weiter-)entwikkelte, mit denen sich dann Jefta und Saul auseinandersetzen mußten. Die ammonitische Kultur und Zivilisation ist insofern eine Kultur zweiten Grades, als sie aus der kanaanäischen Kultur abgeleitet ist und sich aus ihr im Rahmen des innerpalästinischen Kulturinternationalismus zu einer Regionalkultur eigener Geschichte und Prägung weiterentwickelt hat.

Bisher ist die Kultur der Eisenzeit I[44] in der Ammonitis noch weniger erforscht als die der Spätbronzezeit; zu den materiellen Resten dieser Zeit gehören eine Reihe von Gräbern[45], ein sog. Vierraumhaus in *Saḥāb*[46] und unter der Keramik vor allem die mehrfach belegten Vorratskrüge mit Halswulst aus *ʿAmmān*, *Saḥāb* und *Ḫirbet el-Ḥağğār*[47]. Die midianitische Scherbe von der Zitadelle in *ʿAmmān* läßt sich nicht genau datieren[48], weil es sich um einen Oberflächenfund handelt und die bisher

43 W. Dostal, Egalität und Klassengesellschaft in Südarabien. Anthropologische Untersuchungen zur sozialen Evolution (WBKL 20; Horn – Wien 1985), 345-363 u. ö.

44 Vgl. z. B. R. H. Dornemann, The Archaeology of the Transjordan (1983), 25 ff; ders., The Beginning of the Iron Age in Transjordan, SHAJ 1 (1982), 135-140; I. Finkelstein, The Archaeology of the Israelite Settlement (1988), 112-117.

45 Vgl. z. B. R. W. Dajani, ADAJ 15 (1970), 29-34; P. E. McGovern, The Late Bronze and Early Iron Ages of Central Transjordan (1986), 32 ff; M. M. Ibrahim, AfO 29-30 (1983-1984), 259.

46 Zugleich die bisher einzigen (annähernd) vollständigen Grundrisse früheisenzeitlicher Gebäude in der Ammonitis! M. M. Ibrahim, ADAJ 20 (1975), 72; vgl. H. Weippert, Palästina in vorhellenistischer Zeit (1988), 397 ff.

47 M. M. Ibrahim, The Collared-Rim Jar of the Early Iron Age, in: Archaeology in the Levant. Essays for K. M. Kenyon, ed. R. Moorey – P. Parr (Warminster 1978), 117-126; Belege übersichtlich bei H. Weippert, Palästina in vorhellenistischer Zeit (1988), 396 ff, Abb. 4. 13 f; vgl. auch J. A. Sauer, Iron I Pillared House in Moab, BA 42 (1979), 9. Zur Funktion vgl. I. Finkelstein, The Archaeology of the Israelite Settlement (1988), 275-285 u. ö.

48 J. Kalsbek – G. London, A Late Second Millenium B. C. Potting Puzzle, BASOR 232 (1978), 47 f. Zum entsprechenden Material aus *Mārkā* (13. Jh. v. Chr.) vgl. B. Rothenberg – J. Glass, The Midianite Pottery, in: J. F. A. Sawyer – D. J. A. Clines (ed.), Midian, Moab and Edom. The History and Archaeology of Late Bronze and Iron Age Jordan and North-West Arabia (JSOT.S 24; Sheffield 1983), 85.

nachweisbare Laufzeit dieser Keramik von der Spätbronzezeit II (14.-13.Jh.v.Chr.) bis in die Eisenzeit I (12.-11.Jh.v.Chr.) reicht[49]. Wie in Cisjordanien dürften auch in Transjordanien früheisenzeitliche Großdörfer wie in *Saḥāb*[50] oder (wahrscheinlich) in *Abū Billāna*[51] oder auf dem *Ǧebel et-Tuwēm* (map ref. 2311.1733)[52] das Siedlungsbild mitgeprägt haben.

Innerhalb der Jefta-Traditionen Ri. 10,6-12,7[53] sind für eine historische Analyse der erzählten Ereignisse, soweit sie die Ammoniter betreffen, nur Ri. 10,17f; 11,1-11*.29.32-33* relevant. Das dtn-dtr Schema Ri. 10,6-16[54], der literarisch späte 'Bericht' über den Gesandten-Austausch Ri. 11,12-28[55], das Gelübde Jeftas und seine

49 Zur midianitischen Keramik vgl. auch E.A. Knauf, Midian (1988), 15-25; P.J. Parr, in: T. Fahd (ed.), L'Arabie préislamique et son environnement (1989), 39-66; ders., Pottery of the Late Second Millenium B.C. from North West Arabia and its Historical Implications, in: D.T. Potts (ed.), Araby the Blest. Studies in Arabian Archaeology (The Carsten Niebuhr Institute of Ancient Near Eastern Studies 7; Kopenhagen 1988), 72-89.

50 *Saḥāb* war eine der größten früheisenzeitlichen Siedlungen Palästinas! M.M. Ibrahim, AfO 29-30 (1983-1984), 258ff; ders., in: D. Homès-Fredericq – J.B. Hennessy (ed.), Archaeology of Jordan II 2 (1989), 516-520.

51 R.L. Gordon – E.A. Knauf, AfO 33 (1986), 283 (Oberflächenbefund).

52 R.L. Gordon – E.A. Knauf, AfO 33 (1986), 283 (Oberflächenbefund).

53 Vgl. z.B. auch H.-W. Hertzberg, Die Bücher Josua, Richter, Ruth (ATD 9; Göttingen [4]1969), 210-218; J.A. Soggin, Judges (OT Library; Philadelphia/PN 1981), 201-222; R.G. Boling, Judges (AncB 6A; Garden City/NY 1975), 190-214; W. Richter, Die Überlieferungen um Jephtah Ri 10,17-12,6, Bib. 47 (1966), 485-556; U. Becker, Richterzeit und Königtum. Redaktionsgeschichtliche Studien zum Richterbuch (BZAW 192; New York – Berlin 1990), 219-222; U. Hübner, Jiftach, NBL 2, (im Druck).

54 Die in Ri. 10,8 gemachten Jahresangaben sind bezeichnenderweise schon textkritisch problematisch (MT: *b-šnh h-hy' šmnh ʿśrh šnh*) und der angebliche ammonitische Kriegszug über den Jordan bzw. das von den Ammonitern besetzte Gebiet, das laut Ri. 10,9 Juda, Benjamin und Efraïm umfaßte, ist genauso unglaubwürdig wie die ähnlichen Überlieferungen in Ri. 3,13 (vgl. Kap. 7.2). Zur literarischen Schichtung bzw. Zugehörigkeit insgesamt vgl. z.B. W. Richter, Bib. 47 (1966), 485ff.

55 Die Topographie unterscheidet sich von der von Ri. 10,17; 11,29.33 deutlich, zudem ist kaum und nie allein von den Ammonitern die Rede (Ri. 11,15.27), sondern vor allem von Moabitern, ihrem Territorium und ihrem Gott sowie von dem Amoriter Sihon von Heschbon und von Balaq. Ammonitisches Territorium ist in R. 11,12-28 nicht explizit erwähnt, und ob es mit der Redeweise „vom Arnon bis an den Jabboq" gemeint ist, ist m.E. mehr als fraglich. Zur literarischen Schichtung bzw. Zugehörigkeit vgl. z.B. R. Smend sen., ZAW 22 (1902), 129-137; E.D. Grohman, A History of Moab (1958), 153ff; W. Richter, Bib. 47 (1966), 485ff; P. Kaswalder, LA 34 (1984), 25ff; ders., La disputa diplomatica di Iefte (Gdc 11,12-28) (Jerusalem 1990), passim; M. Wüst, Die Einschaltung in die Jiftachgeschichte. Ri 11,13-26, Bib. 56 (1975), 464-479. Wenig überzeugend H. Gilad, Diplomacy and Strategy in Two Wars with Ammon, BetM 58 (1974), 416-418 (hebr.; English Summary 454), der ohne literarische Reflexion zuviel für historisch bare Münze nimmt.

Folgen Ri. 11,30f.34-40[56] (sowie die übrigen Überlieferungen Ri. 12,1-6.7[57]) geben keine historisch wichtigen oder haltbaren Informationen über die Ammoniter zur Zeit Jeftas.

Insgesamt bleiben von den Überlieferungen vom Krieg zwischen Jefta und den Ammonitern (Ri. 10,6-11,40) als historischer Kern einige wenige Angaben über einen lokalen Konflikt übrig, der sich vor allem im Bereich der nordwestlichen Ammonitis[58] zwischen Proto-Ammonitern und Gileaditern abgespielt hat. Dabei soll der Streit laut den Überlieferungen der angeblich Angegriffenen und späteren Sieger von Seiten ihrer Gegner vom Zaun gebrochen worden sein[59]. Wie die Titel Jeftas (*qṣn* und *r'š*, Ri. 11,6-11) und die Redeweise von „den Ammonitern" (Ri. 10,6-18; 11,1-11.29-40) zeigen, handelte es sich um (Grenz-)Streitigkeiten zwischen vorstaatlichen Tribalgesellschaften. Den israelitischen Überlieferern war keine Jefta entsprechende ammonitische Herrscher(-Persönlichkeit) bekannt. „Die Ammoniter" tauchen im MT zunächst nur als solche auf und erhalten erst später einen 'Herrscher', der dann gleich den Titel „König", aber keinen Namen erhält, also anonym bleibt (Ri. 11,12-28)[60].

Die beiden gegnerischen Heerführer, die sich bei Jabesch-Gilead gegenüberstanden, der Ammoniter Nahasch und der Benjaminit Saul[61], trugen laut 1Sam. 11,1-11[62]

56 Vgl. zuletzt mit den notwendigen Literaturangaben U. Hübner, Hermeneutische Möglichkeiten. Zur Rezeptionsgeschichte der Jefta-Tradition, in: Die Hebräische Bibel und ihre zweifache Nachgeschichte. FS für R. Rendtorff zum 65.Geb., ed. E. Blum – Ch. Macholz – E. W. Stegemann (Neunkirchen-Vluyn 1990), 489-501.

57 Zur literarischen Schichtung bzw. Zugehörigkeit vgl. z. B. W. Richter, Bib. 47 (1966), 485ff.

58 Zur Topographie vgl. vor allem S. Mittmann, ZDPV 85 (1969), 63ff; E. A. Knauf, ZDPV 100 (1984), 119-121; W. Rieckmann, Der Beitrag Gustaf Dalmans zur Topographie des Ostjordanlandes (Diss. theol. masch. 1986), 147-149 und Kap. 3. Zur Geschichte vgl. z. B. S. Herrmann, Geschichte Israels in alttestamentlicher Zeit (München ²1980), 149f u. ö.; H. Donner, Geschichte des Volkes Israel 1 (1984), 164f u. ö.; M. Noth, Geschichte Israels (Göttingen ⁷1969), 97. 146. 155.

59 Sieht man von der theologischen Beurteilung dieses Sachverhaltes ab, wie ihn der Text darstellt.

60 In der jüdischen Überlieferung heißt der ammonitische Anonymus Getal, vgl. z. B. L. Ginzberg (ed.), The Legends of the Jews 4 (New York 1913), 43 (s.u.).

61 Zu Ausgangspunkt des saulidischen Feldzuges, Beseq (*Ḫirbet Ibzīq*, map ref. 187.197), vgl. vor allem R. Gophna – Y. Porat, The Land of Ephraim and Manasseh, in: M. Kochavi (ed.), Judaea, Samaria and the Golan. Archaeological Survey 1967-1968 (Jerusalem 1972), 213, Nos. 51-53 (hebr.); P. Welten, Bezeq, ZDPV 81 (1965), 138-165 und zuletzt M. Görg, Besek, NBL 1 (1991), 279.

62 1Sam. 11,1-11 ist literarisch und redaktionsgeschichtlich weitgehend einheitlich. Vgl. dazu z. B. K. Möhlenbrink, Sauls Ammoniterfeldzug und Samuels Beitrag zum Königtum des Saul, ZAW 58 (1940), 57-70; R. Polzin, On Taking Renewal Seriously 1 Sam 11:1-15, in: Ascribe to the Lord. Biblical and other Studies in memory of P. C. Craigie, ed. L. Eslinger – G. Taylor (JSOT.S 67; Sheffield 1988), 493-507; D. Edelman, Saul's Rescue of Jabesh-Gilead (I Sam 11, 1-11): Sorting Story from History, ZAW 96 (1984), 195-209; dies., King Saul in the Historiography of Judah (JSOT.S 121; Sheffield 1991), 59-65; H.-W. Hertzberg, Die Samuelbücher (ATD 10; Göttingen

nicht den Titel „König“[63]. Nahasch wurde erst nachträglich dazu gemacht (1Sam. 12,12; 2Sam. 10,1)[64]. Auch hier behauptet die Überlieferung der späteren Sieger, die Aggression sei von ammonitischer Seite ausgegangen. Die Lage Jabesch-Gileads [*Yb(y)š (Glʿd) = Tell Maqlūb*)[65] tief im gileaditischen Gebiet könnte daraufhin deuten, daß die Sieger in diesem Fall ausnahmsweise Recht haben; entweder haben die Ammoniter gileaditisches Gebiet durchzogen und Jabesch so direkt angegriffen oder sie haben zunächst gileaditisches Territorium umgangen und die Stadt dann von Osten her angegriffen[66]. Einige Details der Überlieferung geben allerdings zu historischen Zweifeln Anlaß: Die völlig überhöhten Zahlen (und die Mitarbeit Judas) in 1Sam. 11,8 gehören wohl noch in den üblichen Bereich militärischen Fabulierens bei entsprechenden Anlässen. Die mindestens eine Woche andauernde Belagerung jedoch, die aus der aus ammonitischer Sicht strategisch ziemlich unsinnigen Verhandlungsführung resultiert haben soll, nährt den Verdacht, daß hier anachronistische Vorstellungen einer späteren Zeit in die Darstellung transjordanischer Ereignisse der frühen Eisenzeit eingedrungen sind, weil sie – zumindest für die ammonitische Seite – ein Heer voraussetzen, das zu solchen langwierigen Opera-

⁴1968), 70-74; CH. MACHOLZ, Untersuchungen zur Geschichte der Samuel-Überlieferungen (Diss. theol. masch.; Heidelberg 1966), 152-156; H.J. STOEBE, Das erste Buch Samuelis (KAT 8,1; Gütersloh 1973), 219-230; F. STOLZ, Das erste und zweite Buch Samuel (ZB AT 9; Zürich 1981), 73-77. Was 4QSam^a über MT hinaus bietet, ist eindeutig legendär und mit typischer antiammonitischer Greuelpropaganda versehen, gleichgültig, zu welchem Text-Typus man 4QSam^a zählt, vgl. A. ROFÉ, The Acts of Nahash according to 4QSam^a, IEJ 32 (1982), 129-133; anders F.M. CROSS, The Ammonite Oppression of the Tribes of Gad and Reuben: Missing verses from 1.Samuel 11 found in 4QSamuel^a, in: H. TADMOR – M. WEINFELD (ed.), History, Historiography and Interpretation. Studies in Biblical and Cuneiform Literatures (Jerusalem – Leiden 1984), 148-158. Vgl. auch T.L. EVES, One Ammonite Invasion or two? 1.Sam.10:27-11:2 in the Light of 4QSam^a, WTJ 44 (1986), 308-326; E. TOV, The Textual Affiliations of 4QSam^a, JSOT 14 (1979), 37-53; E.CH. ULRICH, The Qumran Text of Samuel and Josephus (HSM 19; Ann Arbor/MI 1978), 166ff; A. CATASTINI, 4QSam^a: II. Nahash il „serpente“, Henoch 10 (1988), 17-49.

63 Anders 4QSam^a (*mlk bny ʿmwn* und *h-ʿmwny*), LXX und Joseph., Ant. 6,5,1-3 (§§ 68-82) (*ho tōn Ammanitōn basileus*). Saul wird in 1Sam. 11,1-11 nur als *mwšyʿ* (V.3) bezeichnet.

64 Zum PN vgl. Kap. 2.10.5. Auch C. GROTTANELLI, The Enemy King is a Monster: A Biblical Equation, SSR 3 (1979), 27-36; A. CATASTINI, Henoch 10 (1988), 17-49.

65 Map ref. 2144.2011. Vgl. vor allem N. GLUECK, EEP 4 (1951), 211-233. 471f, Pl. 64:1-14, Site No. 234; M. NOTH, ABLAK 1 (1971), 476-488. 525ff; S. MITTMANN, Beiträge zur Siedlungs- und Territorialgeschichte des nördlichen Ostjordanlandes (1970), 214ff u.ö.; W. RÖLLIG, Jabes, RlA 5 (1976-1980), 229; U. HÜBNER, Jabesch, NBL 2, 254; H.G. MAY, Jabesh-Gilead, IBD 2 (1962), 778f; J. MABRY – G. PALUMBO, The 1987 Wadi el-Yabis Survey, ADAJ 32 (1988), 275-305; vgl. dies., Wadi Yabis Survey, 1987, in: D. HOMÈS-FREDERICQ – J.B. HENNESSY (ed.), Archaeology of Jordan II 1 (1989), 91-97.

66 Vgl. z.B. A. KUSCHKE, Das Deutsche Evangelische Institut für Altertumswissenschaft des Heiligen Landes, Lehrkurs 1957, ZDPV 74 (1958), 22-25.

tionen tief im Feindesland fähig war; sicheres läßt sich dazu allerdings nicht sagen[67]. In jedem Fall war dem Einfall der Ammoniter kein Erfolg beschieden; sie selbst wurden rasch wieder aus gileaditischem Gebiet vertrieben, ohne daß es zu einer längeren Besetzung Gileads durch Ammoniter gekommen wäre[68]; die unhistorische Bemerkung 1Sam. 14,47f steht dem nicht entgegen[69]. 2Sam. 10,2 par. 1Chr. 19,2 darf man wohl entnehmen, daß seit der ammonitischen Niederlage bei Jabesch-Gilead bis zum Tod Nahaschs zwischen Israeliten bzw. Gileaditern auf der einen und Ammonitern auf der anderen Seite friedliche Beziehungen bestanden haben.

## 4.2. Die Ammoniter zur Zeit Davids und Salomos

Waren die kriegerischen Ereignisse zwischen Saul und Nahasch noch lokal und temporär begrenzte Ereignisse, so eskalierten die Konflikte von Seiten der Israeliten zu konsequent durchgeführten Eroberungskriegen unter der Führung Davids[70]. Überlieferungen dazu liegen nur von der israelitischen Sieger-Seite vor; sie vermischen unterschiedliche, historisch voneinander zu trennende Ereignisse (vgl. 2Sam. 8,1-14 par. 1Chr. 18,1-13)[71] in einer theologisch konzeptionierten Gesamtdarstellung miteinander (2Sam. 10; 11,1; 12,26-31 par. 1Chr. 19,1-20,3).

67 E. MEYER, Geschichte des Altertums II 2 (Darmstadt ³1953), 245: „in allen Einzelheiten völlig sagenhaft".

68 Zum geschichtlichen Hintergrund vgl. neben der oben genannten Lit. z.B. auch H. REVIV, Jabesh-Gilead in I Samuel 11:1-4. Characteristics of the City in Pre-Monarchic Israel, Cathedra 1 (1981), 4-8; H. GILAD, BetM 58 (1974), 416-418 (hebr.; English Summary 454) (s.o. Anm. 53); J. M. MILLER – J. H. HAYES, A History of Ancient Israel and Judah (1986), 120ff; H. DONNER, Geschichte des Volkes Israel und seiner Nachbarn I (1984), 169ff; S. HERRMANN, Geschichte Israels (²1980), 169ff.

69 Vgl. dazu vor allem M. WEIPPERT, Edom (Diss. und Hab. theol. masch.; 1971), 261-265.

70 Vgl. zum folgenden z.B. Y. AHARONI, Das Land der Bibel (1984), 297ff; A. ALT, Das Großreich Davids, (1950), in: ders., Kleine Schriften 2 (³1964), 66-75; R. B. COOTE – K. W. WHITELAM, The Emergence of Early Israel (1987), 139ff; H. DONNER, Geschichte des Volkes Israel und seiner Nachbarn I (1984), 195-215; J. W. FLANAGAN, David's Social Drama. A Hologramm of Israel's Early Iron Age (SWBA 7; Sheffield 1988), passim (der allerdings nur wenig auf die transjordanische Expansion unter David eingeht); S. HERRMANN, Geschichte Israels (²1980), 215-232; A. MALAMAT, Das davidische und salomonische Königreich und seine Beziehungen zu Ägypten und Syrien. Zur Entstehung eines Großreiches (SÖAW.PH 407; Wien 1983), passim [vgl. dazu N. P. LEMCHE, On the Problem of Studying Israelite History. Apropos Abraham Malamat's View of Historical Research, BN 24 (1984), 94-124]; J. M. MILLER – J. H. HAYES, A History of Ancient Israel and Judah (1986), 149ff; H. J. STOEBE, David und die Ammoniterkriege, (1977), in: ders., Geschichte, Schicksal, Schuld und Glaube. Aufsätze (BBB 72; Frankfurt a. M. 1989), 134-144.

71 Zu 2Sam. 8,1-14 vgl. z.B. K. P. MCCARTER, II Samuel (AB 9; Garden City/NY 1984), 242-252; M. WEIPPERT, Edom (Diss. und Hab. theol. masch.; 1971), 265-286; F. STOLZ, Das erste und

Der Text 2Sam. 10; 11,1; 12,26-31[72] (vgl. auch 1.Chr. 19,1-20,3)[73] ist nicht einheitlich[74]. Vielmehr handelt es sich dabei um drei verschiedene, voneinander unabhängige Überlieferungen (10,6b-14; 10,16-19a sowie 11,1; 12,26-31) von drei Kriegszügen Davids gegen drei unterschiedliche Gegner, die durch 10,15.19b redaktionell miteinander verschränkt und um eine gemeinsame Einleitung 10,1-6a erweitert wurden.

2Sam. 10,16-19a berichtet summarisch von einer inneraramäischen Koalition unter Führung Hadad-Esers (und seines Generals Schobak), die von einem israelitischen Heer unter der Führung Davids (weder Joab noch Abischai werden erwähnt) bei einem sonst unbekannten Schlachtort namens Helam [hebr. *Ḥylm; Ḥl'm(h); Ḥlm(h); Ḥyl'm(h)*; LXX *Ailam; Chalamak; Chalaama*; Vulg. *Hele/i/am(a)*][75] besiegt wird.

2Sam. 10, 6b-14 dagegen erzählt von einer angeblichen ammonitisch-aramäi-

zweite Buch Samuel (ZBK AT 9; Zürich 1981), 225-227. Zum Paralleltext 1Chr. 18,1-13, der nichts, was die Frage der historischen Ereignisse und speziell die Ammoniter angeht, über 2Sam. 8,1-14 hinaus überliefert, vgl. z.B. J. Becker, 1 Chronik (Die Neue Echter Bibel AT 18; Würzburg 1986), 79f; K. Galling, Die Bücher der Chronik. Esra, Nehemia (ATD 12; Göttingen 1954), 55-59; W. Rudolph, Chronikbücher (HAT I 21; Tübingen 1955), 134-141; J. Kegler – M. Augustin, Synopse zum Chronistischen Geschichtswerk (BEATAJ 1; Frankfurt a.M. ²1991), 125f u.ö.

72 Die Herauslösung aus 2Sam. 11,2-12,25 bedarf hier keiner eigenen Begründung, vgl. aus der Flut der Sekundärliteratur z.B. nur L. Rost, Die Überlieferung von der Thronnachfolge Davids, (1926), in: ders., Das kleine Credo und andere Studien zum Alten Testament (Heidelberg 1965), 119-253.

73 Zu den Unterschieden der Textüberlieferungen vgl. im Überblick J. Kegler – M. Augustin, Synopse zum Chronistischen Geschichtswerk (²1991), 126f u.ö.; J. Becker, 1 Chronik (1986), 81-83; K. Galling, Die Bücher der Chronik. Esra, Nehemia (1954), 55-59; Z.C. Hodges, Conflicts in the Biblical Account of the Ammonite-Syrian War, BS 119 (1962), 238-243; W. Rudolph, Chronikbücher (1955), 134-141. Insgesamt überliefert der von 2Sam. 10-12 abhängige Text 1Chr. 19,1-20,3 nichts, was für die Frage der historischen Ereignisse über 2Sam. 10; 11,1; 12,26-31 hinausgeht. Zur Textkritik vgl. u.a. E.Ch. Ulrich, The Qumran Text of Samuel and Josephus (1978), 152-157.

74 Vgl. dazu z.B. die z.T. sehr unterschiedlichen Analysen bei J. Kegler, Politisches Geschehen und theologisches Verstehen. Zum Geschichtsverständnis in der frühen israelitischen Königszeit (CThM A 8; Stuttgart 1977), 289-292; J.I. Lawlor, Theology and Art in the Narrative of the Ammonite War (2 Samuel 10-12), GTJ 3 (1982), 193-205; P.K. McCarter, II Samuel (1984), 266-313; E. Meyer, Die Israeliten und ihre Nachbarstämme. Alttestamentliche Untersuchungen (Halle 1906 = Darmstadt 1967), 184-186; L. Rost, Die Überlieferung von der Thronnachfolge Davids, (1926), in: ders., Das kleine Credo (1965), 184-189; F. Stolz, Das erste und zweite Buch Samuel (1981), 231-243; bloßes Paraphrasieren von Quellen wie bei G.G.G. Reinhold, Die Beziehungen Altisraels zu den aramäischen Staaten (1989), 68-85 hat mit kritischer Wissenschaft wenig und mit naivem Biblizismus viel zu tun.

75 Falls es sich überhaupt um einen ON handelt, vgl. 1Chr. 19,17 (*'l-hm*): dazu W. Rudolph, Chronikbücher (1955), 138; dem Chronisten war der ON entweder nicht (mehr) bekannt oder aber wurde von ihm (zu Recht?) nicht dafür gehalten. Vgl. [Joseph., Ant. 12,8,3 (§ 340) *Mella*]; auch 1Makk. 5,26.35 *Ale/i/ei/ama*; M. Weippert, Edom (Diss. und Hab. theol.; 1971), 285, Anm. 960; BHH IV = arab. *'Ilmā*.

schen Koalition, deren vier aramäische Kontingente nicht wie in 10,16-19a durch PN, sondern allein durch ON näher benannt sind und die sich in ihrer Herkunft bzw. Zusammensetzung charakteristisch von den Aramäern der inneraramäischen Koalition von 2Sam. 10,16-19a unterscheiden. Die Koalition wird von Joab und seinem Bruder Abischai [David wird in 10,7.(14) wohl als in Jerusalem residierend vorausgesetzt] *vor der* Stadt (10,14; vgl. 10,8) besiegt, ohne daß *die* Stadt erobert wurde bzw. ein Versuch dazu unternommen wurde.

In 2Sam. 11,1; 12,26-31 wird in detaillierter Form von einem weiteren Kriegszug erzählt, der von Joab (ohne Abischai) allein gegen die Ammoniter und ihre namentlich genannte Hauptstadt bis zu dem Punkt durchgeführt wird, an dem David, aus Jerusalem kommend, die sturmreife Stadt Rabbat-Ammon mühelos erobern kann.

2Sam. 10,16-19a zerreißt die beiden Textteile 10,6b-14 und 11,1; 12,26-31 und ist somit an seiner jetzigen Stelle sekundär. Die Redaktion, die für diesen Einschub verantwortlich war, nutzte die Erwähnung der angeblichen aramäischen Koalitionspartner der Ammoniter in 10,6b-14, um den davon unabhängigen und in sich geschlossenen, aber ohne Erzählzusammenhang überlieferten Bericht von Davids Sieg über Hadad-Eser in einen größeren Kontext zu stellen; die damit unvermeidlich verbundenen Spannungen zu dem neuen alten Rahmen 10,6b-14 bzw. 11,1; 12,26-31 (und zu 2Sam. 8,1 ff par. 1Chr. 18,1 ff) wurden durch 10,15.19b geglättet.

Die Einleitung 2Sam.10,1-6a erzählt von einer Kondolenzdelegation[76] Davids an den ammonitischen König Hanun[77] anläßlich des Todes von dessen Vater Nahasch und ihrer schmählichen Behandlung[78] durch die Ammoniter (in *der* Stadt, vgl. 10,2). Die dreimal von direkten Reden unterbrochene und stark auf die Einzelper-

76 Derartige diplomatische Gepflogenheiten sind im (Alten) Orient mehrfach belegt, vgl. z. B. 2Kön. 20,12-19 par. Jes. 39; vgl. auch M. WEIPPERT, Edom (Diss. und Hab. theol. masch.; 1971), Anm. 957.

77 Vgl. zusammenfassend U. HÜBNER, Hanun, NBL 5.Lief. (1991), 43f; R. W. CORNEY, Hanun, IBD 2 (1962), 523; H. J. STOEBE, Hanun, BHH 2 (1964), 646f. Daß Hanun – als ammonitischer Prinz – im protokanaanäischen Ostrakon aus Bet-Schemesch des 13. oder 12.Jh.s v. Chr. genannt sein soll, wie W. H. SHEA, Further Light on the Biblical Connection of the Beth Shemesch Ostracon, AUSS 28 (1990), 115-125 *(bn ʿmn ḥnn)*, ist pure Spekulation, da die Lesung ungesichert, die Schreibrichtung(en) ungeklärt und die Datierung nicht berücksichtigt ist; zum Ostrakon vgl. vor allem F. M. CROSS, The Origin and Early Evolution of the Alphabet, ErIs 8 (1967), 8*-24*; J. NAVEH, Early History of the Alphabet (1982), 35f, fig. 29; B. SASS, The Genesis of the Alphabet and its Development in the Second Millenium B.C. (ÄAT 13; Wiesbaden 1988), 64f. 155f u. ö., fig. 169-174.

78 Daß Gesandte manchmal für sie peinliche (Abschneiden von Bart und Kleidern), gesundheits- oder gar lebensgefährliche Missionen (Verdacht der Spionage u. a.) zu erfüllen hatten, ist im (Alten) Orient mehrfach belegt, vgl. z. B. 2Sam. 3,25; Joseph., BJ 1,19,3 (§ 372); E. EBELING, Gesandter, RlA 3 (1957-1971), 212f; I. STARR (ed.), Queries to the Sungod. Divination and Politics in Sargonid Assyria (SAA 4; Helsinki 1990), Nos. 24. 57f u. ö.; W. HELCK, Diplomatische Beziehungen, LÄ 1 (1975), 1096-1098, und die vorangegangene Anm. 76.

sonen David und Hanun zugeschnittene Einleitung lieferte damit aus der Sicht israelitischer Geschichtsdarstellung einen berechtigten Kriegsgrund. Doch nicht nur die Tatsache, daß die eine der beiden Hauptpersonen, nämlich Hanun, im Folgenden nirgends mehr namentlich erwähnt wird (ist er dort stillschweigend vorausgesetzt?), fällt auf. Auch historisch spricht wenig für die historische Zuverlässigkeit vor allem von 2Sam. 10,1-6a, aber auch von 2Sam. 10,6b-14, die die beiden anderen Textbestände 11,1; 12,26-31 und 10,16-19a zumindest teilweise auszeichnet: Erstens waren die Ammoniter nicht in der Lage, sich eines israelitischen Angriffs aus eigener Kraft (und mit Hilfe einer Koalition) zu erwehren. Zweitens traf der Krieg die Ammoniter unvorbereitet; er fand ausschließlich auf ihrem eigenen Territorium und unmittelbar vor *der* Stadt statt. Die Wahrscheinlichkeit, daß die Ammoniter bei einem diplomatischen Kondolenzbesuch offen und plump das bis dahin offenbar freundschaftliche Verhältnis zu dem übermächtigen Nachbarn gezielt aufs Spiel gesetzt haben sollen, dessen Siege und Expansion ihnen kaum unbekannt geblieben sein dürften, ist äußerst gering. Die Koalition mit den Aramäern wurde angeblich erst nach dem Kondolenzbesuch eilig und unter erheblichen Kosten (*śkr*) zusammengestellt; die Aramäer müßten den weiten Weg aus dem Antilibanon[79] in den Süden und einen großen Umweg in Richtung Osten um die israelitischen Gebiete des nördlichen Cisjordaniens und Gileads zurückgelegt haben, um dann gerade noch rechtzeitig an den angeblichen Tatort des bösen Geschehens zu gelangen, wo die Ammoniter im Kampf gegen das israelitische Heer unterstützt werden sollten; von einem Versuch, es offensiv, schon an den eigenen Grenzen oder jedenfalls weitab von *der* Stadt auf offenem Feld abzufangen (vgl. z.B. 2Kön. 3,21), ist nirgends etwas überliefert. Überdies soll die Schlagkraft daran gelitten haben, daß man sich nicht auf einen gemeinsamen Oberbefehl hatte einigen können; entsprechend sollen die Ammoniter keine der Aramäertruppen zum Schutz der Stadt in diese hineingelassen haben. Der Sieg über einen Gegner, dem der Sieger diplomatische und strategische Unfähigkeit *par excellence* bescheinigen will[80], war

79 Zur Lokalisierung von *(Byt) Rḥwb* bzw. *('rm) Ṣwb'* sowie *Mʿkh* und *Ṭwb* (2Sam. 10,6.8 u.ö.) vor allem M. Weippert, Edom (Diss. und Hab. masch.; 1971), 268-271; ders., Zur Syrienpolitik Tiglathpilesers III., in: Mesopotamien und seine Nachbarn. Politische und kulturelle Wechselbeziehungen im Alten Vorderasien vom 4. bis 1.Jahrtausend v.Chr. XXV. Rencontre Assyriologique Internationale Berlin 1978, Teil 2, ed. H.-J. Nissen – J. Renger (Berliner Beiträge zum Vorderen Orient 1; Berlin 1982), 397, Anm. 29; auch Y. Aharoni, Das Land der Bibel (1984), 300-303 u.ö. (Zoba); 343. 389 u.ö. (Maacha). Anders, aber nicht überzeugend, z.B. J.T. Milik, La Patrie de Tobie, RB 73 (1966), 529f. Zum *ṣbh* der Hama-Graffiti vgl. F. Vattioni, Excerpta aramaica, Aug. 11 (1971), 173f; zuletzt B. Otzen, The Aramaic Inscriptions, in: P.J. Riis – M.-L. Buhl (ed.), Hama II 2: Les objects de la période dite syro-hittite (âge du fer) (Nationalmuseets Skrifter. Større Beretninger 12; Kopenhagen 1990), 267-318 (KAI Nr. 205-208); vgl. auch Kap. 4.1 und 4.4.1.

80 Das Bild von den Ammonitern (vgl. Kap. 7) im jetzt vorliegenden Text 2Sam. 10-12 läßt sich kurz so zusammenfassen: Die Ammoniter sind die Kriegsverursacher, militärischen Versager und Heiden,

so literarisch vorprogrammiert. An historischer Wahrscheinlichkeit bleibt davon nur wenig übrig: Wahrscheinlich ist es, daß 2Sam. 10,6b-14 – ähnlich wie 10,16-19a – im Kern einen (?) erfolgreichen Kriegszug Davids gegen verschiedene Aramäerstaaten überliefert, die niemals mit Ammonitern koaliert hatten; die Ammoniter gelangten an dieser Stelle aufgrund der erzählerischen Gesamtkonzeption und unter dem Motto 'Viel Feind, viel Ehr' (vgl. Kap. 7) in den Text.

10,1-6a leitet also die Überlieferungen der verschiedenen Kriege ein und legitimiert diese explizit mittels der Erzählung von der typisch ammonitischen Behandlung der israelitischen Gesandten, obwohl beide Kriegserzählungen implizit einen Kriegsgrund angeben: Sowohl in 10,6b als auch in 10,16 ist es die als feindseliger Akt verstehbare, (angebliche) Bildung bzw. Mobilisierung einer antiisraelitischen Koalition. Für den erneuten Kriegszug gegen die Ammoniter 11,1 ist keine von Nichtisraeliten zu verantwortende Ursache genannt, dafür aber die israelitische Zielsetzung für diesen Kriegszug, nämlich die Verheerung des ammonitischen Territoriums und die Eroberung der Hauptstadt Rabbat-Ammon (11,1aß: *w-yšḥtw 't-bny ʿmwn w-yṣrw ʿl-rbh* ist final zu verstehen). In 10,12a (par. 1Chr. 19,13) wird eigens eine Begründung des eigenen Handelns im Rahmen einer Selbstaufmunterung abgegeben: „Für unser Volk und die Städte unseres Gottes“[81]. Jedenfalls bedurfte es nach Auffassung des Verfassers der Einleitung einer eigenen, expliziten und alle Kriegszüge einbeziehenden Legitimation des israelitischen Vorgehens.

Mit einiger Wahrscheinlichkeit ist die Einleitung 10,1-6a also nicht die ursprüngliche Einleitung zu 10,6b-14 und zu 11,1; 12,26-31, sondern sekundär von der Redaktion hinzugefügt worden, auf die auch die Einfügung von 10,16-19a an der jetzigen Stelle und die redaktionelle Ein- und Ausleitung 10,15.19b zurückgeht. Diese Redaktion ist es auch, die zwischen 11,1 und 12,26-31 die Batseba-Natan-Geschichte 11,2*-12,25* einschob, der die Kriege gegen die Ammoniter nunmehr als rahmender Hintergrund dienten, obwohl in ihr weder der israelitische Kriegsgegner, seien es nun Hanun oder die Ammoniter (oder einige der Aramäerstaaten) noch der Kriegsschauplatz namentlich (*die* Stadt: 11,16f.20.25) erwähnt werden, auch wenn an der Identifikation beider, nämlich der Ammoniter und Rabbat-Ammons, nach Ansicht dieses Redaktors wohl kein Zweifel möglich war.

Vor diesem Hintergrund erscheint auch die „konstruierte“[82] Einleitung 10,1-6a

die ihrer gerechten Bestrafung zugeführt werden, nämlich der Eroberung ihrer Hauptstadt, der Annexion ihres Staates und der wirtschaftlichen Ausbeutung durch die angegriffenen Sieger.

81 Vgl. dazu B. Lang, Persönlicher Gott und Ortsgott. Über Elementarformen der Frömmigkeit im alten Israel, in: Fontes atque Pontes. FS für H. Brunner, ed. M. Görg (ÄAT 5; Wiesbaden 1983), 271-301, und, allerdings nicht überzeugend, R. Giveon, „The Cities of our God“ (II Sam 10,12), JBL 83 (1964), 415f.

82 Der Begriff ist von W. Richter, Traditionsgeschichtliche Untersuchungen zum Richterbuch (BBB 18; Bonn 1963), passim, übernommen.

mit ihrem historisch fiktiven Charakter in neuem Licht. Ihre Funktion ist nämlich nicht nur in der Einleitung in die Kriegsdarstellungen und in der Legitimation der dort überlieferten Kriege, sondern vor allem in der Gesamtkomposition 10,1-12,31 zu suchen: König David, der große Sieger in einem moralisch einwandfrei berechtigten Krieg gegen eine ammonitisch-aramäische Koalition und gegen Hadad-Eser, schwängert, noch bevor der Krieg gegen die Ammoniter konsequent zu Ende geführt wird, die Frau seines Nachbarn und schickt ihren Ehemann dann auf ein heimtückisches Himmelfahrtskommando[83]. Nach dem Tod Urijas und des unehelich gezeugten Kindes bzw. nach der Konfrontation mit Natan nimmt David die Witwe offiziell zur Frau und zeugt mit ihr seinen (ehelichen) Nachfolger Salomo [den er später mit einer ammonitischen Prinzessin aus dem Hause Hanun verheiraten wird (s. Kap. 4.3.1)]. Daran anschließend nimmt er dann nach Vorarbeit Joabs die Hauptstadt der Ammoniter ein, die dem ganzen als Kulisse diente. Der große Sieger der ersten Gefechte kommt tief zu Fall und steht nach diesem tiefen Fall wieder als großer Sieger auch der letzten und endgültigen Schlacht dieser Kriege da. Er hatte den besseren, weil erfolgreicheren (Kriegs-)Gott auf seiner Seite.

Insgesamt ist von 2Sam. 10; 11,1; 12,26-31 (vgl. 1Chr. 19; 20,1-3) nur ein Bruchteil als Quelle zur Unterwerfung der Ammoniter durch David zu betrachten: Ein Teil betrifft ausschließlich die davidischen Kriege gegen die verschiedenen Aramäerstaaten[84], die für Israel zahlreicher, schwieriger und wichtiger waren als die Überlieferung des MT in seiner jetzt vorliegenden Fassung über den Ammoniterkrieg (2Sam. 10-12) den Anschein erweckt; ein anderer, umfangreicherer Teil dient der Legitimation des davidischen Expansionismus auf die Ammonitis und der erzählerischen Ausschmückung seiner Siege. Im Kern jedenfalls wird, wie das Summarium 2Sam. 8,12 (par. 1Chr. 18,11) bestätigt, das Übergreifen der Aktivitäten Davids vom Westjordanland auf das gesamte Ostjordanland in mehreren verschiedenen Kriegszügen greifbar[85]. Das israelitische Heer, das aus wirtschaftlichen und

83 Vgl. aber auch die Apologetik in bŠabb. 56a. Zu Himmelfahrtkommandos vgl. z.B. auch Artapanos, in: N. Walter (ed.), Fragmente jüdisch-hellenistischer Historiker (JSHRZ I 2; Gütersloh 1976), 130.

84 Vgl. W.T. Pitard, Ancient Damascus (1987), 89ff; H.S. Sader Les États araméens de Syrie (1987), 231ff; auch E.G.H. Kraeling, Aram and Israel or The Aramaeans in Syria and Mesopotamia (OSCU 13; New York 1918 = 1966), 41ff; M.F. Unger, Israel and the Aramaeans of Damascus (London 1957), 47ff; E. Lipinski, TRE 3 (1978), 593f; G.G.G. Reinhold, Die Beziehungen Altisraels zu den aramäischen Staaten (1989), 68ff.

85 Daß David nur mit den Philistern und Moabitern, „the most immediate neighbours of Judah and Israel", nicht aber mit den Ammonitern (als ob diese nicht zur gleichen Kategorie von Nachbarn gehört hätten) Kriege geführt hätte, gehört zu den schlecht begründeten Verbalradikalismen in dem sonst sehr anregenden Buch von G. Garbini, History and Ideology in Ancient Israel (New York

strategischen Interessen in die Ammonitis eindrang[86], machte unter dem Befehl Joabs die ammonitische Hauptstadt sturmreif, nachdem es die „Wasserstadt" (*ʿyr h-mym* 2Sam. 12,27)[87] besetzt hatte, also die Belagerten von der Wasserversorgung hatte abschneiden können, eine nicht nur in Rabbat-Ammon (vgl. Polybios, hist. 5,71,1-11) erfolgreiche Taktik[88]. Im Unterschied zu Moab (2Sam. 8,2.12; 1Chr. 18,2.11)[89] und Edom (2Sam. 8,12-14; 1Chr. 18,11-13)[90] degradierte David, nachdem er die ammonitische Hauptstadt rechtsverbindlich in Besitz genommen hatte[91], die in Ammon regierende Dynastie, indem er sich deren Krone aufs Haupt setzte [2Sam. 12,30; 1Chr. 20,2; Joseph., Ant. 7,7,5 (§ 161)][92] und die Verlierer danach – wahrscheinlich – damit beauftragte, ihren ehemaligen eigenen Herrschaftsbereich als nun von David abhängige Funktionäre im Sinne Israels zu verwalten (s.u.). Das von David besiegte und in Personalunion mit Israel zwangsvereinte Ammon war der politischen und ökonomischen Willkür der Sieger ausgesetzt [2Sam. 8,11f par. 1Chr. 18,11; 2Sam. 12,31 par 1Chr. 20,3[93]; Joseph., Ant. 7,7,5

1988), 26.31. Zur Bedeutung des Ostjordanlandes für Israel vgl. z.B. J.B. Curtis, „East is East ....", JBL 80 (1961), 355-363.

86 Zu den möglichen Anmarschwegen vgl. Y. Yadin, Bib. 36 (1955), 347-349; vgl. S.D. Waterhouse – R.D. Ibach, AUSS 13 (1975), 217-228; M. Piccirillo, SHAJ 3 (1987), 165-172; A.A. Dorsey, The Roads and Highways of Ancient Israel (Baltimore/MD-London 1991), 202ff.

87 Damit könnte eine Besiedlung außerhalb der Zitadellenbefestigungen gemeint sein, die sich im Bereich des späteren römischen Forums befunden haben könnte [vgl. aber die Interpretation bei Joseph., Ant. 7,7,5 (§ 159)]; bei dem bisher einzigen bekannten Wassersystem auf der Zitadelle ist unklar, wann es angelegt wurde und ob sich *ʿyr h-mym* darauf bezieht. Vgl. zur Besiedlungsgeschichte Rabbat-Ammons im 10.Jh.v.Chr. U. Hübner, in: A.E. Northedge (ed.), Studies on Roman and Islamic ʿAmman, Vol. I (1992), (im Druck).

88 Vgl. z.B. Jdt. 7,12ff; Frontinus, Strategemata 3, 7; Etheria 19,11.

89 A.H. van Zyl, The Moabites (1960), 134-136.

90 M. Weippert, Edom (Diss. und Hab. theol. masch.; 1971), 265ff; ders., TRE 9 (1982), 294; E.A. Knauf, BN 45 (1988), 68f; J.R. Bartlett, Edom and the Edomites (1989), 103ff.

91 K. Galling, Die Ausrufung des Namens als Rechtsakt in Israel, ThLZ 81 (1956), 65-70.

92 Ob *mlkm* 2Sam. 12,30 *malkām* (MT) oder *milkōm* zu lesen ist, ist ein durch den (unvokalisierten) Konsonantentext vorgegebenes und m.E. wohl auch absichtlich offengelassenes Problem; so oder so ist V.30 kaum in allen Belangen wörtlich (vgl. bʿAbod.Zar. 44a: ein Magnet erleichtert das Gewicht der Krone), sondern vor allem in seiner politischen und religiösen Konnotation zu verstehen: Der israelitische König besiegt mit der Hilfe Jahwes den ammonitischen König und dessen Gott Milkom. Zum Problem vgl. auch S.H. Horn, The Crown of the King of the Ammonites, AUSS 11 (1973), 170-180; D. Kellermann, *ʿāṭar*, ThWAT 6 (1989), 21-31; S. Schroer, In Israel gab es Bilder. Nachrichten von darstellender Kunst im Alten Testament (OBO 74; Fribourg – Göttingen 1987), 164-168. Die Statue des *Yrḥʿzr*, die einzige gesicherte Darstellung eines ammonitischen Königs, trägt eine Kopfbinde (Diadem); bei den anderen männlichen Statuen aus Ammon ist nicht sicher geklärt, ob es sich – eher – um Köngsdarstellungen oder aber um Götterbilder (mit ägyptisierenden Atef-Kronen) handelt (vgl. auch Kap. 6).

93 Zu den textkritischen Problemen [in 2Sam. 12,31 lies *mlbn* (Qere) statt *mlkn*] vgl. H.J. Stoebe, in: ders., Geschichte, Schicksal, Schuld und Glaube (1989), 143f; D. Barthélemy, Critique textuelle

(§ 161)]. Dieser Zustand konnte von israelitischer Seite nur noch während der Regierungszeit Salomos aufrechterhalten werden. Paradoxerweise dürfte die militärische Unterwerfung und wirtschaftliche Ausbeutung Ammons längerfristig allerdings einen wichtigen Beitrag zu dessen staatlicher Konsolidierung geleistet haben (vgl. Kap. 5.2). Die schnellen Erfolge Davids mit den erheblichen territorialen und politischen Zugewinnen zeigen, daß Israel zu dieser Zeit nicht nur militärisch, sondern vor allem auch ökonomisch und organisatorisch deutlich weiter entwickelt war als Ammon, das diese Entwicklung – abgesehen von seiner stets geringen territorialen Ausdehnung und den damit verbundenen Einschränkungen – erst aufzuholen begann, nachdem sich das davidisch-salomonische Reich, das sich mit seiner expansionistischen Politik übernommen hatte, in die beiden Staaten Juda und Israel aufgelöst hatte.

Als David später vor Abschalom aus Jerusalem fliehen mußte (2Sam. 17,27), suchte er Zuflucht in Mahanajim (*Tell Ḥeǧǧāǧ*?)[94]. Dort wurde er u.a. von einem Ammoniter namens Schobi, dem Sohn des Nahasch, begrüßt und versorgt. Das Patronym könnte mit dem Namen jenes Ammoniterkönigs identisch sein, anläßlich dessen Todes David eine Kondolenzbotschaft nach Rabbat-Ammon sandte und dessen Sohn und Nachfolger Hanun er dann besiegte und unterwarf (2Sam. 10,1ff). Wenn dies richtig sein sollte, dann dürfte es sich bei Schobi ebenfalls um einen Sohn dieses Nahasch bzw. Bruder Hanuns handeln[95]. Daß er dem flüchtenden David von Rabbat-Ammon mit Geschenken nach Mahanajim entgegeneilte und ihn dort vor allem mit überlebenswichtigem Nachschub versorgte, deutet auf seine Abhängigkeit von David hin. Diese dürfte darin bestanden haben, daß David, der als israelitischer König zugleich auch nominell König von Ammon war (2Sam. 12,30), diese Herrschaft aus praktischen Gründen und solchen der inneren Befriedung der Ammoniter in seinem Namen von einem Mitglied des unterworfenen ammonitischen Königshauses ausüben ließ; wie nützlich diese Regelung für David war, zeigte sich in Mahanajim. Für die Ammoniter bedeutete das einen Funken oder besser den Anschein einer gewissen Restautonomie, die ihnen immerhin später zugute gekommen sein dürfte, als sie sich beim Auseinanderbrechen des davidisch-salomonischen Königreiches von diesen Abhängigkeiten lösen konnten und ihr Staatswesen und Königtum neu organisieren mußten. An der wirtschaftlichen Ausplünderung und Ausbeutung ihres Landes durch David und Salomo dürfte sie nichts geändert haben.

de l'Ancien Testament 1 (OBO 50,1; Göttingen – Fribourg 1982), 264; C.J. Goslinga, Spreekt 2 Sam. 12:31 inderdaad van wrede Terechtstelling der Ammonieten?, GThT 59 (1959), 139-148 und – allerdings noch weniger überzeugend – G.C. O'Ceallaigh, „And *so* David did to *all the Cities* of Ammon", VT 12 (1962), 179-189.

94 Map ref. 2154.1732 – oder *Tell eḏ-Ḏahab al-Ġarbī* (map ref. 2149.1771). Zum Problem vgl. zuletzt R.A. Coughenour, A Search for Maḥanaim, BASOR 273 (1989), 57-66.

95 So z.B. auch F. Stolz, Das erste und zweite Buch Samuel (1981), 266.

Kontakte zwischen Israeliten und Ammonitern beschränkten sich nicht nur auf in Ammon lebende Vertreter dieses Volkes und auf kriegerische Begegnungen, sondern sind auch durch die Auslandsammoniter und -ammoniterinnen belegt, die als Ehefrauen und Gastarbeiter in Israel lebten; so war ein Ammoniter namens Zelek Mitglied der *gbrym / šlšym* im davidischen Heer (2Sam. 23,37; 1Chr. 11,29)[96]. David muß es auch gewesen sein, der im Rahmen seines kriegerischen Umgangs mit den Ammonitern eine ammonitische Prinzessin als Gemahlin für seinen Sohn Salomo an den Jerusalemer Königshof brachte (vgl. Kap. 4.3.1), deren gemeinsamer Sohn später König von Juda werden sollte. Islamische Traditionen (*Muqaddasī* 175; *Yāqūt* III 760)[97] bewahrten in *ʿAmmān* die Erinnerung an David nur über das, was sie für das Grabmal des von ihm in den Tod geschickten Urija hielten[98], während sie die an Salomo aufrechterhielten, indem sie ihn zum Erbauer des römischen Theaters von Philadelphia machten[99]. Im Alten Testament hingegen wurde die davidisch-salomonische Zeit wiederholt als Vorgabe und Grundlage theologisch überhöhter Wunschvorstellungen von einer territorialen Restitution der damaligen transjordanischen Verhältnisse rezipiert (vgl. z.B. Jes. 11,14f; 2Kön. 10,32f).

Mit Salomo, dem sein Vater eine ammonitische Prinzessin zur Frau gegeben hatte (Kap. 4.3.1), hatten sich die Zeiten geändert[100]. Die Kriege hatte sein Vater über die Nachbarn gebracht und gewonnen und so seinem Sohn ein Herrschaftskonglomerat überlassen, das auf der einen Seite in sich konsolidiert wirkte und auf der anderen Seite rasch die Anfänge vom Ende dieses Systems zeigen sollte. Wie alle Sieger, so mußte und wollte Salomo auch – jedenfalls bestimmte – Folgen dieser zahlreichen Siege über die Nachbarvölker in Kauf nehmen. Dazu gehörten vor allem – wie die alttestamentlichen Quellen überliefern – die gezielt geförderte Verehrung der

96 Die Liste ist bei Joseph., Ant. 7,12,4 (§§ 307-317) in einer charakteristischen Fassung wiedergegeben, in der Zelek fehlt. Vgl. K. Elliger, Die dreißig Helden Davids, (1934), in: ders., Kleine Schriften zum Alten Testament (ThB 32; München 1966), 72-118; B. Mazar, The Military Élite of King David, (1963), in: ders., The Early Biblical Period. Historical Studies (Jerusalem 1986), 83-103; zuletzt (mit der wichtigsten Sekundärliteratur) N. Na'aman, The List of David's Officers (*šālîšîm*), VT 38 (1988), 71-79; vgl. zusätzlich B.Z. Luria, David's Heroes from the Tribe of Benjamin, BetM 60 (1974), 63-71 (hebr.; English Summary 168). Zu Soldaten aus Philadelphia in der römischen Armee vgl. Kap. 7, Anm. 27.

97 G. Le Strange (ed.), Palestine under the Moslems. A Description of Syria and the Holy Land from A.D. 650 to 1500 (1890 = Beirut 1965), 392; A.-S. Marmadji (ed.), Textes Géographiques Arabes sur la Palestine (Paris 1951), 149.

98 A. Almagro Gorbea, El Palacio Omeya de Amman I. La Arquitectura (Madrid 1983), passim.

99 F. el-Fakharani, Das Theater von Amman in Jordanien, AA 90 (1975), 377-403; vgl. auch IGLS 21,2 (1986), No. 12.

100 Zu Salomo vgl. neben den üblichen Darstellungen zur Geschichte Israels E. A. Knauf, in: E. Lipinski (ed.), Phoenicia and the Bible (1991), 167-186.

besiegten Götter[101] und die Einheiratung fremdländischer Frauen (1Kön. 11,1-8; 14,21.31; 2Kön. 23,13, vgl. Kap. 6 und 7); diese Entwicklung zu einem im Ansatz multikulturellen Zusammenleben[102] in Jerusalem wurde erst Jahrhunderte später massiv abgewertet und rückgängig zu machen versucht. Nicht nur dieser späteren Zeit war die expansionistische Unterwerfung und Ausbeutung (vgl. 2Sam. 12,31; Eupolemos, FGH 723 F 2,33 = JSHRZ I 2, 102)[103] der Ammoniter und anderer Völker durch Israel allzu selbstverständlich; den Preis für diese Politik wollte man dann aber nicht mehr mit der gleichen Haltung der fraglosen Selbstverständlichkeit zahlen. Statt gegen sich selbst und diejenigen, die die eigene Geschichte so und nicht anders betrieben hatten, richtete sich der Zorn nun gegen die Nachfahren derer, die – auch – aufgrund dieser Politik ins eigene Land gekommen waren (vgl. Kap. 6 und 7).

## 4.3. Der ammonitische Staat in der Zeit nach Salomo bis zu seinem Untergang

### 4.3.1. Auf dem Weg zu einem (unabhängigen) ammonitischen Staat

Das Auseinanderbrechen des von David und Salomo geführten Staates Israel in die beiden selbstständigen Königreiche Juda im Süden und Israel im Norden und die Nichterneuerung der damit verbundenen Personalunion[104] bedeutete für Ammon wohl die mehr oder weniger vollständige Loslösung von allen Abhängigkeiten, die aus der davidischen und salomonischen Ära herrührten. Bedingt durch die territorialen Verhältnisse verlor Ammon jeden direkten Grenzkontakt mit Juda. Stattdessen gab es nun eine lange direkte Grenze zum Nordreich Israel, die Ammon im Norden und Westen umgab. Die innenpolitischen Schwierigkeiten und außenpoli-

101 Die Mitnahme besiegter Götter(-Statuen) und ihre anschließende Verehrung durch die Sieger diente ihrer Eingliederung in das Pantheon der Sieger, dies aber auf einer hierarchischen Ebene, auf der ihre Degradierung und damit die Unterwerfung der gegnerischen Völker deutlich sichtbar wurde, vgl. J. Renger, Kultbild, RlA 6 (1980-1983), 313f. Daneben sind im Alten Orient – häufiger – die Zerstörung der fremden Götter-Bilder durch die Sieger bezeugt, vgl. die Belege bei A. Berlejung, Zur Theologie der Bilder. Aspekte des altorientalischen und alttestamentlichen Verständnisses der Götterbilder (Diss. theol. masch.; Heidelberg), (in Vorbereitung).

102 Vgl. auch J. Ebach, Aspekte multikulturellen Zusammenlebens in der hebräischen Bibel, in: J. Micksch (ed.), Multikulturelles Zusammmenleben. Theologische Erfahrungen (Frankfurt a. M. 1983), 14-23.

103 Vgl. dazu auch M. Hengel, Judentum und Hellenismus (WUNT 19; Tübingen ³1988), 169ff u. ö.

104 Vgl. H. Donner, Geschichte des Volkes Israel II (1986), 233-246.

tische Lähmung des Nordreiches dürften wohl noch während der Regierungszeit Jerobeams I. nicht nur zu einer massiven Lockerung der alten Abhängigkeiten Ammons von Israel, sondern mehr oder weniger rasch zu seiner Unabhängigkeit geführt haben. Der Feldzug Šošenqs I.[105] nach Palästina dürfte ein übriges dazu getan haben. Die ägyptischen Truppen überquerten zwar den Jordan und drangen in transjordanische Gebiete des Nordreiches ein, berührten aber ammonitisches Territorium ganz offensichtlich nicht. Ammon kam ungeschoren davon; sein nördlicher Nachbar Israel dagegen wurde zusätzlich geschwächt[106]. Ob Rehabeam versuchte, diplomatische Beziehungen zu Ammon (wieder-)aufzunehmen und zu pflegen und sie vielleicht in seinen Auseinandersetzungen mit Jerobeam I. zu nutzen, ist mangels Quellen unbekannt. Ob und inwieweit sich Jerobeam überhaupt als Rechtsnachfolger des davidisch-salomonischen Reiches verstand, ist ebenso unbekannt; und ob der Ausbau von Penuël (*Tulūl eḏ-Ḏahab*?)[107] (1Kön. 12,25) und die Benutzung mehrerer Residenzen durch Jerobeam *auch* Gründe in der wachsenden oder schon vollzogenen Unabhängigkeit der Ammoniter von dem nördlichen Teil des ehemaligen davidisch-salomonischen Israel hatten, ist unklar; sie dürften aber eher in innenpolitischen Maßnahmen bzw. Gepflogenheiten des neuen Herrschers in dem neu entstandenen Staat zu suchen sein.

Auch wenn die Quellen darüber schweigen, wann genau und wie schnell Ammon die für es so günstige politische Konstellation zur Herstellung der eigenen Autonomie nutzte – allerspätestens zur Zeit Meschas –, so ist im Endeffekt doch klar, daß für Ammon und Israel ein Status erreicht war, der die territorialen und

105 Als Quellen-Editionen bzw. 'Übersetzungen' vgl. z. B. Reliefs and Inscriptions at Karnak Vol. III: The Bubastide Portal by The Epigraphic Survey, ed. G. R. Hughes et al. (OIP 74; Chicago/IL 1954), Pl. 2-4. 7; J. Simons (ed.), Handbook for the Study of Egyptian Topographical Lists (1937), 89-101. 178-187, List XXXIV und A. Jirku (ed.), Die ägyptischen Listen (1937 = 1967), 47 (vor allem Nr. 22). Zu 1Kön. 14,25f; (2Chr. 12,9) vgl. z. B. M. Noth, I Könige 1-16 (BK 9,1; Neukirchen-Vluyn ²1983), 320ff und E. Würthwein, 1.Könige 1-16 (ATD 11,1; Göttingen ²1985), 180ff. Zur Stele Šošenqs in Megiddo vgl. R. S. Lamon – G. M. Shipton, Megiddo I. Seasons of 1925-34. Strata I-V (Chicago 1939; OIP 42), fig. 70 (nicht stratigraphiert).

106 Vgl. auch M. Noth, Die Topographie Palästinas und Syriens im Licht der ägyptischen Quellen IV: Die Schoschenkliste, (1938), in: ders., ABLAK 2 (1971), 76f; B. Mazar, The Campaign of Pharaoh Shishak to Palestine, VT.S 4 (1957), 60f = in: ders., The Early Biblical Period. Historical Studies (Jerusalem 1986), 139ff; S. Herrmann, Operationen Pharao Schoschenks I. im östlichen Ephraim, ZDPV 80 (1964), 55-79; Y. Aharoni, Das Land der Bibel (1984), 332-340; K. A. Kitchen, The Third Intermediate Period in Egypt (1100-650 BC) (Warminster ²1986), 432-447, fig. 9; D. R. Redford, Studies in Relations between Palestine and Egypt during the First Millenium B. C. II: The Twenty-Second Dynasty, JAOS 93 (1973), 3-17. Auch wenn man mit G. Garbini, History and Ideology (1988), 28-30 den Feldzug Šošenqs in die Regierungszeit Salomos zurückverlegte, würde das historische Bild der Bedeutung des Feldzugs für die Ammoniter – nur etwas zeitversetzt – das gleiche bleiben.

107 Zum Problem vgl. zuletzt R. A. Coughenour, BASOR 273 (1989), 57-66.

politischen Verhältnisse im mittleren Ostjordanland für die nächsten beiden Jahrhunderte entscheidend bestimmen sollte; über ihn hatten vor allem Israel, Moab und Ammon, Juda aber kaum noch und die Aramäer zunehmend, aber letztlich nur im Norden Transjordaniens, mitzubestimmen. Der Zerfall des davidisch-salomonischen Staates bedeutete für Ammon, wenn auch mit einer gewissen zeitlichen Verzögerung, einen wichtigen Wachstums- und Konsolidierungsanstoß auf dem Weg zu einem autonomen Staat.

Nur eine Episode innerhalb der ammonitischen Geschichte und zugleich auch ein politisches und individuelles Spiegelbild dieser wechselvollen Zeiten bilden die gleichlautenden, kurzen Notizen über die Ammoniterin Naama[108] im Alten Testament [1Kön. 14,21.31; 2Chr. 12,13; vgl. auch 1Kön. 11,1; bBabaQam. 38a; Suda (ed. A. ADLER) IV, 396 u.a.]. Einst nach der Eroberung Ammons durch David (vgl. 2Sam. 10,1 ff) als – politisch freiwillige oder unfreiwillige – diplomatische Heiratsgabe für dessen Sohn Salomo an den Jerusalemer Königshof geschickt, residierte sie dort als *g^ebīrā*[109], seit den politischen Umwälzungen am Anfang der Regierungszeit ihres Sohnes noch weiter von der eigenen Heimat getrennt. Nichts weiter ist bekannt über sie, weder ob sie einen mäßigenden Einfluß auf die Eroberer und Besatzer ihrer Heimat hatte ausüben können noch ob sie während der Regierungszeit ihres Sohnes, dem wahrscheinlich sie und nicht sein Vater den – ammonitischen (?) – PN *Rḥbʿm* gegeben hatte (vgl. Kap. 2.10.5), gelegentlich bei guter Sicht einen Blick auf das nun wohl wieder freie Ammon weit im Osten werfen konnte. Nur ihre auffällige doppelte Erwähnung innerhalb des deuteronomistischen Geschichtswerkes (1Kön. 14,21.31), wovon die zweite wohl als späte Glosse zu verstehen ist, deutet zwischen den Zeilen an, wie Israeliten späterer Jahrhunderte, als Ausländerinnen dort nur mehr gelitten waren, über sie dachten (vgl. 1Kön. 11,1): Zu all dem gottlosen Übel, dem man im Juda Rehabeams frönte, gesellte sich zu allem Überfluß auch noch eine Ammoniterin als Königinmutter.

Der Verehrung ihres besiegten Nationalgottes konnte sie sicher nicht nur während der Regierungszeit ihres Mannes (1Kön. 11,1-8), sondern gleichermaßen auch während der ihres Sohnes ungestört nachgehen (1Kön. 14,23). Daß sie königlichen Geblüts war, darf man als selbstverständlich voraussetzen, auch wenn der MT über ihren Status und ihre familiäre Herkunft schweigt. Immerhin ordnet die LXX (3Kön. 12,24a) sie als Tochter des ammonitischen Königs *Ana* [*Anōn* (= Hanun)]

108 In der Überlieferung wurde ihr Name offenbar gelegentlich mit dem der Mutter des Rehabeam-Nachfolgers Abiam, Maacha, verwechselt (1Kön. 14,21 LXX$^B$ *Maacha*); anders wiederum LXX 2Chr. 12,13 *Noomma*.

109 Zum Amt vgl. H. DONNER, Art und Herkunft des Amtes der Königinmutter im Alten Testament, in: FS für J. FRIEDRICH zum 65 Geb., ed. R. VON KIENLE et al. (Heidelberg 1959), 105-145; G. W. AHLSTRÖM, Aspects of Syncretism in Israelite Religion (HSoed 5; Lund 1963), 61-85; H. KOSMALA, *gbr*, ThWAT 1 (1970-1973), 909.

und Enkelin des *Naas* (= Nahasch) ein. Festzuhalten bleibt in diesem Zusammenhang, daß seit der Inthronisation des Halb-Ammoniters Rehabeam (vgl. Mt. 1,7) auf den judäischen Thron in den Adern des davididischen Königshauses ammonitisches Blut floß – vom moabitischen abgesehen, sofern die Notiz Ruth 4,13 ff (vgl. Mt. 1,5)[110] denn auf historisch glaubwürdige Bemerkungen zurückgehen sollte[111].

An dieser Stelle darf jene Version über die erste Liebe zwischen Salomo und Naama nicht unerwähnt bleiben, über die eine jüdische Legende späterer Zeit zu berichten weiß: Danach wurde Salomo von Gott wegen seiner Vielgötterei und Vielweiberei auf eine dreijährige Wanderschaft geschickt, die ihn auch nach Rabbat-Ammon führen sollte. Dort lernte er rasch die ammonitische Küche dermaßen schätzen, daß er sich zum Koch ausbilden ließ. Salomos Ruhm als exzellenter Koch drang alsbald zum ammonitischen König, der den Gastarbeiter zum *chef de la cuisine royale* erhob. Nun war es unvermeidbar geworden, daß der Chefkoch königlichen Geblüts und israelitischer Abstammung des Königs schönes Töchterlein kennen und lieben lernte, Abschied von der berühmten ammonitischen Küche und stattdessen die ammonitische Prinzessin *[h-ṣdqt (!) nʿmh bt mlk ʿmwn]* zur Frau nahm[112].

Laut der sog. Monolith-Inschrift (II 95)[113] Salmanassars III. (859-824 v. Chr.) beteiligten sich an der Schlacht von Qarqar (*Tulūl Qerqūr*) 853 v. Chr. auf der Seite seiner Gegner neben Hadad-Eser von Damaskus,[114] Irḫuleni von Hamat[115], Ahab von Israel u. a. auch ein [I]*Ba-ʾa-sa* DUMU *(mār) Ru-ḫu-bi* KUR*A-ma-na-a-a*. Letzterer wurde und wird gerne zum ersten außeralttestamentlich erwähnten Ammoni-

110 H. STEGEMANN, „Die des Uria". Zur Bedeutung der Frauennamen in der Genealogie von Matthäus 1,1-17, in: Tradition und Glauben. Das frühe Christentum in seiner Umwelt. FS für K. G. KUHN zum 65.Geb. (Göttingen 1971), 246-276.

111 Vgl. auch L. GINZBERG (ed.), The Legends of the Jews 1 (1909), 257; 4 (1913), 170; 6 (1928), 300. Die im chronistischen Sondergut 2Chr. 20,1-30 überlieferte fromme Legende vom wunderbaren Sieg Joschafats von Juda (ca. 868-847 v. Chr.) über eine übermächtige Koalition aus Moabitern, Ammonitern und 'Mëunitern' entfällt als historische Quelle für die Königszeit (s. Kap. 7.2).

112 A. JELLINKEK, Bet ha-Midrasch II (Jerusalem [3]1967), 86 f; L. GINZBERG (ed.), The Legends of the Jews 4 (New York 1913), 170 f bzw. A. WÜNSCHE, Aus Israels Lehrhallen II (Leipzig 1907 = Hildesheim 1967), XXVI. 9-12.

113 G. SMITH, in: H. C. RAWLINSON (ed.), The Cuneiform Inscriptions of Western Asia III (London 1870), Pl. 8; vgl. auch HKL I 485; II 262 und W. SCHRAMM, Einleitung in die assyrischen Königsinschriften (HO I, Erg.bd. 5,1,2; Leiden – Köln 1973), 70 ff. In den anderen Inschriften Salmanassars III., die sich auf das gleiche Ereignis beziehen, ist Ba'sa namentlich nicht erwähnt, sondern nur summarisch unter die 12 gegnerischen Könige subsummiert.

114 D. J. WISEMAN, Hadadezer, RlA 4 (1972-1975), 38; W. T. PITARD, Ancient Damascus. A Historical Study of the Syrian City-State from the Earliest Times until its Fall to the Assyrians in 732 B.C.E. (Winona Lake/IN 1987), 125 ff.

115 J. D. HAWKINS, Hamath, RlA 4 (1972-1975), 67-70; ders., Irḫuleni, RlA 5 (1976-1980), 162; H. S. SADER, Les États Araméens de Syrie depuis leur Fondation jusqu'à leur Transformation en Provinces Assyriennes (1987), 185 ff.

ter-König erklärt[116]. Gegen diese Identifikation[117] sprechen nicht nur die Tatsache, daß sich auf Seiten der antiassyrischen Koalition weder transjordanische noch judäische Truppen beteiligten, sondern auch die Schreibung des Gentiliziums KUR*A-ma-na-a-a*: Das Königreich Ammon wird in assyrischen Quellen dagegen sonst stets KUR(URU)BĪT bzw. KUR*ba-an Am-ma-na* u.a. geschrieben (vgl. Kap. 5.2). [I]*Ba-'a-sa* DUMU*(mār)Ru-ḫu-bi* KUR*A-ma-na-a-a* ist also nicht als „Ba'ša von 'Haus Rehob', der Ammoniter" oder „Ba'ša, 'der Sohn des' Ruḫubi, der Ammoniter" o.ä. zu verstehen, sondern als „Ba'ša aus (der Sohn von) *Bīt Ruḫub* [oder **Roḥob* (<**Riḥāb*)], der Amanäer", d.h. Ba'ša kam aus einem aramäischen Kleinstaat, der mit großer Wahrscheinlichkeit im nördlichen Antilibanon lag und mit dem in 1Sam. 14,47 LXX; 2Sam. 8,3.12 genannten (Bet-)Rehob identisch ist[118].

Daß Ammon in der Mescha-Stele ebensowenig erwähnt ist wie in der Annalennotiz 2Kön. 3,4f, deutet darauf hin, daß es in die Kriege zwischen Mescha und den Omriden nicht involviert war und wurde. Nicht ganz auszuschließen ist, daß es ebenso wie Moab Tributär Israels war, sich aber nicht an dem Aufstand Meschas gegen Israel beteiligte. Ein solches Verhalten würde allerdings wohl auch einen Vasallenstatus Ammons gegenüber Israel und gleichzeitig eine proisraelitische

116 Vgl. z.B. E. EBELING, AOT², 341; D.D. LUCKENBILL, ARAB I (1926), §611; F.E. PEISKER, KB I (1889 = 1970), 173; H. WINCKLER, Keilinschriftliches Textbuch zum Alten Testament (Leipzig 1892), 5; A.L. OPPENHEIM, ANET³ 279; R. BORGER, TUAT 1 (1985), 361; D.J. WISEMAN, in: D.W. THOMAS (ed.), Documents from Old Testament Times (New York ²1961), 47; S. PARPOLA, Neo-Assyrian Toponyms (AOAT 6; Neukirchen-Vluyn 1970), 16; E. MEYER, Geschichte des Altertums II 2 (³1953), 333; G.M. LANDES, A History of the Ammonites (Ph.D.Diss. 1956), 231. 354 u.ö.; H. DONNER, Neue Quellen zur Geschichte des Staates Moab in der zweiten Hälfte des 8.Jahrh.v.Chr., MIOF 5 (1957), 161; J.M. MILLER – J.H. HAYES, A History of Ancient Israel and Judah (1986), 268-270; Y. AHARONI, Das Land der Bibel (1984), 347; M. O'CONNOR, AUSS 25 (1987), 55; H.S. SADER, Les États Araméens de Syrie (1987), 188; N. NA'AMAN, Two Notes on the Monolith Inscription of Shalmaneser III from Kurkh, TA 3 (1976), 98; M. NOTH, Geschichte Israels (⁷1969), 208; S. TIMM, Die Dynastie Omri (FRLANT 124; Göttingen 1982), 183.

117 Vgl. z.B. E. FORRER, Ba'asa, RlA 1 (1932), 328; R. BORGER, TGI³ Nr. 19 [vgl. aber ders., TUAT 1 (1985), 361]; G. BEGRICH, Der wirtschaftliche Einfluß Assyriens auf Südsyrien und Palästina (Diss. theol. masch.; Berlin Ost 1975), 75f; H. TADMOR, Azriyau of Yaudi, ScrH 8 (1961), 245; H. DONNER, Geschichte des Volkes Israel 2 (1986), 240, (Anm. 26); J. BRIEND – M.-J. SEUX (ed.), Textes du Proche-Orient Ancien (1977), 86 („Le mont Amanus ... ou Ammon ...?"; M. WEIPPERT, The Relations of the States East of the Jordan with the Mesopotamian Powers during the First Millenium, SHAJ 3 (1987), 98. P. BORDREUIL – J. TEIXIDOR, Nouvel Examen de l'inscription de Bar-Hadad, Aula Or. 1 (1979), 271-276 wollen (wenig überzeugend) in der umstrittenen Z.2 von KAI Nr. 201 *br ʿzr' mlk br rḥb* lesen und dabei *br rḥb* als dynastischen Titel verstehen.

118 Vgl. vor allem M. WEIPPERT, Edom (Diss. und Hab. theol.; 1971), 269f; E. LIPINSKI, TRE 3 (1978), 593-596. Zu den zahlreichen *Ḫamanu* / Amanos-Belegen, von griechischen, römischen, byzantinischen u.a. abgesehen, die sich nicht alle auf das gleiche Gebirge beziehen müssen, vgl. RGTC 1 (1977), 11; 6 (1978), 11f. 494; 8 (1985), 22f. 148; S. PARPOLA, Neo-Assyrian Toponyms (1970), 16. 145; zuletzt auch N. NA'AMAN, TA 3 (1976), 98; M. COGAN, '... From the peak of Amanah', IEJ 34 (1984), 255-259.

bzw. antimoabitische Politik Ammons voraussetzen. Solange aber aus den Quellen keine Kriege zwischen Moab und Ammon[119], dafür aber kriegsähnliche Auseinandersetzungen zwischen Ammon und Israel überliefert werden (Am. 1,13), deutet mehr daraufhin, daß Ammon in dieser historischen Situation ganz offensichtlich – nicht zum eigenen Nachteil – versucht hatte, sich aus den Kriegen herauszuhalten, die seine beiden unmittelbaren Nachbarn bis an den Rand der ammonitischen Südgrenze (*Bṣr* Mescha-Stele Z. 27 = *Umm el-ʿAmed*?)[120] austrugen.

2Kön. 10,32f behauptet, daß Hasaël von Damaskus[121] – nach den vergeblichen Versuchen Salmanassars III. von 841 und 838 v. Chr., die Stadt Damaskus zu erobern, und vor dem Ende der Regierungszeit Jehus (ca. 818 v. Chr.), – die gesamten transjordanischen Gebiete des Nordreichs bis an den Arnon erobert habe. Historisch richtig an dieser Notiz sind zweifelsohne die erheblichen Gebietsverluste Israels an Hasaël. Die geographischen Angaben erwähnen weder Ammon noch Moab. Letzteres ist umso auffälliger, als sie zweifelsfrei moabitisches Territorium miteinschließen; die Nichtbeachtung oder Ignoranz gegenüber den spätestens durch Mescha geschaffenen realpolitischen Fakten dürfte auch hier wieder auf die offenbar unbeirrbaren Vorgaben theologischer Geographie zurückzuführen sein. Die Angaben in 2Kön. 10,32f sind eine grobe Übertreibung der aramäischen Gebietsgewinne. Hasaël dürfte aus wohl überlegtem strategischem Eigeninteresse Ammon und Moab auch nicht andeutungsweise militärisch bedroht oder gar tatsächlich angegriffen haben. Bei Joseph., Ant. 9,8,1 (§ 159) sind die von Hasaël eroberten Gebiete präziser, glaubwürdiger und unter klarer Nichterwähnung des ammonitischen und moabitischen Territoriums aufgezählt (*tēs peran Iordanou chōras ta pros tēn anatolēn tōn Roubēnitōn kai Gaditōn kai Manassitōn eti de kai tēn Galaaditin kai Batanaian*); in der Notiz von der Rückeroberung der verlorenen Gebiete durch Joasch von Israel ist von den Übertreibungen in 2Kön. 10,32 bezeichnenderweise auch nicht mehr die Rede (2Kön. 13,25)[122].

Die Mitte des 9. Jh.s v. Chr. dürfte für Ammon eine Phase gewesen sein, in der es sich innenpolitisch, wirtschaftlich und kulturell zu dem weiterentwickeln konnte, als was es in den archäologischen und epigraphischen Belegen der Folgezeit er-

119 Vgl. aber auch E. A. Knauf, ZDPV 106 (1990), 135ff. Der Versuch von C. de Jong, De Volken bij Jeremia. Hun Plaats in zijn Predeking en in het Boek Jeremia (Diss. theol.; Kampen 1978), 132. 136, Jer. 48,1-8 einen Einfall der Ammoniter ins nördliche Moab zu entnehmen, ist spekulativ.

120 Zum Problem der Lokalisation vgl. Kap. 3.

121 Vgl. D. J. Wiseman, Haza'el I, RlA 4 (1972-1975), 238f; H. S. Sader, Les États Araméens de Syrie (1987), 231ff; W. T. Pitard, Ancient Damaskus (1987), 145ff oder auch H. Donner, Geschichte des Volkes Israel II (1986), 280. Der Versuch von S. Herrmann, Geschichte Israels ($^{2}$1980), 290, die Notiz in die Regierungszeit Joaschs zu verlegen, ist überflüssig und wenig überzeugend; G. G. G. Reinhold, Die Beziehungen Altisraels zu den aramäischen Staaten (1989), 173-179 wie meist biblizistisch.

122 Vgl. dazu auch E. A. Knauf, ZAH 3 (1990), Anm. 17.

scheint. Ihm kamen Ereignisse zugute, an denen es selbst aktiv nicht beteiligt war, die es aber sicherlich mit höchstem Interesse und größter Wachsamkeit verfolgte: Israel unter Ahab und die Aramäer waren mit der Abwehr der assyrischen Heere unter Salmanassar III. beschäftigt, und Mescha von Moab erweiterte sein Territorium nach Norden auf Kosten Israels, ohne dabei Ammon zu berühren. Es scheint dies der Anfang der Entwicklung zu sein, aus der heraus uns dann die ersten ammonitischen Inschriften (*ʿAmmān*-Zitadellen-Inschrift) und steinernen Rundplastiken überliefert sind. Als kleiner und weiter nicht gefährlicher Pufferstaat zwischen Moab im Süden, den transjordanischen Gebieten Israels bzw. südaramäischen Interessen im Norden und den stets unsicheren Gebieten der Wüstensteppen im Osten war Ammon den größeren und mächtigeren Nachbarn eine nicht unliebsame und durchaus nützliche Existenz, die ernsthaft zu gefährden keine dieser Parteien ein Interesse hatte. Hier zeigt sich ein kleiner, aber umso wirkungsvollerer Faktor, der seit dem Auseinanderbrechen des davidisch-salomonischen Reiches für das Überleben des ammonitischen Staates eine so erhebliche Rolle spielte, daß es die Existenz aller seiner nördlichen und westlichen Nachbarn – wenn auch letztlich nur um wenige Jahre – überdauerte: Mit bedingt durch seine zentrale Randlage im Herzen Transjordaniens konnte Ammon im Windschatten größerer und mächtigerer Nachbarn eine Nischenexistenz pflegen, aus der heraus es nach außen vorsichtiger und wendiger agieren konnte und wollte als andere. Die Zerstörung des labilen Gleichgewichts innerhalb dieser Region hätte allen Anliegern politisch und wirtschaftlich mehr geschadet als genützt.

Zu den kleinen Episoden, die kaum etwas oder besser nichts mit Ammonitern (und Moabitern) und eigentlich nur etwas mit innerjudäischen Verhältnissen zu tun haben, gehört die Ermordung Joaschs von Juda (801 v. Chr.). Laut 2Kön. 12,21f und 2Chr. 24,25f wurde er von seinen *ʿbdy-w*, die Jahwe-haltige PN trugen, umgebracht. Die in unserem Zusammenhang entscheidende Differenz zwischen der Version von 2Kön. 12,21f und der von 2Chr. 24,25f sind die unterschiedlichen Vater- bzw. Mutternamen und die zusätzlichen Gentilizia beim Chronisten. Diese Differenzen wecken erhebliche Zweifel an den chronistischen Angaben. In jedem Fall handelt es sich bei den Königsmördern um (Halb-?)*Judäer* [vgl. auch Joseph. 9,8,4 (§ 171)]; außenpolitische Motive sind nicht zu erkennen. Die Angaben des Chronisten sind historisch unglaubwürdig, und ihre Funktion ist allzu durchsichtig; insofern sind sie nicht hier, sondern in Kap. 7.1 zu behandeln.

Am. 1,13-15 (zur Analyse vgl. Kap. 7.2) deutet darauf hin, daß Ammoniter – wie schon zu Zeiten Jeftas (Ri. 10,6-12,7) und Sauls (1Sam. 11) – irgendwann zwischen der Mitte des 9. und der Mitte des 8. Jh.s v. Chr. einen (?) Raub- oder Kriegszug in benachbarte israelitische Gebiete unternahmen. Zu längerfristigen Okkupationen fremden Territoriums oder gar Grenzverschiebungen zugunsten Ammons und zum Nachteil Israels scheint es dabei nicht gekommen zu sein, d. h. sämtliche Angriffe – um solche handelte es sich jedenfalls nach der Überlieferung derer, die von sich behaupteten, angegriffen worden zu sein – wurden über kurz oder lang erfolgreich abgewehrt; der territoriale *status quo* blieb letztlich unverändert erhalten. Überdies dürften auch gelegentliche, militärisch ausgetragene Grenzkonflikte diplomatische Kontakte und wirtschaflichen Austausch mit Israel kaum behindert haben, worauf auch das wohl israelitische Siegel aus *ʿĒn el-Bāšā* (Siegel Nr. 56) deuten dürfte. Die Bemerkung von 2Kön. 14,25 (vgl. Am. 6,13) bezieht sich nicht auf ammonitisches Gebiet[123]. Jerobeam II. war viel zu sehr mit der Sicherheit an seiner Nordostgrenze beschäftigt und aus guten Gründen kaum daran interessiert, Ärger mit Moab zu bekommen oder gar potentielle ammonitisch-aramäische Interessen zum eigenen Nachteil zu fördern.

Als Zwischenergebnis der bisherigen Überlegungen zur Geschichte Ammons muß festgehalten werden, daß ein nicht unerheblicher Teil der Quellen historisch in hohem Maß unglaubwürdig ist (Ri. 3,12-20; Ps. 83,7-9; 2Chr. 20,1-30; 24,25f; 26,8; 27,5)[124] und ein anderer Teil einigermaßen glaubwürdig ist, sich aber dennoch nur sehr ungenau historisch einordnen läßt (Am. 1,13-15). Zudem entfällt mit der sog. Monolithinschrift Salmanassars III. jener Text, der häufig als die erste außeralttestamentliche bzw. neuassyrische Erwähnung von Ammonitern apostrophiert wurde. Andere Quellen wie die Mescha-Stele schweigen sich über die Ammoniter völlig aus. Am offenbar zuverlässigsten sind die Epochen Sauls, Davids, Salomos und Rehabeams bezeugt (1Sam. 11; 2Sam. 8,1-14; 10-12; 23,37; 1Kön. 11,1-8; 14,21.31), auch wenn die Zeugnisse nur zu einem (Bruch-)Teil aus diesen Zeiten stammen. Ammonitische Inschriften sind nicht aus der Zeit vor dem 9.Jh.v.Chr. belegt. So wie jede Quelle ihre ureigenen Interessen und damit Geschichtsereignisse – wenn überhaupt – selektiv, manchmal immerhin auch authentisch, präsentiert, so versuchen die alttestamentlichen Quellen vor allem, und d.h. ausführlich, die eigene 'große' Zeit zwischen Saul und Rehabeam und dann wieder das Ende eben dieser Königszeit zu dokumentieren. Für die Epochen dazwischen bieten die Quellen zwar allerhand Einzelinformationen verschiedenster Art, spiegeln damit aber gerade die relative Unbedeutendheit Ammons nicht nur in den Augen Judas und Israels und wahrscheinlich auch die Nische, innerhalb derer der Staat Ammon versuchte, seiner zentralen Randlage im mittleren Ostjordanland zu entsprechen und dabei einigermaßen unbeschadet zu überleben.

123 *ym h-ʿrbh* dürfte hier wie auch sonst öfters (Dtn. 3,17; 4,49; Jos. 3,16; 12,3) das Tote Meer bedeuten; nur im Falle irrealer theologischer Ideal-Geographie könnte es sich um das Rote Meer handeln, was zudem dem alttestamentlichen Sprachgebrauch widersprechen würde.

124 Zur Begründung vgl. auch Kap. 7.

### 4.3.2. Die Zeit der neoassyrischen Vorherrschaft

In der aus *Kalḫu* (*Nimrūd*) stammenden, verlorenen Orthostaten-Inschrift über den Feldzug Adadniraris III. (1R 35,1:12)[125] gegen Damaskus (wahrscheinlich 796 v. Chr.)[126] wird mit Edom (KUR*ú-du-mu*) erstmals in einem neoassyrischen Text eines der transjordanischen Königreiche genannt, ohne daß dabei allerdings Ammon oder Moab genannt werden; in den anderen Inschriften Adadniraris III., insbesondere den Stelen aus *Sabʿa* und vom *Tell er-Rimāḥ*, wird weder Edom noch ein anderer der transjordanischen Staaten erwähnt. Ob sie in der Orthostaten-Inschrift aus *Kalḫu* – ohne namentliche Nennung – stillschweigend mit gemeint sind, ob die Angaben eine propagandistische Übertreibung sind, ob die Unterwerfung der genannten (und ungenannten) Völker bzw. Gebiete tatsächlich durchgeführt, aber nur von kurzer Dauer war, oder ob tatsächlich nur das südlichste der transjordanischen Königreiche eine einmalige Kontributionsleistung an den assyrischen Herrscher sandte, ist nicht klar zu beantworten. Die sonst oft buchhalterisch genaue Auflistung von Tributären und Vasallen in neoassyrischen Texten spricht m.E. für letzteres. Das würde dann bedeuten, daß sowohl das dem Gefahrenherd am nächsten liegende, nur noch durch die transjordanischen Gebiete Israels etwas abgepufferte Ammon[127] als auch Moab die assyrische Bedrohung unter Adadnirari III. geringer – und zu diesem Zeitpunkt auch realistischer – einschätzten als z. B. Israel oder Edom[128]. Doch deutet sich mit Salmanassar III. und vor allem mit Adadnirari III. der Beginn einer Entwicklung an, die für Ammon nur wenige Jahrzehnte später von gravierender Bedeutung werden sollte.

125 M. WEIPPERT, Edom (Diss. und Hab. theol.; 1971), 55-63 (Text 8); ders., SHAJ 3 (1987), 97; R. BORGER, TGI³, Nr. 22; ders., TUAT 1 (1985), 367f; ders., HKL I 366; II 206; D. D. LUCKENBILL, ARAB I (1926), § 739; E. EBELING, AOT², 344f; A. L. OPPENHEIM, ANET³, 281f; G. BEGRICH, Der wirtschaftliche Einfluß Assyriens (Diss. theol.; 1975), 85ff; H. TADMOR, The Historical Inscriptions of Adad-Nirari III, Iraq 35 (1973), 148-150; H. DONNER, Adadnirari III. und die Vasallen des Westens, in: Archäologie und Altes Testament. FS für K. GALLING zum 70.Geb., ed. A. KUSCHKE – E. KUTSCH (Tübingen 1970), 49-59; W. SCHRAMM, Einleitung in die assyrischen Königsinschriften. 2.Teil (1973), 111-119; J. R. BARTLETT, Edom and the Edomites (1989), 124.

126 Vgl. auch H. S. SADER, Les États Araméens de Syrie (1987), 239f. 248-250; W. T. PITARD, Ancient Damascus (1987), 160ff; anders B. ODED, The Campaigns of Adad-Nirari III into Syria and Palestine, in: ders. et al., Studies in the History of the Jewish People and the Land of Israel II (Haifa 1970), 25-34 (hebr.; English Summary VI).

127 In der Wein-Liste ND 6212 aus *Kalḫu* möchte J. V. KINNIER-WILSON (ed.), The Nimrud Wine Lists (CTN 1; London 1972), 91-93. 133, Pl. 12:16 (Text No. 4) in Rs. 16' *k[urD]a ?-ni-i ša bit-a-nim* und N. NA'AMAN, TA 3 (1976), 98, Anm. 20 *m[at B]a!-ni-i ša bīt A-nim* lesen. Von der durch den Erhaltungszustand bedingten Unsicherheit jener Lesung abgesehen ist der Versuch von N. NA'AMAN – aufgrund eines Vergleichs mit den sonst im Assyrischen belegten Schreibweisen – gerade der Beleg dafür, darunter *nicht* die Ammoniter zu verstehen. Darüberhinaus ist eine Lesung *bīt-am-ma-*... nach dem Autograph Pl. 12:16 m.E. ausgeschlossen.

128 Zur Aufnahme solcher Kontakte vgl. E. A. KNAUF, Ismael (²1989), 94f.

Laut 2Chr. 26,8 (MT) [Joseph., Ant. 9,10,3 (§ 218)] soll Usija / Asarja von Juda (773 – ca. 736 v. Chr.) von den Ammonitern Tribute empfangen haben. Dazu ist zu sagen, daß die Berichte in 2Kön. 14,21 f; 15,1-7 davon nichts wissen und 2Chr. 26,8a in Syr. und Arab. fehlt. Die Erwähnung der Ammoniter ist wegen des Zusammenhanges mit den in V.7 genannten Gegnern[129] und des in V.8b genannten Ägyptens unsinnig. Die Form *h-ʿmnym* statt *bny ʿmwn* wäre auffällig; die LXX liest in V.8a *Minaioi* (**h-mʿwnym*). Ob in V.8a nun mit der LXX *h-mʿwnym* statt *h-ʿmwnym* (MT) oder aber wahrscheinlich **h-mʿynym*[130] zu lesen ist[131] oder aber *h-ʿmwnym* als (sekundär aus *h-mʿwnym* verschriebene) Glosse[132] oder Dittographie[133] zu eliminieren ist, bleibt sich gleich; die Ammoniter haben hier weder textkritisch noch historisch etwas verloren[134]: Einem judäischen König[135], mit dessen Reich sie keine direkten Grenzen hatten und der im Schatten der assyrischen Expansion weder außenpolitisch noch militärisch noch ökonomisch die Mittel in der Hand hatte, sie unter Druck zu setzen, sandten sie sicherlich keine Tribute[136]. Eher sind die *h-ʿmwnym* auf die Phantasie des Chronisten zurückzuführen, die Gegner des judäischen Königs und damit diesen selbst ebenso wie dessen theologisch begründeten Sturz in die Krankheit wichtiger zu machen als beide tatsächlich waren.

Hatte Ammon offenbar zur Zeit Adadniraris III. noch keine Tribute an Assyrien zahlen bzw. noch keine Beziehungen dorthin knüpfen zu müssen geglaubt, so änderte sich diese Einschätzung der politischen Situation rasch, als Tiglat-Pileser III.

129 Die dort im MT genannten *h-mʿwnym* (LXX *Minaioi*) wollen einige Handschriften – unberechtigt – als *h-ʿmwnym* (Vulg. *Ammanitae*) lesen.

130 E. A. Knauf, WO 16 (1985), 116.

131 I. Benzinger, Die Bücher der Chronik (1901), 177; W. Rudolph, Chronikbücher (1955), 282; M. Noth, Überlieferungsgeschichtliche Studien (³1967), 142; R. B. Dillard, 2 Chronicles (1987), 204-208.

132 P. Welten, Geschichte und Geschichtsdarstellung in den Chronikbüchern (WMANT 42; Neukirchen-Vluyn 1973), 144 (Anm. 154). 153. 160.

133 K. Galling, Die Bücher der Chronik, Esra, Nehemia (ATD 12; Göttingen 1954), 145 („2.Chronist").

134 Vgl. z. B. E. L. Curtis – A. A. Madsen, A Critical and Exegetical Commentary on the Books of Chronicles (ICC; New York 1910), 449f; S. Herrmann, Geschichte Israels (²1980), 283, Anm. 1; H. Donner, Geschichte des Volkes Israel 2 (1986), 255f. Anders G. M. Landes, A History of the Ammonites (Ph.D.Diss. 1956), 249, der an der Historizität der Angaben festhält wie z. B. auch H. Tadmor, ScrH 8 (1961), 238.

135 Zum Problem der angeblichen Identität von Usija / Asarja mit „ᴵ*Az-ri-ia-a-ú*" vgl. zusammenfassend J. W. Hawkins, Izrijau, RlA 5 (1976-1980), 227; vgl. zuletzt auch S. Dalley, Yahweh in Hamath in the 8th Century BC: Cuneiform Material and Historical Deductions, VT 40 (1990), 21-32.

136 *mnḥh* (LXX *dorā*, Vulg. *munera*) einfach als „Geschenk" zu übersetzen und insofern nur an übliche Diplomatie zu denken, widerspricht der in solchen Fällen häufig eindeutige Gebrauch als „Tribut" (vgl. z. B. Ri. 3,15-18; 2Sam. 8,2.6 par. 1Chr. 18,2.6; 2Kön. 17,3f; 2Chr. 17,11) und löst die anderen Probleme des MT auch nicht.

(745-727 v. Chr.) mit seinen Heeren nach Mittelsyrien[137] und Palästina einzudringen begann: Nun mußte man zahlen und die entsprechenden Beziehungen aufnehmen. In der aus *Kalḫu* und dem Jahr 729 v. Chr. stammenden „Thontafelinschrift" (K 3751) ist eine Liste von Tributären erhalten, innerhalb derer u. a. auch $^{I}$*Sa-ni-pu/bu* $^{URU}$*É(bīt) Am-ma-na-a-a* (2R 67 Rs. 10')[138] eingereiht ist, der mit großer Wahrscheinlichkeit mit dem in der Sockelinschrift erwähnten *Šnp̂* / **Šanīp* identisch ist (vgl. Kap. 2.1). Leider läßt sich die Tributabgabe dieses ersten in einem assyrischen Text erwähnten ammonitischen Herrschers nicht sicher datieren, weil der Text der „Thontafelinschrift" geographisch und nicht chronologisch angeordnet und zudem ein historisch gewachsener ist, und weil ein Teil der dort aufgezählten Tributäre, darunter *Šanīp*, in den anderen Tributärslisten Tiglat-Pilesers III. nicht vorkommt[139]. Die 'Parallele' in den Annalen des assyrischen Königs (ZZ. 150-154 Rost) dürfte für das Jahr 738 v. Chr. sprechen, in dem Menahem von Israel und **Raḏyān* von Damaskus ihre Tribute entrichteten, es kann aber durchaus auch in den Jahren 734 oder – wohl spätestens 733/732 v. Chr. – gewesen sein. Wie dem auch sei, in dem ersten Tribut eines ammonitischen Herrschers an einen assyrischen König spiegelt sich wie in einem Brennglas die für den ammonitischen Staat von Grund auf veränderte Situation: 1) Ammon war nun – zusammen mit seinen südlichen Nachbarn Moab und Edom – Tributär Assyriens und hatte damit den ersten Schritt in den Verlust der eigenen Autonomie gemacht. Was sich z.Zt. Adadniraris III. noch hatte vermeiden lassen, war nun politische Realität geworden. 2) Im Westen und Norden grenzte das ammonitische Territorium nun nicht mehr an das des Nordreichs Israel bzw. was davon übriggeblieben war (Rumpfstaat Efraïm), sondern an die 733 oder 732 geschaffene assyrische Provinz *Ga-al-'-a[-ad/da]* (**Galʿad*)[140]. 3) Spätestens seit den dreißiger Jahren des 8.Jh.s v. Chr.

137 Vgl. dazu M. Weippert, Zur Syrienpolitik Tiglathpilesers III., in: Mesopotamien und seine Nachbarn, Teil 2, ed. H.-J. Nissen – J. Renger (BBVO 1; Berlin $^{2}$1987), 395-408.

138 P. Rost, Die Keilschrifttexte Tiglat-Pilesers III. (Leipzig 1893), 72f, Taf. 37; E. Schrader, KB 2 (1890 = 1970), 20f; E. Ebeling, AOT$^{2}$, 348; D. D. Luckenbill, ARAB I (1926), § 801; A. L. Oppenheim, ANET$^{3}$, 282; R. Borger, TGI$^{3}$ Nr. 28; ders., TUAT 1 (1985), 374f; ders., HKL I 430; II 243; M. Weippert, Edom (Diss. und Hab. theol.; 1971), 63-86 (Text 9); ders., SHAJ 3 (1987), 98f; G. Begrich, Der wirtschaftliche Einfluß Assyriens (Diss. theol.; 1975), 133-139; J. Briend – M.-J. Seux (ed.), Textes du Proche-Orient Ancien (1977), 104f; S. Timm, Moab (1989), 308ff; auch W. Schramm, Einleitung in die assyrischen Königsinschriften. 2.Teil (1973), 134f.

139 Zum Problem vgl. vor allem M. Weippert, Menahem von Israel und seine Zeitgenossen in einer Steleninschrift des assyrischen Königs Tiglathpileser III. aus dem Iran, ZDPV 89 (1973), 52f, auch W. H. Shea, Menahem and Tiglath-Pileser III, JNES 37 (1978), 43-49.

140 Diese Provinz ist nicht wie die von *Magiddū* und *Du'ru* [vgl. dazu allerdings zuletzt A. F. Rainey, in: Z. Herzog et al., Excavations at Tel Michal (Minneapolis/MN – Tel Aviv 1989), 12] (und *Šamerīna*) direkt belegt, aber mit großer Wahrscheinlichkeit aus 2Kön. 15,29; Jes. 8,23 sowie den *Kalḫu*-Texte 3R 10:2, Rs. 6' [P. Rost, Keilschrifttexte Tiglat-Pilesers III. (1893), 78f, Taf. 25; E. Ebeling, AOT$^{2}$ 347; A. L. Oppenheim, ANET$^{3}$ 283; R. Borger, TGI$^{3}$ Nr. 27; ders., TUAT 1

nahm der politische, ökonomische, kulturelle und religiöse Einfluß Assyriens auf Ammon massiv zu (vgl. Kap. 5 und 6).

Daß Ammon im Zusammenhang des sog. syrisch-ephraimitischen Krieges[141] in den Quellen nicht genannt wird, dürfte bedeuten, daß die antiassyrischen Rebellen **Raḏyān* von Damaskus und Pekach von Israel keinen Versuch unternommen haben, Ammon ähnlich wie Ahas von Juda in eine antiassyrische Koalition hineinzuziehen, und daß Ammon von sich aus auch keine derartigen Absichten gehegt hat. Daß dieser Krieg Ammon ohne eigenes Zutun dennoch unmittelbar mit der Politik Tiglat-Pilesers III. und deren Folgen konfrontierte, lag außerhalb der Einflußmöglichkeiten des transjordanischen Kleinstaates.

Der Sohn von Asarja / Usija, Jotam von Juda, soll einer Notiz im chronistischen Geschichtswerk zufolge [2Chr. 27,5; vgl. Joseph., Ant. 9,11,2 (§ 238)] einen namentlich nicht genannten König[142] der Ammoniter unterworfen und dann drei Jahre lang von den Ammonitern immense Tribute[143] erhalten haben. Von dieser Notiz ist in 2Kön. 15,32-38[144] keine Spur vorhanden. Formal sind die kurze Kriegs- und die aufgeblähte Tributnotiz auffällig. Wie Jotam über das Territorium Israels hinweg einen Krieg gegen Ammon führen, gewinnen und die angeblich gewonnene Souveränität logistisch drei Jahre aufrechterhalten konnte, und dies,

(1985), 373; ders., HKL I 430, II 243]; CT 35:39, Rv. 3' (K 2649) [P. Rost, Die Keilschrifttexte Tiglat-Pilesers III. (1893), 87, Taf. 24 C; R. Borger, TUAT 1 (1985), 377] und ND 4301 + 4305 [D.J. Wiseman, A Fragmentary Inscription of Tiglath-Pileser III from Nimrud, Iraq 18 (1956), 117-129, Pl. 23, Rs. 3f'; M. Weippert, Edom (Diss. und Hab. theol.; 1971), 503 (Text 43); R. Borger, TGI³ Nr. 26; ders., TUAT 1 (1985), 377; ders., HKL I 639; II 325] indirekt zu erschließen; vgl. z.B. Y. Aharoni, Das Land der Bibel (1984), 390-395; A. Alt, Das System der assyrischen Provinzen auf dem Boden des Reiches Israel, (1929), in: ders., Kleine Schriften 2 (³1964), 202f; auch ders., Galiläische Probleme 2: Die assyrische Provinz Megiddo und ihr späteres Schicksal, (1937), in: ders., a.a.O., 374-384; E. Forrer, Die Provinzeinteilung des assyrischen Reiches (Leipzig 1920), 59ff; B. Oded, JNES 29 (1970), 177-186; H. Tadmor, IEJ 12 (1972), 114-122, vgl. auch M. Ottosson, Gilead (1969), 19-22; anders aber z.B. – allerdings nicht überzeugend – A. Jirku, Der angebliche assyrische Bezirk Gileʿad, ZDPV 51 (1928), 249-253. Zur Lesung des ON vgl. M. Weippert, GGA 224 (1972), 154f.

141 Vgl. dazu z.B. H. Donner, Geschichte des Volkes Israel II (1986), 303-316; W.T. Pitard, Ancient Damascus (1987), 181-183 u.ö.

142 Schon angesichts der auffälligen Anonymität des ammonitischen Königs und der mehr als zweifelhaften Historizität der Erzählung ist es müßig, darüber zu spekulieren, ob es sich bei ihm um **Šanīp* handeln könnte oder nicht.

143 Vgl. z.B. 2Kön. 3,4; 18,14; 23,33 par. 2Chr. 36,3; 2Chr. 17,11, aber auch 1Kön. 14,26; 2Kön. 15,19 und R.H. Pfeiffer, Three Assyriological Footnotes to the Old Testament, JBL 47 (1928), 185f; W.J. Martin, Tribut und Tributleistungen bei den Assyrern (StOr 8,1; Helsinki 1936), passim.

144 Die in 2Kön. 15,37 erwähnten Ereignisse sind wohl kaum historisch, vgl. z.B. E. Würthwein, 1.Kön. 17 – 2.Kön. 25 (1984), 385; anders M. Cogan – H. Tadmor, 2 Kings (AncB 11; Garden City/NY 1988), 181-183.

ohne in diplomatische Schwierigkeiten mit den Assyrern und in einen Mehrfrontenkrieg gegen Ammon, Moab und / oder Israel verwickelt zu werden, bleibt das Geheimnis des Chronisten. Ob man nun die im MT handschriftlich durchgehend gut belegten *bny ʿmwn* mit K. GALLING u.a.[145] in *mʿwnym* ändern will oder z.B. mit P. WELTEN[146] unter ihnen nicht die Ammoniter der Königszeit, sondern besser die Ammaniter zur Zeit des Chronisten verstehen will, macht keinen sonderlichen Unterschied: Historisch ist die Angabe 2Chr. 27,5 unzuverlässig[147]. Und sollte sie mehr als eine phantasievolle Stereotype sein, die mittels einer mit großartigen Zahlen bestückten Fiktion dem auf dem davididischen König ruhenden göttlichen Segen Ausdruck verleihen will, nämlich eine zeitgeschichtliche Anspielung des Chronisten, dann ist diese historisch weiter nicht konkret einzuordnen.

In den zwanziger Jahren des 8.Jh.s v.Chr. fiel die Hauptstadt des Nordreiches Israel, Samaria, in assyrische Hände[148]. Da der Eroberer Salmanassar V. kurz nach dem Fall der Stadt starb, wurde der militärische Erfolg von seinem Nachfolger Sargon II. (722-705 v.Chr.) in politische Realitäten umgesetzt: Der Rest- oder Rumpfstaat Efraïm wurde in die assyrische Provinz *Šamerīna* umgewandelt (2Kön. 17,6)[149]. Ammon und Juda grenzten nun unmittelbar an Provinzen des assyrischen Imperiums, dessen Vasallen beide längst waren. Die Gefahr, daß Ammon den Status eines Vasallen verlieren und den einer Provinz hinnehmen mußte, war deutlich gestiegen. Daß es nicht dazu kam, zeigt einerseits, mit welcher Lern- und Anpassungsfähigkeit auf ammonitischer Seite die Vorgänge um die Aramäerstaaten und Israel beobachtet worden waren, und andererseits, für wie ungefährlich und loyal man auf assyrischer Seite die Ammoniter einschätzte. Der Vasallen-Status Ammons war aus assyrischer Großmacht-Sicht der ihm zustehende: Er gab den Assyrern hinreichende und kostengünstige Kontroll- und Einflußmöglichkeiten, nahm aber andererseits den Ammonitern nicht jegliche Autonomie, was an-

145 Die Bücher der Chronik, Esra, Nehemia (1954), 148f; vgl. I. BENZINGER, Die Bücher der Chronik (1901), 119.

146 Geschichte und Geschichtsdarstellung (1973), 163-166.

147 In den 'Geschichten Israels' z.B. von M. NOTH, S. Herrmann und H. DONNER wird 2Chr. 27,5 bezeichnenderweise erst gar nicht behandelt. Früher hatte M. NOTH, Überlieferungsgeschichtliche Studien ($^3$1967), 142, Anm. 2 noch ein gewisses Zutrauen in die Historizität von 2Chr. 27,5, vgl. auch – aber ohne die historischen Schwierigkeiten und literarischen Eigenarten hinreichend zu erklären und unter dem vagen Hinweis, der Kriegszug hätte im Schatten des syrisch-ephraimitischen Krieges stattfinden können – G.M. LANDES, A History of the Ammonites (Ph.D.Diss. 1956), 25f; W. RUDOLPH, Chronikbücher (1955), 287; R.B. DILLARD, 2 Chronicles (1987), 215; J. BECKER, 2 Chronik (Die Neue Echter Bibel AT 20; Würzburg 1988), 88f.

148 Zum Problem des Datums vgl. S. TIMM, Die Eroberung Samarias aus assyrisch-babylonischer Sicht, WO 20-21 (1989-1990), 62-82; N. NA'AMAN, The Historical Background to the Conquest of Samaria (720 BC), Bib. 71 (1990), 206-225.

149 H. TADMOR, The Campaigns of Sargon II of Assur: A Chronological-Historical Study, JCS 12 (1958), 33-40; M. WEIPPERT, SHAJ 3 (1987), 99.

tiassyrischen Kräften am ammonitischen Königshof nur Auftrieb gegeben hätte. Tatsächlich sind keine antiassyrischen Koalitionen bzw. Aktionen von Ammonitern bekannt: An der philistäisch-judäisch-moabitisch-edomitischen Koalition gegen Sargon II. (712 v. Chr.)[150], an den Aktionen gegen Sanherib [705 (oder 704) v. Chr.] unter Hiskija[151] oder anderen antiassyrischen Koalitionen beteiligte sich Ammon wohlweislich nicht[152]. Daran, daß sich der assyrische Einfluß in Ammon nun erheblich ausweitete, was sich archäologisch anhand der Keramik[153], der Architektur (?)[154] und ikonographisch (vgl. Siegel Nr. 15. 23. 90. 141; vgl. Kap. 2.9; 2.10.4) gut belegen läßt, konnte und wollte die 'führende' Oberschicht in Ammon nichts ändern. Man arrangierte sich mit den neuen Verhältnissen so gut es ging, kollaborierte mit den Vertretern der Großmacht und partizipierte, wie vor allem die Inventare der Oberschicht-Gräber zeigen (vgl. Kap. 6.2), in nicht unbeträchtlichem Maß an dem wirtschaftlichen Aufschwung, der sich im Rahmen der *pax assyriaca* in Ammon vollzog. Die Tribute, die von Ammon jährlich nach Assyrien abzuführen waren, waren höher als die für Moab und Juda (vgl. K 1295[155], ND

150 *Falls* „Ammon" nicht doch in den fehlenden Textpassagen gestanden hat. E. Ebeling, AOT² 351; D. D. Luckenbill, ARAB II (1927), § 195; A. L. Oppenheim, ANET³ 287; R. Borger, HKL I 632; II 322; ders., TUAT 1 (1985), 381; M. Weippert, Edom (Diss. und Hab. theol.; 1971), 87f. 100. 104 (Text 10); J. Briend – M.-J. Seux (ed.), Textes du Proche-Orient Ancien (1977), 114f; S. Timm, Moab (1989), 334-337. Vgl. auch A. Spalinger, The Year 712 B. C. and its Implication for Egyptian History, JARCE 10 (1973), 95-101.

151 Anders H. Donner, Geschichte des Volkes Israel II (1986), 322f.

152 Die beiden judäischen Siegel vom *Tell Ṣāfūṭ* (VSE Nr. 373) und aus *Umm el-Qanāfid* (mit dem Titel *ʿbd h-mlk* (!) – aus dem späten 8. bzw. 7.Jh.v.Chr. belegen immerhin die Existenz diplomatischer u. a. Kontakte zwischen Ammon und Juda (vgl. Kap. 2.10.3).

153 Vgl. zusammenfassend M. F. Oakeshott, A Study of the Iron Age II Pottery of East Jordan (Ph.D.Thesis, unpubl.; London 1978), 179-183: In den *ʿAmmān*-Gräbern C und D sowie in den Gräbern vom *Ǧebel Ǧōfe* und von *Saḥāb* A sind noch keine assyrischen Formen belegt, d. h. der assyrische Einfluß auf die ammonitische Keramik ist klar belegbar erst ab der 2.Hälfte des 8.Jh.s v. Chr. und geht bis in die achämenidische Zeit; vgl. auch das neuere Material z. B. bei H. Haddad, ADAJ 28 (1984), 12ff, Pl. 3:1f* (arab.).

154 Ob das öffentliches Gebäude auf dem *Tell el-ʿUmērī* von der neoassyrischen oder neobabylonischen Palastarchitektur beeinflußt ist, bleibt abzuwarten, vgl. L. T. Geraty, The Andrews University Madaba Plains Project. A Preliminary Report on the First Season at Tell el-ʿUmeri (June 18 to August 8, 1984), AUSS 23 (1985), 90f; ders. et al., Madaba Plains Project: A Preliminary Report of the 1984 Season at Tell el-ʿUmeri and Vicinity, in: W. E. Rast (ed.), Preliminary Reports of ASOR-sponsered Excavations 1980-1984 (BASOR.S 24; Winona Lake/IN 1986), 128f; ders. et al., The Madaba Plains Project. A Preliminary Report on the First Season at Tell el-ʿUmeri and Vicinity, ADAJ 31 (1987), 189-191; ders. et al., AUSS 26 (1988), 230-234; ders. et al., ADAJ 33 (1989), 146-151; ders. et al., in: W. E. Rast (ed.), Preliminary Reports of ASOR-sponsered Excavations 1983-1987 (BASOR.S 26; Baltimore/MD 1990), 72ff; vgl. jetzt auch zur Zitadelle von *ʿAmmān* F. Zayadine – J.-B. Humbert – M. Najjar, ADAJ 33 (1989), 362. Zu den Palastanlagen des eisenzeitlichen Transjordaniens vgl. auch U. Hübner, BN 51 (1990), 13-18.

155 ADD 1100 = ABL 632 = K 1295: A. L. Oppenheim, ANET³ 301 (zwischen Sargon II. und Asar-

10030[156] und ND 10078[157]; auch ND 2765[158] und ADD 1110+[159]), haben aber ganz offensichtlich nicht zu Verarmung des Landes und schon gar nicht zu der seiner Oberschicht geführt (vgl. Kap. 5).

Die Ammoniter erfüllten die assyrischen Erwartungen und zahlten die ihnen auferlegten Tribute pünktlich. Ein militärisches Eingreifen der Assyrer und die damit unweigerlich verbundene Eingliederung Ammons in das assyrische Provinzialsystem konnten so verhindert werden. Kamen assyrische Heere nach Palästina wie während des dritten Feldzuges Sanheribs 701 v.Chr., beeilten sich die meisten assyrischen Vasallen, so wie in diesem Fall der ammonitische König *P/Buduil*, ihren Verpflichtungen ordnungsgemäß nachzukommen[160]. Bei *P/Buduil*

haddon); R. Borger, HKL I 180f. 212; II 103; ders., TGI³ 64f, Nr. 36B (Zeit Sargons II. oder Sanheribs); R.H. Pfeiffer, JBL 47 (1928), 185f (Zeit Asarhaddons oder Assurbanipals); W.J. Martin, Tribut und Tributleistung (1936), 49f; G. Begrich, Der wirtschaftliche Einfluß Assyriens (Diss. theol.; 1975), 201; J. Briend – M.-J. Seux (ed.), Textes du Proche-Orient Ancien (1977), 116; L. Waterman, RCAE I (1930), 440f, No. 632; III (1931), 208 (Zeit Sanheribs); M. Weippert, SHAJ 3 (1987), 100, Anm. 38f; S. Timm, Moab (1989), 367-369.

156 IM 64227. Wahrscheinlich aus der Regierungszeit Sargons II.: S. Dalley – J.N. Postgate, The Tablets from Fort Shalmaneser (1984), 23. 253, No. 143, Pl. 43; M. Weippert, SHAJ 3 (1987), 100, Anm. 37; S. Timm, Moab (1989), 303-307.

157 IM 64238. Wahrscheinlich aus der Regierungszeit Sargons II.; die Lesung in obv. Z. 14 ist allerdings unsicher: S. Dalley – J.N. Postgate, The Tablets from Fort Shalmaneser (1984), 23. 246f, No. 135, Pl. 41; K. Deller, SAG.DU UR.MAḪ, „Löwenkopfsitula, Löwenkopfbecher", BaghM 16 (1985), 328f will [KUR.*Ba-an*]-[*Am-ma*]-[*n*]*a-a-a* lesen; M. Weippert, SHAJ 3 (1987), 100, Anm. 37.

158 Aus der Zeit Sargons II., zwischen 720-715 v.Chr. (wahrscheinlich Pferde als Tribut): H.W.F. Saggs, The Nimrud Letters, 1952 – Part II, Iraq 17 (1955), 134f. 152f, No. (NL) 16, Rv. 34-37, Pl. 33; R. Borger, HKL I 433; II 245; ders., TGI³ 64f, Nr. 36A; K. Deller, BaghM 16 (1985), 329f; ders. – W.R. Mayer, Akkadische Lexikographie: CAD M, Or. 53 (1984), 75; H. Donner, MIOF 5 (1957), 159-161. 178ff; M. Weippert, Edom (Diss. und Hab. theol.; 1971), 213-216 (Text 15); ders., SHAJ 3 (1987), 100, Anm. 36. 41; J.N. Postgate, Taxation and Conscription (1974), 117f; G. Begrich, Der wirtschaftliche Einfluß Assyriens (Diss. theol.; 1975), 181-184; J. Briend – M.-J. Seux (ed.), Textes du Proche-Orient Ancien (1977), 116; B.J. Engel, Darstellungen von Dämonen und Tieren in assyrischen Palästen und Tempeln nach den schriftlichen Quellen (Mönchengladbach 1987), 204-206; S. Parpola, SAA I (1987), 92f, No. 110; S. Timm, Moab (1989), 338-342.

159 J.N. Postgate, Taxation and Conscription (1974), 337.

160 D.D. Luckenbill, The Annals of Sennacherib (UCOIP 2; Chicago/IL 1924), 30. 169; ders., ARAB II (1927), 117, §239; C. Bezold, KB II (1890 = 1970), 90f; E. Ebeling, AOT² 352; A.L. Oppenheim, ANET³ 287f; R. Borger, BAL² 73. 135; ders., HKL I 31. 319; II 187; ders., TGI³ 67, Nr. 39; ders., TUAT 1 (1985), 388; A. Heidel, The Octogonal Sennacherib Prism in the Iraq Museum, Sumer 9 (1953), 132f; M. Weippert, Edom (Diss. und Hab. theol.; 1971), 112ff (Text 11); ders., SHAJ 3 (1987), 99; J. Briend – M.-J. Seux (ed.), Textes du Proche-Orient Ancien (1977), 118-121; S. Timm, Moab (1989), 346-359. Daß Sanherib Ammon (und Moab) vorübergehend zur assyrischen Provinz gemacht habe, wie E. Forrer, Die Provinzeinteilung (1920), 64

(**Pådå̄'il*)[161] dürfte es sich um denselben König [oder um zwei verschiedene Könige gleichen Namens (**Pådå̄'il* I. und II.)[162]] handeln, der auch bei Asarhaddon (681-669 v. Chr.)[163] als assyrischer Vasall und wohl in einem ammonitischen Beamtensiegel (Siegel Nr. 65) erwähnt wird; *Pådå̄il* war von Asarhaddon aufgefordert worden, Baumaterialien u. a. für den Bau des *ekal māšarti* nach Ninive transportieren zu lassen.

Für den (1.) Feldzug Assurbanipals (Prisma C)[164] gegen Pharao Taharqa (690-664 v. Chr.) mußte der ammonitische König ʿAmminadab dem assyrischen König (669 oder) 667 v. Chr. Tribute bringen und – zusammen mit Juda, Edom, Moab u. a. – Truppen zur Verfügung stellen. Bei diesem ammonitischen König dürfte es sich um den auf den Beamten-Siegeln Nr. 14 und 15 sowie auf der *Tell Sīrān*-Flasche Z. 3 erwähnten *ʿmndb* (**ʿAmmīnadab* I.) handeln. Während der Kämpfe Assurbanipals[165] gegen *Yuhaiṯiʿ*[166] von Arabien spielten sich einige der kriegerischen

unter Berufung auf bJad. 4,4 behauptet, ist unhaltbar, vgl. auch L. Ginzberg (ed.), The Legends of the Jews 6 (1928), 365.

161 E. A. Knauf, Midian (1988), 66, Anm. 317.

162 Falls man Papponymie voraussetzt, müßte man zwischen *Pådå̄'il* I. (zur Zeit Sargons II. und Sanheribs) und *Pådå̄'il* II. (zur Zeit Asarhaddons) einen anonymen ammonitischen König voraussetzen, der wohl während der Regierungszeit Sanheribs (und Asarhaddons?) sein Amt inne gehabt hätte.

163 H. Winckler, KB II (1890 = 1970), 148 f; E. Ebeling, AOT² 357; D. D. Luckenbill, ARAB II (1927), § 690; R. Borger, Die Inschriften Asarhaddons, Königs von Assyrien (AfO.B 9; Graz 1956 = Osnabrück 1967), 60, § 27; ders., HKL I 29; II 18 f; ders., BAL² 93; ders., TGI³ 70, Nr. 41; ders., TUAT 1 (1985), 397; A. L. Oppenheim, ANET³ 291; M. Weippert, Edom (Diss. und Hab. theol.; 1971), 127-136 (Text 12); ders., SHAJ 3 (1987), 99; J. Briend – M.-J. Seux (ed.), Textes du Proche-Orient Ancien (1977), 126-129; S. Timm, Moab (1989), 360-366.

164 D. D. Luckenbill, ARAB II (1927), § 876; P. Jensen, KB II (1890 = 1970), 240 f; M. Streck, Assurbanipal und die letzten assyrischen Könige II (VAB 7; Leipzig 1916), 140 f; R. Borger, BAL² 93; A. L. Oppenheim, ANET³ 294; M. Weippert, Edom (Diss. und Hab. theol.; 1971), 136-138. 141 f. 161 f. 167 (Text 13); ders., SHAJ 3 (1987), 99 f; R. D. Freedman, The Cuneiform Tablets in St.Louis (Ph.D.Diss.; Columbia University 1975), 70 f; J. Briend – M.-J. Seux (ed.), Textes du Proche-Orient Ancien (1977), 131 f; S. Timm, Moab (1989), 371-373. Vgl. auch A. K. Grayson, Assyria's Foreign Policy in Relation to Egypt in the Eighth and Seventh Centuries B.C., JSSEA 11 (1981), 85-88; K. A. Kitchen, The Third Intermediate Period (²1986), 391-393. 551-553; J. Leclant, Taharqa, LÄ 6 (1986), 156-184.

165 P. Jensen, KB II (1890 = 1970), 216 f; M. Streck, Assurbanipal II (VAB 7; 1916), 64 f; D. D. Luckenbill, ARAB II (1927), § 818; A. L. Oppenheim, ANET³ 298; R. Borger, HKL I 520; I. Ephʿal, The Ancient Arabs (Jerusalem – Leiden 1982), 142 ff; S. Timm, Moab (1989), 393-396. Zur literarischen und historischen Analyse der Quellen vor allem M. Weippert, Edom (Diss. und Hab. theol; 1971), 175 f. 184. 207 (Text 14); ders., Die Kämpfe des assyrischen Königs Assurbanipal gegen die Araber. Redaktionskritische Untersuchung des Berichts in Prisma A, WO 7 (1973), 39-85 (dort auch zu den Datierungspoblemen); ders., SHAJ 3 (1987), 99 f und E. A. Knauf, Ismael (²1989), 98-102.

166 E. A. Knauf, Ismael (²1989), 1. 5. 90 ff; auch D. J. Wiseman, Jata', RlA 5 (1976-1980), 271 f.

Aktionen auch auf ammonitischem Territorium ab [$^{\text{uru}}$É*(bīt)* $^{I}$*Am-ma-ni*]; an ihnen waren auf der einen Seite assyrische (Garnisons-?)Truppen sowie ammonitische Hilfstruppen und auf der anderen Seite Kontingente der arabischen Stämme beteiligt[167].

Mit Assurbanipal enden die Erwähnungen von Ammon(itern) in den assyrischen Quellen. Insofern kann an dieser Stelle auf die Zeit der assyrischen Vorherrschaft zusammenfassend zurückgeblickt werden[168]: Ammon wurde von Tiglat-Pileser III. zum Vasallen gemacht, aber nie in das assyrische Provinzialsystem eingegliedert. Entsprechend sind, im Gegensatz zu Judäern, Israeliten u. a., weder assyrische Darstellungen[169] noch Deportationen von Ammonitern belegt[170]. Einzelne Ammoniter, die möglicherweise in Mesopotamien belegt sind, dürften deshalb nicht im Zuge von Deportationen, sondern als Kaufleute, Söldner, dienst- und zwangsverpflichtete 'Gastarbeiter' u. a. dorthin gekommen sein[171]. Die Zeit der assyrischen Suprematie bedeutete für Ammon auf der einen Seite den Status eines assyrischen Tributärs, Vasallen und Satelliten und den damit verbundenen Verlust der eigenen Autonomie, die Zahlung empfindlich hoher Tribute und die Bereitstellung militärischer Hilfeleistungen bei assyrischen Kriegszügen, die nach und durch

167 In der assyrischen Liste von Städten und Ländernamen K 4384 taucht u. a. neben $^{\text{uru}}$*ú-du-u-mu* auch URU*Am-ma-a*$^{o}$[*-na/nu*] auf; beide waren vasalliert (und damit zu entsprechenden Leistungen gegenüber den Assyrern verpflichtet), aber nie in das assyrische Provinzialsystem eingegliedert worden, vgl. zu K 4384 E. Norris, in: H. C. Rawlinson (ed.), The Cuneiform of Western Asia I (1861), 53, No. 1; E. Forrer, Die Provinzeinteilung (1920), 53; M. Weippert, Edom (Diss. und Hab. theol.; 1971), 216-229; ders., SHAJ 3 (1987), 100, Anm. 42; G. Begrich, Der wirtschaftliche Einfluß Assyriens (Diss. theol.; 1975), 171 f; S. Timm, Moab (1989), 370.

168 Vgl. auch C.-M. Bennett, Some Reflections on Neo-Assyrian Influence of Transjordan, in: Archaeology in the Levant. Essays for K. M. Kenyon, ed. R. Moorey – P. Parr (Warminster 1978), 164-171, die m.E. allerdings, vom archäologischen Material ausgehend, die assyrischen Einflüsse klar unterschätzt, sowie E. Honigmann, Bît-Ammâna, RlA 2 (1938), 34 f; H. L. Ginsberg, Judah and the Transjordan States from 734 to 582 B.C.E., in: A. Marx Jubilee Vol. on the Occasion of his Seventieth Birthday, English Section (New York 1950), 347-368; B. Oded, Observations on Methods of Assyrian Rule in Transjordania after the Palestinian Campaign of Tiglath-Pileser III, JNES 29 (1970), 177-186 (dessen Versuche, die assyrische Administration geographisch aufzuteilen, weitgehend unhaltbar sind).

169 Vgl. dazu M. Wäfler, Nicht-Assyrer neuassyrischer Darstellungen (AOAT 26; Kevelaer – Neukirchen-Vluyn 1975), passim.

170 bJad. 4,4 behauptet für die Zeit Sanheribs eine gewisse Vermischung von Judäern und Ammonitern, stellt sie allerdings zu Recht nicht in einen Zusammenhang mit assyrischen Deportationen.

171 Vgl. das (wohl *nicht* ammonitische) Siegel Nr. 137, aber auch Siegel Nr. 146 und die Debatte über das Ostrakon ND 6231 aus *Kalḫu* (Kap. 2.3); vgl. z. B. auch R. Zadok, On West Semites in Babylonia (1977), 240 ff; ders., BASOR 230 (1978), 57-65; allgemein B. Scholz, Mesopotamien und das Ausland. Gastarbeiter im alten Mesopotamien, GMSt 1 (1986), 5-12; zu Edomitern in (achämenidischen) Mesopotamien vgl. J. R. Bartlett, Edom and the Edomites (1989), 204, zu Judäern und Israeliten M. Weippert, RlA 5 (1976-1980), 202 ff; ders., Jahwe, RlA 5 (1976-1980), 248 ff.

Palästina führten, sowie die Inkaufnahme massiver Einflüsse auf die eigene Kultur. Auf der anderen Seite bedeutete die *pax assyriaca* für die Ammoniter den Schutz der Hegemonialmacht vor den eigenen Nachbarn und vor allem eine bis dahin nicht bekannte ökonomische und außenpolitische Stabilität und Prosperität, die besonders der ammonitischen Oberschicht zugute kam. Überhaupt scheinen Staaten wie z.B. auch Moab, Edom und Juda, die die Assyrer als Vasallen weiterexistieren ließen, mehr prosperiert zu haben als die Gebiete, die annektiert wurden, wie z.B. Israel, das in seiner wirtschaftlichen Entwicklung stagnierte.

Wie man in Ammon und auch in Edom mit dem Dilemma der assyrischen Bevormundung umging, zeigt die Tatsache, daß keine antiassyrischen Aktionen bekannt sind: Das Schicksal des Nordreiches Israel und anderer palästinischer Kleinstaaten vor Augen, schätzte man die Machtverhältnisse bzw. die eigene Ohnmacht realistisch ein; durch pünktliche Zahlung der Tribute demonstrierte man seine Loyalität gegenüber der Schutzmacht und verhinderte damit erfolgreich das Ende der eigenen Staatlichkeit und der mit dem Vasallenstatus verbliebenen Reste relativer Autonomie. Die 'führende' Oberschicht in Ammon kollaborierte mit der assyrischen Ordnungsmacht und ihren Repräsentanten (vgl. Siegel Nr. 90), sorgte für die finanzielle und organisatorische Bereitstellung der Verpflichtungen gegenüber den Assyrern und profitierte nicht unerheblich von der handelspolitischen und strategischen Stabilität in dieser Region. Insgesamt gelang es Ammon so, die eigenen Interessen und die eigene Identität bei angemessener Berücksichtigung der gegebenen politischen Rahmenbedingungen zu wahren und die Großmacht Assyrien einigermaßen unbeschadet zu überleben. Besiedlungsgeschichtlich (vgl. *z. B. ʿAmmān*[172], *Saḥāb*, *Tell Ṣāfūṭ*, *Tell el-ʿUmērī*) und materiell fiel die Blüte des ammonitischen Staates in das 7.Jh.v.Chr.

Die Assyrer konnten mit dem Verhalten des Zwergstaat Ammon zufrieden sein: Er zeigte sich loyal, verzichtete auf antiassyrische Aktivitäten und kam seinen Verpflichtungen pünktlich und angemessen nach. Assyrien gewährte den Ammonitern deshalb auch relative Freiheit, Schutz und ein Leben im eigenen Besitz und band sie zugleich durch Bedrohung und Verpflichtung näher an sich: probate Mittel, herrschen zu können, ohne verwalten zu müssen und ohne tatsächlich zu Hilfeleistungen verpflichtet zu sein[173]. Insgesamt war Ammon, an der Peripherie der Großmacht gelegen, ein kleiner, aber nicht unwesentlicher Faktor der Stabilität in der Mitte Transjordaniens, der die strategischen und handelspolitischen Interessen, die Assur ihm zuwies, ohne nennenswerte Probleme zu den eigenen machte. Insofern erwies sich aus assyrischer Sicht die Beibehaltung des *status quo* in Bezug auf die transjordanischen Staaten Ammon, Moab und Edom als richtig.

172 Vgl. zusammenfassend U. Hübner, in: A. E. Northedge (ed.), Studies on Roman and Islamic ʿAmman, Vol. I (1992), (im Druck).

173 Vgl. dazu eindrucksvoll auch E. Badian, Foreign Clientelae (264-70 B.C.) (Oxford 1958), passim.

Die 2.Hälfte des 8.Jh.s und das 7.Jh.v.Chr. bilden darüber hinaus auch jenen Zeitraum der ammonitischen Geschichte, aus der die mit Abstand meisten ammonitischen Inschriften stammen (u. a. die Sockelinschrift und die Versatzmarken aus *ʿAmmān*, die *Tell-Sīrān*-Inschrift sowie der Großteil der sicher und wahrscheinlich ammonitischen Siegel). Zugleich beginnt um ca. 700 v. Chr. jener Prozeß, der zunehmend zu einer Aramaisierung der ammonitischen Sprache (Sockelinschrift; Siegel Nr. 72. 153) und Schrift (z. B. Siegel Nr. 65. 89-90) führte.

Für die Zeit des Niedergangs der assyrischen Imperiums und für die Zeit des Übergangs von der assyrischen zur babylonischen Vorherrschaft in Palästina schweigen die Quellen über den ammonitischen Kleinstaat in Transjordanien. Was sich während dieser Zeit in Cisjordanien abspielte und worüber die Quellen recht gut informieren, ist bekannt und braucht hier nicht weiter dargestellt zu werden[174]. Auf ammonitischer Seite dürfte all dies sehr genau verfolgt worden sein. Das Schweigen der Quellen belegt nicht nur die aus der Sicht der abtretenden Großmacht Assur, der ehemaligen Großmacht Ägypten (die sich nur vorübergehend wieder ins Gespräch bringen konnte) bzw. der aufstrebenden Hegemonialmacht Babylon relativ unbedeutende Randlage der transjordanischen Kleinstaaten, sondern auch und wahrscheinlich den Umstand, daß sich die Ammoniter zurückhaltend und abwartend verhielten, um sich während dieser Übergangsperiode nicht in die zahlreichen diplomatischen und kriegerischen Konflikte anderer hineinziehen zu lassen. Doch je mehr die Babylonier ihre Vormachtstellung in Syrien und Palästina ausbauen konnten, desto weniger Möglichkeiten zur 'Neutralität' blieben den Ammonitern. Überhaupt dürfte der Übergang von ihrem Status als assyrischer Vasall zu dem eines babylonischen mehr oder weniger gleitend gewesen sein; als solcher trat Ammon als alter und neuer Vasall gewissermaßen die eigene Rechtsnachfolge an. Dazwischen lag eine kurze Zeit, in der Ammon aus der Sicht Ägyptens als dessen Vasall betrachtet wurde, es aber allenfalls nominell und nur für die Jahre 609-605 v. Chr. gewesen ist. Schon im Verlauf seines Feldzuges, den er in seinem Akzessionsjahr (605 v. Chr.) begonnen hatte, konnte Nebukadnezzar II. Tribute von „allen Königen von *Ḫattu*" in Empfang nehmen[175], zu denen auch die Ammoniter zu zählen sind, auch wenn sie nicht explizit genannt werden.

174 Vgl. z. B. M. NOTH, Geschichte Israels ($^7$1969), 244 ff; H. DONNER, Geschichte des Volkes Israel II (1986), 339 ff; S. HERRMANN, Geschichte Israels ($^2$1980), 323 ff; A. MALAMAT, The Twilight of Judah: In the Egyptian-Babylonian Maelstrom, VT.S 28 (1975), 123-145; ders., The Kingdom of Judah between Egypt and Babylonia: A Small State within a Great Power Confrontation, in: Text and Context. Old Testament and Semitic Studies for F. C. FENSHAM, ed. W. CLAASSEN (JSOT.S 48; Sheffield 1988), 116-129; J. M. MILLER – J. H. HAYES, A History of Ancient Israel and Judah (1986), 411 ff. Für Transjordanien vgl. zusammenfassend M. WEIPPERT, SHAJ 3 (1987), 100 f.

175 D. J. WISEMAN, Chronicles of Chaldean Kings (London 1956), 68 f, Z.17; ders., Nebuchadrezzar and Babylon (1985), 21 f; A. K. GRAYSON, Assyrian and Babylonian Chronicles (TCS 5; Locust Valley/NY 1975), 100; R. BORGER, TGI$^3$ 74, Nr. 44; vgl. Dan. 1,1 und auch Joseph., Ant. 10,6,1

Der judäische König Joschija (639-609 v. Chr.)[176], den das Ende der assyrischen Vorherrschaft dazu veranlaßte, das davidisch-salomonische Staatsgebilde wiederherstellen bzw. eine sich darauf beziehende Ideologie zum Leben erwecken zu wollen, begann sein Vorhaben mit Erfolg in den ehemaligen assyrischen Provinzen *Šamerīna* und *Magiddū*. Daß er noch dazu gekommen sein soll, auf transjordanisches Gebiet überzugreifen und dabei auch mit den Ammonitern zusammengestoßen sein soll, wie immer wieder behauptet wird, ist aus den Quellen nicht belegbar, es sei denn, man ordnet Texte wie Jer. 49,1 ff (vgl. dazu Kap. 7.2) oder Jos. 13[177] der Regierungszeit Joschijas zu, ohne dafür einen Beweis in der Hand zu haben.

### 4.3.3. Die Zeit der neobabylonischen Vorherrschaft

Falls 2Kön. 24,2 historisch überhaupt ernst zu nehmen ist (die 'Streifscharen' fehlen z. B. in 2Chr. 36,5 f und 3.Es. 1,37 ff)[178], dann besagt der Text, daß die Ammoniter[179] zusammen mit Edomitern (*cj.*)[180] und Moabitern Nebukadnezzar II. Hilfstruppen gegen Juda stellen mußten (vgl. auch Jdt. 5,1 ff; dazu aber Kap. 7.2), als

(§ 86). Auch U. Worschech, War Nebukadnezar im Jahre 605 v. Chr. vor Jerusalem?, BN 36 (1987), 57-63.

176 Vgl. zusammenfassend H. Spieckermann, Josia, TRE 17 (1988), 264-267, der zu Recht darauf aufmerksam macht, wie wenig von Joschija tatsächlich bekannt ist; vgl. auch H. Donner, Geschichte des Volkes Israel II (1986), 343-357; S. Herrmann, Geschichte Israels (²1980), 322-334; M. Noth, Geschichte Israels (⁷1969), 244-253.

177 Vgl. dazu z. B. M. Noth, Geschichte Israels (⁷1969), 247; ders., Das Buch Josua (²1953), 73 ff; ders., Israelitische Stämme zwischen Ammon und Moab, (1944), in: ders., ABLAK I (1971), 391-433.

178 Vgl. H. Donner, Geschichte des Volkes Israel II (1986), 372, Anm. 18. Zumeist wird 2Kön. 24,1.2aα als vordtr. Annalennotiz und 2aß.b als dtr. Interpretament verstanden, vgl. z. B. M. Weippert, Edom (Diss. und Hab. theol.; 1971), 346; E. Würthwein, 1.Kön. 17 – 2.Kön. 25 (ATD 11,2; Göttingen 1984), 467-469. Zu den Versuchen, 2Kön. 24,1 f mit Zeph. 2,8-10 (s. Kap. 7) in Verbindung zu bringen, vgl. R. Edler, Das Kerygma des Propheten Zefanja (FThSt 126; Freiburg – Basel – Wien 1984), 44-49.

179 Daß der Adon des aramäischen Bittbriefs aus *Saqqāra*, der ungefähr ans Ende des 7.Jh.s v. Chr. zu datieren ist (KAI Nr. 266), wie W. D. McHardy, A Letter from Saqqarah, in: D. W. Thomas (ed.), Documents from Old Testament Times (Edinburgh u. a. ²1961), 252 meinte, ein Herrscher Ammons, Moabs oder Edoms hätte sein können, ist inzwischen und endgültig aufgrund der demotischen Notiz auch literarisch falsifiziert [*pʾ wr (n) ʿqrn*], vgl. B. Porten – A. Yardeni (ed.), Textbook of Aramaic Documents from Ancient Egypt I: Letters (Jerusalem – Winona Lake/IN 1986), 6 f.

180 Lies *ʾdm* statt *ʾrm*, vgl. z. B. A. Malamat, The Last Kings of Judah and the Fall of Jerusalem. An Historical-Chronological Study, IEJ 18 (1968), 143; E. Würthwein, 1.Kön. 17 – 2.Kön. 25 (1984), 468; M. Weippert, Edom (Diss. und Hab. theol.; 1971), 343 f, dort auch das weitere zur Textkritik im Überblick. Anders z. B. M. Cogan – H. Tadmor, II Kings (1988), 305-308 oder J. R. Bartlett, Edom and the Edomites (1989), 148 f.

dieser sich nach seiner Niederlage gegen Necho II. (610-595 v. Chr.) im Winter 601/600 v. Chr.[181] offenbar nicht in der Lage sah, auf die Rebellion des judäischen Königs Jojakim [2Kön. 24,1; Jer. 36,9ff; Joseph., Ant. 10,6,2 (§ 88)] sofort und mit der notwendigen Truppenstärke zu reagieren. Stattdessen mußte Nebukadnezzar II. sich zunächst einmal mit kleineren militärischen Störaktionen zufriedengeben mußte, bevor er dann nach einer Regenerationsphase das Jerusalem Jojachins im März 597 v. Chr. einnehmen konnte [2Kön. 24,10-16; Joseph., Ant. 10,6,3 (§ 97); 10,7,1 (§§ 99f)][182]. In jedem Fall grenzte der ammonitische Staat seit ca. 605/604 v. Chr. im Norden und Westen an die nun von den Babyloniern besetzte ehemalige assyrische Provinz Gilead.

Über die innenpolitischen Verhältnisse Ammons ist so gut wie nichts bekannt; doch wie schon während der Zeit der assyrischen Suprematie dürften sich auch jetzt in der ammonitischen Hauptstadt verschiedene politische Parteien – ähnlich wie am zeitgenössischen judäischen Königshof in Jerusalem – kontrovers mit dem Problem des geeigneten politischen Verhaltens gegenüber der mesopotamischen Großmacht auseinandergesetzt haben. Es bedeutete einen klaren und folgenreichen Kurswechsel in dieser Frage, wenn sich nach der aktiven Loyalität der Ammoniter gegenüber den verschiedenen assyrischen Königen und anfangs auch gegenüber Nebukadnezzar II. (2Kön. 24,1f) königliche Gesandte aus Edom, Moab, Ammon, Tyros und Sidon – aber bezeichnenderweise keine aus den philistäischen Städten – wahrscheinlich 594/593 v. Chr. am Hof des judäischen Königs Zidkija in Jerusalem aufhielten (Jer. 27,3)[183]. Diese Gesandtschaft ist nur aus Jer. 27,3 bekannt[184]. Weder ihr Datum noch ihr Anlaß und Zweck werden dort weiter ge-

181 A. K. Grayson, Assyrian and Babylonian Chronicles (1975), 101; D. J. Wiseman, Nebuchadrezzar and Babylon (1985), 29; E. Lipinski, The Egypto-Babylonian War of the Winter 601-600 B.C., AION 32 (1972), 235-241; D. B. Redford, Necho II, LÄ 4 (1982), 369-371.

182 A. K. Grayson, Assyrian and Babylonian Chronicles (1975), 102; R. Borger, TGI³ 74, Nr. 44; ders., TUAT 1 (1985), 403f.

183 Die Zeitangaben in Jer. 27,1 MT („Im Akzessionsjahr Jojakims ...") sind wohl mit Hilfe von Jer. 28,1* (LXX Jer. 35,1: „Im 4. Jahr Zidkijas ...") entsprechend zu ändern (vgl. z. B. BHK³; BHS z. St.); zum Problem und den verschiedenen Interpretationsmöglichkeiten vgl. ausführlich M. Weippert, Edom (Diss. und Hab. theol.; 1971), 346-377; ders., TRE 9 (1982), 295; ders., SHAJ 3 (1987), 101; auch Th. Seidl, Datierung und Wortereignis. Beobachtungen zum Horizont von Jer 27,1, BZ 21 (1977), 23-44. 184-199; einen interessanten Lösungsvorschlag, der allerdings bei der Frage nach dem gesuchten Jahr bzw. Datierung nicht unbedingt weiterhilft, macht R. Althann, *berē'šît* in Jer 26:1, 27:1, 28:1, 49:34, JNSL 14 (1988), 1-7. Der Versuch von N. M. Sarna, The Abortive Insurrection in Zedekiah's Day (Jer. 27-29), ErIs 14 (1978), 89*-96*, der den MT über das Konstrukt, daß der Zeitraum von Tischri 598 bis Tischri 597 v. Chr. ein Sabbat-Jahr gewesen sei, beibehält und damit ins Jahr 597 v. Chr. kommt, überzeugt weder textkritisch noch redaktionsgeschichtlich noch historisch.

184 Ob *'hby-h* Thr. 1,2a und vor allem *rʿy-h* bzw. *'ybym* Thr. 1,2b auf Jer. 27,3 und überhaupt *auch* auf (die) Ammoniter anspielen, ist ungewiß, vgl. aber z. B. H. J. Boecker, Klagelieder (ZBK AT 21;

nannt. Doch deuten nicht nur die Botschaft, die Jeremia den Gesandten zukommen ließ (Jer. 27,4-11)[185], sondern auch die historischen Rahmenbedingungen und vor allem die dem Gesandtenbesuch zeitlich vorausgehenden und sich anschließenden Ereignisse und Folgen daraufhin, daß es in Jerusalem um die Bildung einer antibabylonischen und zugleich proägyptischen Koalition ging[186]: Im 9.Jahr seiner Regierung (596/595 v.Chr.) mußte sich Nebukadnezzar II. mit einem Einfall des Königs von Elam auseinandersetzen[187], und im 10.Jahr (595/594 v.Chr.) war er mit der Niederschlagung einer Rebellion im eigenen Land beschäftigt[188], sodaß ihm nur kurze Zeit für einen kleineren Feldzug ins Ḫatti-Land verblieb, der aber kaum weit nach Syrien hineingetragen wurde[189] und vor allem dem Empfang von Tributen diente (zu einer eventuellen Verbindung mit Jer. 29,3; 51,59 s.o.). Anlaß, Zweck, Umfang und Folgen seines Feldzuges gegen *Ḫatti*-Land in der zweiten Hälfte sei-

Zürich 1985), 27; O. Kaiser, Klagelieder (ATD 16; Göttingen ³1981), 316 und H.-J. Kraus, Klagelieder (Threni) (BK AT 20; Neukirchen-Vluyn ⁴1983), 27.

185 V. 7b (und 10bß?) ist sekundär. Im MT ist in V.7b *b-w* durch *b-h* zu ersetzen, in V.8 *w-'t 'šr* in *w-'šr* und *tmy* in *tty* und in V.9a *ḥlmty-km* in *ḥlmy-km* zu ändern. Die jeremianische Verfasserschaft des ursprünglichen Textes ist nicht sicher, vgl. z.B. Th. Seidl, Formen und Formeln in Jeremia 27-29 (ATS 5; St.Ottilien 1978), 175. 357f. Historisch gesehen ist dem Text weder bei einer jeremianischen noch bei einer nachjeremianischen Verfasserschaft viel über die Ammoniter zu entnehmen, vgl. unten Kap. 7.2.

186 Die von Zidkija beauftragte(n) Gesandtschaft(en) nach Babylon zu Nebukadnezzar II. (Jer. 29,3: zwischen 597 und 588 v.Chr.; Jer. 51,59: 594 v.Chr.) stehen dazu nicht im Gegensatz – falls sie historisch zuverlässig sind [zumindestens an der Historizität von Jer. 51,59 sind Zweifel angebracht, vgl. z.B. W. Thiel, Die deuteronomistische Redaktion von Jeremia 26-45 (WMANT 52; Neukirchen-Vluyn 1981), 82, Anm. 5; J. Schreiner, Jeremia II (Die Echter-Bibel 9; Würzburg 1984), 273f; B. Gosse, La malédiction contre Babylone de Jérémie 51,59-64 et les rédactions du livre de Jéremie, ZAW 98 (1986), 383-399]; sie könnte(n) den Zweck gehabt haben, von den in Jerusalem beratschlagten Plänen abzulenken oder aber sich dafür rechtfertigen und eine Loyalitätserklärung abgeben zu müssen. Allerdings sind ihr Anlaß und Zweck [Jer. 51,59b LXX (28,59) denkt an eine Tributübergabe] letztlich ebenso unsicher wie das Verhältnis von Jer. 29,3 zu Jer. 51,59 und die Datierung der Gesandtschaft von Jer. 29,3. W. Rudolph, Jeremia (³1968), 69-71 denkt bei Jer. 9,24f an eine antibabylonische Koalition (vgl. aber unten Kap. 7).

187 A.K. Grayson, Assyrian and Babylonian Chronicles (1975), 102 I 5 (BM 21946), Rev. 20; D.J. Wiseman, Chronicles of Chaldean Kings (1956), 72f; ders., Nebuchadrezzar and Babylon (1985), 34.

188 A.K. Grayson, Assyrian and Babylonian Chronicles (1975), 102 I 5 (BM 21946), Rev. 21f; D.J. Wiseman, Chronicles of Chaldean Kings (1956), 72f; ders., Nebuchadrezzar and Babylon (1985), 34f.

189 A.K. Grayson, Assyrian and Babylonian Chronicles (1975), 102 I 5 (BM 21946), Rev. 23f; D.J. Wiseman, Chronicles of Chaldean Kings (1956), 72f; ders., Nebuchadrezzar and Babylon (1985), 34f; auch E. Arcari, La politica estera di Nabucodonosor in Siria-Palestina, RSF 17 (1989), 159-171. Zu „*Ḫatti*“ vgl. J.D. Hawkins, Ḫatti: the 1st millenium B.C., RlA 4 (1972-1975), 152-159; U. Worschech, BN 36 (1987), 61f.

nes 11.Regierungsjahres [(594)/593 v.Chr.] sind leider nicht weiter bekannt[190]. Nicht auszuschließen ist dabei, daß hinter den Ereignissen von Jer. 27,3 weniger die Planung eines Abfalls von Babylon als eher die gemeinsame Vorbereitung gegen diesen (?) Feldzug Nebukadnezzars steht[191]. 592/591 oder 590/589 v. Chr. hielt sich Pharao Psammetich II., der 595 v. Chr. den Thron bestiegen hatte, zur Demonstration der eigener Macht in Phönikien und Palästina (*Ḫr*) auf[192], bei der er möglicherweise auch Kontakte zu antibabylonisch eingestellten Kleinstaaten aufnahm (vgl. Ez. 17,3-10)[193]. Ein zweites (?) – wenn Jer. 27,3 tatsächlich als Abfall von Babylon zu verstehen ist – und letztes Mal fiel Zidkija 589 v. Chr. [2Kön. 24,20; 2Chr. 36,19; Ez. 17,15; 21,23-29; Joseph., Ant. 10,7,3 (§§ 108f)] von Babylon ab, offenbar zusammen mit Ammon (Ez. 21,23-29, und Jer. 27,3, *wenn* man diesen Vers mit dem Jahr 589 v. Chr. in Beziehung setzte) [und vielleicht auch zusammen mit Tyros (Ez. 26,1-6; 27*; 28,1f.6-10; 29,17-20)][194]. Da die Folgen dieses Abfalls vorerst nur Juda

190 A.K. Grayson, Assyrian and Babylonian Chronicles (1975), 102 I 5 (BM 21946), Rev. 25f; D.J. Wiseman, Chronicles of Chaldean Kings (London 1956), 74f; ders., Nebuchadrezzar and Babylon (1985), 35. Vgl. auch E. Weidner, Hochverrat gegen Nebukadnezzar II. Ein Großwürdenträger vor dem Königsgericht, AfO 17 (1954-1956), 1-9.

191 M. Weippert, Edom (Diss. und Hab. theol.; 1971), 373f.

192 F.L. Griffith, Catalogue of the Demotic Papyri in the John Rylands Library Manchester (Manchester – London 1909), Vol. I, Pl. 36; Vol. II, Pl. 31, Vol. III, 62. 92-96, Pap. No. IX 14,(16-)17; das Problem der Datierung dieser Passage ist die Frage, worauf sich das „4.Jahr Psammetichs" in der perserzeitlichen Petition des Petisis aus *el-Hībe* (*T³.w-ḏ³jt* / Teuzoi) bezieht, auf die Reise des Pharao oder auf die Zeit vor der Abreise. Vgl. auch J. Yoyotte, Sur le voyage asiatique de Psammétique, VT 1 (1951), 140-144; S. Sauneron – ders., Sur la politique palestinienne des rois saïtes, VT 2 (1952), 135f; A. Spalinger, Egypt and Babylon: A Survey (c. 620 B.C. – 550 B.C.), SAK 5 (1977), 233f; ders., Psammetichus II, LÄ 4 (1982), 1170; F.K. Kienitz, Die saïtische Renaissance, in: E. Cassin – J. Bottéro – J. Vercoutter (ed.), Die altorientalischen Reiche (Fischer Weltgeschichte IV; Frankfurt 1967), 269; ders., Die politische Geschichte Ägyptens vom 7. bis zum 4.Jahrhundert vor der Zeitenwende (Berlin 1953), 25f; M. Greenberg, Ezekiel 17 and the Policy of Psammetichus II, JBL 76 (1957), 304-309; K.S. Freedy – D.B. Redford, The Dates in Ezekiel in Relation to Biblical, Babylonian and Egyptian Sources, JAOS 90 (1970), 479f (591 v.Chr.); A. Alt, Psammetich II. in Palästina und Elephantine, ZAW 30 (1910), 288-297 („Feldzug" 590 v.Chr.); H. Schmidt, Das Datum der Ereignisse von Jer 27 und 28, ZAW 39 (1921), 138-144 (Jer. 27,1* = 7.Jahr Zedekias = 591 v.Chr., d.h. 1 Jahr vor dem „Feldzug" Psammetichs II.); M. Weippert, Edom (Diss. und Hab. theol.; 1971), 375f. Die undatierte hieroglyphische Sockel-Inschrift Psammetichs II. unbekannter Herkunft, vgl. H. Gauthier, Un monument nouveau du roi Psametik II, ASAE 34 (1934), 129-134, liest wohl eher *Šsmt* als *Štt* und ist wegen ihres fragmentarischen Zustandes und ihrer kontextlosen Angaben für unsere Zwecke kaum verwendbar.

193 W. Zimmerli, Ezechiel 1-24 (²1979), 372-384; vgl. auch M. Greenberg, JBL 76 (1957), 304-309.

194 M. Weippert, Edom (Diss. und Hab. theol.; 1971), 375; ders., TRE 9 (1982), 295; ders., SHAJ 3 (1987) 101; so „sicher", wie M. Weippert behauptet, ist eine Beteiligung an diesem Abfall keineswegs. Vgl. auch M. Greenberg, Nebuchadnezzar at the Parting of the Ways: Ezek. 21:26-27, in: Ah, Assyria ... Studies in Assyrian History and Ancient Near Eastern Historiography presented to H. Tadmor (1991), 267-271.

betrafen, dürften Ammon – wahrscheinlich unter seinem König Baalis – und Tyrus (?) wohl noch rechtzeitig erneute Loyalität demonstriert haben. Die bald darauf durchgeführte Belagerung Jerusalems (Januar 588 – Sommer 586 v. Chr.) durch die Generäle Nebukadnezzars wurde nur kurz durch den Anmarsch des Pharao Apries, der 589 v. Chr. auf den ägyptischen Thron gekommen war, unterbrochen [Jer. 37,5-11; 44,30 (?); Ez. 17,15-18 (?); Joseph., Ant. 10,7,3 (§§ 181 f); Lachisch-Ostrakon 3, Z.14-16 (?) (KAI Nr. 193; TUAT 1, 621); vgl. auch Herodot 2,161][195], bevor sie erfolgreich beendet werden konnte. Zidkija floh in den unteren Jordangraben und wurde bei Jericho von den Babyloniern gefaßt (2Kön. 25,4-6); offenbar hatte er versucht, in das von den Babyloniern noch nicht besetzte Ammon zu fliehen. Nur wenige Jahre später unterwarf Nebukadnezzar laut Joseph., Ant. 10,9,7 (§§ 181 f) [vgl. ders., Contra Ap. I 19 f (§§ 132. 143)] Ammon und Moab und besiegelte damit wahrscheinlich endgültig das Ende dieser beiden Staaten.

Der hier rekonstruierte Zusammenhang zwischen den einzelnen, voneinander meist isoliert überlieferten Ereignissen ist dem Wortlaut der alttestamentlichen und babylonischen Quellen nur schwer zu entnehmen und wird von diesen auch kaum hergestellt. Doch schon die starke und einflußreiche Gruppe proägyptischer Parteigänger im Jerusalem jener Jahre und die analogen Vorgänge, die der ersten Eroberung Jerusalems 598/597 v. Chr. durch Nebukadnezzar vorausgingen, lassen eine gegenteilige Interpretation, die zwischen all dem keinen Zusammenhang sehen kann, als historisch wenig wahrscheinlich erscheinen. Irritationen innerhalb der babylonischen Großmacht und Thronwechsel sowie andere Aktivitäten auf Seiten der Ägypter wurden in Palästina stets aufmerksam verfolgt und dürften auch Anlaß zu entsprechenden antibabylonischen Überlegungen gegeben haben. Die Ereignisse von Jer. 27,3, die sich nicht sicher datieren lassen, gehören in diesen Rahmen. Ob und welche Folgen diese Ereignisse hatten, wird in den Quellen nicht beschrieben. Für die Akteure brachten sie letztendlich keine Vorteile, der Gegenseite aber Gründe für eine erhöhte Aufmerksamkeit gegenüber der betreffenden Region (vgl. auch die 585 v. Chr. begonnene Belagerung von Tyros[196]). Unsicher bleibt, wie ernsthaft die antibabylonischen Versuche von Jer. 27,3 tatsächlich waren. Es scheint, daß sie eher halbherzig begonnen und dann in Einschätzung der eigenen Situation rasch wieder fallen gelassen wurden; das nahezu jederzeit mögliche Erscheinen Nebukadnezzars bzw. seiner Heere dürfte ein übriges dazu getan haben.

195 J. K. Hoffmeier, A New Insight on Pharaoh Apries from Herodotus, Diodorus and Jeremiah 46,17, JSSEA 11 (1981), 165-170; H. J. de Meulenaere, Apries, LÄ 1 (1975), 358-360; F. K. Kienitz, Die politische Geschichte Ägyptens (1953), 27-30. 160 f; A. Spalinger, SAK 5 (1977), 232 ff; K. S. Freedy – D. B. Redford, JAOS 90 (1970), 483 f.

196 Joseph., Ant. 10,11,1 (§ 228); ders., contra Ap. I 21 (§ 156); zu Ez. 26,1-28,19; 29,17-20 vgl. W. Zimmerli, Ezechiel 25-48 ($^2$1979), 600-723. Allgemein H. J. Katzenstein, The History of Tyre (Jerusalem 1973), 295-347.

1984 wurde auf dem *Tell el-ʿUmērī* nahe an der Oberfläche auf einem tönernen Gefäßverschluß der Abdruck eines ammonitischen Siegels mit der Aufschrift *lmlkmʾwr ʿbd bʿlyšʿ* (Siegel Nr. 88) gefunden. Da Jer. 40,14 einen ammonitischen König namens *Baʿalīs* [LXX Jer. 47,14 *Bel(e)isa, Benesa*; Joseph., Ant. 10,9,2f (§§ 160.164)] belegt, stellt sich die Frage, wie die Unterschiede in den PN erklärt werden können. Bei den entsprechenden Überlegungen ging man allgemein von der Identität der Personen aus und behauptete meist, aber kaum überzeugend, die im alttestamentlichen Hebräisch überlieferte Variante des ammonitischen PN sei entweder auf absichtliche Änderung des Namens aus religiösen Gründen[197] oder aber als Hörfehler[198] zu erklären. Vergleichbare Fälle zeigen jedoch, daß die ost- oder randkanaanäischen Sprachen Ammonitisch, Moabitisch und Edomitisch insofern konservativ sind, als in ihnen mehr Phoneme als in den west- oder zentralkanaanäischen Sprachen Phönizisch, Israelitisch (und Judäisch) erhalten sind (bzw. als ihre Schrift wiederzugeben in der Lage ist)[199]: Während hier 'ursemitisch' /ṯ/ bis ungefähr an das Ende des 7.Jh.s v. Chr. erhalten blieb (aber als ‹š› geschrieben wurde), mußten Judäer, wenn sie /ṯ/ zu artikulieren versuchten, *[s]* sprechen und ⟨*s*⟩ schreiben. Damit ist die Differenz der beiden PN sprachgeschichtlich als Variation ein und desselben Namens erklärt[200]. Doch die Identität von PN beweist noch nicht die Identität der Namensträger; sie bildet nur die unabdingbare Voraussetzung dazu. Der Siegelabdruck vom *Tell el-ʿUmērī* kann paläographisch ungefähr (in die 2.Hälfte bzw.) an das Ende des 7.Jh.s v. Chr. datiert werden. Jer. 40,14 belegt einen ammonitischen König namens *Baʿalīs* als Zeitgenossen Gedaljas. Die Regierungszeiten dieses ammonitischen Herrschers sind weiter nicht bekannt. In jedem Fall ist er der letzte bekannte, wenn nicht überhaupt der letzte ammonitische König. Da ansonsten weder ein König dieses Namens noch überhaupt ein König mit dem theophoren Element *bʿl* in der Liste der ammonitischen Herrscher bisher bekannt ist, machen der ungefähr gleiche Zeitraum und die Namensidentität die Identität auch der Personen wahrscheinlich.

Laut Jer. 40,14 [vgl. auch Joseph. Ant. 10,9,3 (§§ 164f)] behauptete Johanan ben

197 W. H. Shea, AUSS 23 (1985), 111-115; dagegen z. B. L. G. Herr, AUSS 23 (1985), 187-191; G. A. Rendsburg, BASOR 269 (1988), 73-75.

198 Vgl. L. T. Geraty, AUSS 23 (1985), 98-100; D. Pardee, in: L. G. Herr, BA 48 (1985), 172.

199 E. A. Knauf – S. Maʿani, UF 19 (1987), 91-94; vgl. schon E. A. Knauf, El Šaddai – der Gott Abrahams?, BZ 29 (1985), 97-99; G. A. Rendsburg, BASOR 269 (1988), 73-79.

200 Das Schluß-ʿ ist im at. Hebräisch apokopiert, *Baʿalīs* also als Hypokoristikon des (ammonitischen) PN *Bʿlyṯʿ* zu betrachten. Der im Ugaritischen belegte PN *bʿls* [F. Gröndahl, Die Personennamen der Texte aus Ugarit (1967), 16. 102. 116. 379, vgl. M. Weippert, Edom (Diss. und Hab. theol.; 1971), 387; ders., SHAJ 3 (1987), 101, Anm. 51] entspricht allerdings bis auf die *mater lectionis -y-* der at. Namensform und stützt so die Ansicht, daß deren Auslaut auf /$s_3$/ (hebr. ⟨*s*⟩) und nicht /ṯ/ (hebr. ‹š› zurückgeht; insofern ist die behauptete Identität der PN nicht gesichert!

Qareach[201] in Mizpa (*Tell en-Naṣbe*) gegenüber Gedalja, der judäische General Jischmaël ben Netanja(hu)[202] sei von dem ammonitischen König Baalis mit dem Mord an dem von den Babyloniern eingesetzten Statthalter beauftragt worden. Ob es sich dabei um ein Gerücht oder um eine Tatsache handelt, ist nicht klar[203]. Für letztere spricht, daß Jischmaël nach dem Mord im Oktober 586 v.Chr. nach Ammon floh [Jer. 41,10.15; Joseph., Ant. 10,9,4-5 (§§ 172-174)][204], wo er sich möglicherweise schon vor dem Mord aufgehalten hatte – wenn man Jer. 40,11.14 [vgl. Joseph. Ant 10,9,2 (§ 160)] so verstehen kann und wenn dem nicht der Wortlaut von Jer. 40,7.(12) entgegenstünde (*kl śry h-ḥylym 'šr b-śdh*). Die Motive auf der Seite des Mörders könnten in seiner davididischen Herkunft [Jer. 41,1; 2Kön. 25,5; Joseph., Ant. 10,9,2 (§ 160)] und in der Tatsache gelegen haben, daß mit Gedalja erstmals ein Nicht-(?)Davidide als oberster Repräsentant Judas fungierte, der noch dazu von der babylonischen Besatzungsmacht in sein Amt eingesetzt worden war (vgl. 2Kön. 25,22; Jer. 40,5.7.11; 41,2.10.18; 43,6) und dieser auch loyal gegenüberstand[205]. Aber selbst wenn der Mord zugleich der eigenen Karriere gegolten haben sollte, in jedem Fall zeugt er von einer auffälligen Unfähigkeit, machtpolitische Realitäten zur Kenntnis zu nehmen. Die Interessen des – angeblichen – ammonitischen Auftraggebers könnten darin zu suchen sein, daß er die politische und ökonomische Konsolidierung in Juda stören wollte (vgl. später auch Neh. 3,35), um so ein Wiedererstarken eines Nachbarn und wirtschaftlichen Konkurrenten zu behindern, dessen aggressives Machtpotential in Ammon trotz partieller und befristeter gemeinsamer Interessen nicht vergessen gewesen sein dürfte. In einem Judäer einen ausführenden Helfershelfer zu finden, hätte zudem aus ammonitischer Sicht den Vorteil gehabt, sich hinter dem Mörder bedeckt halten zu können und spätere Reaktionen der Babylonier weniger fürchten zu müssen. Auf dem Hintergrund der zahlreichen antiammonitischen Belege des Alten Testaments (s. Kap. 7) ist es aber

201 In Jer. 40,8 ist *w-Ywntn bny* entsprechend 2Kön. 25,23 in *bn* zu ändern, vgl. z.B. BHK³; BHS z.St.

202 Vgl. U. Hübner, Ismael, NBL 2,244-246; J. Siklin, Ishmael, son of Nethaniah, EJ 9 (1971), 83.

203 In der Parallelstelle 2Kön. 25,22-26 ist weder von Baalis noch sonstwie von Ammon(itern) die Rede. Über das Verhältnis zwischen den beiden Texten 2Kön. 25,22-26 und Jer. 39,1-41,18(-43,7) gibt es unterschiedliche Ansichten; wahrscheinlich handelt es sich bei 2Kön. 25,22-26 um einen zusammenfassenden Auszug aus letzterem, vgl. W. Rudolph, Jeremia (HAT I 12; Tübingen ³1968), 249. 319; A. Weiser, Das Buch Jeremia (ATD 20-21; Göttingen ⁷1976), 444; K.-F. Pohlmann, Erwägungen zum Schlußkapitel des deuteronomistischen Geschichtswerkes, in: Textgemäß. FS für E. Würthwein zum 70.Geb. (Göttingen 1979), 100, zuletzt A. Graupner, Auftrag und Geschick des Propheten Jeremia (BThSt 15; Neukirchen-Vluyn 1991), 128ff. Vgl. insgesamt auch S. Herrmann, Gedalja, TRE 12 (1984), 138f.

204 Vgl. 2Kön. 25,4-6.

205 Vgl. zuletzt M. Mulzer, Gedalja, NBL 1 (1991), 755f. Zur Möglichkeit, daß Gedalja der letzte König von Juda war (und nach 586 ermordet wurde?), vgl. J.M. Miller – J.H. Hayes, A History of Ancient Israel and Judah (1986), 421-425.

auch keineswegs auszuschließen, daß der Mord einzig und allein von Judäern beschlossen und durchgeführt wurde, Jischmaël sich dabei also Ammons als des günstigsten Rückzugsgebietes bediente und die Baalis-Episode nur dazu dient, die Ermordung eines Judäers durch einen davididischen Judäer etwas zu harmonisieren, indem man einen Ammoniter – wen sonst? – als Auftraggeber erfand. Die Erfinder dieses Auftraggebers konnten in jedem Fall mit Verständnis und Leichtgläubigkeit bei judäischen Hörern und Lesern rechnen[206].

Nach Baalis ist kein ammonitischer König mehr belegt. Die einzige Quelle über das Ende des ammonitischen Staates ist Joseph., Ant. 10,9,7 (§§ 181f); vgl. ders., Contra Ap. I 19f (§§ 132.143), demzufolge Nebukadnezzar II. im 5.Jahr nach dem Fall Jerusalems bzw. in seinem 23.Regierungsjahr (vgl. Jer. 52,30) Ammon eroberte[207] – und in das neobabylonische Provinzsystem eingliederte (?) (*strateuei, epolemēse poiēsamenos de hypēkoa tauta ta ethnē*) (582/581 v.Chr.); dies dürfte die endgültige Annexion des ammonitischen Staates und das Ende seines Königtums bedeutet haben[208]. Möglicherweise wurde Ammon von einheimischen Beamten (vgl. das Beispiel Gedaljas) verwaltet, die von der babylonischen Großmacht eingesetzt worden waren. Daß einheimische Herrscher mit der Duldung der Babylonier – wie in einigen der phönizischen Städte – mehr oder wenig (un)abhängig weiter ihr eigenes Land regierten, ist wenig wahrscheinlich: Nach Baalis sind weder literarisch noch epigraphisch ammonitische Könige bekannt, wobei das Territorium des ehemaligen ammonitischen Staates in den nachfolgenden Jahrhunderten als Verwaltungseinheit der jeweiligen Hegemonialmacht weitgehend intakt geblieben zu sein scheint. Daß Ammon wie Edom vielleicht erst von Nabonid[209] Ende 553 / (Anfang 552) v.Chr. annektiert wurde, kann allenfalls vermutet werden. Daß Ammon später als Juda, aber wohl nicht allzulange nach dessen Fall von den Babyloniern eingenommen wurde, deutet auch Ez. 21,23ff an. Insgesamt scheint der Beleg

206 Vgl. den Amalekiter von 2Sam. 1,1-16, der hiernach Saul getötet haben soll (vgl. dagegen 1Sam. 31,1-6).

207 Vgl. Hieronymus, Comm. in Ez. 25 (PG 25, 233): *capiat urbem Rabbath*.

208 Die Ereignisse aus dem 37.Jahr (568/567 v.Chr.) Nebukadnezzars [D.J. Wiseman, Chronicles of Chaldean Kings (1956), 94f (BM 33041); ders., Nebuchadrezzar and Babylon (1985), 39f] haben keinen erkennbaren Zusammenhang mit Transjordanien.

209 P.-A. Beaulieu, The Reign of Nabonidus, King of Babylon 556-539 B.C. (YNER 10; New Haven/CT – London 1989), 166ff; A.K. Grayson, Assyrian and Babylonian Chronicles (1975), 105. 282, I 7 (BM 35382), I 17 [uru*Ú-d*]*u-um-mu* = „(Stadt E)doms" (?!) = Bozra (*Buṣērā*), vgl. M. Weippert, TRE 9 (1982), 296 (lies 553 statt „533"); ders., SHAJ 3 (1987), 101; J. Lindsay, The Babylonian Kings and Edom, 605-550 B.C., PEQ 108 (1976), 33-39; J.R. Bartlett, From Edomites to Nabataeans: A Study in Continuity, PEQ 111 (1979), 57f; ders., Edom and the Edomites (1989), 157-161; E.A. Knauf, BN 45 (1988), 72ff; anders, aber unzutreffend, z.B. K. Galling, Jesaja 21 im Lichte der neuen Nabonidtexte, in: Tradition und Situation. FS für A. Weiser zum 70.Geb., ed. E. Würthwein – O. Kaiser (Göttingen 1963), 51; zu Duma = *Dūmat al-Ǧandal / al-Ǧōf* vgl. dazu E.A. Knauf, Ismael ($^2$1989), 69-71. 81ff u.ö.

bei Josephus mit seiner genauen Datierungsangabe zuverlässig und im Sinne einer vollständigen Annexion zu interpretieren zu sein. Jedenfalls ist Ammon um die Mitte des 5.Jh.v.Chr. als persische Subprovinz belegt. Das lange Schweigen in den Quellen scheint daraufhin zu deuten, daß der Übergang von der babylonischen zur achämenidischen Herrschaft nahtlos vor sich gegangen ist, was bedeuten dürfte, daß der Status Ammons während der babylonischen Vorherrschaft ebenfalls der einer Provinz war. Ob das neobabylonische Siegel (s. Kap. 2.9 und 2.10.3)[210] aus *ʿAmmān* das Siegel eines babylonischen Gouverneurs o.ä. war, läßt sich leider nicht mit Sicherheit behaupten. Dem Ammoniter-Führer des Judit-Romans, Achior, werden immerhin die bezeichnenden Titel *strategos / hēgoumenos*, *dux*, *śr*, *pḥh*, *'lwp*, nicht aber *basileus*, *rex* oder *mlk* zugesprochen (Jdt. 5,2.5). Ob damit nur die militärische Funktion des Achior oder aber (auch) eine administrative gemeint ist, ist nicht ganz klar; von den Problemen der Historizität abgesehen (vgl. Kap. 7.2), deuten die Titel bzw. ihre Übersetzungen auf einen Status Ammons als Provinz in der Zeit nach 587 bzw. 582 v.Chr.

Nicht nur die für die Babylonier strategisch etwas uninteressantere Randlage des kleinen ammonitischen Staates, sondern auch die wechselnde und lavierende Politik der ammonitischen Könige in den ereignisreichen und bedrohlichen Jahren um 600 v.Chr. (2Kön. 24,1f), 594/593 v.Chr. (Jer. 27,3), 589 v.Chr. (Ez. 21,23-29) und 582/581 v.Chr. [Joseph., Ant. 10,9,7 (§§ 181f)] haben den Ammonitern im Vergleich mit Juda offenbar einen kleinen zeitlichen Aufschub vor der babylonischen Eroberung und ein möglicherweise weniger gewaltsames Ende gebracht. Insgesamt ist diese Politik sowohl Ausdruck eines hartnäckigen Überlebenswillens als auch einer politischen Verunsicherung, die einerseits von unrealistischen Hoffnungen auf die Bewahrung der eigenen Staatlichkeit und andererseits von der realistischen Einschätzung der eigenen Ohnmacht und den faktischen Machtverhältnissen geprägt war. Ob aber der Untergang des ammonitischen Staates tatsächlich einen kausalen Zusammenhang mit dem Wechsel des bis dahin gegenüber den mesopotamischen Großmächten traditionell loyalen Vasallen zu einem aus babylonischer Sicht unsicheren Kantonisten hatte, ist keineswegs klar. Möglicherweise kam die politische Kursänderung in Ammon den politischen Zielsetzungen Babylons, die indirekte Herrschaft der Assyrer über Ammon durch eine direkte der Babylonier abzulösen, unmittelbar entgegen.

Das Ende des ammonitischen Staates bedeutete nicht das Ende des ammonitischen Volkes; insofern endet hier auch nicht die Geschichte der Ammoniter. Mit der Beseitigung des ammonitischen Staatsgebildes und seines Königtums tauchen

210 R.W. Dajani, ADAJ 6-7 (1962), 124f, Pl. 4, fig. 8. Vgl. auch das Siegel vom *Tell Ṣāfūṭ*, vgl. D.H. Wimmer, SHAJ 3 (1987), 281, fig. 3 und das aus Grab 2 in *Ḫirbet Ḫulde* bei K. Yassine, Archaeology of Jordan (1988), 16. 21, fig. 8:3. Zu babylonischen PN vgl. auch den PN *Nnydn*, der für Zentraltransjordanien im moabitischen Heschbon-Ostrakon Nr. I belegt ist.

sie allerdings erst einmal in eine Epoche ab, über die die literarischen Quellen fast gänzlich schweigen. Nur das archäologische und epigraphische Material läßt einige wenige Schlüsse auf den inneren Zustand dieser in das babylonische Provinzialsystem eingegliederten Region zu.

Insgesamt scheint die ammonitische Wirtschaft ähnlich wie in der Zeit der assyrischen Vorherrschaft auch während der babylonischen anfangs weiter floriert zu haben (z. B. *ʿAmmān, Saḥāb, Tell Ṣāfūṭ, Tell el-ʿUmērī*), doch deutet das bisher bekannte archäologische Material m.E. auf einen nach und nach zunehmenden Rückgang der wirtschaftlichen Stabilität, was nicht nur auf die gelegentlichen Zerstörungen des Jahres 582 v. Chr.[211], sondern auch auf das Ende der eigenen Zentralgewalt, die Einführung einer neuen fremden und letztlich weit von deren Zentren entfernten Besatzungsmacht und auf die damit verbundenen Unsicherheiten an der ammonitischen Ostgrenze zurückzuführen sein dürfte (vgl. Ez. 25,4f).

Deportationen ammonitischer Bevölkerungsteile durch die Babylonier sind nicht sicher bezeugt (vgl. Jer. 49,3.6; Ez. 25,7), und unter den zahlreichen Westsemiten, die im Mesopotamien des 7.-6.Jh.s v. Chr. belegt sind, sind keine, die sicher als Ammoniter nachgewiesen werden könnten [vgl. Siegel Nr. (78.) 146][212]. Beides beweist allerdings keineswegs, daß es keine Deportationen von Ammonitern und Ammoniterinnen gegeben hat. Das kriegerische Ende des ammonitischen Staates, der ab der Mitte des 6.Jh.s v. Chr. zu beobachtende Rückgang der ammonitischen Siegel [vgl. Siegel Nr. 25. 34. (48-49). 62(-63). 72. 89. 152], d.h. einer entsprechenden Oberschicht, und der Besiedlungsdichte (sowie m.E. auch bQidd. 72a)[213] lassen eher das Gegenteil vermuten. Neben den zu vermutenden Deportationen dürften auch die Kriegstoten und -flüchtlinge[214] und vor allem die ökonomischen Einbrüche mit den ihnen folgenden Abwanderungen von Teilen der Oberschicht Richtung Westen eine Rolle bei dem Bevölkerungsrückgang gespielt haben.

Die lückenhafte Quellenlage ändert sich erst wieder und dann auch nur vorübergehend mit der Erwähnung des Tobija, der in Neh. 2,10.19 als *h-ʿbd h-ʿm(w)ny* bezeichnet wird, d. h. als von den Achämeniden eingesetzter Beamter, wodurch

211 F. Zayadine, Le Monde de la Bible 46 (1986), 19; H. O. Thompson, Archaeology of Jordan (1989), 51.

212 Vgl. z. B. I. Ephʿal, The Western Minorities in Babylonia in the 6th-5th Centuries B.C.: Maintenance and Cohesion, Or. 47 (1978), 74-90; R. Zadok, BASOR 230 (1978), 57-65; auch M. D. Coogan, West Semitic Personal Names in the Murašû Documents (HSM 7; Missoula/MT 1976), 119ff.

213 Vgl. auch A. Oppenheimer, Babylonia Judaica in the Talmudic Period (BTAVO.B 47; Wiesbaden 1983), 152-154, der den ON *Hwmny'* (*ʿ*mwny*) aus einer Volksetymologie herleiten will.

214 Viele Möglichkeiten zur Flucht blieben Ammonitern allerdings nicht, da alle unmittelbaren Nachbarländer schon von den Babyloniern besetzt waren.

Ammon als persische Subprovinz von Samaria innerhalb der „Satrapie“ *eber nāri / ʿbr nhr*ʾ ausgewiesen ist[215].

### 4.3.4 Liste der ammonitischen und nichtammonitischen Herrscher von Ammon[216]

[*Anonymus* [*'König'?*]: Ri. (10,6-11,40) 11,12-28: ca. 1.Hälfte 11.Jh.v.Chr. (?)]
*Nahasch* [*'König'?*]: 1Sam. 11,1ff; 12,12; 2Sam. 10,2f: ca. 2.Hälfte 11.Jh.v.Chr. (?)

*Hanun* [*'König'?*]: 2Sam. 10,1ff; 1Chr. 19,2ff: ca. 1.Hälfte 10.Jh.v.Chr. (?)

*David* [*israelit. König von Israel und Ammon*]: 2Sam. 12,30f; 17,27; 1Chr. 20,2f: gest. Mitte 10.Jh.v.Chr.
*Salomo* [*israelit. König von Israel und Ammon*]: ca. 2.Hälfte 10.Jh.v.Chr.

**Šanīp* (assyr. *Sanipu*) [*?*]: Sockelinschrift (?) / Tiglat-Pileser III. (733 v. Chr.): 1.H. 8.Jh.v.Chr.
**Zakkūr*[217] *[?]*: Sockelinschrift: ca. letztes Viertel 8.Jh.v.Chr.
**Yarḥʿazar [?]*: Sockelinschrift Z.1: ca. Ende 8.Jh. v. Chr.

215 Zum Problem der sog. 5.Satrapie vgl. zuletzt P. CALMAYER, Die sogenannte fünfte Satrapie und die achaimenidischen Documente, Transeuphratène 3 (1991), 109-129.

216 Mit *PN* [*Titel*], Belege, Datierung. Vgl. z. B. G. M. LANDES, A History of the Ammonites (Ph. D. Diss.; 1956), 393; M. OHANA, The Ammonite Inscriptions and the Bible (M.A. unpubl.; Haifa 1976), 87 (hebr.); F. ZAYADINE, Syria 51 (1974), 135f; ders., in: Y. ALAMI et al. (ed.), The Archaeology of Amman 2000 B. C. – 750 A. D. (Amman 1975), 18; ders., in: DER KÖNIGSWEG (1987), 129; ders. – H. O. THOMPSON, Ber. 22 (1973), 133-135 = in: H. O. THOMPSON (ed.), Archaeology in Jordan (1989), 175f; F. M. CROSS, An Ammonite King List, BA 48 (1985), 171.

217 Zum PN **Zakkūr* vgl. A. R. MILLARD, Epigraphic Notes, Aramaic and Hebrew, PEQ 110 (1978), 23; auch z. B. HAL$^3$ I (1967), 258. 260; VSE Nr. 46f. 171. 329; Samaria-Ostrakon Nr. 31:3; Y. AHARONI, Arad Inscriptions (1981), Nos. 38:7; 48:3; 67:5; H. B. HUFFMON, Amorite Personal Names in the Mari Texts (Baltimore/MD 1965), 29f. 187; N. AVIGAD, Hebrew Bullae from the Time of Jeremiah (1986), Nos. 50f; F. L. BENZ, Personal Names in the Phoenician and Punic Inscriptions (1972), 305f; F. GRÖNDAHL, Die Personennamen der Texte aus Ugarit (1967), 196; W. KORNFELD, Onomastica Aramaica aus Ägypten (1978), 49; M. MARAQTEN, Die semitischen Personennamen in den alt- und reichsaramäischen Inschriften (1988), 79; J. B. PRITCHARD, Tell es-Saʿidiyeh Excavations on the Tell, 1964-1966 (University Museum Monograph 60; Philadelphia/PA 1985), 66-68, fig. 18:22, Pl. 174:3 (Stratum III); E. LIPINSKI, Western Semites in Persepolis, AAH 25 (1977), 106f.

**Pådā'il* (I. und II.?)[218] (assyr. *Puduilu*) *[ein oder zwei (?) Könige]*: Siegel Nr. 65 (?);
Sanherib (701 v. Chr.), Asarhaddon (681-669 v. Chr.): Ende 8. – 2.Hälfte 7.Jh.v.Chr.

*ᶜ*Ammīnadab I.* (assyr. *Amminadbi*) *[König]*: Assurbanipal (669 oder 667 bzw. vor 651 v. Chr.),
*Tell Sīrān*-Flasche Z.3 (?) / vgl. Siegel Nr. 14-15 (?): ca. 2.H. 7.Jh.v.Chr.

**Haṣṣil'il* (?)[219] *[?]*: *Tell Sīrān*-Flasche Z.2: ca. 2.Hälfte 7.Jh.v.Chr.
*ᶜ*Ammīnadab II. [König]*: *Tell Sīrān*-Flasche Z.1: ca. Ende 7.Jh.v.Chr.

**Baᶜalyiṯaᶜ (Baᶜalīs)*[220] *[König]*: Siegel Nr. 88; Jer. 40,14; Jos., Ant. 10,9,2f (§ 160ff): ? – 586/582 v. Chr.

*[Tobija*: Neh. 2ff: von Achämeniden eingesetzter (halb-)judäischer Verwaltungsbeamter für die Subprovinz Ammon; Mitte 5.Jh.v.Chr.]

Machthaber in Philadelphia während der hellenistischen Zeit:

*Timotheos [hēgoumenos]*: 1Makk. 5,6f; 2Makk. 8,30ff; 9,3; 10,24ff; 12,2ff; Joseph., Ant. 12,8,1ff (§§ 329ff): ca. 166-163 v. Chr.

*Zenon gen. Kotylas (= Getal bei Pseudo-Philo, Ant.Bibl. 39,8f?) [Tyrann von Philadelphia]*: Joseph., BJ 1,2,4 (§ 60); Ant. 13,8,1 (§ 235): ca. 135 v. Chr.

218 Zum Problem vgl. oben.

219 Zum PN vgl. z. B. auch VSE Nr. 186. 419f; N. Avigad, Hebrew Bullae from the Time of Jeremiah (1986), Nos. 49. 128. 168; ders., ErIs 20 (1989), 93f, No. 10; W. Kornfeld, Onomastica Aramaica aus Ägypten (1978), 48; Y. Nadelman, Hebrew Inscriptions, Seal Impressions, and Markings fo the Iron Age II, in: E. Mazar – B. Mazar, Excavations in the South of the Temple Mount. The Ophel of Biblical Jerusalem (Qedem 29; Jerusalem 1989), 131. 133, Photo 141; Kh. Yassine – J. Teixidor, BASOR 264 (1986), 49, No. 7:6.

220 Zum PN vgl. auch Kap. 2.10.5 und 4.3.3f.

## 4.4. Die Ammanitis während der achämenidischen und hellenistischen Zeit

### 4.4.1. Die Zeit der achämenidischen Vorherrschaft

Während der achämenidischen Zeit[221] hat es in Transjordanien allgemein und in der Ammanitis speziell keine Besiedlungslücke[222] gegeben; allerdings setzte sich der Rückgang der seßhaften Bevölkerung, der sich nach dem Ende des ammonitischen Staates abzuzeichnen begann, weiter fort[223]. Gleichwohl ist die Besiedlung der Ammanitis in der achämenidische Zeit archäologisch recht gut belegt [vgl. *z.B. ʿAmmān* (?)[224], *Ḫirbet el-Ḥaǧǧār, Ḫirbet Salāme*[225], *Ḫirbet Ḫulde, el-Meqābelēn,*

221 Vgl. zum Folgenden neben H. Donner, Geschichte des Volkes Israel II (1986), 391ff; S. Herrmann, Geschichte Israels (²1980), 364ff und J.M. Miller – J.H. Hayes, A History of Ancient Israel and Judah (1986), 437ff z.B. auch A. Alt, Judas Nachbarn zur Zeit Nehemias, (1931), in: ders., Kleine Schriften II (³1964), 338-345; R.H. Dornemann, The Archaeology of the Transjordan (1983), 181f; K. Galling, Politische Wandlungen in der Zeit zwischen Nabonid und Darius, in: ders., Studien zur Geschichte Israels im persischen Zeitalter (Tübingen 1964), 1ff; D.F. Graf, Arabia during Achaemenid Times, in: H. Sancisi-Weerdenburg – A. Kurth (ed.), Achaemenid History IV (Leiden 1990), 131-148; U. Kellermann, Nehemia. Quellen, Überlieferung und Geschichte (BZAW 102; Berlin 1967), passim; A. Lemaire, Transeuphratène 1 (1989), 88-91; ders., Populations et territoires de la Palestine à l'époque perse, Transeuphratène 3 (1990), 31-74; E. Stern, Material Culture of the Land of the Bible in the Persian Period (1982), 46 u.ö.; M. Weippert, SHAJ 3 (1987), 101f.

222 So wiederholt und variierend N. Glueck, EEP I (1934), 83 u.ö.; ders., EEP III (1939), 268f u.ö.; ders., EEP IV (1951), 423 u.ö.; ders., BASOR 68 (1937), 1ff; ders., The Other Side of the Jordan (1970), 157ff; ähnlich auch S. Mittmann, Beiträge (1970), 246, der davon spricht, daß das nördliche Ostjordanland „nahezu völlig verödet dagelegen" habe, aber z.B. durch seine eigenen Grabungen auf *Tell el-Muġayyir* korrigiert wurde, M.M. Ibrahim – S. Mittmann, *T. al-Muġayyir*, AfO 33 (1986), 171f. Vgl. dazu Kap. 1, Anm. 30 sowie z.B. R.L. Gordon – E.A. Knauf, ADAJ 31 (1987), 289ff; E.A. Knauf, Ismael (²1989), 143f u.ö. oder z.B. auch J. Mabry – G. Palumbo, Wadi Yabis Survey, 1987, in: D. Homes-Fredericq – J.B. Hennessy (ed.), Archaeology of Jordan II 1 (1989), 91-97.

223 Vgl. z.B. L.T. Geraty et al., ADAJ 31 (1987), 197.

224 Daß die Zitadelle von *ʿAmmān* in der achämenidischen Zeit unbesiedelt gewesen sein soll, unterliegt m.E. großem Zweifel, vgl. R.H. Dornemann, The Archaeology of the Transjordan (1983), 180-182, aber auch F. Zayadine – M. Najjar – J.A. Greene, Excavations on the Citadel of Amman (Lower Terrace): A Preliminary Report, ADAJ 31 (1987), 308f; A. Hadidi – J.B. Hennessy, Amman, in: D. Homes-Fredericq – J.B. Hennessy (ed.), Archaeology of Jordan II 1 (1989), 154-166. Die typologischen Kenntnisse über (stratifizierte) perserzeitliche Keramik aus der Ammanitis sind begrenzt; weder ihre Laufzeit noch die der späteisenzeitlichen Keramik ist genügend bekannt.

225 C.J. Lenzen – A.M. McQuitty, ADAJ 31 (1987), 201-204; dies., in: Homes-Fredericq – J.B. Hennessy (ed.), Archaeology of Jordan II 2 (1989), 543-546.

*Ruǧm el-Ḥenū West*[226] und *Ruǧm el-Ḥāwī*[227], *Ruǧm Sēlim*[228], *ed-Drēǧāt*[229], *Tell el-ʿUmērī*[230], *Ḫirbet* und *ʿĒn Umm ed-Danānīr, Umm Uḏaina* sowie der *Wādi r-Rummān*-[231] und der *Ḥesbān* Regional-Survey[232]] und bezeugt z.T. auch die Existenz einer kleinen einheimischen Oberschicht und ihrer (Fern-) Handelskontakte sowie die Existenz einer dörflich und auch städtisch organisierten Gesellschaft; die perserzeitliche Besiedlung stellt aber auch nicht selten eine Verkleinerung von Siedlungen bzw. deren Einwohnerzahl dar (vgl. z.B. *Tell Ṣāfūṭ*[233], der *Saḥāb*-[234] und der *ʿĒn Ġazāl*-Survey[235]). Daneben ist auch die Aufgabe von bis dahin bewohnten Ortslagen zu beobachten [z.B. *Saḥāb*[236], *Tell Ǧāwā*[237]; vgl. auch *Tell Sīrān* und außerhab der Randgebiete der Ammanitis z.B. Heschbon (?)[238] oder Gerasa[239]].[240] Mit dem Rückgang der seßhaften Bevölkerung bzw. einer starken Zentralmacht ging eine Zunahme (halb-)nomadischer Gruppen einher (vgl. Ez. 25, 4f)[241]. Der

226 P.E. McGovern, Test Soundings of Archaeological and Resistivity Survey Results at Rujm al-Ḥenu, ADAJ 27 (1983), 105ff; V.A. Clark, The Iron Age II C / Persian Pottery from Rugm al-Ḥenu, ADAJ 27 (1983), 143-163.

227 P.E. McGovern, in: D. Homes-Fredericq – J.B. Hennessy (ed.), Archaeology of Jordan II 1 (1989), 40-42, fig. 2.

228 L.T. Geraty et al., AUSS 26 (1988), 227; dies., ADAJ 33 (1989), 174f; dies., BASOR.S 26 (1990), 70ff.

229 R.W. Younker et al., AUSS 28 (1990), 13.

230 L.T. Geraty et al., BASOR.S 26 (1990), 65 u.ö.

231 R.L. Gordon – E.A. Knauf, AfO 33 (1986), 282f.

232 R.L. Gordon – E.A. Knauf, AfO 33 (1986), 282f; dies., ADAJ 31 (1987), 289-298; R.D. Ibach, Archaeological Survey of the Hesban Region (1987), 163-168, Table 3. 11-13, fig. 3. 6.

233 D.H. Wimmer, ADAJ 31 (1987), 159ff; ders., SHAJ 3 (1987), 279-282; ders., Safut, in: D. Homes-Fredericq – J.B. Hennessy (ed.), Archaeology of Jordan II 2 (1989), 512-515.

234 C. Gustavson-Gaube – M.M. Ibrahim, AfO 33 (1986), 283-286.

235 Z.A. Kafafi – A.H. Simmons, ADAJ 32 (1988), 27ff; dies., in: D. Homes-Fredericq – J.B. Hennessy (ed.), Archaeology of Jordan II 1 (1989), 13-16; A.H. Simmons, SHAJ 4 (1992), 77-82.

236 M.M. Ibrahim, Sahab, in: D. Homes-Fredericq – J.B. Hennessy (ed.), Archaeology of Jordan II 2 (1989), 516-520.

237 R.W. Younker et al., AUSS 28 (1990), 17f.

238 So zuletzt z.B. wieder Ø.S. LaBianca, Hesban, in: D. Homes-Fredericq – J.B. Hennessy (ed.), Archaeology of Jordan II 1 (1989), 261-269; woher dann aber die beiden perserzeitlichen Ostraka Nr. I (um 500 v.Chr.) und II (um 525 v.Chr.) kommen sollen, ist nicht ganz ersichtlich.

239 F. Braemer, Two Campaigns of Excavations on the Ancient Tell of Jarash, ADAJ 31 (1987), 525-530; ders., Jerash, in: D. Homes-Fredericq – J.B. Hennessy (ed.), Archaeology of Jordan II 1 (1989), 316-319; ders., SHAJ 4 (1992), 191-198; J. Seigne, Jerash – The Sanctuary of Zeus, in: D. Homes-Fredericq – J.B. Hennessy (ed.), Archaeology of Jordan II 1 (1989), 319-323.

240 Zum übrigen transjordanischen Hochplateau vgl. z.B. auch B. MacDonald, The Wadi el-Ḥasā Archaeological Survey 1979-1983 (1988), 291f; J.M. Miller (ed.), Archaeological Survey of the Kerak Plateau (1991), passim; U. Worschech, Northwest Arḍ el-Kerak 1983 and 1984. A Preliminary Report (BNB 2; München 1985), passim.

241 Zu den *bny qdm* vgl. A. Musil, Arabia Deserta (1927), 494ff; E.A. Knauf, Ismael ($^2$1989), 153f. Zu den geographisch und chronologisch unklaren Ereignissen von 1Chr. 5,18-22 vgl. ders., Ismael

Anteil an Arabern an der ethnischen Zusammensetzung der Ammanitis stieg weiter an[242], was sich schon seit der Zeit der Araberkämpfe Assurbanipals auf ammonitischem Territorium abzuzeichnen begann und sich durch die Beseitigung der transjordanischen Pufferstaaten durch die Babylonier verstärkte. Zu den arabischen Stämmen dieser Zeit könnten die sonst nicht weiter bekannten Samsummim [Dtn. 2,20 *Zmzmym* (LXX *Zomzommin*; Sam. *Zamzāmem*; Vulg. *Zomzommim*); Gen. 14,5 *Zwzym*; 1QGenAp. XXI 29 *Zwmzmy dy b-ʿmn* (vgl. Kap. 4.1; 7.2) gehört haben[243]. Wahrscheinlicher allerdings ist, daß es sich bei den *Zmzmym* um eine aus hebr. *zmm* abzuleitende Bezeichnung für Geister handelt [„Böses planen" HAL$^3$ 1 (1967), 262; vgl. Kap. 4.1][244].

Die seit der assyrischen Zeit zu beobachtende Aramaisierung der ammonitischen Sprache (Siegel Nr. 72. 153) und Schrift (Siegel Nr. 90) setzte sich fort. Die Siegelproduktion hörte aber nach dem bisher bekannten Material gegen Ende des 6. bzw. Anfang des 5.Jh.s v.Chr. auf [vgl. Siegel Nr. (63). 72], was auf einen annähernd entsprechenden Rückgang der ammonitischen Oberschicht, insbesondere der Beamtenschicht am ehemaligen Königshof, hinweist. Die religiösen Verhältnisse in Ammon dürften sich kaum wesentlich verändert haben (vgl. Kap. 6), da den Einheimischen im Rahmen der *pax persica* der Kultus ihrer eigenen Religion nahezu uneingeschränkt erlaubt war[245]. Milkom, der männliche Hauptgott der Ammoniter, dürfte allerdings schon 582 v.Chr. seinen Status als Staatsgott eingebüßt ha-

($^2$1989), 49-55; ders., The Persian Administration in Arabia, Transeuphratène 2 (1990), 208f mit entsprechenden Vermutungen.

242 Vgl. allgemein, wenn auch streckenweise gerade für die vornabatäische Zeit unzulänglich R. Dussaud, La pénétration des Arabes en Syrie avant Islam (BAH 59; Paris 1955), passim, und vor allem P. Högemann, Alexander der Große und Arabien (Zet. 82; München 1985), 10ff; E. A. Knauf, Midian (1988), 91ff; M. Weippert, WO 7 (1973), 39ff. Im ammonitischen Onomastikon (Kap. 2.10.5) gibt es nur wenige PN, die als arabisch angesprochen werden können, vgl. wahrscheinlich *'w'* (Siegel Nr. 17); *mr'l* (Siegel Nr. 17) (?); *pl*ṭ*w* (Siegel Nr. 144) und *šnp̂* (Sockelinschrift), vgl. auch E. A. Knauf, Midian (1988), 93; z.T. anders F. Israel, SEL 6 (1989), 91-96, der allerdings z.T. PN aus nichtammonitischen Quellen zum ammonitischen Onomastikon hinzurechnet. Im römisch-byzantinischen Onomastikon kommen andere PN hinzu, vgl. z.B. IGLS 21,2 (1986), Nr. 49 (*Obaidos*), Nr. 53 (*Tzobeos*). Die angebliche Nähe des Ammonitischen zum (Nord-)Arabischen, die G. Garbini, La Lingua degli Ammoniti, (1970), in: ders., Le Lingue Semitiche (1972), 97-108 (in $^2$1984 bezeichnenderweise nicht mehr abgedruckt); ders., JSSt 19 (1974), 159f immer wieder betonte, gibt es nicht. Die Arbeit von M. Ababneh, A Study of Ammonite Personal Names and their Old North Arabic Cognates (M.A. Thesis unpubl., Yarmouk University Irbid 1989) (arab.) war mir nicht zugänglich.

243 E. A. Knauf, Ismael ($^2$1989), 143f; vgl. ders., Mu'näer und Mëuniter, WO 16 (1985), 114-122.

244 Vgl. auch F. Schwally, ZAW 18 (1898), 138; M. Pope, The Cult of the Dead at Ugarit, in: G. D. Young (ed.), Ugarit in Retrospect. Fifty Years of Ugarit and Ugaritic (Winona Lake/IN 1981), 170.

245 P. Frei – K. Koch, Reichsidee und Reichsorganisation im Perserreich (1984), 7ff. 45ff; K. Heinz, Religion und Politik in Vorderasien im Reich der Achämeniden, Klio 69 (1987), 317-325.

ben. Die Lebensbedingungen der in Juda mit Judäern (und Judäerinnen) verheirateten Ammoniterinnen (und Ammoniter) verschlechterten sich dagegen drastisch (vgl. Kap. 7).

Über den Übergang von der babylonischen zur achämenidischen Suprematie unter Kyros II. (559-530 v. Chr.) schweigen die Quellen. Wenn dies kein Zufall ist, dann bedeutet dieses Schweigen einerseits, daß sich der Herrschaftswechsel ähnlich nahtlos vollzog wie der von der assyrischen zur babylonischen Vorherrschaft, und andererseits, daß den Persern keine nationalen Autarkiebestrebungen von ammonitischer Seite zu schaffen machten. Auch über den für Syrien-Palästina so wichtigen Feldzug Kambyses (530-522 v. Chr.) gegen Ägypten 525 v. Chr. ist aus Transjordanien nichts bekannt, also auch nicht, ob man in der Ammanitis ähnlich wie in der vorpersischen Zeit dem fremden König Hilfstruppen zu Verfügung stellen mußte oder nicht; darüberhinaus waren die Truppen des Kambyses möglicherweise überhaupt die ersten achämenidischen Soldaten, die palästinischen Boden betraten. Als wahrscheinlich kann hingegen angenommen werden, auch wenn es nicht direkt zu belegen ist, daß (die) Ammoniter sowohl unter den Tribute bringenden „Königen von Amurru", von denen viele allerdings keine Könige mehr waren und auch nie in Zelten gewohnt hatten, als auch unter den „syrischen" Gesandten subsummiert sind, die laut der babylonischen Zylinder-Inschrift Kyros' II. (539 v. Chr.)[246] bzw. laut den verschiedenen Palast- und Grabreliefs von Persepolis Darius I. (522-486 v. Chr.) und Xerxes I. (486-465/464 v. Chr.) u. a. Tribute brachten (vgl. auch Herodot 3,91)[247].

Im Nehemia-Buch wird ein *Ṭ(w)byh* [vgl. 3Es. 2,15 *Tabellios*] mehrfach erwähnt und als *h-ʿbd h-ʿm(w)ny* [*ho doulos ho Ammōni* (LXX) bzw. *servus ammanites* (Vulg.): Neh. 2,10.19] bzw. als *h-ʿmny* (Neh. 3,35) bezeichnet[248]. Der PN bezeugt ihn als Jahweverehrer (vgl. auch den PN seines Sohnes *Yhwḥnn* in Neh. 6,18), das Gentiliz als Ammoniter. Tobija war also – je nach Sichtweise – ein Halbjudäer bzw. Halbammoniter, d. h. der Sohn aus einer der zu dieser Zeit in Jerusale-

246 F. H. WEISSBACH (ed.), Die Keilinschriften der Achämeniden (VAB 3; Leipzig 1911), 6f; E. EBELING, AOT$^2$ 369f; A. L. OPPENHEIM, ANET$^3$ 316; R. BORGER, HKL I, 625; ders., TGI$^3$ 84; ders., TUAT 1 (1985), 409; zuletzt P.-R. BERGER, Der Kyros-Zylinder mit dem Zusatzfragment BIN II Nr. 32 und die akkadischen Personennamen im Danielbuch, ZA 64 (1975), 198f.

247 G. WALSER, Die Völkerschaften auf den Reliefs von Persepolis (1966), 78-80, Taf. 13. 45-49. 83; etwas anders W. HINZ, Die Völkerschaften der Persepolis-Reliefs, in: ders., Altiranische Funde und Forschungen (1969), 95-114; P. CALMEYER, Transeuphratène 3 (1990), 109ff. Vgl. auch K. KOCH, Weltordnung und Reichsidee im alten Iran, in: P. FREI – ders., Reichsidee und Reichsorganisation im Perserreich (1984), 45ff und E. LIPINSKI, AAH 25 (1977), 101-112 (Aramäer und Juden, vielleicht auch Phönizier und ein Moabiter).

248 Zum Folgenden vgl. vor allem U. KELLERMANN, Nehemia (1967), 167ff. 196; auch A. LEMAIRE, Transeuphratène 3 (1990), 69-71.

mer Kreisen massiv kritisierten Mischehen (vgl. Kap. 7)[249]. Aus den alttestamentlichen Belegen gehen seine zahlreichen Verbindungen zu Samaria, Jerusalem und den dortigen Oberschichten hervor (Neh. 6,18; 13,4.7f). Stets wird er als Begleiter Sanballats (**Sin-uballiṭ > Sn'blṭ pḥt Š(w)mry/wn;* hebr. *Snblṭ*; griech. *Sanballa/et(ēs)*], des von den Persern eingesetzten Statthalters der Provinz Samaria, und des Qedar-*Šēḫs* Geschem / *Guśam b. Śahr*[250] dargestellt (Neh. 2,10.19; 4,1; 6,1ff). Sowenig wie *ʿbd* der Titel eines von den Achämeniden eingesetzten Provinz-Statthalters ist, sowenig ist die Attributivkonstruktion (keine CV !) *h-ʿbd h-ʿm(w)ny* der Titel eines solchen der Provinz Ammon. Vielmehr deutet der Titel *ʿbd* das untergeordnete Verhältnis des Tobija gegenüber seinem Vorgesetzten Sanballat[251] und das Gentiliz *ʿm(w)ny* seine in den Augen seiner Gegner zwielichtige Herkunft an. Tobija war nichts anderes als ein um die Mitte des 5.Jh. v.Chr. (laut Neh. 2,1; 5,14; 13,6 im 20. und 32.Jahr des Artaxerxes I. Longimanus = 445/444 bzw. 433/432 v.Chr.) in der Provinz-Hauptstadt Samaria eingesetzter Beamter, der die Aufgabe hatte, von dort aus die Subprovinz Ammon zu verwalten[252]; es war ein innerhalb der achämenidischen Administration häufig angewandter Brauch, loyale Adlige mit der Verwaltung ihrer eigenen Heimat und / oder deren weiterer Umgebung zu betrauen. Daß man der Ammanitis einen solchen untergeordneten Status gab und geben konnte, dürfte auch auf den genannten Bevölkerungsrückgang zurückzuführen sein. In der achämenidischen Zeit wurde also die Ammanitis administrativ als Subprovinz der zur Satrapie *eber nāri* [*ʿbr nhrh/' / ʿbr h-nhr / (ep)archōn (tou) peran tou potamou / dux (regionis) trans flumen*] gehörenden Hyparchie Samaria inkorporiert und entsprechend von dort aus verwaltet, im Falle des Tobija durch einen Halbjudäer, der wegen seiner zahlreichen familiären, religiösen, konspirativen und administrativen Bindungen an das Westjordanland von den Ammonitern mit einem gewissen Mißtrauen beobachtet worden sein dürfte und der gleichzeitig wegen seiner Politik gegenüber Jerusalem und seiner halbammonitischen Herkunft in bestimmten Kreisen Jerusalems als Gegner betrachtet, als solcher beschrieben und dazu mit dem verächtlich gemeinten *h-ʿm(w)ny* belegt wurde; als entsprechend aufgebauscht

249 Wenn antike oder moderne Exegeten Tobija als Ammoniter bezeichnen, wie es z.B. Prokop von Gaza, Comm. in Judices (PG 87,1, 1075f) (*Toubias ho Ammanitēs*); H. Tadmor, Die Zeit des ersten Tempels, die babylonische Gefangenschaft und die Restauration, in: H.H. Ben-Sasson (ed.), Geschichte des jüdischen Volkes I (München 1978), 222; W.Th. in der Smitten, Nehemias Parteigänger, BiOr 29 (1982), 155-157 tut, dann ist das so schlicht falsch.

250 Vgl. zuletzt E.A. Knauf, Ismael ($^2$1989), 104-106. 156f.

251 Aufgrund des Ethnikons *h-ḥrny* angeblich ein Moabiter (moabit. ON *ḥrnym*), so U. Kellermann, Nehemia (1967), 167; wahrscheinlicher aber steht dahinter der efraimitische ON *byt ḥrwn*, vgl. z.B. A. Schalit, Herodes (1969), 494f, Anm. 46, oder aber *Ḥarrān*, vgl. Y. Meshorer – Sh. Qedar, The Coinage of Samaria in the Fourth Century BCE (Jerusalem 1990), 16.

252 Vgl. schon U. Hübner, bei: E.A. Knauf, Ismael ($^2$1989), 143; zum Problem vgl. auch E.A. Knauf, Transeuphratène 2 (1990), 209f, Anm. 38.

müssen die Schilderungen seiner Person und Tätigkeit hinsichtlich Jerusalems und Nehemias eingeschätzt werden und entsprechend wenig Informationen geben sie über seine eigentliche Arbeit als eines in der Ammanitis tätigen Beamten in persischen Diensten, der er, wie es scheint, weniger engagiert nachging als seinen westjordanischen Interessen. Daß man in der Ammanitis dem Mauerbau in Jerusalem ablehnend gegenübergestanden haben dürfte, verwundert angesichts der Geschichte des Verhältnisses Ammon – Juda / Israel wenig. Daß sich die Ammoniter aber tatsächlich in die cisjordanischen Provinz-Streitereien um den Mauerbau eingemischt haben sollen (vgl. Neh. 4,1), hat kaum mehr als den Charakter einer bloßen Behauptung ihrer Gegner und dürfte mehr der anrüchigen Herkunft des Halbjudäers Tobija entspringen als irgendwelchen politischen Aktivitäten von Ammonitern selbst.

Wirtschaftlich scheint die Ammanitis, sieht man von den ostjordanischen Teilen des Jordantales ab, die immer eine andere, sehr viel stärker nach Westen orientierte Rolle gespielt haben als das ammonitische Hochplateau, eine im Vergleich mit dem übrigen Transjordanien zentrale und im Vergleich mit weiten Teilen des Westjordanlandes relativ unwichtige Rolle gespielt zu haben. Bisher stammen die meisten der wenigen bekannten attischen Scherben bzw. Gefäße des transjordanischen Hochplateaus aus der Ammanitis (*Ḫirbet el-Ḥaǧǧār, Ḫirbet Ḫulde*[253], *Ruǧm el-Malfūf Süd*[254], *Tell el-ʿUmērī*[255], *Umm Uḏaina*[256]). Die tyrische Münze aus *Ḫirbet el-Ḥaǧǧār* aus der Mitte des 4.Jh.s v.Chr. belegt die Anfänge einer Wirtschaft auf der Basis gemünzten Geldes in der Ammanitis[257] und darüberhinaus entweder entsprechende Handelskontakte mit der phönizischen Küste[258] bzw. mit entsprechenden Zwischenhändlern oder die Anwesenheit von Söldnern, die von den Achäme-

253 Kh. Yassine, Archaeology of Jordan (1988), 14. 19, fig. 4:5 (Grab 1).

254 H. O. Thompson, Rugm El-Malfuf South, (1973), in: ders., Archaeology of Jordan (1989), 38.

255 L. T. Geraty et al., AUSS 236 (1988), 233; dies., ADAJ 33 (1989), 149; dies., BASOR.S 26 (1990), 75.

256 A. Hadidi, Levant 19 (1987), 101f.120, fig. 3f.18; F. Zayadine, in: Der Königsweg (1987), Nr. 189; ders., Attic Black-Figure Lekythoi from Amman, Jordan, in: Akten des XIII. Internationalen Kongresses für Klassische Archäologie, Berlin 1988 (DAI) (Mainz 1990), 431, Pl. 64:1. Zu *el-Bālūʿ* vgl. J. W. Crowfoot, An Expedition to Baluʿah, PEQ 66 (1934), 78. Vgl. zusammenfassend, aber Transjordanien betreffend lückenhaft (*Ḫirbet Ḫulde, Tell el-ʿUmērī*), mit falschen Orts- (Nr. 1. 41) und schlechten Literaturangaben (Nr. 20. 41) R. Wenning, Attische Keramik in Palästina. Ein Zwischenbericht, Transeuphratène 2 (1990), 158-167.

257 Die Anfänge einer Geldwirtschaft sind schon in assyrischer Zeit zu beobachten, vgl. K 1295 = ADD 1100 = ABL 632.

258 H. O. Thompson, A Tyrian Coin from Jordan, BA 49 (1987), 101-104 = ders., Archaeology in Jordan (1989), 105-112; D. Homes-Fredericq, SHAJ 3 (1987), 90. Vgl. die tyrische Münze aus dem Jahr 126 v. Chr., die auf dem *Ǧebel el-Aḫḍar* gefunden wurde, F. Zayadine, Syria 62 (1985), 152 und den phönizischen (anepigraphischen) Skaraboïd (angeblich) aus *es-Salṭ* (Hannover, Kestner-Museum, Inv. 1932,61), P. Zazoff (ed.), Antike Gemmen in Deutschen Sammlungen Bd. 4 (Wiesbaden 1975), 15, Nr. 16, Taf. 4:16 (Photos) = U. Gehrig – H. G. Niemeyer (ed.), Die Phönizier im Zeitalter Homers (Mainz 1990), 192f, Nr. 151 (Photo).

niden in der Ammanitis stationiert und bezahlt wurden. Die wahrscheinliche Identifizierung Milkoms mit dem Gott Melqart könnte ihre Anfänge während der (spät-)achämenidischen bzw. ptolemäischen Zeit innerhalb einer tyrischen Kolonie[259] in Rabbat-Ammon genommen haben (Kap. 6). Das Ostrakon Nr. 7 vom *Tell el-Mazār* (Kap. 2.3) aus dem 5.Jh.v.Chr. zeigt, daß der eine oder andere Ammoniter (PN *mlkmyt*) außerhalb der Ammanitis, im wirtschaftlich besser funktionierenden mittleren Jordantal, Arbeit fand. Die vom Ende des 4. oder dem Anfang des 3.Jh.s v.Chr. stammenden „Hierodulen"-Listen (M 392-398)[260] aus dem Haupttempel von *Maʿīn*, die nichts anderes als Heiratsurkunden sind[261], belegen, daß der Heiratsmarkt für Ammoniterinnen [ammonit. in minä. Version (*ʿdnt) bn* (= semit. *mn) ʿmn*], Moabiterinnen u.a. während dieser Zeit bis nach *Maʿīn* reichte und der ammonitisch-minäische Handel mit Gewürzen, Weihrauch u.a.[262] entlang der Weihrauchstraße wohl auch sonst einigermaßen florierte. Die frühestens aus der spätpersischen Zeit stammende, altnordarabische Inschrift von *Umm Ruǧūm* (vgl. Kap. 2.7) belegt, daß auch solche Kaufleute und Händler an dem Handel in und durch die Ammanitis partizipierten[263].

Wenn man überhaupt von den wenigen Anhaltspunkten, die man für die achämenidische Zeit über die Ammanitis hat, eine allgemeine oder zusammenfassende Bemerkung machen kann, dann erweckt sie den Eindruck einer nebenbei vom Westjordanland aus verwalteten, sich aber weitgehend selbst überlassenen[264] und vergleichsweise dünn besiedelten Region, die politisch nicht weiter ins Gewicht fiel, ökonomisch aber nicht uninteressant war und deren Bevölkerung offenbar kaum jemandem Anlaß gab, über sie ausführlicher zu berichten.

259 Vgl. Strabo 16,2,34. Vgl. z.B. auch die tyrische Kolonie in Jerusalem Neh. 13,16 und die inschriftlich belegte sidonische in Marescha, vgl. M. Hengel, Judentum und Hellenismus (WUNT 10; Tübingen $^{3}$1988), passim.

260 K. Mlaker, Die Hierodulenlisten von Maʿīn nebst Untersuchungen zur altsüdarabischen Rechtsgeschichte und Chronologie (SOA 5; Leipzig 1943), 19. 39. 44 = M 392.

261 Zum Formular (*PN bn PN ḏ-FN ḏ-'hl SN $s_1$krb w-ḫ$s_3$r PN bn ON*) E.A. Knauf, WO 16 (1985), 116f; ders., Ismael ($^{2}$1989), 54. 106; zum historischen Umfeld J. Ryckmans, Zuidarabische Kolonizatie, JEOL 15 (1957-1958), 239-248; ders., Les „Hierodulenlisten" de Maʿīn et la colonisation minéene, in: Scrinium Lovaniense: Mélanges historiques E. van Cauwenberg (RTHP 4,24; Louvain 1961), 51-61; Lit. zu den verschiedenen südarabischen Inschriften u.a. aus Palästina vgl. U. Hübner, BN 47 (1988), 29, Anm. 29.

262 Zum keilschriftlichen Vertrag über den (Ver-)Kauf von Vieh, das durch die Ammanitis getrieben werden mußte, aus dem edomitischen *Ṭawīlān*, wohl aus der Regierungszeit Darius I. (522-486 v.Chr.), vgl. S. Dalley, The Cuneiform Tablet from Tell Tawilan, Levant 16 (1984), 19-22. Zur Weihrauchstraße vgl. Kap. 5.

263 Falls es sich nicht um eine Inschrift von sozial Deklassierten handelt, vgl. E.A. Knauf, WO 19 (1988), 73.

264 Dazu paßt, daß es kaum persische Importe in der Ammanitis wie z.B. das Stempelsiegel aus Grab 2 in *Ḫirbet Ḫulde* gibt, vgl. Kh. Yassine, Archaeology of Jordan (1988), 16. 21f, fig. 8:4.

### 4.4.2. Die hellenistische Zeit

Das phantasievolle und durch und durch spekulative Kunststück von B. MAZAR[265], eine Geschichte der Tobiaden-Familie zu rekonstruieren, indem er mehr oder weniger alle ihm aus Palästina und Mesopotamien bekannten *ṭwb-*(*yhw-* und *'l-*)haltigen PN[266] aus rund einem halben Jahrtausend genealogisch miteinander verbindet, ohne in den meisten Fällen überhaupt genealogische Angaben zu haben, ähnelt dem Unterfangen, einen Vornamen, z.B. *Gottlieb* oder *Christoph*, aus dem Onomastikon der bedeutenderen Familien eines Gebietes zwischen der Ostsee und der Adria und aus der Zeit nach dem Dreißigjährigen Krieg bis heute zu sammeln und die Namensträger zu unmittelbaren Verwandten zu erklären: Zuerst macht B. MAZAR den *Ṭāb'ēl* (vgl. LXX, Syr., Vulg.: **Ṭōb'ēl*) von Jes. 7,6[267] zum Stammvater der Tobiaden, die von Tiglat-Pileser III. aus ihren transjordanischen Besitzungen nach Mesopotamien exiliert worden waren (unter Bezug auf Es. 2,60; Neh. 7,62; vgl. 3Es. 5,36) und deren Nachfahren teils im *Murašū*-Archiv[268] nachweisbar, teils wieder nach Palästina zurückgekommen sein sollen (Es. 2,60; Neh. 7,62). Dann

265 The Tobiads, IEJ 7 (1957), 137-145. 229-238.

266 Geradezu erstaunlich ist es, daß B. MAZAR den Leviten *Ṭwbyhw* von 2Chr. 17,8 (der in LXX fehlt) und den *Ṭāb'ēl* von Es. 4,7 [vgl. z.B. U. KELLERMANN, Nehemia (1967), 168] nicht in seine Tobiaden-Genealogie einreihen wollte oder konnte, was bei seiner Argumentationsmethodik ein leichtes gewesen sein müßte. Zu weiteren ausgewählten PN-Belegen vgl. z.B. VSE Nr. 376; CIJ I, No. 497 (*Toubias / Tubias*); N. AVIGAD, Hebrew Bullae (1986), 34f. 59, Nos. 14. 65 [*Ṭby(hw)*]; J.A. FITZMYER – D.J. HARRINGTON (ed.), A Manual of Palestinian Aramaic Texts (BibOr 34; Rom 1978), 227, No. 81 (*Ṭwbyh*); W. KORNFELD, Onomastica Aramaica (1978), 51 (*Ṭḇ*); K. BEYER, Die aramäischen Texte vom Toten Meer (Göttingen 1984), 401f. 404; B. AGGOULA, Inscriptions et Graffites Araméens d'Assour (AION.S 43; Neapel 1985), No. 32b.j; 33a; 34b.f (*Ṭby/w*); L.G. HARDING, An Index and Concordance of Pre-Islamic Arabian Names and Inscriptions (1971), 386 (*Ṭb*); CIS IV, 1, Nr. 87 (*Ṭwb'l*); F. VATTIONI, I Semiti nell'epigrafia cirenaica, SCO 37 (1987), 527-543 [*Bart(h)yba(s); Toubias*]; SEG 16 (1959), Nr. 908 (*Toubias*); J. NAVEH, Writing and Scripts in Seventh-Century B.C.E. Philistia: The New Evidence from Tell Jemmeh, IEJ 35 (1985), 11 (*ṭb*); S.M. RUOZZI SALA, Lexicon nominum semiticorum quae in papyris graecis in Aegypto repertis ab anno 323 a.Chr.n. usque ad annum 70 p.Chr.n. laudata reperiuntur (Testi e documenti per lo studio dell'Antichità 46; Milano 1974), 41 (*Tōbias*); Y. TSAFRIR, Further Evidence of the Cult of Zeus Akraios at Beth Shean (Scythopolis), IEJ 39 (1989), 76-78 (*Tōbia/os*); (Asc.)/Mart.Jes. 2,5 (*Tōbia*); Tobit (LXX, 4QTob u.a.) 1,1.9 u.ö. (*Ṭwby, Ṭwbyh; Tōbiēl, Tōbias*); SEG 16 (1959), Nr. 908 (*Toubias*); Y. YADIN – J. NAVEH, Masada I (Jerusalem 1989), 21ff (*Ṭybw; Ṭwby*).

267 IEJ 7 (1957), 236. Zu dieser Gestalt, über die nichts weiter bekannt ist, vgl. z.B. auch die unterschiedlichen Äußerungen von A. ALT, Menschen ohne Namen, (1950), in: ders., Kleine Schriften III ($^2$1968), 212f; W.F. ALBRIGHT, The Son of Tabeel (Isaiah 7:6), BASOR 140 (1955), 34f; E. VOGT, Filius Ṭāb'ēl (Is 7,6), Bib. 37 (1956), 263f; und A. VANEL, Ṭâbe'él en Is. VII 6 et le roi Tubail de Tyr, in: Studies on Prophecy (VT.S 26; Leiden 1974, 17-24 (hier wird er zu allem Überfluß auch noch zu einem phönizischen Königssohn gemacht: *Tu-ba-'-(i)l* > *[it]tōbaʿl*); bei L. GINZBERG (ed.), The Legends of the Jews 6 (1928), 365 ist er mit Pekach identisch.

268 M.D. COOGAN, West Semitic Personal Names in the Murašû Documents (1976), 26. 74f;

wird der *Ṭwbyhw ʿbd h-mlk* des Lachisch-Ostrakons Nr. 3:19 (KAI Nr. 193:19)[269] zum Großvater des *Ṭwbyh* von Sach. 6,10.14 bzw. der beiden frühdatierten *Ṭwbyh / Ṭwbyh̊*-Inschriften in *ʿIrāq el-Emīr* gemacht, der seinerseits zum Großvater des *Ṭwbyh* des Nehemia-Buches avanciert. Dieser Tobija wird über die Konstruktion, daß der Titel *h-ʿbd h-ʿm(w)ny* die Bedeutung bzw. die Funktion des Titels *ʿbd h-mlk* gehabt hätte, zum Gouverneur der Ammanitis mit Residenz im transjordanischen *Ṣūr* (Tyros) und zu einem reinen Juden erklärt, was ihn offenbar befähigt haben soll, auch noch der Vorfahre des in den Zenon-Papyri erwähnten *Toubias* zu werden[270]. Mit diesem Toubias beginnt B. Mazar dann endlich auf diskutablen bzw. historisch belegbarem Boden zu stehen. Im Zusammenhang mit einer Geschichte der Ammanitis ist hier zu betonen, daß es keinen nachweisbaren, sondern nur einen zu vermutenden Zusammenhang zwischen dem Tobija des Nehemia-Buches und dem Toubias der Zenon-Papyri und vor allem keine nachweisbare Identität zwischen dem Territorium der achämenidischen Subprovinz Ammon und dem des Toubias gibt[271].

Erst rund ein Jahrhundert nach dem Tobija, *h-ʿbd h-ʿm(w)ny*, gibt es wieder einige wenige Informationen über die frühere achämenidische Subprovinz Ammon, die inzwischen von den Ptolemäern übernommen, und wie die Endung *-īti/ēs* andeutet[272], als eigene Provinz bzw. Hyparchie dem ägyptischen Machtbereich einverleibt worden war. Interessanterweise ist der ON Ammanitis auch der zuerst belegte dieses Typs; ON wie Auranitis, Gaulanitis, Esbonitis, Moabitis, Trachonitis u.a. sind erst für spätere Zeiten belegt.

Während seiner Reise Ende 260 / Anfang 259 – Anfang 258 v.Chr.[273] durch Palästina besuchte der Kaunier Zenon[274] im Auftrag des ptolemäischen Dioiketen

M. W. Stolper, Entrepreneurs and Empire, The Murašû Archive, the Murašû Firm, and Persian Rule in Babylonia (UNHAII 54; Leiden 1985), 277. 301 (No. 106:34).

269 Die Lesung des Lachisch-Ostrakons Nr. 5:10 (KAI Nr. 195:10) ist wegen des schlechten Erhaltungszustandes umstritten; manche wollen auch hier den PN *Ṭbyhw* lesen, vgl. z. B. K. A. D. Smelik, Historische Dokumente (1987), 118 oder D. Conrad, TUAT 1 (1985), 623.

270 IEJ 7 (1957), 143f.

271 Vgl. ähnlich schon R. Zadok, The Jews in Babylonia during the Chaldean and Achaemenian Periods (1979), 62.

272 Vgl. Kap. 5. A. H. M. Jones, The Cities of Eastern Roman Provinces (Oxford ²1971), 239f. 449f. Zum administrativen Aspekt vgl. R. S. Bagnall, The Administration of the Ptolemaic Possessions outside Egypt (Columbia Studies in the Classical Tradition 4; Leiden 1976), 11-24. 213-246.

273 Zum Datum der Reise vgl. V. Tscherikower, Palestine under the Ptolemies (A Contribution to the Study of the Zenon Papyri), Mizraim 4-5 (1937), 11f.

274 Zur Biographie und den Funktionen des Zenon vgl. z. B. V. Tscherikower, Mizraim 4-5 (1937), 14f; A. Swiderek, Zenon fils d'Agréophon de Caunos, Eos 48,2 (1957), 133-141. Zum Problem der hellenistischen Krugstempel vgl. D. T. Ariel – A. Strikovyky, Excavations at the City of David 1978-1985, Vol. II (Qedem 39; Jerusalem 1990), 76f.

Apollonios und als dessen Oikonomos auch den jüdischen Magnaten Toubias[275]. Aus dem Briefwechsel zwischen Toubias auf der einen und Zenon, Apollonios und König Ptolemaios II. auf der anderen Seite gehen die engen politischen und geschäftlichen Verbindungen zwischen beiden Parteien hervor. PCairoZen. 59003, eine mehrfach gesiegelte Verkaufsurkunde[276], dokumentiert den Verkauf einer siebenjährigen Sklavin namens Sphragis[277] an Apollonios. Der Verkauf wird durch den Knidier Nikanor als Verkäufer im Auftrag des Toubias bzw. von Zenon als Käufer im Auftrag des ptolemäischen Dioiketen im April oder Mai 259 v. Chr. in „Birta der Ammanitis“ durchgeführt; verbürgt und bezeugt wird er auf der Seite des Toubias bzw. Nikanor durch Kleruchen, die zur Reitergarde des jüdischen (Reiter-)Kommandeurs gehörten, darunter ein „Perser“[278] (der als Sohn eines Ananias aufgrund dieses Patronyms jüdischen Glaubens gewesen sein dürfte) und ein Makedone. PCairoZen. 59075[279] und 59076[280], beide wohl vom 13.Mai des Jahres 257 v. Chr., sind Schreiben, die von Toubias, wie aus den identischen Handschriften hervorgeht, ein und demselben griechischen Sekretär diktiert und an den Dioiketen bzw. den König in Ägypten adressiert worden waren. Sie wurden beide von dem Boten Aineas mitsamt den für Ptolemaios II. bzw. für Apollonios bestimmten Geschenken [u. a. Pferde, Esel[281], Hunde, Affen für den König; (z. T. beschnittene) Sklaven verschiedenster Herkunft[282] an den Dioiketen] innerhalb von 36 Ta-

275 Gesamtdarstellungen und wichtigere Einzeluntersuchungen dazu vgl. z. B. M. Hengel, Judentum und Hellenismus (³1988), passim; ders., Juden, Griechen und Barbaren. Aspekte der Hellenisierung des Judentums in vorchristlicher Zeit (SBS 76; Stuttgart 1976), 155f; C. Orrieux, Zénon de Caunos, parépidèmos, et le destin grec (Annales Littéraires de l'Université de Besançon 320; Centre de Recherches d'Histoire Ancienne 64; Paris 1985), 43f. 98-102. 158-163; J. A. Goldstein, The Tales of the Tobiads, in: J. Neusner (ed.), Christianity, Judaism and other Greco-Roman Cults III (StJLA 12,3; Leiden 1975), 85-123; V. Tscherikower, Mizraim 4-5 (1937), 9-90.

276 Vgl. P.Edgar 3 (ed. pr.) = SB 6709 = Sel.Pap. I 31 = CPJ I, No. 1; R. Scholl, Sklaverei in den Zenonpapyri. Eine Untersuchung zu den Sklaventermini, zum Sklavenerwerb und zur Sklavenflucht (Trierer Historische Forschungen 4; Trier 1983), 18-26; ders., Corpus der ptolemäischen Sklaventexte I 1 (Forschungen zur antiken Sklaverei Bh. 1,1; Stuttgart 1990), Nr. 37.

277 Ihre Herkunft ist aufgrund des sowohl fragmentarischen als auch korrigierten Textes nicht mehr eindeutig festzustellen: *]d/lōnion* ' *sidonisch, *babylonisch?

278 Zum militärischen Status der „Perser“, einem Pseudo-Ethnikon, vgl. J. F. Oates, The Status Designation: *Persēs, tēs epigonēs*, YCS 18 (1963), 1-129; C. Orrieux, Zénon de Caunos, parépidèmos, et le destin grec (1985), 92f.

279 Vgl. CPJ I, No. 5.

280 Vgl. P.Edgar 84 (nur a) = SB 6790 (nur a); P.Lond. 1947 = CPJ I, No. 4 = J. Hengstl (ed.), Griechische Papyri aus Ägypten als Zeugnisse des öffentlichen und privaten Lebens (München 1978), Nr. 122; R. Scholl, Sklaverei in den Zenonpapyri (1983), 100-105; ders., Corpus der ptolemäischen Sklaventexte I 1 (1990), Nr. 48.

281 H. Hauben, „Onagres“ et „Hémionagres“ en Transjordanie au IIIee siècle avant J.-C. A propos d'un lettre de Toubias, AncSoc 15 (1984), 89-111 (vor allem zu PCairoZen. 59075).

282 Zu den PN *Haimos, Atikos, Audomos* und *Okaimos* vgl. W. Clarysee, Prosopography, in:

gen aus dem Gebiet des Toubias nach Alexandrien überstellt. Die Briefe zeigen, daß Toubias sich selbst rangmäßig nur unwesentlich geringer als seine Briefpartner einschätzte; dabei verwendete er Formeln [z. B. *(po)llē charis tois theois*][283], die ihn als liberalen jüdischen Aristokraten ausweisen. Nach PCairoZen. 59003 u. a. war Toubias Befehlshaber einer ptolemäischen, gemischt nichtjüdisch-jüdischen Militärkolonie in einem Teilgebiet der Gileaditis. Dort widmete er sich, wirtschaftlich stark und politisch halbwegs autonom, vor allem seinen eigenen Interessen und daneben auch denen seiner nominellen Dienstherren.

Als ON, die zu der ptolemäischen Kolonie gehörten, an deren Spitze Toubias stand, ist unter den zahlreichen ON, die die Zenon-Papyri für Transjordanien überliefern, einzig und allein *Sourabit(ta)* (PCairoZen. 59004, recto Kol. I, Z.6)[284] bzw. *Sōrabitt[(a)* (P.Lond. inv. 2358A, Kol. IX, Z.15)[285] erwähnt. Alle anderen ON gehörten nicht mehr zum Territorium des Toubias [*(hē gē / chōra) Toubiou*], insbesondere *Abell(a)* (= *Tell el-Kefrēn*, map ref. 211.139) (PCairoZen. 59004, recto Z.5; P.Lond. inv. 2358A, Col. IX, Z.10)[286], *Birta (tēs Ammanitidos*) und die *Ammanitis* (PCairoZen. 59003, recto Z.3.13) selbst[287]. Da an anderer Stelle in den

P. W. Pestman (ed.), A Guide to the Zenon Archive (P.L.Bat 21 a); Leiden 1981), 271 ff (*sub loco*); S. M. Ruozzi Sala, Lexicon nominum semiticorum quae in papyris graecis (1974), 9. 29; eventuell L. Zgusta, Kleinasiatische Personennamen (Monografie Orientálníko ústavu CSAV 19; Prag 1964), 94, Anm. 344; auch I. Hofmann, Kuschiten in Palästina, GM 46 (1981), 9 f. Vgl. allgemein J. M. Harper, A Study in the Commercial Relations between Egypt and Syria in the Third Century before Christ, AJP 49,1 (1928), 1-35; R. Scholl, Sklaverei in den Zenonpapyri (1983), passim; ders., Corpus der ptolemäischen Sklaventexte I 1 (1990), 189.

283 PCairoZen. 59076, recto Z.2. Vgl. dazu auch C. Orrieux, Les Papyrus de Zénon et la Préhistoire du Mouvement Maccabéen, in: Hellenica et Judaica. Hommage à V. Nikiprowetzky, ed. A. Caquot – M. Hadas-Lebel – J. Riaud (Leuven 1986), 329 f.

284 Vgl. CPJ I, No. 2a.

285 Vgl. CPJ I, No. 2d.

286 Vgl. A. Calderini, Dizionario dei nomi geografici e topografici dell'Egitto Greco-Romano, Parte I 1 (Madrid 1935), 3 und Suppl. (Milano 1988), 1 f.

287 Das in PSI IV Nr. 406 [R. Pintaudi (ed.), Papiri Greci e Latini à Firenze. Secoli III a.C. – VIII d.C. Catalogo della mostra – maggio-giugno 1983. Bibliotheca Medicea Laurenziana (Papyrologica Florentina XII Supplemento; Florenz 1983), 19, No. 12, Pl. IV] genannte *Ammōnōn* dürfte eine andere Bezeichnung für die Ammanitis sein: gemeint ist statt *Ammanitis, (hē gē / chōra) Ammanitidos* oder *hē gē / chora Ammonitōn* wohl *(hē gē / chōra) Ammōnōn*, vgl. LXX *hyioi Ammōn*; vgl. auch U. Wilcken, Papyrusurkunden VII, APF 6 (1913-1920), 393; A. Alt, Pegai, ZDPV 45 (1922), 221; anders A. Calderini, Dizionario dei nomi geografici e topografici dell'Egitto Greco-Romano, Parte I 2 (1966), 23. Zu den Übersetzungsversuchen des kaum von einem Griechen geschriebenen Briefs vgl. C. Orrieux, Les papyrus de Zénon. L'horizon d'un Grec en Égypte au III^e siècle avant J. C. (Paris 1983), 44 f und R. Scholl, Sklaverei in den Zenonpapyri (1983), 56-64; ders., Corpus der ptolemäischen Sklaventexte I 1 (1990), Nr. 42: Kol. I, Z.1-14: „Beschwerdebrief an Zenon [...] von Herakleides, dem Fuhrmann, betreffend der Umstände, die Drimylos und Dionysios einer Sklavin [...] angetan haben: Er mißbrauchte sie, und er übergab sie dem Grenzwächter, und sie schenkten sie ihm, als ob sie irgendein Besitzrecht an ihr hätten. Diese (aber) ist in

Zenon-Papyri (PSI VI, No. 616,27) noch *Rabbathammana* erwähnt wird und es in hellenistischer Zeit in der Ammanitis wohl kaum einen anderen Ort als die Zitadelle von *ʿAmmān* gab, der den Namen bzw. die Bezeichnung *Birta*[288] *tēs Ammanitidos* hätte tragen können, ist *Birta* entsprechen zu identifizieren bzw. zu lokalisieren[289]. Daß *ʿAmmān* in den Zenon-Papyri nicht auch als *Philadelpheia* auftaucht, bedeutet entweder, daß die Stadt damals noch nicht nach dem in diesen Jahren schon geraume Zeit regierenden Ptolemaios II. Philadelphos benannt worden war (vgl. Hieronymus, Comm. in Ez. 21,18ff = PG 25,205ff), oder daß man diesen ON in den Zenon-Papyri mit Absicht nicht verwendete, um eine Verwechslung mit dem Philadelphia (*el-Gerze*) im *Fayyūm* zu vermeiden. Jedenfalls liefern die Zenon-Papyri – zusammen mit territorialgeschichtlichen Überlegungen – ein klares Indiz dafür, daß das Territorium des Toubias weder mit der Ammanitis identisch noch diese ein Teil desselben war[290]. Sie zeigen zugleich, daß Toubias offenbar so gute geschäftliche Beziehungen zu den ebenfalls mit den Ptolemäern kooperierenden Lokalherren in *ʿAmmān* hatte, daß er einen Teil seiner Geschäfte dort durch eigene Agenten tätigen ließ. Zentrum seines Herrschaftsbereiches war *Sou/ōrabitt(a)*, das kaum anders als mit dem *Tyros* bei Joseph., Ant. 12,4,11 (§ 233) im *Wādī ṣ-Ṣīr* identifiziert werden kann, zumal inzwischen einiges dafür spricht, daß der *tell* von *ʿIrāq el-Emīr* schon im 3.Jh.v.Chr. besiedelt war: Eine Reihe von Einzelfunden aus den Grabungen P. W. Lapps deuteten m.E. klar auf eine Besiedlung des 3.Jh.s hin, so z. B. Münzen Ptolemaios' II., die wegen ihre langen Laufzeit allerdings nur ein vages Indiz darstellen, sowie frühe Münzen Antiochos' III.[291], ein rhodischer Amphoren-Stempel[292], Keramik[293] (sowie ein ägyptisches Amu-

Pegai bei dem Grenzwächter. Eine andere entführten sie aus dem Ammoniterland; sie verkauften sie in Ptolemaïs."

288 Zur Bedeutung des Wortes vgl. C. Zaccagnini, VO 3 (1980), 139-151; A. Lemaire – H. Lozachmeur, Bīrāh / Birtā' en Araméen, Syria 64 (1987), 261-266; É. Lipinski, Emprunts suméro-akkadiens en hébreu biblique, ZAH 1 (1988), 64f.

289 S. Mittmann, Zenon im Ostjordanland, in: Archäologie und Altes Testament. FS für K. Galling zum 70.Geb. (1970), 199-210; M. Weippert, ZDPV 89 (1973), 38, Anm. 43; vgl. z.B. auch M. Hengel, C. Orrieux u.a. Anders z.B. A. Calderini, Dizionario dei nomi geografici e topografici dell'Egitto Greco-Romano, Parte II 1 (1973), 52.

290 So z.B. B. Mazar, IEJ 7 (1957), 143. Anders zu recht z.B. P. Gentelle, Hérodote 20 (1981), 8f, fig. 4.

291 N. L. Lapp, The Excavations at Araq el-Emir. Coins (AASOR 47; Winona Lake/IN 1983), 13-15. 18, Table 1, No. 28; J.-M. Dentzer – F. Villeneuve – F. Larché, The Monumental Gateway and the Princely Estate of Araq el-Emir, in: N. L. Lapp, The Excavations at Araq el-Emir (AASOR 47; 1983), 142f; dies., Iraq el Amir: Excavations at the Monumental Gateway, SHAJ 1 (1982), 205f.

292 N. L. Lapp, The Excavations at Araq el-Emir (1983), 21.24f, Table 4, No. 292.

293 N. L. Lapp, The Hellenistic Pottery from the 1961 and 1962 Excavations at ʿIraq el-Emir, ADAJ 23 (1979), 8f; dies., The Excavations at Araq el-Emir (1983), 63ff u.ö.; P. W. Lapp, The 1961 Excavations at ʿAraq el-Emir, ADAJ 6-7 (1962), 88; ders., The Second and Third Campaigns at ʿArâq el-

lett)[294]. Die neueren französischen Grabungen haben endgültig den Nachweis dieser Siedlungsphase und daneben auch Indizien für eine persische (und Eisen II-zeitliche?) Siedlungsphase erbracht[295] [sieht man von der bekannten frühbronze-, (mittelbronze-?[296]) und früheisenzeitlichen Besiedlung ab].

Die beiden in aramäischer Schrift geschriebenen, paläographisch mehr oder weniger identischen *Ṭwbyh / Ṭwbyh̊*-Inschriften (RÉS Nr. 1889; CIJ Nr. 868)[297] von *ʿIrāq el-Emīr* lassen sich nur ungenau datieren: Datierungen vom Anfang des 5.Jh.s bis in die 1.Hälfte des 2.Jh.s v.Chr. sind möglich[298]. Insofern könnten die Inschriften auf den Toubias der Zenon-Papyri wie auf Hyrkan, den Sohn des Josef, zurückgehen. Im letzteren Fall, für den baugeschichtlich gesehen der Ausbau der Höhlen von *ʿIrāq el-Emīr* spricht, müßte man entweder mit Papponymie rechnen oder aber damit, daß der jüdische Name des Hyrkan Tobia war (vgl. 2Makk. 3,11)[299]. Möglicherweise handelt es sich aber auch einfach um den auf keine bestimmte Einzelperson bezogenen Sippennamen der Tobiaden.

Als in der Folge des Alexander-Feldzuges 332 v.Chr., der die Ammanitis militärisch nicht berührt hatte[300], Syrien-Palästina unter die Herrschaft der Diadochen kam, wechselte sie zunächst einige Male zwischen Ptolemaios I. Soter (305-283/282 v.Chr.) und Antigonos Monophthalmos (bzw. Demetrios Poliorketes), bevor Palästina und damit die Ammanitis 301 v.Chr. für lange Zeit an die Ägypter fiel. Weder für die Zeit der wechselnden Machtverhältnisse noch für den 'endgültigen' Übergang zur ptolemäischen Suprematie ist über die Ammanitis näheres bekannt, was darauf schließen läßt, daß man sich dort jedes Mal ohne nennenswerte Nach-

Emîr, BASOR 171 (1963), 20; R. Brown, The 1976 ASOR Soundings, in: N.L. Lapp (ed.), The Excavations at Araq el-Emir (AASOR 47; 1983), 115-117 (vom *Qaṣr el-ʿAbd*).

294 N.L. Lapp, The Excavations at Araq el-Emir. Jewelry (1983), 31f, fig. 16.

295 F. Villeneuve, Iraq al-Amir, in: ders. – G. Tate (ed.), Contributions française à l'archéologie Jordanienne (Beirut – Amman – Damaskus 1984), 16f.

296 Nur bei P.W. Lapp, ʿArâq el-Émir, RB 69 (1962), 96 genannt und bisher nicht überprüfbar dokumentiert.

297 AOB² Taf. 230:608; F. Vattioni, Excerpta Aramaica, Aug. 11 (1971), 180, No. 45.

298 J. Naveh, The Development of the Aramaic Script (1970), 62-64. Die meisten Datierungsvorschläge beziehen sich auf das 3. oder 2.Jh.v.Chr., nur B. Mazar, IEJ 7 (1957), 141f. 229 vertritt eine im Kontext seiner familiengeschichtlichen Überlegungen zu verstehende Frühdatierung (an das Ende des 6. bzw.) an den Anfang des 5.Jh.s v.Chr.

299 So z.B. Ch. Clermont-Ganneau, Archaeological Researches in Palestine II (1896), 261-263; G. Dalman, Die Tobia-Inschrift von ʿaraḳ el-emīr und Daniel 11,14, PJ 16 (1920), 33-35; P.W. Lapp, BASOR 171 (1962), 38f.

300 Vgl. F.-M. Abel, Alexandre le Grand en Syrie et en Palestine, RB 43 (1934), 528-545; 44 (1935), 42-61; P. Högemann, Alexander der Große und Arabien (München 1985), passim; J. Seibert, Die Eroberung des Perserreiches durch Alexander d.Gr. auf kartographischer Grundlage (BTAVO.B 68; Wiesbaden 1985), 80-87, Karte 20 und z.B. H. Donner, Geschichte des Volkes Israel und seiner Nachbarn 2 (1986), 439ff oder P. Schäfer, Geschichte der Juden in der Antike (Stuttgart 1983), 17ff.

teile der jeweils stärken Seite anpaßte bzw. anpassen mußte. Dies gilt jedoch nicht für jenen späteren, wenn auch nur kurzfristigen Wechsel von der ptolemäischen zur seleukidischen Herrschaft[301]: 218 v. Chr. eroberte Antiochos III. (223-187 v. Chr.) im Zuge des sog. 3.Syrischen Krieges *Rabbatamana tēs Arabias* nach einer mehrere Tage währenden Belagerung (Polybios 5,71,1-11) und stationierte dort nun seinerseits eigene Garnionstruppen. Die seleukidische Herrschaft über die Ammanitis war aber nur von kurzer Dauer, denn als Folge des ptolemäischen Sieges bei Raphia 217 v. Chr. fiel diese an die Ägypter zurück; die Seleukiden mußten Philadelphia wieder räumen. Über die Ammanitis dieser Zeit ist wenig bekannt, und das wenige ist wiederum eng mit dem im Westen an die Ammanitis anschließenden Gebiet der Tobiaden verbunden. Die Auseinandersetzungen zwischen der proptolemäischen Partei des *Prostatēs* Josef b. Tobias mit dem proseleukidischen Hohenpriester Onias II. in Jerusalem [Joseph., Ant. 12,4,2ff (§§ 160ff)] führten zur Spaltung der Tobiadenfamilie[302]. Während Josef später noch das politische Lager wechselte, blieb sein Sohn Hyrkan[303] von Anfang bis zum bitteren Ende proptolemäisch und mußte sich auf den Familienbesitz jenseits des Jordan zurückziehen [Joseph., Ant. 12,4,11 (§ 229)], der sowenig zur Ammanitis gehörte wie zur Zeit des aus den Zenon-Briefen bekannten Toubias. Von dort aus führte er zahllose Kleinkriege bzw. Raubzüge gegen die Araber der näheren und weiteren Umgebung [Joseph., Ant. 12,4,11 (§§ 230)]. Sein offenbar erzwungener[304] Aufenthalt im Ostjordanland währte angeblich nur sieben Jahre [so jedenfalls Joseph., Ant. 12,4,11 (§ 234)], die in einer Zeit lagen, als die ptolemäische Vorherrschaft über Palästina im Schwinden und die seleukidische erst noch im Kommen war. Wenige Jahre nach dem Regierungsantritt Antiochus IV. Epiphanes (175-164 v. Chr.) beging Hyrkan, dessen Lage endgültig politisch unhaltbar geworden war, Selbst-

301 Vgl. F. ZAYADINE, La Campagne d'Antiochus III Le Grand en 219-217 et le siège de Rabbatamana, RB 97 (1990), 68-84; ders., La Campagne d'Antiochus III Le Grand en 219/217 et le siège de Rabbatamana, in: Akten des XIII. Internationalen Kongresses für Klassische Archäologie, Berlin 1988 (DAI) (Mainz 1990), 433 f.

302 Die vor allem von J. WELLHAUSEN, H. WILLRICH und zuletzt von D. GERA, On the Credibility of the History of the Tobiads (Josephus, Antiquitates 12,156-222.228-236), in: Greece and Rome in Eretz Israel. Collected Essays, ed. A. KASHER – U. RAPPAPORT – G. FUKS (Jerusalem 1990), 21-38 historisch angezweifelte Tobiadenerzählung ist zumindest in dem angehängten Kurzbericht Joseph., Ant. 12,4,11 (§§ 228-236) weitgehend zuverlässig.

303 Zum Folgenden vgl. die z. T. recht unterschiedlichen Darstellungen von TH. FISCHER, Seleukiden und Makkabäer (Bochum 1980), 11-16 u. ö.; P. SCHÄFER, Geschichte der Juden in der Antike (1983), 33-40. 48-58; M. HENGEL, Judentum und Hellenismus ($^3$1988), 496ff u. ö.; O. PLÖGER, Hyrkan im Ostjordanland, in: ders., Aus der Spätzeit des Alten Testaments (Göttingen 1971), 90-101; W. OTTO, Hyrkanos, RE 9,1 (1914), 527-533; C. C. McCOWN, The ʿAraq el-Emir and the Tobiads, BA 20 (1957), 63-76; B. MAZAR, IEJ 7 (1957), 137ff. 229ff.

304 Anders O. PLÖGER, Aus der Spätzeit des Alten Testaments (1971), 98-101.

mord (irgendwann in den Jahren 170 bis 168 v. Chr.)[305]. Sein Besitz wurde vom seleukidischen König beschlagnahmt [Josep., Ant. 12,4,11 (§ 236)]. Aus diesen Jahren ist nur wenig über Hyrkan bekannt. Wie die Heliodor-Episode zeigt, hatte der Tobiade einen Teil seines Vermögens dem (zumindest nach außen hin) proseleukidischen Hohenpriester Onias III. (ca. 190/180-175/174 v. Chr.) in Jerusalem anvertraut (2Makk. 3,10f). Mittelpunkt seines Herrschaftsbereiches war Tyros [Joseph., Ant. 12,4,11 (§ 233); Strabo 16,2,40: *Tauros*], dessen semitischer Name sich im *Wādī* / *ʿĒn eṣ-Ṣīr* erhalten hat und das zweifellos mit den entsprechenden hellenistischen Siedlungsresten bei *ʿIrāq el-Emīr* identisch ist[306]. Hyrkan baute den Familienbesitz dort in großer Form aus. Auf seine Bautätigkeit geht u. a. die Palastanlage[307], die monumentale Toranlage[308], das sog. Square Building Stratum III[309], die Besiedlung auf dem Tell (Stratum III der Grabung P. W. LAPPS)[310], ein Teil der landwirtschaftlichen Terrassenanlagen und Aquädukte[311] und wohl auch die Ausgestaltung eines Teils der Höhlen zurück[312]. Das

305 Die Chronologie ist insgesamt nicht ganz klar, weil die Angaben bei Joseph. teils ungenau, teils widersprüchlich sind.

306 Zur Forschungs- und Grabungsgeschichte vgl. P. W. LAPP, ʿIraq el-Emir, EAEHL 2 (1976), 529f; N. L. LAPP, The Excavations at Araq el-Emir (1983), 1-8; dies., Araq el-Emir, in: Archaeology and Biblical Interpretation. Essays in Memory of D. G. ROSE, ed. L. G. PERDUE et al. (Atlanta/GA 1987), 165-181; E. WILL, The Recent French Work at Araq el-Emir: The Qasr el-Abd Rediscovered, in: N. L. LAPP (ed.), The Excavations at Araq el-Emir (1983), 149-151.

307 E. WILL, in: N. L. LAPP (ed.), The Excavations at Araq el-Emir (1983), 149-154; ders., L'edifice dit Qasr el Abd à Araq al Amir (Jordanie), CRAIBL 1977, 69-85; ders., Un monument hellénistique de Jordanie: Le Qasr el ʿAbd d'ʿIraq al Amir, SHAJ 1 (1982), 197-200; F. VILLENEUVE, in: ders. – G. TATE (ed.), Contribution française à l'archéologie Jordanienne (1984), 12-15; ders., Recherches en cours sur les systèmes défensifs d'un petit site d'époque hellénistique en Transjordanie: Iraq al Amir, in: La Fortification dans l'Histoire du Monde Grec. Actes du Colloque International 'La Fortification et sa Place dans l'Histoire Politique, Culturelle et Sociale du Monde Grec', Valbonne, Décembre 1982, ed. P. LERICHE – H. TRÉZINY (Paris 1986), 157-165.

308 J.-M. DENTZER et al., in: N. L. LAPP (ed.), The Excavations at Araq el-Emir (1983), 133-148; dies., SHAJ 1 (1982), 201-207.

309 P. W. LAPP, ADAJ 6-7 (1962), 85-87; ders., BASOR 171 (1963), 33-38; N. L. LAPP, The Excavations at Araq el-Emir (1983), 7-9.

310 P. W. LAPP, BASOR 171 (1962), 8-20.37; ders., EAEHL 2 (1976), 529f; N. L. LAPP, The Excavations at Araq el-Emir (1983), 10f; F. VILLENEUVE, in: ders. – G. TATE (ed.) Contribution française à l'archéologie Jordanienne (1984), 16f, fig. 16f; ders., Recherches en cours sur les systèmes défensifs d'un petit site d'époque hellénistique en Transjordanie: Iraq al Amir, in: La Fortification dans l'Histoire du Monde Grec, ed. P. LERICHE – H. TRÉZINY (1986), 161-163.

311 P. W. LAPP, ADAJ 6-7 (1962), 87.

312 Joseph., Ant. 12,4,11 (§§ 231f). Vgl. C. R. CONDER, Survey of Eastern Palestine (1889), 67-78, fig. 3-22; P. W. LAPP, BASOR 171 (1963), 38; O. PLÖGER, Aus der Spätzeit des Alten Testaments (1971), 95-97; F. VILLENEUVE, in: ders. – G. TATE (ed.), Contribution française à archéologie Jordanienne (1984), 15; ders., Recherches en cours sur les systèmes défensifs d'un petit

*Qaṣr el-ʿAbd*[313] genannte Gebäude, ein zweistöckiger Palast, – und um einen solchen handelt es sich aufgrund seines Grundrisses und der entsprechenden Erwähnung als *baris*[314] bei Joseph., Ant. 12,4,11 (§ 230) zweifelsfrei[315] – blieb, wie die imperiale Bauornamentik [vgl. Joseph., Ant. 12,4,11 (§ 230)][316] und verschiedene Konstruktionselemente klar zeigen, ebenso unvollendet wie die monumentale Toranlage. Mit dem Tod Hyrkans wurden die kostspieligen Baumaßnahmen offensichtlich sofort eingestellt, ohne ihre Fertigstellung abzuwarten.

Das durch die bisherige Survey- und Grabungstätigkeit ermittelte Bild von *ʿIrāq el-Emīr* und seiner näheren Umgebung zur Zeit Hyrkans zeigt eine landwirtschaftlich intensiv genützte Region und ein boom-ähnlich florierendes Lokalfürstentum[317]. In seinem Mittelpunkt sollte ein unproportional großer Palast stehen, der in großzügigem Ausmaß von einer monumentalen Einfriedung umgeben war [Joseph., Ant. 12,4,11 (§ 233)]. Der Umfang seines Territoriums bzw. des tobiadischen Familienbesitzes läßt sich aus den literarischen Quellen nur sehr ungenau rekonstruieren, dürfte sich aber kaum von dem seiner Vorgänger unterschieden haben.

Auch für die Zeit nach Hyrkans Tod schweigen sich die literarischen Quellen über die Ammanitis weitgehend aus. Von den Vernichtungs- und Raubzügen des Judas Makkabäus, der die für ihn günstige politische Konstellation konsequent ausnutzte (vgl. Tacitus, hist. 5,8,3: *Tum Iudei Macedonibus invalidis, Parthis nondum adultis et Romani procul erant, sibi ipsi reges imposuere*), ist immerhin

site d'époque hellénistique en Transjordanie: Iraq al Amir, in: La Fortification dans l'Histoire du Monde Grec, ed. P. Leriche – H. Tréziny (1986), 160f; bei einem Teil der Höhlen dürfte es sich um Grabanlagen handeln, wofür die Inschriften und die Innenarchitektur sprechen.

313 Die volkstümlichen arabischen Legenden [vgl. dazu C. R. Conder, Survey of Eastern Palestine (1889), 78f; ders., Heth and Moab (1883), 353], die sich um die Ruinen ranken, zeigen, daß die so beliebte Bezugnahme von Neh. 2,10 [*h-ʿbd h-ʿm(w)ny*] auf *(Qaṣr) el-ʿAbd* und *(ʿIrāq) el-Emīr* historisch etwa dieselbe Aussagekraft wie die arabischen Legenden hat, nämlich keine: Der Emir (> ON) hatte eine wunderschöne Tochter, die er der Obhut seines schwarzen Sklaven anvertraute, als er sich auf die *ḥağğ* begab. Der Sklave liebte die Tochter; sie versprach ihm, ihn zu heiraten, wenn er ihr zuvor einen großen Palast (> ON *Qaṣr el-ʿAbd*) bauen würde. Der Sklave machte sich sofort an die Arbeit, überschätzte aber angesichts der großen Quader seine Kräfte und konnte den Bau nicht vollenden, bevor der Emir nach Hause zurückkehrte. Dieser tötete bei seiner Rückkehr sogleich seinen schwarzen Sklaven (so eine Grundversion).

314 Zur Bedeutung des Wortes vgl. C. Zaccagnini, VO 3 (1980), 139-151; E. Will, Qu'est-ce qu'une baris?, Syria 64 (1987), 253-259.

315 Die immer wieder und z.T. bis in die Gegenwart von H. C. Butler, J. M. Etchmendy, E. F. Campbell, V. Fritz, M. Hengel, H.-P. Kuhnen, H. Lauter, P. W. Lapp, O. Plöger, F. de Saulcy, L. H. Vincent, P. Wagner u.a. vorgetragene Tempel-Hypothese sollte ebenso wie die z.B. von W. F. Albright vorgetragene Mausoleum-Hypothese endgültig *ad acta* gelegt werden.

316 Vgl. R. Wenning, Hellenistische Skulpturen in Israel, Boreas 6 (1983), 105-118.

317 Vgl. J.-M. Dentzer et al., in: N. L. Lapp (ed.), The Excavations at Araq el-Emir (1983) 146f; dies., SHAJ 1 (1982), 206f.

bekannt, daß sie auch diese Region betrafen [1Makk. 5,6-8; vgl. 2Makk. 12,17-19; Jub. 37,1ff; TestXIIJud. (3-7).9,1ff; Joseph., Ant. 12,8,1ff (§§327-353)][318]. Spätere militärische Operationen der Makkabäer haben dann aber offenbar die Ammanitis nicht mehr direkt berührt[319]. Darüberhinaus blieb die Ammanitis auch in hellenistischer Zeit das für flüchtige Cisjordanier beliebteste Ausland: Nachdem der Oniade und Hohepriester Jason (ca. 175/174-172 v. Chr.) mit Hilfe der Jerusalemer Tobiaden von Onias (?)-Menelaos (ca. 172-163 v. Chr.)[320] gestürzt worden war, floh er in die Ammanitis (*eis tēn Ammanitin chōran*, 2Makk. 4,26); und nach dem vergeblichen Versuch, in Jerusalem wieder an die Macht zu kommmen, floh er abermals in die Ammanitis (*eis tēn Ammanitin*, 2Makk. 5,7-10), ohne sich dort aber offenbar länger (auf)halten zu können und zu dürfen. Da in beiden Fällen weder von Hyrkan oder Tyros noch von dem transjordanischen Tobiaden-Besitz allgemein die Rede, hat auch hier die Ammanitis mit letzterem geographisch nichts zu tun. Der Stratege von Jericho, Ptolemaios, Sohn des Abubus, floh ca. 135 v. Chr. zu dem Tyrannen von Philadelphia, Zenon, gen. Kotylas [1Makk. 16,11-16; Joseph., BJ 1,2,3-4 (§§54-60); Ant. 13,7,4-8,1 (§§228-235)][321]. Dieser hatte offenbar mit Erfolg versucht, in dem Vakuum, das infolge der seleukidischen und hasmonäischen Schwäche im mittleren Ostjordanland entstanden war, eine lokale

318 F.-M. ABEL, Topographie des Campagnes Machabéennes, RB 32 (1923), 512ff; K. GALLING, Judäa, Galiläa und der Osten im Jahre 164/3 v. Chr., PJ 36 (1940), 43-77; A. KASHER, Jews, Idumaeans, and Ancient Arabs. Relations of the Jews in Eretz-Israel with the Nations of the Frontier and the Desert during the Hellenistic and Roman Period (332 BCE – 70 CE) (Texte und Studien zum Antiken Judentum 18; Tübingen 1988), 25-33; B. BAR-KOCHVA, Judas Maccabaeus. The Jewish Struggle against the Seleucids (Cambridge u.a. 1989), 508-515; z.B. H. DONNER, Geschichte des Volkes Israel und seiner Nachbarn 2 (1986), 447ff; P. SCHÄFER, Geschichte der Juden in der Antike (1983), 62ff; S. SCHWARTZ, JJSt 42 (1991), 16-38.

319 Vgl. z.B. neben der in der vorangegangenen Anm. genannten Lit. A. SCHALIT, Die Eroberungen des Alexander Jannäus in Moab, Theok. 1 (1967-1969), 3-50; M. STERN, Judaea and her Neighbors in the Days of Alexander Jannaeus, Jerusalem Cathedra 1 (1981), 22-46.

320 Vgl. Joseph., Ant. 12,5,1 (§238); ders., BJ 1,1,1 (§31); dazu TH. FISCHER, Seleukiden und Makkabäer (1980), 24 (Anm. 66). 209f; A. KASHER, Jews, Idumaeans, and Ancient Arabs (1988), 21-24.

321 Der PN (des) Getal, Königs der Söhne Ammons, in Ps.-Philo, Ant.Bibl. 39,8f könnte auf (Zenon gen.) Kotylas zurückgehen, vgl. P.-M. BOGAERT, Les „Antiquités Bibliques" du Pseudo-Philo. Quelques observations sur les chapitres 39 et 40 à l'occasion d'une réimpression, RTL 3 (1972), 342; bei L. GINZBERG (ed.), The Legends of the Jews 4 (1913), 43 ist Getal der Gegner Jeftas. Der Beiname Kotylas dürfte allerdings auf griech. *kotylē* u.a. zurückgehen und den Träger als Liebhaber alkoholischer Getränke bezeichnen, vgl. den Bei- bzw. Spitznamen bei Plutarch, Anton. 18,8; Dion. Hal., Rom. Arch. 19,5,2 und z.B. in den griechischen Inschriften: F. Frh. HILLER VON GAERTRINGEN, Inschriften von Priene (Berlin 1906), Nr. 313:54; M.Ç. ŞAHIN, Die Inschriften von Stratonikeia I-II 2 (Inschriften griechischer Städte aus Kleinasien 22,1; Bonn 1981-1982. 1990), Nr. 640. 643f; I. NICOLAOU, Inscriptiones cypriae alphabeticae XXIII, 1982, RDAC 1983, 257f, fig. 1, Pl. 42:1; H. WANKEL (ed.), Die Inschriften von Ephesos I (Inschriften griechischer Städte aus Kleinasien 11,1; Bonn 1979), Nr. 2:40.48.

Herrschaft aufzubauen, die territorial wohl auch ungefähr der hellenistischen Provinz Ammanitis entsprach.

Die achämenidische Subprovinz Ammon wurde in hellenistischer Zeit von Ptolemäern und Seleukiden (vgl. Polybios 5,71,1-11) übernommen und als Provinz Ammanitis verwaltet. Die *polis* dieser alten und neuen Provinz war *Rabbathammana*, das nun auch nach Ptolemaios II. *Philadelpheia* bzw. aufgrund seiner politischen Funktion auch *Birta (tēs Ammanitidos)* genannt wurde. Ihr Gebiet läßt sich aus den zeitgenössischen Quellen nur annäherungsweise bestimmen, doch dürfte es sich wegen des so oft nachweisbaren territorialgeschichtlichen Beharrungsvermögens von Grenzen nicht wesentlich von dem des untergegangenen ammonitischen Königreiches unterschieden haben. Im Westen grenzte es – wie in früheren Zeiten auch schon – an die Gileaditis und damit auch direkt an das Gebiet der Tobiaden [*(hē gē / chōra) Toubiou*], die mit den Philadelphensern eifrig Geschäfte durchführten. Neben dem Handel mit den Ptolemäern in Ägypten und den Seleukiden in Syrien, der u.a. durch eine ganze Reihe von Münzfunden belegt ist[322], setzte sich der Import von griechischen Handelsgütern[323], die seit der persischen Zeit in der Ammanitis belegt sind, ebenso weiter fort wie der Handel mit der phönizischen Mittelmeerküste. In dessen Folge dürfte es in achämenidischer oder ptolemäischer Zeit nicht nur zum Import ägyptischer[324] Götter [Osiris und Bastet sowie (Zeus) Ammon[325]] und des tyrischen Gottes Melqart und dessen Gleichsetzung mit dem einheimischen Milkom, sondern auch zum Import griechischer Gottheiten gekommen sein, deren Verehrung in der Ammanitis allerdings erst in römischer Zeit tatsächlich nachweisbar wird (vgl. Kap. 6). Griechische Kultur, Denkweise und Sprache hielten nach und nach Einzug unter der städtischen Bevölkerung der Ammanitis. Die Randlage der Ammonitis, die offenbar weitgehende

322 Neben einzelnen Ausgrabungsberichten vgl. vor allem A. HADIDI, Some Bronze Coins from Amman, ADAJ 18 (1973), 51-53; E. SULEIMAN, A Hoard of Ptolemaic Silver Coins from Amman, ADAJ 27 (1983), 549-553 (aus *Murabbaʿāt Mūsā*).

323 Dazu gehören z.B. die rhodischen gestempelten Vorratskrüge und andere importierte hellenistische Keramik, die als Verpackungsmaterial bzw. 'Einwegflaschen' für verschiedene Waren dienten.

324 Vgl. das Osiris-Bastet-Relief (wohl 4./3.Jh.v.Chr.) aus einem Heiligtum auf der Zitadelle von *ʿAmmān*: B. BARTOCCINI, Boll. dell'Associazione Internazionale degli Studi Mediterranei 4,4-5 (1933-1934), 11, Tav. III 2; M. AVI-YONAH – E. STERN, Rabbath-Ammon, EAEHL 4 (1978), 989; R. WENNING, Boreas 6 (1983), 116.

325 Vgl. die römerzeitliche (!) Büste aus *ʿAmmān* bei H.C. BUTLER, Syria. Publications of The Princeton University Archaeological Expeditions to Syria in 1904-5 and 1909, Div. II A 1 (1921), 62, Ill. 41. Zu Belegen dieses Gottes in Transjordanien vgl. u.a. D. SOURDEL, Les Cultes du Hauran à l'époque Romaine (BAH 53; Paris 1952), 88-92; A. SPIJKERMAN, The Coins of the Decapolis and Provincia Arabia (1978), 66ff, Nos. 23. 48. 52. 61-63. 67. 70; IGLS 21,2 (1986), Nos. 101. 105 PN *Ammonaios* sowie verschiedenen ptolemäischen Münzen aus der Ammanitis und anderswo. Vgl. Kap. 7.

Loyalität ihrer Bevölkerung gegenüber den Ptolemäern und der meist zu kurze und schwache Arm der Seleukiden brachten ihr – jedenfalls was innenpolitische und wirtschaftliche Belange betraf – eine gewisse Autonomie und vor allem auch eine nicht unbeträchtliche Prosperität ein, die sich in der Folge in der römischen und byzantinischen Zeit voll entfalten konnte. In unmittelbarem Zusammenhang damit begann auch die Bevölkerungszahl im Vergleich zur achämenidischen Zeit wieder zuzunehmen, wie die Besiedlungsreste einiger Orte zeigen (z. B. *ʿAmmān*[326], *Ḫirbet Salāme, Tell Sīrān*[327], *Tell el-ʿUmērī, Ǧebel el-Aḫḍar*)[328].

326 A. Hadidi, ADAJ 15 (1970), 11; ders., ADAJ 19 (1974), 82-85; C.-M. Bennett, Excavations at the Citadel (al Qalʿa), Amman, 1978. Fourth Preliminary Report, ADAJ 23 (1979), 166ff; F. Zayadine, ADAJ 18 (1973), 17ff; ders., Excavations on the Upper Citadel of Amman, Area A (1975 and 1977), ADAJ 22 (1977-78), 20ff; ders. – M. Najjar – J. A. Greene, ADAJ 31 (1987), 299ff.

327 A. Hadidi, in: H. O. Thompson (ed.), Archaeology of Jordan (1989), 141.

328 Vgl. z. B. auch R. L. Gordon – E. A. Knauf, ADAJ 31 (1987), 292ff; R. D. Ibach, Archaeological Survey of the Hesban Region (1987), 168f, fig. 3. 7, Table 3. 14f.

## 5. WIRTSCHAFT UND GESELLSCHAFT DES AMMONITISCHEN STAATES

### 5.1. Die Wirtschaft

Die ökonomische Grundlage des ammonitischen Staates bildeten Land- und Viehwirtschaft[1]. Die fruchtbaren Böden der transjordanischen Hochebene konnten im Regenfeldbau bewirtschaftet werden [Getreide (Gerste, Weizen und Hafer)[2], Hülsenfrüchte (Linsen, Erbsen)[3], Wein[4], Obst (Granatäpfel[5] u.a.), Gemüse[6],

1 Kurz und unzureichend zusammengefaßt bei J. A. THOMPSON, The Economic Significance of Transjordan in Old Testament Times, ABR 6 (1958), 145-168; K.-H. BERNHARDT, Natural Conditions and Resources in East Jordan according to Biblical Literature, SHAJ 2 (1985), 179-182. Vgl. aber auch Ø.S. LABIANCA, Intensification of the Food System in Central Transjordan during the Ammonite Period, AUSS 27 (1989), 169-178; ders., Sedentarization and Nomadization. Food System Cycles at Hesban and Vicinity in Transjordan (Hesban 1; Berrien Springs/MI 1990), passim.

2 Vgl. den organischen Inhalt der *Tell-Sīrān*-Flasche (Kap. 2.2); L. T. GERATY et al., BASOR.S 24 (1986), 138; 2Chr. 27,5 (*ḥṭym*, *śʿwrym*) (vgl. dazu Kap. 4.3); zu Ez. 27,17 vgl. Kap. 3; auch *Muqaddasī* 175; *Yāqūt* 3,760 z. B. bei G. LE STRANGE (ed.), Palestine under the Moslems. A Description of Syria and the Holy Land from A. D. 650 to 1500 (1890 = Beirut 1965), 19. 391 f; A.-S. MARMADJI (ed.), Textes Géographiques Arabes sur la Palestine (Paris 1951), 149. Da für die Ammonitis Belegmaterial weitgehend fehlt, wird hier immer wieder moabitisches Material herangezogen, da gerade im nördlichen Moab wohl nahezu identische wirtschaftliche Verhältnisse wie in der südlichen Ammonitis gegeben waren: W. L. REED, A Recent Analysis of Grain from Ancient Dibon in Moab, BASOR 146 (1957), 6-10; Heschbon-Ostrakon Nr. IV (*ʾkl*); D. R. GILLILAND, Paleoethnobotany and Paleoenvironment, in: Ø.S. LABIANCA – L. LACELLE (ed.), Environmental Foundations (1986), 123-142; Ø.S. LABIANCA, Sedentarization and Nomadization (1990), 153 f.

3 L.T. GERATY et al., BASOR.S 24 (1986), 138; Ø.S. LABIANCA, Sedentarization and Nomadization (1990), 153.

4 *Tell Sīrān*-Flasche Z.4 (*h-krm*); L. T. GERATY et al., BASOR.S 24 (1986), 138; vgl. den ammonitischen ON Abel-Keramim (griech. *Abel ampelōnōn*, latein. *Abel quae est in vineis, Abel vinearum*); Heschbon-Ostrakon Nr. IV (*yn*); Jes. 15,7-10; Jer. 48,32 f; D. R. GILLILAND, in: Ø.S. LABIANCA – L. LACELLE (ed.), Environmental Foundations (1986), 123-142; Ø.S. LABIANCA, Sedentarization and Nomadization (1990), 153 f. Auch die Mosaik-Bilder aus der römisch-byzantinischen Ammonitis und Moabitis überliefern eine ganze Reihe von land- und viehwirtschaftlichen Hinweisen.

5 L. T. GERATY et al., BASOR.S 24 (1986), 138.

6 *Tell Sīrān*-Flasche Z.4 (*w-h-gnt*); Ez. 25,4 (*pry-k*). Vgl. das Heschbon-Ostrakon Nr. XI (*tʾn*);

Oliven(-Öl)[7] u.a.]. Die (abgeernteten) Felder und die im Osten angrenzenden Steppenfluren boten gute Möglichkeiten für die Viehzucht[8] (Schafe und Ziegen[9]; Rinder[10]; auch Pferde[11], Esel und Maultiere[12], Kamele[13], Schwei-

D.R. GILLILAND, in: Ø.S. LABIANCA – L. LACELLE (ed.), Environmental Foundations (1986), 123-142, Table 7.2; Ø.S. LABIANCA, Sedentarization and Nomadization (1990), 153f.

7 L.T. GERATY et al., BASOR.S 24 (1986), 138; D.R. GILLILAND, in: Ø.S. LABIANCA – L. LACELLE (ed.), Environmental Foundations (1986), 123-142; Ø.S. LABIANCA, Sedentarization and Nomadization (1990), 153f; arab. ON *Ābil az-Zait*. Zur ammonitischen Küche vgl. L. GINZBERG (ed.), The Legends of the Jews 4 (1913), 170f.

8 Literarische und epigraphische Quellen fehlen. Osteologisches Material aus der Ammonitis des 1.Jt.s v.Chr. ist bisher so gut wie nicht veröffentlicht worden. Vgl. aber z.B. D. WEILER, Säugetierknochen vom Tell Ḥesbân in Jordanien (Diss. vet. med. masch.; München 1981), passim. Zur Fauna vgl. z.B. im Überblick die TAVO-Karten A VI 12. 14. Die Jagd spielte wie im zeitgleichen Westjordanland nur eine marginale Rolle bei der Fleischversorgung.

9 L.T. GERATY et al., BASOR.S 24 (1986), 137f; vgl. M. IBRAHIM, in: D. HOMES-FREDERICQ – J.B. HENNESSY (ed.), Archaeology of Jordan II 2 (1989), 520; M. FINNEGAN, The Faunal Remains, in: P.E. MCGOVERN, The Late Bronze and Early Iron Ages of Central Transjordan (1986), 315f; Ez. 25,5 (*ṣ'n*); Ikonographie des Siegels Nr. 77 (Widder). Vgl. 2Kön. 3,4; Heschbon-Ostrakon Nr. IV (*ṣ'n*); D. WEILER, Säugetierknochen vom Tell Ḥesbân (Diss. vet.med. masch.; 1981), 61ff; Ø.S. LABIANCA, Sedentarization and Nomadization (1990), 152; Keilschriftvertrag über Viehhandel zwischen Edom und *Ḫarrān* aus dem perserzeitlichen *Ṭawīlān*; auch *Muqaddasī* 175; *Yāqūt* 3, 760.

10 L.T. GERATY et al., BASOR.S 24 (1986), 137f; vgl. M.M. IBRAHIM, in: D. HOMES-FREDERICQ – J.B. HENNESSY (ed.), Archaeology of Jordan II 2 (1989), 520; M. FINNEGAN, in: P.E. MCGOVERN, The Late Bronze and Early Iron Ages of Central Transjordan (1986), 315f; Ikonographie der Siegel Nr. 20. 34. 131. 149 u.a.; Terrakotten und zoomorphe Gefäße aus *Saḥāb* u.a. bei A.-J. ʿAMR, A Study of the Clay Figurines (Ph.D.Diss. unpubl.; 1980), 190ff. 260ff, Nos. 169. 194f. Vgl. Heschbon-Ostrakon Nr. IV (*'rḫ*) und D. WEILER, Säugetierknochen vom Tell Ḥesbân (Diss. vet.med. masch.; 1981), 18ff.

11 L.T. GERATY et al., BASOR.S 24 (1986), 137f; vgl. M.M. IBRAHIM, in: D. HOMES-FREDERICQ – J.B. HENNESSY (ed.), Archaeology of Jordan II 2 (1989), 520; M. FINNEGAN, in: P.E. MCGOVERN, The Late Bronze and Early Iron Ages of Central Transjordan (1986), 315f. Vgl. 2 R 67, 12'-13'; ND 2765 (NL 16); die tönernen Reiterfigurinen aus *ʿAmmān*, *Meqābelēn* u.a. (vgl. Kap. 6), die zoomorphen Gefäße und Terrakotten z.B. bei A.-J. ʿAMR, A Study of the Clay Figurines (Ph.D.Diss. unpubl.; 1980), 137ff. 260ff, Nos. 115-163; D.H. WIMMER, ADAJ 31 (1987), 172. Vgl. auch die Pferde-Protome an einer der Bronzeschalen aus dem Grab in *Umm Uḏaina*, P. AMIET, in: DER KÖNIGSWEG (1987), 171 (*ʿAmmān*, Archaeological Museum, No. J.14635).

12 L.T. GERATY et al., BASOR.S 24 (1986), 137f; vgl. M.M. IBRAHIM, in: D. HOMES-FREDERICQ – J.B. HENNESSY (ed.), Archaeology of Jordan II 2 (1989), 520. Vgl. 2 R 67, 12'-13' und D. WEILER, Säugetierknochen vom Tell Ḥesbân (Diss. vet.med. masch.; 1981), 133ff; Ø.S. LABIANCA, Sedentarization and Nomadization (1990), 152.

13 L.T. GERATY et al., BASOR.S 24 (1986), 137. Vgl. Ez. 25,5 sowie eine nicht stratigraphierte, fragmentarische und nur schwer datierbare Kamel (?)-Terrakotta von der Zitadelle in *ʿAmmān* bei A.-J. ʿAMR, A Study of the Clay Figurines (Ph.D.Diss. unpubl.; 1980), 216, No. 178, fig. 178, Pl. 50:1; E.A. KNAUF, BN 40 (1987), 21; auch D. WEILER, Säugetierknochen vom Tell Ḥesbân (Diss.

ne[14], Geflügel[15] *u.a.*). Die Waldgebiete insbesondere der nordwestlichen Ammonitis brachten Baumaterial, Holzkohle u.a., die z.T. als Tribute an Asarhaddon abgegeben werden mußten[16], z.T. wahrscheinlich auch gewinnbringend exportiert werden konnten. Insgesamt konnten sich die Ammoniter nicht nur mit allen notwendigen pflanzlichen und tierischen (z.B. Milch[17]) Lebensmitteln selbst versorgen, sondern dürften – vor allem in besonders guten Jahren – auch über den eigenen Bedarf hinaus entsprechende Produkte erwirtschaftet und verkauft haben. Der Tauschhandel mit den eigenen land- und viehwirtschaflichen Erzeugnissen ermöglichte ihnen den Import verschiedenster anderer Produkte.

Der Überschuß aus Land- und Viehwirtschaft und die geographische Lage Ammons führten während der Eisen-II-Zeit und der achämenidischen Epoche zu einem regen Import fremder Güter nach Ammon. Dazu gehören z.B. die figürlich verzierten Schminkpaletten, die aus *ʿAmmān* stammen sollen[18] und die in Ammon neben denen des üblichen Typs (einheimischer Produktion?) verwendet wurden (*ʿAmmān, Ḫirbet Ḫulde, Meqābelēn, Ruǧm el-Ḥenū, Sāḥāb*)[19]; in Transjordanien ist der figürlich verzierte Typ auch auf *Umm el-Biyāra*[20] und *Ḫirbet el-Ġurāra*[21]

vet.med. masch.; 1981), 159ff; Ø.S. LaBianca, Sedentarization and Nomadization (1990), 145. 152. Zucht von Kamelen in Ammon ist ein klares Indiz für deren Einsatz als Transportmittel im Fernhandel.

14 L.T. Geraty et al., BASOR.S 24 (1986), 137. Vgl. das anepigraphische Siegel aus *ʿAmmān* Kap. 2.10.2; U. Hübner, VT 39 (1989), 227; D. Weiler, Säugetierknochen vom Tell Ḥesbân (Diss. vet.med. masch.; 1981), 116ff; Ø.S. LaBianca, Sedentarization and Nomadization (1990), 145. 152.

15 L.T. Geraty et al., BASOR.S 24 (1986), 137; vgl. M.M. Ibrahim, in: D. Homes-Fredericq – J.B. Hennessy (ed.), Archaeology of Jordan II 2 (1989), 520. Vgl. auch die Enten-Form von Siegel Nr. 59; Ø.S. LaBianca, Sedentarization and Nomadization (1990), 152.

16 Zur Wald- und Holzwirtschaft vgl. auch Kap. 3. Zu Baumaterialien vgl. *mlbn* (Qere) 2Sam. 12,31.

17 Ez. 25,4 (*ḥlb-k*).

18 *ʿAmmān*, Archaeological Museum, No. J.1726: F. Zayadine, Der Königsweg (1987), 143, Nr. 139. Vgl. allgemein B. Brandl, The Engraved Tridacna-Shell Discs, AnSt 34 (1984), 15-41, fig. 14. 18; D. Barag, Phoenician Stone Vessels from the Eighth-Seventh Centuries BCE, ErIs 18 (1985), 215ff, fig. 9:2; 12:2 (hebr.).

19 L.G. Harding, QDAP 11 (1945), 74, Pl. 18:69 (PAM No. 41.917); ders., QDAP 13 (1947), 94, Pl. 34:162 (PAM Nr. 46.304); ders., QDAP 14 (1950), 47; Pl. 15:14; P.E. McGovern, ADAJ 27 (1983), 127. 133, fig. 14:1f, Pl. 22:2; 23:1; Kh. Yassine, Archaeology of Jordan (1988), 20, fig. 5:5. Vgl. auch das transjordanische Fundmaterial von Dibon, *Ṭawīlān, Tell el-Mazār* und *Tell es-Saʿīdīye*; zu weiteren Belegen vgl. U. Hübner, Schminkschalen, in: V. Fritz (ed.), Kinneret (1990), 123f.

20 C.-M. Bennett, RB 73 (1966), 396-398, Pl. 23; dies., A Cosmetic Palette from Umm el-Biyara, Antiquity 41 (1967) 197-201, fig. 22.

21 S. Hart, Excavations at Ghrareh, 1986: Preliminary Report, Levant 20 (1988), 96f, fig. 8.

belegt[22]. Ihrer Verzierung nach dürfte es sich um phönizische[23] oder aber – der bisher bekannten Fundverteilung nach – um transjordanische Produkte handeln. Wohl aus dem phönizischen Kulturraum stammt die gravierte Tridacna-Schale aus *ʿAmmān*[24], zur der Parallelen in Transjordanien in *Buṣēra, Umm el-Biyāra* (und *Ṭawīlān*) belegt sind und die ein deutliches Indiz für die Beteiligung des ammonitischen am internationalen Markt ist[25]; nicht auszuschließen ist allerdings, daß die Tridacna-Muscheln, die als Rohstoff z. T. aus dem Roten Meer stammen, nicht nur über die 'Königstraße' gehandelt, sondern an deren städtischen Zentren wie Rabbat-Ammon auch graviert wurden. Von der phönizischen Küste dürften auch die Elfenbeinarbeiten[26] und ein Teil der Glas-[27] und Tongefäße[28] sowie der silbernen Ohrringe[29] und Ohrgehänge[30] importiert worden sein[31]. Den Warenstrom aus dem

22 Unbekannte Herkunft: W. CULICAN, A Palette of Umm el-Biyara Type, (1970), in: ders., Opera selecta: From Tyre to Tartessos (1986), 311-315; P. BORDREUIL- E. GUBEL, Bulletin d'Antiquités archéologiques du Levant inédites ou méconnues VI (BAALIM), Syria 67 (1990), 513, fig. 33A-C.

23 W. CULICAN, a.a.O., 315; vgl. C.-M. BENNETT, RB 73 (1966), 398; D. BARAG, ErIs 18 (1985), 215ff (hebr.); E. GUBEL – (P. BORDREUIL), Syria 62 (1990), 513f, fig. 33.

24 F. ZAYADINE, Le Monde de la Bible 46 (1986), 19, fig. 25 (Photo). Vgl. allgemein R. A. STUCKY, The engraved Tridacna Shells, Dédalo 19 (1974), 10-170; zuletzt D. S. REESE, A New Engraved Tridacna Shell from Kish, JNES 47 (1988), 35-41 (mit dem Hinweis auf eine unbearbeitete Tridacna-Muschel aus dem *römischen ʿAmmān*).

25 Vgl. B. BRANDL, AnSt 34 (1984), 15-41.

26 J.-B. HUMBERT et al., LA 39 (1989), 252.

27 L. G. HARDING, QDAP 14 (1950), 45f, Nos. 35f, Pl. 13:3; 15:11 (sowie die Glasperlen No. 32, Pl. 15:3) (*Meqābelēn*); ders., in: PEFA 6 (1953), 56. 70, No. 42, Pl. 7:42 (*ʿAmmān*); A. HADIDI, Levant 19 (1987), 120, fig. 18:4-5; vgl. P. AMIET, in: DER KÖNIGSWEG (1987), Nr. 194f (*Umm Uḏaina*). Die zahlreichen Glas-Perlen aus dem eisen- und perserzeitlichen Ammon werden hier nicht eigens dokumentiert. Zum Vorkommen von Glas-Sanden in Transjordanien vgl. F. BENDER, Geologie von Jordanien (1968), 160. Vgl. allgemein auch U. HÜBNER, Glas, NBL 1 (1991), 846f sowie M. L. UBERTI, Glass, in: S. MOSCATI (ed.), The Phoenicians (Milano 1988), 474-491.

28 Zur (syro-)phönizischen und zypro-phönizischen Importkeramik und zur phönizisierenden Lokalware vgl. z. B. M. F. OAKESHOTT, A Study of the Iron Age II Pottery of East Jordan (Ph.D.Thesis unpubl.; London 1978), 165f u. ö. Ein Teil der Importkeramik dürfte als Verpackungsmaterial für andere Waren gedient haben, vgl. z. B. U. HÜBNER, Areal B 2. Areal B 1. Die Keramik, in: V. FRITZ (ed.), Kinneret (1990), 94, Taf. 74:6.

29 Zu L. G. HARDING, QDAP 14 (1950), 45, Pl. 15:6 (*Meqābelēn*) vgl. z. B. F. CERVERA, Excavaciones en extramures de Cadiz (Memoria de la Junta Superior de Excavaciones y Antiquedades 57; Madrid 1923), Pl. 12. Vgl. allgemein G. PISANO, Jewellery, in: S. MOSCATI (ed.), The Phoenicians (Milano 1988), 370-393.

30 Zu L. G. HARDING, QDAP 14 (1950), 45, Pl. 15:4f (*Meqābelēn*) und A. HADIDI, Levant 19 (1987), 120, fig. 11:2 (*Umm Uḏaina*) = P. AMIET, in: DER KÖNIGSWEG (1987), Nr. 193 vgl. z. B. R. POPPA, Kamid el-Loz 2: Der eisenzeitliche Friedhof. Befunde und Funde (SBA 18; Bonn 1978), 55, Taf. 4,2:12f; 12,15:24f; 14,22:15f; 21,76:2f (Ohrgehänge Typ 1); auch G. BARKAY, A Treasure facing Jerusalem's Wall (1986), 27.

31 Zu weiteren möglichen Importen und Einflüssen Phöniziens vgl. Kap. 3 (*mnyt*), Kap. 6.2 (Gräber, Götter) sowie D. HOMES-FREDERICQ, SHAJ 3 (1987), 89-96.

mittleren Transjordanien an die phönizische Küste (und umgekehrt) bezeugen in achämenidischer Zeit[32] die tyrische Münze aus *Ḫirbet el-Ḥaǧǧār* (Kap. 4.4) und in hellenistischer Zeit PSI IV Nr. 406 (Sklaven nach Akko-Ptolemaïs)[33]. Dabei dürften die Waren zum großen Teil in den Häfen bei *Tell Abū Ḥuwām* und Akko angelandet und dann über Bet-Schean / Skythopolis und Pella nach Transjordanien transportiert worden sein[34].

Gefäße aus Alabaster, die als Verpackungsmaterial für wertvolle Parfümöle und Salben dienten, dürften (samt Inhalt?!) aus Ägypten über phönizische Zwischenhändler eingeführt worden sein[35]. Ammonitisch beschriftete Siegel (und Perlen[36]) aus Achat, Chalzedon, Karneol, Lapislazuli[37], Obsidian, Onyx, Quarz(it?)[38] u. a. zeigen[39], daß die Ammoniter die entsprechenden Rohstoffe auf dem Weltmarkt (über Zwischenhändler) in Ägypten, Afghanistan, Anatolien, Iran u. a. einkauften

32 Vgl. Kap. 4.4; dort auch die Verweise auf die attischen Importe.

33 Vgl. Am. 1,9 (*'l-hsgyrm glwt … l-'dwm*). Vgl. auch die tyrische Münze vom *Ǧebel el-Aḫḍar* aus dem Jahr 126 v. Chr.

34 Phönizische Einflüße auf die ammonitische Kultur sind u. a. in der Ikonographie einiger Siegel und anderer bildlicher Darstellungen, im Handel, in der Keramik, in der Namengebung (Papponymie) und in der Religion [Melqart; Gräber mit kaminartigem Schacht (?)] zu beobachten.

35 L. G. Harding, in: PEFA 6 (1953), 56; Kh. Yassine, Archaeology of Jordan (1988), 20, fig. 5:3f; M. M. Ibrahim, AfO 29-30 (1983-1984), 259 (früheisenzeitliches *Saḥāb*), vgl. schon V. Hankey, Levant 6 (1974), 162ff (*Mārkā*). Zu Schminkpaletten (s.o.) u. a. aus Alabaster vgl. L. G. Harding, QDAP 14 (1950), 47; Kh. Yassine, Archaeology of Jordan (1988), 20, fig. 5:5; F. Zayadine, in: Der Königsweg (1987), Nr. 140. Allgemein zu Alabaster H. Weippert, Stein und Steinbearbeitung, BRL ($^2$1977), 317-321; auch M. Dayagi-Mendels, Perfumes and Cosmetics in the Ancient World (Israel Museum Catalogue No. 305; Jerusalem 1989), 16ff und E. Paszthory, Salben, Schminken und Parfüm im Altertum. Herstellungsmethoden und Anwendungsbereiche im östlichen Mediterraneum (Antike Welt 21, Sonderheft; Mainz 1990), 37-42.

36 Vor allem aus Karneol. Bei Perlen ist allerdings offen, ob sie unbearbeitet oder bearbeitet in die Ammonitis eingeführt worden sind. Vgl. z. B. L. G. Harding, QDAP 14 (1950), 45; ders., in: PEFA 6 (1953), 56; E. E. Platt, in: L. T. Geraty et al. (ed.), Madaba Plains Project 1 (1989), 355ff.

37 Auch J.-B. Humbert et al., LA 39 (1989), 252.

38 Vgl. z. B. Siegel Nr. 72. Zum Vorkommen in Transjordanien vgl. F. Bender, Geologie von Jordanien (1968), 152ff.

39 Vgl. z. B. Siegel Nr. 149 (Achat); 65. 90 (Chalzedon); 59. 144 (Jaspis); 14. 87 (Karneol); 154 (Obsidian); 136 (Onyx?). Vgl. z. B. D. O. Edzard – M. Tosi, Jaspis, RlA 5 (1976-1980), 269f; R. Gundlach, Lapislazuli, LÄ 3 (1980), 937f; R. Hanning, Jaspis, LÄ 3 (1980), 246; ders., Onyx, LÄ 4 (1982), 574; W. Helck, Achat; Chalzedon, LÄ 1 (1975), 53f. 903; ders., Halbedelstein, LÄ 2 (1977), 932f; ders., Karneol, LÄ 3 (1980), 352; D. und R. Klemm, Quarz; Quarzit, LÄ 5 (1984), 50f; W. Röllig – G. Herrmann – P. R. S. Moorey, Lapislazuli, RlA 6 (1980-1983), 488-492 [L. G. Harding, in: PEFA 6 (1963), 55]; L. von Rosen, Lapis Lazuli im Archaeological Contexts (Jonsered 1990), passim; U. Rössler-Köhler, Obsidian, LÄ 4 (1982), 549f; M. Tosi, Karneol, RlA 5 (1976-1980), 448-452; H. Weippert, Edelstein, BRL ($^2$1977), 64-66. Materialien wie Alabaster, Karneol und Obsidian wurden schon im Neolithikum in die Ammonitis importiert (*'Ēn Ġazāl*).

und zu Hause 'veredelten', so wie das auch bei Gold[40], Silber[41], Zinn[42], Blei[43] und Kupfer der Fall war, die ebenfalls aus dem Ausland importiert werden mußten.

Da die nördlichen Teile der Weihrauchstraße unter dem Namen „Königsweg" durch die Ammonitis Richtung Damaskus (bzw. Jerusalem) führten und Arabien von der Ammonitis aus zudem über das *Wādī s-Sirḥān* gut erreichbar war[44], waren deren Bewohner seit dem 8.Jh.v.Chr. als Zwischenhändler an der Verteilung der entsprechenden südarabischen Weihrauchprodukte[45] und den damit verbundenen beträchtlichen Gewinnspannen beteiligt. Das steinerne Räucherkästchen aus *Umm Uḏaina*[46] mit zahlreichen Parallelen aus dem Ostjordanland (*Tell es-Saʿīdīye, Tell el-Ḫulēfe*), Juda, Israel u. a.[47], das bronzene Karyatiden-Thymiaterion[48] aus *Umm Uḏaina* sowie die zahlreichen dreifüßigen Räuchertassen (mit oder ohne durchbohrte Seitenwände)[49], von denen immerhin ein Exemplar aus einem Grab in *ʿAm-*

40 Vgl. z.B. Ex. 3,22; 1Kön. 9,28; 10,2; 22,49; 2Chr. 8,18; 9,21; Jes. 60,6; Hi. 28,16 und das Ostrakon vom *Tell Qasīle*. Auch R. Gundlach, Goldgewinnung; Goldminen, LÄ 2 (1977), 734-739. 740-751; W.F. Leemans et al., Gold, RlA 3 (1957-1971), 504-531; L. Störk, Gold, LÄ 2 (1977), 725-731.

41 Vgl. z.B. Ex. 3,22; 1Kön. 10,22; Jer. 10,9; Ez. 27,12; 2Chr. 9,14. Auch R. Fuchs, Silber, LÄ 5 (1984), 939-946.

42 Vgl. Ez. 27,12 sowie in den Zinn-Anteil in den verschiedenen Bronzefunden aus der Ammonitis; vgl. R. Fuchs, Zinn, LÄ 6 (1986), 1409-1414.

43 Vgl. z.B. den Blei-Anteil in der Bronzelegierung der *Tell Sīrān*-Flasche.

44 Zur Eisenzeit-II-Keramik im *Wādī s-Sirḥān*, die der des mittleren Transjordaniens deutlich ähnelt, vgl. R. Adams – P.J. Parr – M.M. Ibrahim al., Atlal 1 (1977), 36, Pl. 16:1-19; P.J. Parr, in: T. Fahd (ed.), L'Arabie préislamique et son environnement (1989), 45f; zum Handel vgl. auch Ch. Edens – G. Bawden, History of Taymā' and Hejazi Trade during the First Millenium B.C., JESHO 32 (1989), 84-88.

45 Zu Weihrauch, – handel und -straße vgl. zusammenfassend vor allem G.W. van Beek, Frankincense and Myrrh, (1960), BA-Reader 2 ($^3$1977), 127-151; P. Crone, Meccan Trade and the Rise of Islam (1987), 30ff; N. Groom, Frankincense and Myrrh. A Study of the Arabian Incense Trade (Arab Background Series; London u.a. 1981), passim; E.A. Knauf, Midian (1988), 28-31; K. Nielsen, Incense in Ancient Israel (1986), passim; D. Martinez – K. Lohs – J. Janzen, Weihrauch und Myrrhe (Berlin Ost 1989), passim; W.W. Müller, Weihrauch, RE Suppl. 15 (1978), 701-777 und demnächst E.A. Knauf, Die Weihrauchstraße (Köln 1993), (im Druck).

46 A. Hadidi, Levant 19 (1987), 120, fig. 14.

47 M. O'Dwyer Shea, The Small Cuboid Incense Burner of the Ancient Near East, Levant 15 (1983), 76-109; vgl. auch M.D. Fowler, Excavated Incense Burner, BA 47 (1984), 183-186; W. Zwickel, Räucherkult und Räuchergeräte. Exegetische und archäologische Studien zum Räucheropfer im Alten Testament (OBO 97; Fribourg – Göttingen), 74-102.

48 *ʿAmmān*, Archaeological Museum, No. J.14651. L.A. Khalil, A Bronze Caryatid Censer from Amman, Levant 18 (1986), 103-110; ders., ADAJ 30 (1986), 15*-21* (arab.); F. Zayadine, in: Der Königsweg (1987), Nr. 188. Vgl. allgemein H. Weippert, Palästina in vorhellenistischer Zeit (1988), 710ff; W. Zwickel, Räucherkult und Räuchergeräte (1990), 138-144.

49 Insgesamt ist der Anteil dieses Gefäßtyps innerhalb der ammonitischen Grabinventare auffallend hoch; da aber letztere so gut wie alle geplündert sind, sind statistische Überlegungen von vorneherein zum Scheitern verurteilt. Belege z.B. Kh. Abu Ghanimeh, ADAJ 28 (1984), 309, Pl. 61:30f;

*mān* Rauchspuren aufweist[50], belegen, daß die Ammoniter auch selbst als Konsumenten in Erscheinung traten. Die Tatsache, daß Ammoniterinnen in späterer Zeit nach *Maʿīn* verheiratet wurden (M 392), ist dabei auch auf dem Hintergrund des geschäftsfördernden Zusammenhangs von *connubium* und *commercium* zu sehen.

Die Zeit der assyrischen Vorherrschaft war ausweislich der Bodenfunde eine Periode wirtschaftlicher Blüte (vgl. Kap. 4.3.2). Im Windschatten der *pax assyriaca* mußte Ammon zwar Tribute[51] abführen, die z.T. höher waren als die, die Moab oder Juda zahlten (K 1295 = ADD 1100 = ABL 632), konnte aber bei konsequenter Loyalität gegenüber der mesopotamischen Großmacht seiner staatlichen Existenz ohne Gefährdung durch Zugriffe Israels und anderer sicher sein. Zu den Tributleistungen, die die Ammoniter gegenüber den Assyrern zu leisten hatten[52], gehörten vor allem Edelmetalle (2 R 67, 12'-13'; K 1295; ADD 1110+)[53], Pferde

L. G. Harding, QDAP 11 (1945), 70. 74, No. 10-12, Pl. 17:10; 18:53; ders., QDAP 13 (1947), 95, fig. 4:22-30, Pl. 35:21.23.26; ders., QDAP 14 (1950), 47f, Pl. 17:9 (No. 78); ders., ADAJ 1 (1951), 38, fig. 1:11; ders. – O. Tufnell, Four Tomb Groups from Jordan (1953), 58. 61. 67, fig. 21:77-81; R. W. Dajani, ADAJ 11 (1966), 42, Pl. 7:47f; 8:48.57; 9:fig. 2; A. Hadidi, Levant 19 (1987), 120, fig. 2.13; D. H. Wimmer, ADAJ 31 (1987), 170, fig. 8:21; Kh. Yassine, Archaeology of Jordan (1988), 21, fig. 6:7; R. H. Dornemann, The Archaeology of the Transjordan (1983), 52, fig. 22. 33f. Zum Gefäßtyp vgl. G. W. Crowfoot, Some Censer Types from Palestine, Israelite Period, PEQ 1940, 150-153; J. B. Pritchard, On the Use of the Tripod Cup, Ug. 6 (1969), 427-434; W. Zwickel, Räucherkult und Räuchergerät (1990), 3-61; diese Überlegungen werden ethnoarchäologisch zusätzlich dadurch gestützt, daß ähnliche Gefäße noch heute entsprechende Verwendung finden, vgl. zuletzt D. Martinez – K. Lohs – J. Janzen, Weihrauch und Myrrhe (1989), Abb. 8. 11f.

50 L. G. Harding, QDAP 11 (1945), 70, No. 12. Allerdings wurde keine chemische Analyse gemacht, so daß letztlich nicht klar ist, mit welchem Material geräuchert wurde. Insgesamt halte ich es dennoch für alles andere als einen Zufall, daß die Räuchertassen im Ostjordanland, speziell in der Ammonitis, deutlich häufiger belegt sind als im Westjordanland.

51 Vgl. zusammenfassend W. J. Martin, Tribut und Tributleistungen bei den Assyrern (1936), passim; G. Begrich, Der wirtschaftliche Einfluß Assyriens auf Südsyrien und Palästina (Diss. theol. masch.; 1975), passim.

52 Die ammonitischen Tributleistungen sind z.T. nicht wie in K 1295 (*tāmartu*) im einzelnen aufgelistet, sondern in einem der üblichen assyrischen Oberbegriffe *tāmartu kabitu* (Sanherib) zusammengefaßt, z.T. sind sie der Liste zahlreicher Tributäre [ER.MEŠ*(ardāni) dagil panīa*] summarisch zugefügt, ohne daß klar erkennbar ist, welche Leistungen (*madatu*) auf welche der Tributäre zurückzuführen sind (Tiglat-Pileser III., 2 R 67, 12'-13'; ND 2765 = NL 16): u. a. Gold, Silber, Zinn, Eisen, Blei, Textilien, Pferde, Maulesel und Gespanne.

53 Vgl. die goldene Fibel bei L. G. Harding, in: PEFA 6 (1953), 56, Pl. 7:41 sowie die silbernen Ringe und Fibeln ders., QDAP 13 (1947), 95; ders., QDAP 14 (1950), 45; ders., in: PEFA 6 (1953), 55; A. Hadidi, Levant 19 (1987), 120. Vgl. 2Chr. 27,5 (dazu aber Kap. 4.3). Die assyrischen Belege markieren wahrscheinlich die Anfänge einer Geldwirtschaft in Ammon, die sich in persischer Zeit als Münzwirtschaft durchzusetzen begann, ohne die Naturalwirtschaft abzulösen, vgl. Kap. 4.4; H. Weippert, Geld, BRL$^2$ (1977), 88-90.

(vgl. 2 R 67, 12'-13'; ND 2765 = NL 16), Textilien[54] sowie Baumaterialien[55] (Asarhaddon). Daneben mußten die Ammoniter Assurbanipal militärische Hilfstruppen[56] bei dessen Feldzügen gegen Taharqa (und gegen *Yuhaiṯiʿ* ?[57]) stellen. Die massiven Einflüsse der mesopotamischen Großmacht machten sich vor allem in der assyrischen und assyrisierenden Keramik[58], im Onomastikon der PN (Siegel Nr. 90) oder auch in der Ikonographie ammonitischer Siegel (Nr. 15. 23. 136) bemerkbar.

## 5.2. Die Gesellschaft

Über die gesellschaftlichen Verhältnisse in der Ammonitis der Eisen-I-Zeit gibt es kaum auswertbare literarische und archäologische Zeugnisse (vgl. Kap. 4.1). Insgesamt dürfte sich die protoammonitische Gesellschaft nicht wesentlich von der zeitgleichen israelitischen Tribalgesellschaft unterschieden haben[59]. Die Hypothese, daß die protoammonitischen Herrscher schon in der Eisen-I-Zeit und noch vor der laut dem Alten Testament bekannten Einführung des Königtums in Israel schon das Amt eines Königs innehatten (nur im literarisch späten Einschub Ri. 11,12.13f.28), steht auf schwachen Füßen: *mlk* ist zwar der höchstmögliche, aber zugleich ein häufig recht unbestimmter Titel, der verschiedene Formen der Herrschaft umfassen konnte[60]. Insofern ist der Gebrauch dieses Titels, wie ihn Ri. 11,12-28 den Ammonitern für diese Zeit zuschreibt, nicht im Sinne des späteren Königtums der Eisen-IIB-C-Zeit, sondern eher auf der Ebene eines (weitgehend vorliteralen)[61] Stammeshäuptlingtums zu sehen. Die anachronistische Sicht von Ri.

54 2 R 67, 12'-13'; s.u.

55 Gemeint sein dürften damit vor allem Spanndienste der Vasallen beim Transport der Baumaterialien, die aus dem Libanon u.a. stammten (freundlicher Hinweis von M. WEIPPERT).

56 Vgl. Prisma C, II 53': ... *a-di e-mu-qi-šu-nu* ...

57 Vgl. Prisma A, VII 107: „*meine* Truppen" [EREN.ḪA*(ummānātī)-ya*].

58 Vgl. z.B. M.F. OAKESHOTT, A Study of the Iron Age II Pottery of East Jordan (Ph.D. Thesis unpubl.; London 1978), 167f u.ö.

59 Vgl. aus der Flut der (neueren) Literatur z.B. L.E. STAGER, BASOR 260 (1985), 1-35; J.W. ROGERSON, Was Early Israel a Segmentary Society?, JSOT 36 (1986), 17-26; E. OTTO, Israels Werden in Kanaan. Auf dem Weg zu einer neuen Kultur- und Sozialgeschichte des antiken Israels, ThRev 85 (1989), 3-10.

60 Vgl. z.B. die „Könige" in Jer. 25,24 *(mlky ʿrb)* oder auf einer der *Tell el-Masḫūṭa*-Schalen (*mlk qdr*), die sicherlich keine Könige im engeren Sinne waren, W.J. DUMBRELL, The Tell el-Maskhuṭa Bowls and the 'Kingdom' of Qedar in the Persian Period, BASOR 203 (1971), 33-44; Ges.[17] 429: „In Kurdistan heißt heute noch jeder Dorfschulze *malka*".

61 Vgl. die ammonitischen Inschriften.

11,12-28, wonach das Königtum in Ammon schon vor dem in Israel aufgekommen sein soll, entspricht wohl weniger den historischen Tatsachen als dem nachträglichen Versuch israelitischer Tradenten, die ammonitischen Gegner gefährlicher und mächtiger darzustellen als sie es, wie der Verlauf der kriegerischen Auseinandersetzungen zeigte, tatsächlich waren. Wahrscheinlicher ist, daß sich das Königtum zuerst in Israel entwickelte und die Niederlagen und Unterwerfung Ammons durch Israel eine entsprechende Entwicklung in Ammon erst auslösten. Wer den Philistern einen erheblichen Anteil an der Entstehung des Königtums in Israel zuspricht, wie dies meist und wohl auch zu Recht geschieht, sollte den Israeliten eine ähnliche Bedeutung bei der Entstehung des ammonitischen Königtums zumessen[62]. Jedenfalls ist der Königstitel *mlk bny ʿmn* in ammonitischen Inschriften erstmals auf der *Tell Sīrān*-Flasche (vgl. auch die *ʿAmmān*-Zitadellen-Inschrift) und in assyrischen Quellen aus den Regierungszeiten Sanheribs, Asarhaddons, Assurbanipals u.a. als LUGAL.MEŠ*(šarrāni)* $^{Kur}$MAR.DU$^{Ki}$*(Amurri),* LUGAL.MEŠ *(šarrāni)* KUR*ḫat-ti u e-ber* ID*(nāri),* LUGAL *(šar)* oder LUGAL.MEŠ *(šarrāni) ša na-ba-li* belegt. Von israelitischer Seite wird er erstmals Nahasch zugeschrieben (1Sam. 12,12; 2Sam. 10,1); in 1Sam. 11 hat Nahasch bezeichnenderweise noch keinen Titel! In der Zeit nach Hanun wird der Königstitel erst wieder in Am. 1,15; Jer. 25,20f; 27,3; 40,14; 2Chr. 27,5 verwendet.

Die gesellschaftlichen Verhältnisse während der Eisen-II B/C-Zeit sind durch eine ganze Reihe epigraphischer, literarischer und archäologischer Zeugnisse weitaus besser bekannt als jene der Proto-Ammoniter während der Eisen-I-Zeit. An der Spitze der ammonitischen Gesellschaftspyramide der Eisen-II-Zeit stand der König. Seine religiöse Legitimation dürfte er aus der Verehrung des Staatsgottes Milkom hergeleitet haben, seine politische aus der Herkunft aus einer der führenden Familien und deren Besitz[63]. Bildliche Darstellungen ammonitischer Könige liegen zweifelsfrei in der Statue des *Yrḫʿzr* und wahrscheinlich in einer Reihe weiterer steinerner Rundplastiken vor (vgl. Kap. 6)[64]. Regierungssitz der ammonitischen Könige war stets und allein Rabbat-Ammon. Die Hauptstadt war *das* städtische Zentrum des Zwergstaates, deren Bedeutung auch Ortslagen wie der Vorort der *Buqēʿa, Tell Ṣāfūṭ,* oder die administrativen Zentren der südlichen bzw. östlichen Ammonitis, *Tell el-ʿUmērī* (oder *Tell Ǧāwā*?)[65] und *Saḥāb*, niemals erreichten.

62 Zur Entwicklung des Königtums bzw. Staatenbildung in Edom vgl. E. A. KNAUF, BN 45 (1988), 68ff.

63 Zum vermuteten königlichen Landbesitz vgl. *Tell-Sīrān*-Flasche Kap. 2.2.

64 Zur Funktion der Standbilder vgl. Kap. 6 und J. VOSS, Studien zur Rolle von Statuen und Reliefs im syrohethitischen Totenkult während der frühen Eisenzeit (etwa 10.-7.Jh.v.u.Z.), EAZ 29 (1988), 347-362.

65 Map ref. 2382.1408. Vgl. z.B. Archaeological Heritage of Jordan I (1973), No. 175; R. G. BOLING, in: L. T. GERATY et al. (ed.), Madaba Plains Project 1 (1989), 143f, Site No. 29. Die Ortslage wird meistens mit Mefaat identifiziert, was aber nicht beweisbar ist.

Umgeben war der König von Vertretern der Oberschicht, den *śrym (śry bny ʿmwn)* (2Sam. 10,3 par. 1Chr. 19,3; Am. 1,15; Jer. 49,3), die z.T. offenbar auch das Recht und die Mittel hatten, sich in steinernen Rundplastiken darstellen zu lassen (vgl. Kap. 6). Zu den *śrym* gehörten vor allem die Beamten, die die Titel *ʿbd* (Siegel Nr. 14f. 65. 88)[66], *nʿr* (Siegel Nr. 62. 116)[67] und *nss* (Siegel Nr. 138)[68] trugen, aber auch Repräsentanten des Kultpersonals (*khn*, Jer. 49,3; vgl. Siegel Nr. 153). Zur Oberschicht haben sicherlich auch die Militärs gehört, die bislang weder aus literarischen noch aus epigraphischen Quellen bekannt sind, aber durch die Terrakotten des 7.Jh.s v.Chr. belegt sein dürften, die bewaffnete Reiter darstellen[69].

Dynastie-Bildungen bzw. Versuche dazu dürften die Regel am ammonitischen Königshof gewesen sein [Nahasch – Hanun – (Schobi) (2Sam. 10,1; 17,27); **Šanīp – *Zakkūr – *Yarḥʿazar* (Sockelinschrift); *ʿAmmīnadab I. – *Haṣṣil'il – ʿAmmīnadab II.* (*Tell Sīrān*-Flasche)], auch wenn offen bleiben muß, wieviele verschiedene Dynastien sich im Verlauf der Geschichte des ammonitischen Königtums wann und wie gegenseitig an der Macht ablösten. Gleichzeitig wird die in den verschiedenen Königshäusern zu beobachtende patrilineare Deszendenz (z.T. als Papponymie[70]) durch die entsprechenden Siegel-Formulare belegt.

Über die anderen Schichten der komplexen und differenzierten ammonitischen Gesellschaft ist nur wenig bekannt. Literarische und epigraphische Zeugnisse fehlen fast vollständig; nur das archäologische Material erlaubt einige vorsichtige Schlußfolgerungen. Zu diesen Gesellschaftsschichten gehörten insbesondere die Bauern und Viehzüchter in den dörflichen Siedlungen, die nicht nur den mit Abstand zahlenmäßig größten, sondern auch wirtschaftlich bedeutendsten Teil der ammonitischen Gesellschaft darstellten[71].

In einer engen und nicht immer konfliktlosen Interaktion mit den zumeist in der

66 Zum Titel vgl. zuletzt H. Ringgren – U. Rüterswörden – H. Simian-Yofre, *ʿbd*, ThWAT 5 (1986-1988), 982-1011; U. Rüterswörden, Die Beamten der israelitischen Königszeit. Eine Studie zu *śr* und vergleichbaren Begriffen (BWANT 117; Stuttgart u.a. 1985), 4-19. 92-95.

67 Zum Titel vgl. zuletzt H.F. Fuhs, *naʿar*, ThWAT 5 (1986-1988), 507-518.

68 Ob es sich dabei um einen Vertreter der Militärs, des Kultbereichs oder des Hofzeremoniells handelt, muß offen bleiben. Vgl. W. Helck, Standartenträger, LÄ 5 (1984), 1257; H. Weippert, Feldzeichen, BRL ²1977, 77-79; auch I. Pomorska, Les flabellifères à la droite du roi en Égypte ancienne (Warschau 1987), 12ff.

69 Die Titel *nādīb* und **nāsīk* in Ps. 83,12 dürften sich kaum auf die Ammoniter in V.8 zurückbeziehen.

70 Vgl. *Tell Sīrān*-Flasche.

71 Zum Verhältnis Stadt – Land vgl. grundlegend E. Wirth, Die Beziehungen der orientalisch-islamischen Stadt zum umgebenden Land. Ein Beitrag zur Theorie des Rentenkapitalismus, in: E. Meynen (ed.), Geographie heute. Einheit und Vielfalt. FS für E. Plewe zum 65.Geb. (GZ Beihefte, Erdkundliches Wissen 33; Wiesbaden 1973), 323-333, auch ders., Die orientalische Stadt. Ein Überblick aufgrund jüngerer Forschungen zur materiellen Kultur, Saec. 26 (1975), 45-94.

Landwirtschaft tätigen seßhaften Teilen der ammonitischen Gesellschaft standen die nichtseßhaften Bevölkerungsteile, die in den ammonitischen Randgebieten im Osten zu Hause waren. Ihre Präsenz ist während aller Perioden der ammonitischen Geschichte vorauszusetzen. In Zeiten einer starken Zentralgewalt in Rabbat-Ammon dürften sie weitgehend befriedet worden sein, in Zeiten einer schwachen Zentralgewalt dürften sie ihren Einfluß bis in die Kerngebiete seßhaft besiedelter Regionen ausgedehnt haben. Belegt sind sie indirekt durch die architektonische Struktur der wehrhaften ammonitischen Gehöfte (8.-6/5.Jh.v.Chr.), direkt durch Ez. 25,4.10; Jes. 11,14 (*bny qdm*[72]) für Zeiten einer schwachen Zentralgewalt. Die Gesellschaft des ammonitischen Staates bestand zu keinem Zeitpunkt nur aus Seßhaften, sondern war stets eine dimorphe Gesellschaft aus überwiegend seßhaften und minoritären nichtseßhaften Bevölkerungsteilen, ohne daß die Unterschiede immer klar erkennbar gewesen sein dürften. Sowohl ihre unterschiedlichen wirtschaftlichen Interessen als auch ihre gegenseitigen Abhängigkeiten (Handel; saisonale Migration u.a.)[73] waren weitgehend kompatibel und führten deshalb meistens zu symbiotischen Interaktionen und selten zu offen ausgetragenen Antagonismen.

Händler und Kaufleute dürften sich in der Hauptstadt und den wenigen größeren Siedlungen („Städten") wie *Tell Ṣāfūṭ*, *Tell el-ʿUmērī* und *Tell Ǧāwā* konzentriert haben. Sie gehörten aufgrund der handelsgeographischen Lage der Ammonitis wahrscheinlich zu den einkommensstärksten Gruppen der ammonitischen Gesellschaft. Dazu gehört auch, daß Ammoniterinnen verschiedenster Schichten nach Israel (1Kön. 11,1; 14,21.31 u.ö.) und Juda (Dtn. 23,3f; Neh. 13,23ff; Es. 9f u.ö.) verheiratet wurden (*connubium* und *commercium*). Die wohl mehr oder weniger kontinuierlichen diplomatischen Beziehungen mit dem Westen dürften meist auch wirtschaftspolitischen Fragen gegolten haben [2Sam. 10,2 par. 1Chr. 19,2; Jer. 27,3; Ammon als Asyl-Land (Kap. 7); vgl. das Siegel Nr. 56 und Kap. 2.10.3]. Zuweilen verdienten ammonitische Männer ihren Lebensunterhalt auch außerhalb der Ammonitis, wie z.B. *Mlkmyt* in achämenidischer Zeit im mittleren Jordan-Tal (*Tell el-Mazār*-Ostrakon Nr. 7).

Über das ammonitische Heer der Eisenzeit II ist nur wenig bekannt. Dies dürfte nicht nur mit der Tatsache zusammenhängen, daß es bei militärischen Auseinandersetzungen meist auf der Verliererseite stand. Vor allem die nüchterne und maßvolle Realpolitik der verschiedenen Dynastien der ammonitischen Königshäuser war wohl der Grund dafür gewesen, daß das ammonitische Heer nicht nur klein

72 Lit. vgl. Kap. 4.4.

73 Vgl. z.B. H. KLENGEL, Zwischen Zelt und Palast. Die Begegnung von Nomaden und Seßhaften im alten Vorderasien (Wien 1972), passim; ders., Nomaden und Handel, Iraq 39 (1977), 163-169; V. FRITZ, BA 50 (1987), 84-100; N.P. LEMCHE, Early Israel (1985), 84ff; E.B. BANNING, BASOR 261 (1986), 25-50 und die verschiedenen Artikel von M.B. ROWTON.

war, sondern auch selten eingesetzt wurde. 2Sam. 10; 11,1; 12,26-31 zeigen, daß es im Vergleich zu den aramäischen Heeren, denen neben den Fußtruppen (*rglym*) auch Streitwagen (*rkb*) und – ein Anachronismus für das 10. Jh. v. Chr. – Kavallerie (*pršym*) zu Verfügung standen, schlecht ausgerüstet war (2Sam. 10,6.18; vgl. dazu Kap. 4.2)[74]. Immerhin geht aus den verschiedenen Terrakotten (7.Jh.) u. a. hervor, daß es nicht nur über Infanterie[75], sondern auch über berittene Truppen verfügte; letztere dürften daraufhin deuten, daß es neben dem zum Heerbann einberufenen Soldaten auch ein stehendes Heer gab. Zur in Ammon und im übrigen Palästina üblichen aktiven und passiven Bewaffnung dieser Heeresteile gehörten nachweislich Pfeil[76] und Bogen, Schwerter[77], Dolche (Messer)[78], Schleudern[79] sowie Helme[80] und Panzerhemden[81] u. a. Insgesamt dürfte das (stehende) Heer des ammonitischen Staates weitgehend nur der abschreckenden Verteidigung nach außen, der Stabilisierung innenpolitischer Machtverhältnisse und der Kontrolle der nichtseßhaften Bevölkerungsteile gedient und darüberhinaus den Bedürfnissen staatlichen Selbstverständnisses entsprochen haben, wonach auch ein Zwergstaat ohne Armee kein Staat ist.

Die zahlreichen verschiedenen Handwerker sind nur über ihre erhaltenen Produkte belegbar. Erwähnenswert sind besonders jene hochspezialisierten Bildhauer und Metallhandwerker, die im Auftrag des Königshofes und der führenden Ober-

74 Generell fällt im Cis- und Transjordanien der Eisenzeit das geringe Vorkommen von Terrakotta-Streitwagen u. a. im Vergleich zum zeitgleichen syrischen Raum auf, vgl. U. Hübner, Spiele und Spielzeug im antiken Palästina (OBO; Fribourg – Göttingen 1992), (im Druck).

75 Vgl. *gdwdy bny ʿmwn* 2Kön. 24,2.

76 Vgl. das Fundmaterial aus Eisen (und Bronze), das z.T auch aus Speer-Spitzen bestehen dürfte, z. B. bei L. G. Harding, QDAP 13 (1947), 95; ders., QDAP 14 (1950), 45; ders., in: PEFA 6 (1953), 56; A. Hadidi, Levant 19 (1987), 102, fig. 9; H. O. Thompson, Archaeology of Jordan (1989), 50; L. T. Geraty et al., BASOR.S 26 (1990), 71, fig. 12 (ammonit. Pfeilspitze?); P. E. McGovern, The Late Bronze and Early Iron Ages of Central Transjordan (1986), 249. 256f, fig. 81:18; M. M. Ibrahim, AfO 29-30 (1983-1984), 259 (früheisenzeitliches *Saḥāb*); E. E. Platt, in: L. T. Geraty et al. (ed.), Madaba Plains Project 1 (1989), 355, fig. 20.5. Vgl. U. Hübner, Pfeil, NBL, (im Druck).

77 2Sam. 12,9. Vgl. z. B. das Fundmaterial im Grab bei *Umm Uḏaina*: F. Zayadine, in: Der Königsweg (1987), Nr. 192 (wieso das Schwert aus achämenidischer Zeit stammen soll – was nicht auszuschließen ist –, wird nicht begründet).

78 Vgl. das Fundmaterial aus Eisen (und Bronze) z. B. bei L. G. Harding, QDAP 13 (1947), 95; ders., QDAP 14 (1950), 45; ders., in: PEFA 6 (1953), 56; A. Hadidi, Levant 19 (1987), 102, fig. 9. Vgl. auch R. W. Dajani, ADAJ 15 (1970), 34 und P. E. McGovern, The Late Bronze and Early Iron Ages of Central Transjordan (1986), 248. 256f, fig. 81; M. M. Ibrahim, AfO 29-30 (1983-1984), 259 (früheisenzeitliches *Saḥāb*). Vgl. auch *mgsr h-brzl* (eiserne Axt) und **ḥryṣ h-brzl* ('Eisenhaue') und *mgrh* (Steinsäge) in 2Sam. 12,31.

79 E. E. Platt, in: L. T. Geraty et al. (ed.), Madaba Plains Project 1 (1989), 355.

80 Vgl. A.-J. ʿAmr, A Study of the Clay Figurines (Ph.D.Diss. unpubl.; 1980), 170ff.

81 Panzer-Schuppe (?) aus einem Grab in *Saḥāb* bei L. G. Harding, QDAP 13 (1947), 95, Pl. 34:173; vgl. Grab bei *Mādeba*: ders., in: PEFA 6 (1953), 32, Pl. 5:189-194.

schicht die bekannten steinernen Rundplastiken (vor allem 8.-7.Jh.v.Chr.; vgl. Kap. 6)[82] und, soweit er nicht importiert wurde, Schmuck wie z. B. Finger-, Ohren-, Nasen-, Arm- und Fußringe aus Bronze / (Kupfer / Eisen)[83] und Silber[84] oder Fibeln aus Bronze[85], Silber[86] und Gold[87] produzierten[88]. Die Qualität ihrer Arbei-

82 Ob die stark beschädigte Steinplastik eines liegenden Löwen auf der Zitadelle von *ʿAmmān*, die nicht *in situ* gefunden wurde, aus der vorhellenistischen Zeit stammt, ist nicht ganz sicher, aber wahrscheinlich: F. Zayadine, ADAJ 22 (1977-1978), 34, Pl. 16; zu den von H. Weippert, Palästina in vorhellenistischer Zeit (1988), 668 angeführten Argumenten für eine eisenzeitliche Datierung ist noch die Zeichnung der Mähne hinzuzufügen. Zu eisenzeitlichen Parallelen aus Juda vgl. R. Amiran, The Lion Statue and the Libation Tray from Tell Beit Mirsim, BASOR 222 (1976), 29-40. Auf dem Rücken des Löwen von *ʿAmmān* ist eine Postamentauflage herausgearbeitet, die zur Aufstellung von Säulen oder Statuen diente; die erhaltenen Statuen sind zu klein, als daß sie jemals auf dem Postament des Löwen aufgestellt worden sind.

83 L. G. Harding, QDAP 13 (1947), 94f, Pl. 34:164f.169 (*Saḥāb*); ders., QDAP 14 (1950), 45, Pl. 14:7.10; 15:1f.4.6 (*Meqābelēn*); ders., ADAJ 1 (1951), 40f, Pl. 14 (*ʿAmmān*); ders., in: PEFA 6 (1953), 55f, Pl. 7 (*ʿAmmān*); R. W. Dajani, ADAJ 11 (1966), 41f, Pl. 3. 6f. 10 (*ʿAmmān*); Kh. Yassine, in: ders., Archaeology of Jordan (1988), 22, fig. 9; A. Hadidi, Levant 19 (1987), 102. 120, fig. 7f. 11 (*Umm Uḏaina*), vgl. Der Königsweg (1987), Nr. 193. Vgl. R. W. Dajani, ADAJ 15 (1970), 34, Pl. 18-22; P. E. McGovern, The Late Bronze and Early Iron Ages of Central Transjordan (1986), 245-267, fig. 78-80. 82-86, Pl. 29-33; E. E. Platt, in: L. T. Geraty et al. (ed.), Madaba Plains Project 1 (1989), 356, fig. 20.8; M. M. Ibrahim, AfO 29-30 (1983-1984), 259 (früheisenzeitliches *Saḥāb*) und allgemein U. Hübner, Ring, NBL, (im Druck).

84 Siegel Nr. 14, in silbernem Fingerring gefaßt; vgl. auch den Golddraht in Siegel Nr. 87. Auch L. G. Harding, QDAP 14 (1950), 45, Pl. 15 (*Meqābelēn*); ders., in: PEFA 6 (1953), 55, Pl. 7 (*ʿAmmān*), vgl. auch die Silberfassung des anepigraphischen Siegels No. 6; A. Hadidi, Levant 19 (1987), 120, fig. 11 (*Umm Uḏaina*). Zu ammonitischen Ohrringen vgl. auch die männlichen und weiblichen Statuen und Doppelköpfe Nr. 2. 12. 21-24 bei A. Abou Assaf, UF 12 (1980), 41f; T. Ornan, A Man and his Land. Highlights from the Moshe Dayan Collection (1986), Nos. 12f (vgl. Kap. 6), zu Armringen die Statuen Abou Assaf Nr. 1 und 12 sowie F. Zayadine – J.-B. Humbert – M. Najjar, ADAJ 33 (1989), 359, Pl. 51, zu Halsringen bzw. -ketten die weiblichen Doppelköpfe Nr. 21-24 (Abou Assaf).

85 L.G. Harding, QDAP 13 (1947), 95, Pl. 34:2:166f (*Saḥāb*) [in einem Fall dient die Fibel dazu, ein anepigraphisches Stempelsiegel (Kap. 2.10.3) an dessen Fassung aufzuhängen]; ders., QDAP 14 (1950), 45, Pl. 14:1-5 (*Meqābelēn*); ders., ADAJ 1 (1951), 40, Pl. 14:40 (*ʿAmmān*); ders., in: PEFA 6 (1953), 55f, Pl. 7 (*ʿAmmān*); R. W. Dajani, ADAJ 11 (1966), 41f, Pl. 3. 6f. 10 (*ʿAmmān*); Kh. Yassine, in: ders., Archaeology of Jordan (1988), 22, fig. 9:1-7; A. Hadidi, Levant 19 (1987), 102, fig. 5 (*Umm Uḏaina*), vgl. Der Königsweg (1987), Nr. 193; E. E. Platt, in: L. T. Geraty et al. (ed.), Madaba Plains Project 1 (1989), 356-359, fig. 20.1-4. Vgl. R. W. Dajani, ADAJ 15 (1970), 34, Pl. 18-22.

86 L. G. Harding, QDAP 13 (1947), 95, Pl. 34:2:168 (*Saḥāb*).

87 L. G. Harding, in: PEFA 6 (1953), 56, Pl. 7:41 (*ʿAmmān*); M. M. Ibrahim, AfO 29-30 (1983-1984), 259 (zwei Nasenringe aus dem früheisenzeitliches *Saḥāb*).

88 Ein wissenschaftliches Desiderat ist die Untersuchungen eisen- und perserzeitlichen Metallschmukkes aus Palästina; generell gilt für die hier aufgeführten Belege, daß meist offen ist, welche davon lokal hergestellt und welche importiert worden sind. Zu den bronzenen Spiegeln vgl. L. G. Harding, QDAP 14 (1950), 45, Pl. 14:12 (*Meqābelēn*); R. W. Dajani, ADAJ 11 (1966), 41, Pl. 3:48;

ten zeigt ähnlich wie jene der Siegelschneider, TextilherstellerInnen[89] und Töpfer[90], zu welchem handwerklichen Niveau man in Ammon fähig war.

Die Stellung der Frau in der patriarchalischen Gesellschaft der Ammoniter war, soweit dies erkennbar ist, wohl weitgehend die gleiche wie in der judäischen und israelitischen Gesellschaft: In der Öffentlichkeit spielte sie eine verschwindend geringe, in der familiären, privatwirtschaftlichen Sphäre eine kaum zu überschätzende Rolle[91]. Von den 64 sicher oder wahrscheinlich ammonitischen Siegeln gehörten nur drei Exemplare Frauen (Siegel Nr. 13. 124. 127). Nur eines davon (Siegel Nr. 127) enthält einen Titel (*'mh*)[92] und von den zahlreichen steinernen Rundplastiken stellen nur ganz wenige Frauen (Königinnen?) dar[93].

Natürlich hat die ammonitische Gesellschaft zu keinem Zeitpunkt jemals nur aus Ammonitern bestanden. Die handelspolitischen Beziehungen zu den Nachbarländern und die Bevormundung und Besetzung Ammons durch fremde Mächte dürften immer wieder zur Einwanderung verschiedenster nichtammonitischer Bevölkerungsgruppen wie Judäern, Israeliten, Aramäern, Moabitern, Assyrern, Babyloniern, Arabern u.a. geführt haben[94]. Am wahrscheinlichsten ist eine tyrische Handelskolonie in Rabbat-Ammon anzunehmen (vgl. Kap. 6).

Die Ammoniter wurden nicht nur im Fremdverständnis von Nichtammonitern als solche bezeichnet, sondern haben sich auch in ihrem eigenen ethnischen, religö-

6:152 (*'Ammān*); A. Hadidi, Levant 19 (1987), 102, fig. 6 (*Umm Uḏaina*). Zu Metallgefäßen vgl. die *Tell-Sīrān*-Flasche sowie die Schalen u.a. aus *'Ammān, Umm Uḏaina, Meqābelēn* und *Ḫirbet Ḫulde*. Zu den Waffen s.o.

89 Vgl. neben 2 R 67, 12'-13' vor allem die steinernen Rundplastiken Nrn. 1-3. 9-11 bei A. Abou Assaf, UF 12 (1980), 7ff; T. Ornan, A Man and his Land (1986), Nos. 12f (vgl. Kap. 6); F. Zayadine – J.-B. Humbert – M. Najjar, ADAJ 33 (1989), 359, Pl. 51; H. Weippert, Textilproduktion und Kleidung im vorhellenistischen Palästina, in: Pracht und Geheimnis. Kleidung und Schmuck aus Palästina und Jordanien, ed. G. Völger – K. von Welck – K. Hackstein (Köln 1987), 136-142. Die sonstigen zahlreichen Belege für die Textilherstellung in Ammon (Webgewichte, Spinnwirtel u.a.) werden hier nicht eigens belegt.

90 Die Keramikproduktion in Ammon deutet auf einen sozial differenzierten Abnehmermarkt hin. Zur ammonitischen Keramik vgl. Kap. 2, zu den Ton-Lagerstätten in der Ammonitis Kap. 3.

91 B. Mershen, Töpferin, Flechterin, Weberin und Gerberin. Zum Haushaltshandwerk im Ostjordanland, in: Pracht und Geheimnis. Kleidung und Schmuck aus Palästina und Jordanien (1987), 100-109; F. A. Mansour Amrouche, Geschichte meines Lebens (Mainz 1989), 10: „Meine Mutter erledigte ihre üblichen Tätigkeiten ohne jede Hilfe in der Nacht und am Tag: die Wolle waschen, streichen, auskämmen, spinnen und weben, die Felder bestellen, die Feigen, die Trauben und die Oliven pflücken, Haushalt und Küche machen, Weizen, Gerste und Eicheln sieben und mahlen, Wasser herbeibringen und Holz holen".

92 Zuletzt K. Engelken, Frauen im Alten Israel. Eine begriffsgeschichtliche und sozialrechtliche Studie zur Stellung der Frau im Alten Testament (BWANT 130; Stuttgart u.a. 1989), 127-169.

93 A. Abou Assaf, UF 12 (1980), Nr. 11; A.-J. 'Amr, PEQ 119 (1987), 33-38; F. Zayadine – J.-B. Humbert – M. Najjar, ADAJ 33 (1989), 359, Pl. 51 (weibl.?).

94 Vgl. Kap. 2.10.3 und z.B. bJad. 4,4; Strabo 16,2,34.

sen und politischen Selbstbewußtsein als solche verstanden und sich damit auch von ihren Nachbarn bewußt unterschieden. Sie bezeichneten sich selbst als *bn ʿmn* [*Tell Sīrān*-Flasche; eventuell auch *ʿAmmān*-Theater-Inschrift][95] und führten ihre Herkunft wahrscheinlich auf einen entsprechenden *heros eponymos* zurück. Sie verehrten den an ihre Ethnie gebundenen Gott Milkom als ihren männlichen Haupt- und Staatsgott (vgl. Kap. 6). Auch in ihrer Sprache und Schrift sowie in ihrer materiellen Kultur unterschieden sie sich partiell von ihren Nachbarn. Gleichzeitig sind diese Unterschiede so gering und die strukturelle Ähnlichkeit ihres Selbstverständnisses mit dem ihrer Nachbarn so groß (vgl. Kap. 6), daß diese Unterschiede paradoxerweise eher Gemeinsamkeiten darstellen, die die enge Verwandtschaft der verschiedenen palästinischen Kulturen unterstreichen.

Im Gegensatz zu den Eigen- und Fremdbezeichnungen der Moabiter (moabit. *m'b;* im AT *bny mw'b* nur in 2Chr. 20,1.10.22f) und Edomiter (edomit. *mlk '[dm]* VSE Nr. 227; im AT *bny 'dwm* nur in Ps. 137,7)[96] werden Ammon bzw. die Ammoniter im AT fast ausschließlich als *bn(y) ʿmwn*[97] und nur als Gentilizia bzw. in

95 Das Appelativum „Ammon" ist wahrscheinlich ein Hypokoristikon auf *-*ān* > -*ōn*, das aus der Wurzel *ʿam(m)* gebildet wurde (Verwandtschaftswort). Da Hypokoristika, in denen das theophore Element allein erhalten ist, im Nordwestsemitischen selten sind und der Gott *ʿAmm(u)* in Palästina nie eine sonderliche Rolle gespielt hat (vgl. Kap. 6), dürfte es sich um ein Hypokoristikon handeln, dessen theophores Element fehlt (*Satzname). Zur Debatte vgl. z.B. M. NOTH, Die israelitischen Personennamen (1928 = 1980), 25. 33-38. 64. 76-79 u.ö.; L. KÖHLER, Der Name der Ammoniter, ThZ 1 (1945), 154-156 („eine überhöhte Form von ʿam", *bny ʿmwn* = „die Söhne des Volkes"); J. J. STAMM, Zum Ursprung des Namens der Ammoniter, (1949), in: ders., Beiträge zur hebräischen und altorientalischen Namenkunde (1980), 5-8; HAL[3] 3, 798 (Ersatzname); G. M. LANDES, A History of the Ammonites (Ph.D.Diss. unpubl.; 1956), 1-12; D. I. BLOCK, AUSS 22 (1984), 197-212; A. HOFFMANN, David. Namensdeutung zur Wesensdeutung (BWANT 100; Stuttgart u.a. 1973), 50-57; W. VON SODEN, *ʿam*, ThWAT 6 (1989), 180-189; zu Wurzel vgl. R. M. GOOD, The Sheep of his Pasture. A Study of the Hebrew Noun ʿAm(m) and its Semitic Cognates (HSM 29; Chico/CA 1983), passim. Ob es sich dabei allerdings ursprünglich um einen SN o.ä. gehandelt hat, ist unklar; wahrscheinlich ist es der Name des Eponyms der Ammoniter. Zur Volksetymologie in Gen. 19,30-38 [fiktiver PN *bn ʿmy*; Joseph., Ant. 1,11,5 (§ 205) *Ammanos*] vgl. Kap. 7. Kanaanäische ON wie *ʿAmmōn* mit der vorarabischen Endung *-ōn* / *-ān* waren in der nordarabischen Ortsnamenbildung seit dem 1.Jt.n.Chr. nicht mehr produktiv, vgl. z.B. E. A. KNAUF, The West Arabian Place Name Province: Its Origin and Significance, PSAS 18 (1988), 39-49; ders., Toponymy of the Kerak Plateau, in: J. M. MILLER (ed.), Archaeological Survey of the Kerak Plateau (1991), 281-343; B. S. J. ISSERLIN, Arabian Place Name Types, PSAS 16 (1986), 45-50.

96 Vgl. aramä. *mlk 'rm* (z.B. KAI Nr. 201:3; 202:4) u.a. Im AT nur in Gen. 10,23 *bny 'rm*.

97 Gen. 19,38; Num. 21,24; Dtn. 2,19.37; 3,11.16; Jos. 12,2; 13,10.25; Ri. 3,13; 10,6-12,3; 1Sam. 12,12; 14,47; 2Sam. 8,12; 10,1-11,1; 12,9.26.31; 17,27; 1Kön. 11,7.33; 2Kön. 23,13; 24,2; 1Chr. 18,11; 19,1-20,3; 2Chr. 20,1-23; 27,5; Jes. 11,14; Jer. 9,25; 25,21; 27,3; 40,11.14; 41,10.15; 49,1f.6; Ez. 21,25.33; 25,2-10; Am. 1,13; Zeph. 2,8; Dan. 11,41; zum angeblichen Beleg *bn ʿmn* auf dem protokanaanäischen Ostrakon von Bet-Schemesch vgl. Kap. 4, Anm. 77. LXX übersetzt meistens *hyoi Ammōn*, aber auch *hyoi Amman* (z.B. Num. 21,24; Dtn. 2,19), daneben *ho* / *hē Ammanitē/is* (Gentiliz; plur. *Ammanitoi/ai*), sowie *ho Ammōni* (Es. 9,1), *Amman* (Gen. 19,38), *Ammōn* (Ps.

meist späteren Ausnahmefällen als *h-ʿm(w)ny(m)*[98] bzw. *(h-)ʿm(w)ny(w)t*[99] oder als *ʿmwn*[100] bezeichnet[101]. In assyrischen Quellen wird Ammon dagegen stets als uruÉ*(bīt)Am-ma-na*-a-a, KUR*(mat)*É*(bīt)Am-ma-na*-a-a o.ä. bezeichnet, während seine transjordanischen Nachbarn stets als KUR*(mat)Ma-'a-ba* o.ä. bzw. uru*U-du-me* o.ä. bezeichnet wurden. Dabei fällt die assyrische Gewohnheit auf, bei Ammon als einzigem transjordanischen Staat stets auch É*(bīt)* zu schreiben; *möglicherweise* hatten es die Assyrer bei den ammonitischen Königen stets mit Herrschern einer (?) Dynastie zu tun bzw. die Assyrer glaubten, daß dies der Fall sei. Einzige Ausnahme bildet kur*Ba-an Am-ma-na*-a-a (ND 2765; vgl. eventuell ND 10078); hier dürften die Schreiber in *Kalḫu* auf die ammonitische Selbstbezeichnung *bn ʿmn* zurückgegriffen haben.

Der Grund dafür, daß Ammoniter und Nichtammoniter Ammon im Gegensatz zu den Eigen- und Fremdbezeichnungen für die transjordanischen Nachbarn Moab und Edom meistens als *bn(y) [ʿm(w)n]* bezeichneten, könnte seinen Grund in der geringen Bevölkerungsgröße Ammons gehabt haben[102]: Im Gegensatz zu Moab und Edom und anderen Nachbarstaaten, die aus mehreren Stämmen bestanden, war das ammonitische Volk mit dem *einen* Stamm Ammon identisch[103]. Ammonitisch *bn ʿmn* war Stammes- und Volksname in einem, während moabitisch

83,8; Jdt. 5,2), *Ammanitis* (ON: vor allem PCairoZen. 59003; 2Makk. 4,26; 5,7; Eupolemos, FGH III, Nr. 723, F 33; Joseph., Ant. 4,5,3 (§ 98); 5,7,9f (§ 262f); 7,9,8 (§ 230); 11,2,1 (§ 21) u.a. Vgl. auch D. I. BLOCK, AUSS 22 (1984), 197-212.

98 Dtn. 2,20; 23,4; 1Sam. 11,1f; 2Sam. 23,37 par. 1Chr. 11,39; 1Kön. 11,5; 2Chr. 26,8 (MT); 27,5 (MT); Es. 9,1; Neh. 2,10.19; 3,35; 4,1; 13,1. In safaitischen Inschriften ist *ʿmn* als SN belegt; allerdings ist mehr als zweifelhaft, ob dabei irgendein Bezug zu den Ammonitern hergestellt werden kann. Vgl. V. A. CLARKE, A Study of New Safaitic Inscriptions from Jordan (Ph.D.Diss. unpubl.; University of Melbourne 1980), 151. 402-404, No. 1004, fig. 63; A. JAMME, Safaitic Inscriptions from Saudi Arabia, OA 6 (1967), 212f, No. 23, fig. 2:23, Pl. 55:2 (= JaS 23). Der nabatäische Beleg RÉS Nr. 1284 (*ʿmny*) [IGLS 21,2 (1986), Nr. 154] meint Ammon bzw. Philadelphia = arab. *ʿAmmān*.

99 1Kön. 11,1; 14,21.31; 2Chr. 12,13; 24,26; Neh. 13,23.

100 1Sam. 11,11; Ps. 83,8; vgl. minä. *ʿmn* M 391.

101 Israel wird im AT zu ungefähr gleichen Anteilen mit und ohne *bny* genannt, bei Juda ist der Gebrauch mit *bny* seltener als ohne *bny*. Vgl. H.-J. ZOBEL, *jehûdāh*, ThWAT 3 (1977-1982), 512-533; ders., *jiśrā'el*, ThWAT 3 (1977-1982), 986-1012.

102 Schätzungen sind z.Zt. wegen des Fehlens literarischer und epigraphischer Quellen und wegen der bisher noch völlig lückenhaften Kenntnisse ammonitischer Dorf- und Stadtanlagen kaum möglich und in jedem Fall spekulativ. Für die Ammonitis des 8.-7.Jh.v.Chr. wird man kaum mit mehr als maximal ca. 200.000 Einwohnern rechnen können. Vgl. z.B. Y. SHILOH, The Population of Iron Age Palestine in the Light of a Sample Analysis of Urban Plans, Areas, and Population Density, BASOR 239 (1980), 25-23.

103 Zu den Samsummim (Dtn. 2,20; vgl. 1QGenAp. XXI 29) vgl. Kap. 4.4 und 7. Bei der lateinischen Inschrift IGLS 13,1 (1982), No. 9179 aus *Boṣrā eski Šām* ist nicht ganz klar, ob die *(tribus) Collina* (vgl. CIL.S Nr. 6580) aus dem lydischen (oder arabischen) *Philad[elphia]* stammt.

*m'b* und edomitisch *'dm* den ursprüglichen Landschafts- und späteren Staatsnamen ausmachten, der als Oberbegriff eine Anzahl weiterer anderslautender Stämme umfaßte[104].

Wie aufgrund des archäologischen, epigraphischen, literarischen und ikonographischen Quellenmaterials zu vermuten ist, entwickelte sich Ammon seit dem 9.Jh.v.Chr. zu einem politischen Gebilde, das als „Staat" im engeren Sinne bezeichnet werden kann[105]: Literizität in der Oberschicht, die Administration mit einem König und seinen Beamten an der Spitze und die entsprechende soziale Hierarchie sind erst ab dem 9.Jh. nachweisbar[106]. Wie die Politik der Assyrer zeigt, war die Ethnie Ammon spätestens seit dem 8.Jh. ein Territorialstaat, der als solcher, wenn auch nur als Vasall, von Assur anerkannt wurde. Die Gesellschaft dieses Zwergstaates dürfte sich strukturell nur wenig von denen seiner unmittelbaren Nachbarstaaten unterschieden haben; insbesondere die in der Oberschicht verwandten Titel entsprechen weitgehend denen der israelitischen und judäischen Oberschicht[107]. Der Anteil der nichtseßhaften Bevölkerungsteile am gesamtgesellschaftlichen Spektrum dürfte dagegen höher gewesen sein als dies z. B. im Nordreich Israel der Fall gewesen war.

104 Daß *'dm* (und *m'b?*) ursprünglich Landschaftsnamen waren, die zu Staats- bzw. Volksnamen wurden, steht dem nicht entgegen. Zur tribalen Gliederung Edoms vgl. M. Weippert, Edom (Diss. und Hab. theol. masch.; 1971), 437ff; E. A. Knauf, BN 45 (1988), 62ff.

105 Aus der Flut der Literatur vgl. *z. B.* J. Goody et al., Entstehung und Folgen der Schriftkultur (Frankfurt a.M. 1981), 25ff. 83ff; R. B. Coote – K. W. Whitelam, The Emergence of Ancient Israel in Historical Perspective (1987), passim; K. Eder, Die Entstehung staatlich organisierter Gesellschaften (Frankfurt a. M. 1980), 68ff; E. A. Knauf, The Migration of the Script, and the Formation of the State in South Arabia, PSAS 19 (1989), 79-91.

106 Die Verehrung Milkoms – in einer Königsinschrift – ist in ammonitischen Quellen erstmals in der *ʿAmmān*-Zitadellen-Inschrift belegt.

107 Vgl. z. B. U. Rüterswörden, Die Beamten der israelitischen Königszeit (1985), 4ff. 20ff. 91.

## 6. DIE RELIGION DER AMMONITER UND AMMONITERINNEN

### 6.1. Der begrenzte Polytheismus der ammonitischen Religion

Männliche Hauptgottheit der Ammoniter war ein Gott namens Milkom[1]. Dies wird jedoch weniger durch ammonitische Quellen als vor allem durch das Alte Testament belegt, das darüber hinaus im deuteronomistischen Geschichtswerk diesen Gott schon für Epochen bezeugt (1Kön. 11,5.33; 2Kön. 23,13), aus denen (bisher) keine ammonitischen Inschriften überliefert sind. Wie sich 1Kön. 11,1-13 entnehmen läßt, fand die Verehrung Milkoms spätestens mit der Eroberung Ammons durch David auch in Israel eine gewisse Verbreitung. 1Kön. 11,1-13[2] ist literarisch nicht einheitlich. Der Text ist in der Forschung stark umstritten: eine *opinio communis* zeichnet sich nicht ab. Die Ansichten reichen von der These literarischer Einheitlichkeit (z.B. M. Noth[3]; H.-D. Hoffmann[4]) bis zu – teilweise recht verschiedenen – Theorien, die mit einem mehrschichtigen Wachstum des Textes rechnen (z.B. W. Dietrich[5]; A. Jepsen[6]; H. Spieckermann[7]; G. Vanoni[8];

1 Vgl. zusammenfassend z.B. K.-H. Bernhardt, Milkom, BHH 2 (1964), 1217; A. van den Born, Milkom, BL[1] 1956, 1155; BL[2] 1968, 1217; A. Jirku, Milkom, RE 15,2 (1932), 1671; auch F. Baethgen, Beiträge zur semitischen Religionsgeschichte (Berlin 1888), 15f. 84. 238.

2 Inwieweit der Text von LXX, der sich u.a. in Reihenfolge und Stellung der einzelnen Verse vom MT unterscheidet, für Änderungen des MT herangezogen werden darf, ist umstritten; m.E. besteht kein Grund für derartige Änderungen, vgl. z.B. G. Vanoni, Literarkritik und Grammatik. Untersuchungen der Wiederholungen und Spannungen in 1 Kön 11-12 (ATS 21; St.Ottilien 1984), 30ff. 44f. Nur in V.9 ist die MT-Vokalisation von *h-nr'h*, die vielleicht von 1Kön. 3,5 beeinflußt ist, (unter Berücksichtigung der LXX und Dan. 8,1) in *han-nir'æh* zu ändern; zur Textkritik vgl. ausführlich G. Vanoni, Literarkritik und Grammatik (1984), 24-43. 47.

3 Überlieferungsgeschichtliche Studien ([3]1967), 71f; ders., I Könige 1-16 (BK AT 9,1; Neukirchen-Vluyn [2]1983), 239-251. 263.

4 Reform und Reformen. Untersuchungen zu einem Grundthema der deuteronomistischen Geschichtsschreibung (AThANT 66; Zürich 1980), 47-58.

5 Prophetie und Geschichte. Eine redaktionsgeschichtliche Untersuchung zum deuteronomistischen Geschichtswerk (FRLANT 108; Göttingen 1972), 68f. 86. 94. 137.

6 Die Quellen des Königsbuches (Halle [2]1956), 18-24.

7 Juda unter Assur in der Sargonidenzeit (FRLANT 129; Göttingen 1982), 191-195. 411 [Vorlage (Annalennotiz) V.1a*.3a; DtrH V.1a*(*nkrywt*).b.3b.4a.7aα.b.8; DtrN V.2.4a; spätdtr. Redaktor V.5-6.7aß; postdtr. Ergänzung V.1a* (*w-'t bt prʿh*)].

8 Literarkritik und Grammatik (ATS 21; 1984), 24ff.

E. WÜRTHWEIN). Die zahlreichen literarischen und inhaltlichen Spannungen und Dopplungen, unterschiedlicher Sprachgebrauch u.a.[9] sind aber so massiv, daß die These von der Einheitlichkeit des Textes kaum überzeugen kann. Am besten rechnet man ähnlich wie z.B. A. JEPSEN, G. VANONI oder E. WÜRTHWEIN mit einer literarkritisch bzw. redaktionsgeschichtlich begründeten mehrfachen Schichtung des Textes. Dabei ist aber gegen E. WÜRTHWEIN u.a. festzuhalten, daß keine wie auch immer geartete nichtpolemische Schicht erhalten ist, d.h. der Text wurde in seinen schriftlich fixierten Fassungen von Anfang an mit massiven polemischen Wertungen überliefert. Dazu steht nicht im Widerspruch, daß auch in den polemischen Fassungen des Textes stellenweise – überlieferungs- bzw. traditionsgeschichtlich betrachtet – religiös nichtpolemische und Salomo wohlwollend gegenüberstehende Traditionen erhalten sind.

Ausgangspunkt war wahrscheinlich die schon polemisch gefaßte Nachricht von den Kultbauten des alternden Salomo, die er für die exemplarisch verstandenen Gottheiten Kemosch und Milkom errichten ließ (VV.4aα.b.7*). Dabei hat der Sammler bzw. Redaktor mit großer Wahrscheinlichkeit auf ältere Nachrichten vermutlich offiziellen Charakters (Baunotizen?; vgl. 1Kön. 11,41) zurückgegriffen, sie dem Anliegen seiner Geschichtsbetrachtung gemäß in den Erzählablauf eingepaßt und massiv gewertet: Die Hauptgötter Moabs und Ammons werden als *šqṣ* bezeichnet und der ammonitische Hauptgott – im Gegensatz zu V.5 – nicht bei seinem richtigen und allgemein bekannten Namen Milkom genannt, sondern polemisch zu *molæk* verhunzt (korrekt dagegen 1Kön. 11,33: *mlkm ʾlhy bny ʿmwn*).

Diese Version wurde dann von sicher deuteronomistischer Hand (VV.1*.2.4aß.6.8-13[10]) überarbeitet und stark erweitert, wodurch eine gelehrte theologische Kompilation mit zahlreichen Querverweisen zum engeren und weiteren Kontext entstand. Zu den Kultbauten für Fremdgötter trat nun die „Vielweiberei“ des Erst-Apostaten Salomo mit ihren bekannten und für den Deuteronomisten offenbar unausweichlichen Folgen. Dies alles wurde theologisch im Lichte des göttlichen Gesetzes neu gesehen und beurteilt (VV.2.11b-13) und insgesamt mit deutlich paränetischem Tenor als geschichtstheologische Erklärung für die Reichsteilung bzw. Aufhebung der Personalunion nach dem Tode Salomos herangezogen. Es liegt nahe, in diesem Redaktor DtrN zu sehen. Die Liste der ausländischen Frauen Salomos in V.1 dürfte dabei auf ältere Nachrichten zurückgehen, ohne daß ihre Herkunft genau bestimmt werden könnte; möglicherweise geht die Reihung der Gentilizia auf eine ähnliche Quelle offiziellen Charakters zurück wie die Informationen in V.7*.

In den so redigierten und erweiterten Text sind darüberhinaus zwei wohl nach-

9 G. VANONI, Literarkritik und Grammatik (ATS 21; 1984), 58ff.

10 Vgl. etwas anders auch H. WEIPPERT, Die Ätiologie des Nordreiches und seines Königshauses (I Reg 11,19-40), ZAW 95 (1983), 370-372.

deuteronomistische Zusätze eingearbeitet worden. V.3a, der unvermittelt und überraschend einsetzt, überliefert neue Informationen, die unter dem Generalthema „Salomos Frauen“ nur lose mit VV.1-2 verbunden sind: Nicht die ethnische Herkunft der Frauen, sondern ihre enorme Zahl und ihre Verteilung auf Haupt- und Nebenfrauen (im Verhältnis 7:3) stehen hier im Mittelpunkt des Interesses und werden nicht polemisch, sondern im Gegenteil den potenten Potentaten bewundernd angeführt. Dieser Zusatz, der offensichtlich das *rbwt* von V.1 konkretisieren will, entstammt wegen der märchenhaften und sich auf 1000 belaufenden Gesamtzahl wahrscheinlich einer älteren (?) volkstümlichen Tradition vom Wohlstand, Ansehen und Reichtum Salomos. Diese Tradition wurde bei ihrer Aufnahme in den bis dahin vorhandenen Text in V.3b (mit der Kurzform *lb* anstatt *lbb* in VV.2.4.9) sofort im Sinne des 2.Redaktors kommentiert. In V.5, der durch die Verwendung von *ʿmnym* (vgl. Dtn. 2,20; 2Chr. 26,8; zu 2Chr. 20,1 s.u.; Neh. 4,1) statt des sonst üblichen *bny ʿmwn* (und die nichtpolemische Verwendung des Namens des ammonitischen Nationalgottes) auffällt, trat der Vollständigkeit halber zu der auch schon in V.7 als repräsentativ verstandenen Auswahl von Fremdgöttern die sidonische (= phönizische?) *ʿAštōræt*[11], was nicht nur V.1 (vgl. auch 1Kön. 11,33; 2Kön. 23,13), sondern wohl auch eine entsprechende, historisch zuverlässige Tradition nahelegte. Beide Zusätze dürften von einem einzigen Redaktor (III) stammen, der sich den theologischen Wertungen des Redaktors II (DtrN ?) verpflichtet wußte.

Zur redaktionellen Arbeit am Text gehören auch zwei Glossen. Am Anfang von V.1 ist das aufgrund der *nota accusativi* und der Copula (*w-* ist wohl als *waw explicationis* zu verstehen) syntaktisch störende *w-ʾt bt prʿh*, das sich wegen der Nennung einer Einzelperson nicht recht in die Reihung der Gentilizia einfügen will, nachträglich hinzugefügt worden, um aufgrund von 1Kön. 3,1; 7,8; 9,16.24 (vgl. 2Chr. 8,11) eine diesbezügliche Vollständigkeit unter den ausländischen Frauen Salomos zu erreichen. In V.7 unterbricht die Formel *b-hr ʾšr ʿl pny Yrwšlm* (V.7aß; vgl. auch 2Kön. 23,13) die Reihung *l-Kmš* bis *w-l-Mlk*, wodurch *w-l-mlk* ungeschickt nachhinkt, obwohl die Formel mit der Ortsangabe sicherlich auch die hier polemisch benannte ammonitische Gottheit einschließen will. Mit einiger Wahrscheinlichkeit handelt es sich um einen Nachtrag aus 2Kön. 23,13. Ob die

11 Gilt allgemein als polemische Vokalisation (*bōšæt*), vgl. z.B. HAL$^3$ 3, 851; H. GESE, Die Religionen Altsyriens (RM 10,2; Stuttgart u.a. 1970), 163, Anm. 470; H.-P. MÜLLER, *ʿštrt*, ThWAT 6 (1989), 459; M.H. POPE, WM I 2, 250. Vgl. auch in V.7 die Bezeichnung Milkoms als *mōlæk (šqṣ bny ʿmwn)*. Palmyr. *ʿstwr* [J.K. STARK, Personal Names in Palmyrene Inscriptions (Oxford 1971), 43f, mask.?] und Transkriptionen ins Griech. wie *Bōstar* (Polybios 3,98,5.12; 99,5) oder *Bodostōr / Ouodostōr* (Diodor 24,9,1; 24,12,1.3) könnten aber auch darauf hindeuten, daß der Name der Göttin phön. **ʿAš/ṯtōrt* lautete, woraus sich masoret. *ʿAštōræt* entwickelt haben könnte, vgl. auch A. COOPER, A Note on the Vocalization of *ʿAštoræt*, ZAW 102 (1990), 98-100.

Glossen zu einer der beiden älteren Schichten gehören, und wenn ja, zu welcher, muß offenbleiben.

Insgesamt also überliefern der Text bzw. die in ihm vereinten Traditionen und literarischen Schichten ältere Nachrichten, deren negativ wertende Darstellung das Ende einer Entwicklung anzeigt, an deren Anfang historische Realitäten und deren positive Würdigung standen, und deren Historizität zu bezweifeln kein Anlaß besteht: a) Salomo ließ aus (religions-)politischen Gründen und Zwecken[12] in (oder bei[13]) Jerusalem offizielle Kultbauten *(bmh)* für eine Reihe in späterer Zeit anstößige Gottheiten errichten, insbesondere für die moabitischen und ammonitischen Staatsgötter Kemosch und Milkom und die sidonische[14] Astarte; dabei wurde der besiegte Gott Milkom ins israelitische Pantheon eingegliedert, allerdings auf einer hierarchischen Ebene, auf der seine Degradierung und damit die Unterwerfung seines Volkes Ammon deutlich sichtbar wurde. Diese kultpolitischen Maßnah-

12 Vgl. z.B. G.W. Ahlström, Aspects of Syncretism in Israelite Religion (1963), 34-46; J.A. Soggin, Der offiziell geförderte Synkretismus in Israel während des 10. Jahrhunderts, ZAW 78 (1966), 179-204.

13 Ob die Angabe „auf dem Berg, der gegenüber (im Osten) von Jerusalem liegt", also *extra muros*, historisch korrekt ist oder nicht vielmehr nur dazu dient, Jerusalem nachträglich für theologisch stubenrein zu erklären, sei dahin gestellt. Zu *ʿl pny* vgl. HAL[3] 3, 890; J.F. Drinkard, JBL 98 (1979), 285f; H. Simian-Yofre, ThWAT 6 (1989), 656; J. Vollmer, THAT 2 ([2]1979), 445; M. Wüst, Untersuchungen zu den siedlungsgeographischen Texten des Alten Testaments I (1975), 35, Anm. 121.

14 Auch wenn die Verehrung der Astarte in Sidon in sidonischen Quellen erst seit ca. dem 7. Jh.v.Chr. belegt ist [KAI Nr. 13,1f; 14,14-18; 15; 16; CIS I 1, Nr. 4; RÉS Nr. 765ff. 896. 1200; P. Magnanini, Le iscrizioni fenicie dell'Oriente (1973), 12-14, No. 17. 19f. 23; zu Hispania 14 (Sevilla, Mus. Arquelog. Nr. 11.136), vgl. M.G. Guzzo Amadasi, Le iscrizioni fenicie e puniche delle colonie in occidente (SS 28; Rom 1967), 149-151, Spa. 16; J. Teixidor, Bulletin d'épigraphie sémitique (1986), 53f. 172. 213. 296. 374. 446f (mit der wichtigsten Lit.) sowie M. Weippert, Bibl. 52 (1971), 432 und E. Lipinski, Vestiges Phéniciens d'Andalousie, OLoP 15 (1984), 102-117. 132, die m.E. zu Recht vermuten, daß es sich bei der Statue um einen sidonischen Import handelt; vgl. auch die Numismatik von Sidon, J.W. Betlyon, The Coinage and Mints of Phoenicia. The Pre-Alexandrine Period (HSM 26; Chico/CA 1980), 11-22, und griechische Schriftsteller wie z.B. Lukian, de Dea Syria 4 oder Achilleus Tatios 1,1 und verschiedene griechische Inschriften und Papyri wie z.B. die von Delos und aus Oxyrhynchos, vgl. P. Roussel – M. Launey (ed.), Inscriptions de Délos Nos. 1497-2219 (Paris 1937), No. 2101 (130/129 v.Chr.); P. Oxy. XI (1915), No. 13180, V 116f (Isis-Litanei 1./2. Jh.n.Chr.)], ist sie (als Ištar von Ninive) in den hethitischen Evokationen aus *Ḫattuša* in KBo II 9.36 und KUB XV 35 [KUR[uru]*zi-in-du-na-az* bzw. z]*i-du-na-az* (*e-ḫu*)] (vgl. auch KUB XV 34, z.B. in ANET[3] 351-353) schon für die Spätbronzezeit belegt, was die Belege 1Kön. 11,5.33 (und 2Kön. 23,13) historisch wahrscheinlicher macht. Vgl. auch J.W. Betlyon, The Cult of 'Ašerah / 'Elat at Sidon, JNES 44 (1985), 53-56. Zu den Beziehungen zwischen Jerusalem und Sidon vgl., von Ri. 10,6 (vgl. Ri. 2,13) und 2Kön. 23,13 abgesehen, 1Chr. 22,4; Jer. 27,3; Joel 4,4ff; Es. 3,7; zum phönizischen Einfluß in Jerusalem vgl. die Grabbauten (s.u.), deren Existenz auf eine phönizische Kolonie in Jerusalem hinweisen könnte.

men, die deutlich synkretistische und begrenzt kosmopolitische Züge trugen, haben zur Zeit Salomos offenbar kein (oder kaum) Mißfallen erregt. Nach 1Kön 11,4.5.(7) nahm Salomo, historisch zutreffend, in seinen Eigenschaften als König, Diplomat, Bauherr[15] und Ehemann persönlich und offiziell zusammen mit den (entsprechenden) Ehefrauen, vor allem Naama (und wohl auch zusammen mit weiteren in Jerusalem ansässigen Ammonitern und Ammoniterinnen) an der Fremdgötterverehrung teil. Nach V.8[16], der Sicht von DtrN (?), trat er, historisch unzutreffend, 'nur' als Bauherr für die Heiligtümer fremder Götter auf, ohne sich selbst an deren Verehrung zu beteiligen. b) Zur Heiratspolitik bzw. Diplomatie Salomos gehörte es, Verbindungen mit einer (zahlenmäßig begrenzten[17]) Reihe von Frauen einzugehen, die aus politisch abhängigen bzw. unterworfenenen (vor allem Ammon) oder befreundeten Nachbarstaaten (Phönizien) [oder aber aus einer Großmacht (Ägypten)[18]] stammten. Die Verbindung Salomos mit (mindestens) einer Ammoniterin wird auch durch 1Kön. 14,21.31; 2Chr. 12,13 belegt. Aller Wahrscheinlichkeit nach stammte sie aus dem von David entmachteten ammonitischen Königshaus (vgl. Kap. 4.3.1).

Daß sich dies alles erst im Alter Salomos abgespielt haben soll, ist ebenso wie die Darstellung der Funktion seiner Frauen reine Apologetik, die nicht nur einen historisch unglaubwürdigen Versuch einer Periodisierung der salomonischen Regierungszeit in zwei Lebensphasen (jung und gut, alt und schlecht) unternimmt, sondern vor allem den Tempelbau als beendet betrachtet und so den König als unbefleckten Erbauer darstellen und spätere Sündenfälle mittels der vielen bösen ausländischen Frauen und des Alters, wenn nicht gänzlich exkulpieren, so doch abmildern will. Die Folgen des salomonischen Fehlverhaltens, die Reichsteilung, an der danach auch Ammoniterinnen einen bescheidenen Anteil gehabt haben sollen, waren nach dieser Sicht gleichwohl unausweichlich.

Laut 2Kön. 23,13 fand die offizielle Verehrung Milkoms in Jerusalem während der sog. Reform des 'vollkommenen' Königs Joschija ein Ende; von der wahrscheinlichen deuteronomistischen Verfasserschaft dieser Notiz abgesehen[19],

15 Vgl. ähnlich auch W. H. Shea, PEQ 111 (1979), 17-25.

16 Vgl. zuletzt auch M. Cohen, *Maqṭîrôt ûmᵉzabbᵉḥôt lēʾlōhêhen* (1 Rois XI 8B), VT 41 (1991), 332-341.

17 Auch die Zahlen in Cant. 6,8 sind wohl überhöht.

18 Generell kann man allerdings mit G. Garbini, History and Ideology in Ancient Israel (New York 1988), 28f an der Historizität der 'Tochter Pharaos' zweifeln. Der stufenweise Wechsel von einer anfangs positiven zu einer letztendlich negativen Wertung am Beispiel der 'Tochter Pharaos' ist gut demonstriert bei Sh. J.D. Cohen, Solomon and the Daughter of Pharao: Intermarriage, Conversion, and the Impurity of Women, JANES 16-17 (1984-1985), 23-37.

19 Vgl. z.B. H.-D. Hoffmann, Reform und Reformen (1980), 208-252. 264-270; H. Hollenstein, Literarkritische Erwägungen zum Bericht über die Reformmaßnahmen Josias 2 Kön. XXIII 4ff., VT 27 (1977), 335f; Ch. Levin, Joschija im deuteronomistischen Geschichtswerk, ZAW 96

spricht auch sonst zu viel gegen ein so glattes, plötzliches und endgültiges Ende der Fremdgötterverehrung in Juda (und Israel)[20], als daß man Durchführung und Erfolg dieser königlichen Bemühungen allzu wörtlich nehmen dürfte. Mit den *bmwt*, die im Zusammenhang mit der Milkom-Verehrung erstmals in 1Kön. 11,7 erwähnt werden, dürften auch sonst Kultplätze gemeint sein, an denen spätestens seit Salomos Zeiten Jahrhunderte hindurch mehr oder weniger kontinuierlich dieser Gott – neben anderen – in Juda (und Israel?) verehrt worden ist (vgl. z.B. 1Kön. 14,23; 15,14; 22,44; 2Kön. 12,4; 14,4; 15,4.35; 16,4; 21,3; 23,5.8). Jedenfalls ist 2Kön. 23,13 nicht als auch nur einigermaßen sicherer Beleg für ein Ende der Milkom-Verehrung anzusehen, ganz abgesehen von den beiden – nicht – zu beantwortenden Fragen, ob die Milkom-Heiligtümer zur Zeit Joschijas überhaupt noch bestanden bzw. wie lange Milkom auch nach Joschija noch offiziell und privat in Juda verehrt wurde.

Aus epigraphischen Quellen ist Milkom bislang vor allem als theophores Element in verschiedenen PN bekannt[21], die auf mehreren ammonitischen Siegeln [*mlkm'wr* (Nr. 88), *mlkmgd* (Nr. 89), *mlkmʿz(ʾ)* (Nr. 72)] und auf einem Ostrakon vom *Tell el-Mazār* (*mlkmyt*) aufgetaucht sind, und direkt als GN auf zwei weiteren Siegeln (Nr. 90. 153); d.h. von den ca. 71 sicher bzw. wahrscheinlich als ammoni-

(1984), 351-371; E. Würthwein, Die Bücher der Könige 1.Kön. 17-2.Kön. 25 (1984), 453. 460; K. Visaticki, Die Reform des Josija und die religiöse Heterodoxie in Israel (Diss. theologische Reihe Bd. 21; St.Ottilien 1987), 30ff; P. Tagliacarne, „Keiner war wie er": Untersuchungen zur Struktur von 2 Könige 22-23 (ATS 31; St.Ottilien 1989), 231-239. 349-353. 366-388. 400-410.

20 Von der in der vorangegangenen Anm. genannten Lit. abgesehen vgl. auch E. Würthwein, Die Josijanische Reform und das Deuteronomium, ZThK 73 (1976), 395-423; auch – aus der Sicht religionshistorisch relevanten Materials und mehr die Volksreligion betreffend – U. Hübner, Das Fragment einer Tonfigurine vom *Tell el-Milḥ*. Überlegungen zur Funktion der sog. Pfeilerfigurinen in der israelitischen Volksreligion, ZDPV 105 (1989), 47-55. Zur Forschungsgeschichte von 2Kön. 22-23 vgl. N. Lohfink, Zur neueren Diskussion über 2 Kön 22-23, in: ders. (ed.), Das Deuteronomium. Entstehung, Gestalt und Botschaft (BEThL 68; Leuven 1985), 24-48, der ebenso wie H. Spieckermann, Juda in der Sargonidenzeit (1982), 79-120 (2Kön. 23,13 stammt von DtrH), was die Historizität auch deuteronomistischer Notizen angeht, ziemlich optimistisch ist. Unabhängig davon, ob einige der Verse in die Zeit Joschijas zurückgehen oder aber keiner aus der vordeuteronomistischen Zeit stammt, muß methodisch generell festgehalten werden, daß ein frühes Datum keine Historizität garantiert und ein spätes diese nicht ausschließt; in letzterem Fall ist allerdings von vornherein ein größeres Mißtrauen angebracht, was die Frage nach der Historizität anbelangt. Sie ist darum nicht nur aus literarischen, sondern ebenso auch aus allgemein historischen Rekonstruktionen zu beantworten.

21 Vgl. K.P. Jackson, in: The Word of the Lord shall go forth. Essays in Honor of D.N. Freedman (1983), 507-521; M. Maraqten, Die semitischen Personalnamen in den alt- und reichsaramäischen Inschriften aus Vorderasien (1988), 52f. 111.

tisch anzusprechenden Siegeln enthalten 5 Siegel (von Männern) den GN Milkom[22].

Nach dem Alten Testament war Milkom Haupt- und Staatsgott[23] [1Kön. 11,5.33; 2Kön. 23,13; Jer. 49,1.3 (cj.); Zeph. 1,15 (cj.)] sowie Kriegsgott Ammons [Jer. 49,1.3 (cj.)] und galt als der ammonitische Gott schlechthin neben einer unbestimmten Anzahl weiterer Gottheiten (Ri. 10,6; 1Kön. 11,2.4; vgl. Neh. 13,26). Seinen Status als Staatsgott verlor Milkom, der seine Karriere in Ammon während der frühen Eisenzeit als Stammesgott begonnen hatte, allerdings mit dem Ende des ammonitischen Staates 582/581 v. Chr. Die unentwegt polemische Sichtweise des Alten Testaments[24] bezeichnet Milkom als *šqṣ* (1Kön. 11,5.7) bzw. als *twʿbt bny ʿmwn* (2Kön. 23,13) und identifiziert ihn – zusätzlich mittels einer polemischen Vokalisation[25] – mit Molek[26] (1Kön. 11,7b; vgl. 2Kön. 23,13) – der (unvokalisierte) Konsonatenbestand lud geradezu zu entsprechenden Wortspielereien und Andeutungen wie *Molæk* oder „ihr König" (*mlk-m*) ein[27] – und will ihn über diese Kontamination mit den berühmt-berüchtigten Kinderritualen bzw. -„opfern"[28] in Ver-

22 D.h. ca. 7% – falls solche Rechnungen bei den relativ geringen und zufälligen Belegen überhaupt irgendeine Aussagekraft haben.

23 „Patron deity" in der Terminologie von D. I. Block, The Gods of the Nations. Studies in Ancient Near Eastern National Theology (Evangelical Theological Society Monograph Series 2; Winona Lake/IN 1988), 162. 165 u. ö.

24 Vgl. dazu auch Kap. 7, passim und zusammenfassend H. D. Preuss, Die Verspottung fremder Religionen im Alten Testament (BWANT 92; Stuttgart u. a. 1971), passim; dazu ergänzend und methodisch wichtig D. R. Hillers, Analyzing the Abominable: Our Understanding of Canaanite Religion, JQR 75 (1985), 253-269. Bei *Jaʿqōb von Sarūg* z. B. sind Milkom und Kemosch dann vom Satan eingesetzte Götter, vgl. P. Martin, Discours de Jacques de Saroug sur la chute des idoles, ZDMG 29 (1876), 132; S. Landersberger (ed.), Ausgewählte Schriften der syrischen Dichter Cyrillonas, Baläus, Isaak von Antiochien und Jakob von Sarug (BKV² 6; Kempten – München 1913), 4.

25 Vgl. z. B. H.-P. Müller, *molæḵ*, ThWAT 4 (1984), 965f; K. Seybold, *maelaeḵ*, ThWAT 4 (1984), 950; J. A. Soggin, *mælæk*, THAT 1 (³1978), 918; M. Weippert, Die Landnahme der israelitischen Stämme (FRLANT 92; Göttingen 1967), 117, Anm. 2; ders., Synkretismus und Monotheismus, in: J. Assmann – D. Harth (ed.), Kultur und Konflikt (1990), 172, Anm. 48.

26 Es kann hier nicht die viel debattierte Diskussion zum Problem *mlk* – *mulk* – *molæk* erneut aufgerollt werden; zur Forschungsgeschichte und zum Problem vgl. z. B. G. C. Heider, The Cult of Molek (JSOT.S 43; Sheffield 1985), 1-92; H.-P. Müller, ThWAT 4 (1984), 957-968.

27 Aus dem Dilemma der unvokalisierten Belege *„mlk-m"* und aus der Tatsache, daß die LXX zwar eine wichtige, aber eben nur eine Übersetzung ist, kommt man nicht heraus; daran ändern auch die Überlegungen von J. Trebolle Barrera, La transcripión mlk = *moloch*. Historia del texto e historia de la lengua, Aula Or. 5 (1987), 125-128 nichts.

28 Falls es sich nicht vielmehr um – nachträglich als illegitim bezeichnete – Reinigungs- oder Initiationsriten o. ä. gehandelt hat oder aber um Kremationen von Früh- und Totgeburten bzw. um Kleinkinder, deren Überlebenschancen angesichts der hohen Kindersterblichkeit häufig nicht sehr groß waren. Die Formulierung „(durchs Feuer) gehen lassen" u. a. [*ʿbr* hif. (*b-ʾš*) u. a.] wurde und wird häufig als (Brand-)Opfer (miß)verstanden, obwohl die sonst übliche Opferterminologie weitgehend fehlt; wer „(durchs Feuer) *hindurch* geht", kommt auch wieder – verändert – dort heraus.

bindung bringen, die von Judäern – und *nicht* von Ammonitern – durchgeführt wurden bzw. worden sein sollen (vgl. vor allem Lev. 18,21; 20,2-5; 2Kön. 23,10; Jer. 32,35). Dagegen bleibt festzuhalten, daß es – außer der gleichen (homonymen?) Wurzel[29] – keinen einzigen Beweis für einen Zusammenhang oder gar eine Identität zwischen *'Molæk'* und Milkom gibt[30]. Auch die übrigen alttestamentlichen Belege, in denen Milkom vorkommt, haben eine deutlich antiammonitische Tendenz und sehen in ihm aufgrund der eigenen theologischen Position den Gott ammonitischer Aggression (Jer. 49,1 cj.) und einen (von Israeliten) keinesfalls zu verehrenden Gott (Zeph. 1,5 cj.).

Ist der Anfang der *ʿAmmān*-Zitadellen-Inschrift richtig rekonstruiert (cj.) und ihre Interpretation haltbar (vgl. Kap. 2.1), dann ist Milkom dort als göttlicher Auftraggeber und Schutzherr der vom ammonitischen König errichteten Bauten und zugleich wohl auch als Stadtgott von Rabba und Hauptgott der ammonitischen Könige und damit des Staates Ammon bezeugt. Zu letzterem paßt auch das wohl ursprüngliche Appellativum „Milkom", das zum Eigennamen bzw. GN wurde; er deutet eine übergeordnete Stellung dieser Gottheit im ammonitischen Pantheon an [„der König(sgott)" bzw. „der Götter-König"]; somit charakterisiert allein schon der GN die Spitzen-Stellung dieses Gottes innerhalb seines Pantheons, die bei den entsprechenden Göttern der benachbarten Panthea, z.B. bei Jahwe, gerne durch entsprechende, aus der Wurzel *mlk* abgeleitete Epitheta u.a. angezeigt wurde[31]. Die archaische Namensform (*Malikum) mit der Mimation am Ende macht wahrscheinlich[32], daß Milkom schon lange Zeit vor seinen ersten epigraphischen Bele-

Überhaupt sollte man die Frage der 'Kinderopfer' zurückhaltender und vorsichtiger behandeln als es häufig – mit viel Schaudern und Entsetzen – geschieht, vgl. dazu z.B. H.F. Fuhs, *ʿāḇar*, ThWAT 5 (1986), 1025f; K. Seybold, ThWAT 4 (1984), 950f; vor allem S. Moscati, Il sacrificio punico dei fanciulli: realtà o invenzione? (Accademia Nazionale dei Lincei, Quaderno 261; Rom 1987), passim, und S. Ribichini, Il tofet e il sacrificio dei fanciulli (Sardo 2; Sassari 1987), passim, sowie methodisch D.R. Hillers, JQR 75 (1985), 253-269; zuletzt wieder wie meist üblich J. Day, Molech. A God of Human Sacrifice in the Old Testament (University of Cambridge Oriental Publications 41; Cambridge u.a. 1989), 82f; U. Worschech, Das Land jenseits des Jordan (1991), 121. 127-129.

29 Vgl. zum Problem zuletzt J. Renger, Zur Wurzel MLK in akkadischen Texten aus Syrien und Palästina, in: A. Archi (ed.), Eblaite Personal Names and Semitic Name-Giving. Papers of a Symposium held in Rome July 15-17, 1985 (ARES 1; Rom 1988), 164-172.

30 G.C. Heider, Molek (1985), 169f. 302 u.ö; J. Day, Molech (1989), 31-33. 84.

31 Vgl. z.B. H. Ringgren – K. Seybold, *mælæḵ*, ThWAT 4 (1984), 926-9; E. Zenger, Herrschaft Gottes / Reich Gottes II. Altes Testament, TRE 15 (1986), 176-189.

32 Vgl. z.B. J.A. Soggin, THAT 1 (³1978), 319; K. Seybold, ThWAT 4 (1984), 950. Zum Problem (der Funktion) der Mimation vgl. z.B. W. Diem, Gedanken zur Frage der Mimation und Nunation in den semitischen Sprachen, ZDMG 125 (1975), 239-258; S.C. Layton, Archaic Features of Canaanite Personal Names in the Hebrew Bible (HSM 47; Atlanta/GA 1990), 155ff; W. Richter, Grundlagen einer althebräischen Grammatik I ATS 8; St.Ottilien 1978), 122-130. Die Mimation kam im Westjordanland spätestens in der Spätbronzezeit außer Gebrauch.

gen vom Ende des 9. oder dem Anfang des 8.Jh.s v.Chr. (*ʿAmmān*-Zitadellen-Inschrift) als Gottheit im (zentralen) Transjordanien der Bronzezeit existierte, und unterstützt so in gewisser Weise die alttestamentliche Belege für eine frühe Verehrung Milkoms in Ammon und Jerusalem. Der ammonitische Gott Milkom kann allerdings nicht, wie es immer wieder gemacht wurde[33], mit einer angeblichen ugaritischen Gottheit o.ä. *mlk(m)* identifiziert werden: Die ugaritischen[34] und akkadischen[35] Götter- und Opferlisten aus Ugarit und *(Rās) Ibn Hānī*[36] und speziell die dort stets erst gegen Ende der Listen angeführten *mlkm*-Belege sind in ihrem Verständnis zu unsicher, zu mehrdeutig und zu umstritten[37] und die geographischen, chronologischen u.a. Unterschiede zwischen Ugarit und Ammon zu groß[38], als

33 Vgl. z.B. C.H. GORDON, UgT (1967), 434; TH. KLAUSER, Baal, RAC 1 (1950), 1095; M. MARAQTEN, Die semitischen Personennamen (1988), 53; vgl. auch F. GRÖNDAHL, Die Personennamen der Texte aus Ugarit (1967), 157f.

34 Alphabet.-ugarit. Götterliste KTU 1.47 (Rs. Z.33) [fast identisch mit KTU 1.118] = CTA Nr. 29, fig. 74f, Pl. 36:29 = RS 1.17 = CH. VIROLLEAUD, Les Inscriptions Cunéiformes de Ras Shamra, Syria 10 (1929), (304-310), Pl. 70, Nr. 17 = UgT 17:11 = M. DIETRICH – O. LORETZ, TUAT 2 (1991), 302f = P. XELLA, I testi rituali di Ugarit I. Testi (SS 54; Rom 1981), 325-327.

Alphabet.-ugarit. Götterliste RS 24.264 und RS 24.280 [fast identisch mit KTU 1.47] = KTU 1.118 (Rs. Z.32) = A. HERDNER, Nouveaux Textes Alphabétiques de Ras Shamra – XXIV^e Campagne, 1961, Ug. 7 (MRS 18 / BAH 18; Paris – Leiden 1978), (1-74) 1-3, fig. 1 = P. XELLA, I testi rituali (1981), 325-327 = M. DIETRICH – O. LORETZ, TUAT 2 (1991), 302f.

[Opferliste RS 24.266 = KTU 1.119 (Rs. Z.25 liest *mlkt*) = A. HERDNER, Ug. 7 (1978), 31-39 (Verso Z.8), fig. 4 liest *mlkm* = P. XELLA, I testi rituali (1981), 25-34 liest *mlkt*; vgl. auch J.-M. DE TARRAGON, Le culte à Ugarit d'après les textes de la pratique en cunéiformes alphabétiques (CRB 19; Paris 1980), passim. In den alphabet.-ugarit. Götterlisten KTU 1.102 (= RS 24.246) und KTU 1.148 (= RS 24.643) ist *mlkm* ebensowenig belegt wie im hurritischen Pantheon in Ugarit, vgl. E. LAROCHE, Documents en langue hourrite provenant de Ras Shamra, in: Ug. 5 (MRS 16 / BAH 80; Paris 1968), 518-527].

35 Syllab.-akkad. Götterliste RS 20.24 (Z.32) = J. NOUGAYROL, Textes suméro-accadiens des Archives et Bibliothèques privées d'Ugarit. Textes religieux, Ug. 5 (MRS 16 / BAH 80; Paris 1968), 42-64, Nr. 18, spez. 45.60.379, fig. 18 = M. DIETRICH – O. LORETZ, TUAT 2 (1991), 302f – es handelt sich dabei um eine Replik bzw. eine 'Übersetzung' von KTU 1.47 (*mlkm*!) –, liest ^d*ma-lik*^meš (!); vgl. auch J.F. HEALEY, The Akkadian „Pantheon" List from Ugarit, SEL 2 (1985), 115-125; J.-M. DE TARRAGON, Le culte à Ugarit (1980), 150-162.

36 P. BORDREUIL – A. CAQUOT, Les textes en cunéiformes alphabétiques découverts en 1978 à Ibn Hani, Syria 57 (1980), 352f, fig. 5 [Hani 78/14, 4': „Texte de présages"].

37 Vgl. z.B. J.-M. DE TARRAGON, Le culte à Ugarit (1980), 150-162; A. CAQUOT, Ras Shamra V. La Littérature ougaritique, DBS 9 (1979), 1404; M. DIETRICH – O. LORETZ, Neue Studien zu den Ritualtexten aus Ugarit (I), UF 13 (1981), (63-100) 69-74; J. NOUGAYROL, Ug. 5 (1968), 42ff; vgl. auch H. und M. WEIPPERT, ZDPV 98 (1982), 88f; G.C. HEIDER, Molek (1985), 100ff. 113ff. 149ff und zuletzt auch L.K. HANDY, A Solution for many *mlkm*, UF 20 (1988), 57-59.

38 Umso mehr, wenn man bedenkt, daß Zwischenglieder für mehrere Jahrhunderte und vor allem für Palästina fehlen, nämlich für die Zeit zwischen den ammonitischen und den at. Belegen (wie früh man sie auch immer hinabdatieren könnte) auf der einen und den ugaritischen Zeugnissen auf der anderen Seite. Das gleiche gilt auch für die chronologisch und geographisch noch weiter entfernten

daß sie die Beweislast für die Gleichung (ug.) *mlkm* bzw. (plur.) **māl(i)kūma* ( < akkad. $^{d}$MA-LIK.MEŠ) = (ammonitischer) *Milkōm* tragen könnten oder überhaupt einen Beweis für eine Beziehung zwischen ug. *mlkm* und dem ammonitischen Milkom abgäben[39]. Und wenn Milkom später tatsächlich mit Melqart identifiziert worden sein sollte, wäre dies ein weiteres deutliches Indiz dafür, daß ug. *mlkm* nichts mit Milkom zu tun hat.

Daß in Ammon neben Milkom weitere männliche Gottheiten verehrt wurden, darf man allein schon aus Ri. 10,6; 1Kön. 11,2.4 (vgl. Neh. 13,26) schließen, wenn es nicht sowieso als selbstverständlich vorauszusetzen wäre. Die theophoren Elemente im ammonitischen Onomastikon[40] helfen hier allerdings nicht viel weiter. Schon bei dem bisher singulären PN *Bʿlyšʿ* (Siegel Nr. 88; vgl. *Baʿalīs* in Jer. 40,14) ist nicht sicher, ob das Element *bʿl* als GN oder Appellativum verwendet ist. Bei dem mit Abstand am häufigsten belegten Element *'l* [vgl. *Tell-Sīrān*-Flasche; Siegel Nr. 17. 20-23. 25. 28-31. 33-34. 37-39. 43. 45. (48). 51-55. 58-59. 61-62. 65. 67. 69-70. 77. 87. 110. 112-113. 116. 135-136. 144. 146. 150. 152-155] ist dies ebenfalls unsicher; möglicherweise wurde in Ammon auch El verehrt (vgl. vor allem Siegel Nr. 87), aber es ist keineswegs ausgemacht, ob das entsprechende theophore Element den Gott El tatsächlich stets meint[41]. Bei den wohl eindeutig als Epitheta zu verstehenden Elementen wie *'dn* (Siegel Nr. 14-15) und auch *ʿm* muß offenbleiben, ob damit Milkom oder eine andere männliche Gottheit der Ammoniter gemeint ist. Daß, wie vor allem früher verschiedentlich behauptet wurde[42], in Ammon eine Gottheit *ʿAmm(u)* verehrt worden sein soll, auf die auch der Name „Ammon"

Texte aus Mari und Mesopotamien, vgl. dazu aber auch z.B. B. SCHNEIDER, „Melchom, das Scheusal der Ammoniter", Bib. 18 (1937), 337-343; ders., Melchom, Bib. 19 (1938), 204; zu Recht dagegen vgl. die oben schon genannte Lit.

39 Ablehnend z.B. auch J.F. HEALEY, malkū:mlkm:anunnaki, UF 7 (1975), 235-238; ders., MLKM/RPUM and the KISPUM, UF 10 (1978), 89-91; M. DIETRICH – O. LORETZ, UF 13 (1981), 69-74; J. HUEHNERGARD, Ugaritic Vocabulary in Syllabic Transcription (HSM 32; Atlanta/GA 1987), 10. 147 u.ö.; J.C. DE MOOR, The Semitic Pantheon of Ugarit, UF 2 (1970), 194. 202. 204, Nr. 140; vgl auch G. DEL OLMO LETE, Los nombres 'divinos' de los reyes de Ugarit, Aula Or. 5 (1987), 60-62.

40 Da hier nur von den als sicher und wahrscheinlich ammonitisch eingestuften Inschriften ausgegangen wird, ist die Anzahl der PN, die als Belege aufgefaßt werden können, deutlich geringer als z.B. bei K.P. JACKSON, The Ammonite Language of the Iron Age (1983), 98; ders., in: The Word of the Lord shall go forth. Essays in Honor of D.N. FREEDMAN (1983), 518. Vgl. hierzu auch M. OHANA, The Ammonite Inscriptions and the Bible (M.A. unpubl.; Haifa 1976), 81-84 (hebr.); F. ISRAEL, Note Ammonite 2, SMSR 56 (1990), 307ff.

41 Vgl. E.A. KNAUF, Ismael ($^{2}$1989), 38, Anm. 170. Die spätbronzezeitliche Bronzefigur eines sitzenden Gottes von *Tell Ṣāfūṭ* [D.H. WIMMER, SHAJ 3 (1987), 280f, fig. 2] kann als Darstellung Els interpretiert werden, vgl. zuletzt V. FRITZ, Kinneret (1990), 113-115.

42 Vgl. z.B. H.V. HILPRECHT, Explorations in Bible Lands during the 19th Century (Philadelphia/PN 1903), 745; F. HOMMEL, Die altisraelitische Überlieferung in inschriftlicher Beleuchtung (München 1897), 47f. Die Lesung *lb'rʿmn* auf Siegel Nr. 156 kann bisher noch nicht überprüft werden.

zurückzuführen sei, ist keineswegs sicher belegt und darüber hinaus auch nicht sonderlich wahrscheinlich: Neben dem Namen „Ammon" wäre allein der im Ammonitischen einige wenige Male als Königs- und Beamtenname belegte PN *ʿmndb* (*Tell Sīrān*-Flasche; Siegel Nr. 14-15) ein schwaches Indiz dafür. PN wie z.B. *ʿmndb*, *Yrbʿm* (vgl. Kap. 2.10.5; VSE Nr. 68), *ʾlyʿm* (vgl. auch Siegel Nr. 32), *ʾdnʿm* (so im Samaria-Ostrakon Nr. 9:2 wohl anstatt *ʾḥnʿm* zu lesen) oder *ʿmšlm* (Arad-Ostrakon Nr. 59:4) sind aber auch im Alten Testament bzw. im epigraphisch überlieferten Israelitisch bzw. Judäisch[43] u. a.[44] ebenso belegt wie PN wie z. B. *ʿmyšdy* im Alten Testament oder *Kmšʿm* (VSE Nr. 113) im Moabitischen; in diesen PN kann das Element *ʿm* ohne Schwierigkeit als eine einen GN ersetzende oder näher bestimmende Verwandschaftsbezeichnung erklärt werden.[45] Zudem sind (weitgehend) zweifelsfreie Belege für die Verehrung eines Gottes *ʿAmmu* („*Ḫammu*"[46]) in Syrien-Palästina vor allem auf PN in den ägyptischen Ächtungstexte[47], der Sinuhe-Geschichte (B 30.142f bzw. R 54.169), einer Inschrift aus *Serābīṭ el-Ḫādim*[48], den Amarna-Briefen (EA 136:29; 141:3; 143:3; 137:15.66.69.88; 138:52f) und in Ugarit[49] und damit – bislang jedenfalls – auf die Bronzezeit beschränkt.[50] Eine größere Rolle hat diese Gottheit außer in Südarabien, dort vor allem in *Qatabān*, nirgends gespielt[51]. Schon von daher könnte es sich in Ammon –

43 Vgl. z.B. M. Noth, Die israelitischen Personennamen (1928 = 1980), 76-82; J.D. Fowler, Theophoric Personal Names in Ancient Hebrew (JSOT.S 49; Sheffield 1988), 48-50 u.ö.

44 Vgl. z.B. F.L. Benz, Personal Names in the Phoenician and Punic Inscriptions (1972), 234. 379; M. Maraqten, Die semitischen Personennamen (1988), 57. Im Edomitischen fehlen – bisher jedenfalls – PN mit dem Element *ʿm*.

45 Zur mehrschichtigen Wurzel *ʿm(m)* vgl. zuletzt vor allem R.M. Good, The Sheep of his Pasture (1983), passim; W. von Soden, *ʿam*, ThWAT 6 (1989), 177-189.

46 Einen Gott *Ḫammu* hat es allerdings nie gegeben; *Ḫammu* geht stets auf **ʿAmmu* zurück, vgl. E.A. Knauf, Midian (1988), 115, Anm. 519. Schon aus diesem Grund ist der Aufsatz von J. Lewy, The Old West Semitic Sun-God Ḥammu, HUCA 18 (1944), 429-488 überholt.

47 W. Helck, Die Beziehungen Ägyptens zu Vorderasien im 3. und 2.Jahrtausend v.Chr. (²1971), 50-52. 55. 60f (z.B. die PN *Ḫammu-jakin, Jaqir-Ḫammu, Jakmis-Ḫammu*).

48 M. Görg, Ein Kanaanäer im Sinai, BN 20 (1983), 19-22 = ders., Beiträge zur Zeitgeschichte der Anfänge Israels (1989), 19-21 (PN *ʿm-šmʿ*); E.A. Knauf, Midian (1988), 115f.

49 F. Gröndahl, Die Personennamen der Texte aus Ugarit (1967), 78. 82f. 109; vgl. auch P. Bordreuil – D. Pardee, Le nominal de ʿAmmīyiḏtamrou, roi d'Ougarit, Syria 61 (1984), 11-14.

50 Ob die Belege im Papyrus Brooklyn 35.1446, vgl. W.C. Hayes (ed.), A Papyrus of the Late Middle Kingdom in the Brooklyn Museum (Papyrus Brooklyn 35.1146) (Brooklyn ²1971), 89ff mit dem Element *ʿ3m* bzw. der Bezeichnung *ʿ3mw* („Asiate") auch hierhin gehören, ist unsicher. Vgl. allgemein z.B. auch E. Ebeling, Ammu / Amu, RlA 1 (1928), 98f; D.O. Edzard, 'Kanaanäische' Götter, WM 1 (1965), 91; H.B. Huffmon, Amorite Personal Names in the Mari Texts (1965), 166f. 196-198. In Ebla ist der GN – bisher jedenfalls – noch nicht belegt.

51 Vgl. z.B. M. Höfner, Amm / ʿAmm, WM 1 (1965), 424.494f; dies., Die vorislamischen Religionen Arabiens, in: H. Gese et al., Die Religionen Altsyriens, Altarabiens und der Mandäer (1970), 281-285 u.ö.; auch L.G. Harding, An Index and Concordance of Pre-Islamic Arabian Names and

wenn überhaupt – allenfalls um eine rangniedere Gottheit gehandelt haben. Daneben wurde in Ammon vereinzelt auch *Yrḫ* verehrt, ein Gott, dessen Namen immerhin in dem PN eines ammonitischen Königs *Yrḫʿzr* (*ʿAmmān*, Sockelinschrift) belegt ist, und woraufhin auch ein Teil der Mondsicheln und (Mond-?)Scheiben auf den ammonitischen Siegeln weisen dürfte, sofern damit nicht auch Sīn, der Mondgott von *Ḫarrān*, gemeint ist. Ob in dem PN *ʿnmwt* (Siegel Nr. 127) der GN Mot belegt ist, ist umstritten[52].

Wie Jahwe (vgl. die Inschriften von *Kuntillet ʿAǧrūd* und *Ḫirbet el-Qōm*) und anderen Staatsgöttern der ammonitischen Nachbarvölker[53] dürfte auch Milkom eine weibliche Paredros zugesellt gewesen sein; diese ist bisher allerdings epigraphisch nicht belegt. Römische Münzen Philadelphias bezeugen nun aber sowohl epigraphisch als auch ikonographisch verhältnismäßig oft eine weibliche Gottheit namens Asteria[54]. Eudoxos von Knidos (4.Jh.v.Chr.) bei Athenaios 9,392d und Cicero, de nat. deo. 3,42 (vgl. auch Epiphanios, Panar. 55,2,1[55]) überliefern, daß Asteria mit Zeus / Jupiter den phönizischen (tyrischen) Herakles gezeugt habe. Epigraphisch ist für Philadelphia der Bau eines Herakleions (IGLS 21,2, Nr. 29)[56]

Inscriptions (1971), 909ff; A. Avanzini, Glossaire des Inscriptions de l'Arabie du Sud II (QuadSem. 3; Florenz 1980), 94, wobei hier – soweit möglich – darauf zu achten ist, daß *ʿm* häufig nicht theophores Element, „sondern nur in Eigennamen vorkommendes Synonym für Il" ist, vgl. z.B. W.W. Müller, Sabäische Inschriften vom Ǧabal Balaq al-Ausaṭ, ABerYem 1 (1982), 70.

52 Vgl. zur Diskussion W.E. Aufrecht, A Corpus of Ammonite Inscriptions (1989), 112.

53 Zu Moab (*ʿštr.Kmš* in Z.17 der Mescha-Stele gehört wahrscheinlich nicht hierzu) vgl. die aramäische Bauinschrift aus Kerak aus dem 4./3.Jh. v.Chr., in der die Göttin *Sr'* als Paredros Kemoschs erwähnt wird: J.T. Milik, Nouvelles inscriptions sémitiques et grecques du pays de Moab, LA 9 (1958-1959), 331-341, fig. 1f; E. Lipinski, in: W. Beyerlin (ed.), Religionsgeschichtliches Textbuch zum Alten Testament ($^2$1985), 261f; W.C. Delsman, TUAT 2 (1991), 581. Daß Kemosch eine weibliche Paredros hatte, läßt sich darüberhinaus ähnlich wie bei Milkom und Jahwe auch mit archäologischen Bodenfunden begründen (s.u.). Zu Doppelgottheiten vgl. auch CIS I 1, 245:3f; 250:5; CIS I 2, 2785:5f; CIS I 3, 4839:6; 4850:5; 5657:6.

54 G.F. Hill, Catalogue of the Greek Coins of Arabia, Mesopotamia and Persia (A Catalogue of the Greek Coins in the British Museum 28; London 1922 = Bologna 1965), XXXIX-XLI, 39, Pl. 6:12.17; Y. Meshorer, City-Coins of Eretz-Israel and the Decapolis in the Roman Period (Jerusalem 1984), 96; M. Rosenberger, The Coinage of Eastern Palestine and Legionary Countermarks, Bar-Kochba Overstrucks (Jerusalem 1978), 67. 69. 71f; A. Spijkerman, The Coins of the Decapolis and Provincia Arabia (1978), 242-257, Nos. 24. 30. 32. 47, Pl. 56f; vgl. A. Kindler – A. Stein, A Bibliography of the City Coinage of Palestine. From the 2nd Century B.C. to the 3rd Century A.D. (BAR.IS 374; Oxford 1987), 202-208.

55 Hier figurieren Herakles und Astoriane als Eltern Melchisedeks.

56 Ch. Clermont-Ganneau, L'Heracleion de Rabbat-Ammon Philadelphie et la déesse Asteria, in: ders., Recueil d'archéologie orientale VII (1906), 147-155; vgl. zur Inschrift aber auch C. Bonnet, Melqart. Cultes et Mythes de l'Héraclès Tyrien en Mediterranée (BFPLN 69; Studia Phoenicia 8; Leuven – Namur 1988), 145-147.

und numismatisch[57] – auffallend häufig und vielfältig – die Verehrung des Herakles belegt. Herakles ist die *interpretatio graeca* des tyrischen Melqart[58] [vgl. z. B. Philo von Byblos (FGH 790, F2,27); Herodot 2,44; Zenobios, Paroimiai 5,56[59]; auch Polybios 7,9,2; KAI Nr. 47[60]]. Aufgrund dieser Indizienkette und aufgrund der Möglichkeit, daß in der ptolemäischen Zeit – wenn nicht schon früher – phönizische Gottheiten über eine tyrische Kolonie in Philadelphia in die Ammonitis exportiert worden sein können und hier von den Einheimischen (und Fremden) mit den vorhandenen, Jahrhunderte alten semitischen Gottheiten bzw. ihren griechischen und lateinischen Äquivalenten identifiziert wurden[61], ist vielleicht damit zu rechnen, daß der in Philadelphia verehrte Herakles über den tyrischen Stadtgott Melqart letztlich mit dem Stadtgott Rabbas, Milkom[62], identisch und

57 A. Spijkerman, The Coins of the Decapolis (1978), 242-257, No. 9. 11-14. 17. 19-22. 26-29. 35. 40-46, Pl. 54-57; weitere Belege und Lit. vgl. die vorherige Anm.

58 G.R. Lewy, The Oriental Origin of Herakles, JHS 54 (1934), 40-53; B.C. Brundage, Herakles the Levantine: A Comprehensive View, JNES 17 (1958), 225-236; C. Bonnet, Melqart (1988), 399-417; A. Bounni, Iconographie d'Héraclès en Syrie, in: L. Kahil – Ch. Augé et al. (ed.), Iconographie classique et identités régionales (BCH.S 14; Paris 1986), 377-387.

59 Corpus Paroemiographorum Graecorum I, ed. E. L. A. Leutsch – F. G. Schneidewin (Göttingen 1839 = Hildesheim 1958), 143.

60 A. M. Guzzo Amadasi, Le iscrizioni fenicie e puniche (1967), 15-17, Malta 1-1 bis.

61 Vgl. Strabo 16,2,34 sowie Kap. 4.4.2. Allgemein z. B. Ch. Augé, Divinités et Mythologies sur les monnaies de la Décopole (*sic!*), Le Monde de la Bible 22 (1982), 43-46.

62 So z. B. G. F. Hill, Catalogue of the Greek Coins of Arabia, Mesopotamia and Persia (1922 = 1965), XXXIX; auch Ch. Augé, Le Monde de la Bible 22 (1982), 43-46; H. Gese, Die Religionen Altsyriens (1970), 215. Allerdings ist Melqart in der Ammanitis bisher im Onomastikon der PN, ON und GN nirgends belegt, was aber kaum etwas besagt; rein hypothetisch kann man angesichts der vielfältigen phönizischen und aramäischen Einflüsse in Ammon und den Beziehungen zwischen Ammon und 'Aram' schon in der Königszeit ohne weiteres mit einer Verehrung Melqarts und seiner Eingliederung ins ammonitische Pantheon rechnen; ob es sich bei der auf einem *Hippocamus* reitenden Figur auf der in *Ḫirbet el-Ḥaǧǧār* gefundenen tyrischen Münze um Melqart oder eher um eine andere Gottheit handelt, ist unsicher, vgl. H. O. Thompson, A Tyrian Coin in Jordan, BA 50 (1987), 101-104 = ders., Archaeology in Jordan (New York u. a. 1989), 105-112 und z. B. F. M. Cross, Coins, in: P. W. Lapp – N. L. Lapp (ed.), Discoveries in the Wâdī ed-Dâliyeh (AASOR 41; Cambridge/MA 1974), 57. 59, No. 3f, dagegen z. B. J. W. Betlyon, The Coinage and Mints of Phoenicia (1980), 69; P.-M. Bogaert, Le Chérub de Tyr (Ez 28,14.16) et l'hippocampe de ses monnaies, in: Prophetie und geschichtliche Wirklichkeit im alten Israel. FS für S. Herrmann zum 65.Geb. (Stuttgart u. a. 1991), 29ff. An männlichen Gottheiten sind in Philadelphia (und der Ammonitis) neben Herakles noch Apollo, Aesculap / Asklepios [IGLS 21,2, Nr. 13; das Statuenfragment K. Stemmer, Ein Asklepios-Kopf in Amman, ADAJ 21 (1976), 33-39 stammt aus Gerasa (!), jetzt Archaeological Museum *ʿAmmān* No. J.2212], Hermes [E. Olavarri, Altar de Hermes, Procedente de Amman, MemHistAnt 4 (1980), 203-206. 208. 211f], Jupiter / Zeus (= *Baʿalšamīn*) [vgl. E. Olavarri, Altar de Zeus – Ba'alshamin (*sic*), Procedente de Amman, MemHistAnt 4 (1980), 197-202. 207. 209f; P.-L. Gatier – A.-M. Vérilhac, Les colombes de Déméter à Philadelphie-Amman, Syria 66 (1989), 337-348; L. di Segni Campagnano, L'iscrizione metrica

Asteria seine Paredros ist, deren semitisches Äquivalent – wohl Astarte – sich allerdings nicht eindeutig fassen läßt. Steph. Byz. belegt für (Rabbat-)Ammana / Philadelphia zusätzlich den ON Astarte[63]. Der diesem ON zugrundeliegende gleichlautende GN ist in jedem Fall ein weiterer Beleg für die Verehrung weiblicher Gottheiten im eisenzeitlichen Ammon, auch wenn diese Astarte nicht zwingend, aber wahrscheinlich mit der numismatisch bezeugten Asteria identifiziert werden kann[64]. Bei Epiphanios, Panar. 55,2,1 wird eine Astoriane mit Astart(e) gleichgesetzt.

Die vielfältigen Funktionen und das verschiedenfarbige Wesen Melqarts[65] sind nicht klar erkennbar: Handelt es sich bei dem Stadtgott von Tyros aufgrund der

greca di Khirbet er-Rajīb, LA 38 (1988), 253-265; auch die nabatäisch-griechische Bilingue des *Dms* (*ʿmny* !) / *Dēmas* IGLS 21,2 (1986), Nr. 154 und RÉS Nr. 1284], Zeus-Ammon [vgl. die römerzeitliche Büste aus *ʿAmmān* bei H. C. BUTLER, Syria. Publications of The Princeton University Archaeological Expeditions to Syria in 1904-5 and 1909, Div. II A 1 (1921), 62, Ill. 41 sowie verschiedenen ptolemäischen Münzen aus der Ammonitis], Helios [E. OLAVARRI, MemHistAnt 4 (1980), 197ff], Kronos [G. GARITTE, AnBoll 79 (1961), 412-446] (und die Dioskuren) [vgl. die Münzen und IGLS 21,2 (1986), Nr. 10ff] sowie – als Reliefs aus einem Heiligtum des 4./3. Jh.s v. Chr. – Osiris (und Bastet) belegt, vgl. R. BARTOCCINI, Boll. dell'Associazione Internazionale degli Studi Mediterranei 4,4-5 (1933-1934), 11, Tav. III 2; M. AVI-YONAH – E. STERN, EAEHL 4 (1978), 989; R. WENNING, Boreas 6 (1983), 116. Daß der in Philadelphia inschriftlich (IGLS 21,2, Nr. 43) belegte hlg. Georg die *interpretatio christiana* des Herakles sein soll, so F.-M. ABEL, Inscriptions de Transjordanie et de Haute Galilée, RB 17 (1908), 568-573, No. 2, ist nicht beweisbar; zum hlg. Georg vgl. besser die Gestalten des Elija und von *el-Ḫadr*, zu seiner Verehrung in Palästina Y. E. MEIMARIS, Sacred Names, Saints, Martyrs and Church Officials in the Greek Inscriptions and Papyri pertaining to the Christian Church (Meletēmata 2; Athen 1986), 123-128.

63 Eustathios von Thessaloniki, Comm. ad Homeri Iliadem 332,18 belegt eine Stadt „Asteria" in Syrien; diese nur hier belegte Stadt ist sonst nicht weiter bekannt, doch wäre es m.E. wenig verwunderlich, wenn sie mit (Rabbat-)Ammana = Philadelphia = Astarte (= Asteria) identisch wäre.

64 So z. B. M. DELCOR, Astarte, LIMC III 1 (1986), 1080; R. DUSSAUD, Melqart, Syria 25 (1946-1948), 226; H. GESE, Die Religionen Altsyriens (1970), 190f. 194. 215; M. HENGEL, Judentum und Hellenismus ($^{3}$1988), 84. 164; G.O. MATSSON, The Gods, Goddesses, and Heroes on the Ancient Coins of Bible Lands (Stockholm 1969), 28-32.202, No. 20.24, Pl. II; R. DU MESNIL DU BUISSON, Nouvelles Études sur les Dieux et les Mythes de Canaan (EPRO 33; Leiden 1973), 37ff. 65 u.ö.; H. PAPASTAVROU, Asteria, LIMC II 1 (1984), 903f; H. SEYRIG, Antiquités Syriennes. 39: Héraclès – Nergal, Syria 24 (1944-1945), 80; ders., Antiquités Syriennes. 83: Les grands dieux de Tyre à l'époque grecque et romaine, Syria 40 (1963), 19-28. K. WERNICKE, Asteria, RE 4 (1896), 1781f äußert sich nicht zum Problem der Identifikation.

65 Vgl. allgemein vor allem die umfangreiche Arbeit von C. BONNET, Melqart (1988), passim und z. B. G. C. HEIDER, Molek (1985), 175ff u.ö.; TH. KLAUSER, RAC 1 (1950), 1093-1096; W. RICHTER, Melqart, KP 3 (1975), 1184; W. RÖLLIG, Melqart, WM I 2 (1965), 297f; vgl. auch C. PICARD – G.-CH. PICARD, Hercule et Melqart, in: Hommages à J. BAYET, ed. H. RENARD – R. SCHILLING (Collection Latomus 70; Brüssel 1964), 569-578.

zuweilen belegten Verbindungen – unter anderen[66] – mit Reschef (vgl. z. B. KAI Nr. 72A:1; VSF Nr. 25)[67] und Nergal[68] um eine chthonische Gottheit[69] und / oder mehr um eine sterbende und wiederauferstehende Vegetationsgottheit [vgl. Eudoxos von Knidos bei Athenaios 9,392d; Menander von Ephesos / (Pergamon) bei Joseph., Ant. 8,5,3 (§ 146) = FGH 783; Eudoxos bei Zenobios, Paroimiai 5,56; auch Porphyrios, de abst. 1,25]?[70]. Im Zusammenhang mit Milkom stellt sich vor allem die Frage, ob man überhaupt vom Wesen des mit Herakles identifizierten Melqart, wie immer es gewesen sein mag, auf das des eisenzeitlich-ammonitischen Milkom zurückschließen darf[71]. So wurde z. B. auch Kemosch / $^{d}$*Ka-am-muš* bzw. $^{d}$*Ka-mu-uš* mit Nergal identifiziert oder jedenfalls in enge Verbindung gebracht (CT 24,36,66[72]; BM 40747 obv. 11)[73]. Aber über die Feststellung hinaus, daß Mesopotamier in dem ihnen unbedeutenden Gott[74] Züge eines ihnen wichtigeren und

66 Vor allem auch mit *'Ešmūn*, vgl. CIS I 1, Nr. 16.

67 J. M. SOLA-SOLÉ, Miscelánea púnico-hispania I.3: HGD, 'RSF y el pantheon fenico punico de España, Sefarad 16 (1956), 342-355.

68 H. SEYRIG, Syria 24 (1944-1945), 62-80; vgl. auch W. AL-SALIHI, Hercules – Nergal at Hatra (I-II), Iraq 33 (1971), 113-115; 35 (1973), 65-68; J. M. SEGAL, Additional Note on Hercules – Nergal, Iraq 35 (1973), 68f; F. VATTIONI (ed.), Le iscrizioni di Ḥatra (AION.S 20; Neapel 1981), Nos. 71. 295.

69 So z. B. W. F. ALBRIGHT, Die Religion Israels im Lichte der archäologischen Ausgrabungen (München – Basel 1956), 96. 219. 245f; H. SEYRIG, Syria 24 (1944-1945), 62-80. Insgesamt bleibt zu Nergal festzuhalten, daß er keineswegs nur Unterweltgott war, vgl. E. VON WEIHER, Der babylonische Gott Nergal (AOAT 11; Kevelaer – Neukirchen-Vluyn 1971), 14ff. 29ff. 68ff; M. K. SCHRETTER, Alter Orient und Hellas. Fragen der Beeinflussung griechischen Gedankengutes aus altorientalischen Quellen, dargestellt an den Göttern Nergal, Rescheph, Apollon (IBKW.S 33); Innsbruck 1974), 25ff.

70 Die Verbindung mit der Sonne bzw. dem Sonnengott ist mit großer Wahrscheinlichkeit sekundär.

71 P. JENSEN, Die Götter *K$^{e}$mōš* und *Mælæk* und die Erscheinungformen Kammuš und Malik des assyrisch-babylonischen Gottes Nergal, ZA 42 (1934), 236 schließt gar von der Gleichung Kemosch = Nergal auf das Wesen Milkoms: „von der Art des assyrisch-babylonischen Unterwelt-, Todes- und Toten-Gottes".

72 = K. 4349, rev. X 66, vgl. HKL I, 228f; II, 127f.343; III, 64f.

73 In der Suda [ed. A. ADLER, Suidae Lexicon IV (Lexicographi Graeci 1; 1935 = Stuttgart 1971), 785,9f; vgl. I 389,22ff; IV 396,6f] wird Kemosch als Gott der Tyrer (Melqart!) und der Ammoniter bezeichnet; ansonsten wird in der Suda (III 406,27) *Moloch* als Idol der Moabiter bezeichnet, während *Melchom* (III 358,25-27) keinem Volk speziell zugeordnet wird [die „Amoriter" und Dibon als Areopolis gehören zu den zahlreichen Fehlern im WM, speziell bei W. RÖLLIG, Kamoš, WM I 2 (1965), 292]. Laut dem griechischen ON Areopolis für *er-Rabbe* könnte der alte moabitische Nationalgott später als Ares (vgl. Euseb., Onom. 36, 24f u. ö.) und – auf den Münzen ikonographisch belegt – als Poseidon bzw. laut dem ON Arsapolis auch als *Ruḍā* verehrt worden sein, vgl. dazu A. SPIJKERMAN, The Coins of the Decapolis and Provincia Arabia (1978), 262ff; ders., Unknown Coins of Rabbath Mōba – Areopolis, LA 34 (1984), 347-352; E. A. KNAUF, Arsapolis. Eine epigraphische Bemerkung, LA 34 (1984), 353-356; A. KINDLER – A. STEIN, A Bibliography of the City Coinage of Palestine (1987), 212-215.

74 Inzwischen ist $^{d}$*Kà-mi/ì-iš* in verschiedenen Texten aus Ebla als GN, in PN und in Monatsnamen gut belegt; zu den Belegen ist wohl auch der ON Karkemisch zu rechnen, vgl. G. PETTINATO, Carche-

bekannteren Gottes wiedererkennen wollten, läßt sich aufgrund einer solch zufällig belegten Meinung mesopotamischer Kreise kaum auch nur einigermaßen abgesichert vom Wesen Nergals auf das Kemoschs zurückschließen[75]. Da solche Rückschlüsse einigermaßen spekulativ und eine Potenzierung von Hypothesen darstellen würden, bleibt es – jenseits der späten Götter-Identitäten – möglich und wahrscheinlich, daß Milkom seinem Wesen nach auch und vor allem das war, was die männlichen Hauptgötter Edoms[76] und Moabs[77], Judas und Israels[78] sowie der Aramäer waren, nämlich eine lokale Erscheinungsform des syro-palästinischen „Wettergottes" (Hadad-Typus) und als solcher auch zugleich Staatsgott und oberster Gott des ammonitischen Pantheons[79]. Genau das machte ihn mit Kemosch zum Verwechseln ähnlich [Ri. 11,24; vgl. Suda (ed. A. Adler) I 389,22ff; IV 396,6f; 785,9f]. Diese Einschätzung als Wettergott wird durch das relativ häufige Vorkommen von Widder- bzw. Stierköpfen *en face* [Siegel Nr. 6. 34. (60. 109). 130. 155] und angreifenden bzw. schreitenden Stieren [Siegel Nr. 20. 48 (?). 65. 72. 80. 135. 146. 149. 153] auf ammonitischen Siegeln ikonographisch deutlich unterstützt[80]; die Ikonographie des 'vor-herakleischen' Melqart steht dem nicht entgegen (vgl. ANEP$^2$ Nr. 499)[81].

Wenn man, was keineswegs eindeutig ist, bei dem Siegel Nr. 88 einen Zusammenhang zwischen dem theophoren Element *mlkm* und der Ikonographie herstellen darf, dann könnten die beiden Standarten (?) auf einen astralen Charakter oder Aspekt Milkoms deuten, was seinem Wesen als Wettergott nicht entgegenstehen

miš – kār-kamiš: le prime attestazioni del III Millenio, OA 15 (1976), 11-15; F. Pomponio, I nomi divini nei testi di Ebla, UF 15 (1983), 141-156; A. Archi, Les dieux d'Ebla au III$^e$ millénaire avant J. C. et les dieux d'Ugarit, AAS 29-30 (1979-1980), 167-171; F. Israel, Studi Moabiti II: Da Kamiš a K$^e$môš, SMSR 53 (1987), 5-39. Zu den Belegen in Ugarit vgl. auch KTU 1.100,35; 1.107,16 (?); 1.123,5 und F. Gröndahl, Die Personennamen der Texte aus Ugarit (1967), 150.

75 Anders z. B. P. Jensen, ZA 42 (1934), 236.

76 Zur edomitischen Religion vgl. J. R. Bartlett, Edom and the Edomites (1989), 187-207.

77 Zur moabitischen Religion vgl. z. B. A. H. van Zyl, The Moabites (1960), 193-202 und G. L. Mattingly, Moabite Religion and the Mesha$^c$ Inscription, in: J. A. Dearman (ed.), Studies in the Mesha Inscription and Moab (1989), 211-238.

78 Zu Jahwe vgl. zuletzt E. A. Knauf, Midian (1988), 43-63.

79 Daß dies nicht notwendigerweise zusammenfallen muß, deutet z. B. Dtn. 32,8f an (s.u.).

80 Vgl. auch die Capriden auf dem Siegel Nr. 102 und auf anepigraphischen Siegeln aus *Ḫirbet Ḫulde* und *Tell el-ʿUmērī* sowie das singuläre Motiv des liegenden Widders auf Siegel Nr. 77. Allgemein U. Hübner, Das ikonographische Repertoire der ammonitischen Siegel und seine Entwicklung, in: O. Keel et al. (ed.), The Iconography of Inscribed Northwest Semitic Seals (1992), (im Druck).

81 Vgl. z. B. W. Culican, Melqart Representations on Phoenician Seals, (1960-1961), in: ders., Opera Selecta. From Tyre to Tartessos (1986), 195-210; A. Bounni, Iconographie d'Héraclès en Syrie, in: L. Kahil – Ch. Augé et al. (ed.), Iconographie classique et identités régionales (1986), 377-387; C. Bonnet, Melqart (1988), 77ff.

würde[82]. Je begrenzter ein Pantheon ist, desto weniger lassen sich die Funktionen der einzelnen Göttertypen wie Wetter-, Vegetations- oder Unterweltgottheiten klar und eindeutig voneinander trennen und desto mehr überlappen sie sich; insofern sind die antiken Belege für verschiedene Funktionen und Aspekte Milkoms nicht weiter verwunderlich. Überdies ist ein Gott, der seiner Funktion nach vor allem (oder gar nur) Unterweltsgott ist, als Nationalgott weder belegt noch gut vorstellbar. Auch aus Zeph. 1,4-6 läßt sich kaum, wie das immer wieder geschieht, auf einen astralen Charakter Milkoms schließen. Von Glossen und ähnlichen Zusätzen wie *mn h-mqwm h-zh* (V.4bα)[83], *ʿm h-khnym* (V.4bß)[84] und *h-nšbʿym* (V.5bα)[85] abgesehen, gilt die Authentizität von Zeph. 1,4*-5*.(6)[86] meist als si-

82 So R. W. Younker, BA 48 (1985), 173-180. Vgl ähnlich schon J. *Gray*, The Desert God ʻAttr in the Literature and Religion of Canaan, JNES 8 (1949), 71-73; ders., The Legacy of Canaan. The Ras Shamra Texts and their Relevance to the Old Testament (VT.S 5; Leiden ²1965), 171-173. 186; ders., I and II Kings. A Commentary (OT Library; London ²1970), 276-278, der – u.a. von der Mescha-Stele (Z.17: *ʿštr.Kmš*) ausgehend – Kemosch und Milkom als lokale Hypostasen der gleichen (männlichen) Astral-Gottheit *ʿAṯtar* betrachtet, was aber fraglich bleibt, vgl. dazu zuletzt G. L. Mattingly, in: J. A. Dearman (ed.), Studies in the Mesha Inscription and Moab (1989), 219-221.

83 Vgl. z.B. R. Edler, Das Kerygma des Propheten Zefanja (1984), 7. 14. 101f; K. Elliger, Das Buch der zwölf Kleinen Propheten II (ATD 25; Göttingen ⁷1975), 58. 61f; K. Marti, Dodekapropheton (KHC 13; Tübingen 1904), 362, vgl. auch BHK³ und BHS z. St., F. Horst, Zephanja (HAT I 14; Tübingen ³1964), 190; W. Rudolph, Zephanja (KAT 13,3; Gütersloh 1975), 260. 262.

84 Vgl. z.B. R. Edler, Das Kerygma des Propheten Zefanja (1984), 7. 14. 264 und die Kommentare von K. Elliger und K. Marti, z. St.; wegen des Fehlens in LXX auch gänzlich gestrichen, vgl. die Kommentare von W. Rudolph, z. St.; H. Schmidt, Die großen Propheten (SAT II 2; Göttingen 1915), 159; J. W. Rothstein, Zephanja [HSAT(K) II, Tübingen ³1910], 69. L. Sabottka, Zephanja. Versuch einer Neuübersetzung mit philologischem Kommentar (BibOr 25; Rom 1972), 18, will „*aus* den Priestern" übersetzen: „Gemeint ist dann die Reinigung der Priesterschaft von allen Götzenpriestern, nicht aber die Beseitigung aller Priester". In V.4bß ist mit BHS z. St. ist die Konjunktion *w-(ʼt)* am besten mitzulesen, vgl. z.B. R. Edler, Das Kerygma des Propheten Zefanja (1984), 7. 14. 102f.

85 Als Dittographie und aus metrischen Gründen als Glosse zu betrachten, vgl. z.B. BHS und BHK³, die Kommentare von H. Schmidt und J. W. Rothstein, z. St.; F. Schwally, Das Buch Ssefanjâ, eine historisch-kritische Untersuchung, ZAW 10 (1890), 170; R. Edler, Das Kerygma des Propheten Zefanja (1984), 7. 15 (vgl. aber auch Vulg. *„et adorant et iurant in Domino et iurant in Melchom")*. L. Sabottka, Zephanja (Rom 1972), 21-23. 141 will stattdessen wenig überzeugend *„gesättigt von Jahwe"* übersetzen. A. B. Ehrlich, Randglossen zur hebräischen Bibel V (Leipzig 1912 = Hildesheim 1968), 309f will *h-nšbʿym l-YHWH w-hnšbʿym* ganz streichen; der Vorschlag von K. Jeppesen, Zephaniah I 5B, VT 31 (1981), 372f überzeugt ebensowenig. BHS z. St. (mit Hinweis auf Dtn. 17,3; Jer. 8,2) und die Kommentare von K. Elliger und K. Marti z. St. wollen unnötigerweise *l-yrḥ* statt *l-YHWH* lesen.

86 Zu V.6 vgl. R. Edler, Das Kerygma des Propheten Zefanja (1984), 79. 261 (Taf. I). 264 (Taf. IV).

cher[87]. Hält man aber die VV. 4*-6* für unecht[88], weil sie im Gegensatz zu ihrem unmittelbaren Kontext keine poetische Prägung aufweisen und weil ein Vergleich mit 2Kön. 23,4-20 eher auf ihre Abhängigkeit von 2Kön. 23,4ff als auf eine umgekehrte Abhängigkeit deutet[89], dann muß man Zeph. 1,4-6 in die Zeit nach 586 v. Chr. datieren. In V.5bß ist statt *b*$^{e}$*-malkām* wahrscheinlich *Milkōm* zu lesen[90], weil hier eine Reihe neuer (Verehrungs-)Objekte eingeführt bzw. aufgezählt wird, sodaß die Frage, worauf sich das angebliche Suffix *(b-)mlk-m* zurückbeziehen soll (auf *h-bʿl* in V.4b[91]; auf Juda bzw. die Einwohner von Jerusalem V.4a; auf *h-šmym* V.5aß[92]?), entfällt, und weil in V.5b dem GN Jahwe sinnvollerweise ein anderer GN, nämlich Milkom, und kein Titel o. ä. entsprochen haben dürfte. Um „(ihr) Molek"[93] (oder um eine Verwechselung mit Melqart[94]) kann es sich kaum handeln, weil das Alte Testament zwischen Milkom und Molek gut unterscheiden kann, es aber wegen der so leicht möglichen Polemik nicht immer will (und weil an den als Eigennamen verstandenen GN nur *selten* ein Personalsuffix angehängt wird). Ist also sowohl die Unechtheit von Zeph. 1,4*-6* mit der daraus resultierenden Datierung in die Zeit nach 586 v. Chr. als auch die Lesung „Milkom" in V.5 richtig, dann ist Zeph. 1,4-6 kein direkter Beleg für eine Milkom-Verehrung zur Zeit Zefanjas bzw. zur Zeit der Minderjährigkeit Joschijas, sondern zunächst und vor allem eine (exilisch-)nachexilische, von deuteronomistischer Terminologie geprägte Stereo-

87 Bei R. Edler, Das Kerygma des Propheten Zefanja (1984), 113-123, der V.4a.bαγδ-5 für echt hält, befindet sich S. 261 (Taf. I) ein guter Überblick über die verschiedenen Ansichten zu Frage der Echtheit; vgl. dazu zusäzlich B. Duhm, Anmerkungen zu den Zwölf Propheten, ZAW 31 (1911), 93; P. R. House, Zephania. A Prophetic Drama (JSOT.S 69; Sheffield 1988), 118. 127 (allerdings eine gänzlich unhistorische Arbeit und daher im Grunde für unsere Zwecke unbrauchbar); die Kommentare von H. Schmidt und J. W. Rothstein, z. St.; D. W. Nowack, Die kleinen Propheten (HAT III 4; Göttingen 1897), 275f; L. Sabottka, Zephanja (1972), 14. 18-25. 141, die V.4*-5* ebenfalls für echt halten.

88 H.-D. Hoffmann, Reform und Reformen (1980), 248, Anm. 158; K. Seybold, Satirische Prophetie. Studien zum Buch Zefanja (SBS 120; Stuttgart 1985), 75-79.

89 Vgl. Ch. Levin, ZAW 96 (1984), 351-371, der in 2Kön. 23,4-20 keinen vorexilischen Bestand findet.

90 LXX$^{L}$, Syr. und Vulg. setzen bei ihren Lesungen den GN *Milkom* voraus; entsprechend wird auch meistens und wohl zu Recht die Vokalisation des MT geändert, vgl. z. B. BHK$^{3}$ und BHS z. St. sowie die Kommentare von K. Elliger, F. Horst, K. Marti, W. Rudolph, H. Schmidt, J. W. Rothstein z. St. oder P. R. House, Zephania (1988), 118. 127; dagegen liest G. Gerleman, Zephanja textkritisch und literarisch untersucht (Lund 1942), 7.67 „ihr König" im Sinne eines GN.

91 So z. B. L. Sabottka, Zephanja (1972), 24f. 141, der „ihr König" als Titel für Baal versteht.

92 A. B. Ehrlich, Randglossen zur hebräischen Bibel V (1912), 309f will wenig überzeugend *l-mlptm* lesen, dessen Suffix sich auf *h-šmym* beziehen soll.

93 Vgl. z. B. H. Irsigler, Gottesgericht und Jahwetag (ATS 3; St.Ottilien 1977), 24-35 und R. Edler, Das Kerygma des Propheten Zefanja (1984), 5. 15. 115. 120-123, die *mlk* wenig überzeugend als Molek verstehen, vgl. auch G. C. Heider, Molek (1985), 332-336.

94 C. Bonnet, Melqart (1988), 138.

type, die sich aber durchaus und konkret auf eine Verehrung Milkoms irgendwann im vorexilischen Juda bzw. Jerusalem beziehen kann, wie sie anderswo auch belegt ist (1Kön. 11,5ff.33; 2Kön. 23,13), ohne daß der Zusammenhang auf einen astralen Aspekt Milkoms schließen läßt.

Ikonographische Details auf ammonitischen Siegeln wie z.B. die Darstellung nackter weiblicher Figuren (Nr. 61), des säugenden Muttertiers (Siegel Nr. 131) und des mehrstrahligen Sterns (Siegel Nr. 153)[95], verschiedene weibliche Terrakotta-Figurinen der Eisenzeit (s.u.) sowie die hellenistischen und römerzeitlichen Göttinnen der Ammanitis wie Athena, Demeter, Nike, Selene, Tyche, Nymphen und Musen (und die ägyptische Göttin Bastet[96]) machen neben den schon erwähnten Belegen und Indizien wahrscheinlich, daß neben Astarte weitere von den Ammoniterinnen und Ammonitern verehrte weibliche Gottheiten existierten[97]. Auch die weiblichen Doppelköpfe (ca. 7.Jh. v.Chr.) von der Zitadelle in *ʿAmmān*[98] dürften in diesen Zusammenhang gehören: Die vier in Größe, Stil, Werkstoff und Ausschmückung mehr oder weniger identischen Köpfe, die oben mit einem Bohrloch versehen sind und unten am Halsansatz gerade abschließen, dürften mit großer

95 Vgl. auch die Motive des Vogels (soweit es sich nicht um einen Falken handelt) auf den Siegeln Nr. 25. 29. 70 u.ö. und des Skorpions auf einem anepigraphischen Siegel aus *Ḫirbet Ḫulde* und einem protoammonitischen, anepigraphischen Siegel aus *Sāḥāb*. Allgemein U. Hübner, Das ikonographische Repertoire der ammonitischen Siegel und seine Entwicklung, in: O. Keel et al. (ed.), The Iconography of Inscribed Northwest Semitic Seals (1992), (im Druck).

96 Zu den Belegen vgl. die Lit. in Kap. 4, Anm. 324. R. Bartoccini, Boll. dell'Associazione Internazionale degli Studi Mediterranei 4,4-5 (1933-1934), 11, Tav. III 2-3 (und Osiris).

97 Benjamin von Tudela überlieferte im 12.Jh.n.Chr. folgendes: „Von dort (Tripolis) ist es eine Tagesreise zu einem anderen *Gb'l (Gwbl; Gybl)* (= Byblos), das die Grenze der Söhne Ammons *(bny ʿmwn)* ist ... Es steht unter der Herrschaft der Genuesen ... Dort fand man ein Heiligtum (*bmh*), das den Söhnen Ammons in jener (= vergangenen) Zeit gehörte, und ein Götzenbild *(šqwṣ)* von ihnen, das auf einer Kathedra *(qrtyrgh* u.a.) – d.i. Thron *(ks')* – saß und aus mit Gold überzogenem Stein gemacht war. Zwei Frauen sitzen neben ihm – eine zu seiner Rechten, und eine zu seiner Linken. Ein Altar *(mzbḥ)* steht vor ihm, auf dem die Söhne Ammons in jener Zeit Brand- und Räucheropfer für ihn darbrachten" [Übersetzung in Anlehnung an R.P. Schmitz (Hg.), Benjamin von Tudela, Buch der Reisen (Sefär ha-Massaʿot) (Judentum und Umwelt 22; Frankfurt a.M. u.a. 1988), 28]. Aus diesen Notizen religionsgeschichtliche Schlüsse auf die ammonitische Religion zu ziehen, ginge sicherlich zu weit: Die Überlieferung ist von einem bestimmten Verständnis von Ps. 83,8 geprägt (vgl. Kap. 7), die anonyme männliche Gottheit dürfte auf Zeus-Ammon und eine entsprechende volksetymologische Ableitung (Ammon als der Gott ʿAmmons) und das Götterbild auf eine der phönizischen Triaden-Darstellungen zurückzuführen sein. Vgl. auch R. Dussaud, Le sanctuaire phénicien de Byblos d'après Benjamin de Tudèle, Syria 7 (1926), 247-256.

98 *ʿAmmān*, Archaeological Museum, No. J.11688-11691: F. Zayadine, ADAJ 18 (1973), 27f. 33-35, Pl. 18:1.21-23; ders., in: Der Königsweg (1987), Nr. 131; A. Abou Assaf, Untersuchungen zur ammonitischen Rundbildkunst, UF 12 (1980), 83, Nr. 21-24, Taf. 12-16; R.H. Dornemann, The Archaeology of the Transjordan (1983), 159-163; D. Homes-Fredericq, SHAJ 3 (1987), 94f, fig. 5; H. Weippert, Palästina in vorhellenistischer Zeit (1988), 669f. Vgl. auch in Kap. 2.10.5 die Bemerkungen zur ammonitischen Epigraphik (Versatzmarken).

Wahrscheinlichkeit bauplastische Reste offizieller Bauten (und nicht Oberteile vollplastischer Statuen) sein[99]. Auf diese architektonische Funktion deuten einerseits die ägyptischen bzw. ägyptisierenden Hathor-Kapitelle[100] und -Stelen, die auch in *Ṣerābīṭ el-Ḫādim*[101] und *Ḫirbet Muneʿīye*[102] nachgewiesen sind, und andererseits und vor allem die Darstellungen der „Frau / Göttin[103] im Fenster"[104] auf phönizischen Elfenbeinarbeiten[105] und anderen Bildträgern[106]; unter den Elfenbeinarbeiten befinden sich im übrigen auch eine Reihe von doppelköpfigen weiblichen Rundplastiken[107]. Ob die ammonitischen Doppelköpfe dabei auf Mittelpfeilern von Fenstern oder Portalen o. ä. saßen, ist unbekannt, auch die Fundlage gibt dafür keinerlei Hinweise. Daß sie nicht nur eine architektonische und ornamentale Funktion besaßen, liegt auf der Hand; wahrscheinlich hatten sie gleichzeitig auch eine apotropäische Bedeutung. Insofern dürfte es sich bei ihnen tatsächlich um Darstellungen einer von Ammonitern und Ammoniterinnen verehrten Göttin handeln. Allerdings läßt sich diese nicht näher bestimmen, weil die ikonographischen Details zu vieldeutig sind, als daß sie einer bestimmten Göttin zugesprochen wer-

99 Vgl. auch K. PRAG, Decorative Architecture in Ammon, Moab and Judah, Levant 19 (1987), 123-126; A. SPYCKET, La Statuaire du Proche-Orient Ancien (HO 7,1,2; Leiden – Köln 1981), 423f; F. ZAYADINE – J.-B. HUMBERT – M. NAJJAR, ADAJ 33 (1989), 362.

100 Vgl. G. HAENY, Hathor-Kapitell, LÄ 2 (1977), 1039-1041.

101 Vgl. z.B. W.M.F. PETRIE, Researches in Sinai (London 1906), 77ff u.ö., fig. 99ff u.ö.

102 B. ROTHENBERG et al., The Egyptian Mining Temple at Timna (Researches in the Arabah 1959-1984 Vol. 1; London 1988), 44f. 116-118. 268, Eg.Cat. 2f, Pl. 37-40. 111, fig. 23:1f, vgl auch das Sistrum fig. 27.

103 Zur *Aphrodite Parakyptusa (Dea Proscipiens)* vgl. zusammenfassend W. FAUTH, Aphrodite Parakyptusa. Untersuchungen zum Erscheinungsbild der vorderasiatischen Dea Proscipiens (AAWLM.G 6, 1966; Wiesbaden 1967), passim. Zur 'Astarte-im-Fenster' vgl. auch E. LIPINSKI, OLoP 15 (1984), 102-117. 132.

104 Vgl. z.B. R.D. BARNETT – L. DAVIES, A Catalogue of the Nimrud Ivories with other Examples of Ancient Near Eastern Ivories in the British Museum (London ²1975), 172f. 233-236, Pl. 4f. 70-73; J.W. CROWFOOT – G.M. CROWFOOT, Early Ivories from Samaria (Samaria-Sebaste. Reports of the Work of the Joint Expedition in 1931-1933 and the British Expedition in 1939, No. 2; London 1938 = 1972), 29f, fig. 4, Pl. 13:2; O.W. MUSCARELLA, in: Archäologie zur Bibel (1981), 299f, Nr. 251f; J. THIMME, Phönizische Elfenbeinarbeiten. Möbelverzierungen des 9. Jahrhunderts v.Chr. (Bildhefte des Badischen Landesmuseums Karlsruhe; Karlsruhe 1973), XXIIIf u.ö., Nr. 12-16; F. THUREAU-DANGIN et al., Arslan-Tash (BAH 16; Paris 1931), 112-118, Pl. 34-36.

105 Die Ähnlichkeiten mit den ägyptischen bzw. ägyptisierenden Hathor-Kapitellen und den phönizischen Elfenbeinarbeiten sollten genausowenig überbewertet werden wie die mit syrischen Reliefs und Plastiken. Die teilweise erheblichen Unterschiede weisen klar auf eine (einzige?) autonome, wenn auch ekletisch gestaltende ammonitische Werkstatt hin.

106 Vgl. z.B. auch AOB² Nr. 451 (am Thron der 'Königin'). 506. 523f. 672; weitere Beispiele bei W. FAUTH, Aphrodite Parakyptusa (1967), 351ff u.ö.

107 R.D. BARNETT – L. DAVIES, A Catalogue of the Nimrud Ivories (²1975), 202, Pl. 73f.

den könnten. Um Hathor[108] oder um Isis und Nephthys[109] handelt es sich aus ikonographischen (und religionshistorischen) Gründen mit an Sicherheit grenzender Wahrscheinlichkeit jedenfalls nicht[110]. Die Echtheit des angeblich aus *Abū ʿAlandā* stammenden Kalkstein-Torso aus der ehemaligen Sammlung M. DAYANS (Jerusalem, Israel Mus. No. 82.2.168)[111], der eine Frau in einem plissierten, kurzärmeligen Gewand darstellt, ist m.E. zweifelhaft: Die Arm- und Handhaltung dürften von den üblichen weiblichen Terrakotta-Figurinen (was für eine Interpretation des Torso als Göttin sprechen würde), die Darstellung des Kopfes von schon bekannten ammonitischen Steinstatuen u.a. übernommen sein; der gerade, saubere (und sekundäre?) Abschluß auf der Höhe der Gürtellinie wirkt (zumindest auf den heutigen Betrachter) überaus befremdlich. Ob ein Teil der zweifelsfrei echten männlichen und weiblichen Steinstatuen aus Ammon Herrscher oder Gottheiten darstellt, läßt sich nicht sicher entscheiden[112]. Da es sich aber offenbar ausschließlich um Standbilder handelt, zu denen (bisher) kein einziges Postament-Tier bekannt ist[113], dürfte es sich um Darstellungen von Herrschern und anderen Vertretern der führenden Oberschicht handeln[114]. Dafür sprechen auch die gelegentlich zu beobachtende Barfüßigkeit, die Armhaltung, der Ornat, die ihrer gesellschaftlichen Stellung entsprechend seltenen Darstellungen von Frauen[115] und die Tatsache, daß die Statue des *Yrḥʿzr* zweifelsfrei eben diesen ammonitischen König darstellt.

108 So R.H. DORNEMANN, The Archaeology of the Transjordan (1983), 159ff.

109 So A.-J. ʿAMR, Four Unique Double-Faced Female Heads from Amman Citadel, PEQ 120 (1988), 55-63; vgl. dazu auch K. PRAG, A Comment on the Amman Citadel Female Heads, PEQ 121 (1989), 69f.

110 Besonders gerne, aber nicht beweisbar wird Ištar / Astarte als die dargestellte Göttin angeführt, vgl. z.B. K. PRAG, Levant 19 (1987), 126; S. ET-TELL, New Ammonite Discoveries, ADAJ 12-13 (1968) 9*-12*, Pl. 1*-3* (arab.).

111 L. AARONS, The Dayan Collection – The Man and his Archaeological Collection, BAR 8,5 (1982), 30f („Goddess of Fertility" = „Astarte", 9.Jh.v.Chr.); T. ORNAN, The Dayan Collection, IsrMusJ 2 (1983), 14f; ders., A Man and his Land. Highlights from the Moshe Dayan Collection (Catalogue of the Israel Museum; Jerusalem 1986), 36f, No. 12 („Bust of a Woman", 725-586 v.Chr.). Daß derartige 'Funde', die im Kunsthandel gemacht werden, nicht auf ihre Echtheit hin untersucht werden, dürfte auf die Furcht vor unerfreulichen Ergebnissen zurückgehen, vgl. zum Problem z.B. J. RIEDERER, Fälschungen von Marmor-Idolen und -Gefäßen der Kykladenkultur, in: J. THIMME (ed.), Kunst und Kultur der Kykladen im 3.Jahrtausend v.Chr. (Karlsruhe 1976), 94-96.

112 A. ABOU-ASSAF, UF 12 (1980), 7ff; auch M.M. IBRAHIM, Jordan 4 (1970), 20-27.

113 Zur steinernen Löwen-Plastik vgl. Kap. 5.

114 So z.B. auch A. SPYCKET, La Statuaire du Proche-Orient Ancien (1981), 421, Pl. 273f; S.H. HORN, The Crown of the King of the Ammonites, AUSS 11 (1973), 170-180; H. WEIPPERT, Palästina in vorhellenistischer Zeit (1988), 669f.

115 A. ABOU-ASSAF, UF 12 (1980), Nr. 11; A.-J. ʿAMR, PEQ 119 (1987), 33-38; F. ZAYADINE – J.-B. HUMBERT – M. NAJJAR, ADAJ 33 (1989), 359, Pl. 51 (weibl.?); F. ZAYADINE, RB 97 (1990), 73-75, Pl. 2f.

Die Atef-Kronen, mit denen einige der männlichen Statuen versehen sind, widersprechen dem nicht: Sie sind weniger als Göttersymbole, sondern eher als Symbole vergöttlichter Herrscher (oder als Symbole von Herrschern in ihrer Funktion als Priester?) zu verstehen[116]. Geht man bei der Frage nach der Funktion der ursprünglich bunt bemalten Statuen, die leider alle nicht *in situ* gefunden wurden, von Parallelbelegen Nordsyriens aus, dann dienten die Standbilder als Repräsentanten der Dargestellten, die in Toren oder an Palastfassaden aufgestellt worden waren und denen im Rahmen der Rechtsprechung, der dynastischen Propaganda und wohl auch des Totenkults 'staatstragende' Funktionen zukamen[117]. Im übrigen zeigt das Fundmaterial aus Moab[118], Phönizien[119] u. a.[120] klar, daß vergleichbare Steinstatuen nicht auf Ammon beschränkt waren.

Jedenfalls ist die Behauptung von J. H. Tigay, die Ammoniter seien keine Polytheisten, El ihr Hauptgott und Milkom nur ein Titel desselben gewesen[121], unhaltbar: Man kann eine Religion nicht allein auf der Basis eines einzigen Beleg-Typs (PN) rekonstruieren, sondern nur auf der Basis *aller* zur Verfügung stehender literarischer, epigraphischer, archäologischer, ikonographischer und späterer religionsgeschichtlich wichtiger Quellen und Informationen; man muß das vorhandene epigraphische Material sozialgeschichtlich richtig bzw. überhaupt einordnen: Das erhaltene Corpus von PN dokumentiert nicht *die* israelitische bzw. *die* ammonitische Gesellschaft, sondern einzig und allein deren politische und wirtschaftli-

116 A. Abou-Assaf, UF 12 (1980), 77-79, Nr. 1. 3-7. 18-20; T. Ornan, A Man and his Land (1986), 38f, No. 13; A.-J. ʿAmr, ZDPV 106 (1990), 114ff, Taf. 7. 8B; M. M. Ibrahim – B. Mershen (ed.), Museum of Jordanian Heritage (Irbid 1988), 44f; auch R. W. Younker et al., AUSS 28 (1990), 16f, Pl. 10 *(Tell Ǧāwā)*. Vgl. allgemein C. Strauss, Kronen, LÄ 3 (1980), 814; I. Grumach-Shirun, Federn und Federkrone, LÄ 2 (1977), 142-145.

117 J. Voss, EAZ 29 (1988), 347-362; auch G. Falsone, Da Nimrud a Mozia. Un tipo statuario di stile fenicio egittizzante, UF 21 (1989), 153-193; R. Hauptmann, Die sumerische Beterstatuette (Liebighaus Monographie 12; Frankfurt a. M. 1989), 7ff.

118 U. Hübner, UF 21 (1989), 227-231.

119 Vgl. z. B. die verschiedenen perserzeitlichen Statuen aus *ʿAmrīt*, M. Dunand – N. Saliby, Le Temple d'Amrith dans la Perée d'Aradus (BAH 121; Paris 1985), Pl. 38-54.

120 Daß es vergleichbare Statuen auch in Israel gab, geht z. B. klar aus jenen Bemerkungen hervor, nach denen von den Siegern aus den Tempeln von Samaria Götter (Plur.), also Götterbilder, mitgenommen wurden, vgl. R. Borger, TGI³ 60, Nr. 30 (mit der sachlich falschen Anm. 1 – wohl von K. Galling); ders., TUAT 1 (1985), 382 (ohne diese Anm.!).

121 You shall have no other Gods (1986), 19f; dazu E. A. Knauf, DBAT 26 (1992), 238ff. Ähnlich wie Tigay schon E. Meyer, Geschichte des Altertums II 2 (³1953), 160, der Milkom für den Eigennamen des ammonitischen El hält (ohne deswegen die Ammoniter, die er noch schnell zu Nomaden bzw. Halbnomaden macht, für Monotheisten zu halten); gegen Tigay schon D. I. Block, The Gods of the Nations (1988), 36-38 u. ö. Laut Dtn. 32,8f (cj.: *bny ʾl* statt *bny yśrʾl*) war Milkom (wie auch Kemosch und Qaus) ein Jahwe gleichrangiger Götterkollege bzw. „ein Sohn Els und Bruder Jahwes", so E. A. Knauf, Edomiter, NBL 1 (1991), 471; M. Weippert, Synkretismus und Monotheismus, in: J. Assmann – D. Harth (ed.), Kultur und Konflikt (1990), 143ff.

che Oberschicht, die naturgemäß eine engere Beziehung zu der jeweiligen offiziellen Hauptgottheit pflegen mußte und wollte als andere Bevölkerungsteile. Darüberhinaus sollte man im Falle der Ammoniter die Frage stellen, welche statistische Relevanz rund 70 beschriftete Siegel eines ganzen Volkes aus dem epigraphischen Zeitraum von zwei bis drei Jahrhunderten haben.

Neben diesen unzweifelhaft einheimischen Gottheiten sind in Ammon auch noch vereinzelt nichtammonitische Gottheiten belegt, so Jahwe auf einem (angeblich) in *Umm el-Qanāfid* gefundenen Siegel (vgl. Kap. 2.10.3) und Ninurta auf einem Siegel unbekannter Herkunft (Nr. 90)[122]. Jer. 9,24f; 49,(1-)6 u. a. setzen aus ihren theologischen Voraussetzungen heraus Jahwe als den auch für Ammon zuständigen und eigentlich auch von allen Ammonitern und Ammoniterinnen zu verehrenden Gott voraus, was aber wohl weitestgehend israelitisch-judäische Ideologie bzw. Theologie geblieben sein dürfte, auch wenn keineswegs ausgeschlossen werden kann, daß es auch Ammoniter gab, die Jahwe – neben anderen Gottheiten – verehrten, insbesondere in Zeiten, in denen Ammon von Israel unterworfen oder abhängig war und eine derartige Verehrung für manche Kreise politisch opportun oder unumgänglich war. Daß die Ammoniter Kemosch verehrt haben sollen, wie Ri. 11,24 [vgl. Suda (ed. A. Adler) I 389,22ff; IV 396,6f; 785,9f] behauptet, stimmt so natürlich nicht. Kemosch-Verehrer unter den Ammonitern sind historisch keineswegs auszuschließen, aber eben nicht sicher belegt. Die assyrischen und neobabylonischen bzw. entsprechend beeinflußten Siegel aus Ammon belegen mit ihrer Ikonographie [anepigraphische Siegel aus *ʿAmmān, Ḫirbet Ḫulde, Meqābelēn* und *Tell Ṣāfūṭ*: Kultstandarten von Marduk und Nabu und Abbildungen der Göttin Gula u. a.[123] (vgl. Kap. 2.10.3); Astralsymbole auf mehreren Siegeln als Hinweise auf Ištar, Šamaš und Sīn von *Ḫarrān*, z. B. Nr. 22. 130. 153[124]] und den theophoren Elementen in den PN[125] (Ninurta) die Verehrung mesopotamischer Götter. Darüber hinaus ist auf verschiedenen ammonitischen Siegeln (Siegel Nr. 54. 65. 108) wahrscheinlich die Gestalt des ägyptischen Gottes Harpokrates belegt[126].

122 Ob der PN *dblbs* (Siegel Nr. 127) den GN Bes enthält, ist zweifelhaft. In dem PN *šwḥr* (Siegel Nr. 99. 138) ist wohl kaum der GN Horus enthalten. Zur Diskussion dieser PN und ihrer Elemente vgl. auch Kap. 2.9 sowie W. E. Aufrecht, A Corpus of Ammonite Inscriptions (1989), 113. 126f.

123 Zu TJ 1193 (Grab des Adoninur) vgl. auch L. G. Harding, PEFA 6 (1953), 53f, No. 6, Pl. 6; ders., The Antiquities of Jordan (1967), Pl. 4 (Photo); A. Green, BaghM 17 (1986), 165. 231f, Pl. 40:152 (Photos).

124 Vgl. U. Hübner, Das ikonographische Repertoire der ammonitischen Siegel und seine Entwicklung, in: O. Keel et al. (ed.), The Iconography of Inscribed Northwest Semitic Seals (1992), (im Druck). Das Zylindersiegel aus *Mārkā* belegt, daß mesopotamische Gottheiten wie Marduk und Ṣarpanītu schon in der spätbronzezeitlichen Ammonitis nicht unbekannt waren.

125 Vgl. auch den babylonischen PN *Nnydn* im moabitischen Heschbon-Ostrakon Nr. I. Ob der Namensträger allerdings Einheimischer oder Fremder war, muß offen bleiben.

126 D. Meeks, Harpokrates, LÄ 2 (1977), 1003-1011.

## 6.2. Die Bestattungssitten

Die Bestattungen im eisenzeitlichen Ammon, soweit sie bisher mehr oder weniger zufällig bekannt und auch nur einigermaßen akzeptabel ausgegraben und publiziert worden sind[127], wurden zumeist in einfachen Felskammergräbern unterschiedlicher Formen und Ausstattung [*ʿAmmān, Saḥāb, Umm Uḏaina, Ḫirbet Ḫulde*[128], *Meqābelēn*[129], *Tell Ṣāfūṭ*[130], *Abū Nṣēr*[131] und in der *Buqēʿa*[132]] *extra muros* vorgenommen, die meist als Familien- und Sippengräber für mehrere Generationen und manchmal Jahrhunderte benutzt wurden. Bauweise und Inventar unterscheiden sich prinzipiell nicht von entsprechenden Gräbern in Juda, Israel oder Moab. In *Saḥāb* fallen allerdings die beiden Felsgräber „B"[133] und „C"[134] dadurch auf, daß bei ihnen jeweils ein kaminartiger Schacht durch das Grabgewölbe des anstehenden Felsens nach oben führt. Wegen der Benutzungsgeschichte der Gräber ist allerdings noch nicht einmal ganz sicher, ob die Schächte aus der Eisenzeit stammen oder nicht schon früher angelegt worden waren. Die Funktion dieser Schächte ist nicht weiter bekannt, aber um „Luftschächte" dürfte es sich kaum gehandelt haben[135]. Eher handelt es sich bei ihnen um Einrichtungen, die mit praktischen Funk-

127 Von den Schwierigkeiten abgesehen, die sich durch die oft jahrhundertelange Belegung der Gräber und die meist mehrfachen Grabplünderungen seit der Antike ergeben, scheinen Archäologen diesseits und jenseits des Jordan beim Ausgraben von Gräbern in der Regel die stratigraphische Methode *ad acta* zu legen, was nur z.T. darauf zurückgeführt werden kann, daß es sich dabei häufig um Rettungsgrabungen handelt.

128 Kh. Yassine, Archaeology of Jordan (1988), 11-31.

129 L.G. Harding, QDAP 14 (1950), 44-48. Die Diskussion zur Datierung bei E. Stern, Material Culture of the Land of the Bible in the Persian Period (1982), 79f trägt gewisse unwirkliche Züge, da das Grab in der Antike ausgeraubt, durch Steinbrucharbeiten beschädigt, in einer Notgrabung ausgegraben und entsprechend dürftig publiziert ist; somit ist völlig ungewiß, ob alle Funde zu ein und derselben oder zu verschiedenen Bestattungen gehören. Ein Teil der Funde, insbesondere innerhalb der Keramik, kann ohne weiteres ins 7.Jh., ein anderer Teil – vor allem der Metallfunde – (bis) in die Mitte des 6.Jh.s v.Chr. datiert werden; zur Keramik vgl. M.F. Oakeshott, A Study of the Iron Age II Pottery of East Jordan (Ph.D.Diss.; London 1978), 151-153. 391, Pl. 63.

130 Das Grab, aus dem die bekannte Affen-Terrakotta (*ʿAmmān*, Archaeological Museum, No. J.1832) stammt, ist m.W. nie publiziert worden, vgl. F. Zayadine, in: Der Königsweg (1987), 127. 130, Nr. 125.

131 Kh. Abu Ghanimeh, ADAJ 26 (1982), 16f* (arab.); ders., ADAJ 28 (1984), 305-318.

132 P.E. McGovern et al., The Late Bronze and Early Iron Ages of Central Transjordan (1986), 53ff u.ö.

133 L.G. Harding, QDAP 13 (1948), 92-102, fig. 1; zur Keramik vgl. M.F. Oakeshott, A Study of the Iron Age II Pottery of East Jordan (Ph.D.Thesis; 1978), 138ff; Pl. 61f.

134 R.W. Dajani, ADAJ 15 (1970), 29, Pl. 1; zur Keramik vgl. M.F. Oakeshott, A Study of the Iron Age II Pottery of East Jordan (Ph.D.Diss.; 1978), 138ff, Pl. 61f.

135 Daß es sich damit bei derartigen Felsgräbern *ursprünglich* immer um Wohnhöhlen gehandelt habe,

tionen des Totenkults zusammenhängen[136]. Von vergleichbaren bronzezeitlichen Belegen in Geser[137], Megiddo[138], Hazor[139] und Ugarit abgesehen, sind eisenzeitliche (?) Parallelen im Westjordanland nur aus Jerusalem[140], Bet-Schemesch[141] und Dotan[142], vor allem aber aus den phönizischen Nekropolen von Achsib[143] bekannt. Am ehesten dürften diese eisenzeitlichen Grabanlagen in Cis- und Transjordanien von entsprechenden phönizischen Grabbauten beeinflußt sein[144]. Falls die

so z.B. R.W. Dajani, ADAJ 15 (1970), 29 und L.G. Harding, QDAP 13 (1948), 92, ist ebenso unwahrscheinlich, weil es in Palästina einerseits zahlreiche Wohnhöhlen und andererseits noch mehr Felsgräber *ohne* diese Schächte belegt sind.

136 Vgl. die Libationsvorrichtungen in *Tell es-Saʿīdīye, Dēr el-Balaḥ, Ḍahret el-Ḥumrayya, Tell eḏ-Ḏurūr, Tell Abū Ḥuwām*, Ugarit [H. Weippert, ZDPV 97 (1981), 120], *Rās Ibn Hānī* und Pella [R.M. Smith, Pella of the Decapolis I (College of Wooster 1973), 174f, fig. 52. 54, Pl. 20]. Allgemein J.W. Ribar, Death Cult Practices in Ancient Palestine (Ph.D. Diss. unpubl.; University of Michigan 1973), 58-60.

137 R.A.S. Macalister, The Excavation of Gezer 1902-1905 and 1907-1909 (London 1912), 70ff (Cave 2 I, 7 II, 11 I, 15 IV, 17 I u.ö.).

138 G. Schumacher, Tell el-Mutesellim I: Fundbericht (Leipzig 1908), 19-23, Abb. 15, Taf. VI (Grabkammer II mit durchbohrtem Schlußstein); C. Watzinger, Tell el-Mutesellim II: Die Funde (Leipzig 1920), 5-13. Zu Cave I.10A in Gezer vgl. J.D. Seger, in: ders. – H.D. Lance, Gezer V (Jerusalem 1988),60ff, fig. 12f, Pl. 58: Da es sich bei dem Schacht wohl ursprünglich um den einer Zisterne gehandelt hat, lassen sich die spätbronzezeitlichen Bestattungen in Cave I.10A streng genommen nicht zu den hier behandelten Grabtypen zählen.

139 Y. Yadin, Hazor I (Jerusalem 1958), 100-124 („Porcupine Cave"). 155-158 (Cave 7013. 7015).

140 B. Mazar, The Excavations in the Old City of Jerusalem near the Temple Mount. Second Preliminary Report, 1969-1970 Seasons, ErIs 10 (1971), 25-28, fig. 8. 10. 15f, Pl. 15-19; ders., Der Berg des Herrn. Neue Ausgrabungen in Jerusalem (Bergisch-Gladbach 1979), 167f; M. Ben-Dov, In the Shadow of the Temple. The Discovery of Ancient Jerusalem (New York 1985), 37-42; E. Mazar – B. Mazar, Excavations in the South of the Temple Mount (1989), Xf. 49-55. Die Datierung der Grabbauten ist allerdings wegen ihrer späteren Zweckentfremdung unklar; sie dürften ungefähr aus der Zeit zwischen der Mitte des 10. und dem 8.Jh.v.Chr. stammen und wurden danach auch weiter benutzt. Vgl. auch das (sekundäre?) 'Fenster' in der Fassade des „Tomb of the Royal Steward" in *Silwān*, N. Avigad, The Epitaph of the Tomb of the Royal Steward, IEJ 3 (1953), 137-139, fig. 2 (auch KAI Nr. 191).

141 D. MacKenzie, Excavations at Ain Shems (Beth Shemesh) (PEFA 2; London 1913), 64-69, Pl. 5 (Tomb 2) („mit Luftschacht").

142 R.E. Cooley, Gathered to his People: A Study of a Dothan Family Tomb, in: The Living and Active Word of God: Studies in Honor of S.J. Schultz, ed. by M. Inch – R. Youngblood (Winona Lake/IN 1983), 50f („auxiliary opening or circular window").

143 M.W. Prausnitz, Israelite and Sidonian Burial Rites at Akhziv, in: Proceedings of the Fifth World Congress of Jewish Studies 1 (Jerusalem 1969), 85-89; ders., Die Nekropolen von Akhziv und die Entwicklung der Keramik vom 10. bis zum 7. Jahrhundert v. Chr. in Akhziv, Samaria und Ashdod, in: H.G. Niemeyer (ed.), Die Phönizier im Westen (DAI, Madrider Beiträge 8; Mainz 1982), 33. 37, Abb. 1, Taf. 2b. Vgl. auch G. Lindemann, Phoenikische Grabformen des 7./6. Jahrhunderts v. Chr. im westlichen Mittelmeerraum, MDAI.Madrid 15 (1974), 133.

144 Die in diesem Zusammenhang so gerne angeführten Gräber A und B in *Ḥurēḍa (Ḥaḍramaut)*, vgl. G. Caton-Thompson, The Tombs and the Moon Temple of Hureidha (Hadramaut) (Reports of

Schächte (einschließlich der Grabanlagen) in der Ammonitis allerdings aus der Bronzezeit stammen sollten, würde es sich um eine Übernahme bzw. Fortführung entsprechender Bestattungssitten handeln.

Bestattungen in anthropoiden Tonsarkophagen der Eisen II-Zeit sind aus *Saḥāb* (Grab A)[145] und *ʿAmmān* (*Ǧebel el-Quṣūr*)[146] bekannt und darüberhinaus im Ostjordanland in Dibon (Grab J 3)[147] [und bei *Ḫirbet el-Muḫaiyiṭ* (Grab 84)[148] und Pella[149]] belegt. Das Exemplar aus *Saḥāb* wird aufgrund einiger weniger Scherben allgemein ins 10.Jh. bzw. – besser – in die Zeit um 900 v. Chr. (oder noch etwas später) datiert, während die 5 Exemplare aus dem Felsgrab auf dem *Ǧebel el-Quṣūr* in *ʿAmmān*, von denen aber nur zwei als „anthropoid" im engeren Sinn bezeichnet werden können und die alle jeweils 2-3 Bestattungen enthielten, aufgrund des sonstigen Inventars[150] ins 8. und 7.Jh.v.Chr. datiert werden können. Da die Exemplare

the Research Committee of Antiquaries of London No. 13; London 1944), 65-93, Pl. 79-81, haben, was einen angeblichen Schacht angeht, nichts mit den angeführten Grabtypen zu tun, sind geographisch sehr weit entfernt, wahrscheinlich in die achämenidische Zeit zu datieren und sollten daher endlich aus dieser Diskussion herausgehalten werden.

145 W. F. Albright, An Anthropoid Clay Coffin from Saḥâb in Transjordan, AJA 36 (1932), 235-306, Pl. 12; F. Zayadine, in: Der Königsweg (1987), 124f, Nr. 120; R. H. Dornemann, The Archaeology of the Transjordan (1983), 146-148, fig. 89:4; G. M. Landes, A History of the Ammonites (Ph.D.Diss; 1956), 277f. Zur Keramik vgl. M. F. Oakeshott, A Study of the Iron Age II Pottery of East Jordan (Ph.D.Thesis; 1978), 138ff, Pl. 61.

146 Map ref. 2398.1518, *Raġadān* Royal Palace Tomb. A. Dajani, ADAJ 11 (1966), 103; Kh. Yassine, Anthropoid Coffin from the Raghdan Royal Palace Tomb in Amman, ADAJ 20 (1975), 57-68 [= ders., Archaeology of Jordan (1988), 31-46]; ANEP² Nr. 853; R. H. Dornemann, The Archaeology of the Transjordan (1983), 145-149, fig. 89:7; zur Keramik vgl. M. F. Oakeshott, A Study of the Iron Age II Pottery of East Jordan (Ph.D.Diss.; 1978), 410, Pl. 77:13f.

147 W. L. Reed, The Excavations at Dibon (Dhībân) in Moab. Part II: The Second Campaign (AASOR 37; New Haven/CT 1952), 576-60, Pl. 51-53. 58. 94. 96f; ANEP² No. 851f; ob es sich bei den Sarkophagfragmenten aus den Gräbern J 4, J 5 und J 6 [A.D. Tushingham, The Excavations at Dibon (Dhībân) in Moab. The Third Campaign 1952-53 (AASOR 40; Cambridge/MA 1972), 90. 94. 96] ebenfalls um anthropoide Sarkophage gehandelt hat, läßt sich nicht mehr sagen; vgl. auch R. H. Dornemann, The Archaeology of the Transjordan (1983), 146-149. Das vollständig erhaltene Exemplar aus Dibon stellt eine eigenartige Mischung aus Wannen- und anthropoidem Sarkophag dar. Zur Keramik in Grab J3 vgl. auch M. F. Oakeshott, A Study of the Iron Age II Pottery of East Jordan (Ph.D.Thesis; 1978), 110. 394ff, Pl. 65-73.

148 Ein Fragment, bei dem unklar ist, ob es sich um das Bruchstück eines Wannen- oder eines anthropoiden Sarkophages handelt [falls es sich überhaupt um einen Sarkophag handelt], ohne Abb. publiziert von S. Saller, Iron Age Tombs at Nebo, Jordan, LA 16 (1965-1966), 289; zur Keramik vgl. auch M. F. Oakeshott, A Study of the Iron Age II Pottery of East Jordan (Ph.D.Thesis; 1978), 125-127.

149 Von dem/den (spätbronzezeitlichen?) Exemplar(en) aus Pella ist nicht mehr als ihre Existenz bekannt, vgl. Kh. Yassine, ADAJ 20 (1975), 60 [= ders., a. a. O., 37]; R. H. Dornemann, The Archaeology of the Transjordan (1983), 146.

150 H. J. Franken, in: Pottery and Potters (1986), 164. 166, Nos. 494-505.

vom transjordanischen Hochplateau alle in die Zeit *nach* den sog. philistäischen anthropoiden Tonsarkophagen[151] und in die Zeit *vor* den phönizischen (Stein-)Sarkophagen[152] gehören, ist damit zu rechnen, daß es sich bei dieser Bestattungssitte in Ammon und Moab um eine lokale, einheimische Aufnahme und Weiterentwicklung einer seit der ausgehenden Spätbronzezeit in Palästina (*Dēr el-Balaḥ*[153], *Tell el-Fārʿa Süd*, Lachisch, Bet-Schean und Umgebung) verschiedentlich belegten und ursprünglich aus Ägypten stammenden Bestattungsform handelt[154].

Neben den anthropoiden Tonsarkophagen sind in einem früheisenzeitlichen Grab aus *Saḥāb* auch Bestattungen in Holzsarkophagen[155] und im Grab des Adoni-Nur in *ʿAmmān*[156] in Wannensarkophagen[157] nachweisbar. Bestattungen in Vorratskrügen sind sporadisch in Felsgräbern der Eisen I- und II-Zeit in *Saḥāb*[158] und *ʿAmmān*[159], Kremationen[160] nur vereinzelt in der Spätbronzezeit (*Mārkā* 'Airport-

151 T. Dothan, The Philistines and their Material Culture (Jerusalem 1982), 252-288; H. Weippert, Palästina in vorhellenistischer Zeit (1988), 366-373. 379f.

152 S. Moscati, Sarcophagi, in: ders. (ed.), The Phoenicians (Milano 1988), 292-299; J. Elayi, Les Sarcophages phéniciens d'époque perse, IrAnt 23 (1988), 275-322; E. Stern, The Material Culture of the Land of the Bible (1982), 87-89.

153 Besonders in *Dēr el-Balaḥ* dürften, wie vor allem die verschiedenen Grabbeigaben und -stelen nahelegen, Ägypter bestattet worden sein, vgl. M. Weippert, Rez.: T. Dothan, The Philistines and their Material Culture, 1967, GGA 223 (1971), 15; auch F. W. James, The Iron Age at Beth Shan. A Study of Levels VI-IV (Philadelphia/PN 1966), 137; E. D. Oren, The Northern Cemetery of Beth Shan (Leiden 1973), XII (Addendum) und – etwas anders – T. Dothan, Excavations at the Cemetery of Deir el-Balaḥ (Qedem 10; Jerusalem 1979), 98ff.

154 Vgl. L. Kuchman, Egyptian Clay Anthropoid Coffins, Serapis 4 (1977-1978), 11-22.

155 M. M. Ibrahim, ADAJ 17 (1972), 32; ders., in: Archaeology of the Levant. Essays for K. M. Kenyon (1978), 123.

156 L. G. Harding, PEFA 6 (1953), 59f, Nos. 47-49, Pl. 6:47; O. Tufnell, PEFA 6 (1953), 67; zur Keramik vgl. M. F. Oakeshott, A Study of the Iron Age II Pottery of East Jordan (Ph.D.Diss.; 1978), 147-151. 392f, Pl. 63:15-20 – 65:1-9.

157 Zu den Parallelen im Ostjordanland [*Tell el-Mazār* und bei *Ḫirbet el-Muḫaiyiṭ* (?)] und im Westjordanland [*Tell el-Qiṭāf*; Dotan, Sichem und Megiddo; zu *Tell el-Fārʿa Nord* vgl. A. Chambon, Tell el-Farʿah I. L'âge du Fer (Paris 1984), 57. 107, Pl. 47 („baignoires")], vgl. H. Weippert, Palästina in vorhellenistischer Zeit (1988), 634. 705f, Abb. 5.5; zu Syrien und Mesopotamien u. a. vgl. E. Strommenger – W. Orthmann, Grab, RlA 3 (1957-1971), 584f. 602; J. Curtis, Late Assyrian Bronze Coffins, AnSt 33 (1983), 85-95; A. Alizadeh, A Tomb of the Neo-Elamite Period at Arjān, near Behbahan, AMI 18 (1985), 57-60, fig. 2.

158 M. M. Ibrahim, ADAJ 17 (1972), 31f, Pl. 6:1; ders, in: Archaeology of the Levant. Essays for K. M. Kenyon (1978), 122f (Area C, Cave / Tomb 1).

159 A. Dajani, Amman – Jabal el-Qusur, ADAJ 11 (1966), 103; Kh. Yassine, ADAJ 20 (1975), 58 [= ders., Archaeology of Jordan (1988), 35].

160 Vgl. auch im Überblick P. A. Bienkowski, Some Remarks on the Practice of Cremation in the Levant, Levant 14 (1982), 80-89, wo das Fundmaterial z. B. von *Rās el-Bassīṭ* nachzutragen ist. Vgl. auch G. Wilhelm – B. Hrouda, Leichenverbrennung, RlA 6 (1980-1983), 570f.

Temple'[161]) und vielleicht in einem früheisenzeitlichen Felsgrab in *Saḥāb*[162] belegt[163].

Die meisten der vergleichsweise wenigen bisher gefundenen und publizierten Gräber sind, wie das teilweise reiche Inventar, das – wie in Israel und Juda – auf einen ausgeprägten und sehr konkreten Glauben auf ein Weiterleben nach dem Tod schließen läßt, und die verschiedenen Siegel einschließlich der dort belegten Titel (Nr. 14: *ʿbd*) zeigen, Gräber der ammonitischen Oberschicht. Die Gräber der ammonitischen Könige sind bisher ebenso unbekannt[164] wie die der Unterschichten. Es fällt auf, daß die bisher bekannten Gräber ausschließlich Felskammergräber sind und andere Grabtypen, wie sie aus dem Westjordanland der eisenzeitlichen und persischen Epochen bekannt sind, *vorerst* fehlen. Dies kann aber angesichts der Zufälligkeit und Lückenhaftigkeit des bekanntgewordenen archäologischen Materials nicht weiter verwundern, vor allem wenn man vergleichend bedenkt, daß im Westjordanland bisher hunderte von Gräbern ausgegraben bzw. publiziert wurden, aber z. B. in Edom kein einziges.

Insgesamt läßt sich also eine begrenzte Pluralität unterschiedlicher Bestattungsformen beobachten, die sowohl verschiedene einheimische und ausländische Traditionen als auch soziale Gesellschaftsunterschiede widerspiegeln und – bisher jedenfalls – stets in Felskammergräbern nachgewiesen sind, in denen die Toten in der Regel mehr oder weniger frei, in Holz-, in tönernen Wannen- oder in anthropoiden Sarkophagen und/oder aber in Pithoi beigesetzt werden konnten. Ein Teil der Felskammergräber wurde nicht eigens neu angelegt, sondern voreisenzeitliche Gräber wurden einfach übernommen und weiterbenutzt (z. B. in *Saḥāb* und der *Buqēʿa*).

161 Vgl. vor allem L. G. Herr (ed.), The Amman Airport Excavations, 1976 (1983), passim.

162 M. M. Ibrahim, ADAJ 17 (1972), 31 f.

163 Zu möglichen Belegen in Moab vgl. Grab J 4 in Dibon [A.D. Tushingham, The Excavations at Dibon (Dhībân) in Moab (1972), 87.104] und ein Grab bei *Ḫirbet el-Muḫaiyiṭ* [S. Saller, LA 16 (1965-1966), 172. 178]. Die Ergebnisse der Ausgrabungen an dem spätbronzezeitlichen Quadratbau in *Umm ed-Danānīr* bleiben abzuwarten.

164 Daß es sich bei den Höhlen bei *ʿIrāq el-Emīr* um die ammonitischen Königsgräber gehandelt haben soll, wie z. B. F. de Saulcy, Voyage en Terre Sainte I (1865), 224 behauptete, ist heute nur mehr eine forschungsgeschichtliche Notiz wert.

## 6.3. Tempel, Kult und private Persönlichkeit

Ammonitische Tempel[165] konnten bisher ebensowenig gefunden oder gar freigelegt werden wie in Moab oder in den transjordanischen Gebieten Edoms[166]. Ihre Existenz ist aber selbstverständlich vorauszusetzen und indirekt vielleicht auch durch die *ʿAmmān*-Zitadellen-Inschrift belegt. In den Jahren 1927-1938 wurde von einer italienischen Expedition auf der Zitadelle von *ʿAmmān* der römische „Herakles"-Tempel freigelegt, aber nie angemessen publiziert[167]. Es handelt sich dabei um einen Podiumstempel, der als tetrastyler Prostylos in korinthischer Ordnung errichtet worden war; seine Dedikation ist nicht bekannt. Der Tempel könnte, setzt man eine entsprechende lokale Kultkontinuität voraus, an der Stelle eines hellenistischen (Osiris-Bastet-Relief) und eines eisenzeitlichen Vorgängerbaus gelegen haben. Daß von letzterem keine architektonischen Überreste erhalten sind, ist bei der Bauweise des römischen Nachfolgebaus nicht weiter verwunderlich. Auf der Zitadelle läßt sich (mindestens) ein weiterer römerzeitlicher Tempel im Nordabschnitt

165 Die Reste eines Heiligtums auf dem *Tell Dēr ʿAllā* sind nicht ammonitisch (vgl. Kap. 2.7) und das angebliche Heiligtum auf dem *Tell el-Mazār* [KH. YASSINE, The Open Court Sanctuary of the Iron Age Tell el-Mazār, ZDPV 100 (1984), 108-118 = ders., Archaeology of Jordan (1988), 113-135] ist weder ein ammonitisches noch überhaupt ein Heiligtum, sondern eine Karawanserei o. ä., da weder der Grundriß noch das erhaltene Inventar eine kultische Interpretation des Gebäudes stützen. Das *Qaṣr el-ʿAbd* genannte Gebäude bei *ʿIrāq el-Emīr* ist weder ein kultisches noch ein ammonitisches Gebäude, so z. B. mit einer architektonisch und chronologisch falschen Ausgangsbasis F. DE SAULCY, Voyage en Terre Sainte I (1865), 224, der ihn als ammonitischen Tempel interpretieren wollte.

166 Was J. R. BARTLETT, Edom and the Edomites (1989), 187-191 zum *römerzeitlichen* 'Conway-Highplace' in Petra und zu den *Palast*anlagen in *Buṣērā* (sowie zu *Ḫirbet et-Tannūr*) an Überlegungen anstellt, ist kaum noch an archäologischer Naivität zu überbieten.

167 R. BARTOCCINI, Ricerche e scoperte della Missione Italiana in Amman, Boll. dell'Associazione Internazionale degli Studi Mediterranei 1,3 (1930), 15-17. 20; ders., Scavi ad Amman della Missione Archeologica Italiana, a. a. O. 3,2 (1932), 16-23; ders., a. a. O. 4,4-5 (1933-1934), 10-15. 19-23; ders., La terza Campagna di scavi sull'Acropoli di Amman, Bolletino d'Arte del Ministero dell'Educazione Nazionale 1934, 275-285; ders., La Roccia Sacra degli Ammoniti, in: Atti del IV Congresso Nazionale di Studi Romani 1, Rom 1938, 103-10; ders., Un decennio di ricerche e di scavi italiani in Transgiordania, Bolletino di Reale Istituto d'Archeologia e Storia dell'Arte 9 (1941), 75-84; A. ALMAGRO, The Survey of the Roman Monuments of Amman by the Italian Mission in 1930, ADAJ 27 (1983), 607-639; A. E. NORTHEDGE, The Fortifications of Qalcccʿat ʿAmman (ʿAmman Citadel): Preliminary Report, ADAJ 27 (1983), 453-455; J. M. C. BOWSHER, The Temple of Hercules, a Reassessment, in: A. E. NORTHEDGE (ed.), Studies on Roman and Islamic ʿAmman Vol. I (1992), (im Druck). Der Interpretationsversuch von F. EL-FAKHARANI, WZ(R).GS 24,6 (1975), 533-554 überzeugt nicht. Weitere Lit. auch in der folgenden Anm.

der oberen Terrasse nachweisen, doch ist über ihn wenig mehr bekannt als der zweiteilige Temenos[168]. Nur aus Jerusalem sind kleinere Heiligtümer (*bmwt*) – literarisch – bekannt, die, von Salomo errichtet, Milkom und anderen Gottheiten dediziert waren und mindestens bis in die Zeit Joschijas Bestand hatten (1Kön. 11,7; 2Kön. 23,13).

Über die Mythologie, den Kultkalender, die Feste, die Opfer u.a. ist nichts überliefert[169]. Auch über das ammonitische Kultpersonal im weitesten Sinn ist so gut wie nichts bekannt [vgl. das Priester(?)-Siegel Nr. 153]. Die Bemerkungen in Jer. 27,9a[170] und 49,3 sind polemischer Natur, und die Ammoniter in Jer. 27,9 nur im Zusammenhang mit anderen Völkern erwähnt, so daß sich ihnen nicht viel mehr entnehmen läßt als daß es im eisenzeitlichen Ammon wahrscheinlich – ebenso wie bei seinen Nachbarvölkern einschließlich Israels bzw. Judas – *nby'ym, qsmym, ḥlmym* (cj.), *ʿnnym* und *kšpym* (Jer. 27,9) sowie *khnym* (Jer. 49,3) gab. Daß auch der ammonitische König kultische Aufgaben und Pflichten hatte, könnte man Jer. 49,3 entnehmen, wenn man *mlk-m* (MT) und damit die Reihung König – Priester – Fürsten beibehielte; aber auch wenn man stattdessen Milkom konjiziert (s. Kap. 7.2), ist die kultische Rolle des Königs auch ohne Beleg für das ammonitische Königtum als selbstverständlich vorauszusetzen.

Israelitisches bzw. judäisches Halbwissen über die Ammoniter spiegelt sich in den antiquarischen Bemerkungen über die *rp'ym* wieder (Dtn. 2,20; 3,11; vgl. Jub. 29,9f; Euseb., On. 16,15), die hier als vorammonitische Bevölkerung des mittleren

168 Neben der in der vorangegangenen Anm. aufgeführten Lit. vor allem A. E. NORTHEDGE, Survey of the Terrace Area at Amman Citadel, Levant 12 (1980), 135-143; ders., Qalʿat ʿAmman in the Early Islamic Period (unpubl. Ph.D.Diss.; London 1984), 63-67. 139ff. 168-171; ders., The Umayyad Palace I: The Architecture and Sequences, in: ders. (ed.), Studies on Roman and Islamic ʿAmman, Vol. I (1992), (im Druck); A. ALMAGRO-GORBEA, El Palacio Omeya de Amman I. La Arquitectura (Madrid 1983), 115-132. Daß es, abgesehen vom Cavea-Tempel im Theater, in der römischen (Unter-)Stadt weitere, aber wohl endgültig und unwiederbringlich zerstörte römische Tempel gegeben haben dürfte, ist wahrscheinlich, vgl. z.B. den Plan bei F. DE SAULCY, Voyage en Terre Sainte I (1865), 244f; diese setzen allerdings kaum ammonitische Vorgängerbauten in der „Wasserstadt" (2Sam. 12,27) voraus, da diese zu weit außerhalb der Stadtmauern gelegen hätten; eine ständige Besiedlung außerhalb bzw. unterhalb der befestigten *tulūl* ist ein Vorgang, der in der Regel frühestens in hellenistischer Zeit einsetzt.

169 Auf der Zitadelle von *ʿAmmān* wurde vor kurzem eine 'groteske' Terrakotta-Maske aus der Eisen-II-Zeit gefunden, aber noch nicht überprüfbar publiziert, vgl. J.-B. HUMBERT et al., LA 39 (1989), 252.

170 TH. SEIDL, Formen und Formeln in Jeremia 27-29. Teil 2 (1978), 137-144; G. ANDRÉ, *kāšap̱*, ThWAT 4 (1984), 375-381; J. BERGMAM – G. J. BOTTERWECK – M. OTTOSSON, *ḥālam*, ThWAT 2 (1977), 986-998.

und nördlichen Ostjordanlandes auftauchen, aber in Analogie zu den ugaritischen Texten als vergöttlichte Ahnen, Unterweltsgottheiten u. a. verstanden werden dürfen[171]. Insofern könnten sich dahinter Hinweise auf einen offiziellen Totenkult (bzw. die offizielle Verehrung des *Heros eponymos* „Ammon“[172]) vor allem in der ammonitischen Hauptstadt verbergen. Wie vage diese Vermutung allerdings ist, wird deutlich, wenn man sich vor Augen führt, daß das „9 Ellen lange und 4 Ellen breite Bett“ Ogs [Dtn. 3,11; Joseph., Ant. 4,5,3 (§§ 96-98)][173] – der Größe nach ein Doppelbett – aller Wahrscheinlichkeit nach nichts anderes ist als die spätisraelitische Retrojektion neobabylonischen Tempelinventars in die vorammonitische Zeit[174]

171 Zum vielschichtigen Problem der *rp'ym* vgl. aus der kaum noch überschaubaren Literatur z.B. C.E. L'Heureux, The Ugaritic and Biblical Rephaim, HThR 67 (1974), 265-274; ders., Rank among the Canaanite Gods El, Baʿal, and the Repha'im (HSM 21; Missoula/MT 1979), 111ff; J. Ebach, Weltentstehung und Kulturentwicklung bei Philo von Byblos (BWANT 108; Stuttgart u.a. 1979), 254-265. 290-295; G.C. Heider, Molek (1985), 113ff; W.J. Horwitz, The Significance of the Rephaim, JNWSL 7 (1979), 37-43; G.M. Landes, A History of the Ammonites (Ph.D.Diss; 1956), 14-20. 55f (z.T. mit wilden Spekulationen); K. Spronk, Beatific Afterlife in Ancient Israel and the Ancient Near East (AOAT 219; Kevelaer – Neukirchen-Vluyn 1986), 161ff. 227ff; E.A. Knauf, ZDPV 106 (1990), 135ff; auch R.D. Barnett, Sirens and Rephaim, in: Ancient Anatolia. Aspects of Change and Cultural Development. Essays in Honor of M.J. Mellink (Madison/WI 1986), 112-120, der in einem bestimmten Typ figürlicher Kesselattaschen Abbildungen der Refaim sehen will.

172 Vgl. Kap. 5.

173 Zum Folgenden vgl. zusammenfassend U. Hübner, Og von Baschan und sein Bett in Rabbat-Ammon (Deuteronomium 3,11), ZAW 104 (1992), (im Druck). Zur literarkritischen bzw. redaktionsgeschichtlichen Einordnung vgl. vor allem S. Mittmann, Deuteronomium 1,1-6,3 literarkritisch und traditionsgeschichtlich untersucht (BZAW 139; Berlin – New York 1975), 79ff. 184; M. Wüst, Untersuchungen zu den siedlungsgeographischen Texten des Alten Testaments I (1975), 10ff. 241ff u.ö.; auch L. Perlitt, Deuteronomium 1-3 im Streit der exegetischen Methoden, in: N. Lohfink (ed.), Das Deuteronomium. Entstehung, Gestalt und Botschaft (1985), 149-163. Vgl. auch Kap. 4. Dafür, daß in Dtn. 3,1-11 eine „ammonitische Sage“ überliefert sein soll, wie H. Gressmann, Die Anfänge Israels ($^2$1922), 112f behauptet, gibt es keinen Hinweis.

174 Zum „9 Ellen langen und 4 Ellen breiten Bett“ im Betthaus des Etemenanki in Babylon vgl. die sog. Esagila-Tafel aus dem seleukidischen Uruk (Louvre, AO 6555) = TCL 6, No. 32, Pl. 59f; HKL I 574, II 298; III 119; E. Unger, Babylon. Die heilige Stadt nach der Beschreibung der Babylonier (Berlin – Leipzig 1931), 177-179. 239. 248 (Text Nr. 1, K Z.34); vgl. auch Herodot 1,181. Zu *eršu(m)* IV, *bīt erši*, *majjaltu(m)*, *majjālu(m)* und *ma''ātu* vgl. AHw I$^2$ 133. 246; II 587. Die Überlegungen von J.C. de Moor, Rāpi'ūma – Rephaim, ZAW 88 (1976), 337-339 zu Ogs Bett, das mit einer Inschrift versehen gewesen sein soll, die Dtn. 3,11* ähnelte, entspringen einer völlig unhaltbaren Phantasie.

und zugleich eine versteckte antibabylonische und antiammonitische Religionspolemik gegen ein angebliches kultprostitutionelles[175] Treiben Ogs[176] und seiner

175 Aus ammonitischen Quellen gibt es keinerlei Hinweise auf Kultprostitution in Ammon, aus außerammonitischen allenfalls den Hinweis auf „das (Doppel-)Bett Ogs" in Dtn. 3,11, der rhetorischen Suggestivfrage eines spätisraelitischen Verfassers; Dtn 3,11 ist ein sekundärer Nachtrag, da der *ky*-Satz syntaktisch, geographisch (Rabbat-Ammon), inhaltlich (Bett Ogs) und religionsgeschichtlich (Og als Refaim) ohne inneren Zusammenhang mit dem Kontext in VV.1-10 steht. In Juda und Israel ist die Situation, was die Kultprostitution angeht, nicht viel anders; das meiste dazu dürfte nichts anderes als Interpolation moderner Exegeten aus mesopotamischen und römisch-griechischen Materialien in den eisenzeitlichen Kulturraum Palästinas sein; vgl. z.B. E.J. FISHER, Cultic Prostitution in the Ancient Near East? A Reassessment, Biblical Theology Bulletin 6 (1976), 225-236; M. WEIPPERT, Synkretismus und Monotheismus. Religionsinterne Konfliktbewältigung im alten Israel, in: J. ASSMANN – D. HARTH (ed.), Kultur und Konflikt (Frankfurt a.M. 1990), 145-148, Anm. 6. 16.

176 Zu Og vgl. u.a. L. GINZBERG (ed.), The Legends of the Jews 2 (1910), 123. 263. 360; 3 (1911), 160. 263. 343-351; 5 (1925), 181. 215. 224 u.ö.; 6 (1928), 119ff; C. RABIN, Og, ErIs 8 (1967), 251-254 (hebr.; English Summary 75f*) und A.R. MILLARD, King Og's Bed and other Ancient Ironmongery, in: Ascribe to the Lord and other Studies in Memory of P.C. CRAIGIE, ed. L. ESLINGER – G. TAYLOR (JSOT.S 67; Sheffield 1988), 481-492; K. SPRONK, Beatific Afterlife (1986), 210f sowie die perserzeitliche phönizische Inschrift aus Byblos Nr. 13, Z.2 [*h(!)-ʿg*] [J. STARCKY, Une inscription phénicienne de Byblos, MUSJ 45 (1969), 259-273; W. RÖLLIG, Eine neue phoenizische Inschrift aus Byblos, NESE 2 (1974), 1-15; H.-P. MÜLLER, Die phönizische Grabinschrift aus dem Zypern-Museum KAI 30 und die Formgeschichte des nordwestsemitischen Epitaphs, ZA 65 (1975), 122; J. TEIXIDOR, Bulletin d'épigraphie sémitique (1986), 208f. 473; anders A. VAN DEN BRANDEN, Quelques notes concernant le vocabulaire Phénico-punique, RSF 2 (1974), 142f; I. SCHIFFMANN, Studien zur Interpretation der neuen phönizischen Inschrift aus Byblos (Byblos 13), RSF 4 (1976), 171-177; F.M. CROSS, A Recently published Phoenician Inscription of the Persian Period from Byblos, IEJ 29 (1979), 40-44; CH. BUTTERWECK, TUAT 2 (1991), 585f]; zur Funktion des Og in Byblos 13 vgl. die der *rp'm* z.B. in KAI Nr. 13. 14. 117. Zum onomastischen Vergleichsmaterial L.G. HARDING, An Index and Concordance of Pre-Islamic Arabian Names and Inscriptions (1971), 450 (*ʿygn*). Der PN *ʿg'* u.a. dürfte stets als Hypokoristikon für *ʿglbwl* bzw. *ʿgyl* zu verstehen sein, vgl. J.K. STARK, Personal Names in Palmyrene Inscriptions (1971), 42f. 104; S. ABBADI, Die Personennamen der Inschriften aus Hatra (1983), 41f. 146f. Ingesamt ist es überflüssig, nach einer nichtsemitischen Herleitung zu suchen, wie es R.G. BOLING, The Early Biblical Community in Transjordan (1988), 43 oder G.E. MENDENHALL, The Tenth Generation. The Origins of the Biblical Tradition (Baltimore – London 1973), 160 (heth.-luw. *Ḫuḫḫa*, lyk. *Kuga*) tun. W.H. SHEA, AUSS 27 (1989), 27ff glaubt, Og („*Ywgg*") in den spätbronzezeitlichen, angeblich hebräischen Tontäfelchen vom *Tell Dēr ʿAllā* gefunden zu haben.

$^{d}$*u₄-ug(.uru*$^{ki}$) [u.a. CT 24,47:II 14, u.ö.; RS 20.121; 24.309; 17.85: J. NOUGAYROL, Textes suméro-accadiens des Archives et Bibliothèques privées d'Ugarit. Liste *An*: Textes 119 à 129, Ug. 5 (1968), 222. 229. 412-414 (No. 205f); A. CAVIGNEAUX, Textes scolaires du Temple de Nabû ša Harê, Vol. I (Texts from Babylon; Baghdad 1981), 96; vgl. R.L. LITKE, A Reconstruction of the Assyro-Babylonian God-Lists, AN:$^{d}$A-NU-UM and AN:ANU ŠA AMÉLI (Ph.D.Diss. unpubl.; Yale University 1958), 228 (VI 112-114)] hat wohl nichts mit dem *ʿOg* des ATs zu tun, vgl. AHw 1420. K. DELLER und A. LIVINGSTONE (Heidelberg) danke ich in diesem Zusammenhang für einige wertvolle Hinweise.

Beerber. Insofern erübrigen sich auch die spekulativen Überlegungen, ob sich die israelitische Vorstellung von diesem Bett an einem (vor-)ammonitischen Heiligtum bzw. einer *pars pro toto* desselben[177], an einem (eisernen?!) Grab (Dolmen[178]) oder an dem „Rost ..., auf welchem die Ammoniter dem Baal auch Menschen opferten"[179], entzündet haben soll, oder ob die israelitischen Tradenten das Bett als ein Importstück aus dem Baschan[180] bzw. als einen (ca. 4 x 2m großen, eisernen[181]) Sarkophag (*ʿrś*, *klinē*, *lectus*, nicht *'rn*!)[182] verstanden wissen wollten.

Der private Totenkult ist vielleicht durch die kaminartigen Schächten in den Gräbern von *Saḥāb* und das verschiedenenartige Grabinventar bezeugt, das bei jeder Neubestattung im gleichen Grab erweitert und vermehrt wurde.

Mehr in den Bereich der privaten Frömmigkeit gehören neben den Astragalen[183]

177 G. M. Landes, A History of the Ammonites (Ph.D.Diss; 1956), 25.

178 So z. B. P. Karge, Rephaim (CHier 1; Paderborn 1917), 622f; H. Gressmann, Die Anfänge Israels ($^2$1922), 112f; P. Kaswalder, LA 36 (1986), 75; U. Worschech, Das Land jenseits des Jordan (1991), 123; M. Noth, ABLAK I (1971), 445, Anm. 50; ders., Geschichte Israels ($^7$1969), 148; G. Braulik, Deuteronomium 1-16,17 (Neue Echter Bibel AT 15; Würzburg 1986), 36. Dolmen waren (und sind) im übrigen weder ein spezifisches Charakteristikum der Ammanitis noch Transjordaniens; sie sind vielmehr ebenso im Westjordanland u. a. belegt; vgl. U. Hübner, in: A. E. Northedge (ed.), Studies on Roman and Islamic ʿAmman, Vol. I (1992), (im Druck).

179 U. J. Seetzen's Reisen durch Syrien, Palästina, Phönicien, die Transjordanländer, Arabia Petraea und Unter-Aegypten IV: Commentare von F. Kruse – H. L. Fleischer (1859), 213.

180 G. M. Landes, A History of the Ammonites (Ph.D.Diss.; 1956), 25; vgl. ähnlich H. Gressmann, Die Anfänge Israels ($^2$1922), 113, der auch von einem „Beutestück" spricht, vgl. H. P. Hurd, A Forgotten Ammonite War (1967), 1ff.

181 Nicht neuhebr. *bzlt* (Basalt), sondern *brzl* [griech. *(klinē) sidēra*, vgl. Dtn. 3,11 LXX; Joseph., Ant. 4,5,3 (§§ 96-98); Suda (ed. A. Adler) III 604,11-17] meint (hier) das (verarbeitete) Metall Eisen und nicht, wie häufig hilflos herumspekuliert wird, eine Gesteinsart, so z. B. A. Bertholet, Deuteronomium (KHC 5; Freiburg – Leipzig – Tübingen 1899), 10f; G. Braulik, Deuteronomium 1-16,17 (1986) 35f; A. Dillmann, Die Bücher Numeri, Deuteronomium und Josua (KEH 13; Leipzig 1896), 249; M. Noth, ABLAK I (1971), 445, Anm. 50; ders., Geschichte Israels ($^7$1969), 148; C. Steuernagel, Das Deuteronomium (HAT I 3,1; Gießen $^2$1923), 61f. Zu den Konnotationen von „Eisen" vgl. J. F. A. Sawyer, The meaning of *Barzel* in the Biblical Expressions 'Chariots of Iron', 'Yoke of Iron', etc., in: ders. – D. J. A. Clines (ed.), Midian, Moab and Edom (JSOT.S 24; Sheffield 1983), 129-134.

182 Die Terminologie [vgl. z. B. H.-P. Müller, ZA 65 (1975), 114f; U. Hübner, Bett, NBL 1 (1991), 288f] sowie die Angaben zur Größe und nur in den zwei Dimensionen Breite und Länge sind allein schon Hinweis genug, daß es sich nicht um einen Sarkophag handelt. Anders z. B. J. R. Bartlett, VT 20 (1970), 270; A. Bertholet, Deuteronomium (1899), 10f; A. Dillmann, Die Bücher Numeri, Deuteronomium und Josua (1896), 249; D. Kellermann, Die Geschichte von David und Goliath im Lichte der Endokrinologie, ZAW 102 (1990), 351; H. E. Mayer, Die Kreuzfahrerherrschaft Montréal (1990), 160; G. von Rad, Das fünfte Buch Mose. Deuteronomium (ATD 8; Göttingen $^2$1968), 25. 32; C. Steuernagel, Das Deuteronomium ($^2$1923), 61f („Ähnlich riesige Basaltsarkophage finden sich dort noch heute mehrfach").

183 L. G. Harding, QDAP 11 (1945), 68; R. H. Dornemann, Archaeology of the Transjordan (1983), fig. 68:403; P. E. McGovern, The Late Bronze and Early Iron Ages of Central Trans-

vor allem die verschiedenen anthropomorphen weiblichen[184] (und männlichen[185])

jordan (1986), 271. 317-319, fig. 92, Pl. 34; J.-B. Humbert et al., LA 39 (1989), 252; vgl. auch S. Saller, LA 16 (1965-1966), 264. Zur Funktion als Los- und Spielwürfel vgl. U. Hübner, Spiele und Spielzeug im antiken Palästina (1992), Kap. 6.

184 A.-J. ʿAmr, A Study of the Clay Figurines (Ph.D.Diss.; 1980), 51ff, Nos. 44. 52. 78. 82. 86 (*ʿAmmān*), No. 49. 55. 77. 80. 97 (*Saḥāb*), No. 75 (*Tell Ǧalūl*); vgl. auch R. H. Dornemann, The Archaeology of the Transjordan (1983), 129ff, vor allem fig. 31:22.23; 89:3 (mit Scheibe); L. T. Geraty, AUSS 23 (1985), 97, Pl. 18; ders. – L. G. Herr – Ø.S. LaBianca, ADAJ 31 (1987), 197f, Pl. 24:2; E. E. Platt, in: L. T. Geraty et al. (ed.), Madaba Plains Project 1 (1989), 355, fig. 20.5; R. S. Abujaber – H. J. Franken, in: L. T. Geraty et al. (ed.), Madaba Plains Project 1 (1989), 418f, fig. C.5-6 (*Tell el-ʿUmērī*). Zu den Terrakotten vom *Tell Ǧalūl* vgl. R. Ibach, AUSS 16 (1978), 215ff, Pl. 18B. Zur Unterscheidung zwischen den Figurinen mit Tamburin und mit Brotscheibe vgl. C. Meyers, A Terracotta at the Harvard Semitic Museum and Disc-holding Female Figures reconsidered, IEJ 37 (1987), 116-122. Zu den weiblichen Stein-Statuen s.o.; zu einer weiblichen Tonplakette der Spätbronzezeit vom *Tell el-ʿUmērī* vgl. R. W. Younker et al., AUSS 28 (1990), 21, Pl. 16.

185 F. Zayadine – J.-B. Humbert – M. Najjar, ADJ 33 (198), 362; P. E. McGovern, ADAJ 27 (1983), 127f. 130, fig. 13:9, Pl. 23:2; diese Figurine aus *Ruǧm al-Ḥenu* ist über die Stratigraphie nicht zu datieren, aber transjordanische Parallelen z. B. vom *Tell Dēr ʿAllā* [H.J. Franken – C. A. Franken-Battershill, A Primer of Old Testament Archaeology (Leiden 1963), 143-146, Pl. 14B = A.-J. ʿAmr, A Study of the Clay Figurines (Ph.D.Diss.; 1980), Nos. 9f] zeigen, daß es sich dabei um eine Figurine der Eisen II-Zeit handeln dürfte. Zu den Exemplaren aus *Tell el-ʿUmērī* vgl. L. T. Geraty et al., AUSS 26 (1988), 246, Pl. 23f; R. W. Younker et al., AUSS 28 (1990), 23, Pl. 23 (männlich?); E. E. Platt, in: L. T. Geraty et al. (ed.), Madaba Plains Project 1 (1989), 355. Die offenbar zweigeschlechtliche Terrakotta-Figurine („hermaphrodite deity") mit Bart, Brüsten, dem Bauch einer Schwangeren und einem auffälligen Kopfschmuck aus *ʿAmmān*, (Grab „C"; *ʿAmmān*, Archaeological Museum, No. J.1810) ist nahezu singulär, vgl. L. G. Harding, ADAJ 1 (1951), 37. 40, Pl. 14; D. Homes-Fredericq, SHAJ 3 (1987), 93f, fig. 4 (phön. Einfluß); A.-J. ʿAmr, A Study of the Clay Figurines (Ph.D.Diss.; 1980), 56f, Nos. 23, fig. 23, Pl. 4:3; ob sie zu einem der kleinen Terrakotta-Schreine gehörte, ist nicht mehr festzustellen, vgl. R. H. Dornemann, The Archaeology of the Transjordan (1983), 143ff. Parallelen aus Palästina vgl. L. G. Harding, PEQ 69 (1937), 253ff; P. Beck, A Figurine from Tel ʿIra, ErIs 21 (1990), 87-93, (hebr.; Engl. Summary 104*). Jedenfalls ist allein schon die Bisexualität ein klarer Hinweis auf die Göttlichkeit des / der Dargestellten (und ihre Fruchtbarkeit), vgl. z. B. A. Bertholet, Das Geschlecht der Gottheit (SGV 173; Tübingen 1934), passim; E. Eebeling, Androgyn, RlA 1 (1928), 106f; W. Fauth, Hermaphroditos, KP 2 (1970), 1066f und die verschiedenen Publikationen von M. Delcourt, v.a.: Hermaphroditea (Latomus 86; Brüssel 1966), passim; zu ikonographischen Belegen z. B. L. Woolley – M. Mallowan, Ur Excavations VII: The Old Babylonian Period (London 1976), 180, Pl. 87:205. Zu den männlichen Stein-Statuen s. Kap. 5.

Ob es sich bei den Reiter-Figurinen um Gottheiten oder eher um Abbildungen ammonitischer „Ritter" (falls man die Frage überhaupt alternativ stellen soll), muß offen bleiben [Götterbilder, *ex-votos* und / oder Spielzeug, vgl. U. Hübner, Spiele und Spielzeug im antiken Palästina (1992), Kap. 4. 12]: Belege u. a. aus *Meqābelēn* (*ʿAmmān*, Archaeological Museum, No. J.879.880), vgl. L. G. Harding, QDAP 14 (1950), 46f, Nos. 37f, Pl. 13:1; 15:12; A.-J. ʿAmr, A Study of the Clay Figurines (Ph.D.Diss.; 1980), 138f. 141-143, Nos. 115. 117, fig. 115a.b. 117a.b, Pl. 28:1a.b; 29:1a.b; F. Zayadine, in: Der Königsweg (1987), 140f, Nr. 137, und aus *ʿAmmān* (*Ǧebel el-Ǧofē*, Grab „A"; *ʿAmmān*, Archaeological Museum, No. J.253B), vgl. L. G. Harding, QDAP 11

Terrakotta-Figurinen, wie sie in *ʿAmmān, Saḥāb, Ḫirbet el-Ḥaǧǧār, Meqābelēn, Tell el-ʿUmērī* und in der *Buqēʿa* gefunden wurden und die als Darstellungen der von Ammonitern und Ammoniterinnen verehrten Göttinnen (und Götter) zu verstehen sind[186]. Ebenfalls in diesen Bereich gehören auch die kleinen tönernen Naïskoi aus einem Grab in *ʿAmmān*[187] und vom *Tell el-ʿUmērī* (?)[188], zu denen zahlreiche verschiedene Parallelfunde aus Transjordanien[189], speziell vom *Tell Dēr ʿAllā*[190] und aus Moab[191], aber auch aus Israel[192], Phönizien und Zypern bekannt sind, sowie das steinerne Räucherkästchen aus *Umm Uḏaina* mit vielen Parallelen aus dem Ostjordanland, Juda, Israel u.a. Die zahlreichen tönernen dreifüßigen Räuchertassen in Ammon sowie das steinerne Räucherkästchen und das bronzene Karyatiden-Thymiaterion aus *Umm Uḏaina* deuten auf die gleiche (oder ähnliche) Verwendung von Weihrauch und vergleichbaren Materialien im (Grab-)Kult der verschiedenen Religionen Trans- und Cisjordaniens hin.

(1945), 68.73, Pl. 18:41; A.-J. ʿAMR, A Study of the Clay Figurines (Ph.D. Diss.; 1980), 143-145, No. 118, fig. 118a.b, Pl. 29:2a.b, und von der Zitadelle in *ʿAmmān* (Strat. V) vgl. F. ZAYADINE, ADAJ 18 (1973), 24. 32, Pl. 14:1; A.-J.c ʿAMR, A Study of the Clay Figurines (Ph.D.Diss.; 1980), 45, No. 11, fig. 11, Pl. 14:1.

186 Vgl. zuletzt U. HÜBNER, ZDPV 105 (1989), 47-55.

187 R.W. DAJANI, ADAJ 11 (1966), 41f, Pl. 1:1; 4:130.

188 R.S. ABUJABER – H.J. FRANKEN, in: L.T. GERATY et al. (ed.), Madaba Plains Project 1 (1989), 419, fig. C.6.

189 Vom *Tell er-Ramīṯ*: A.-J. ʿAMR, A Study of the Clay Figurines (Ph.D.Diss.; 1980), No. 109; aus *Buṣērā*: ders., A Study of the Clay Figurines (Ph.D.Diss.; 1980), No. 105-107; „aus Transjordanien": J.H. ILIFFE, A Modell Shrine of Phoenician Style, QDAP 11 (1945), 91f, Pl. 21 = S.S. WEINBERG, A Moabite Shrine Group, Muse 12 (1978), 38f. Allgemein R.H. DORNEMANN, The Archaeology of Transjordan (1983), 143-145; A.-J. ʿAMR, A Study of the Clay Figurines (Ph.D.Diss.; 1980), 131-136.

190 H.J. FRANKEN, The Excavations at Deir ʿAlla in Jordan, 2nd Season, VT 11 (1961), 365, Pl. 6f; ders., Excavations at Deir ʿAllā, Season 1964, VT 14 (1964), 422, Pl. 10; M.M. IBRAHIM – G. VAN DER KOOIJ, ADAJ 23 (1979), 46, Pl. 24:1 (sehr fragmentarisch); A.-J. ʿAMR, A Study of the Clay Figurines (Ph.D.Diss.; 1980), Nos. 108. 110-114.

191 Vom Nebo: M.A. BRANDES, in: Vom Euphrat zum Nil. Kunst aus dem alten Ägypten und Vorderasien. Eine Ausstellung der Gesellschaft der Freunde eines Schweizerischen Orient-Museums im Kunstmuseum des Kantons Thurgau, Kartause Ittingen 1985 (Zürich 1985), 96f, Nr. 50 = S.S. WEINBERG, Muse 12 (1978), 40f, fig. 15; ders., Muse 12 (1978), 30-33 = W. CULICAN, A Terracotta Shrine from Achzib, (1976), in: ders., Opera Selecta (1986), 487, Pl. 4A-B; S.S. WEINBERG, Muse 12 (1978), 34, fig. 4 = W. CULICAN, in: ders., Opera Selecta (1986), 487, Pl. 4A (nur Löwen als Teile eines Schreins). In Kerak angekauft: F. ZAYADINE, in: DER KÖNIGSWEG (1987), 128. 130, Nr. 128 (*ʿAmmān*, Archaeological Museum, No. J.5751) = A.-J. ʿAMR, A Study of the Clay Figurines (Ph.D.Diss.; 1980), 95, No. 104, fig. 104a.b, Pl. 18.

192 Vgl. zuletzt U. HÜBNER, Die bemalte Scherbe und Varia, in: V. FRITZ (ed.), Kinneret (1990), 129.

## 6.4 Zusammenfassung

Insgesamt weist die Religion der Ammoniter eine Fülle von Strukturelementen auf, die Ammon während der Eisenzeit religionsgeschichtlich auf engste mit seinen Nachbarvölkern verbindet und die sich von den Religionen seinen Nachbarn nur innerhalb der Grenzen des nordwestsemitischen Religionstyps als lokale Variante desselben unterscheidet. Dazu gehört vor allem ein quantitativ begrenztes und überschaubares Pantheon, wie es – im Gegensatz zu den spätbronzezeitlichen Stadtstaaten, den phönizischen Hafenstädten oder den assyrischen und babylonischen Imperien u. a. – in den randständigen Gesellschaften Syrien-Palästinas üblich war[193] und in Ammon in hellenistisch-römischem Gewand bis in die spätrömische Zeit erhalten blieb[194]. An der Spitze dieses Pantheons stand – zusammen mit seiner weiblichen Paredros – ein männlicher Gott vom Typ einer multifunktionalen Wettergottheit, der vor allem als Staats- und Kriegsgott in Erscheinung trat. Zu diesen verwandten Strukturelementen gehören ebenso auch die zahlreichen religionsgeschichtlichen Einzelbelege der materiellen Kultur wie z. B. die epigraphisch belegten PN (mit ihren theophoren Elementen), die Ikonographie der Siegel und Statuen, die Terrakotten, die Tonschreine sowie die Gräber einschließlich ihres Inventars.

193 Vgl. z. B. H.-P. Müller, Religionsgeschichtliche Beobachtungen zu den Texten von Ebla, ZDPV 96 (1980), 18f.

194 Hagiographisch belegt, wenn auch entsprechend stilisiert, aber historisch zutreffend; vgl. vor allem R. P. Blake – P. Peeters, AnBoll 44 (1926), 70-101 und G. Garitte, AnBoll 79 (1961), 412-446. Der PN *Malkamon* dürfte allerdings eher auf **malk Ḥammōn* oder (Zeus-)Ammon / Amun (-Re) als auf **mlk (bny ?!) ʿm(w)n* zurückgehen; zum Gott *Baʿal Ḥammōn* vgl. H. Gese, Die Religionen Altsyriens (1970), 204-206; W. Röllig, Baal-Ḥammōn, WM I, 271f; E. Lipinski, Zeus Ammon et Baal Ḥammon, in: ders. (ed.), Studia Phoenicia 4 (Namur 1986), 307-332 und zuletzt K. P. Kuhlmann, Das Ammoneion. Archäologie, Geschichte und Kultpraxis des Orakels von Siwa (DAI, Abt. Kairo 75; Mainz 1988), 98-101; P. Xella, Baal Hammon. Recherches sur l'identité et l'histoire d'un dieu phenico-punique (Rom 1991), passim. Zu Belegen für Zeus-Ammon in Palästina vgl. neben den verschiedenen ptolemäischen Münzen z. B. den PN *Ammo/ōnios* bei Joseph., Ant. 13,4,6f (§§ 106-108. 112); IGLS 21,2 (1986), Nos. 101. 105; H. C. Butler, Syria. Publications of The Princeton University Archaeological Expeditions to Syria in 1904-5 and 1909, Div. II A 1 (1921), 62, Ill. 41 (*ʿAmmān*).

# 7. BILDER VOM NACHBARN IM OSTEN: BARBAREN, BASTARDE – UND BRÜDER?[1]

## 7.1. Das Problem

Jede altorientalische bzw. antike Gesellschaft malte und pflegte Freund- und vor allem Feindbilder ihrer Nachbarkulturen[2]; erinnert sei nur an die ethnographischen Darstellungen von Kanaanäern[3], Phöniziern und Puniern im Alten Testament und anderen antiken Quellen[4], an die Bilder von Juden in nichtjüdischen Quellen wie z.B. dem Neuen Testament[5] oder von Christen in nichtchristlichen

1 Erstmals in stark gekürzter und veränderter Form vorgetragen am 8.August 1989 in Kopenhagen auf dem 7th International Congress of the Society of Biblical Literature.

2 Vgl. auch A. Grilli, L'approccio all'etnologia nell'antichità, in: M. Sodi (ed.), Conoscenze etniche e rapporti di convivenza nell'antichità (Scienze storiche 21; Milano 1979), 11-33; K. E. Müller, Geschichte der antiken Ethnographie und ethnologischen Theoriebildung von den Anfängen bis auf die byzantinischen Historiographen I (Studien zur Kulturkunde 29; Wiesbaden 1972), 29-40 u.ö. Daß dies in modernen Gesellschaften nicht viel anders ist, zeigt z.B. G. Trautmann (ed.), Die häßlichen Deutschen? Deutschland im Spiegel der westlichen und östlichen Nachbarn (Darmstadt 1991), passim.

3 Vgl. z.B. D.R. Hillers, JQR 75 (1985), 253-269. Sofern es sich überhaupt um eines handelt, konnte das Gentiliz (?) *Kn'ny* im AT – besonders in den späten Schriften – zum Schimpfwort werden, vgl. Jes. 23,8; Hi. 40,30; Prov. 31,24. Vor allem die Bedeutung in Sach. 14,21 (LXX *chananaios*) ist bewußt zweideutig (trotz Sach. 11,7.11 cj.!); der Kontext schließt eine Verengung auf Eindeutigkeit hin aus („Krämer", vgl. Vulg. *mercator*). Auch muß hier nicht nur an die Samaritaner gedacht werden, ebenso gut können mit *kn'ny* als Oberbegriff auch Ammoniter u.a. gemeint sein. Zur Thematik vgl. auch G. Schmitt, Du sollst keinen Frieden schließen mit den Bewohnern des Landes. Die Weisungen gegen die Kanaanäer in Israels Geschichte und Geschichtsschreibung (BWANT 91; Stuttgart u.a. 1970), passim; J. van Seters, The Terms „Amorite" and „Hittite" in the Old Testament, VT 22 (1972), 64-81; M. Weippert, Kanaan, RlA 5 (1976-1980), 352-355.

4 J.A. Soggin, La religione fenicia nei dati della Bibbia, in: La Religione Fenicia. Matrici orientali e Sviluppi occidentale. Atti de Colloquio in Roma, 6 Marzo 1979 (SS 53; Rom 1981), 81-88; F. Mazza, The Phoenicians as seen by the Ancient World, in: S. Moscati (ed.), The Phoenicians (Mailand 1988), 548-567; S. Moscati, Il sacrificio punico dei fanciulli: realtà o invenzione? (1987), passim; S. Ribichini, Poenus advena. Gli dei fenici e l'interpretazione classica (Collezione di Studi Fenici 19; Rom 1985), 17ff. Vgl. auch E.A. Knauf, Midian (1988), 150ff.

5 Vgl. daneben auch die nützliche Quellensammlung von M. Stern (ed.), Greek and Latin Authors on Jews and Judaism I-III (Publications of the Israel Academy of Sciences and Humanities, Section Humanities, Fontes ad Res Judaicas Spectantes; Jerusalem 1974-1984), passim. Zum Neuen Testament vgl. zuletzt herausragend G. Theissen, Aporien im Umgang mit den Antijudaismen des Neuen

antiken Quellen[6]. Schon allein vor diesem Hintergrund drängt sich die Frage nach den Bildern auf, die sich Judäer und Israeliten laut dem Alten Testament und vergleichbaren Quellen von ihren ammonitischen Nachbarn gemacht haben.

In zahlreichen Texten innerhalb und außerhalb des Alten Testaments tauchen die Ammoniter in Zusammenhängen auf, in denen ihre Erwähnung mit Sicherheit oder aber mit mehr oder weniger großer Wahrscheinlichkeit als literarisch sekundär und / oder historisch unzutreffend zu beurteilen ist. Diese alttestamentlichen und eine Auswahl von außer- und nachalttestamentlichen Texten werden im folgenden daraufhin untersucht, ob und inwieweit in ihnen die „Ammoniter" in einer verselbständigten Art und Weise mehr als Chiffre denn als historisch konkrete politische bzw. ethnische Bezeichnung belegt sind. Generell werden dabei – der Konkretheit zuliebe – fast ausschließlich Texte herangezogen, in denen die Ammoniter namentlich genannt oder aber wenigstens mit großer Wahrscheinlichkeit gemeint sind, und die Texte weitgehend zurückgestellt, in denen nur allgemein und ohne namentliche Konkretion von „Völkern", „Heiden", „Fremden" u.a. die Rede ist. Viele der Untersuchungen zu diesen hebräischen Begriffen würden an intellektuell redlicher Nüchternheit und historisch zutreffendem Wirklichkeitsbezug gewinnen, wenn sie den Unterschied zwischen proklamierter und praktizierter (In-) Toleranz[7] nicht nur wahrnähmen, sondern ihn aus den im Alten Testament zu beobachtenden Unterschieden bei der Verwendung von Allgemeinbegriffen und konkreten Gentilizia heraus darstellen würden[8]. „Sage mir, wen du für einen Barbaren hältst, und ich sage dir, wer du bist"[9].

Testaments, in: Die Hebräische Bibel und ihre zweifache Nachgeschichte. FS für R. Rendtorff zum 65.Geb., ed. E. Blum – Ch. Macholz – E.W. Stegemann (Neukirchen-Vluyn 1990), 535-553: Die hier aufgezeigten Aporien könnten analog auch für die 'Antikanaanismen', 'Antiammonitismen', 'Antiarabismen' etc. des Alten Testaments und des (frühen) Judentums aufgezeigt werden. Vgl. dazu jetzt z.B. G. Ramras-Rauch, The Arab in Israeli Literature (Jewish Literature und Culture; London – Bloomington/IN 1989), passim, die allerdings nur 'schöngeistige' Belletristik, nicht aber Massenmedien, Politiker- und Theologen-Reden u.a. behandelt.

6 Vgl. z.B. J. Maier, Jüdische Auseinandersetzung mit dem Christentum in der Antike (EdF 177; Darmstadt 1982), passim.

7 A. und M. Mitscherlich, Die Unfähigkeit zu trauern. Grundlagen kollektiven Verhaltens (München 1977), 263ff.

8 Innerhalb der umfangreichen Literatur zum Thema „Israel und die Völker" hebt sich L. Perlitt, Israel und die Völker, in: G. Liedke (ed.), Frieden – Bibel – Kirche (Studien zur Friedensforschung 9; Stuttgart – München 1972), (17-64), v.a. 53-64 durch eine Reihe nüchterner und sachbezogener Feststellungen wohltuend ab von der recht weitverbreiteten unterschwelligen und offenen Apologetik, historischen Distanzlosigkeit und aktualisierenden Sentimentalität mancher Exegeten zu den historischen Quellen – der Heiligen Schrift –, bei der man vor allem das herausarbeitet, was man für 'positiv' hält. Anstatt daß auch die 'Schattenseiten' Heiliger Schriften historisch – und theologisch – zu einem Gesamtbild integriert werden, werden sie sehr gerne verdrängt – mit allen exegetischen und prakti-

Zuvor jedoch sind einige Bemerkungen zu den alttestamentlichen Texten nötig, in denen die Ammoniter auch als direkte historische Größe auftauchen: Keiner dieser Texte sieht die Ammoniter aus einer unberührten, distanzierten Sicht; alle sehen in ihnen, von wenigen Ausnahmen abgesehen, Feinde, 'Barbaren'[10] und 'Heiden'. Die Haltung, die darin sichtbar wird, läßt sich vorab an einigen Beispielen veranschaulichen:

a) Alle Kriege, die laut dem Alten Testament zwischen Israel bzw. Juda auf der einen Seite und Ammon auf der anderen Seite geführt wurden, wurden angeblich von ammonitischer Seite bzw. unter ammonitischer Beteiligung begonnen [Ri. 3,12-30; 10,6-11,40; 1Sam. 11,1-15[11]; 2Sam. 8,12 par. 1Chr. 18,11; 2Sam. 10,1-12,31 par. 1Chr. 19,1-20,3; 2Kön. 24,1f; 2Chr. 20,1-30; 27,5 (allerdings ohne Angabe der Kriegsursache); Am. 1,13; Jer. 49,1; vgl. 1Makk. 5,6f und Joseph.,

schen Folgen solch intellektuell unredlicher Interpretationskünste, vgl. dazu z.B. U. HÜBNER, in: Die Hebräische Bibel und ihre zweifache Nachgeschichte. FS für R. RENDTORFF zum 65.Geb. (1990), 489ff. Nach einigen Exegeten muß das altorientalische Israel geradezu ein Paradies (ohne jede Fremdenfeindlichkeit und ohne offene und versteckte Gewalt gegen Ausländer und Ausländerinnen) für Fremde gewesen sein und soll sich als solches ganz entscheidend von seiner Umwelt abgehoben haben. Zu den Gründen für solche 'xenophilen' Fehlurteile gehört insbesondere die Tatsache, daß einige Exegeten, die so gerne – und zu Recht – in gegenwärtigen politischen Diskussionen die Unterschiede zwischen Verfassung und Verfassungswirklichkeit beklagen, die gesetzlichen Texte des Alten Testaments als Ausdruck der realen Lebenswirklichkeit interpretieren, und Texte, die letztere konkret beschreiben, geflissentlich umgehen, vgl. z.B. F. CRÜSEMANN, Fremdenliebe und Identitätssicherung. Zum Verständnis der „Fremden"-Gesetze im Alten Testament, WuD 19 (1987), 11-24; M. GÖRG, Fremdsein in und für Israel, (1986), in: O. FUCHS (ed.), Die Fremden (Theologie zur Zeit 4; Düsseldorf 1988), 194-214; L. RUPPERT, Der Umgang mit dem Volksangehörigen und mit dem Fremden im alttestamentlichen Gottesvolk, in: J. HORSTMANN (ed.), Und wer ist mein Nächster? Reflektionen über Nächsten-, Bruder- und Feindesliebe (Katholische Akademie Schwerte, Dokumentationen 5; Schwerte 1982), 1-36. Bezeichnenderweise gibt es im Vergleich dazu nur ganz wenige nennenswerte Untersuchungen zum Ethnozentrismus, zur Xenophobie, zum religiösen Fanatismus und ähnlichem mehr im altorientalischen Israel und Juda.

9 A. BORST, Barbaren. Geschichte eines europäischen Schlagwortes, in: ders., Barbaren, Ketzer und Artisten. Welten des Mittelalters (München – Zürich 1988), 19.

10 Daß der Begriff 'Barbar' in den Quellen gegenüber den Ammonitern fast nie explizit angewendet wird (in 2Makk. 2,22 sind auch sie sicher unter den *barbaroi* gemeint) – es sei denn, man bezieht die *andres barbaroi* von LXX Ez. 21,36 (z. St. s.u.) nicht auf die Babylonier –, besagt nichts, denn der Sache nach ist das damit Gemeinte durchaus vorhanden; vgl. dazu z.B. I. OPELT – W. SPEYER, Barbar, JAC 10 (1967), 251-290; W. SPOERRI, Barbaren, KP 1 (1975), 1545-1547; M. HENGEL, Juden, Griechen und Barbaren (1976), 73ff. Wichtig auch K. R. KRIERER, Fremdvölkerforschungen in der Klassischen Archäologie. Eine wissenschaftsgeschichtliche Standortbestimmung, in: Akten des XIII. Internationalen Kongresses für Klassische Archäologie Berlin 1988 (DAI) (Mainz 1990), 529f mit weiterführender Literatur!

11 Zur Darstellung des Krieges gegen den „Schlangen-König" Nahasch vgl. auch C. GROTTANELLI, SSR 3 (1979), 27-36, zum PN Kap. 2.10.5. Nach bJoma 22b verursachte Saul den Krieg gegen die Ammoniter, da er zu Unrecht auf die ihm gebührende Ehre verzichtet hätte (1Sam. 10,27); die Ammoniter fungieren hier also als Werkzeuge Jahwes.

Ant. 12,8,1-6 (§§ 327-353)][12] – und (fast) immer verloren[13]. Dies entspricht einer gängigen gemein(alt)orientalischen Form der Darstellung eigener Feinde[14]: Der Feind ist der fremde, andersartige und andersgläubige Aggressor, dessen Verhalten das eigene legitimiert (und kompensiert), sei es, daß man den ammonitischen Staat dem eigenen einverleibte (2Sam. 12,30 par. 1Chr. 20,2), seine Bewohner zur Zwangsarbeit einsetzte (2Sam. 12,31 par. 1Chr. 20,3), sie zu Tributären machte (2Chr. 26,8; 27,5[15]; vgl. Jes. 11,14; Eupolemos, FGH 723 F 2,33; bḤag. 3b) oder ihre Städte plünderte (2Sam. 8,11f par. 1Chr. 18,11; 2Sam. 12,30 par. 1Chr. 20,2). Das Opfer ist an den erlittenen Mißhandlungen und Niederlagen immer selbst schuld (vgl. Mescha-Stele Z.5f). „Da Konflikt mittels interethnischer Stereotype ausgedrückt werden kann, in denen Ethnonyme auftreten, wird allgemein per Zirkelschluß angenommen, daß Ethnizität der Grund für Konflikt ist“[16].

b) Die Darstellung der ammonitischen Religion bzw. Götter (s. Kap. 6) ist, jedenfalls was die Jetzt-Gestalt des masoretischen Textes angeht, durchweg polemisch[17] – auch oder gerade wenn es ein historisches Faktum bleibt, daß Milkom in Jerusalem von Judäern zumindest der Oberschicht gerne und über mehrere Jahrhunderte verehrt wurde [1Kön. 11,5ff.33; 2Kön. 23,13; Zeph. 1,5 (cj.); vgl. Ri. 10,6] und man Milkom gelegentlich auch in seiner Eigenschaft als Kriegsgott der gegnerischen Ammoniter kennenlernte (Jer. 49,1).

c) Ehen mit Ammoniterinnen (und Ammonitern) und anderen 'Heiden' waren – jedenfalls in persischer Zeit – verboten (Es. 9f; Neh. 13,23-27; vgl. Neh. 9,2; 10,31 und schon Dtn. 7,1ff); Endogamie war zur exklusiven Norm geworden[18].

12 Als forschungsgeschichtliches Nonsens-Bonmot sei hier S. Munk, Palästina I (Leipzig 1871), 222 zitiert: „Die Hebräer übten keinerlei Feindschaft gegen die Ammoniten, sie nahmen indessen den Theil des Landes in Besitz, den die Amoriter inne hatten“.

13 Eine Ausnahme, d.h. eine längere, wenn auch vorübergehende Inbesitznahme gileaditischen Gebiets durch die Ammoniter, könnte Am. 1,13 (s.u.); Jer. 49,1 (s.u.) darstellen. Zu 2Kön. 24,1f vgl. Kap. 4.3.3. Überhaupt standen die Ammoniter wohl fast immer auf der Verlierer-Seite, sei es in den Kriegen gegen Israel / Juda, [gegen die „Söhne des Ostens“ und „die Völker“ (Ez. 25,1-7)], gegen die Babylonier oder gegen die Makkabäer.

14 D. Wildung, Feindsymbolik, LÄ 2 (1977), 146-148; M. Weippert, „Heiliger Krieg“ in Israel und Assyrien, ZAW 84 (1972), 485-492; C. Zaccagnini, The Enemy in the Neo-Assyrian Royal Inscriptions: The „Ethographic“ Description, in: Mesopotamien und seine Nachbarn. Politische und kulturelle Wechselbeziehungen im alten Vorderasien vom 4. bis 1.Jahrtausend v.Chr. ed. H.J. Nissen – J. Renger (BBVO 1; Berlin ²1987), 409-424. Vgl. dazu auch die bekannte ironische Bemerkung von E. Gibbon, daß die Römer, wenn man Livius Glauben schenken wollte, die Welt in Notwehr erobert hätten.

15 Zur Frage der Historizität vgl. Kap. 4.3.

16 K. Hackstein, Ethnizität und Situation (1989), 49.

17 Vgl. auch Kap. 6, passim und allgemein H.D. Preuss, Verspottung fremder Religionen im Alten Testament (1971), passim.

18 Vgl. z.B. D. Bossman, Ezra's Marriage Reform: Israel redefined, BibThBull 9 (1979), 32-38.

d) Ammoniter und Kinder aus ammonitisch-israelitischen Mischehen durften nicht in „die Gemeinde Jahwes / Gottes" aufgenommen werden [Dtn. 23,3f; Neh. 13,1f; vgl. 3Es. 8,66 (wo Ammoniter allerdings nicht eigens erwähnt sind); 4Qflor. I 4; bGiṭṭ. 85a; bHor. 10b; bYebam. 68a.76b; bNidd. 50b; bQidd. 74b-75a] bzw. wurden, wenn sie schon aufgenommen waren, nachträglich – jedenfalls zur Zeit Nehemias – aus der Gemeinde ausgeschlossen (Neh. 13,3)[19]. Die Begründung dafür lieferte ihr viele Jahrhunderte zurückliegendes *angebliches* Verhalten gegenüber den nach dem Exodus aus Ägypten durch Transjordanien ziehenden Israeliten; dabei wurden die Ammoniter auch noch geschwind zu Auftraggebern Bileams stilisiert (Dtn. 23,5f; Neh. 13,2; vgl. Philo, leg.all. 3,81)[20].

e) Die Terminologie, derer man sich vor allem in exilisch-nachexilischer Zeit gegenüber den Ammonitern befleißigte, hat eine deutlich pejorative Konnotation, sei es daß man die Ammoniter als „Mischvolk" (*ʿæræb*[21] *:* Neh. 13,3; vgl. Jer. 25,20, und *mmzr* in 4Qflor. I 4), als „Ausländer" (*nekār, nŏkrî:* Neh. 13,26f.30), als *gōjim*[22] (2Sam. 8,11f par 1Chr. 18,11; Jer. 9,25; 25,15.17), als eines *„von den Völkern der Länder kᵉ-tôʿabōtēhæm"* (Es. 9,1) oder gar als 'Feinde Gottes' und Feinde Israels (Ri. 11,36; 1Sam. 14,47; Ps. 83,3ff) bezeichnete, von denen man sich klar abgrenzen bzw. die man ausgrenzen müsse (*bdl:* Es. 9,1; Neh. 13,3)[23].

f) Die Ammoniter, die doch in einem so schönen, fruchtbaren Land wohnen (Jer. 49,4; vgl. Dan. 11,41), galten in den Augen ihres westlichen Nachbarn als grausam (Am. 1,13), aggressiv (Jer. 49,1), überheblich (Jer. 49,4) und schadenfroh (Ez. 21,33; 25,3.6).

Auf der anderen Seite sind einige Fakten festzuhalten, die zu den gerade aufgezählten – nur scheinbar – im Widerspruch stehen:

a) Zeitweise hat es sicherlich auch friedliche diplomatische Beziehungen zwischen den Nachbarstaaten gegeben (vgl. auch die judäischen Siegel aus Ammon: Kap. 2.10.3). Dies wird jedenfalls laut 2Sam. 10,2 par. 1Chr. 19,2 in dem Verhältnis zwischen David und Nahasch sichtbar und ist auch für die Zeit Zidkijas (Jer. 27,1f) belegt. Friedliche Beziehungen sind vielleicht auch für jene Perioden anzunehmen, über die die Quellen schweigen und für die man weder Kriege noch Abhängigkeitsverhältnisse anzunehmen hat.

b) In Zeiten gemeinsamer Bedrohung konnte es auch zu Koalitionen zwischen Israel / Juda und Ammon (und anderen Staaten) kommen (Jer. 27,2). Der ammonitische König **Pådā̊'il* mußte, zusammen mit Manasse von Juda u.a., Baumateria-

19 Vgl. z.B. auch E.A. Knauf, Hiobs Heimat, WO 19 (1988), 75ff.

20 Vgl. H. Donner, Balaam pseudopropheta, in: Beiträge zur Alttestamentlichen Theologie. FS für W. Zimmerli zum 70.Geb., ed. ders. – R. Hanhart – R. Smend (Göttingen 1977), 112-123.

21 H.-J. Fabry – H. Lamberty-Zielinski, *ʿrb* II / III, ThWAT 6 (1987), 355-359.

22 (G.J. Botterweck) – R.E. Clements, *gōj*, ThWAT 1 (1973), 972f.

23 B. Otzen, *bdl*, ThWAT 1 (1973), 518-520.

lien für den Bau des *ekal māšarti* in Ninive nach Assyrien transportieren lassen. Auf dem Feldzug Assurbanipals gegen Ägypten 669 oder 667 v. Chr. mußte man gemeinsam (mit anderen zusammen) dem Assyrer-König Truppen zur Verfügung stellen.

c) Ammoniterinnen wurden offenbar nicht selten und nicht ungern von israelitischen bzw. judäischen Männern vor allem der Oberschicht (vgl. Es. 9,1f; 10,18ff) geheiratet[24], wie das Beispiel Salomos (1Kön. 11,1ff; 14,21.31 par. 2Chr. 12,13; Neh. 13,26; vgl. Jes.Sir. 49,21), eine offenbar gängige Heiratspraxis in achämenidischer Zeit (Es. 9,1f; Neh. 13,23), die Mischehen-Verbote mit den entsprechenden, von oben angeordneten Zwangsscheidungen dieser Ehen während der gleichen Epoche (Es. 10,7-11) und die verschiedentlich im Alten Testament belegten Kinder aus diesen Mischehen [1Kön. 14,21 par. 2Chr. 12,13, vgl. Jes.Sir. 49,27f: Rehabeam; 2Chr. 24,26: Josachar (*cj.*) ben Schimat; Neh. 2,10.19; 3,35; 4,1: Tobija] bezeugen. Daß die Sprößlinge dieser Mischehen in den Quellen ausschließlich negativ als unfähige Könige (Rehabeam), Königsmörder [Josachar (*cj.*) ben Schimat][25] oder antijudäisch eingestellte Politiker (Tobija) dargestellt werden, ist wohl kaum ein Zufall. „Ethnische Gruppen, ..., die als Frauengeber auftreten, nehmen eine inferiore Rolle gegenüber dem Frauennehmer ein“[26].

d) Ammoniter konnten – jedenfalls zur Zeit Davids – in den Dienst israelitischer Truppen treten, wie das Beispiel Zeleks (2Sam. 23,37 par 1Chr. 11,39; vgl. auch bQidd. 76b) zeigt (vgl. auch Achior in Jdt. 5-6)[27].

24 Vgl. die sog. „Hierodulen“-Listen aus *Maʿīn* (M 392).

25 In 2Chr. 24,26 wird Josachar (cj.) als Sohn der Ammoniterin Schimat bezeichnet, in 2Kön. 12,22 dagegen nur als Sohn Schimats; ähnlich gelagert sind die Unterschiede und Probleme bei dem Mittäter Josabad, dem Sohn der Moabiterin Schimrit (2Chr. 24,26), bzw. Josabad ben Schomer (2Kön. 12,22); bei Joseph., Ant. 9,8,4 (§ 171) fehlen sowohl die PN der Mörder als auch Angaben über ihre Herkunft. In beiden Fällen überliefert der Chronist einerseits die Mutternamen, *nicht* die Vaternamen, die 2Kön. 12,22 voraussetzt und die dort auch als männliche PN verstanden werden können, und andererseits und darüberhinaus die ethnische Herkunft der Mütter. Da die Vaternamen eindeutig judäisch sind, sind die Königsmörder (von der Vaterseite her) nichts anderes als Judäer; der Verdacht liegt nahe, daß der Chronist von dieser Tatsache ablenken und die Ursachen für den Königsmord (auch) bei den Bastarden und Fremden in Israel suchen wollte, von denen es seiner Meinung nach sowieso zuviel in 'Israel' gab. Insofern ist es historisch keineswegs ausgemacht, daß die judäischen Königsmörder tatsächlich *auch* ammonitischer bzw. moabitischer Herkunft waren oder ob nicht viel eher einem von ihnen oder beiden erst später diese Herkunft mittels Geschlechtsumwandlung der Vaternamen angedichtet wurde. Die Beziehungen, die M. P. Graham, A Connection proposed between II Chr 24,26 und Ezra 9-10, ZAW 97 (1985), 256-258 (mit Hinweisen auf ältere Sekundärliteratur), mit Es. 9,1; 10,1ff herstellen will, sind spekulativ; seine allgemeinen Überlegungen bestätigen die hier vorgetragene Sicht (vgl. Kap. 4).

26 K. Hackstein, Ethnizität und Situation (1989), 59.

27 Vgl. auch die Grabsteine und Inschriften von aus Philadelphia stammenden Männern, die in der römischen Armee dienten: z. B. W. Selzer et al., Römische Steindenkmäler. Mainz in römischer Zeit (1988), Nr. 90 = U. Schillinger-Häfele, Vierter Nachtrag zu CIL XIII, BerRGK 58 (1977),

e) Ammon war für Israeliten und Judäer in Zeiten allgemeiner und persönlicher Gefährdung ein beliebtes Flucht- und Exil-Land, wo sie, aus welchen Gründen auch immer sie sich aus ihrer Heimat absetzen mußten, offenbar stets gut aufgenommen wurden: David floh vor Abschalom nach Transjordanien; im israelitischen Mahanajim wurde er u. a. von Schobi, dem Sohn des Nahasch (2Sam. 17,27-29), einem Ammoniter (die zu dieser Zeit schon von David unterworfen waren), mit Geschenken versorgt. Zidkija floh 586 v. Chr. vor seiner Gefangennahme und Deportation durch die Babylonier ins Jordan-Tal; wahrscheinlich wollte er in das von den Babyloniern noch nicht eroberte Ammon fliehen (2Kön. 25,4-6 par. Jer 52,7-9). Während und nach der Belagerung und Eroberung Jerusalems 588-586 v. Chr. durch Nebukadnezzar II. war eine ganze Reihe von Judäern nach Ammon, Moab und Edom geflohen, von wo sie nach der Einsetzung Gedaljas im Sommer 586 v. Chr. wieder zurückkehrten (Jer. 40,11 f). Aus ihren Reihen stammte vielleicht auch Jischmael ben Netanja, der Mörder Gedaljas, der nach dem Anschlag im Oktober 586 v. Chr. zusammen mit einigen Helfershelfern zu den Ammonitern (zurück-?)floh [Jer. 40,13-16; 41,1-15; Joseph., Ant. 10,9,2-5 (§§ 160-175)]. Gleich zweimal in seinem Leben (172 und ca. 169 v. Chr.) mußte der Oniade (und Hohepriester) Jason aus Jerusalem fliehen; jedesmal floh er dabei in die Ammanitis (2Makk. 4,26; 5,7). Nach dem Mordanschlag an dem Makkabäer Simon floh der Stratege von Jericho, Ptolemaios, Sohn des Abubus, ca. 135 v. Chr. zu dem Tyrannen von Philadelphia, Zenon gen. Kotylas [1Makk. 16,11-16; Joseph., BJ 1,2,3 f (§§ 54-60); Ant., 13,7,4-8,1 (§§ 228-235)].

Daneben sind folgende israelitisch-judäische Sichtweisen und Bilder von Ammonitern zu beobachten:

a) Jdt. 5 zeigt, daß in hellenistischer Zeit der Übertritt von Ammonitern zum Judentum möglich war (und wohl auch gelegentlich tatsächlich praktiziert wurde). In bJad. 4,4 wird das Für und Wider solcher Übertritte mit den entsprechenden alttestamentlichen Zitaten (vor allem Dtn. 23,4; Jer. 49,6) und dem Ergebnis diskutiert, daß der Übertritt von Ammonitern erlaubt sei; dieser positive Entscheid wird unter Verweis auf Jes. 10,13 bemerkenswerterweise auch ethnographisch damit begründet, daß Sanherib die Völker schon längst gemischt habe.

b) In der deuteronomisch-deuteronomistischen Fassung von Ri. 3,12-30 und

Nr. 72 [= W. von Pfeffer, Neue römische Steine aus Mainz, MainzZt 54 (1959), 41, Nr. 1]; CIL III 13483a = E. Vorbeck, Militärinschriften aus Carnuntum (Wien 1954), Nr. 272; vgl. eventuell auch IGLS 13,1 (1982), Nr. 9179; CIL III Suppl., Nr. 6580 [und die präislamische arabische Inschrift aus *Umm el-Ǧimāl, falls* Lesung, Vokalisation und Interpretation bei J. A. Bellamy, Two Pre-Islamic Arabic Inscriptions revised: Jabal Ramm and Umm al-Jimal, JAOS 108 (1988), 372-377 stimmen sollten].

Ri. 10,6-11,40 werden die Ammoniter als Werkzeug Jahwes geschildert[28], durch deren gottgewirkte Nachhilfe die abtrünnigen Israeliten – jedenfalls bis zu ihrem nächsten Abfall – wieder auf den rechten Weg zu Jahwe gebracht werden. Die Ammoniter erfüllten erfolgreich die ihnen von Jahwe zugedachte Rolle – und verloren dabei die Kriege.

c) Auch die Ammoniter konnten, folgt man dem Wortlaut der entsprechenden Texte, „Adressaten“[29] der (durch Propheten übermittelten) Jahwe-Botschaft sein. Dabei sind auf der einen Seite vor allem Unheilsankündigungen (Jer. 25,21; 27,1ff; 49,1-5; Am. 1,13-15; Zeph. 2,8-11; Ez. 21,25[30].33f; 25,2-7), auf der anderen Seite auch – ganz vereinzelt – Heilszusagen überliefert (Jer. 49,6[31]; vgl. Dan. 11,41); letztere haben allerdings alle einen eindeutigen eschatologischen Zuschnitt und sind in die nachexilische Zeit zu datieren. Heil erfahren die Ammoniter danach allenfalls im Eschaton.

Ez. 21,33-37[32] wünscht das Schwert der Babylonier, das sich als Werkzeug Jah-

28 Vgl. bJoma 22b zu 1Sam 10,27; 11,1ff. Laut 2Kön. 24,2 fungierten die Ammoniter als Jahwes Werkzeuge gegen den judäischen König Jojakim.

29 Einige der Fremdvölkersprüche sind zwar direkt gegen bzw. an [*l-* Jer. 49,1; *'l* Ez. 21,33; 25,1 (*promiscue*-Gebrauch der Präpositionen)] Ammon gerichtet, faktisch aber ausschließlich an Israel / Juda, was zumindest bei dem wahrscheinlich echten Spruch gegen die Ammoniter Ez. 25,1-5 sicher ist, denn im Exil hatte der Prophet kaum Ammoniter unter seinen Zuhörern.

30 Zur Textkritk vgl. ausführlich W. Zimmerli, Ezechiel 1-24 ([2]1979), 480-482.

31 P. Höffken, Zu den Heilszusätzen in der Völkerorakelsammlung des Jeremiabuches. Zugleich ein Beitrag zur Frage nach den Überlieferungsinteressen an den Völkerorakelsammlungen der Prophetenbücher, VT 27 (1977), 398-412.

32 Ez. 21,33-37* ist als nachezechielische Hinzufügung zu betrachten, da es 21,(13-22).23-32 voraussetzt und ergänzt, vgl. z.B. A. Bertholet, Hesekiel (HAT I 13; Tübingen 1936), 76-79; W. Eichrodt, Der Prophet Hesekiel Kapitel 19-48 (ATD 22,2; Göttingen [2]1969), 200-202; G. Fohrer, Die Hauptprobleme des Buches Ezechiel (BZAW 72; Berlin 1952), 75. 99; ders., Ezechiel (HAT I 13; Tübingen 1955), 125f; J. Garscha, Studien zum Ezechielbuch. Eine redaktionskritische Untersuchung von Ez 1-39 (EHS 23,23; Bern – Frankfurt 1974), 126-131; V. Herntrich, Ezechielprobleme (BZAW 61; Gießen 1933), 104; G. Hölscher, Hesekiel (BZAW 39; Gießen 1924), 116f; W. Zimmerli, Ezechiel 1-24 ([2]1979), 484. 496-501. Wegen der Bezeichnung „viehische Menschen“ in V.36, die so kaum alttestamentliche Bezeichnung für die Achämeniden sein kann, dürfte es sich wohl um eine Unheilsankündigung aus der Zeit nach Ezechiel, aber vor 539 v. Chr. handeln. In Ez. 21,33-37* ist mit W. Zimmerli, Ezechiel 1-24 ([2]1979), 496ff, vgl. ähnlich J. A. Bewer, Textual and Exegetical Notes on the Book of Ezekiel, JBL 72 (1953), 158-168, das „Schwert“, das den Babyloniern von Jahwe in die Hand gegeben wurde, auf dem Hintergrund von 21,13ff.23ff zu verstehen: V.33-37 beantworten die Frage, was nach der Zerstörung Jerusalems 586 v. Chr. mit Ammon (V.33f: ein *vaticinium ex eventu*) und was später mit dem von Jahwe benutzten Gerichtswerkzeug Babylon geschah (V.35-37*): Zuerst richtete es sich gegen Ammon, später unterlag es selbst dem Gericht Jahwes. Im Text ist folgendes zu ändern: In V.33bß ist die MT-Lesart (AK) wegen des vorausgehenden *lmʿn* (und des nachfolgenden *ltt*) als inf. qal zu lesen (*bᵉrōq*). In V.35a ist die pausa-Form *hāšab* (MT) am besten als inf. (*hāšeb*) zu lesen (*nicht* als imp.sg. *mask.*) und das Suff. 3.sg.fem. (MT) wegen des Kontextes der direkten (An-)Rede wohl in Suff. 2.sg. fem. zu ändern. V.37aα ist

wes bis dahin nur gegen Juda gerichtet hatte, den frevlerischen Ammonitern[33] an den Hals, bevor dann den Babyloniern selbst das Gottesgericht angedroht wird.

Das messianische Friedensreich wird in dem nachexilischen Zusatz Jes. 11,14f[34] als Restitution des davidischen Großreiches geschildert; es wird mittels Gewalt gegen die umliegenden Nachbarvölker wiederhergestellt werden. Diese Art von Frieden gilt nur den Angehörigen jenes Volkes, aus dem die Verfasser und Tradenten dieses Textes stammen, und schließt andere mittels Krieg und Unterwerfung gezielt davon aus.

d) Nach Jer. 9,24f[35] haben die ägyptischen, judäischen, edomitischen, ammonitischen [vgl. Hieronymus, In Hieremiam Prophetam Libri Sex (Jer. 9,25s) (CSEL

wegen der mask. Verbalform in sonst durchweg femininem Kontext wahrscheinlich als Glosse zu verstehen, vgl. z. B. W. ZIMMERLI, Ezechiel 1-24 ($^2$1979), 484.

33 Daß die Erwähnung der Ammoniter in Ez. 21,33 sekundär durch einen Herausgeber des Ezechielbuches nach dem 'Kuhlschen Prinzip der Wiederaufnahme' eingefügt worden sein soll, so immer wieder B. LANG, A Neglected Method in Ezekiel Research: Editorial Criticism, VT 29 (1979), 39-44; ders., Das vergessene Kuhlsche Prinzip und die Ammoniter im Buche Ezechiel, ZDMG Suppl. 4 (1980), 124f; ders., Kein Aufstand in Jerusalem. Die Politik des Propheten Ezechiel (SBB 7; Stuttgart $^2$1981), 120-125; ders., Ezechiel (EdF 153; Darmstadt 1981), 28f, ist kaum stichhaltig nachzuweisen; da die Verse 33-37 mit hoher Wahrscheinlichkeit sekundär sind, erübrigt sich diese Art der Argumentation. Richtig dagegen ist, daß in dem (ursprünglich allein?) auf Moab bezogenen Fremdvölkerspruch Ez. 25,8-11 entweder die (zweimalige) Erwähnung der Ammoniter in V.10(aα und b) oder der gesamte V.10 oder aber am ehesten der gesamte Spruch VV.8-11 und damit die dort erwähnten Ammoniter als sekundär zu betrachten sind: Der Spruch ist von VV.1-5 abhängig, war nie selbständig, und ist im Gegensatz zu V.1-5.6f (2.Pers.) in der 3.Pers. formuliert, vgl. – außer B. LANG – z. B. auch A. BERTHOLET, Hesekiel (1936), 90; W. EICHRODT, Der Prophet Hesekiel Kapitel 19-48 ($^2$1969), 240. 243f; J. GARSCHA, Studien zum Ezechielbuch (EHS 23,23; Bern – Frankfurt 1974), 136f; anders z. B. W. ZIMMERLI, Ezechiel 25-48 ($^2$1979), 587f. 592-595 oder G. FOHRER, Die Hauptprobleme des Buches Ezechiel (1952), 43. 46. 52. 87f; ders., Ezechiel (1955), 145f, der Ez. 25,1-5.6f.8-11 für echt hält, aber als Glossen u. a. die zweimalige Erwähnung der Ammoniter in V.10 ausmacht. Textkritisch ist in Ez. 25,8-11 folgendes zu ändern: in V.8bα ist *w-śʿyr* mit LXX zu streichen, da es in den VV.8-11 sonst auffälligerweise nicht mehr vorkommt; in V.9bß ist der ON *w-qrytmh* mit dem Ketib einer Reihe von hebräischen Mss und dem Qere als *w-qrytymh* zu lesen und in V.10aß *w-ntty-h l-mwršh* eventuell an den Satzanfang zu stellen oder die Konjunktion *w-* zu streichen (vgl. BHK$^3$ und BHS z. St.).

34 O. KAISER, Das Buch des Propheten Jesaja Kapitel 1-12 (ATD 17; Göttingen $^4$1978), 124. 131f; $^5$1981, 251f; W. WERNER, Eschatologische Texte in Jesaja 1-39 (FzB 46; Würzburg 1982), 102-109; H. WILDBERGER, Jesaja 1-12 (BK AT 10,1; Neukirchen-Vluyn $^2$1980), 463-476.

35 Meistens wird hier *h-'lh* statt *ʿrlm* konjiziert, vgl. BHS, BHK$^3$ z. St., HAL$^3$ 3, 838 oder z. B. W. RUDOLPH, Jeremia ($^3$1968), 69-71 (dessen Behauptung, die Auswahl der aufgezählten Völker spräche für eine antibabylonische Koalition eben dieser Völker unter der Führung Ägyptens, spekulativ ist). Da der MT aber auch ohne Textänderung verständlich und sinnvoll ist, ist an ihm festzuhalten, vgl. schon A. WEISER, Jeremia ($^7$1976), 78. 84f. Zur unbeantworteten Frage nach der Echtheit vgl. W. THIEL, Die deuteronomistische Redaktion von Jeremia 1-25 (1973), 94, Anm. 51.

49), 127f; aber auch Jdt. 14,10] und arabischen[36] Männer ein *gemeinsames* Merkmal: Sie sind an der Vorhaut beschnitten[37]. Ihnen allen, den Jahwe-Verehrern wie den Verehrern anderer Gottheiten, gilt auch die *gleiche* Gerichtsandrohung Jahwes mit der *gleichen* Begründung: Die allen fehlende Beschneidung des Herzens ist entscheidender als die allen gemeinsame Beschneidung der Vorhaut.

e) Jahwe wird an mehreren Stellen des Alten Testaments implizit und explizit (Am. 1,13-15; Zeph. 2,8-11; Jer. 49,1-6; Ez. 25,5.7) als die auch für Ammon zuständige und von seinen Bewohnern zu verehrende Gottheit betrachtet; dies dürfte allerdings kaum mit dem religiösen Selbstverständnis der Ammoniter kompatibel gewesen sein.

f) Für die Ammoniter war Jahwe vor allem der Kriegsgott israelitisch-judäischer Aggressoren [(Ri. 3,12-30); 10,6-11,40; 1Sam. 11,1-15; (2Sam. 8,12 par. 1Chr. 18,11); 2Sam. 10,1-12,31 par. 1Chr. 19,1-20,3; (2Chr. 20,1-30; Jer. 49,1-5; Ez. 21,25.33f; 25,1-7; Am. 1,13-15; Zeph. 2,8-11)].

g) Nirgends im Alten Testament werden die Ammoniter – anders als die Edomiter (vgl. Num. 20,14; Dtn. 2,4f.8; 23,8; Am. 1,9[38].11)[39] – als „Brüder"[40] bezeichnet, auch wenn Israeliten und Judäer sich mit ihnen durch eine gemeinsame, wenn auch problematische Herkunft verwandt glaubten (Gen. 19,30-38). Daraus wurde in der nachlaufenden Geschichtsdarstellung immerhin der Schluß gezogen, die Ammoniter seien aufgrund eben dieser Verwandtschaft von den durch Transjordanien wandernden Exodus-Israeliten geschont worden (Dtn. 2,19f). Davon, daß es theologisch ausformulierte Vorstellungen „von der Bruderschaft Israels zu den Edomitern, Moabitern *und Ammonitern*" (Hervorhebung U.H.)[41] gegeben habe, kann nicht die Rede sein[42].

Dieser offenkundigen Ambivalenz im Verhalten und in der Sicht der Israeliten gegenüber den Ammonitern soll im Folgenden weiter nachgegangen werden.

36 A.J. Wensinck, *Khitān*, EI2 5 (1986), 20-22; vgl. z.St. auch E.A. Knauf, Supplementa Ismaelitica 5: Die Haartracht der alten Araber, BN 22 (1983), 30-33.

37 Zu den verschiedenen Problemen der Beschneidung vgl. zusammenfassend G. Mayer, *mûl, mûlah*, ThWAT 4 (1984), 734-738; W. Kornfeld, Beschneidung, NBL 1 (1991), 276-279; H. Wissmann – O. Betz – F. Dexinger, Beschneidung, TRE 5 (1980), 714-724.

38 Vgl. z.B. H.W. Wolff, Amos (BK AT 14,2; Neukirchen-Vluyn ³1985), 193f, aber z.B. auch J. Priest, The Covenant of Brothers, JBL 84 (1965), 400-406.

39 Vgl. J.R. Bartlett, The Land of Seir and the Brotherhood of Edom, JTS 20 (1969), 1-20; ders., The Brotherhood of Edom, JSOT 4 (1977), 2-27; ders., Edom and the Edomites (1989), 180-184; U. Kellermann, Israel und Edom. Studien zum Edomhaß Israels im 6.-4. Jahrhundert v.Chr. (Hab. theol. masch.; Münster i.W. 1975), 230f u.ö.; M. Weippert, TRE 9 (1982), 297; E.A. Knauf, BN 45 (1988), 62ff. Vgl. aber auch Anm. 166.

40 E. Jenni, *'āḥ*, THAT 1 (³1978), 98-104; H. Ringgren, *'āḥ*, ThWAT 1 (1973), 205-210.

41 So H.-Ch. Schmitt, ZDPV 104 (1988), 40, Anm. 135.

42 Vgl. dazu O. Bächli, Israel und die Völker. Eine Studie zum Deuteronomium (AThANT 41; Zürich 1962), 121-123.

# 7.2. Einzel-Bilder

In Ri. 3,12-20 werden die Ammoniter zusammen mit den Amalekitern nur ein einziges Mal (V.13a; vgl. den dtn-dtr Rückverweis in Ri. 10,11) genannt; in allen anderen Teilen der Erzählung wird nur noch der Moabiter-König Eglon (VV.12.14f.17; vgl. 1Sam. 12,9) bzw. Moab (Ri. 3,28-30) als Gegner Ehuds erwähnt. Keine der zahlreichen Ortsangaben bezieht sich auf ammonitisches oder amalekitisches Territorium; mit der Palmenstadt kann hier nur Jericho (vgl. Dtn. 34,3; 2Chr.28,15)[43] gemeint sein[44]. Diese auffällige Verteilung der Ehud-Gegner in Ri. 3,12ff und die topographischen und historischen Schwierigkeiten, die sich ergäben, wenn man eine Koalition von Moabitern und Amalekitern[45] historisch ernsthaft in Erwägung zöge, lassen beträchtliche Zweifel an der Historizität[46] einer moabitisch-ammonitisch-amalekitischen Koalition entstehen. Sie werden noch verstärkt durch einige literarische Beobachtungen: V.13a läßt sich leicht aus dem Kontext herauslösen, ohne daß die Erzählung irgendetwas von ihrer inneren Logik verlöre. Im Gegenteil: der Leser muß sich nun nicht mehr nach dem Verbleib von Ammonitern und Amalekitern im Hauptteil der Erzählung fragen. Auch von daher ist es also kaum wahrscheinlich, daß Ammoniter und Amalekiter schon zu einer vordeuteronomisch-vordeuteronomistischen Version der Erzählung gehört haben. Unabhängig davon, wie man die Rahmenpartien der Ehud-Erzählung im einzelnen in ihrer jetzt vorliegenden Form literarisch beurteilt[47], wird man V.13a wohl

43 Vgl. Joseph., Ant. 5,4,1.3 (§§ 186.194).

44 Vgl. dazu (anders) S. Mittmann, ZDPV 93 (1977), 225-233; zur Besiedlungsgeschichte Jerichos vgl. H. und M. Weippert, ZDPV 92 (1976), 105-148. Wichtig ist auch die Feststellung, daß selbst bei einer südlichen Lokalisierung der „Palmenstadt" die Ammoniter in Ri. 3,12ff eine kaum lösbare historische Schwierigkeit bleiben. Den Text als Beleg für eine ammonitische Expansion in das Gebiet von Jericho zu verstehen, wie es z.B. G.W. Ahlström, Who were the Israelites? (1986), 57, kann mit an Sicherheit grenzender Wahrscheinlichkeit ausgeschlossen werden.

45 M. Weippert, Edom (Diss. und Hab. theol. masch; 1971), 252. 451f; zuletzt M. Görg, Amalek, NBL 1 (1991), 83.

46 Überhaupt kann man die Historizität nicht nur im Detail, sondern auch generell bezweifeln: Die moabitische Expansion setzt wohl die Regierung Meschas voraus; ob es in der frühen Eisenzeit schon ein derart erstarktes moabitisches Königtum gegeben haben soll, dessen Truppen nicht nur ins Westjordanland vordringen, sondern auch eine Stadt wie Jericho erobern und jahrelang besetzt halten konnten, ist mehr als zweifelhaft. Zu Datierungsüberlegungen und weiteren Zweifeln an der Historizität zuletzt J.A. Soggin, 'Ehud und 'Eglon, VT 39 (1989), 95-100 und E.A. Knauf, Eglon; Ehud, NBL 1 (1991), 475. 487f; ders., JSOT 51 (1991), 25-44.

47 W. Richter, Traditionsgeschichtliche Untersuchungen zum Richterbuch (BBB 18; Bonn 1963), 1-29. 175-177. 384f. 394; ders., Die Bearbeitungen des „Retterbuches" in der deuteronomischen Epoche (BBB 21; Bonn 1964), 3-6. 61; U. Becker, Richterzeit und Königtum (1990), 107-122; vgl. auch E.D. Grohman, A History of Moab (1958), 144-149.

kaum als primär einstufen können[48]. Offensichtlich wurden V.13a und damit Ammoniter und Amalekiter in einer späteren Redaktionsphase hinzugefügt; der Topos „Viel Feind, viel Ehr“ [vgl. *z. B.* Ri. 6,5; 7,12; 1Chr. 19,1-20,3 (vgl. 2Sam. 10,1 ff)], und dies in Gestalt einer beispielhaften Alliteration *ʿAmmōn we-ʿAmālēq* (vgl. Ps. 83,8), paßte nach Ansicht eines Redaktors oder Glossators offenbar gar zu schön in die ihm vorliegende Erzählung hinein, als daß er auf ihn hätte verzichten wollen. Ammoniter und Amalekiter dienen den judäischen Redaktoren bzw. Tradenten von Ri. 3,12 ff hier als literarisch-theatralische Versatzstücke[49] und – zusammen mit den Moabitern – als Werkzeuge Jahwes.

Auf dem Hintergrund der zahlreichen antiammonitischen Texte des Alten Testaments ist es kaum als Zufall zu werten, wenn die Erzählung von der Herkunft der Ammoniter (und Moabiter) Gen. 19,30-38 im überlieferten Textzusammenhang nach der Erzählung von Sodom und Gomorra (Gen. 19,1-29) und vor der vom keuschen Dreiecksverhältnis Abraham – Sara – Abimelech (Gen. 20) steht. Dabei wirkt es unabhängig davon, wo man den 'eigentlichen' Skopus der Erzählung finden zu können glaubt (was sowohl von ihrer literar- und redaktionskritischen wie auch von ihrer traditionsgeschichtlichen und kompositorischen Einordnung abhängt[50]), ausgesprochen apologetisch, in der Erzählung keine polemische Ebene bemerken zu können bzw. eine solche rezeptionsgeschichtlich späteren Lesern anzudichten[51]. Schon im Alten Testament wird der Text – zu Recht – polemisch interpretiert (vgl. Dtn. 32,31-33; Zeph. 2,9; Ps. 83,9)[52], und in späteren

48 J. Schüpphaus, Richter- und Prophetengeschichten (Diss. theol. masch.; Bonn 1967), 155-156, der auch zu Recht auf den Numerus-Wechsel in V.13b aufmerksam macht, der m.E. eine von Unsicherheit geprägte Angleichung an die neuen Subjekte von V.13a darstellt und nicht einfach textkritisch entfernt werden darf (vgl. BHK$^3$, BHS). Weitere Literatur zu Ri. 3,12 ff bei U. Hübner, Mord auf dem Abort? Überlegungen zu Humor, Gewaltdarstellung und Realienkunde in Ri 3,12-30, BN 40 (1987), 130-140.

49 Auch das über die Ammoniter im dtn-dtr Rahmen Ri. 10,8 f 'Berichtete' ist historisch unglaubwürdig. Die „18 Jahre“ in V.8 sind allein schon textkritisch problematisch und der ammonitische Feldzug über den Jordan gegen Juda, Benjamin und Efraïm in V.9 historisch völlig unwahrscheinlich; vgl. auch Kap. 4.1.

50 Von Literarkritikern gerne dem (bzw. einem der) Jahwisten zugeordnet (z. B. H. Gunkel, J. Wellhausen), vgl. aber auch E. Haag, Abraham und Lot in Gen 18-19, in: Mélanges bibliques et orientaux en l'honneur de H. Cazelles (AOAT 212; Kevelaer – Neukirchen-Vluyn 1981), 378-385.

51 Vgl. z. B. C. Westermann, Genesis 12-36 (BK I 2; Neukirchen-Vluyn 1981), 381. 384. Anders z. B. W. Zimmerli, 1.Mose 12-50: Abraham (ZBK AT 1,2; Zürich 1976), 94 f; F. van Trigt, Die Geschichte der Patriarchen Genesis 11,17-50,26 (Mainz 1963), 27. 55. Wer die Erzählung „humorvoll“ findet wie J. R. Bartlett, TRE 2 (1978), 455, sollte wenigstens fragen, von wem und auf wessen Kosten diese Art von 'Humor' betrieben wird.

52 Daß Lots Söhne in Dtn. 2,19 (vgl. bHor. 11a) die Begründung für das schonende Verhalten der Israeliten abgeben, steht dazu nicht im Widerspruch, sondern ist nur der Erklärungsversuch für die vitale Existenz beider Nachbarvölker trotz des angeblichen israelitischen Durchzugs durch Transjordanien. Überhaupt wird in den mir bekannten Quellen, in denen Lot als Gerechter bzw. Heiliger

Quellen wie z.B. Jub. 16,8; Philo, leg.all. 3,81; ders., de post. Caini 175-177; ders., de ebr. 164; Hieronymus, Comm. in Ez. 25 (PL 25, 234); ders., Comm. in Naum 3,8ss (PL 25, 1263) geschieht zumeist das gleiche[53]. In Anbetracht der Tatsache, daß es auf israelitischer Seite spätestens von der Zeit Sauls und Davids ab über mehrere Jahrhunderte antiammonitische Ressentiments gegeben hat, ist es historisch kaum verwunderlich, sie auch in Gen. 19,30ff wiederzufinden. Daß der Text keine explizite Bewertung bzw. Verurteilung des Inzests (aber auch keine Verherrlichung der Töchter[54]) enthält, besagt nicht viel: Er konstatiert keineswegs einfach nur das Verwandtschaftsverhältnis zwischen Israel auf der einen und Ammon und Moab auf der anderen Seite. Er bewertet vielmehr sowohl durch die Sache selbst – den Inzest, der in Israel (Lev. 18,6ff; 20,11ff; Dtn. 27,20ff; vgl. Ez. 22,10f)[55] genauso verpönt war wie im übrigen Alten Orient[56], – als auch durch die implizit als Vergleich angeführte nichtinzestuöse Herkunft jenes Volkes, aus dem die Verfasser und Tradenten von Gen. 19,30ff stammen, die beiden östlichen Nachbarvölker deutlich als Bastarde einer inzestuösen Beziehung (vgl. 4Qflor. I 4)[57]. Erleichtert

dargestellt wird [z.B. Sap.Sal. 10,6f; Joseph., Ant. 1,11,5 (§§205f); Luk. 17,28-32; 2Petr. 2,6-8; 1Klem. 10,4; 11,1; Apk.Paul. 27. 49 (H. Duensing – A. de Santos Otero, in: W. Schneemelcher (ed.), Neutestamentliche Apokryphen II (Tübingen [5]1989), 660. 670f), auch Suda (ed. A. Adler) III 289,3ff; vgl. auch Lot dedizierte Kirchenbauten und Moscheen: z.B. IGLS 21,2 (1986), Nos. 97f. 153-19 (*Ḫirbet el-Muḫaiyiṭ;* Lot-Kirche auf der *Mādeba*-Karte, zur Identifikation vgl. E.A. Knauf – H. Donner, AfO 33 (1986), 266); A.E. Mader, Altchristliche Basiliken und Lokaltraditionen in Südjudäa (Paderborn 1918), 157-168 *(Benī Naʿīm = Kafr Burēk; Nebī / Ḫirbet Yaqīn)*; zum Qoran vgl. B. Heller – G. Vadja, *Lūṭ*, EI[2] 6 (1986), 832f], meist allein sein Verhalten in Sodom zugrundegelegt und der Beischlaf mit den eigenen Töchtern geflissentlich übergangen, oder aber die Lot-Episoden werden mehr oder weniger vollständig übergangen [z.B. Jes.Sir. 16,8; Hebr. 11; äth.Hen. 89,10ff; Ps.-Philo, Ant.Bibl. 8,2; vgl. aber auch H.L. Strack – P.B. Billerbeck, Kommentar zum Neuen Testament aus Talmud und Midrasch III (München 1926), 769-771].

Auch das häufige Vorkommen von Ammon und Moab in Reihungen (z.B. Ps. 83,9; 2Chr. 20,1) und als Paar in verschiedenen (späteren) Texten (z.B. Dtn. 23,4f; Zeph. 2,8-11; Neh. 13,1; vgl. 4Qflor. I 4; bJad. 4,4) geht vor allem auf die geographische (und historische) Nachbarschaft beider zurück, dürfte aber auch mit ihrer angeblich gemeinsamen Herkunft nach Gen. 19,30-38 zusammenhängen.

53 Enger am alttestamentlichen Text bleibt Joseph., Ant. 1,11,5 (§§205f).

54 So z.B. H. Graf Reventlow, „Internationalismus" in den Patriarchenüberlieferungen, in: Beiträge zur alttestamentlichen Theologie. FS für W. Zimmerli zum 70.Geb. (1977), 367.

55 K. Elliger, Leviticus (HAT I 4; Tübingen 1966), 229-240; H.A. Hoffner, Incest, Sodomy and Bestiality in the Ancient Near East, in: Orient and Occident. Essays presented to C.H. Gordon (AOAT 22; Kevelaer – Neukirchen-Vluyn 1973), 81-90. B.Z. Luria, Tochterschändung in der Bibel, ArOr 33 (1965), 207f überbewertet das Fehlen eines expliziten Verbotes des Inzests zwischen Vater und Tochter im AT; vgl. dagegen z.B. W. Kornfeld, Studien zum Heiligkeitsgesetz (Lev. 17-26), (Wien 1952), 92-107. 118f.

56 W. Eisenhut, Incestus, KP 2 (1975), 1386f (vgl. aber auch Ovid, meta. 10, 324-333); H.P.H. Petschow, Inzest, RlA 5 (1976-1980), 144-150.

57 Daß die Sprößlinge solcher Verbindungen – wie alle Kinder – weder für ihre Erzeuger noch für die

wurde diese Wertung durch die volksetymologischen Erklärungsmöglichkeiten von *Mō'āb* und *'Ammōn*[58], gemildert wurde sie durch die kinder- bzw. männerlose Situation der beiden Töchter Lots und den betrunkenen Zustand des werdenden Vaters bzw. Großvaters. Festzuhalten bleibt, daß es sich bei Gen. 19,30-38 nicht um eine ammonitische oder moabitische Selbstdarstellung handelt[59], nach der Ammoniter und Moabiter selbst ihre eigene Herkunft aus einer inzestuösen Töchter-Vater-Beziehung hergeleitet hätten, sondern um eine israelitische Fremddarstellung der beiden Nachbarvölker, nach der diese gleichzeitig als Bastarde und als (nicht ganz stubenreine) Verwandtschaft gesehen wurden, von der man sich glücklicherweise schon lange zuvor in der „Patriarchen-Zeit" abgespalten hatte. Ob und vor allem wie eng Ammoniter und Moabiter ihre verwandtschaftlichen Beziehungen zu Israel selbst einschätzten, bleibt mangels entsprechender originaler Quellen unbekannt. Daß sie sich selbst aus inzestuösen Beziehungen hergeleitet haben sollen, ist aufgrund vergleichbarer Selbstherleitungen altorientalischer Völker mehr als unwahrscheinlich[60]. Wahrscheinlich haben sie ihre Herkunft ähnlich wie Dtn. 32,8f beschrieben[61]. Insofern überliefert Gen. 19,30ff so gut wie nichts historisch Auswertbares über die Ammoniter (und Moabiter), aber umso mehr über die Ver-

Art und Weise ihrer Zeugung verantwortlich oder haftbar gemacht werden können, mag eine moderne Betrachtungsweise sein; sie sei hier jedoch angemerkt, um die ethischen Auslassungen bzw. Konsequenzen der Betrachtungsweise von Gen. 19,30ff anzudeuten.

58 Vgl. z.B. F. Zimmermann, Folk Etymology of Biblical Names, VT.S 15 (1966), 319f.

59 So z.B. R. Kilian, Zur Überlieferungsgeschichte Lots, BZ 14 (1970), 23-37; ders., Die vorpriesterlichen Abrahamsüberlieferungen literarkritisch und traditionsgeschichtlich untersucht (BBB 24; Bonn 1966), 136-145. 285-306, der behauptet, die „Höhlensage" Gen. 19,30-38 sei eine vormoabitische Lokaltradition, die zuerst von den Moabitern und dann von den Ammonitern (und später vom Jahwisten) übernommen worden sei; entsprechend habe Lot zuerst als Stammvater der vormoabitischen Bevölkerung des östlich des Toten Meeres gelegenen Berglandes, dann als der der Moabiter und zuletzt auch als der der Ammoniter figuriert. Die damit verbundenen zahllosen überlieferungsgeschichtlichen und historischen Spekulationen sind ebenso haltlos wie die Frühdatierung des Textes. [Das *bwtrt* auf einem Relief Ramses' II. in Luxor kann lautlich (und, sofern sich das so formulieren läßt, besiedlungsgeschichtlich, vgl. die Besiedlungsgeschichte von Batora = *el-Leǧǧūn*) nicht als **byt Lwṭ* verstanden werden, vgl. E.A. Knauf, Bwtrt and Batora, GM 87 (1985), 45-48 zu Recht gegen M. Görg, Namenstudien I, BN 7 (1978), 7-14]. Ähnlich wie R. Kilian schon M. Noth, Überlieferungsgeschichte des Pentateuch (Darmstadt ²1960), 168f. 209f und A. Lods, La caverne de Lot, RHR 95 (1927), 204-219, der immerhin die polemische Intention der Endgestalt des Textes klar beim Namen nennt („une intension peu flatteuse", „insinuations désobligeantes", „diffamation haineuse" , „une note d'infamie" u.a.); vgl. A. Bertholet, Die Stellung der Israeliten und der Juden zu den Fremden (Freiburg – Leipzig 1896), 142: „ein höchst gehässiger Bericht"; W. Zimmerli, 1.Mose 12-25: Abraham (1976), 94f; J. Scharbert, Genesis 12-50 (Die Neue Echter Bibel 16; Würzburg 1986), 156: die Tradenten wollen „die Moabiter und Ammoniter diffamieren".

60 Vgl. W. Baumgartner, Israelitisch-griechische Sagenbeziehungen, (1944), in: ders., Zum Alten Testament und seiner Umwelt. Ausgewählte Aufsätze (Leiden 1959), 161.

61 Zuletzt M. Weippert, in: J. Assmann – D. Harth (ed.), Kultur und Konflikt (1990), 146f.

fasser und Tradenten von Gen. 19,30ff bzw. deren ambivalente Sicht ihrer östlichen Nachbarn[62].

Die Fremdvölkersprüche Am. 1,3-2,5 sind, was die Echtheit der einzelnen Sprüche und der gesamten Spruchreihe wie auch die Datierung der in den Sprüchen genannten Ereignisse angeht, völlig umstritten. Zwischen der Annahme der Echtheit[63] und der der Unechtheit[64] aller Fremdvölkersprüche des Amos steht eine Vielzahl hypothetischer Variationen, die einzelne Sprüche, insbesondere und wohl zu Recht die gegen Tyros (Am. 1,9f) und Edom (1,11f)[65] und vor allem den gegen Juda (2,4f)[66], für unecht halten. Die Schwierigkeiten, die sich in dieser Forschungslage widerspiegeln, gehen auf die unabweisbare Ambivalenz und Mehrdeutigkeit fast aller Kriterien zurück, die jeweils für die eigene Position in Anspruch genommen werden: Sind die zu beobachtenden formalen[67] Unterschiede innerhalb einzel-

62 Vgl. auch Zeph. 2,8-11, das die Tradition von Gen. 19,1ff voraussetzt.

63 G.J. BOTTERWECK, Zur Authentizität des Buches Amos, BZ NF 2 (1958), 176-189; SH.M. PAUL, A Literary Reinvestigation of the Authenticity of the Oracles against the Nations of Amos, in: De la Thôra au Messie. Mélanges H. CAZELLES (1981), 189-204; W. RUDOLPH, Die angefochtenen Völkersprüche in Amos 1 und 2, in: Schalom. Studien zu Glaube und Geschichte Israels. FS für A. JEPSEN zum 70.Geb., ed. K.-H. BERNHARDT (AVTRW 51; Berlin Ost 1971), 45-49; ders., Amos (KAT 13,2; Gütersloh 1971), 122 u.ö. (alles echt außer Am. 1,11bß; 2,4bß); W. TUSCHEN, Die historischen Angaben im Buch des Propheten Amos. Ein Beitrag zur Geschichte Israels (Diss. theol. masch.; Freiburg 1951), 95-150.

64 V. FRITZ, Die Fremdvölkersprüche des Amos, VT 37 (1987), 26-38; ders., Amosbuch, Amos-Schule und historischer Amos, in: Prophet und Prophtenbuch. FS für O. KAISER zum 65.Geb., ed. ders. – K.-F. POHLMANN – H.-Ch. SCHMITT (BZAW 185; Berlin – New York 1989), 29-43.

65 Vgl. z.B. S. AMSLER, Amos et les droits de l'homme, in: De la Thôra au Messie. Mélanges H. CAZELLES (1981), 182f; J. BARTON, Amos's Oracles against the Nations. A Study of Amos 1.3-2.5 (MSSOTS 6; Cambridge u.a. 1980), passim; B. GOSSE, Le recueil d'oracles contre les nations du livre d'Amos et l'"Histoire Deutéronomique", VT 38 (1988), 22-40; S. JOZAKI, The Secondary Passages of the Book of Amos, Kwansei Gakuin University Annual Studies 4 (1956), 36-43 (mit Hinweisen auf ältere Literatur); K. KOCH et al., Amos. Untersucht mit den Methoden einer strukuralen Formgeschichte 1 (AOAT 30,1; Kevelaer – Neukirchen-Vluyn 1976), 110-113. 118f. 246f. 279; Teil 2, 6-11 u.ö. (gute Überblicke); B.Z. LURIA, The Profecies unto the Nations in the Book of Amos from the Point of View of History, BetM 54 (1973), 287-301 (hebr; English Summary 421f) (hält Am. 1,6-8.9f.11f für sekundär); L. MARKERT, Amos / Amosbuch, TRE 2 (1978), 476-479; J. MORGENSTERN, Amos Studies IV, HUCA 32 (1961), 340-342; G. PFEIFER, Denkformenanalyse als exegetische Methode, erläutert an Amos 1,2-2,16, ZAW 88 (1976), 62-71; ders., Die Fremdvölkersprüche des Amos – spätere vaticinia ex eventu?, VT 38 (1988), 230-233; W.H. SCHMIDT, Die deuteronomistische Redaktion des Amosbuches, ZAW 77 (1965), 174-178; A. WEISER, Amos (ATD 24; Göttingen [6]1974), 136-139; H.W. WOLFF, Amos ([3]1985), 170f. 193-199.

66 Von den in der vorangehenden Anm. genannten Autoren abgesehen, halten z.B. D.L. CHRISTENSEN, The Prosodic Structure of Amos 1-2, HThR 67 (1974), 427f; TH.H. ROBINSON, Amos (HAT I 14; Tübingen [3]1964), 76-78; E. SELLIN, Das Zwölfprophetenbuch 1.Hälfte (Leipzig [2-3]1929), 202. 206 Am. 2,4f als einzigen der Fremdvölkersprüche des Amos-Buches für unecht.

67 Auf die schwierigen metrischen Probleme braucht hier nicht weiter eingegangen zu werden; wie problematisch es aber ist, zahllose Konjekturen mit metrischen Gründen zu legitimieren, zeigen die

ner Fremdvölkersprüche ein Indiz für ihre Unechtheit oder aber für eine absichtliche Stilvariante bei Amos?[68] Und bieten die historischen Rekonstruktionen jener Epochen, in die man die verschiedenen Fremdvölkersprüche datieren will, hinreichende Sicherheit oder Wahrscheinlichkeit, um damit Echtheit oder Unechtheit glaubhaft zu machen? Dazu kommt der aphoristische Charakter der Einzelsprüche, der Anlaß gibt zu Fragen wie der, ob Anspielungen auf historisch konkrete Ereignisse überhaupt beabsichtigt sind, ob historisch konkrete Ereignisse den Verfassern der Einzelsprüche wirklich bekannt waren und ob sie die Sprüche nicht gezielt so unbestimmt formuliert haben, um ihnen den Charakter größerer Zeitlosigkeit zu geben; eventuell schließen sich diese verschiedenen Möglichkeiten noch nicht einmal gegenseitig aus.

Fast unberührt von der jeweiligen Beantwortung der Frage nach der Echtheit oder Unechtheit steht das Problem, welche Historizität man den in den einzelnen Sprüchen genannten Ereignissen zubilligt: Weder bei einer behaupteten Echtheit noch bei einer behaupteten Unechtheit kann man ohne Vorbehalte eine Historizität der Ereignisse annehmen oder ablehnen, weil niemand wirklich weiß, ob und vor allem wann sich diese Ereignisse abgespielt haben sollen. Der weitverbreitete Weg, die Ereignisse der für echt gehaltenen Sprüche aufgrund von Am. 1,1 in die Regierungszeit Jerobeams II. zu datieren, hat bloß hypothetischen Charakter, weil genausowenig auszuschließen ist, daß sich Amos auf Ereignisse irgendwann vor dieser Zeit bezieht. Sämtliche Einzelsprüche sind *de facto* undatiert. Hinzu kommt die Tatsache, daß einzelne Elemente wie der generelle Schuldvorwurf Am. 1,3a.6a.9a.10a.13a; 2,1a.4a in Form eines Kehrverses[69], aber auch einige der speziellen Schuldvorwürfe (Am. 1,11b; 2,4b) und die göttlichen Gerichtsandrohungen größtenteils (Am. 1,4.7.10.12.14; 2,2.5) so stereoptyp wirken, daß sich die Frage erhebt, was davon überhaupt historisch auswertbar ist und was nicht.

Auch für den Fremdvölkerspruch gegen die Ammoniter Am. 1,13-15 gelten alle die oben genannten Schwierigkeiten. Er ist sowenig wie der in ihm genannte am-

entsprechenden Versuche bei D. L. CHRISTENSEN, HThR 67 (1974), 427-436, bes. 432 (zu Am. 1,13-15); vgl. auch V. MAAG, Text, Wortschatz und Begriffswelt des Buches Amos (Leiden 1951), 5.

68 So z. B. SH.M. PAUL, in: De la Thôra au Messie. Mélanges H. CAZELLES (1981), 189ff.

69 Das vieldiskutierte Problem der Bedeutung und Übersetzung der Formel *lō' 'ašîbænnū* hängt sowohl vom Verständnis des Suff. der 3.sg. mask. als auch vom Verständnis der Verbalform *šwb* hi. ab, vgl. dazu neben verschiedenen Kommentaren z. St. (z. B. H. W. WOLFF; W. RUDOLPH) vor allem M. L. BARRÉ, The Meaning of *l' 'šybnw* in Amos 1:3-2:6, JBL 105 (1986), 611-632; J. BARTON, Amos's Oracles against the Nations (Cambridge u. a. 1980), 17f; R. P. KNIERIM, „I will not cause it to return" in Amos 1 and 2, in: Canon and Authority. Essays in Old Testament Religion and Theology (FS für W. ZIMMERLI), ed. G. W. COATS – B. O. LONG (Philadelphia/PN 1977), 163-175. Zum Kehrvers in der Form eines vorausgesetzten, aber nicht durchgeführten 'gestaffelten Zahlenspruchs' vgl. H. W. WOLFF, Amos ($^{3}$1985), 166f; M. WEISS, The Pattern of Numerical Sequence in Amos 1-2. A Re-Examination, JBL 86 (1967), 416-423.

monitische Einfall in Gilead datiert, und beide sind kaum einigermaßen plausibel datierbar. Formale Besonderheiten, die ihn von anderen Fremdvölkersprüchen des Amos-Buches unterscheiden[70], können als Indizien für seine Echtheit oder für seine Unechtheit bzw. für eine spätere Überarbeitung herangezogen werden. Auch sprachlich sind, wie eine Überprüfung mittels der Konkordanz zeigt, Formulierungen wie in V.14b[71] oder V.15[72] kaum näher zu datieren. Der Text entbehrt nicht einer gewissen Stereotypie[73], die auf dem Hintergrund der zahlreichen antiammonitischen Texte des Alten Testaments als Ausdruck echter oder unechter amosischer, jedenfalls israelitischer Greuelpropaganda zu verstehen ist [vgl. 1Sam. 11,2; aber auch (selbstkritisch?) 2Kön. 15,16]. Das „Aufschlitzen Schwangerer"[74]

70 In V.14a ist *w-hṣty* (MT) als schwierigere Lesart beizubehalten [vgl. z.B. W. Rudolph, Amos (KAT 13,2; 1971), 127]; daß es aufgrund von Jer. 49,2.27 (s.u.) durch das sonst in den Fremdvölkersprüchen des Amos übliche *w-šlḥty* zu ersetzen sei [z.B. H.W. Wolff, Amos ($^3$1985), 162. 196; K. Koch et al., Amos. Teil 2 (1976), 9; J. Morgenstern, HUCA 32 (1961), 301. 315] ist ebenso hypothetisch wie die Annahme von K. Koch et al., Amos. Teil 2 (1976), 9, die ursprüngliche Form von V.14a rekonstruieren zu können. Zur formalen 'Besonderheit' gehört auch die Variante der abschließenden Botenspruchformel, die nur in Am. 1,5.15; 2,3 belegt ist. Die Vermutungen von S. Segert, A Controlling Device for Copying Stereotype Passages? (Amos I 3-II 8; VI 1-6), VT 34 (1984), 481f sind ebenso hypothetisch.

71 Vgl. z.B. K.-M. Beyse, *sûpāh*, ThWAT 5 (1986), 800-803; H.-J. Fabry, *sāʿar*, ThWAT 5 (1986), 893-898. Daß V.14b „sekundär?" bzw. „nachträglich" (ohne Fragezeichen!) sein soll, so K. Koch et al., Amos. Teil 2 (1976), 9. 117, ist rein hypothetisch, vgl. dazu auch J. L. Crenshaw, Amos and the Theophanic Tradition, ZAW 80 (1968), 213.

72 Vgl. z.B. auch D. E. Gowan, The Beginning of Exile-Theology and the Root glh, ZAW 87 (1975), 204-207. Einige textkritische Bemerkungen zu V.15 [vgl. auch K. Koch et al., Amos. Teil 1 (1976), 115; É. Puech, Milkom, le dieu Ammonite, en Amos I 15, VT 27 (1977), 117-125]: Einige griechische Mss lesen den GN *Melkom* [wie auch einige Exegeten glauben, „Milkom" lesen zu müssen, vgl. z.B. D.L. Christensen, HThR 67 (1974), 427-436; J. Day, Molech (1989), 75. 77f. 82; W.R. Harper, Amos and Hosea (ICC; Edinburgh 1905 = 1910), 34-38; É. Puech, VT 27 (1977) 117ff], andere plur. „seine Könige"; ersteres ist aufgrund des Parallelismus mit *śrym* und wegen (qal.) *hlk b-gwlh* unwahrscheinlich, letzteres literarisch und historisch zu ungewöhnlich, um Grundlage für einen textkritischen Eingriff in den MT sein zu können [vgl. z.B. W. Rudolph, Amos (1971), 127]. Die Überlegungen von S. Talmon, The Sectarian yḥd – A Biblical Noun, VT 3 (1953), 139, aufgrund derer er *w-śry yḥdw* statt *w-śryw yḥdw* liest, überzeugen nicht, vgl. dazu auch J.C. de Moor, Lexical Remarks concerning yaḥad and yaḥdaw, VT 7 (1957), 350-355. Daß *'mr YHWH* wahrscheinlich ein Zusatz sei, so BHK$^3$ z.St., überzeugt wegen der Parallelbelege in Am. 1,5; 2,3 (vgl. auch die anderen Varianten der abschließenden Botenspruchformel Am. 1,8.11; 2,6) nicht.

73 Zum Verbrennen von Städten vgl. z.B. Jes. 33,12; Jer. 4,7; 21,10; 49,3; Sach. 9,4; KAI Nr. 222 A 35f und von Palästen vgl. z.B. Jer. 49,27; Hos. 8,14; Am. 1,4.7.10.12.14; 2,2.5; TUAT 1, 361; zum Anzünden von Mauern vgl. Jer. 49,27; Am. 1,7.10.14.

74 Vgl. einen Text aus der Zeit Tiglat-Pilesers I. (VAT 13833); Homer, Ilias VI 57f und 2Kön. 15,16; 8,12; Hos. 14,1; vgl. Jes. 13,16; Nah. 3,10; Hos. 10,14; Ps 137,9 [vgl. dazu auch M. Cogan, „Ripping open Pregnant Women" in Light of an Assyrian Analogue, JAOS 103 (1983) 755-757]. Deshalb gibt es keinen Grund, *hrwt* als Toponym o.ä. zu verstehen [gegen G.R. Driver, Linguistic

dürfte, wenn überhaupt, weder die einzige militärische Aktion während eines ammonitischen Einfalls in Gilead gewesen sein noch allein ein geeignetes Mittel, eigenes Gebiet auf Dauer zu erweitern und neu erobertes besetzt zu halten. Dazu steht nicht im Widerspruch, daß der Spruch einen historischen Kern haben *kann*, nur ist dieser eben nicht weiter historisch einzuordnen. Selbst wenn man an der Echtheit des Ammoniter-Spruchs festhält, hat man für den behaupteten ammonitischen Einfall in Gilead m.E. einen Datierungsspielraum von spätestens (!) der Mitte des 9.Jh.s bis ca. 760 v.Chr.[75], d.h. im ungünstigsten Fall einen Spielraum von rund 100 Jahren! Forschungsgeschichtlich gesehen wurde Am. 1,13-15 nur selten für unecht erklärt[76] und stattdessen meist als echter Fremdvölkerspruch des Amos ebenso in die Frühzeit Jerobeams II. (aufgrund angeblicher aktueller Bezüge) oder in die Zeit davor datiert wie der behauptete ammonitische Einfall in Gilead. Da wir über die damaligen Verhältnisse in Gilead, vor allem im ammonitischen Grenzgebiet, wenig wissen[77], ist der Raum für historische Möglichkeiten, Hypothesen und Spekulationen ziemlich groß. Eine dieser Spekulationen kann man immerhin sicher in den Bereich des Fabulierens verweisen, nämlich jene, die zwischen Am. 1,3-5 und 1,13-15 eine historische Beziehung in der Form eines gemeinsam koordinierten Einfalls von Aramäern und Ammonitern (in Analogie zu 2Sam. 10; 11,1; 12,26-31; vgl. auch 2Kön. 24,2) in Gilead konstruiert[78]; dafür geben beide Texte aufgrund ihres Wortlauts und ihrer Stellung in der Fremdvölkerspruchsammlung des Amos-Buches nichts her.

Die genannten Schwierigkeiten legen es also nahe, Am. 1,13-15 als Quelle für die

and Textual Problems: Minor Prophets II, JTS 39 (1938), 261; J. REIDER, Etymological Studies in Biblical Hebrew, VT 4 (1954), 279; E. SELLIN, Das Zwölfprophetenbuch 1.Hälfte ([2-3]1929), 198. 200. 206]; daß *bqʿ* in dieser Bedeutung meist im Dopplungsstamm belegt ist (2Kön. 8,12; 15,16; Hos. 14,1), besagt nicht viel. Daß *lmʿn* hier mit dem Inf. statt mit dem sonst häufiger belegten Imperf. konstruiert ist, ist ebensowenig ein Grund zu textkritischen Eingriffen wie metrische Gründe [gegen BHK[3] z. St.; J. MORGENSTERN, HUCA 32 (1961), 315, die *l-h-rḥyb* statt *lmʿn h-rḥyb* lesen wollen].

75 Vgl. H. DONNER, Geschichte des Volkes Israel und seiner Nachbarn 2 (1986), 281; S. HERRMANN, Geschichte Israels in alttestamentlicher Zeit (München [2]1980), 292f; S. MITTMANN, Beiträge (1970), 246 spricht recht phantasievoll davon, daß es im 9.Jh.v.Chr. durch Ammon (und Aram) zu einer weitgehenden Verwüstung und Entvölkerung Gileads gekommen sein soll.

76 V. FRITZ, VT 37 (1987), 26-38; ders., in: Prophet und Prophetenbuch. FS für O. KAISER zum 65.Geb. (1989), 29-43, der die Fremdvölkersprüche als *vaticinia ex eventu* aus der Zeit nach 722 v. Chr. interpretiert, aber nicht einsichtig macht, auf welche Deportation der ammonitischen Oberschicht durch die Assyrer Am. 1,15 anspielen soll: für die in Frage kommende Zeit ist eine solche nicht belegt.

77 Vgl. z.B. M. OTTOSSON, Gilead (1969), 228-234; H. DONNER, Geschichte des Volkes Israel 2 (1986), 273-284. Vgl. hier auch Kap. 3.

78 So z.B. S. COHEN, The Political Background of the Words of Amos, HUCA 36 (1965), 153-160; A. NEHER, Amos. Contribution à l'étude du prophétisme (Paris 1950), 61, vgl. auch J. WELLHAUSEN, Die kleinen Propheten ([3]1898 = Berlin [4]1963), 70f.

ammonitische (und israelitische) Geschichte mit großer Zurückhaltung zu verwenden; ein Beispiel für die israelitische Darstellung der Ammoniter und deren angebliche (oder tatsächliche) Art der Kriegsführung bleibt der Text allemal.

Der Fremdvölkerspruch Jer. 49,1-6 ist redaktionsgeschichtlich gesehen uneinheitlich. Vor allem die VV.2aα(?)[79].2b und 6 sind als sekundär zu betrachten. V.2aß.γ schließt nahtlos an V.1aß.b und V.3 an. Die Kurzform der Botenformel am Ende von V.2b ist auffällig (und fehlt in der LXX)[80]. Das Heilswort V.2b an Israel unterbricht die Unheilsankündigung gegen die Ammoniter; es ist Ausdruck einer späten Hoffnung auf die Wiederherstellung eines Israel, das auch (angeblich) an die Ammoniter verlorene Ostgebiete wieder umfassen wird[81]. Das Heilswort an Ammon V.6, das in LXX ebenfalls fehlt, steht im Widerspruch zu dem sekundären Heilswort an Israel und zu dem Fremdvölkerspruch gegen die Ammoniter insgesamt. Offenbar hat hier ein Redaktor, der kaum mit dem von V.2aα(?).b identisch sein kann, den Spruch an eine veränderte politische Situation in Ammon angepaßt, wie sie sich seit der ptolemäischen Zeit abzeichnete[82], oder aber ein ideales endzeitliches Bild vom 'Land' vorausgesetzt.

79 75 Vgl. z.B. H. Bardtke, Jeremia, der Fremdvölkerprophet, ZAW 54 (1936), 250f; W. Rudolph, Jeremia ($^{3}$1968), 286. 289; F. North, The Oracle against the Ammonites in Jeremiah 49,1-6, JBL 65 (1946), 40. Zu der Formel *hinnē yāmīm bā'īm* vgl. E. Jenni, *jōm*, THAT 1 ($^{3}$1978), 707-726, zur Formel *n$^{e}$'ūm YHWH* vgl. R. Rendtorff, Zum Gebrauch der Formel n$^{e}$'um jahwe im Jeremiabuch, (1954), in: ders., Gesammelte Studien zum Alten Testament (ThB 57; München 1975), 256-266.

80 76 Vgl. z.B. F. North, JBL 65 (1946), 41; W. Rudolph, Jeremia ($^{3}$1968), 289; nach J. Lindblom, Die literarische Gattung der prophetischen Literatur (UAA Teologie 1; Uppsala 1924), 108-110 ist sie nur in unechten oder überarbeiteten Textstücken des Jeremia-Buches belegt, vgl. J. G. Janzen, Studies in the Text of Jeremiah (HSM 6; Cambridge/MA 1973), 84.

81 Vgl. z.B. H. Bardtke, ZAW 54 (1936), 250f; W. Rudolph, Jeremia ($^{3}$1968), 289; L. C. Hay, The Oracles against the Foreign Nations in Jeremiah 46-51 (Ph.Diss. unpubl.; Nashville/TN 1960), 198; H. D. Preuss, Verspottung fremder Religionen im Alten Testament (1971), 165.

82 Vgl. z.B. H. Bardtke, ZAW 54 (1936), 249-252; J. R. Bartlett, TRE 2 (1978), 460; D. L. Christensen, „Terror on every Side" in Jeremiah, JBL 92 (1973), 498ff (sek.); ders., Transformations of the War Oracle in Old Testament Prophecy. Studies in the Oracles against the Nations (HThR, Harvard Dissertations in Religion 3; Missoula/MT 1975), 226 (sek.); L. C. Hay, The Oracles against the Foreign Nations (Ph.Diss.; 1960), 147; S. Herrmann, Die prophetischen Heilserwartungen im Alten Testament. Ursprung und Gestaltwandel (BWANT 85; Stuttgart 1965), 234 (nachjeremian.); anders P. Höffken, Zu den Heilszusätzen in der Völkerorakelsammlung des Jeremiabuches, VT 27 (1977), 398-412 (mit dem Nonsens-Satz S. 398 „Moab ist in hellenistischer Zeit in Gestalt von Philadelphia neu erstanden"); vgl. ders., Untersuchungen zu den Begründungselementen der Völkerorakel des Alten Testaments (Diss.theol. masch.; Bonn 1977), 81; G. M. Landes, A History of the Ammonites (Ph.D.Diss.; 1956), 391f; F. North, JBL 65 (1946), 43 (sek.); W. Rudolph, Jeremia ($^{3}$1968), 267. 290; P. Volz, Der Prophet Jeremia (KAT 10; Leipzig $^{2}$1928), 414-416; A. Weiser, Das Buch Jeremia ($^{7}$1976), 405f. Zur Formel *šûb 'aet-š$^{e}$bût* vgl. J. A. Soggin, *šūb*, THAT 1 ($^{3}$1978), 886-888; zuletzt I. Willi-Plein, *ŠWB ŠBWT* – eine Wiedererwägung, ZAH 4 (1991), 55-75.

Weder der ursprüngliche Bestand (V.1aß.b.2aß.γ.3-5[83]) noch die redigierten Fassungen des Fremdvölkerspruchs gegen die Ammoniter sind datiert. Die Angaben, die auf eine historische Auswertbarkeit hoffen lassen, sind unbestimmt und mehrdeutig. Wann die Ammoniter „Gad beerbt" haben, wird nicht gesagt. Wer sich – außer dem theologischen Verursacher Jahwe – hinter dem „Verwüster" (V.3 cj.) und dem „Kriegsgeschrei" (V.2) verbirgt und woher beide kommen („von allen Seiten" V.5), wird offen gelassen. Die Verwüstung und Exilierung Rabbas, seiner 'Tochter(städte)' und Heschbons werden ebenso als zukünftige Ereignisse angedroht wie die Exilierung der Oberschicht und der Statue ihres Gottes Milkom (cj.)[84]. Ob und wann die angekündigten Ereignisse eintraten, wird nicht gesagt. Weder aus den unterschiedlichen Reihenfolgen der Fremdvölkersprüche in Jer. 46-51 im MT und in der LXX noch aus der Völker-Aufzählung in Jer. 25,18-26 lassen sich sichere Schlußfolgerungen auf die Entstehungszeit der verschiedenen Sprüche ziehen oder entsprechende historische Auswertungen durchführen[85]. Die verein-

83 In V.4 ist textkritisch folgendes zu ändern: Der grammatisch und inhaltlich schwierige Pleonasmus in V.4aα [sofern man zweimal *ʿmq* I („Tal") annimmt: „Was rühmst du dich der Täler, überfließend ist dein Tal"] läßt sich z.B. durch die Annahme von *ʿmq* II („Stärke"?, vgl. HAL[3] 1, 803; K.-M. Beyse, *ʿemaeq*, ThWAT 6 (1989), 220-226) auflösen [„Was rühmst du dich der Täler (?) / der Stärke(n) (?), deine Stärke ist zerflossen"] oder durch Streichung von *bʿmqym z* (Dittographie?): es bleibt *b-ʿmq-k*: „Was rühmst du dich deines Tales (?) / deiner Stärke (?)"; vgl. z.B. I. Müller, Die Wertungen der Nachbarvölker Israels Edom, Moab, Ammon, Philistäa und Tyrus / Sidon nach den gegen sie gerichteten Drohsprüchen der Propheten (Diss. theol. masch.; Münster i.W. 1968), 74; W. Rudolph, Jeremia ([3]1968), 286, auch P. Höffken, Untersuchungen zu den Begründungselementen der Völkerorakel des Alten Testaments (1977), 319-321; D. L. Christensen, Transformations of the War Oracle in Old Testament Prophecy (Missoula/MT 1975), 225f [ansonsten ist eine Reihe der dort vorgeschlagenen Textänderungen kaum haltbar, vor allem zu V.1aß und V.2a* (Streichung von *bny ʿmwn*)].

84 LXX, Syr. und Vulg. setzen wie in V.1 [wo sich das Suffix *(mlk)-m* nur auf die in der wahrscheinlich sekundären, redaktionellen Überschrift erwähnten Ammoniter beziehen könnte; die theologische Konnotation von Landbesitz und -erbe impliziert aber eine Konkurrenz von Jahwe und Milkom] den GN Milkom voraus; das Suffix von *mlk-m* (V.3) paßt nicht in den Kontext („Töchter Rabba's"); vgl. auch Jer. 47,5; 48,7 und z.B. R. P. Caroll, The Book of Jeremiah (OT Library; London 1986), 797f; D. L. Christensen, JBL 92 (1973), 499; ders., Transformations of the War Oracle in Old Testament Prophecy (1975), 224f; J. Day, Molech (1989), 74f. 82; L. C. Hay, The Oracles against the Foreign Nations in Jeremiah 46-51 (Ph.Diss.; 1960), 146f; I. Müller, Die Wertungen der Nachbarvölker Israels (Diss. theol.; 1968), 74. 114; F. North, JBL 65 (1946), 37f. 40-42; W. Rudolph, Jeremia ([3]1968), 286; F. Schwally, ZAW 8 (1988), 200; A. Weiser, Das Buch Jeremia ([7]1976), 402f.

85 So z.B. W. Rudolph, Jeremia ([3]1968), 266f. 277ff. 289, der glaubt, daß der Ammon-Spruch ursprünglich vor dem Moab-Spruch 49,1-47 gestanden habe, dies vor allem mit der angeblichen Stadtgeschichte Heschbons begründet, und dann vom Moab-Spruch auf den Ammon-Spruch schließt und zu einer Datierung ins Jahr 605 v. Chr. kommt; so auch J. H. Hayes, The Oracles against the Nations in the Old Testament. Their Usage and Theological Implications (Th.Diss. unpubl.; Theological Seminary Princeton/NJ 1964), 246.

zelten Übereinstimmungen und Ähnlichkeiten vor allem von V.3, aber auch von V.1f mit Am. 1,(14).15 beweisen auch nicht die Abhängigkeit von Jer. 49,1*-5* von Am. 1[86]; dazu sind sie zu knapp und stereotyp und der 'Überschuß' in Jer. 49,1ff zu groß.

Die Erwähnung Heschbons als offenbar ammonitische Stadt V.3 überrascht; es ist der einzige Beleg dieser Art, der zudem historisch zweifelhaft[87] (und textkritisch nicht unproblematisch) ist. Eine angeblich ammonitische Stadt namens Ai ist nur hier – in einer textkritisch problematischen Stelle – belegt (vgl. Kap. 3). Da sie neben Rabba und Heschbon erwähnt wird, müßte es sich um eine der bedeutendsten ammonitischen Siedlungen handeln; eine Identifizierungsmöglichkeit mit einem der größeren *tulūl* auf (süd-?)ammonitischem Territorium besteht nicht[88]. Auch das topographische Onomastikon der Ammonitis enthält kein entsprechendes arabisches Äquivalent zu „Ai"[89]. Eine Verwechslung mit dem westjordanischen Ai (*et-Tell*) durch den zweifellos westjordanischen Verfasser ist kaum anzunehmen[90]. Zudem paßt die Besiedlungsgeschichte von Ai (*et-Tell*) nicht in den Kontext von Jer. 49,1-6: Warum sollte Heschbon über die Zerstörung Ais während der Zeit Josuas (Jos. 7-8) bzw. am Ende der Eisen I-Zeit heulen? Am besten ändert[91] man in V.3aα *šūdᵉdāh ʿAī* („Ai ist verwüstet") mit Jer. 48,15 (cj.).18 in *šōded*

86 So z.B. D.W. Nowack, Die kleinen Propheten (1897), 125; P. Volz, Der Prophet Jeremia (²1928), 414f.

87 U. Hübner, ZDPV 104 (1988), 68-73 (vgl. Kap. 3).

88 R.P. Caroll, The Book of Jeremiah (1986), 797 hält am ON Ai fest; vgl. D.L. Christensen, JBL 92 (1973), 499; ders., Transformations of the War Oracle in Old Testament Prophecy (1975), 224.

89 In der Moabitis nahe *Kaṯrabbā* dagegen ist der ON belegt, arab. *ʿAi*, map ref. 2112.0603 [vgl. zuletzt J.M. Miller (ed.), Archaeological Survey of the Kerak Plateau (1991), Nr. 262 (u.a. mit eisen- bis perserzeitlichen Siedlungsresten)], = griech. *Aia* auf der Medeba-Karte, vgl. H. Donner, Mitteilungen zur Topographie des Ostjordanlandes anhand der Mosaikkarte von *Mādebā*, ZDPV 98 (1982), 183-188; ders. – H. Cüppers, Die Mosaikkarte von Madeba (ADPV; Wiesbaden 1977), Abb. 104-106, = *ʿyy hʿbrym* in Num. 21,11; 33,44. *Möglicherweise* kann man daraus schließen, daß das Ammon-Orakel Jer. 49,1ff ursprünglich ein Moab-Orakel darstellte und nachträglich von judäischer Seite 'ammonitisiert' wurde: Man behält vor allem die ON Ai und Gad bei, versteht Rabba u.a. durchgehend als moabitische ON und *mlk-m* als *„ihr König"*, vgl. E.A. Knauf, Jeremia XLIX 1-5: ein zweites Moab-Orakel im Jeremia-Buch, VT 42 (1992), 124-128.

90 Haltlos C. de Jong, De Volken bij Jeremia (Diss. theol.; Kampen 1978), 146, nach dem die Ammoniter sogar in das westjordanische Ai (*et-Tell*) vorgedrungen sein sollen.

91 Daneben ist in V.3 (MT) noch folgendes zu ändern: In V.3b *malkām* in den GN Milkom (vgl. Kap. 6.1); in V.3aß macht MT mit „lauft in den 'Mauern' umher" innerhalb der Trauermetaphorik weniger Sinn als wenn man hier am besten und nur (also nicht auch das Verb) *bagᵉderôt* in *bigᵉdūdôt* (*gᵉdûdāh "Ritzwunde, Einschnitt") ändert, vgl. Jer. 47,5; 48,37 und z.B. W. Rudolph, Jeremia (³1968), 286; P. Volz, Der Prophet Jeremia (²1928), 414f; A. Weiser, Das Buch Jeremia (⁷1976), 403; D.L. Christensen, Transformations of the War Oracle in Old Testament Prophecy (1975), 225.

*ʿālāh* („ein Verwüster rückt heran") oder aber in *šuddadt ʿaī*[92] („du bist verwüstet zur Ruine"). Dies alles spricht einerseits gegen die geographischen Kenntnisse des westjordanischen Verfassers und andererseits für sein Desinteresse an konkreten und genauen historischen und geographischen Angaben. Sein Interesse gilt mehr theologischen Überlegungen über den Landbesitz der Götter Jahwe und Milkom bzw. der von ihnen repräsentierten Völker „Israel" und Ammon[93]. Dabei wird Anspruch auf das angeblich von Ammonitern besiedelte Gad [und auf Heschbon (?), das lange zuvor einmal israelitisch besiedelt gewesen sein soll: Laut Jos. 13,26f; 21,39; 1Chr. 6,66 gehörte es zu Gad, laut Num. 32,37; Jos. 13,17.21 zu Ruben] erhoben und damit die Restitution alter Verhältnisse gefordert[94]. Da die Region um Heschbon aber spätestens unter Mescha an Moab gefallen war[95] und wohl auch dort verblieb, hätte sich der Verf. von Jer. 49,1-6 in diesem Punkt besser an Moab als an Ammon gewandt.

Die realen Adressaten des Fremdvölkerspruchs gegen die Ammoniter, über die bzw. gegen die geredet wird, waren nicht diese selbst. Ammoniter haben kaum jemals diesen oder einen anderen Fremdvölkerspruch zur Kenntnis genommen. Selbst wenn sie hin und wieder dazu Gelegenheit gehabt haben sollten, dürften sie derartige prophetische Gerichtsankündigungen ebensowenig beeindruckt haben wie die dabei behauptete Überlegenheit des (universalen) Nationalgottes der Judäer über den (partikularen) Nationalgott der Ammoniter. Die Hoffnung, die der Fremdvölkerspruch seinen judäischen Adressaten machte, war eine Hoffnung auf Kosten der Ammoniter. Diese hätten das als den üblichen Ausdruck westlichen Gedankensguts (miß-)verstanden, unter dem sie in ihrer Geschichte so oft zu leiden hatten.

Der ursprüngliche Spruch stammt, wenn man an seiner Echtheit festhält[96] und daran, daß Jeremia sich dabei auf irgendwelche Ereignisse seiner (und nicht vor seiner) Wirkungszeit bezieht[97], aus einer Zeit politischer Spannungen zwischen

92 Freundlicher Hinweis von M. WEIPPERT.

93 Vgl. z.B. N. LOHFINK, *jāraš*, ThWAT 3 (1982), 953-985.

94 U. HÜBNER, ZDPV 104 (1988), 72.

95 Heschbon selbst dürfte erst nach Mescha gegründet worden war, vgl. E. A. KNAUF, ZDPV 106 (1990), 135ff.

96 Jer. 49,1*-5*.(6)* wird z.B. von BARDTKE, CHRISTENSEN, RUDOLPH und WEISER für echt, dagegen z.B. von SCHWALLY und VOLZ für unecht gehalten.

97 H. BARDTKE, ZAW 54 (1936), 251: z.Zt. Joschijas kurz nach 617 v.Chr.; D. L. CHRISTENSEN, JBL 92 (1973), 501; ders., Transformations of the War Oracle in Old Testament Prophecy (1975), 227: z.Zt. Joschijas; H. L. GINSBERG, in: A. MARX Jubilee Vol. on the Occasion of his Seventieth Birthday, English Section (1950), 355f (gegen und nach Ende von Joschijas Herrschaft); G. M. LANDES, A History of the Ammonites (Ph.D.Diss.; 1956), 305: gegen Ende der Regierungszeit Joschijas; W. RUDOLPH, Jeremia ($^{3}$1968), 267. 289: 605 v.Chr.; A. WEISER, Das Buch Jeremia ($^{7}$1976), 403f: 601/600 v.Chr. Laut C. DE JONG, De Volken bij Jeremia (Diss. theol.; Kampen 1978), 129. 146. 162.

„Israel“ einerseits und Ammon andererseits, wobei die Staatlichkeit zumindest Ammons wohl vorauszusetzen ist. Ob sich die angekündigte Zerstörung Rabbas und seiner Tochterstädte auf die Eroberung Nebukadnezzars II. 582 v.Chr. [Joseph., Ant. 10,9,7 (§§ 181f)] bezieht, sich also als *vaticinium ex eventu* darauf zurückbezieht, oder aber nur als reichlich unbestimmtes oder gar mehr oder weniger ahistorisches Theologumenon gemeint ist, läßt sich kaum entscheiden[98]. Der theologische Universalismus des Fremdvölkerspruches macht eine Entstehung vor Jeremia eher unwahrscheinlich; dessen Verfasserschaft ist gleichwohl kaum beweisbar noch sicher widerlegbar. *Wenn* man den Spruch mit der Datierungsangabe der Redaktion in Jer. 46,2 (vgl. 36,1f), d.h. mit dem Jahr 605 v.Chr., und mit den Angaben von Jer. 50,2ff, die die Eroberung Babylons durch Kyros 538 v.Chr. voraussetzen, in Beziehung setzen könnte, hätte man einen zeitlich eingegrenzten Rahmen für die Entstehung von Jer. 49,1*-5* zwischen 605 und 538 v.Chr.; wahrscheinlicher aber bleibt das Jahr 582 v.Chr. als *terminus ante quem*.

Zusammenfassend läßt sich nur feststellen, daß sich Jer. 49,1-5(6) nur sehr vage datieren läßt und sich die darin für die Zukunft angekündigten Ereignisse historisch kaum genauer einordnen lassen[99]. In diesem unbestimmten Sinn ist der Spruch vor allem als theologischer Ausdruck judäischen Nachdenkens über Ammon (und über sich selbst) zu verstehen[100].

Ez. 25,6-7* ist ein nachezechielischer Zusatz[101] zu dem Fremdvölker-Orakel V.1-5, der durch *kî* erneut mittels einer Botenformel ein- und durch eine Erkenntnisformel ausgeleitet wird. Der „Adressat“, die Ammoniter, wird nicht noch einmal eigens genannt, da er aufgrund von V.2-5 vorausgesetzt ist. Weniger wichtig als der Wechsel der ammonitischer Feinde (von „den Söhnen des Ostens“ zu „den Völkern“) ist die drastische Verschärfung der Gerichtsandrohung: „Denn so hat der Herr, Jahwe, gesprochen: 'Weil du in die Hände geklatscht und mit dem Fuß gestampft und dich gefreut hast mit allem Hohn in der Seele über das Land Israels,

386 u.ö. sollen die Ammoniter Gad nach der Schlacht von Megiddo bzw. dem Tod Joschijas 609 v.Chr. besetzt haben.

98 Laut den wilden Spekulationen von C. de Jong, De Volken bij Jeremia (Diss. theol.; Kampen 1978), 146. 162 u.ö. soll Nebukadnezzar II. nach dem Fall von Aschkelon über Ai und Gilgal nach Heschbon gezogen sein und dann Rabbat-Ammon erobert haben.

99 R.P. Caroll, The Book of Jeremiah (1986), 797-800.

100 G. Fohrer, Vollmacht über Völker und Königreiche (Jer 46-51), (1972), in: ders., Studien zu alttestamentlichen Texten und Themen (1966-1972) (BZAW 155; Berlin – New York 1981), 49: „Zu Jer 49 ist nicht viel zu bemerken“.

101 Vgl. z.B. W. Eichrodt, Der Prophet Hesekiel Kapitel 19-48 ($^2$1969), 241; G. Hölscher, Hesekiel (1924), 133, Anm. 1; W. Zimmerli, Ezechiel 25-28 ($^2$1979), 592. Daß das Suffix der 2.sg. fem. das Genus wechselt, ist allerdings weder grundlos noch ein Indiz für einen redaktionsgeschichtlichen Eingriff: In V.1-5 sind Ammon (fem.) als Ernährerin, in V.6f die Bewohner Ammons (mask.) gemeint, vgl. dazu z.B. K. Albrecht, Das Geschlecht der hebräischen Hauptwörter, ZAW 16 (1896), 56-60.

deshalb, siehe, will ich meine Hand gegen dich erheben und dich den Völkern zur Beute (cj.)[102] geben und dich ausrotten *(krt* hi.) aus den Völkern und dich vernichten *('bd* hi.) aus den Ländern; [ich will dich zerstören *(šmd* hi.)][103]. Und du wirst erkennen, daß ich Jahwe bin'". Daß die Erkenntnisformel, wie G. HÖLSCHER[104] meint, „recht gedankenlos" hinzugefügt ist, trifft kaum zu; gerade diese Art gezielter theologischer Un-Logik, nach der die Gegner Israels erst aufgrund bzw. nach ihrer existentiellen Vernichtung und Auslöschung theologisch lernfähig werden, zeigt, wie hier gedacht wird: Nur tote Ammoniter sind gute Ammoniter[105]. 'Heidnische' und israelitische „Gotteserkenntnis" sind nach dem Ezechiel-Buch tatsächlich „qualitativ verschieden"[106]. Die Begründung, die die Berechtigung für diese Form der existentiellen Vernichtung der Ammoniter liefern soll, ihre unverhohlene Freude über den Untergang Jerusalems 586 v. Chr., ist ein Stereotyp, das nicht nur gegenüber Ammonitern (Ez. 21,33; 25,3.6; Zeph. 2,8-10), sondern auch gegenüber einer Reihe anderer Nachbarvölker häufig Verwendung fand (Ez. 16,57; 35,15; Zeph. 2,8-10; Ob. 12; vgl. Neh. 2,19). In Israel war man über die Eroberung der entsprechenden Nachbarvölker durch die Babylonier auch nicht gerade traurig.

Zeph. 2,8*-9*.10*-11* gilt, von zusätzlichen Glossen wie *ṣb'wt* (V.9aα)[107] abgesehen, meist als sekundärer Zusatz[108]: „Die Übriggebliebenen" (V.9bα) bzw. „der

102 *bag* (MT) muß nicht unbedingt in *baz* (Qere) geändert werden: Die Vermutung von H. RABIN, Lexicographical Remarks, in: Studies in Bible and the Ancient Near East presented to S. E. LOEWENSTAMM, ed. J. AVISHUR – J. BLAU (Jerusalem 1978), 398f (hebr.; English Summary 206), bei *bag* handele es sich um ein ammonitisches Wort, überzeugt aber nicht, weil es sich aus seiner Herleitung aus dem Arabischen heraus gerade nicht um ein ammonitisches, sondern um ein *arabisches Lehnwort* handeln müßte, was sprachlich und chronologisch durchaus möglich ist, vgl. z. B. auch W. LESLAU, Comparative Dictionary of Geʿez (Classical Ethiopic) (Wiesbaden 1987), 88f.

103 *'šmydk* ist wegen der fehlenden Copula, des mangelnden Parallelismus membrorum (Verbalform ohne nachfolgende Weiterführung) und des übervollen Pleonasmus wohl als Glosse zu betrachten, vgl. z. B. A. BERTHOLET, Hesekiel (1936), 88; W. EICHRODT, Der Prophet Hesekiel Kapitel 19-48 ($^2$1969), 239; G. FOHRER, Die Glossen im Buche Ezechiel, (1951), in: ders., Studien zur alttestamentlichen Prophetie (1949-1965), (BZAW 99; Berlin 1967), 211; W. ZIMMERLI, Ezechiel 25-48 ($^2$1979), 585.

104 Hesekiel (1924), 133, Anm. 1.

105 Der Gedanke, daß erst katastrophale Auswirkungen die Ammoniter auf den rechten Weg zu Gott bringen, ist auch bei Zeph. 2,8-11 und Jer. 49,1-6 zu finden.

106 B. LANG, Ezechiel (1981), 110; vgl. ders., Kein Aufstand in Jerusalem ($^2$1981), 76-79.

107 Vgl. BHK$^3$; BHS z. St.; K. SEYBOLD, Satirische Prophetie (1985), 48, der V.9a (außer *ṣb'wt* und *'lhy yśr'l?)* für echt hält, vgl. ders., Nahum, Habakuk, Zephanja (ZB AT 24,2; Zürich 1991), 106f; K. ELLIGER, Das Buch der zwölf Kleinen Propheten II ($^7$1975), 69-73; W. RUDOLPH, Zephanja (1975), 275-277. Zu den *hapaxlegomena mmšq* und *mkrh* in V.9aß vgl. HAL$^3$ 2, 551.564; die Überlegungen von K. SEYBOLD, Satirische Prophetie (1985), 49f. 80, die *hapaxlegomena* mit Damaskus (vgl. LXX z. St.) und Machir in Beziehung zu bringen, sind Spekulation.

108 Vgl. R. EDLER, Das Kerygma des Propheten Zefanja (1984), 54-56. 67-69. 89. 92. 264 (Taf. IV) und 262 (Taf. II) mit einem guten Überblick über die Forschungslage; vgl. dazu zusätzlich B. DUHM,

Rest“ (V.9bß) Judas setzen den Untergang Jerusalems 586 v.Chr. ebenso voraus wie „das Höhnen Moabs und die Lästerreden der Ammoniter“ (V.8a, vgl. V.10) eben darüber (vgl. z.B. auch Ez. 21,33; 25,3.6). Den VV.10*-11* fehlt im Gegensatz zu den VV.8f und den übrigen Fremdvölkersprüchen in Zeph. 2* eine poetische Gestaltung[109]. Die recht unvermittelt anschließende Theologie von der Jahwe-Verehrung nicht nur in Jerusalem, sondern auch auf der ganzen Erde durch die (Mittelmeer-)Heiden in V.11 dürfte als Glosse zu den VV.8-9.10[110] und auch V.10 schon als Glosse zu VV.8f zu betrachten sein[111].

Die Bemerkung in V.8bß[112] will wohl als Hinweis auf einen Einfall in israelitisches Gebiet verstanden werden. Da sie aber aus der Zeit nach 586 v.Chr. stammt und überdies völlig unspezifisch von einem gemeinsamen Einfall von Ammonitern und Moabitern spricht, bezieht sie sich dabei kaum auf ein Ereignis, das dem Verfasser dieser politisch wie theologisch polemischen Bemerkung näher bekannt war; und selbst wenn er tatsächlich an irgendein konkretes historisches Ereignis gedacht haben sollte, ist dies nicht sicher verifizierbar[113].

Moabitern und Ammonitern wird ein Untergang à la Sodom und Gomorra angesagt[114]; ihr dergestalt verwüstetes Gebiet soll vom Rest des Gottesvolkes ausge-

ZAW 31 (1911), 97 (makkabäische Zeit); F. SCHWALLY, Das Buch Ssefanjâ, eine historisch-kritische Untersuchung, ZAW 10 (1890), 223-229 (exilisch); H. SCHMIDT, Die großen Propheten (SAT II 3; Göttingen 1915), 163; K. SEYBOLD, Satirische Prophetie (1985), 16. 18f. 48f. 88f. 98f (außer V.9a*); ders., Nahum, Habakuk, Zephanja (1991), 106f; J.W. ROTHSTEIN, Zephanja [HSAT(K) II; Tübingen ³1910], 71 hält 2,8-11 ebenso für echt wie D.L. CHRISTENSEN, Zephaniah 2:4-15: A Theological Basis for Josiah's Program of Political Expansion, CBQ 46 (1984), 669-682 und datieren damit – wie andere auch – die im Text genannten 'Ereignisse' in die (Anfangs)zeit Joschijas, vgl. auch J.R. BARTLETT, Edom and the Edomites (1989), 147. Zuletzt E. BEN-ZVI, A Historical-Critical Study of the Book of Zephaniah (BZAW 198; Berlin – New York 1991), 164-176. 309-311.

109 Zu einem wenig überzeugenden metrischen Versuch vgl. D.L. CHRISTENSEN, CBQ 46 (1984), 669-682, vgl. auch H.W.M. VAN GROL, Classical Hebrew Metrics and Zephaniah 2-3, in: The Structural Analysis of Biblical and Canaanite Poetry, ed. W. VAN DER MEER – J.C. DE MOOR (JSOT.S 74; Sheffield 1988), 186-206.

110 Vgl. schon BHK³, BHS; vgl. R. EDLER, Das Kerygma des Propheten Zefanja (1984), 67-69. 264; K. ELLIGER, z.St.

111 Vgl. schon BHK³, BHS; vgl. R. EDLER, Das Kerygma des Propheten Zefanja (1984), 92; K. MARTI, Dodekapropheton (1904), 360. 370.

112 In V.8bß ist *gbwl-m* mit LXX (und aufgrund des Parallelismus mit 8bα ?) in *gbwl-y* zu ändern, vgl. z.B. BHK³ oder die Kommentare von K. ELLIGER und W. RUDOLPH, z.St. L. SABOTTKA, Zephanja. Versuch einer Neuübersetzung mit philologischem Kommentar (1972), 83-86. 144 übersetzt *gbwl-m* mit „auf meinem Berg“, indem er *gbl* mit ug. *gbl* vergleicht und *-m* als *mem encliticum* versteht.

113 Zu den spekulativen Versuchen, Zeph. 2,8-10.(11) mit 2Kön. 24,2 in Verbindung zu bringen und in die Zeit Jojakims zu datieren, vgl. R. EDLER, Das Kerygma des Propheten Zefanja (1984), 44-49.

114 Dies ist ein Motiv, das vor allem in prophetischen Texten auch gegen weitere Fremdvölker (Edom, Babylon), aber auch gegen Israel / Juda Verwendung finden kann, vgl. z.B. Jes. 1,7.9f (vgl. Röm. 9,29); 13,19; Jer. 23,24; 49,18; 50,40; Ez. 16,46ff; Am. 4,11; vgl. auch Dtn. 29,22; Thr. 4,6; Mt.

plündert und in Besitz genommen werden. Insofern ist Zeph. 2,8-11 weniger als Quelle zur ammonitisch-israelitischen Geschichte zu verwenden, sondern vielmehr als Dokument israelitischer Darstellung der Ammoniter.

Eine antiisraelitische Koalition in der Zusammensetzung, wie sie in Ps. 83,7-9[115] aufgeführt wird, ist sonst nicht belegt und historisch unwahrscheinlich[116]. Es handelt sich dabei vielmehr um eine Auflistung traditioneller und aktueller (?) Feinde, deren Vorgehen nicht wie sonst in Volksklageliedern üblich im Rückblick als schon eingetreten beklagt wird, sondern im Vorausblick als zukünftiges Unheil befürchtet wird, von dem nicht gesagt wird, ob überhaupt und wann es tatsächlich Wirklichkeit geworden ist. Von daher sind Versuche, die zukünftigen Ereignisse, von denen Ps. 83 'berichtet', mit historischen Situationen zu verknüpfen, die aus anderen Quellen bekannt sind, wenig sinnvoll[117]. Da in der Liste der

11,23f; Apk. 11,8 und zusammenfassend M. J. Mulder, *s^edōm*, *ʿ^amorāh*, ThWAT 5 (1986), 756-769.

115 Am MT ist vor allem folgendes zu ändern: In V.10 ist Midian ersatzlos zu streichen und mit Rücksicht auf Ri. 7,1ff dafür am Anfang von V.11 einzusetzen, vgl. z.B. BHK³, BHS z.St., H.-J. Kraus, Psalmen 60-150 (BK AT 15,2; Neukirchen-Vluyn ⁵1978), 740 und A. Weiser, Psalmen II (ATD 15; Göttingen GöttingenGG81973), 382. In V. 11 ist En-Dor *vielleicht* mit Rücksicht auf Ri. 7,1 durch En-Harod zu ersetzen, vgl. z.B. BHK³, BHS z.St., H.-J. Kraus, Psalmen 60-150 (⁵1978), 740. In V.12 sollte wegen des störenden Suffixes der 3.mask. plur. *(šyt)-mw* und unter Berücksichtigung der LXX *šyt* oder *šyth* (imp. ohne Suffix) gelesen werden, vgl. BHK³, BHS z.St.; die Form des MT ist vielleicht aus V.14 hier eingedrungen.

116 Vgl. z.B. M. Dahood, Psalms II: 51-100 (AncB 17; Garden City/NY 1968), 273; K.-J. Illman, Thema und Tradition in den den Asaf-Psalmen (Meddelanden från Stiftelsen för Åbo Akademi Forskningsinstitut Nr. 13 / Publications of the Research Institute of Åbo Akademi Foundation; Åbo 1976), 34; O. Keel, Feinde und Gottesleugner. Studien zum Image der Widersacher in den Individualpsalmen (SBM 7; Stuttgart 1969), 90; H. P. Nasuti, Tradition History and the Psalms of Asaph (SBL.DS 80; Atlanta/GA 1988), 111f; H. Zirker, Die kultische Vergegenwärtigung der Vergangenheit in den Psalmen (BBB 20; Bonn 1964), 121.

117 B. Mazar (Maisler), The Historical Background of Psalm 83, Yediot 4 (1937), 47-51 (hebr.) [= in: E. Stern (ed.), BIES-Reader B, Jerusalem 1965, 289-293]; ders., The Historical Background of the Book of Genesis, JNES 28 (1969), 79f = in: ders., The Early Biblical Period. Historical Studies (Jerusalem 1986), 57 und I. Ephʿal, „Ishmael" and „Arab(s)": A Transformation of Ethnological Terms, JNES 35 (1976), 225, Anm. 1; ders., The Ancient Arabs (Jerusalem – Leiden 1982), 60f (Anm. 194). 67 (Anm. 210) datieren Text und 'Ereignisse' in die Richter-Zeit; dabei macht schon die Erwähnung Assurs in V.9 eine Datierung vor das 9.Jh.v.Chr. nahezu unmöglich und schließt eine spätere keineswegs aus. A. Tholuck, Uebersetzung und Auslegung der Psalmen (Gotha ²1873), 536-538; F. Delitzsch, Die Psalmen (BC; Leipzig ⁵1894 = Gießen – Basel 1984), 549-554; D. L. Christensen, Transformations of the War Oracle in Old Testament Prophecy (1975), 113-121 *u.a.* verknüpfen Ps. 83 mit 2Chr. 20,1-30 und datieren entsprechend in die Zeit Joschafats (dagegen s.o.). M. Dahood, Psalms II (1968), 272-277; W. J. Dumbrell, The Midianites and their Transjordanian Successors (Ph.D.Diss. unpubl. Harvard 1970), 189f (zwischen 750-722 v.Chr.); O. Eissfeldt, Die Psalmen als Geschichtsquelle, (1971), in: ders., KS 5 (Tübingen 1973), 195f; E. Haglund, Historical Motifs in the Psalms (CB OT 23; Stockholm 1984), 61; U. Kellermann, Israel und Edom (Hab. theol.; 1975), 284f; H.-J. Kraus, Psalmen 60-150 (⁵1978), 742; H. M. Wie-

Feinde das Gebal des südlichen Transjordaniens (*el-Ǧibāl*) und die Hagariter erwähnt werden, ist eine vorexilische Herkunft des Volksklageliedes so gut wie ausgeschlossen[118].

Zu der Datierung in die nachexilische Zeit paßt auch der theologische Tenor des Textes: Die namentlich aufgeführten Feinde Israels[119], darunter auch Ammon, das explizit zu „den Söhnen Lots" gezählt wird (vgl. Gen. 19,30-38), gelten als identisch mit den Feinden und Hassern Gottes (V.3), und ihrer letztendlichen, exklusiven Erkenntnis des einen Gottes (V.19) geht ihre Beschämung, ihr Entsetzen und ihre Vernichtung voraus [(V.12-) 18].

Der Text 2Chr. 20,1-30[120] ist literarkritisch und redaktionsgeschicht-

NER, The Historical Background of Psalm LXXXIII, JPOS 8 (1928), 180-186; A. WEISER, Die Psalmen II (⁸1973), 382-384; G. M. LANDES, A History of the Ammonites (Ph.D.Diss.; Baltimore/MD 1956), 349-361 u.a. datieren Text (und 'Ereignisse') in die vorexilische Zeit [vor allem wegen der Erwähnung Assurs und des Fehlens Babylons (und Arams)]. F. BAETHGEN, Die Psalmen (HK II 2; Göttingen ³1904), 258-260; B. DUHM, Die Psalmen (KHC 14; Tübingen ²1911), 318-321; E. KAUTZSCH, Das Buch der Psalmen [HSAT(K) II; Tübingen ³1910], 190f; R. KITTEL, Die Psalmen (KAT 13; Leipzig – Erlangen ³⁻⁴1922), 277f; A. LAUHA, Die Geschichtsmotive in den alttestamentlichen Psalmen (AASF B 56; Helsinki 1946), 126; W. STÄRK, Lyrik (SAT III 1; Göttingen 1911), 112f. 116f; J. WELLHAUSEN, Skizzen und Vorarbeiten VI (Berlin 1899), 179f u.a. verknüpfen Ps. 83 mit 1Makk. 5 und datieren entsprechend Text und 'Ereignisse'. Die Überlegungen von M. LAHAV, Who is the 'Ashurite' (2 Sam 2:9) and 'Ashur' (Ps 83:9), BetM 28 (1982-83), 111f (hebr.) überzeugen nicht.

118 E. A. KNAUF, Ismael (²1989), 10-12. 49; ders., Midian (1988), 38, Anm. 192. Schon andere zuvor haben Ps. 83 in die persische Zeit datiert, vgl. z. B. C. WESTERMANN, Struktur und Geschichte der Klage im Alten Testament, (1954), in: ders., Forschung am Alten Testament. Gesammelte Studien 1 (ThB 24; München 1964), 273f (sicher nachexilisch); H. GUNKEL, Die Psalmen (HK II 2; Göttingen ⁴1926), 363-367 (zwischen Esra und Alexander d.Gr.).

119 Gebal mit Syr. (*tḇwm' dʿmwn*) in *gᵉbūl ʿAmmōn* zu ändern, besteht kein Anlaß, gegen O. KEEL, Die Welt der altorientalischen Bildsymbolik und das Alte Testament (Zürich u. a. ³1980), 231-233, der das auch nur zu machen scheint, um auf die traditionelle 9-Zahl zu kommen; wenn man *plšt ʿm yšby ṣwr* als *ein* Feind-Glied (Mittelmeerküste!) versteht, ist man auch bei der 9-Zahl. Ebensowenig überzeugend ist der Versuch z. B. von D. L. CHRISTENSEN, Transformations of the War Oracles in Old Testament Prophecy (1975), 113-115 „Byblos along with (*ʿm* emphat.) Amalek" zu lesen und damit *ʿmwn* zu streichen.

120 Im MT ist textkritisch folgendes zu ändern: Mit Sicherheit ist in V.1 *m-h-ʿmwnym* in *m-h-mʿwnym* (vgl. auch LXX), da eine zweifache Erwähnung der Ammoniter (einmal als *bny ʿmwn* und das andere Mal als *ʿmwnym*) keinen Sinn macht und weil die Verschreibung leicht als Metathesis von *m* und *ʿ* zu erklären ist. Ebenso sicher ist in V.2 *'rm* in *'dm* zu ändern (eine in beiden Richtungen häufig zu beobachtende und aus paläographischen Gründen auch leicht mögliche Verschreibung); möglicherweise handelt es sich bei *'dm* um eine Glosse, vgl. M. NOTH, ZDPV 67 (1945), 58, Anm. 2; P. Welten, Geschichte und Geschichtsdarstellung (1973), 145f; E. A. KNAUF, WO 16 (1985), 118. Mit großer Wahrscheinlichkeit ist auch in V.25 das vor *l-rb* stehende und durch eine Konjunktion weitergeführte sinnlose *b-hm* in *bhmh* (vgl. auch LXX) und *w-pgdym* in *w-bgdym* zu ändern (vgl. *vestes* in den lateinischen Übersetzungen), da „Kleider" als Beutegut sehr viel besser in den Kontext passen und die vorausgesetzte Verschreibung paläographisch und lautlich leicht mög-

lich[121] betrachtet einheitlich[122]. Die Wundererzählung gehört zum Sondergut des Chronisten. Eine ältere schriftliche Vorlage[123] ist weder aus dem deuteronomistischen Geschichtswerk noch aus einer anderen Quellensammlung des Alten Testaments nachweisbar; allenfalls könnte eine gänzlich unbekannte, verlorengegangene schriftliche Quelle als Vorlage angenommen werden, ein methodisch problematisches *argumentum e silentio*, das zusätzlich dadurch an Gewicht verliert, daß sich aus dem einheitlichen Text literarisch kein älterer Textbestand abheben läßt. Die andere Annahme, dem Text habe eine ältere mündliche Überlieferung zugrundegelegen[124], ist spekulativ. In seiner überlieferten schriftlichen Form läßt der Text dafür keine Indizien erkennen. Vielmehr stellt er eine so massiv schriftgelehrte und theologisch durchgearbeitete einheitliche Komposition dar, daß diese Vermutung als haltlos betrachtet werden muß. Auch der immer wieder vorgetragene Hinweis auf das angeblich so genaue topographische Lokalkolorit, das ohne historischen Kern bzw. ältere schriftliche oder mündliche Vorlage nicht denkbar sei, hält nicht, was er stützen will. Von den Ortsnamen bzw. -bezeichnungen sind nur die Ausgangspunkte der beiden gegnerischen Heere mehr oder weniger eindeutig lokalisierbar[125]: auf der einen Seite Jerusalem und Tekoa (*Ḫirbet Teqūʿ*), auf der anderen Seite „von jenseits des Meeres" (d.h. die Ostseite des Toten Meeres), Edom (cj. V.2) und En-Gedi (*Tell el-Ǧurn* V.2) bzw. Hazezon-Tamar (V.2)[126]. Alle anderen

lich ist. Möglich, aber nicht notwendig ist in V.9 eine Änderung von *špwṭ* („Gericht") in *šṭp* („Überschwemmung").

121 Wegen der Bedeutung, die der Chronist den Leviten zuweist, gibt es keinen Grund, die Jahasiël-Episode VV.14-17 als redaktionellen Zusatz zu betrachten, wie es Th. Willi, Die Chronik als Auslegung (FRLANT 106; Göttingen 1972), 198 tut. Zur Analyse dieser Verse vgl. A. Schmitt, Das prophetische Sondergut in 2 Chr 20,14-17, in: Künder des Wortes. FS für J. Schreiner (Würzburg 1982), 273-285, auch H. Gese, Zur Geschichte der Kultsänger am Zweiten Tempel, in: ders., Vom Sinai zum Zion (BEvTh 64; München ³1990), 154-158.

122 So z.B. K. Galling, Die Bücher der Chronik (1954), 126; D. Matthias, Die Geschichte der Chronikforschung im 19. Jahrhundert (Diss. theol. masch.; Leipzig 1977), 141-144 u.ö.; R. Mosis, Untersuchungen zur Theologie des chronistischen Geschichtswerkes (FThSt 92; Freiburg i.Br. u.a. 1973), 175-178; M. Noth, ZDPV 67 (1945), 45 ff; W. Rudolph, Chronikbücher (1955), 258-263; M. Weippert, Edom (Diss. und Hab. theol. masch.; 1971), 328; P. Welten, Geschichte und Geschichtsdarstellung (1973), 151. Zuletzt K. Strübing, Tradition als Interpretation in der Chronik (BZAW 201; Berlin – New York 1991), 176 ff.

123 Vgl. z.B. W. Rudolph, Chronikbücher (1955), 259.

124 Vgl. z.B. M. Noth, ZDPV 67 (1945), 45 ff („Bodenständige Lokalüberlieferung").

125 Zum möglichen 'Anmarschweg' bzw. zu einer schon in der Eisenzeit benutzten Straße vgl. Y. Aharoni, Archaeological Survey of ʿEin Gedi, Yediot 22 (1950), 30-32 (hebr.); ders., Das Land der Bibel (1984), 61.343; M. Harel, Israelite and Roman Roads in the Judean Desert, IEJ 17 (1967), 18-25; M. Noth, ZDPV 67 (1945), 49-57; Z. Ilan, Jehoshaphat's Battle with Ammon and Moab, BetM 53 (1973), 205-211 (hebr.; English Summary 278).

126 M. Noth, ZDPV 67 (1945), 50-53; M. Weippert, Edom (Diss. und Hab. theol. masch.; 1971), 324-326; vgl. zum ON auch 1QGenAp XXI 30.

topographischen Angaben sind entweder ganz unspezifisch formuliert (*ham-miṣpē la-midbār,* V.24), auffälligerweise nur hier belegt (*maʿalę haṣ-Ṣīṣ*[127] und *sōp han-naḥal pᵉney midbār Yᵉrū'ēl,* V.16) oder aber (mit und ohne Ätiologie) theologisch so befrachtet (*ʿēmeq Bᵉrākā,* V.26; *Yᵉrū'el,* V.16)[128], so daß mehr dafür spricht, daß dem Verfasser bzw. seiner angeblichen Vorlage genaue Ortskenntnisse für das Gebiet zwischen den bekannten Orten Tekoa und En-Gedi gerade abgehen als daß er sie tatsächlich gehabt hätte. Hohe Schriftgelehrsamkeit und topographische Unkenntnis waren und sind offensichtlich keine Widersprüche.

Die vom Chronisten berichteten Ereignisse sind in verschiedener Hinsicht historisch unglaubwürdig; an dieser Unglaubwürdigkeit ändern auch die spekulativen Versuche, 2Chr. 20,1-30 mit Ps. 83 in Verbindung zu bringen, nichts. Auch das angebliche Lokalkolorit kann nicht als Indiz topographischer Historizität gewertet werden. Insbesondere aber lassen sich eine Reihe weiterer Argumente anführen, die den Zweifel an der Historizität der Ereignisse, die einzig und allein vom Chronisten überliefert wurden, zur Gewißheit werden lassen: 2Chr. 17,10 steht zu 2Chr. 20 im Widerspruch, da es hier heißt: „Da kam der Schrecken Jahwes über alle Königreiche der Länder, die um Juda herum lagen; und sie kämpften *nicht* gegen Joschafat". Die Koalition von 2Chr. 20 aus Moabitern, Ammonitern, 'Mëunitern' (cj. V.1) bzw. den Bewohnern vom Gebirge Seïr ist die einzige bekannte Koalition dieser Art. Daß die Ammoniter in der 1.Hälfte des 9.Jh.s v.Chr. so weit von Süden aus und so tief nach Südwesten in judäisches Gebiet eingedrungen sein sollen, ist historisch völlig unwahrscheinlich. Ähnliches gilt für Edom (falls der Chronist die Bewohner des Gebirges Seïr mit den Edomitern in Beziehung gesetzt haben sollte): Laut 1Kön. 22,48 (vgl. 2Kön. 8,20) gab es zur Zeit der Regierung Joschafats in

127 M. Weippert, Edom (Diss. und Hab. theol. masch.; 1971), 326f.

128 Falls dieser Name überhaupt eine Verbindung zu einem Siedlungsnamen hatte, dann wird dazu schon lange und immer wieder auf *Ḫirbet Berēkūt* verwiesen, vgl. z.B. C.R. Conder – H.H. Kitchener, The Survey of Western Palestine III: Judaea (London 1883), 311; M. Noth, ZDPV 67 (1945), 56; M. Weippert, Edom (Diss. und Hab. theol. masch.; 1971), 328. Meines Wissens ist auf der *Ḫirbe* (map ref. 1638.116) bisher noch keine gründliche Oberflächenuntersuchung durchgeführt und publiziert worden, obwohl sie z.B. im Bereich des Surveys von M. Kochavi lag, vgl. M. Kochavi (ed.), Judaea, Samaria and the Golan (1972), 19ff; insofern sind ihre Besiedlungsgeschichte und damit ein grundlegendes Korrelat zu der (einzigen!) literarischen Erwähnung eines *ʿemeq Bᵉrakā* in 2Chr. 20,28 nicht bekannt. Ausgrabungen haben sich bisher allein auf die Freilegung einer byzantinischen Kiche beschränkt; dabei wurde in zwei Sondagen der gewachsene Fels erreicht, ohne dabei auf vorbyzantinisches Fundmaterial zu stoßen, vgl. Y. Tsafrir – Y. Hirschfeld, Khirbet Bureikut, IEJ 26 (1976), 206f; dies., Ḥ. Berachot (Khirbet Bureikut), RB 84 (1977), 426-428; dies., A Church of the Byzantine Period at Ḥorvat Berachot, Qad 11 (1978), 120-128 (hebr.); dies. – R. and J. Drory, The Church and Mosaics at Ḥorvat Berachot, Israel, DOP 33 (1979), 291-326. Dies deutet daraufhin, daß man spätestens in byzantinischer Zeit den „ON" *Bᵉrākā* der Heiligen Schrift Alten Testaments lokalisieren wollte und dies auch, wie man sieht, erfolgreich tun zu können glaubte.

Edom keinen König; vielmehr wurde es von Juda mittels eines Statthalters regiert und verwaltet. Die Teilnahme von aus dem Gebiet Edoms stammenden Heerscharen an dem Kriegszug ist daher historisch nahezu auszuschließen. Unter den Mëunitern von 2Chr. 20,1 sind aus historischen und sprachlichen Gründen kaum[129] die in einer Tontafelinschrift aus *Nimrūd* aus der Zeit Tiglat-Pilesers III. (ND 400)[130] erwähnten Mu'nayya zu verstehen.[131] Ob man sie stattdessen besser mit den Idumäern[132], den Bewohnern von (Bet Baal) Meon[133], von Maon in Juda[134] oder von *Maʿān*[135] (oder den Nabatäern[136]) gleichsetzen kann[137], muß hier, falls eine sichere Entscheidung überhaupt möglich ist, nicht weiter untersucht werden. So oder so ist ein historischer Zusammenhang weder mit den Ammonitern noch mit den Bewohnern der Ammanitis beweisbar.

Bezeichnenderweise wird im Text auch nicht von Edomitern, sondern von Mëunitern bzw. den Bewohnern des Gebirges Seïr gesprochen[138]; diese Redeweise setzt wohl das Ende der staatlichen Existenz Edoms voraus. Darüberhinaus widerlegen auch eine Reihe weiterer Anachronismen und Auffälligkeiten die Darstellung des Chronisten im einzelnen: Die Korachiten sind nur hier (V.14.19) zu Tempelsängern aufgewertet, levitische Korachiten sind ausschließlich in der Priesterschrift und beim Chronisten belegt[139], ein Levit (Jahasiël) wird nur hier als Prophet (aber ohne jeden prophetischen Titel) dargestellt[140]

129 E. A. Knauf, WO 16 (1985), 114ff.

130 D. J. Wiseman, Iraq 13 (1951), 23f, Pl. XI; M. Weippert, Edom (Diss. und Hab. theol. masch.; 1971), 498; TUAT 1 (1985), 376.

131 So z. B. M. Weippert, Edom (Diss. und Hab. theol. masch.; 1971), 323f; H. Tadmor, The Meʿunites in the Book of Chronicles in the Light of an Assyrian Document, in: Bible and Jewish History. Studies in Bible and Jewish History dedicated to the Memory of J. Liver (Tel Aviv 1971), 222-230 (hebr.; English Summary XXIII); R. Borger – H. Tadmor, Zwei Beiträge zur alttestamentlichen Wissenschaft aufgrund der Inschriften Tiglathpilesers III., ZAW 94 (1982), 250f; I. Ephʿal, The Ancient Arabs (Jerusalem 1982), 64-71. 79f. 91. 220.

132 P. Welten, Geschichte und Geschichtsdarstellung (1973), 143-145. Zu den Idumäern vgl. zusammenfassend U. Hübner, Idumaea, ABD 3 (1992), 382f.

133 E. A. Knauf, WO 16 (1985), 117-122.

134 J. R. Bartlett, Edom and the Edomites (1989), 143-145.

135 A. Musil, The Northern Ḥeǧâz. A Topographical Itinerary (Oriental Explorations and Studies 1; New York 1926), 243-247.

136 M. Noth, ZDPV 67 (1945), 61-71.

137 Joseph., Ant. 9,1,2 (§ 7) hat das Problem auf seine Art und Weise elegant gelöst: er spricht statt von Mëunitern schlicht von Arabern. Die ON zwischen Tekoa und En-Gedi waren ihm offenbar völlig fremd. Vgl. auch U. Kellermann, Israel und Edom (Hab. theol.; 1975), 329: „arabische Elemente der vornabatäischen Zeit".

138 Zum Sprachgebrauch beim Chronisten vgl. P. Welten, Geschichte und Geschichtsdarstellung (1973), 143-145.

139 Vgl. G. Wanke, Die Zionstheologie der Korachiten (BZAW 97; Berlin 1966), 25. 30.

140 R. Micheel, Die Seher- und Prophetenüberlieferungen in der Chronik (BET 18; Frankfurt a. M. –

und die PN der Jahasiël-Genealogie stammen fast ausschließlich aus nachexilischer Zeit[141].

Typisch für die Auslegungsgeschichte von 2Chr. 20,1-30 ist die Tatsache, daß in der Regel diejenigen Exegeten eine ältere mündliche oder schriftliche Überlieferung behaupten, die einen historischen Kern des Textes annehmen, sei es daß er bis in die vom Chronisten dargestellte Zeit Joschafats[142] zurückreicht oder aber im Gewande eben dieser Zeit Ereignisse einer späteren Epoche überliefert[143]. In diesem Zusammenhang ist auch das Verhältnis von 2Chr. 20,1-30 zu 2Kön. 3,4-27 wichtig. Unabhängig von den verschiedenen literarischen und historischen Problemen in 2Kön. 3,4-27[144] gehörte dieser Text zum deuteronomistischen Geschichtswerk, das die Hauptquelle für den Chronisten darstellte. Mit großer Wahrscheinlichkeit war dem Chronisten diese Überlieferung bekannt; er muß sie also mit Absicht weggelassen haben. Die so entstandene Überlieferungslücke füllte er mit 2Chr. 20,1-30 auf[145]. Dies war ihm umso leichter möglich, als mit Moab als Gegner und mit dem Auftreten eines Propheten Vorgaben gemacht waren, die dem Anliegen des Chronisten hervorragend als Bausteine für seine Eigenschöpfung dienen konnten. Gleichzeitig konnte er Überlieferungsteile und -elemente weglassen, die seiner Sichtweise des – fast – vollkommenen Königs Joschafat zuwiderliefen, be-

Bern 1983), 50-55. 69. Vgl. auch J. P. WEINBERG, Die „außerkanonischen Prophezeiungen" in den Chronikbüchern, AAH 26 (1978), 387-404.

141 Vgl. die entsprechenden Belege in der Konkordanz. Zu den Aramaismen im Text M. WAGNER, Die lexikalischen und grammatikalischen Aramaismen im alttestamentlichen Hebräisch (BZAW 96; Berlin 1966), 87; E. JENNI, Jer 3,17 „nach Jerusalem": ein Aramaismus, ZAH 1 (1988), 107-111.

142 Vgl. z. B. I. BENZINGER, Die Bücher der Chronik (1901), 107; W. RUDOLPH, Chronikbücher (1955), 258f; Y. AHARONI, Land der Bibel (1984), 343. In jeder Hinsicht spekulativ ist W. RÖLLIG, KAI II (33[3]1973), 170: „der Versuch eines Feldzuges [*Meschas*, d.Verf.] gegen Juda mit Ammon scheiterte an der Uneinigkeit der Bündnispartner (2.Chron. 20,22f)."

143 Vgl. z. B. M. NOTH, ZDPV 67 (1945), 61-71; K. GALLING, Die Bücher der Chronik (1954), 122-128 (folgt Noth); K.-H. BERNHARDT, Der Feldzug der drei Könige, in: Schalom. FS für A. JEPSEN (1971), 11-22.

144 Vgl. z. B. M. WEIPPERT, Edom (1971), 309-320; H. SCHWEIZER, Elischa in den Kriegen. Literaturwissenschaftliche Untersuchung von 2 Kön 3; 6,8-23; 6,24-7,20 (StANT 37; München 1974), 17-210; S. TIMM, Die Dynastie Omri (1982), 171-180; E. WÜRTHWEIN, 1.Kön. 17-2.Kön. 25 (1984), 279-285; J. R. BARTLETT, Edom and the Edomites (1989), 116-122; E. A. KNAUF, Rez.: K. A. D. SMELIK, Historische Dokumente aus dem Alten Israel, 1987, ZDPV 104 (1988), 175.

145 Daß 2Kön. 3,4ff durch 2Chr. 20,1ff ersetzt worden ist, wird von zahlreichen Exegeten, wenn auch mit teilweise unterschiedlichen Begründungen angenommen, vgl. z. B. M. NOTH, ZDPV 67 (1945), 48; K.-H. BERNHARDT, in: Schalom. FS für A. JEPSEN (1971), 1ff; M. WEIPPERT, Edom (Diss. und Hab. theol. masch.; 1971), 328; auf jeden Fall sind die literarischen, historischen, topographischen und theologischen Unterschiede zwischen beiden Texten so groß, daß 2Chr. 20,1ff nicht als Umarbeitung oder Veränderung von 2Kön. 3,4ff verstanden werden kann, wie es z. B. I. BENZINGER, Die Bücher der Chronik (1901), 107 oder R. KITTEL, Chronik (HK I 6; Göttingen 1902), 140 andeuten.

sonders dessen Zusammenarbeit mit Joram, dem 'gottlosen' Kollegen aus dem Nordreich, und das nur teilweise Gelingen des gemeinsamen Feldzuges, der ohne die Eroberung der gegnerischen Hauptstadt hatte abgebrochen werden müssen.

Vor allem aber bot sich dem Chronisten mit dem Weglassen von 2Kön. 3,4-27 und seiner Eigenkomposition 2Chr. 20,1-30 die Möglichkeit, ohne Rücksicht auf eine Vorlage seine theologischen Auffassungen von der Geschichte seines Volkes und ihrer jeweiligen Aktualität breit und ungestört an seinem Paradigma Joschafat entfalten zu können. Hauptmerkmale dieses schriftstellerischen und theologischen Nachdenkens sind die unbeirrte narrative Entfaltung einer Theologie vom absoluten Gottesvertrauen und der entsprechenden wunderbaren Hilfe Gottes, die durch mehrere direkte Reden der frommen Hauptpersonen näher erläutert wird, schriftgelehrte Durcharbeitung des Textes, klarer kompositorischer und theologisch stringenter Aufbau[146], massive und variantenreiche Ausformung der Jahwe-Krieg-Tradition[147], gezielte Hervorhebung der Bedeutung des levitischen Kultpersonals sowie eine bemerkenswerte Vielfalt der verwendeten Gattungen und des angewandten Stils[148] mit seinen deutlich paränetischen Absichten.

An mehreren Stellen werden dabei Schriftzitate bzw. zitatähnliche Anspielungen auf die Schrift so in den Text eingebaut, daß sie die erzählten 'Ereignisse' in ein charakteristisches theologisch-exegetisches Licht tauchen: Während der Chronist seinen einzigen paradigmatischen König[149] aus der Zeit zwischen David und Salomo bzw. Hiskija und Joschija (vgl. aber Jes.Sir. 49,2) in seinen Ansprachen in VV.7.10 aus den Gottesreden Jes. 1,8[150] und Dtn. 2,1-22 (vgl. auch Num. 20,14-21; Ri. 11,14-18), in V.9 aus dem sog. Tempelweihgebet Salomos 1Kön. 8,37-39 und in V.20b aus der Rede Jesajas vor Ahas Jes. 7,9b mehr oder weniger frei zitieren läßt, legt er dem als Propheten dargestellten Leviten Jahasiël in VV.15.17 Anspie-

146 Exposition (VV.1-2); Hauptteile A (VV.3-19: Gottesdienst) und B (VV.20-26: Gottes Krieg); Schluß (VV.27-30).

147 G. VON RAD, Der Heilige Krieg im alten Israel (Göttingen $^{5}$1969), passim; R. SMEND jr., Jahwekrieg und Stämmebund, (1966), in: ders., Zur ältesten Geschichte Israels. Gesammelte Studien 2 (BEvTh 100; München 1987), 133-135; M. WEIPPERT, ZAW 84 (1972), 460-493.

148 „Konstruierter Kriegsbericht mit 'prophetischer' und königlicher' Ansprache" [vgl. J. KEGLER – M. AUGUSTIN, Synopse zum Chronistischen Geschichtswerk (BEATAJ 1; Frankfurt a.M. u.a. $^{2}$1991), 238 u.ö.] mit Botenformel (V.15), Beistandsformel (V.17), Ermutigungsformeln (VV.15.17), Vetitiven (VV.15.17), zahlreichen Vokativen und Imperativen, mehreren Alliterationen (VV.15.17) u.a.

149 Vgl. G. WILDA, Das Königsbild des chronistischen Geschichtswerkes (Diss. theol. masch.; Bonn 1959), 70-75.

150 Zur Bezeichnung Abrahams in V.7 (MT: *'ōhabkā*) vgl. Jes. 41,8; Damaskus-Schrift (CD) 3,2; Apk. Abr. 9,6; Jak. 2,23; 1Klem. 10,1; 17,2; Sure 4,124 und den ON *al-Ḫalīl* (Hebron); dazu zuletzt M. GOSHEN-GOTTSTEIN, Abraham, in: Love and Death in Ancient Near East. Essays in Honor of M.H. POPE (Guilford/CT 1987), 101-104.

lungen aus der Mose-Rede Ex. 14,13[151] und aus der David-Rede 1Sam. 17,47 in den Mund[152]. Damit wird die vom Chronisten geschilderte existentielle Bedrohung Joschafats bzw. Judas („Israels“, vgl. VV.7.19.29) durch die ominöse Koalition auf eine Ebene mit den in der älteren Geschichtsschreibung alles überragenden Ereignissen wie dem Durchzug durch das Schilfmeer, der Wanderung des Volkes Israel durchs Ostjordanland, dem Kampf Davids mit Goliat, dem Tempelbau Salomos oder dem Auftreten des Propheten Jesajas gehoben: Aus einem als lokal begrenzt dargestellten, historisch zutiefst zweifelhaften 'Ereignis' ist gezielt eine Begebenheit von überragender 'geschichtlicher' und theologischer Bedeutsamkeit gemacht worden.

Ziel von 2Chr. 20,1-30 war nicht die Darstellung historisch überprüfter bzw. überprüfbarer konkreter Geschichtsereignisse, sondern die narrative Veranschaulichung bestimmer theologischer Auffassungen unabhängig von der Faktizität oder der Fiktivität der dargestellten Ereignisse. Jedenfalls entfällt der Text als Quelle für eine historische Darstellung der Geschichte des ammonitischen Staates. Die „Ammoniter“ haben sich hier wie anderswo auch 'historisch' verselbständigt und sind zu einem Klischee geronnen, in dem sich weniger die politischen Spannungen zwischen Ammon und Juda verbergen als vielmehr judäisch-jüdische Vorstellungen vom „bösen Nachbarn“, vom „andersgläubigen Volk“ (V.6), vom „Aggressor“ und vom „Feind Gottes“ bzw. vom eigenen Feind (VV.27.29; vgl. Ps. 83,3) widerspiegeln, ohne daß auf theologischer und ethischer Ebene über den Unterschied zwischen dem nach einem Nachbarvolk benannten Klischee und eben diesem Volk nachgedacht würde. Mehr oder weniger aktuelle Spannungen mit südlichen oder östlichen Nachbarn zur Zeit des Chronisten[153] mögen dazu beigetragen haben, dieses keineswegs neue Klischee in und um Jerusalem wieder aufleben zu lassen[154].

In die Zeit nach der Entweihung des Jerusalemer Tempels durch Antiochos IV. Epiphanes im Dezember 167 v. Chr. und vor seiner Wiedereinweihung im gleichen Monat des Jahres 164 v. Chr. bzw. in die Zeit vor dem Tod Antiochos' IV. gehört die Erwähnung von Edom, Moab und *rē'šīt* (MT „Hauptteil“ o. ä.[155] ist wohl gegen

151 Vgl. auch die Ähnlichkeiten in V.24 und Ex. 14,30.

152 Zu den verschiedenen direkten Redepassagen vgl. G. VON RAD, Gesammelte Studien zum Alten Testament I (ThB 8; München [4]1971), 248-261; M. A. THRONTVEIT, When Kings speak (SBL.DS 93; Atlanta/GA 1987), 50. 67-72 u. ö.; O. PLÖGER, Aus der Spätzeit des Alten Testaments. Studien (Göttingen 1971), 50-66; H.-P. MATHYS, Dichter und Beter. Die Theologen aus spätalttestamentlicher Zeit (Hab. theol. masch.; Bern 1989; demnächst in OBO), 61-69.

153 Vgl. P. WELTEN, Geschichte und Geschichtsdarstellung (1973), 140-153; E. A. KNAUF, WO 16 (1985), 114-122.

154 Zur Nachwirkung von 2Chr. 20,1-30 im Judit-Buch vgl. E. HAAG, Studien zum Buche Judith (TThSt 16; Trier 1963), 121-124; E. ZENGER, Das Buch Judit (JSHRZ I 6; Gütersloh 1981), 444 f.

155 So z. B. A. BENTZEN, Daniel (HAT I 19; Tübingen [2]1952), 84 [vgl. LXX A.B.L: *archē hyiōn Ammōn;* Vulg.: *principium filiorum Ammon*]; O. PLÖGER, Das Buch Daniel (KAT 18; Gütersloh

Syr. *w-šrk'* „Rest"[156] beizubehalten) *bene ʿAmmōn* in Dan. 11,41, die alle „zur Zeit des Endes" (Dan. 11,40), aber offensichtlich in unmittelbarer zeitlicher Zukunft, im Gegensatz zu Ägypten u.a. der Hand Antiochos' IV., d.h. wohl einem Feldzug gegen Palästina und Ägypten, entkommen werden. Da mit Dan. 11,39 die *vaticinia ex eventu* enden und mit Dan. 11,40ff[157] die echten, d.h. historisch unzutreffenden Weissagungen beginnen[158], läßt sich über die Erwähnung der drei von Süd nach Nord angeordneten transjordanischen Völker in Dan. 11,41 nur spekulieren: Vermutlich bezieht sie sich darauf, daß der angekündigte Feldzug transjordanisches Gebiet unberührt lassen soll[159], weil Edom, Moab und Ammon als Feinde der Juden „glimpflich davonkommen"[160] bzw. als Parteigänger der Seleukiden der endzeitlichen Katastrophe – „natürlich befristet" – entgehen können[161]. Bemerkenswert bleibt nur, daß die Zukunft der Ammoniter in Dan. 11,41 nicht wie sonst so oft in dunklen und blutigen Farben gemalt wird. Der Verlauf der realen Geschichte allerdings konterkarierte diese angeblich glimpfliche Zukunft schon kurze Zeit später, als nämlich die, die eben noch einem von judäisch-jüdischer Seite angekündigten Feldzug entkommen sollten, 163 v.Chr. von Judas Makkabäus in die rauhe Wirklichkeit zurückgeholt wurden, der viele nicht mehr entkommen konnten.

In Jub. 37,1-38,14 wird erzählt, wie Esau und seine Söhne wegen des verlorenen Erstgeburtsrechts Krieg gegen Jakob und dessen Söhne führen. Zu den 'heidnischen' Verbündeten Esaus gehören u.a. Aramäer, Philister, Moabiter und Ammoniter (Jub. 37,6.10; 38,6; vgl. Eupolemos, FGH 723 F 2,33[162]). Sie alle werden in diesem Krieg von Jakob und seinen Söhnen, den gesetzesobservanten und orthodoxen Repräsentanten Israels, besiegt und tributpflichtig gemacht. Die zahlreichen

1965), 154 „der wichtigste Teil"; J.-Ch. Lebram, Das Buch Daniel (ZBK AT 23; Zürich 1984), 117 „der beste Teil", vgl. HAL³ 4 (1990), 1091 und R. Althann, JNSL 14 (1988), 3.

156 So z.B. N.W. Porteous, Das Buch Daniel (ATD 23; Göttingen ³1978), 123.

157 B. Hasslberger, Hoffnung in der Bedrängnis. Eine formkritische Untersuchung von Dan 8 und 10-12 (ATS 4; St.Ottilien 1977), 282-288; J.J. Collins, The Apocalyptic Vision of the Book of Daniel (HSM 16; Missoula/MT 1977), 133-138.

158 Antiochos IV. unternahm weder einen weiteren Feldzug nach Ägypten noch starb er „zwischen dem (Mittel-)Meer und dem Berg der heiligen Pracht (Zion)" (Dan. 11,45), sondern im persischen Tabae [FGH 260, F 56; TGI³ Nr.54; J. Briend – M.-J. Seux (ed.), Textes du Proche Orient-Ancient (1977), 162].

159 So N.W. Porteous, Das Buch Daniel (³1978), 142.

160 So A. Bentzen, Daniel (²1952), 83.

161 So O. Plöger, Das Buch Daniel (1965), 166f. Gut möglich ist aber auch, daß hier „nach dem Schema der eschatologischen Wiederholung" auf die Invasion Nebukadnezzars II. angespielt wird, vgl. H. Gese, Die Bedeutung der Krise unter Antiochus IV. Epiphanes für die Apokalyptik des Danielbuches, (1983), in: ders., Alttestamentliche Studien (Tübingen 1991), 197.

162 N. Walter (ed.), JSHRZ I 2 (1976), 102. Vgl. dazu auch M. Hengel, Judentum und Hellenismus (³1988), 169ff u.ö.

Ähnlichkeiten und Parallelen[163] mit den Kampagnen des Judas Makkabäus [1Makk. 5; Joseph., Ant. 12,8,1-6 (§§ 327-353); vgl. auch 2Makk. 10,14-23; 12,10-46 und Test.XIIJud. (3-7).9[164]] gegen die umliegenden Nachbarn 163 v.Chr. und die Entstehungszeit[165] des Jubiläenbuches in der Zeit bald nach diesen Kampagnen machen die historisierenden und zugleich aktualisierenden Retrojektionen in Jub. 37-38 verständlich: Die aktuelle Unterwerfung der 'heidnischen' Nachbarn wird mittels der von Gott, seinem Engel bzw. von Mose (Jub. 1,1 ff; 2,1 ff) autorisierten Darstellung der Geschichte der Erzväter legitimiert. Jub. 37,1-38,14 ist mit großer Wahrscheinlichkeit der hochstilisierte Bericht über jene Raub- und Ausrottungszüge[166]. In ihm spiegeln sich nicht nur die rigorosen Absonderungsforderungen und -begründungen (z.B. Jub. 20,4; 22,16 ff; 25,1 ff; 30,1 ff)[167] einer radikalen antihellenistischen Gruppierung[168] wider, sondern auch das ihr innewohnende aggressive Potential mit den entsprechenden militärischen Konsequenzen und deren für die Opfer katastrophalen Auswirkungen. Mit Ammon (Jub. 37,6.10; 38,6) jedenfalls ist, jenseits der Retrojektionen, konkret die Bevölkerung gemeint, die um die Mitte des 2.Jh.s v.Chr. die Ammanitis bewohnte und die, wie schon so oft zuvor, auch hier wieder praktisch und literarisch Opfer westlicher Aggressionen wurde.

Im „Buch der Traumvisionen" des äth.Hen. 89,41-47 (vgl. 89,54-69)[169] wird eine

163 J.C. VANDERKAM, Textual and Historical Studies in the Book of Jubilees (HSM 14; Missoula/MT 1977), 230-328; G. SCHMITT, Ein indirektes Zeugnis der Makkabäerkämpfe (BTAVO B 49; Wiesbaden 1983), 54-59.

164 G. SCHMITT, Ein indirektes Zeugnis (1983), passim; dort (S. 1-17 u.ö.) auch die Hinweise auf weitere hebräische Überlieferungen wie z.B. A. JELLINEK (ed.), Bet ha-Midrasch III (Leipzig 1855 = Jerusalem ³1967), 1-5 (Midr. Wayyissāʿū); dort z.T und in Test.XIIJud. 9 insgesamt ist nur von Esau (Edom) die Rede (und nicht auch von Ammon).

165 G. SCHELBERT, Jubiläenbuch, TRE 17 (1988), 287f.

166 Zum Hauptgegner „Edom" vgl. J.R. BARTLETT, Edom and the Edomites (1989), 180-184; B. CRESSON, The Condemnation of Edom in Postexilic Judaism, in: The Use of the Old Testament in the New and other Essays. Studies in Honour of W.F. STINESPRING (Durham 1972), 125-148; Y. HOFFMAN, Edom as a Symbol of Evil in the Bible, in: Bible and Jewish History. Studies in Bible and Jewish History dedicated to the Memory of J. LIVER, ed. B. UFFENHEIMER (Tel Aviv 1972), 76-89 (hebr.; English Summary XIIf); U. HÜBNER, Idumaea, ABD 3 (1992), 382f; ders., Esau, ABD 2 (1992), 574f. Daß die Edomiter als Feinde und Brüder betrachtet wurden, hängt wohl hauptsächlich damit zusammen, daß Israel / Juda mit ihnen in einer Weise und Nähe zusammenlebte und zusammenleben mußte, wie es mit den Ammonitern vergleichsweise nie der Fall war. Vgl. auch oben Anm. 39 und U. KELLERMANN, Israel und Edom (Hab. theol.; 1975), passim.

167 E. SCHWARZ, Identität durch Abgrenzung (EHS 23, 162; Frankfurt a.M. – Bern 1982), 17-111.

168 K. BERGER, Das Buch der Jubiläen (JSHRZ II 3; Gütersloh 1981), 289-300; G. SCHELBERT, TRE 17 (1988), 288; E. SCHWARZ, Identität durch Abgrenzung, 99ff macht zurecht darauf aufmerksam, daß die Sicht von Jub. innerhalb und außerhalb Israels nicht unumstritten war.

169 M.A. KNIBB (ed.), The Ethiopic Book of Enoch (Oxford 1978 = 1982), I 310ff; II 206ff; S. UHLIG (ed.), Das Äthiopische Henochbuch (JSHRZ V 6; Gütersloh 1984), 690-693. Zu 4QEn$^{d}$ 2 III vgl. J.T. MILIK, The Book of Enoch. Aramaic Fragments of Qumrân Cave 4 (Oxford 1976), 42-46. 74-

Reihe von typischen Tieren, nämlich Hunde, Füchse (Schakale?) und Schweine, genannt, die als Andeutungen auf die feindlichen Mächte verstanden werden wollen, gegen die einst Saul und David Krieg führten. Auch wenn die Ammoniter so wenig wie andere dieser israelitischen Feinde namentlich genannt werden, so kann kaum ein Zweifel daran bestehen, daß sie hier gemeint sind. Zwar läßt sich nicht eindeutig sagen, mit welchen der Tiere sie gleichgesetzt werden[170]. Ihre Vergesellschaftung gerade unter diese Spezies ist jedenfalls durch und durch polemisch[171].

Im Judit-Roman, dessen Entstehung in die Mitte des 2.Jh.s v.Chr. datiert werden kann[172] und der damit in seinen zeitgenössischen Bezügen ebenfalls in die Epoche gehört, mit der sich das Jubiläenbuch auseinandersetzt, wird ein Ammoniter-Führer [5,2 *stragēgoi* (Vulg. *duces*; hebr. Mss *śry ʿmwn*[173]); 5,5 *hēgoumenos* (Vulg. *dux*; hebr. Mss *pḥh* oder *'lwp*)][174] mit dem bezeichnenden PN Achior „(mein)

77. 224f, Pl. 17; zur griechischen Version vgl. M. Black (ed.), Apocalypsis Henochi Graece (PsVTGr 3; Leiden 1970), 36f. Allgemein P. Sacchi, Henochgestalt / Henochliteratur, TRE 15 (1986), 42-54.

170 Vgl. z.B. G. Beer, Das Buch Henoch, in: E. Kautzsch (ed.), Die Apokryphen und Pseudepigraphen des Alten Testaments II (Tübingen 1900), 293; R.H. Charles (ed.), The Apocrypha and Pseudepigrapha of the Old Testament II (Oxford 1913), 254; F. Martin, Le Livre d'Hénoch traduit sur le texte éthiopien (Paris 1906), 212f. 216 glauben die Hunde mit den Philistern, die Füchse mit den Ammonitern und die Schweine mit den Edomitern, was gesichert ist, identifizieren zu können. A. Dillmann, Das Buch Henoch. Uebersetzt und erklärt (Leipzig 1853), 259-261 identifiziert die Hunde mit den Philistern, die Schweine mit Edomiter, Moabitern und Ammonitern und die Füchse mit den Amalekitern, vgl. auch G. Reese, Die Geschichte Israels in der Auffassung des frühen Judentums. Eine Untersuchung der Tiervision und der Zehnwochenapokalypse des äthiopischen Henochbuches, der Geschichtsdarstellung der Assumptio Mosis und der des 4 Esrabuches (Diss. theol. masch.; Heidelberg 1967), 39, Anm. 84.

171 Zur Symbolik des Fuchses vgl. J. Feliks, Fuchs, BHH 1 (1962), 504; ders., Fox, EJ 6 (1971), 1450; zur Symbolik des Hundes vgl. AHw$^2$ I 424 [*kalbu(m)* 5]; ders., Hund, BHH 2 (1964), 752f; ders., Dog, EJ 6 (1971), 152; G.J. Botterweck, *kælæḇ*, ThWAT 4 (1984), 156-166; zur Symbolik des Schweins vgl. die Lit. bei U. Hübner, VT 39 (1989), 225ff.

172 E. Zenger, Judith / Judithbuch, TRE 17 (1988), 406f. Frühdatierungsversuche wie der von M. Heltzer, Eine neue Quelle zur Bestimmung der Abfassungszeit des Judithbuches, ZAW 92 (1980), 437 scheitern daran, daß sie ein einziges Kriterium zum entscheidenden machen, z.B. die PN, die sich häufig eben nicht für derartige 'Beweisführungen' eignen (vgl. die archaisierenden PN in Gen. 14).

173 Zu den hebräischen Textversionen und ihren Problemen vgl. A.H. Dubarle, Judith. Formes et sens des diverses traditions I: Études. II: Textes (AnBib 24; Rom 1966); ders., L'authenticité des textes hébreux de Judith, Bib. 50 (1969), 187-211; ders., Les textes hébreux de Judith: un nouveau signe d'originalité, Bib. 56 (1975), 503-522; ders., Les textes hébreux de Judith et les étapes de la formation du livre, Bib. 70 (1989), 255-266, der m.E. den textkritischen Wert dieser Versionen überschätzt.

174 Die griechischen Titel lassen sich frühestens aus der seleukidischen Zeit ableiten, vgl. M. Delcor, Le Livre de Judith et l'époque grecque, Klio 49 (1967), 153-163.

Bruder ist Licht" (hebr. Mss *ʿkywr; *'aḥī'ōr*)[175] von dem babylonischen General Holofernes, der im Auftrag Nebukadnezzars II. in dessen 18.Regierungsjahr (587 v. Chr.) einen Feldzug gegen Israel geführt haben soll, aufgefordert, sich – als babylonischer Vasall – an diesem zu beteiligen (5,2-4). Der ammonitische Heerführer in babylonischen Diensten hält daraufhin vor Holofernes eine Rede (5,5-21; 11,9f), die die Geschichtstheologie der Angegriffenen nicht besser hätte wiedergeben können als ein Theologe aus deren Reihen[176]. Infolge dieser rhetorischen Übung fällt er in den Verdacht, ein israelitischer Kollaborateur zu sein (6,1-13). Zur Strafe – so jedenfalls will es die literarische Fiktion – wird er zum Tode verurteilt und seinen angeblichen Auftraggebern in Betulia[177] ausgeliefert, wo er sich – durch diese vor den Babyloniern gerettet – alsbald tatsächlich als Kollaborateur betätigt (6,14-21). An der sich anschließenden Belagerung der Stadt durch Holofernes beteiligen sich somit auf der Verteidiger-Seite u. a. der ammonitische Heerführer, auf der Angreifer-Seite u. a. seine eigenen Truppen (5,2ff; 7,17f). Nach der Ermordung des Holofernes durch Judit endet die in den Roman eingeflochtene Geschichte des Ammoniters mit dessen Bekehrung[178]: Angesichts des abgeschlagenen Hauptes des babylonischen Generals fällt er vor Judit nieder und proskyniert (14,7), bekennt seinen Glauben an den einen Gott, läßt sich beschneiden (obwohl er laut Jer. 9,24f ja schon beschnitten gewesen sein müßte[179]) und wird in das „Haus Israels" aufgenommen (14,10).

Es ist hier nicht weiter notwendig, die zahlreichen historischen Probleme aufzuzählen, die dem Roman bzw. den in ihm überlieferten Ereignissen fast jede histori-

175 H. Cazelles, Le personnage d'Achior dans le livre de Judith, RSR 39 (1951), 128f.

176 Vgl. zur Rede E. Haag, Studien zum Buche Judith (1963), 30-33.

177 Bis heute gibt es keinen allgemein anerkannten Identifizierungsvorschlag; daran hat sich auch seit C. Steuernagel, Bethulia, ZDPV 66 (1943), 232-245 und F. Stummer, Geographie des Buches Judith (BWR 3; Stuttgart 1947), 56ff, die einen guten Überblick über die damals bekannten Vorschläge geben, nichts geändert. Bei dem ON hat man es wohl mit einem theologiesierenden (Symbol- oder Deck-) Namen zu tun, vgl. J. Müller, Betulia, NBL 1 (1991) 290; B.M. Metzger, Bethulia, BHH 1 (1962), 234; E.W. Saunders, Bethulia, IDB 1 (1962), 403; vgl. auch E. Zenger, TRE 17 (1988), 435; anders H.Y. Priebatsch, Das Buch Judith und seine hellenistischen Quellen, ZDPV 90 (1974), 54f.

178 Vgl. Eusebios, hist eccl. 1,7,13; E. Haag, Studien zum Buche Judith (1963), 53f.

179 Eine typische Bekehrung (zum Judentum) muß auch typisch ablaufen; das kann aber nur mit einem Unbeschnittenen geschehen; vgl. zum Problem der Beschneidung Beschnittener auch B.J. Diebner, Ein Blutsverwandter der Beschneidung. Überlegungen zu Ex. 4,24-26, DBAT 18 (1984), 119-126; 20 (1984), 186-188 und zuletzt R. und E. Blum, Zippora und ihr *ḥtn dmym*, in: Die Hebräische Bibel und ihre zweifache Nachgeschichte. FS für R. Rendtorff zum 65.Geb., ed. E. Blum – Ch. Macholz – E.W. Stegemann (Neukirchen-Vluyn 1990), 41-54, auch H. Schult, Naemans Übertritt zum Yahwismus (2 Könige 5,1-19a) und die biblischen Bekehrungsgeschichten, DBAT 9 (1975), 2-20.

sche Glaubwürdigkeit nehmen[180], und die Art und Weise theologischer Geschichtsdarstellung zu beschreiben, die hier getrieben wird[181]. Wichtiger ist es, kurz auf die Darstellung Achiors einzugehen. Der 'Heide' ammonitischer Herkunft macht seinem Namen, der im ammonitischen Onomastikon sonst bisher nicht belegt ist, alle Ehre: In ihm vereinigen sich Züge des Propheten Bileam und des Weisen Achikar[182]. Er wird zu einem leuchtenden Beispiel eines Heiden, der die universale Macht des Gottes Israels anerkennt, sich zu ihm bekehrt und sein weiteres Leben in der Gemeinde Israels als gesetzesobservanter Proselyt (vgl. Eusebios, hist.ecc. 1,7,13) lebt. Der Hinweis darauf, daß Achior aus der Sicht des Judit-Romans die große Ausnahme unter den Ammonitern und den benachbarten 'Heiden' bleibt und damit nur die Regel bestätigt, tut der typologischen Darstellung keinen Abbruch; er relativiert sie nur.

In den Qumran-Schriften, die z.T. im 2.Jh.v.Chr. entstanden sein dürften und die ähnlich wie Jub. und Jdt. häufig auf die Zeit der Makkabäer-Feldzüge anspielen, werden die „Ammoniter" *(ʿmwny)* neben den Moabitern in 4Qflor. I 4 genannt, ohne daß sie in der Vorlage 2Sam. 7,10-14 belegt sind; in diesem eschatologischen Midrasch werden sie als Bastarde *(mmzr)*, Ausländer *(bn nkr)* und Fremde *(gr)* bezeichnet, die in Ewigkeit keinen Zutritt zum Heiligtum Gottes haben werden, und den Feinden Davids (I 7) sowie den „Söhnen Belials" (I 8) zugerechnet[183]. Zu den frevlerischen „Söhnen der Finsternis" bzw. den gottlosen Teilnehmern auf Seiten von Belials Heer (1QM I 1 u.ö.) gehören laut der Kriegsrolle neben einigen anderen endzeitlichen Feinden wie Edom und Moab auch die Ammoniter *(bny ʿmwn* 1QM I 1)[184]. (In 1QGenAp XXI 23ff, einer aramäischen Paraphrase zu Gen. 14, wo die Ammoniter nirgends erwähnt sind, tauchen sie unter Rückgriff auf Dtn. 2,20 als *Zwmzmy'*[185] *dy b-ʿmn* auf und vermehren so die Gegner Kedarlaomers)[186].

180 Der Versuch von G. Brunner, Der Nabuchodonosor des Buches Judith. Beitrag zu Geschichte Israels nach dem Exil und des ersten Regierungsjahres Darius I. (Berlin ²1959), in Achior den Tobias von Neh. 2,10 u.ö. zu sehen, überzeugt ebensowenig wie der größte Teil seiner übrigen Geschichtsrekonstruktionen bzw. Spekulationen und der Aufsatz von H.J. Greenfield, Nebuchadnezzar's Campaign in the Book of Judith, Yediot 28 (1964), 204-208 (hebr.).

181 Vgl. zusammenfassend E. Zenger (ed.), Das Buch Judith (1981), 429-446; ders., TRE 17 (1988), 404-408.

182 Vgl. z.B. H. Cazelles, RSR 39 (1951), 130-134. 137; E. Zenger, TRE 17 (1988), 405.

183 J.M. Allegro (ed.), Fragments of a Qumran Scroll of Eschatological Midrašîm, JBL 77 (9158), 351; ders., Qumrân Cave 4 I (4Q158-4Q186) (DJD V; Oxford 1968), 53-57, Pl. 19; vgl. G.J. Brooke, Exegesis at Qumran. 4QFlorilegium in its Jewish Context (JSOT.S 29; Sheffield 1989), 86-107. 129-144 und H.W. Huppenbauer, Belial in den Qumrantexten, ThZ 15 (1959), 81-89.

184 Y. Yadin (ed.), The Scroll of the War (Oxford 1962), 7. 21f. 24f. 30-36. 82. 213f. 256f. 309.

185 Vgl. *Zwzym* in MT Gen. 14,5 (Symmachus: *Zoizommein*; Vulg.: *Zuzim*; LXX *ethnē ischyra* ' *ʿizū-zīm?*); vgl. zum Problem auch Kap. 4.1 und 4.4.

186 N. Avigad – Y. Yadin (ed.), A Genesis Apocryphon (Jerusalem 1956), 35. 46, Pl. 21; J.A. Fitz-

## 7.3. Zusammenfassung

Die Bilder, die sich die Verfasser und Tradenten des Alten Testaments von ihren ammonitischen Nachbarn gemacht haben, sind ambivalent. In dieser Ambivalenz überwiegen die Feindbilder fast ausnahmslos. Sie haben für ihre Autoren verschiedene Funktionen: Auf der einen Seite legitimieren und kompensieren sie das eigene Verhalten gegenüber den Abgebildeten, wenn man z.B. gegen sie Krieg führte bzw. diesen Krieg nachträglich rechtfertigen wollte. Auf der anderen Seite halfen die Feindbilder ihren Autoren bzw. den Gruppierungen, die durch diese Autoren vertreten wurden, nationale und religiöse Identität auch nach innen gegenüber („Auslands"-)Ammonitern und -Ammoniterinnen bzw. anderen Ausländern und Andersgläubigen, die inmitten der „Gemeinde Israels" wohnten, zu suchen und zu propagieren, und diese Abgrenzungsstrategien auch gegenüber innenpolitischen Gegnern aus den eigenen Reihen zu legitimieren: Man grenzte sich ab und andere aus. Alle Feindbilder, die immer auch Spiegelbilder derer waren, die sie propagierten, sind durch bestimmte historische Konstellationen und religiöse Geisteshaltungen bedingt. Die Bilder von den ammonitischen Kriegstreibern haben wohl von Anfang an meist zum Grundbestand der entsprechenden alttestamentlichen Überlieferungen gehört und in mehr oder weniger engem Zusammenhang mit den historischen Ereignissen der Zeit Sauls bis in die Zeit der Makkabäer gestanden. Diese Spielart der Feindbilder ist vor allem für jene Zeiten belegt, in denen Israel / Juda politisch einigermaßen autark war. Jedenfalls scheint es in der Königszeit kein Widerspruch gewesen zu sein, auf der einen Seite Ammoniter in Kriegen zu unterwerfen und von ihnen Tribute einzufordern und auf der anderen Seite ihre Frauen zu heiraten, ihre Götter zu verehren, mit ihnen Handel zu treiben und politisch zu koalieren oder aber zu ihnen ins Exil zu fliehen. Spätestens mit der ausgehenden Makkabäer-Zeit bzw. dem Eingreifen des Pompeius in das syrisch-palästinische Gebiet finden diese Feindbilder von den Kriegstreibern im Osten keine Nahrung mehr in neuerlichen kriegerischen Auseinandersetzungen[187]; insofern verlieren sie den unmittelbaren Zusammenhang mit ihren historischen Geburtsstunden, nicht aber ihre unterschwellige Virulenz!

Die nicht unmittelbar an kriegerische Auseinandersetzungen gebundenen Feindbilder sind vor allem für jene Zeiten belegt, in denen Israel / Juda von einer orientalischen Großmacht abhing und in denen ihm keine Möglichkeit gegeben

MYER, The Genesis Apocryphon of Qumran Cave I. A Commentary (BibOr 18A; Rom $^{2}$1971), 70f. 164f; K. BEYER, Die aramäischen Texte vom Toten Meer (1984), 181f.

187 Abgesehen von den hasmonäisch-nabatäischen Kriegen, in denen auf hasmonäischer Seite antiammonitische Resentiments auf die Nabatäer projiziert worden sein dürften.

war, die eigene Identität mit Hilfe eines eigenen autonomen Staatsgebildes zu bewahren bzw. zu erneuern. Jetzt wurde die eigene Identität vermehrt mittels betont religiös begründeter Abgrenzungen von den 'Heiden' gesucht, die inmitten und am Rande Israels lebten. Generell wurden seit der nachexilischen Zeit die Abgrenzungsbestrebungen auf verschiedenste Art und Weise deutlich verschärft: Auf literarisch-ideologischem Gebiet machten sich diese Bestrebungen u. a. in sekundären Zusätzen wie Dtn. 23,4b („selbst die zehnte Generation von ihnen soll nicht in die Gemeinde Jahwes kommen, niemals„)[188]. 7 („Suche nicht ihr Wohlergehen und ihr Bestes, Zeit deines Lebens")[189] und Ez. 25,6f. Auf dem praktisch-politischem Gebiet machten sie sich darin bemerkbar, daß man a) den Ausschluß aus der „Gemeinde Jahwes" forderte (Neh. 13,3), b) die Aufnahme in dieselbe verweigerte (Dtn 23,4-7[190]; Neh. 13,1f), c) Mischehenverbote aussprach (Es. 9,1ff; Neh. 13,23-27) und / oder d) die bestehenden Mischehen durch Zwangsanordnungen schied (Es. 10,7-11).[191] Daß derartige Bestrebungen nicht von allen Bevölkerungsgruppen mitgetragen wurden, geht aus Es. 10,15 klar hervor[192]. Ebenso eindeutig ist aber auch, daß sich in Israel „der ebenso 'natürlichen' wie religiös fundierten

188 K. Galling, Das Gemeindegesetz in Deuteronomium 23, in: FS für A. Bertholet zum 80.Geb. (Tübingen 1950), 177; U. Kellermann, Erwägungen zum deuteronomischen Gemeindegesetz Dt 23,2-9, BN 2 (1977), 34; vgl. G. von Rad, Das fünfte Buch Mose. Deuteronomium ($^2$1968), 104.

189 K. Galling, in: FS für A. Bertholet (1950), 177; U. Kellermann, BN 2 (1977), 34f; G. von Rad, Das fünfte Buch Mose ($^2$1968), 104.

190 Daß das sog. Gemeindegesetz in seiner jetzigen Form aus nachexilischer Zeit stammt, dürfte heute weitgehend unbestritten sein. Gleichwohl ist seine literarische Schichtung und damit die Datierung[en der einzelnen vorexilischen (falls es sie gibt) Schichten] nach wie vor umstritten, vgl. u. a. O. Bächli, Israel und die Völker (1962), 85-88; Z. W. Falk, Those excluded from the Congregation, BetM 62 (1975), 342-351 (hebr.; English Summary 438); K. Galling, in: FS für A. Bertholet (1950), 176-191; U. Kellermann, BN 2 (1977), 33-47 (mit m.E. teilweise extremen Frühdatierungen); S. Mowinckel, Zu Deuteronomium 23,2-9, AcOr 1 (1923), 81-104; H. D. Preuss, Deuteronomium (EdF 164; Darmstadt 1982), 142f; G. von Rad, Das fünfte Buch Mose ($^2$1968), 103-105; ders., Deuteronomium-Studien, (1947), in: ders., Gesammelte Studien zum Alten Testament (1973), 115f. Zur rabbinischen Rezeptionsgeschichte vgl. B. Z. Luria, The Curse which has come upon Ammon and Moab, BetM 27 (1981-82), 191-194 (hebr.).

191 Von dem konkreten Vollzug der Ehescheidungen wird allerdings in den Quellen nichts berichtet.

192 Unabhängig davon, in welche Zeit man das Buch Ruth datieren und welche Skopoi man in ihm erkennen will, zeigt sich in der Darstellung der Moabiterin Rut eindeutig ein völlig anderes, weil integratives und friedliches Bild vom Umgang mit Ausländer*innen* in Israel. Insofern kann es sich dabei durchaus *auch* um einen gezielten Gegenentwurf zu andersartigen Bestrebungen gehandelt haben, vgl. z. B. A. Bertholet, Das Buch Ruth (KHC 17; Freiburg – Leipzig – Tübingen 1898), 52-54; auch G. Gerleman, Ruth (BK 18; Neukirchen-Vluyn $^2$1981), 1-39 mit seiner These von der Judaisierung der Moabiterin, die möglicher Kritik an Davids Herkunft entgegenwirken wolle, und – auf seine Weise – H. Fisch, Ruth and the Structure of Covenant History, VT 32 (1982), 425-437, der auf die strukturellen Parallelen zwischen dem Buch Ruth und Gen. 19,30-38 aufmerksam macht.

Ablehnung oder Bekämpfung der Völker sich ... nur wenige, vor allem nur Individuen, entgegengestellt" haben[193].

Für die Abgrenzungsversuche wurden die verschiedensten Begründungen gesucht und natürlich auch gefunden, sei es, daß man die viele Jahrhunderte zurückliegende (angebliche) Verweigerung von Wasser und Brot an die Exodus-Israeliten wieder aufleben ließ (Dtn. 23,5; Neh. 13,2) oder den Ammonitern die Anheuerung Bileams als antiisraelitischen Propheten andichtete (Dtn. 23,5f; Neh. 13,2); sei es, daß man ihnen ihre – angebliche, jedenfalls nicht unverständliche – Freude über den Untergang Jerusalems vorwarf (Ez. 21,33; 25,3.6); sei es, daß man behauptete, die „Heiden" (*ta ethnē*) rotteten die unter ihnen lebenden minoritären Juden angeblich oder tatsächlich aus (1Makk. 5,2); oder sei es, daß man behauptete, die Heirat mit ausländischen Frauen hieße, Gott die Treue aufkündigen (Neh. 13,27; Es. 10,2.6.10), daß sie ihre Männer – wie schon König Salomo – zur Sünde verführten (Neh. 13,26) und daß die Kinder solcher Mischehen die Sprache der Mütter, aber nicht die der Väter sprächen (Neh. 13,24)[194]. Der 'Bund' mit Jahwe galt hier als exklusiv (Es. 10,3) und den Herrschenden als Grundlage für ihren Tugendterror. Gleichzeitig korrigierte man mit solchen Abgrenzungsstrategien auch etwas jene Auffassung von Dtn. 2,19f, wonach Jahwe das Territorium der Ammoniter vor dem Zugriff der Exodus-Israeliten mit der Begründung geschützt hätte, daß sie die Söhne Lots seien [vgl. Hieronymus, Lib. interpr. hebr. nom. 3,4; 15,27; 24,25 [CCSL 72 (1956), 61.78.90]: *Ammon (filius populi mei vel) populus moeroris*].

Inwieweit Ideologie und Wirklichkeit deckungsgleich waren oder aber mehr oder weniger stark auseinanderdrifteten, inwieweit also z.B. die Massenzwangsscheidungen durchgesetzt werden konnten, läßt sich nur schwer sagen[195]. Vermutlich stellen die alttestamentlichen Texte die Wirklichkeit (noch) schlimmer dar als sie es für die Betroffenen tatsächlich war, und dies in der Hoffnung, daß sich die Wirklichkeit – auch mit Hilfe solcher ideologischer Darstellungen – zunehmend in die Richtung eben dieser Propaganda entwickeln würde.

In der Makkabäer-Zeit vereinigen sich die seit Jahrhunderten schwelenden Ressentiments gegenüber den Ammonitern und dabei vor allem die seit den verschiedenen Kriegen gängigen Feindbilder von den Kriegstreibern im Osten mit den spätestens seit der Achämeniden-Zeit praktizierten Ausgrenzungsstrategien zu ei-

193 L. Perlitt, in: G. Liedke (ed.), Frieden – Bibel – Kirche (1972), 59.

194 Vgl. auch die Begründungen in den Fremdvölkersprüchen: Ammonitische Einfälle in israelitisches Gebiet (Am. 1,13; Jer. 49,1; zu Zeph. 2,8 s.o.), Schadenfreude der Ammoniter über Israel / Juda (s.o.), ammonitische Kriegsverbrechen (Am. 1,13) und falsches Selbstvertrauen der Ammoniter (Jer. 49,4); vgl. z.B. auch J. Asurmermendi, Les oracles contre les nations, Le Monde de la Bible 46 (1986), 43.

195 Vgl. z.B. die Überlegungen bei M. Smith, Das Judentum in Palästina während der Perserzeit, in: H. Bengston (ed.), Griechen und Perser. Die Mittelmeerwelt im Altertum I (Fischer-Weltgeschichte 5; Frankfurt a.M. 1965), 361-363. 368f.

nem brisanten Gemisch, deren Opfer – nicht nur – die Bewohner der Ammanitis wurden.

Die Feindbilder, mittels derer sich verschiedene Gruppierungen in Israel von den und gegen die Ammoniter abzugrenzen versuchten, dürften von den Betroffenen, sofern sie ihnen überhaupt jemals bekannt geworden sein sollten, nicht nur als Verleumdungen und Geschichtsfälschungen, sondern vor allem als aggressive und lebensgefährliche Bedrohungen aufgefaßt worden sein, deren Folgen ihnen nur allzu gut bekannt waren. Die wenigen Bilder, in denen sie nicht als Feinde auftauchten, dürften ihnen nicht unlieb gewesen sein, da sie *commercium* und *connubium* sicherlich zuträglicher waren als die Feindbilder, auch wenn letztere offensichtlich (zumindest) den Handel nur be-, aber nicht verhindern konnten.

Die Bilder, die in den Texten enthalten sind, in denen die Ammoniter namentlich erwähnt sind, sind nicht unbedingt repäsentativ für „das" Israel / Juda, das es so nie gab. Sie sind vielmehr typisch für jene Gruppierungen, die sich selbst als die wahren Repräsentanten „Israels" verstanden und im Laufe ihrer Rezeptionsgeschichte zunehmend von anderen auch dafür gehalten wurden und werden. Welche Bilder sich die Vertreter eher marginaler Gruppen in Israel / Juda und diejenigen, die sich gegen die Massenzwangsscheidungen zur Wehr setzten (Es. 10,5), von den Ammonitern machten, ist nicht weiter bekannt. Doch es ist ziemlich wahrscheinlich, daß sie sich als Betroffene vor allem den Zwangsscheidungen widersetzten und sich nicht – gegen den vorherrschenden Zeitgeist – für eine umfassende Besserstellung ihrer ausländischen Ehegatten einsetzten. Daß es in Israel / Juda, besonders in vorexilischer Zeit, auch Strömungen gab, die Ausländern und Ausländerinnen gewisse Schutzräume innerhalb der israelitischen Gesellschaft zugestehen wollten, ist unbestritten[196]. Doch sind in ihren Überlieferungen Ammoniter – zufällig? – explizit kaum jemals erwähnt; insofern entziehen sie sich, was die Ammoniter angeht, einer konkreten und überprüfbaren historischen Analyse.

Alles in allem fällt die Tatsache auf, daß die Bilder-Produzenten wie auch die in den Bildern Dargestellten in Sprache, Schrift, materieller Kultur und vorexilischer Religion eng miteinander verwandt waren und – jedenfalls über weite Strecken – das gleiche politische Schicksal durch die verschiedenen orientalischen Großmächte[197] des 1.Jt.s v.Chr. erlitten haben. Daß sich daraus nicht mehr gemeinsame,

196 Vgl. z.B. A. BERTHOLET, Die Stellung der Israeliten und der Juden zu den Fremden (1896), passim; E.A. KNAUF, WO 19 (1988), 75ff; G.J. BOTTERWECK – R.E. CLEMENTS, *gōj*, ThWAT 1 (1973), 965-973; D. KELLERMANN, *gûr*, ThWAT 1 (1973), 979-991; B. LANG – H. RINGGREN, *nkr*, ThWAT 5 (1986), 454-463; L.A. SNIJDERS, *zûr / zār*, ThWAT 2 (1977), 556-563.

197 Zu Selbstdarstellung und Darstellung eigener Feinde vgl. W. RÖLLIG, Assur – Geißel der Völker. Zur Typologie aggressiver Gesellschaften, Saec. 37 (1986), 116-127.

solidarische Bilder (vgl. Dtn. 2,19f.37; Jer. 9,24f[198]; 49,3[199] sowie die Heilszusätze Jer. 49,6 und Dan. 11,41) ergaben, lag sowohl an den religiösen Absolutheitsansprüchen maßgeblicher Gruppierungen in Israel als auch an den nationalen Partikularismen der palästinischen Kleinstaaten und an der Tatsache, daß in dem gegenseitigen Beziehungsgeflecht Ammon – Israel / Juda sich letztere militärisch und ökonomisch meist als überlegen erwiesen. Nähe und Verwandtschaft setzten Aggressionen frei, *weil* kaum Unterschiede da waren, und schufen so Schein-Unterschiede, die weitere Aggressionen legitimierten.

Die (Feind-)Bilder, die sich die Ammoniter ihrerseits von ihren westlichen Nachbarn gemacht haben, sind nicht erhalten. Dennoch ist es kaum spekulativ, davon auszugehen, daß sie sich strukturell wenig von denen unterschieden haben dürften, die sich ihre Nachbarn in vorexilischer Zeit nachweislich von ihnen gemacht haben (vgl. Mescha-Stele Z.5f). In der exilisch-nachexilischen Zeit allerdings dürften sich die Feindbilder schon deutlicher voneinander unterschieden haben, da sich die Ammoniter weder zu Monolatristen noch zu Monotheisten entwickelt haben[200].

Israel hatte gerade in persischer Zeit im Rahmen der achämenidischen Reichsverwaltung und -ideologie ein vergleichsweise hohes Maß an lokaler Selbstverwaltung eingeräumt bekommen[201], aber wollte und konnte die darin erfahrene Form von

198 Hier werden die Judäer und eine Reihe ihrer Nachbarvölker, darunter die Ammoniter, selbstkritisch mit dem gleichen theologischen Kriterium, der Beschneidung des Herzens, beurteilt.

199 Daß das Element der Klage in Jer. 49,3 daraufhin deute, „daß die militärische Niederlage eines Nachbarvolkes auch in Israel für Menschen Anlaß zur Klage war" bzw. daß es sich hier um „universal-menschheitliche" Anteilnahme handele [so J. Kegler, Das Leid des Nachbarvolkes. Beobachtungen zu den Fremdvölkersprüchen Jeremias, in: Werden und Wirken des Alten Testaments. FS für C. Westermann zum 70.Geb., ed. R. Albertz et al. (Göttingen – Neukirchen-Vluyn 1980), 274f. 282], ist weitgehend moderne Apologetik.

200 Diese Entwicklung setzte bei den Ammanitern erst in (hellenistisch-)römischer Zeit ein, vgl. neben den zahlreichen literarischen Quellen [wie z.B. R.P. Blake – P. Peeters, AnBoll 44 (1926), 70-101; G. Garitte, AnBoll 79 (1961), 412-446; ders., Le Calendrier Palestino-Géorgien du Sinaiticus 34 (X^e siècle) (SHG 39; Brüssel 1958), 298f. 395f; ActaSS Junii Tom. V, 405-411; Nov. Tom. II 2, 410 oder PL 30 (1846), 469] auch IGLS 21,2 (1986), passim und z.B. F.-M. Abel, Géographie de la Palestine II (1937 = 1967), 193-206; B. Bagatti, Le Antiche Chiese di Filadelfia – ʿAmman (Transgiordania), LA 23 (1973), 261-285; R. Devreesse, VivPen 2 (1942), 110-146; ders., Le Patriarchat d'Antioche (1945), 219ff; N. Edelby POC 6 (1956), 97-117 sowie M. Piccirillo et al., Le Monde de la Bible 35 (1984), 12-38; ders., Anton. 58 (1983), 85-101; ders., Chiese e mosaici della Giordania Settentrionale (1981), passim, auch wenn dort nur die Gebiete, die nördlich an die Ammanitis anschließen, behandelt werden.

201 Vgl. dazu P. Frei – K. Koch, Reichsidee und Reichsorganisation im Perserreich (1984), 7ff. 45ff und K. Heinz, Klio 69 (1987), 317-325. Vgl. dazu auch Herodot 7,136 (auch 3,142) bzw. A. Dihle, Die goldene Regel. Eine Einführung in die Geschichte der antiken und frühchristlichen Vulgärethik (SAW 7; Göttingen 1962), 95-102 [sowie H.-P. Mathys et al., Goldene Regel, TRE 13 (1984), 570-583; R. Hoppe, Goldene Regel, NBL 1 (1991), 899-901]; trotz der griechischen Tradi-

Toleranz[202] seinerseits nur für sich, nicht aber für andere in Anspruch nehmen. Und was man unter den Seleukiden leidvoll am eigenen Leib erfahren hatte[203], gab man in ebenso leidvoller und gnadenloser Weise an andere weiter. Feindbilder sind eben immer auch und vor allem ein Ausdruck eigener – und nicht nur theologischer – Schwächen, Unsicherheiten und Minderwertigkeitsgefühle[204].

tion bei Herodot ist es wohl kaum ein Zufall, daß er sie als einzigem Nichtgriechen gerade Xerxes in den Mund legt.

202 Zum Toleranzbegriff vgl. z.B. G. Mensching, Toleranz und Wahrheit in der Religion (Heidelberg 1955), v.a. 35ff. 55ff; W. Barta, Toleranz, LÄ 6 (1986), 627f; vgl. auch B. Lang, Segregation and Intolerance, in: M. Smith – R.J. Hoffmann (ed.), What the Bible really says (Buffalo 1989), 115-135.

203 Vgl. z.B. K. Bringmann, Hellenistische Reform und Religionsverfolgung in Judäa. Eine Untersuchung zur jüdisch-hellenistischen Geschichte (175-163 v.Chr.) (AAWG.PH 132; Göttingen 1983), 97ff.

204 A. und M. Mitscherlich, Die Unfähigkeit zu trauern (1977), passim.

# 8. SCHLUSSWORT

Art und Umfang des literarischen, epigraphischen, archäologischen und ikonographischen Quellenmaterials brachten es mit sich, daß hier weniger eine umfassende und durchgehende Darstellung der Geschichte, Kultur und Religion der Ammoniter und Ammoniterinnen als vielmehr nur ein historisches Skelett geboten werden konnte, dem das Fleisch weitgehend und selbst die Knochen teilweise fehlen[1]. Die immensen Lücken der ammonitischen und außerammonitischen Überlieferungen und ihre jeweiligen Einseitigkeiten lassen zahlreiche Fragen offen. Viele der alttestamentlichen Texte, in denen die „Ammoniter" vorkommen und die deshalb hoffen lassen, daß sie auch geschichtlich begründete und überprüfbare Informationen über die Ammoniter übermitteln, entpuppen sich bei näherem Zusehen als historisch wenig oder überhaupt nicht zuverlässig. Zudem führt eine möglichst umfassende Kenntnisnahme aller zur Verfügung stehenden Quellen im Einzelfall keineswegs automatisch zu mehr Gewißheit, sondern häufig zu mehr Ungewißheit bei der Rekonstruktion historischer Ereignisse und zur präziseren Beschreibung dieser Ungewißheit. Und ohne daß dies näher ausgeführt werden müßte, zeigt auch die Beschäftigung mit den Ammonitern und ihrer Kultur, daß Geschichtsforschung nichts anderes ist „als die ausdauernde Befragung der Vergangenheit im Namen der Probleme und der Wißbegier der Gegenwart – auch des Beunruhigenden und Beängstigenden der Zeit, in der wir uns bewegen und von der wir belagert werden"[2]. Die beklemmende Aktualität der verschiedenen Feindbilder (Kap. 7) zeigt, daß man auch bei dieser Art langlebiger Realitäten nicht so tun darf, als gäbe es sie nicht: Sie rächen sie dafür, indem sie sich bereitwillig jederzeit und von jedermann aktivieren lassen, um dann, aus ihrer Latenz erweckt, ihre destruktive Dynamik aus neue zu entfalten.

Die gemeinsamen kulturellen, religiösen, sprachlichen und ökonomischen Grundlagen, die die eisenzeitlichen Ammoniter mit den ihnen unmittelbar benachbarten Völkern und Staaten verbinden, sind weit größer als das sie Trennende. Die wenigen Unterschiede liegen nicht im Grundsätzlichen, sondern nur in Details, was insbesondere angesichts jener zahlreichen Exegeten zu betonen ist, die unent-

1 Vgl. zusammenfassend auch meine allgemeinverständliche und illustrierte Darstellung: Ammon (AW Sonderheft; Mainz 1993), (in Vorbereitung) und ders., Autorenreferat, ThLZ 117 (1992), 230f; ders., Die Ammoniter. Ein transjordanisches Volk im 1. Jahrtausend v. Chr., JAWG 1992, (im Druck).

2 F. Braudel, Mediterrane Welt, in: ders. – G. Duby – M. Arnaud, Die Welt des Mittelmeeres. Zur Geschichte und Geographie kultureller Lebensformen (Frankfurt a. M. 1990), 7.

wegt nach dem „*Proprium*" des vorexilischen Israel suchen, es aber nur in – theologisch sicherlich nicht unwichtigen – Minderheitenvoten einzelner Theologen des eisenzeitlichen und vor allem perserzeitlichen Westjordanlandes finden können. Angesichts des innerpalästinischen Kulturinternationalismus – und trotz des dortigen politischen Separatismus – machten Nebukadnezzar II., Kyros II. und andere zuweilen nicht ganz zu Unrecht keinen Unterschied zwischen den einzelnen Völkern Syrien-Palästinas und faßten sie stattdessen einfach unter dem Begriff „*(Könige von) Ḫatti-Land / (von) Amurru*" o. ä. zusammmen[3].

Begrenzung bestimmte in Ammon noch mehr als anderswo die verschiedenen Formen der eigenen Existenz: Die Niederschlagsmenge und die Wassermengen der perennierenden Quellen waren ebenso begrenzt wie die Rohstoffe und landwirtschaftlich nutzbaren Flächen, die das kleine Land seinen Bewohnern und Bewohnerinnen zur Verfügung stellen konnte. Das begrenzte Territorium ließ nur ein mäßiges wirtschaftliches und ein geringes militärisches Potential zu. Am Rande der Wüstensteppe, aber in der Mitte des transjordanischen Hochplateaus gelegen, dafür an drei Seiten stets von größeren und mächtigeren Nachbarn umgeben, diese Lage ließ der jeweiligen politischen Führung des Kleinstaates nur wenig Spielraum zu autonomen Entscheidungen; stets mußten sie unter aufmerksamer Berücksichtigung der politischen Kräfteverhältnisse in der Region und unter realistischer Einschätzung der eigenen Begrenztheit gefällt werden. Die handelspolitische Lage als Transitland erlaubte einen begrenzten Kosmopolitismus durch den Import verschiedener Waren und Güter, die strategische machte derartige Einflüsse unausweichlich. In dem begrenzt polytheistischen Pantheon fanden offizieller Kult, lokale und private Frömmigkeit hinreichend Raum zu Ausdruck und Gestaltung der eigenen Religion. Bedrängt von westlichen Nachbarn und östlichen Großmächten versuchte der Zwergstaat Ammon über mehrere Jahrhunderte erfolgreich zu überleben, indem er allen Beteiligten die Nützlichkeit der eigenen Rand- und Nischenexistenz als solider Nachbar, Stabilitätsfaktor und Pufferstaat in einer labilen Region zu signalisieren versuchte. Daß dies nicht unbegrenzt Erfolg haben konnte, liegt angesichts der Verhältnisse im wilden Osten des Mittelmeerraums auf der Hand. Doch den Verlust der eigenen Staatlichkeit überlebte das zahlenmäßig stets begrenzte Volk noch lange, bis es nach und nach in den sich verändernden politischen, sprachlichen und ethnischen Verhältnissen aufging. Das ammonitische Territorium mit seiner einheimischen Bevölkerung lebte in den verschiedenen administrativen Einheiten der jeweiligen Hegemonialmächte noch Jahrhunderte lang weiter, sei es als achämenidische Subprovinz, als ptolemäische bzw. seleukidische

3 In neuassyrischen Quellen werden die einzelnen Staaten in der Regel einzeln beim Namen genannt und gelegentlich daran anschließend als LUGAL.MEŠ*(šarrāni)* $^{Kur}$MAR.DU$^{Ki}$*(Amurri)*, LUGAL. MEŠ*(šarrāni)* KUR*Ḫat-ti u e-ber ID(nāri)* oder LUGAL.MEŠ*(šarrāni) ša na-ba-li* zusammengefaßt.

Hyparchie, als Stadt der Dekapolis[4] und Provincia Arabia[5] oder als byzantinisches Bistum. Mit der zunehmenden Aramaisierung, Arabisierung und Hellenisierung der Ammonitis hörten ihre Bewohner nach und nach auf, „Ammoniter" zu sein[6]. Wann das genau war, läßt sich nicht sagen: Es war ein Prozeß, der sich wie jener, als sich die Proto-Ammoniter zu Ammonitern entwickelten, über mehrere Jahrhunderte erstreckte[7]. Justin d.Märt. konnte immerhin noch Mitte des 2.Jh.s n.Chr., wenn auch mit leicht biblizistischem Anflug, sagen: *kai [to ethnos] Ammanitōn esti nyn poly plēthos* (Dial. cum Tryphone 119). Der lesenden Nachwelt blieben die Ammoniter vor allem durch die literarischen Hinterlassenschaften ihrer Gegner bekannt, die aus ihnen ein Gespinst aus Wahrheiten und Richtigkeiten, Halb- und Unwahrheiten, Irrtümern und Verleumdungen machten – und dies angesichts oder auch gerade wegen der Tatsache, daß seit Naamas Zeiten in den Adern des davidischen Hauses ammonitisches Blut floß.

Die Erforschung der ammonitischen Kultur steht erst in den Anfängen; vor allem im Zuge der zunehmenden archäologischen Tätigkeit auch auf dem Gebiet der spätbronze-, eisen- und perserzeitlichen Ammonitis werden noch viele bisher unbekannte Reste dieser Zivilisation auftauchen und einiges von dem, wozu mit dieser Arbeit eine Grundlage geschafft werden sollte, in neuem und schärferem Licht sehen lassen. Sofern man eine untergegangene Zivilisation und ihre Bewohner und Bewohnerinnen überhaupt lieben kann und sofern Liebe nicht blind macht und ihre wissenschaftliche Variante nicht steril ist, ist diese Arbeit auch eine wissenschaftliche Liebeserklärung an die Ammoniter und Ammoniterinnen sowie an die bekannten und vor allem die noch unbekannten Reste ihrer Kultur, die heute aus vielerlei Gründen schon in hohem Maße bedroht sind, bevor sie das Augenlicht ihrer modernen Liebhaber und Liebhaberinnen erblicken.

4 Vgl. z.B. Plinius d.Ä., nat. hist. 5,74; Ptolemaios, geo. 5,15,23; CIG 4501.

5 Vgl. z.B. Ammianus Marc., hist. 14,8,13; Hierokles, Synecd. 722; Eusebios – Hieronymus, Onom. 16,15f: *Amman, hē nyn Philadelphia, polis episēmos tes Arabias* bzw. *Amman quae nunc Filadelfia, urbs Arabiae nobilis*; A. Spijkerman, The Coins of the Decapolis (1978), 242-257, Pl. 54-57.

6 Vgl. die nab.-griech. Bilingue des 1. / 2.Jh.s n.Chr. aus *Ǧīze* RÉS Nr. 1284 (*ʿmny*) bzw. IGLS 21,2 (1986), Nr. 154; das Gentiliz meint die Herkunft aus *ʿAmmān*-Philadelphia.

7 Vgl. Strabo 16,2,34: *eisin hypo phylōn oikoumena miktōn ek te Aigyptiōn ethnōn kai Arabiōn kai Phoinikōn ... houtō d'ontōn midagōn ...*

Topographische Karte der Ammonitis und ihrer angrenzenden Gebiete

1-3. *Ruǧm el-Ḥāwī; Ruǧm el-Ḥenū* Ost und West
4. *Abū Nṣēr*
5. *ʿĒn el-Bāšā*
6. *Ǧubēha*
7. *Tell Sīrān*
8. *ʿArǧān*
9. *Umm Ruǧūm*
10. *Ḫirbet el-Bēder*
11. *Ḫirbet Salāme*
12. *Ḫirbet Ḫulde*
13. *Mārkā*
14. *Ruǧm el-Muḫēzīn*
15. *Ruǧm el-Kursī*
16. *Umm Uḏaina*
17-18. *Ruǧm el-Malfūf* Nord und Süd
19. *Mabrak*
20. *el-Quwēsime*
21. *Meqābelēn*
22. *Abū ʿAlandā*
23. *Ḫirbet el-Ḥaǧǧār*
24. *Nāʿūr*
25. *Ruǧm Selīm*
26. *el-Yadūde*
27. *Umm el-Qanāfid*
28. *Ḫirbet Hamze / Umm el-Basātīn*
29. *ed-Drēǧāt*
30. *Tell Ǧāwā*

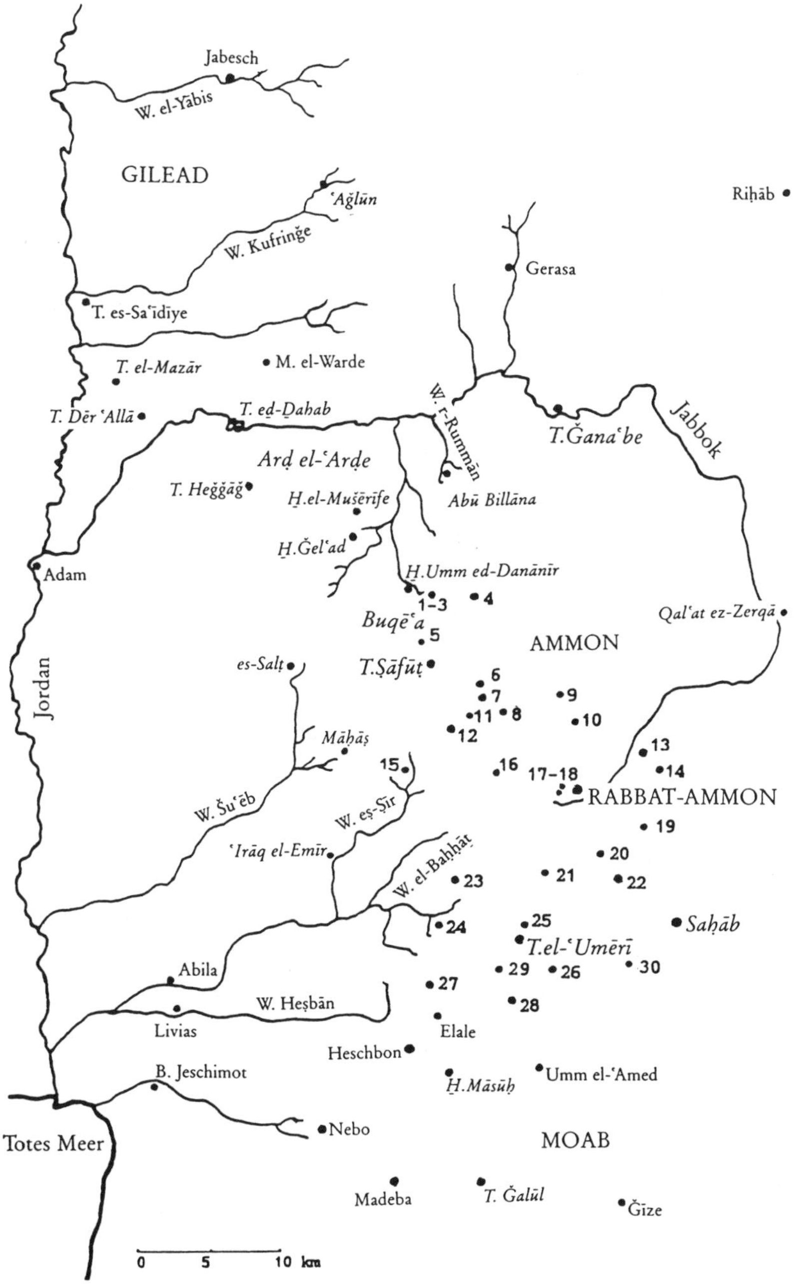
Jabesch
W. el-Yābis
GILEAD
ʿAǧlūn
W. Kufrinǧe
Riḥāb
Gerasa
T. es-Saʿīdīye
T. el-Mazār
M. el-Warde
W. r-Rummān
T. Dēr ʿAllā
T. eḏ-Ḏahab
T.Ǧanaʿbe
Jabbok
Arḍ el-ʿArḍe
T. Heǧǧāǧ
Ḫ.el-Mušērife
Abū Billāna
Ḫ.Ǧelʿad
Adam
Ḫ.Umm ed-Danānīr
1–3
4
Buqēʿa
5
Qalʿat ez-Zerqā
AMMON
Jordan
es-Salṭ
T.Ṣāfūṭ
6
7
9
11
8
10
12
Māḥāṣ
13
15
16
17–18
14
W. Šuʿēb
W. eṣ-Ṣīr
RABBAT-AMMON
19
ʿIrāq el-Emīr
W. el-Baḥḥāṯ
20
23
21
22
24
25
Saḥāb
T.el-ʿUmērī
Abila
29
26
30
27
W. Ḥeṣbān
28
Livias
Elale
Heschbon
B. Jeschimot
Ḫ.Māsūḥ
Umm el-ʿAmed
Nebo
Totes Meer
MOAB
Madeba
T. Ǧalūl
Ǧīze
0 5 10 km

# BIBLIOGRAPHIE DER IM TEXT ZITIERTEN ARBEITEN


AARONS L., The Dayan Collection – The Man and his Archaeological Collection, BAR 8,5 (1982), 26-36
ABABNEH M., A Study of Ammonite Names and their Old North Arabic Cognates, M.A. Thesis (unpubl.) Yarmouk University, Irbid 1989 (arab.) (mir nicht zugänglich)
ABBADI S., Ein neues ammonitisches Siegel, ZDPV 95 (1979), 36-38
–, Die Personennamen der Inschriften aus Hatra (TStOr 1), Hildesheim – Zürich – New York 1983
–, Ein ammonitisches Siegel aus *ʿAmmān*, ZDPV 101 (1985), 30f
ABEL F.-M., Inscriptions de Transjordanie et de Haute Galilée, RB 17 (1908), 567-578
–, Topographie des Campagnes Machabéennes, RB 32 (1923), 495-521
–, Alexandre le Grand en Syrie et en Palestine, RB 43 (1934), 528-545; 44 (1935), 42-61
–, Géographie de la Palestine I-II, Paris 1933. 1938 = 1967
ABOU ASSAF A., Untersuchungen zur ammonitischen Rundbildkunst, UF 12 (1980), 7-102
– / BORDREUIL P. / MILLARD A.R., La Statue de Tell Fekherye et son inscription bilingue assyro-araméenne (Études Assyriologiques), Paris 1982
ABU DAYYAH A.S. et al., Archaeological Survey of Greater Amman, Phase 1: Final Report, ADAJ 35 (1991), 361-395
ABU-DAYIEH A., The Ammonite Art of Sculpture from 9th – 6th Centuries B.C., unpublished M.A. Thesis, University of Jordan, Amman 1979 (arab.) (mir nicht zugänglich)
ABUJABER R.S., Yadoudeh: The Modern History of its People, in: L.T. GERATY et al. (ed.), Madaba Plains Project 1. The 1984 Season at Tell el-ʿUmeri and Vicinity and Subsequent Studies, Berrien Springs/MI 1989, 30f
–, Pioneers over Jordan. The Frontier of Settlement in Transjordan 1850-1914, London 1989
ACHILLEUS TATIOS, Leukippe und Kleitophon, ed. E. VILBORG (SGLG 1), Stockholm 1955
ACTA CONCILIORUM OECUMENICORUM Iff (ed. E. SCHWARTZ et al.), Berlin -Leipzig 1927ff
ADAMS R. / PARR P.J. / IBRAHIM M.M. / AL-MUGHANNUM A.S. et al., Saudi Arabian Archaeological Reconnaissance Programm: Preliminary Report on the First Phase of Comprehensive Archaeological Survey 1976, Atlal 1 (1977), 21-40
AGGOULA B. (ed.), Inscriptions et Graffites Araméens d'Assour (AION.S 43), Neapel 1985
AHARONI Y., Archaeological Survey of ʿEin Gedi, Yediot 22 (1950), 27-45 (hebr.)
–, A New Ammonite Inscription, IEJ 1 (1950-51), 219-222
– (ed.), Arad Inscriptions (Judean Desert Studies), Jerusalem 1981
–, Das Land der Bibel. Eine historische Geographie, Neukirchen-Vluyn 1984
AHITUV SH., Did Ramses II conquer Dibon?, IEJ 22 (1972), 141f
–, Two Ammonite Inscriptions, Cathedra 4 (1977), 178-189 (hebr.)
–, Canaanite Toponyms in Ancient Egyptian Documents, Jerusalem – Leiden 1984
AHLSTRÖM G.W., Aspects of Syncretism in Israelite Religion (HSoed 5), Lund 1963
–, The Tell Sīrān Bottle Inscription, PEQ 116 (1984), 12-15
–, Who were the Israelites?, Winona Lake/IN 1986
AIMÉ-GIRON N., Notes épigraphiques, MFOB 5 (1911), 71-78
–, Notes épigraphiques, JA 19 (1922), 63-93
ALAMI Y. et al., The Archaeology of Amman 2000 B.C.-750 A.D. Exhibition organized by the Department of Antiquities, Amman 1975

ALBENDA P., Grapevines in Ashurbanipal's Garden, BASOR 215 (1974), 5-17
ALBRECHT K., Das Geschlecht der hebräischen Hauptwörter, ZAW 15 (1895), 313-325; 16 (1896), 41-121
ALBRIGHT W.F., An Anthropoid Clay Coffin from Saḥâb in Transjordan, AJA 36 (1932), 295-306
–, Notes on Ammonite History, in: Miscellanea Biblica B. UBACH (SDM 1), Montserrat 1953, 131-136
–, The Son of Tabeel (Isaiah 7:6), BASOR 140 (1955), 34f
–, Die Religion Israels im Lichte der archäologischen Ausgrabungen, München – Basel 1956
–, An Ostracon from Calah and the North-Israelite Diaspora, BASOR 149 (1958), 33-36
–, Some Comments on the ʿAmmân Citadel Inscription, BASOR 198 (1970), 38-40
ALEX M., Klimadaten ausgewählter Stationen des Vorderen Orients (BTAVO.A 14), Wiesbaden 1985
ALIZADEH A., A Tomb of the Neo-Elamite Period at Arjān, near Behbahan, AMI 18 (1985), 49-73
ALLEGRO J.M., Fragments of a Qumran Scroll of Eschatological Midrāšîm, JBL 77 (1958), 350-354
– (ed.), Qumrân Cave 4, I (4Q158-4Q186) (DJD V), Oxford 1968
ALMAGRO(-GORBEA) A., The Survey of the Roman Monuments of Amman by the Italian Mission in 1930, ADAJ 27 (1983), 607-639
–, El Palacio Omeya de Amman I. La Arquitectura, Madrid 1983
ALT A., Psammetich II. in Palästina und in Elephantine, ZAW 30 (1910), 288-297
–, Pegai, ZDPV 45 (1922), 220-223
–, Inschriftliches zu den Ären von Scythopolis und Philadelphia, ZDPV 55 (1932), 128-134
–, Das Institut im Jahre 1932, PJ 29 (1933), 5-29
–, Kleine Schriften zur Geschichte des Volkes Israel I-III, München $^{4}$1968. $^{3}$1964. $^{2}$1968
ALTENMÜLLER H., Bes, LÄ 1 (1975), 720-724
ALTHANN R., *berēʾšît* in Jer 26:1, 27:1, 28:1, 49:34, JNSL 14 (1988), 1-7
AMIRAN R., Ancient Pottery of the Holy Land from its Beginnings in the Neolithic Period to the End of the Iron Age, Jerusalem -Ramat Gan 1969
–, The Lion Statue and the Libation Tray from Tell Beit Mirsim, BASOR 222 (1976), 29-40
AMITAI J. (ed.), Biblical Archaeology Today. Proceedings of the International Congress on Biblical Archaeology Jerusalem, April 1984, Jerusalem 1985
AMMIANUS M., Historiae, lateinisch – deutsch, ed. W. SEYFARTH (SQAW 21,1-4), Berlin (Ost) $^{2}$1978 – $^{5}$1986
ʿAMR A.-J., Excavations at Meqablein, ADAJ 18 (1973), 73f
–, A Study of the Clay Figurines and Zoomorphic Vessels of Trans-Jordan during the Iron Age, with special Reference to their Symbolism and Function, Ph.D. Thesis (unpubl.), University of London 1980
–, Some Ayyubid Pottery Lamps from Rujm el-Kursi and other related Mameluke Examples, Ber. 32 (1984), 201-210
–, A Nude Female Statue with Astral Emblems, PEQ 117 (1985), 104-111
–, Umayyad Painted Bowls from Rujm el-Kursi, Jordan, Ber. 34 (1986), 145-159
–, More Islamic Inscribed Pottery Lamps from Jordan, Ber. 34 (1986), 161-168
–, *Rugm al-Kursī*, AfO 33 (1986), 210f
–, An Ammonite Votive Dolomite Statue, PEQ 119 (1987), 33-38
–, Four Unique Double-Faced Female Heads from the Amman Citadel, PEQ 120 (1988), 55-63
–, Shallow Umayyad Painted Pottery Bowls from Rugm el-Kursi Excavations, ADAJ 32 (1988), 247-254
–, Four Ammonite Sculptures from Jordan, ZDPV 106 (1990), 114-118
AMROUCHE F.A.M., Geschichte meines Lebens, Mainz 1989
AMSLER S., Amos et les droits de l'homme, in: De la Thôra au Messie. Mélanges H. CAZELLES, Paris 1981, 181-187

ANDERSON D.E., Ceramic Typology Analysis: Rujm al-Malfuf 1969, Ph.D.Thesis (unpubl.), Upsala College East Orange/NJ 1970 (mir nicht zugänglich)

ANDERSON-STOJANOVIC V.R., The Chronology and Function of Ceramic Unguentaria, AJA 91 (1987), 105-122

ANDRÉ G., *kāšap̱*, ThWAT 4 (1984), 375-381

ARCARI E., La Politica estera di Nabucodonosor in Siria-Palestina, RSF 17 (1989), 159-171

THE ARCHAEOLOGICAL HERITAGE OF JORDAN. Part I: The Archaeological Periods and Sites (East Bank), ed. The Department of Antiquities, Jordan, Amman 1973

ARCHÄOLOGIE ZUR BIBEL. Kunstschätze aus den biblischen Ländern. Katalog der Ausstellung im Liebieghaus, Museum alter Plastik Frankfurt a.M., Mainz 1981

ARCHI A., Les dieux d'Ebla au IIIe millénaire avant J.C. et les dieux d'Ugarit, AAS 29-30 (1979-1980), 167-191

Ariel D.T. (ed.), Excavations at the City of David 1978-1985, Vol. II (Qedem 30), Jerusalem 1990

ARISTEAS-Brief (Lettre d'Aristée à Philocrate), ed. A. PELLETIER (SC 89), Paris 1962

ASURMENDI J., Les oracles contre les nations, Le Monde de la Bible 46 (1986), 43

ATHENAIOS, The Deipnosophists Vol. I-VII, ed. Ch.B. GULICK (The Loeb Classical Library), London – Cambridge/MA 1927-1941 = 1961

AUFRECHT W.E., A Bibliography of Ammonite Inscriptions, Newsletter for Targumic and Cognate Studies 1 (1983), 1-36

–, Review of K.P. JACKSON, The Ammonite Language of the Iron Age, 1983, BASOR 266 (1987), 85-95

–, A Corpus of Ammonite Inscriptions (Ancient Near Eastern Texts and Studies 4), Lewiston/NY – Queenston/Ontario 1989

AUGÉ Ch., Divinités et mythologies sur les monnaies de la Décopole (*sic!*), Le Monde de la Bible 22 (1982), 43-46

AURENCHE O. (ed.), Chronique archéologique: Jordanie, Syria 60 (1983), 302-333; 62 (1985), 143-169; 63 (1986), 401-415; 64 (1987), 297-308; 65 (1988), 415-434; 67 (1990), 471-482

AVANZINI A., Glossaire des Inscriptions de l'Arabie du Sud I-II (QuadSem. 3), Florenz 1977. 1980

AVIGAD N., A Seal of a Slave-Wife (Amah), PEQ 78 (1946), 125-132

–, Second Readings of Hebrew Seals, ErIs 1 (1951), 32-34 (hebr.)

–, An Ammonite Seal, IEJ 2 (1952), 163f

–, The Epitaph of a Royal Steward from Siloam Village, IEJ 3 (1953), 137-152

–, Seven Ancient Hebrew Seals, Yediot 18 (1954), 147-153 (hebr.)

–, *ḥôtām*, EB(B) 3 (1958), 68-86 (hebr.)

–, An Early Aramaic Seal, IEJ 8 (1958), 228-230

–, Two Ancient Seals, in: Sefer N. TUR-SINAI, ed. M. HARAN – B.Z. LURIA, Jerusalem 1960, 319-324 (hebr.)

–, Some unpublished Ancient Seals, Yediot 25 (1961), 239-244 (hebr.)

–, Seals and Sealing, IEJ 14 (1964), 190-194

–, Seals of Exiles, IEJ 15 (1965), 222-232

–, Two Phoenician Votive Seals, IEJ 16 (1966), 243-251

–, Notes on some inscribed Syro-Phoenician Seals, BASOR 189 (1968), 44-49

–, A Group of Hebrew Seals, ErIs 9 (1969), 1-9 (hebr.; English Summary 134)

–, Ammonite and Moabite Seals, in: Near Eastern Archaeology in the Twentieth Century. Essays in Honor of N. GLUECK, ed. J.A. SANDERS, Garden City/NY 1970, 284-295

–, Six Old Hebrew Seals, in: Sefer SH. YEIVIN, Jerusalem 1970, 305-308 (hebr.)

–, New Light on the Naʿar Seals, in: Magnalia Dei. The Mighty Acts of God. Essays in Memory of G.E. WRIGHT, ed. F.M. CROSS et al., Garden City/NY 1976, 294-300

–, Bullae and Seals from a Post-Exilic Judean Archive (Qedem 4), Jerusalem 1976

–, Two Ammonite Seals depicting the Dea Nutrix, BASOR 225 (1977), 63-66
–, New Moabite and Ammonite Seals at the Israel Museum, ErIs 13 (1977), 108-110 (hebr.; English Summary 294*)
–, Gleanings from unpublished ancient Seals, BASOR 230 (1978), 67-69
–, Some decorated West Semitic Seals, IEJ 35 (1985), 1-7
–, Titles and Symbols on Hebrew Seals, ErIs 15 (1985), 303-305 (hebr.; English Summary 85*)
–, Hebrew Bullae from the Time of Jeremiah. Remnants of a Burnt Archive, Jerusalem 1986
–, Three Ancient Seals, BA 49 (1986), 51-53
–, Hebrew Seals and Sealing and their Significance for Biblical Research, VT.S 40 (1988), 7-16
–, Two Seals of Women and other Hebrew Seals, ErIs 20 (1989), 90-96 (hebr.; English Summary 197*)
–, Another Group of West-Semitic Seals from the Hecht Collection, Michmanim 4 (1989), 7-21
–, The Seal of Mefa'ah, IEJ 40 (1990), 42f
– / Yadin Y. (ed.), A Genesis Apocryphon: A Scroll from the Wilderness of Judaea. Description and Contents of the Scroll, Facsimiles, Transcription and Translation of Columns II, XIX-XXII, Jerusalem 1956
Avi-Yonah M., Gazetteer of Roman Palestine (Qedem 5), Jerusalem 1976
– / Stern E., Rabbath-Ammon, EAEHL 4 (1978), 987-993

Bächli O., Israel und die Völker. Eine Studie zum Deuteronomium (AThANT 41), Zürich 1962
Badian E., Foreign Clientelae (264-70 B.C.), Oxford 1958
Baethgen F., Beiträge zur semitischen Religionsgeschichte, Berlin 1888
–, Die Psalmen (HK II 2), Göttingen ³1904
Bagatti B., Ricerche su alcuni antichi siti giudeo-cristiani, LA 11 (1960-1961), 288-314
–, Le Antiche Chiese di Filadelfia-ʿAmman (Transgiordania), LA 23 (1973), 261-285
Bagnall R.S., The Administration of the Ptolemaic Possessions outside Egypt (Columbia Studies in the Classical Tradition 4), Leiden 1976
Baldacci M., The Ammonite Text from Tell Siran and North-West Semitic Philology, VT 31 (1981), 363-368
–, Rec.: K.P. Jackson, The Ammonite Language of the Iron Age, 1983, AION 45 (1985), 518-521
Balensi J., La Jordanie au IIe millénaire, Le Monde de la Bible 46 (1986), 8f
–, Das 2.Jahrtausend v.Chr., in: Der Königsweg, Mainz 1987, 88-92
Banning E.B., Peasants, Pastoralists and Pax Romana: Mutualism in the Southern Highlands of Jordan, BASOR 261 (1986), 25-50
Barag D., Phoenician Stone Vessels from the Eighth-Seventh Centuries BCE, ErIs 18 (1985), 215-232 (hebr.; English Summary 72f*)
Barakat F., The Barakat Gallery. A Catalogue of the Collection Vol. 1, Beverly Hills/CA 1985
Bardtke H., Jeremia, der Fremdvölkerprophet, ZAW 53 (1935), 209-239; 54 (1936), 240-262
–, Die Waldgebiete des jordanischen Staates, ZDPV 72 (1956), 109-122
Barkay G., A Group of Iron Age Scale Weights, IEJ 28 (1978), 209-217
–, Ketef Hinnom. A Treasure Facing Jerusalem's Walls (Israel Museum Catalogue 274), Jerusalem 1986
Bar-Kochva B., Judas Maccabaeus. The Jewish Struggle against the Seleucids, Cambridge u.a. 1989
Barnett R.D., Four Sculptures from Amman, ADAJ 1 (1951), 34-38
–, Sirens and Rephaim, in: Ancient Anatolia. Aspects of Change and Cultural Development. Essays in Honor of M.J. Mellink, Madison/WI 1986, 112-120
– / Davies L., A Catalogue of the Nimrud Ivories with other Examples of Ancient Near Eastern Ivories in the British Museum, London ²1975
Barré M.L., The Meaning of *l' 'šybnw* in Amos 1:3-2:6, JBL 105 (1986), 611-631
Barrois A., Deux nouveaux poids-canards à Neirab, RA 25 (1928), 51f

BARTA W., Toleranz, LÄ 6 (1986), 627f

BARTHÉLEMY D., Critique textuelle de l'Ancien Testament 1-2 (OBO 50,1-2), Fribourg – Göttingen 1982. 1986

BARTLETT J.R., The Land of Seir and the Brotherhood of Edom, JTS 20 (1969), 1-20

–, Sihon and Og, Kings of the Amorites, VT 20 (1970), 257-277

–, The Brotherhood of Edom, JSOT 4 (1977), 2-27

–, Ammon und Israel, TRE 2 (1978), 455-463

–, From Edomites to Nabataeans: A Study of Continuity, PEQ 111 (1979), 53-66

–, Edom and the Edomites (JSOT.S 77), Sheffield 1989

BARTOCCINI R., Ricerche e scoperte della Missione Italiana in Amman, Bolletino dell'Associazione Internazionale degli Studi Mediterranei 1,3 (1930), 15-17.20

–, Scavi ad Amman della Missione Archeologica Italiana, a.a.O. 3,2 (1932), 16-23

–, Scavi ad Amman della Missione Archeologica Italiana, a.a.O. 4,4-5 (1933-34), 10-15. 19-27

–, La terza Campagna di scavi sull'Acropoli di Amman, Bolletino d'Arte del Ministero dell'Educazione Nazionale 1934, 275-285

–, La Roccia Sacra degli Ammoniti, in: Atti del IV Congresso Nazionale di Studi Romani 1, Rom 1938, 103-108

–, Un decennio di ricerche e di scavi italiani in Transgiordania, Bolletino di Reale Istituto d'Archeologia e Storia dell'Arte 9,1 (1941), 75-84

BARTON G.A / HORN S.H., Ammon, Ammonites, DB(H) ²1963, 26f

BARTON J., Amos's Oracles against the Nations. A Study of Amos 1.3-2.5 (MSSOTS 6), Cambridge u.a. 1980

BASHA S.H., Stratigraphic Accumulation, Origin and Prospection of Iron Ore Deposits at Warda – Southern Ajlun District, Amman 1968 (mir nicht zugänglich)

BATTENFIELD J.R. / HERR L.G., Field C: The Northern Suburb, in: L.T. GERATY et al. (ed.), Madaba Plains Project 1, Berrien Springs/MI 1989, 258-281

BAUER K.J., Alois Musil. Wahrheitssucher in der Wüste (Perspektiven der Wissenschaftsgeschichte 5), Wien – Köln 1989

BAUER Th., Das Inschriftenwerk Assurbanipals, I.-II. Teil (AB NS 1-2), Leipzig 1933

BAUMGARTNER W., Zum Alten Testament und seiner Umwelt. Ausgewählte Aufsätze, Leiden 1959

BAUZOU Th., Préparation du Corpus des milliaires de Jordanie (IGLS 21), LA 39 (1989), 259-261

BEAULIEU P.-A., The Reign of Nabonidus, King of Babylonia 556-539 B.C. (YNER 10), New Haven – London 1989

BECK A., Original – Fälschung?, Konstanz 1991

BECK P., A Figurine from Tel ʿIra, ErIs 21 (1990), 87-93 (hebr.; English Summary 104*)

BECKER J., 1 – 2 Chronik (Die Neue Echter Bibel AT 18. 20), Würzburg 1986. 1988

BECKER U., Richterzeit und Königtum. Redaktionsgeschichtliche Studien zum Richterbuch (BZAW 192), Berlin – New York 1990

BECKING B.E.J.H., Zur Interpretation der ammonitischen Inschrift vom Tell Sīrān, BiOr 38 (1981), 273-276

–, A Remark on a post-exilic Seal, UF 18 (1986), 445f

–, Kann das Ostrakon ND 6231 von *Nimrūd* für ammonitisch gehalten werden?, ZDPV 104 (1988), 59-67

BEEK G.W. VAN, Frankincense and Myrrh, (1960), BA-Reader 2 (³1977), 99-126

BEGRICH G., Der wirtschaftliche Einfluß Assyriens auf Südsyrien und Palästina, Diss. phil. (masch.) Berlin 1975

BELLAMY J.A., Two Pre-Islamic Arabic Inscriptions Revisited: Jabal Ramm and Umm al-Jimāl, JAOS 108 (1988), 369-378

BEN-ARIEH S., The Late Bronze Age Temple at Rabbath-Ammon, Qad. 1 (1968), 98f (hebr.)
BENDER F., Geologie von Jordanien (Beiträge zur regionalen Geologie der Erde 7), Berlin – Stuttgart 1968
BEN-DOR I., A Hebrew Seal from Samaria, QDAP 12 (1946), 77-83
BEN-DOV M., In the Shadow of the Temple. The Discovery of Ancient Jerusalem, New York 1985
BENJAMIN VON TUDELA, Buch der Reisen (Sefär ha-Massa'ot). I. Text (Judentum und Umwelt 22), Frankfurt a. M. – Bern – New York – Paris 1988
BENNETT C.-M., Fouilles d'Umm el-Biyara. Rapport préliminaire, RB 73 (1966), 372-403
–, A Cosmetic Palette from Umm el-Biyara, Antiquity 41 (1967), 197-201
–, Excavations at the Citadel (el Qal'ah), Amman, Jordan, Levant 10 (1978), 1-9
–, Excavations on the Citadel (al Qal'a), Amman, 1978. Fourth Preliminary Report, ADAJ 23 (1979), 161-170
–, Some Reflections on Neo-Assyrian Influence in Transjordan, in: Archaeology in the Levant. Essays for K. M. KENYON, ed. R. MOOREY – P. PARR, Warminster 1978, 165-171
–, Neo-Assyrian Influence in Transjordan, SHAJ 1 (1982), 181-187
BENOIT P. / MILIK J. T. / VAUX R. DE (ed.), Les Grottes de Murabba'ât (DJD 2), Oxford 1961
BEN-SHEM I., The Conquest of Trans-Jordan (A Biblical Study), Tel Aviv 1972 (hebr.; English Summary I-XV)
BEN-TOR A. / PORTUGALI Y., Tell Qiri. A Village in the Jezreel Valley. Report of the Archaeological Excavations 1975-1977 (Qedem 24), Jerusalem 1987
BENTZEN A., Daniel (HAT I 19), Tübingen $^{2}$1952
BENZ F.L., Personal Names in the Phoenician and Punic Inscriptions (StP 8), Rom 1972
BENZINGER I., Die Bücher der Chronik (KHC 20), Tübingen – Leipzig 1901
BEN ZVI E., A Historical-Critical Study of the Book of Zephaniah (BZAW 198), Berlin – New York 1991
BERGER K. (ed.), Das Buch der Jubiläen (JSHRZ II 3), Gütersloh 1981
BERGER Ph., Le sceau de Adonischa, CRAIBL 1894, 356f
BERGER P.-R., Der Kyros-Zylinder mit dem Zusatzfragment BIN II Nr. 32 und die akkadischen Personennamen im Danielbuch, ZA 64 (1975), 192-234
BERGHE L. VAN DEN, Les pratiques funéraires à l'âge du Fer III du Pusht-i Kūh, Luristan: Les Nécropoles „Genre war Kabūd“, IrAnt 22 (1987), 201-266
BERGMAN J. / OTTOSSON M., *'rṣ*, ThWAT 1 (1970-1973),
– / BOTTERWECK G. J. / OTTOSSON M., *ḥālam*, ThWAT 2 (1977), 986-998
BERNHARDT K.-H., Jaser; Milkom, BHH 2 (1964), 805. 1217
–, Die Umwelt des Alten Testaments I. Die Quellen und ihre Erforschung, Berlin Ost $^{2}$1968
–, Der Feldzug der drei Könige, in: Schalom. Studien zu Glaube und Geschichte Israels. FS für A. JEPSEN zum 70.Geb., ed. K.-H. BERNHARDT (AVTRW 51), Berlin Ost 1971, 11-22
–, The Political Situation in the East of Jordan during the Time of King Mesha', SHAJ 1 (1982), 163-167
–, Natural Conditions and Resources in East Jordan according to Biblical Literatute, SHAJ 2 (1985), 179-182
BERTHOLET A., Die Stellung der Israeliten und der Juden zu den Fremden, Freiburg – Leipzig 1896
–, Das Buch Ruth (KHC 17), Freiburg – Leipzig – Tübingen 1898, 49-69
–, Deuteronomium (KHC 5), Freiburg – Leipzig – Tübingen 1899
–, Das Geschlecht der Gottheit (SVG 173), Tübingen 1934
–, Hesekiel (HAT I 13), Tübingen 1936
BETLYON J.W., The Coinage and Mints of Phoenicia. The Pre-Alexandrine Period (HSM 26), Chico/CA 1980
–, The Cult of 'Ašerah / 'Elat at Sidon, JNES 44 (1985), 53-56

BEWER J.A., Textual and Exegetical Notes on the Book of Ezekiel, JBL 72 (1953), 158-168

BEYER G., Die Meilenzählung an der Römerstraße von Petra nach Bostra und ihre territorialgeschichtliche Bedeutung, ZDPV 58 (1935), 129-159

BEYER K., Die aramäischen Texte vom Toten Meer, Göttingen 1984

BEYERLIN W. (ed.), Religionsgeschichtliches Textbuch zum Alten Testament (ATD.E 1), Göttingen ²1985

BEYSE K.-M., *šupāh*, ThWAT 5 (1986), 800-803

–, *ʿemæq*, ThWAT 6 (1989), 220-226

BIBLIA HEBRAICA, ed. R. KITTEL, Stuttgart ³1937

BIBLIA HEBRAICA STUTTGARTENSIA, ed. K. ELLIGER – W. RUDOLPH, Stuttgart ⁴1990

BIBLIA SACRA IUXTA VULGATAM VERSIONEM, ed. B. FISCHER, Stuttgart ³1983

BIENKOWSKI P.A., Some Remarks on the Practice of Cremation in the Levant, Levant 14 (1982), 80-89

BIKAI P.M., Observations on Archaeological Evidence for the Trade between Israel and Tyre, BASOR 258 (1985), 71f

BLACK G.S., The Mineral Resources of Palestine and Transjordan, Jerusalem 1930

BLACK M. (ed.), Apocalypsis Henochi Graece (PsVTGr 3), Leiden 1970, 1-44

BLAKE G.S., The Mineral Resources of Palestine and Transjordan, Jerusalem 1930

BLAKE R.P. / PEETERS P., La Passion Géorgienne des SS.Théodore, Julien, Eubulus, Malcamon, Mocimus et Salamanes, AnBoll 44 (1926), 70-101

BLEIBTREU E., Lotos, RlA 7 (1987-1990), 103-106

BLEEKER C.J., Die Geburt eines Gottes. Eine Studie über den ägyptischen Gott Min und sein Fest (SHR 3), Leiden 1956

BLISS F.J., Narrative of an Expedition to Moab and Gilead in March, 1895, PEQ 1895, 203-234

BLOCK D.I., *Bny ʿmwn*: The sons of Ammon, AUSS 22 (1984), 197-212

–, The Gods of the Nations. Studies in Ancient Near Eastern National Theology (Evangelical Theological Society Monograph Series 2), Winona Lake/IN 1988

BLUM R. und E., Zippora und ihr *ḥtn dmym*, in: Die Hebräische Bibel und ihre zweifache Nachgeschichte. FS für R. RENDTORFF zum 65.Geb., ed. E. BLUM – CH. MACHOLZ – E.W. STEGEMANN, Neukirchen-Vluyn 1990, 41-54

BOARDMAN J., Pyramidal Stamp Seals in the Persian Empire, Iran 8 (1970), 19-45

BOECKER H.J., Klagelieder (ZB AT 21), Zürich 1985

BOGAERT P.-M., Les „Antiquités Bibliques" du Pseudo-Philon. Quelques observations sur les chapitres 39 et 40 à l'occasion d'une réimpression, RTL 3 (1972), 334-344

BOLING R.G., Judges (AncB 6A), Garden City/NY ⁵1982

–, The Early Biblical Community in Transjordan (SWBA.S 6), Sheffield 1988

–, Site Survey in the el-ʿUmeri Region, in: L.T. GERATY et al. (ed.), Madaba Plains Project 1, Berrien Springs/MI 1989, 98-188

BONNET C., Melqart. Cultes et Mythes de l'Héraclès tyrien en Mediterranée (BFPLN 69; Studia Phoenicia 8), Leuven – Namur 1988

BORAAS R.S., A Preliminary Sounding at Rujm el-Malfuf, 1969, ADAJ 16 (1971), 31-46 = in: H.O. THOMPSON (ed.), Archaeology in Jordan (American University Studies IX 55), New York u.a. 1989, 11-44

–, Some Aspects of Archaeology – Tactics and Strategy, in: The Answers lie below. Essays in Honor of L.E. TOOMBS, ed. H.O. THOMPSON, Lanham/MD – London 1984, 39-50

BORDREUIL P., Inscriptions des têtes à double face, ADAJ 18 (1973), 37-39

–, Inscriptions sigillaires Ouest-Sémitiques I: Épigraphie Ammonite, Syria 50 (1973), 181-195

–, Les noms propres Transjordaniens de l'Ostracon de Nimroud, RHPhR 59 (1979), 313-317

–, Inscriptions sigillaires Ouest-Sémitiques III: Sceaux de dignitaires et de rois Syro-Palestiniens du VIIIe et du VIIe siècle avant J.-C., Syria 62 (1985), 21-29

–, Catalogue des Sceaux Ouest-Sémitiques inscrits de la Bibliothèque Nationale, du Musée du Louvre et du Musée biblique de Bible et Terre Sainte, Paris 1986
–, Un cachet moabite du Musée Biblique de Palma de Mallorca, Aula Or. 4 (1986), 119f
–, Les sceaux des grandes personnages, Le Monde de la Bible 46 (1986), 45
–, Perspectives nouvelles de l'épigraphie sigillaire Ammonite et Moabite, SHAJ 3 (1987), 283-286
–, Mizzebul lô: A propos de Psaume 49:15, in: Ascribe to the Lord. Biblical and other Studies in Memory of P. C. Craigie, ed. L. Eslinger – G. Taylor (JSOT.S 67), Sheffield 1988, 93-98
–, 20 ans d'épigraphie transjordanienne, SHAJ 4 (1992), 185-189
–, Le répertoire iconographique des sceaux araméens et son évolution, in: O. Keel et al. (ed.), The Iconography of Inscribed Northwest Semitic Seals (OBO), Fribourg – Göttingen 1992, (im Druck)
– / Caquot A., Les textes en cunéiformes alphabétiques découverts en 1978 à Ibn Hani, Syria 57 (1980), 343-373
– / Gubel E., Bulletin d'Antiquités archéologiques du Levant inédits ou méconnues (BAALIM), Syria 60 (1983), 335-341; 67 (1990), 483-520
– / Lemaire A., Trois Sceaux Nord-Ouest Sémitiques inédits, Sem. 24 (1974), 25-34
– / –, Nouveaux Sceaux Hébreux, Araméens et Ammonites, Sem. 26 (1976), 45-63
– / –, Deux nouveaux Sceaux Nord-Ouest Sémitiques, JA 265 (1977), 17-19
– / –, Nouveau Group de Sceaux Hébreux, Araméens et Ammmonites, Sem. 29 (1979), 71-84
– / –, Nouveaux Sceaux Hébreux et Araméens, Sem. 32 (1982), 21-34
– / Pardee D., Le nominal de ʿAmmīyiḏtamrou, roi d'Ougarit, Syria 61 (1984), 11-14
– / Teixidor J., Nouvel Examen de l'inscription de Bar-Hadad, Aula Or. 1 (1983), 271-276
– / Uehlinger Ch., Inscribed Seals, in: Ancient Art of the Mediterranean World and Ancient Coins. Numismatic and Ancient Art Gallery AG, Zürich. Public Auction, Catalogue No. 7, Zürich 1991, 16-24
Borger R. (ed.), Die Inschriften Asarhaddons, Königs von Assyrien (AfO.B 9), Graz 1956 = Osnabrück 1967
–, Babylonisch-assyrische Lesestücke I-III, Rom ²1979
–, Handbuch der Keilschriftliteratur I-III, Berlin 1967-1975
– / Tadmor H., Zwei Beiträge zur alttestamentlichen Wissenschaft aufgrund der Inschriften Tiglatpilesers III., ZAW 94 (1982), 244-251
Born van den A., Ammon; Milkom, BL ²1968, 60-62. 1155
Borst A., Barbaren, Ketzer und Artisten. Welten des Mittelalters, München – Zürich 1988
Bossman D., Ezra's Marriage Reform: Israel redefined, BibThBull 9 (1979), 32-38
Bottéro J., Ḫabiru, RlA 4 (1972-1975), 14-27
Botterweck G.J., Zur Authentizität des Buches Amos, BZ NF 2 (1958), 176-189
–, *kælæḇ*, ThWAT 4 (1984), 156-166
– / Clements R.E., *gōj*, ThWAT 1 (1973), 965-973
Bounni A., Iconographie d'Héraclès en Syrie, in: L. Kahil – Ch. Augé et al. (ed.), Iconographie classique et identités régionales (BCH.S 14), Paris 1986, 377-387
Bowersock G.W., Roman Arabia, Cambridge/MA – London 1983
Bowsher J.M.C., The Temple of Hercules, a Reassessment, in: A. E. Northedge (ed.), Studies on Roman and Islamic ʿAmman. The Excavations of Mrs. C.-M. Bennett and other Investigations. Vol. I: The Site and Architecture (British Institute at Amman for Archaeology and History, British Academy Monographs in Archaeology No. 3), London 1992, (im Druck)
Braemer F., Une tour en pierres sèches du Jebel Druze (Syrie). Note d'architecture, Ber. 32 (1984), 191-199
–, Two Campaigns of Excavations on the Ancient Tell of Jarash, ADAJ 31 (1987), 525-530

–, Jerash, in: D. HOMÈS-FREDERICQ – J. B. HENNESSY (ed.), Archaeology in Jordan II 1 (Akkadica Suppl. 7), Leuven 1989, 316-319

–, Occupation du sol dans la région de Jerash aux âges du Bronze Récent et du Fer, SHAJ 4 (1992), 191-198

BRANDEN A. VAN DEN, Quelques notes concernant le vocabulaire Phénico-punique, RSF 2 (1974), 137-147

BRANDL B., The Engraved Tridacna-Shell Discs, AnSt 34 (1984), 15-41

BRAUDEL F. / DUBY G. / AYMARD M., Die Welt des Mittelmeeres. Zu Geschichte und Geographie kultureller Lebensformen, Frankfurt a. M. 1990

BRAULIK G., Deuteronomium 1-16,17 (Die Neue Echter Bibel AT 15), Würzburg 1986

BRENTJES B., Völker beiderseits des Jordans, Leipzig 1979

BRIEND J., Le passage des tribus d'Israël en Transjordanie, Le Monde de la Bible 46 (1986), 40f

– / HUMBERT J.-B. (ed.), Tell Keisan (1971-1976), une cité phénicienne en Galilée (OBO Ser.Arch. 1), Fribourg – Göttingen – Paris 1980

– / SEUX M.-J. (ed.), Textes du Proche-Orient Ancien et Histoire d'Israël, Paris 1977

BRINGMANN K., Hellenistische Reform und Religionsverfolgung in Judäa. Eine Untersuchung zur jüdisch-hellenistischen Geschichte (175-173 v. Chr.) (AAWG.PH 132), Göttingen 1983

BROMMER F., Eine achaemenidische Silberschale mit Besitzerzeichen, Anat. 21 (1978-1980), 105-112

BRON F. / LEMAIRE A., Poids inscrits phénico-araméens du VIIIe siècle av. J.-C., in: Atti del I Congresso Internazionale di Studi Fenici e Punici, Rom 1979 (Collezione di Studi Fenici 16), Rom 1983, 763-770

– /–, Les inscriptions araméennes de Hazaël, RA 83 (1989), 35-44

BROOKE G.J., Exegesis at Qumran: 4QFlorilegium in its Jewish Context (JSOT.S 29), Sheffield 1985

BRÜNNOW R.E., Reisebericht III: ʿAmman – Jerusalem – Dscholan, MNDPV 1896, 1-5

– / DOMASZEWSKI A. von, Die Provincia Arabia I-III, Straßburg 1904. 1905. 1909

BRUNDAGE B.C., Herakles the Levantine: A Comprehensive View, JNES 17 (1958), 225-236

BRUNNER G., Der Nabuchodonosor des Buches Judith. Beitrag zur Geschichte Israels nach dem Exil und des ersten Regierungsjahres Darius I., Berlin [2]1959

BRUNNER H. / FLESSEL K. / HILLER F., Lexikon Alte Kulturen Bd. 1, Mannheim – Wien – Zürich 1990

BRUNNER-TRAUT E., Lotos, LÄ 3 (1980), 1091-1096

BUCHANAN B. / MOOREY P.R.S., Catalogue of Ancient Near Eastern Seals in the Ashmolean Museum Vol. III: The Iron Age Stamp Seals (c. 1200-350 BC), Oxford 1988

BUHL F., Einige textkritische Bemerkungen zu den kleinen Propheten, ZAW 4 (1885), 179-194

–, Geographie des alten Palästina (GThW II 4), Freiburg – Leipzig 1896

–, Ammoniter, RE 1 ([3]1896), 455-457

–, *ʿAmmān*; *al-Balḳāʾ*, EI(D) 1 (1913), 348f. 647

–, *Filasṭīn*, EI(D) 3 (1965), 107f

–, *al-Urdunn*, EI(D) 8 (1967), 1029-1031

BURCKHARDT J.L., Travels in Syria and the Holy Land, ed. W. M. LEAKE, London 1822

–, J. L. BURCKHARDT's Reisen in Syrien, Palaestina und der Gegend des Berges Sinai I-II, ed. W. GESENIUS, Weimar 1823-1824

– (Scheik Ibrahim), Briefe an Eltern und Geschwister, ed. C. BURCKHARDT-SARASIN – H. SCHWABE-BURCKHARDT, Basel 1956

BUTLER H.C., Syria. Publications of the Princeton University Archaeological Expeditions to Syria in 1904-5 and 1909. II A 1: Architecture, Southern Syria, Ammonitis, Leiden 1910

CALDERINI A., Dizionario dei nomi geografici e topografici dell'Egitto Greco-Romano I-IV e Suppl., Kairo – Madrid – Milano 1935-1988

CALMEYER P., Die sogenannte fünfte Satrapie und die achaimenidischen Documente, Transeuphratène 3 (1990), 109-129

CAMPBELL E.F. jr. / WRIGHT E.G., Tribal League Shrines in Amman and Shechem, BA 32 (1969), 104-116

CAQUOT A., Ras Shamra V. La Littérature Ougaritique, DBS 9 (1979), 1361-1417

CAROLL R.P., The Book of Jeremiah. A Commentary (OT Library), London 1986

CASANOWICZ I.M., Two Jewish Amulets in the United States National Museum, JAOS 37 (1917), 43-56

CASSIN E. / BOTTÉRO J. / VERCOUTTER J. (ed.), Die Altorientalischen Reiche I-III (Fischer Weltgeschichte 2-4), Frankfurt a.M. 1965-1967

CATASTINI A., 4QSam$^a$: II. Nahash il „serpente", Henoch 10 (1988), 17-49

CATON-THOMPSON G., The Tombs and the Moon Temple of Hureidha (Hadramaut) (Reports of the Research Committee of Antiquaries of London No. 13), London 1944

CAVIGNEAUX A., Textes scolaires du Temple de Nabû ša Harê, Vol. I (Texts from Babylon), Baghdad 1981

CAZELLES H., Le personnage d'Achior dans le livre de Judith, RSR 39 (1951), 125-137

CERVERA F., Excavaciones en extramures de Cadiz (Memoria de la Junta Superior de Excavaciones y Antiquedades 57), Madrid 1923

CHABOUILLET A., Catalogue général et raisonné des camées et pierres gravées de la Bibliothèque impériale, Paris 1858

CHAMBON A., Tell el-Far'ah 1. L'âge du fer (Mémoire 31), Paris 1984

CHARBONNET A., Le dieu aux lions d'Erétrie, AnnAStorAnt 8 (1986), 117-156

CHARLES R.H., The Apocrypha und Pseudepigrapha of the Old Testament I-II, Oxford 1913

CHRISTENSEN D.L., „Terror on every Side" in Jeremiah, JBL 92 (1973), 498-502

– The Prosodic Structure of Amos 1-2, HThR 67 (1974), 427-436

–, Transformations of the War Oracle in Old Testament Prophecy. Studies in the Oracles against the Nations (HThR, Harvard Dissertations in Religion 3), Missoula/MT 1975

–, Zephaniah 2:4-15: A Theological Basis for Josiah's Program of Political Expansion, CBQ 46 (1984), 669-682

CHRONICON PASCHALE, PG 42, 69-1023

CICERO, de natura deorum, lateinisch – deutsch, ed. W. GERLACH – K. BAYER (Tusculum-Bücherei), München $^3$1990

CLARK D.R., Field B: The Western Defense System,in: L.T. GERATY et al. (ed.), Madaba Plains Project 1, Berrien Springs/MI 1989, 244-257

CLARKE V.A., A Study of New Safaitic Inscriptions from Jordan, Ph.D.Diss. unpubl. University of Melbourne 1980

–, The Iron Age II C / Persian Pottery from Rugm al-Ḥenu, ADAJ 27 (1983), 143-164

CLERMONT-GANNEAU CH., Sceaux et cachets Israélites, Phéniciens et Syriens, suivis d'épigraphes Phéniciennes inédites sur divers objects, et de deux intailles Cypriotes, JA 8.Série, 1 (1883), 123-159. 304f. 506-510

–, Nouvelles intailles à légendes sémitiques provenant de Palestine, CRAIBL 20 (1892), 274-282

–, Le Sceau de Adoniphelet, Serviteur de ʿAmminadab, (1892), in: ders., Études d'Archéologie Orientale I (Bibliothèque de l'École des Hautes Études. Sciences historiques et philologiques 44), Paris 1895, 85-90

–, Recueil d'archéologie orientale I-VII, Paris 1895-1906

–, Sceau sémitique et alabastron à inscription grecque provenant d'Égypte, CRAIBL 1909, 333-337

COGAN M., „Ripping open Pregnant Women" in the Light of an Assyrian Analogue, JAOS 83 (1983), 755-757

–, '... From the peak of Amanah', IEJ 34 (1984), 255-259

– / TADMOR H., II Kings (AncB 11), Garden City/NY 1988

COHEN H.R. (Ch.), Biblical Hapax Legomena in the Light of Akkadian and Ugaritic (SBL.DS 37), Missoula/MT 1978

Cohen M., *Maqṭîrôt ûm<sup>e</sup>zabb<sup>e</sup>ḥôt lē'lōhêhen* (1 Rois XI 8B), VT 41 (1991), 332-341
Cohen S., The Political Background of the Words of Amos, HUCA 36 (1965), 153-160
Cohen Sh.J.D., Solomon and the Daughter of Pharaoh: Intermarriage, Conversion, and the Impurity of Women, JANES 16-17 (1984-1985), 23-37
Cole J.A., Available Water Resources and Use in the el-ʿUmeiri Region, in: L.T. Geraty et al. (ed.), Madaba Plains Project 1, Berrien Springs/MI 1989, 41-50
–, Random Square Survey in the el-ʿUmeiri Region, in: a.a.O., 51-97
Collins J.J., The Apocalyptic Visions of the Book of Daniel (HSM 16), Missoula/MT 1977
Conder C.R., Lieutnant Conder's Report XII: 'Ammân and 'Arak el Emir, PEQ 1882, 99-112
–, Tour of their Royal Highnesses Princes Albert Victor and George of Wales in Palestine, PEQ 1882, 214-234
–, Heth and Moab. Explorations in Syria in 1881 and 1882, London 1883
–, The Survey of Eastern Palestine. Memoirs of the Topography, Orography, Hydrography, Archaeology, etc., London 1889
– / Kitchener H.H., The Survey of Western Palestine III: Judaea, London 1883 = Jerusalem 1970
Conrad L., The History of ʿAmman in the Early Islamic Period, in: A.E. Northedge (ed.), Studies on Roman and Islamic ʿAmman. The Excavations of Mrs. C.-M. Bennett and other Investigations, Vol. I: The Site and Architecture, (British Institute at Amman for Archaeology and History, British Academy Monographs in Archaeology No. 3), London 1992, (im Druck)
Coogan M.D., West Semitic Personal Names in the Murašû Documents (HSM 7), Missoula/MT 1976
Cook S.A., The Religion of Ancient Palestine in the Light of Archaeology (SchL 1925), London 1930 = München 1980
Cooke G.A. (ed.), A Text-Book of North-Semitic Inscriptions. Moabite, Hebrew, Phoenician, Aramaic, Nabataean, Palmyrene, Jewish, Oxford 1903
Cooke S.A., Notices of Publications, PEQ 1929, 118-123
Cooley R.E., Gathered to his People: A Study of a Dothan Family Tomb, in: The Living and Active Word of God: Studies in Honor of S.J. Schultz, ed. M. Inch – R. Youngblood, Winona Lake/IN 1983, 47-58
Cooper A., A Note on the Vocalization of *ʿAštoræt*, ZAW 102 (1990), 98-100
Coote R.B., The Tell Siran Bottle Inscription, BASOR 240 (1980), 93
– / Whitelam K.W., The Emergence of Ancient Israel in Historical Perspective (SWBA.S 5), Sheffield 1987
Corney R.W., Hanun, IBD 2 (1962), 523
Cornill C.H., Miszelle. Jdc 11,33, ZAW 37 (1917-18), 251f
Corpus Inscriptionum Latinarum Iff, Berlin 1869ff
Corpus Inscriptionum Semiticarum Iff, Paris 1881ff
Coughenour R.A., Preliminary Report on the Exploration and Excavation of Mugharat el-Wardeh and Abu Thawab, ADAJ 21 (1976), 71-78
–, A Search for Maḥanaim, BASOR 273 (1989), 57-66
–, Mugharat el Wardeh, in: D. Homès-Fredericq – J.B. Hennessy (ed.), Archaeology of Jordan II 2 (Akkadica Suppl. 8), Leiden 1989, 386-390
Crawford P., Flora of Tell Hesban and Area, Jordan, in: Ø.S. LaBianca – L. Lacelle (ed.), Environmental Foundations (Hesban 2), Berrien Springs/MI 1986, 75-98
Crawford T.G., Blessing and Curse in Syro-Palestinian Inscriptions of the Iron Age, Ph.D. Diss. unpubl., The Southern Baptist Theological Seminary 1990
Crenshaw J.L., Amos and the Theophanic Tradition, ZAW 80 (1968), 203-215
Cresson B., The Condemnation of Edom in Postexilic Judaism, in: The Use of the Old Testament in the New and Other Essays. Studies in Honour of W.F. Stinespring, ed. J.M. Efird, Durham 1972, 125-148

CRETAZ CH., Les Tours Ammonites, Le Monde de la Bible 46 (1986), 21
CROSS F. M. jr., The Origin and Early Evolution of the Alphabet, ErIs 8 (1967), 8*-24*
–, Epigraphic Notes on the Ammān Citadel Inscription, BASOR 193 (1969), 13-19
–, Judean Stamps, ErIs 9 (1969), 20-27
–, An Ostracon from Heshbon, AUSS 7 (1969), 223-229
–, Notes on the Ammonite Inscription from Tell Sīrān, BASOR 212 (1973), 12-15
–, Heshbon Ostracon II, AUSS 11 (1973), 126-131
–, Leaves from an Epigraphist's Notebook, CBQ 36 (1974), 486-494
–, Ammonite Ostraca from Heshbon. Heshbon Ostraca IV-VIII, AUSS 13 (1975), 1-20
–, Heshbon Ostracon XI, AUSS 14 (1976), 145-148
–, A Recently Published Phoenician Inscription of the Persian Period from Byblos, IEJ 29 (1979), 40-44
–, The Ammonite Oppression of the Tribes of Gad and Reuben: Missing verses from 1.Samuel 11 found in 4QSamuel[a], in: History, Historiography and Interpretation. Studies in Biblical and Cuneiform Literatures, ed. H. TADMOR – M. WEINFELD, Jerusalem – Leiden 1984, 148-158
–, An Ammonite King List, BA 48 (1985), 171
–, Samaria Papyrus 1: An Aramaic Slave Conveyance of 335 B.C.E. found in the Wâdī ed-Dâliyeh, ErIs 18 (1985), 7*-17*
–, An unpublished Ammonite Ostracon from Ḥesbân, in: The Archaeology of Jordan and other Studies presented to S. H. HORN, ed. L. T. GERATY – L. G. HERR, Berrien Springs/MI 1986, 475-489
– / FREEDMAN D.N., The Pronominal Suffixes of the Third Person Singular in Phoenician, JNES 10 (1951), 228-230
CROWFOOT G.M., Some Censer Types from Palestine, Israelite Period, PEQ 1940, 150-153
CROWFOOT J.W., An Expedition to Baluʿah, PEQ 66 (1934), 76-84
– / CROWFOOT G.M., Early Ivories from Samaria (Samaria-Sebaste. Reports of the Work of the Joint Expedition in 1931-1933 and the British Expedition in 1939 No. 2), London 1938 = 1972
CROWN A.D., Toward a Reconstruction of the Climate of Palestine 8000 B.C.-0 B.C., JNES 31 (1972), 312-329
CRÜSEMANN F., Fremdenliebe und Identitätssicherung. Zum Verständnis der „Fremden"-Gesetze im Alten Testament, WuD 19 (1987), 11-24
CULICAN W., Syro-Achaemenian Ampullae, IrAnt 11 (1975), 100-112
–, Opera Selecta. From Tyre to Tartessos (SIMA Pocket-Book 40), Göteborg 1986
CUNEIFORM TEXTS FROM BABYLONIAN TABLETS ETC. IN THE BRITISH MUSEUM Vol. 24. 35, ed. L. W. KING – A. W. A. LEEPER, London 1908. 1920
CURRID J.D., The Deforestation of the Foothills of Palestine, PEQ 116 (1984), 1-11
CURTIS E. L. / MADSEN A.A., A Critical and Exegetical Commentary on the Books of Chronicles (ICC), New York 1910
CURTIS J., Late Assyrian Bronze Coffins, AnSt 33 (1983), 85-95
CURTIS J.B., „East is East ...", JBL 80 (1961), 355-363

DAHOOD M., Psalms II: 51-100 (AncB 17), Garden City/NY 1968
DAJANI A., Amman – Jabal el-Qusur, ADAJ 11 (1966), 103
DAJANI R.W., A New-Babylonian Seal from Amman, ADAJ 6-7 (1962), 124f
–, An Iron Age Tomb from Amman (Jabal el-Jofeh al-Sharqi), ADAJ 11 (1966), 41-47
–, Chronique Archéologique, RB 73 (1966), 583-586
–, Jabal Nuzha Tomb at Amman, ADAJ 11 (1966), 48-52
–, The Amman Theater Fragment, ADAJ 12-13 (1967-68), 65-67
–, An (Early Bronze-Middle Bronze) Burial from Amman, ADAJ 12-13 (1967-68), 68f
–, A Late Bronze-Iron Age Tomb excavated at Sahab, ADAJ 15 (1970), 29-34

DALLEY S., The Cuneiform Tablet from Tell Tawilan, Levant 16 (1984), 19-22
–, Foreign Chariotry and Cavalry in the Armies of Tiglath-Pileser III and Sargon II, Iraq 47 (1985), 31-40
–, Yahweh in Hamath in the 8th Century BC: Cuneiform Material and Historical Deductions, VT 40 (1990), 21-32
– / POSTGATE J.N. (ed.), The Tablets from Fort Shalmaneser (CTN 3), Oxford 1984
DALMAN G., Ein neugefundenes Jahwebild, PJ 2 (1906), 44-49
–, Die Tobia-Inschrift von ʿarāḳ el-emīr und Daniel 11,14, PJ 16 (1920), 33-35
–, Hundert deutsche Fliegerbilder aus Palästina (SDPI 2), Gütersloh 1925
–, Aramäisch-Neuhebräisches Handwörterbuch zu Targum, Talmud und Midrasch, Göttingen [3]1938 = Hildesheim 1987
DAMM H.H., Ammon, CBL, Stuttgart [5]1959, 50f
DANIN A., Palaeoclimates in Israel: Evidence from Waethering Patterns of Stones in and near Archaeological Sites, BASOR 259 (1985), 33-43
DAR SH., Landscape and Pattern. An Archaeological Survey of Samaria 800 B.C.E.-636 C.E. (BAR.IS 308,1-2), Oxford 1986
DAVIES Ph.R., How not to do Archaeology: The Story of Qumran, BA 51 (1988), 203-207
DAY J., Molech. A God of Human Sacrifice in the Old Testament (University of Cambridge, Oriental Publications 41), Cambridge u.a. 1989
DAYAGI-MENDELS M., Petaled Bowl from Kibbutz Gath, in: K. HOWARD (ed.), Treasures of the Holy Land. Ancient Art from the Israel Museum (The Metropolitan Museum of Art), New York 1987, 187f
–, Perfumes and Cosmetics in the Ancient World (Israel Museum Catalogue No. 305), Jerusalem 1989
DEARMAN J.A. (ed.), Studies in the Mesha Inscription and Moab (ASOR / SBL Archaeology and Biblical Studies 2), Atlanta/GA 1989
DELAPORTE L., Catalogue des cylindres orientaux et des cachets assyro-babyloniens, perses et syro-cappadociens de la Bibliothèque Nationale, Paris 1920
–, Catalogue des cylindres, cachets et pierres gravées de style oriental (Musée du Louvre), I: Fouilles et Missions, II: Acquisitions, Paris 1920. 1923
–, Cachets orientaux de la Collection de Luynes, Aréthouse 19 (1928), 41-65
DELCOURT M., Hermaphroditea. Recherches sur l'être double promoteur de la fertilité dans le monde classique (Latomus 86), Brüssel 1966
DELCOR M., Le Livre de Judith et l'époque grecque, Klio 49 (1967), 151-179
–, Les cultes étrangers en Israël au moment de la réforme de Josias d'après 2R 23. Étude de religions sémitique comparées, in: Mélanges Bibliques et Orientaux en l'honneur de M.H. CAZELLES, ed. ders. – A. CAQUOT (AOAT 212), Kevelaer – Neukirchen-Vluyn 1981, 91-123 = in: ders., Environnement et Tradition de l'Ancien Testament (AOAT 228), Kevelaer – Neunkirchen-Vlyn 1990, 105-137
–, Astarte, LIMC III 1 (1986), 1077-1085
DELITZSCH F., Die Psalmen (BC), Leipzig [5]1894 = Gießen – Basel 1984
DELLER K., SAG.DU UR.MAḪ, „Löwenkopfsitula, Löwenkopfbecher", BaghM 16 (1985), 327-346
– / MAYER W.R., Akkadische Lexikographie: CAD M, Or. 53 (1984), 72-124
DENTZER J.M. – VILLENEUVE F. – LARCHÉ F., Iraq el-Emir: Excavations at the Monumental Gateway, SHAJ 3 (1987), 201-207
DERENBOURG H., Un sceau Phénicien, RÉJ 23 (1891), 314-317
DEVREESSE R., Les anciens évêchés de Palestine, in: Memorial LAGRANGE, Paris 1940, 217-227
–, Le christianisme dans la Province d'Arabie, VivPen 2 (1942), 110-146
–, Le Patriarcat d'Antioche depuis la Paix de l'Église jusqu'à la Conquête Arabe (Études Palestiniennes et Orientales), Paris 1945

Diebner B.J., Ein Blutsverwandter der Beschneidung. Überlegungen zu Ex. 4,24-26, DBAT 18 (1984), 119-126; 20 (1984), 186-188

Diem W., Gedanken zur Frage der Mimation und Nunation in den semitischen Sprachen, ZDMG 125 (1975), 239-258

Dietrich M. / Loretz O. / Sanmartin J., Die keilalphabetischen Texte aus Ugarit, Teil 1: Transkription (AOAT 24,1), Kevelaer – Neukirchen-Vluyn 1976

– /–, Neue Studien zu den Ritualtexten aus Ugarit (I), UF 13 (1981), 63-100

Dietrich W., Prophetie und Geschichte. Eine redaktionsgeschichtliche Untersuchung zum deuteronomistischen Geschichtswerk (FRLANT 108), Göttingen 1972

Dietzfelbinger Ch. (ed.), Pseudo-Philo: Antiquitates Biblicae (JSHRZ II 2), Gütersloh 1975

Dihle A., Die Goldene Regel. Eine Einführung in die Geschichte der antiken und frühchristlichen Vulgärethik (SAW 7), Göttingen 1962

Dijk H.J. van, Ezekiel's Prophecy on Tyre (Ez. 26,1-28,19). A New Approach (BibOr 20), Rom 1968

Dillard R.B., 1 Chronicles. 2 Chronicles (World Biblical Commentary 14. 15), Waco/TX 1986. 1987

Dillmann A., Das Buch Henoch. Uebersetzt und erklärt, Leipzig 1853

–, Die Bücher Numeri, Deuteronomium und Josua (KEH 13), Leipzig 1896

Diodorus of Sicily, Vol. I-XII, ed. C.H. Oldfather et al. (The Loeb Classical Library), London – Cambridge/MA 1939-1967

Dion P.-E., Notes d'épigraphie Ammonite, RB 82 (1975), 24-33

–, Deux notes épigraphiques sur Tobit, Bib. 56 (1975), 416-419

– et al., Les types épistolaires hébréo-araméens jusqu'au temps de Bar-Kokhbah. Introduction, RB 86 (1979), 544-579

Dionysius von Halicarnassus, The Roman Antiquities Vol I-VII, ed. E. Cary (The Loeb Classical Library), London – Cambridge/MA 1937-1950

Diringer D., Le iscrizioni antico-ebraiche palestinensi (Pubblicazioni della R.Università degli Studi di Firenze, Facoltà di Lettere e Filosofia, Serie III, Vol. II), Florenz 1934

Donner H., Neue Quellen zur Geschichte des Staates Moab in der zweiten Hälfte des 8. Jahrh. v. Chr., MIOF 5 (1957), 155-184

–, Art und Herkunft des Amtes der Königinmutter im Alten Testament, in: FS für J. Friedrich zum 65.Geb., ed. R. von Kienle et al., Heidelberg 1959, 105-145

–, Israel unter den Völkern. Die Stellung der klassischen Propheten des 8. Jahrhunderts v. Chr. zur Außenpolitik der Könige von Israel und Juda (VT.S 11), Leiden 1964

–, Adadnirari III. und die Vasallen des Westens, in: Archäologie und Altes Testament. FS für K. Galling zum 70.Geb., ed. A. Kuschke – E. Kutsch, Tübingen 1970, 49-59

–, Balaam pseudopropheta, in: Beiträge zur Alttestamentlichen Theologie. FS für W. Zimmerli zum 70.Geb., ed. ders. – R. Hanhart – R. Smend, Göttingen 1977, 112-123

–, Mitteilungen zur Topographie des Ostjordanlandes anhand der Mosaikkarte von *Mādebā*, ZDPV 98 (1982), 174-191

–, Geschichte des Volkes Israel und seiner Nachbarn in Grundzügen (ATD.E 4,1-2), Göttingen 1984. 1986

– / Cüppers H., Die Mosaikkarte von Madeba. Tafelband (ADPV 5), Wiesbaden 1977

– / Knauf A.E., Gōr eṣ-Ṣāfī – Wādī l-Karak, AfO 33 (1986), 266f

– / Röllig W. (ed.), Kanaanäische und aramäische Inschriften I-III, Wiesbaden ³1973. ³1976. ⁴1979

Dornemann R.H., The Beginning of the Iron Age in Jordan, SHAJ 1 (1982), 135-140

–, The Archaeology of the Transjordan in the Bronze and Iron Ages (Milwaukee Public Museum), Milwaukee/WI 1983

Dorsey D.A., The Roads and Highways of Ancient Israel, Baltimore/MD – London 1991

Dostal W., Egalität und Klassengesellschaft in Südarabien. Anthropologische Untersuchungen zur sozialen Evolution (WBKL 20), Horn – Wien 1985

DOTHAN T., Excavations at the Cemetery of Deir el-Balaḥ (Qedem 10), Jerusalem 1979
–, The Philistines and their Material Culture, Jerusalem 1982
DOUGHTY CH.M., Travels in Arabia Deserta I-II, London 1936
DRINKARD J.F., ʿal penê as „East of", JBL 98 (1979), 285f
DRIVER G.R., Linguistic and Textual Problems: Minor Prophets, II, JTS 39 (1938), 260-273
–, Notes on some recently recovered Proper Names, BASOR 90 (1943), 34
–, Seals from ʿAmman and Petra, QDAP 11 (1945), 81f
–, Seals and Tombstones, ADAJ 2 (1953), 62-65
–, Semitic Writing from Pictograph to Alphabet (SchL 1944), London [3]1976
DUBARLE A.M., Judith. Formes et sens des diverses traditions Tome I (Études), II (Textes) (AnBib 24,1-2), Rom 1966
–, L'authenticité des textes hébreux de Judith, Bib. 50 (1969), 187-211
–, Les textes hébreux de Judith: un nouveau signe d'originalité, Bib. 56 (1975), 503-511
–, Les textes hébreux de Judith et les étapes de la formation du livre, Bib. 70 (1989), 255-266
DUHM B., Anmerkungen zu den Zwölf Propheten III-VI, ZAW 31 (1911), 81-110
–, Die Psalmen (KHC 14), Tübingen [2]1922
DUMBRELL W.J., The Midianites and their Transjordanian Successors, Ph.D.Diss. unpubl. Harvard, Cambridge/MA 1970
–, The Tell el-Maskhuṭa Bowls and the 'Kingdom' of Qedar in the Persian Period, BASOR 203 (1971), 33-44
DUNAND M., Fouilles de Byblos II, Paris 1950-1954
–, Nouvelles inscriptions phéniciennes du temple d'Eshmoun à Bostan-esh-Cheikh, près Sidon, BMB 18 (1965), 105-109
– / SALIBY N., Le Temple d'Amrith dans la Pérée d'Aradus (BAH 121), Paris 1985
DUNCAN G,J., Neby Hoshaʿ, PEQ 1927, 192-197
–, Es-Salt, PEQ 1928, 28-36. 98-100
DUSSAUD R., Le sanctuaire phénicien de Byblos d'après Benjamin de Tudèle, Syria 7 (1926), 247-256
–, Melqart, Syria 25 (1946-1948), 205-230
–, La Pénétration des Arabes en Syrie avant Islam (BAH 59), Paris 1955

EBACH J., Weltentstehung und Kulturentwicklung bei Philo von Byblos (BWANT 108), Stuttgart – Berlin – Köln – Mainz 1979
–, Aspekte multikulturellen Zusammenlebens in der hebräischen Bibel, in: J. MICKSCH (ed.), Multikulturelles Zusammenleben. Theologische Erfahrungen, Frankfurt a.M. 1983, 14-23
EBELING E., Ammu / Amu; Androgyn, RlA 1 (1928), 98f. 106f
–, Das aramäisch-mittelpersische Glossar Frahang-i-Pahlavīk im Lichte der assyriologischen Forschung (MAOG 14,1), Leipzig 1941
–, Garten; Gesandter, RlA 3 (1957-71), 147-150. 212f
EDELBY N., La Transjordanie chrétienne des origines aux Croisades, POC 6 (1956), 97-117
EDELMAN D., Saul's Rescue of Jabesh-Gilead (I Sam 11,1-11): Sorting Story from History, ZAW 96 (1984), 195-209
–, King Saul in the Historiography of Judah (JSOT.S 121), Sheffield 1991
EDENS Ch. / BAWDEN G., History of Taymā' and Hejazi Trade during the First Millenium B.C., JESHO 32 (1989), 48-103
EDER K., Die Entstehung staatlich organisierter Gesellschaften. Ein Beitrag zu einer Theorie sozialer Evolution, Frankfurt a.M. 1980
EDGAR C.C. (ed.), Zenon Papyri Vol. I-V, Kairo 1925-1940 = Hildesheim – New York 1971
EDLER R., Das Kerygma des Propheten Zefanja (FThSt 126), Freiburg – Basel – Wien 1984

EDZARD D.O., Mesopotamien: Die Mythologie der Sumerer und Akkader, WM I 1 (1965), 1-139
– / FARBER G. / SOLLBERGER E., Die Orts- und Gewässernamen der präsargonidischen und sargonidischen Zeit (RGTC 1; BTAVO.B 7,1), Wiesbaden 1977
– / GRAYSON A.K., Königslisten und Chroniken, RlA 6 (1980-1983), 77-135
– / TOSI M., Jaspis, RlA 5 (1976-1980), 269f
EHRLICH A.B., Randglossen zur hebräischen Bibel I-VII, Leipzig 1908-1914 = Hildesheim 1968
EICHRODT W., Der Prophet Hesekiel 1-18. 19-48 (ATD 22,1-2), Göttingen [4]1978. [2]1969
AL-EISAWI D.M., Vegetation in Jordan, SHAJ 2 (1985), 45-57
EISENHUT W., Incestus, KP 2 (1975), 1386f
EISSFELDT O., Kleine Schriften I-VI, Tübingen 1962-1979
ELAYI Y., Les sarcophages phéniciens d'époque perse, IrAnt 23 (1988), 275-322
ELLIGER K., Kleine Schriften zum Alten Testament (ThB 32), München 1966
–, Leviticus (HAT I 4), Tübingen 1966
–, Das Buch der zwölf Kleinen Propheten: Die Propheten Nahum, Habakuk, Zephanja, Haggai, Sacharja, Maleachi (ATD 25), Göttingen [7]1975
EMERTON J.A., The Meaning of the Ammonite Inscription from Tell Siran, in: Von Kanaan bis Kerala. FS für J.P.M. VAN DER PLOEG zur Vollendung des siebzigsten Lebensjahres, ed. W.C. DELSMAN et al. (AOAT 211), Kevelaer – Neukirchen-Vluyn 1982, 367-377
ENGEL B.J., Darstellungen von Dämonen und Tieren in assyrischen Palästen und Tempeln nach den schriftlichen Quellen, Mönchengladbach 1987
ENGELKEN K., Frauen im Alten Israel. Eine begriffsgeschichtliche und sozialrechtliche Studie zur Stellung der Frau im Alten Testament (BWANT 130), Stuttgart – Berlin – Köln 1989
EPHʿAL I., „Ishmael" and „Arab(s)": A Transformation of Ethnological Terms, JNES 35 (1976), 225-235
–, The Western Minorities in Babylonia in the 6th-5th Centuries B.C.: Maintenance and Cohesion, Or. 47 (1978), 74-90
–, The Ancient Arabs. Nomads on the Borders of the Fertile Crescent 9th-5th Centuries B.C., Jerusalem – Leiden 1982
– / NAVEH J., Hazael's Booty Inscription, IEJ 39 (1989), 192-200
EPIPHANIOS, Ancoratus und Panarion 1-33. 34-64, ed. K. HOLL (GCS 25. 31), Leipzig 1915. 1922 [PG 41, 173-1200; 42, 9-832]
–, Anakephalaiosis, PG 42 (1858), 833-886
ETHERIA, Itinerarium (Egeriae), CCSL 175, 1965, 28-103
VOM EUPHRAT ZUM NIL. Kunst aus dem alten Ägypten und Vorderasien. Eine Ausstellung der Gesellschaft der Freunde eines Schweizerischen Orient-Museums im Kunstmuseum des Kantons Thurgau, Kartause Ittingen 1985, ed. M.A. BRANDES et al., Zürich 1985
EUSEBIOS, Kirchengeschichte, ed. E. SCHWARTZ, Leipzig [3]1922
– / HIERONYMUS, Das Onomastikon der biblischen Ortsnamen, ed. E. KLOSTERMANN, Leipzig 1904 = Hildesheim 1966
EUSTATHIOS VON THESSALONIKI, Commentarii ad Homeri Iliadem et Odysseam Vol. I-IV, Leipzig 1827-1829 = Hildesheim 1960
EVES T.L., One Ammonite Invasion or two? 1.Sam. 10:27-11:2 in the Light of 4QSam[a], WTJ 44 (1986), 308-326

FABRY H.-J., *nāḥāš*; *sāʿar*, ThWAT 5 (1984-1986), 384-397. 893-898
– / LAMBERTY-ZIELINSKI H., *ʿrb* II/III, ThWAT 6 (1989), 355-359
EL-FAKHARANI F., Das Theater von Amman in Jordanien, AA 90 (1975), 377-403
–, The Library of Philadelphia (?) or The So-Called Temple on the Citadel Hill in Amman, WZ(R).GS 24,6 (1975), 533-554

Falk Z.W., Those excluded from the Congregation, BetM 62 (1975), 342-351 (hebr.; English Summary 438)
Falsone G., Da Nimrud a Mozia. Un tipo statuario di stile fenicio egittizzante, UF 21 (1989), 153-193
Fauth W., Aphrodite Parakyptusa. Untersuchungen zum Erscheinungsbild der vorderasiatischen Dea Proscipiens (AAWLM.G 6,1966), Wiesbaden 1967
–, Hermaphroditos, KP 2 (1970), 1066f
–, Der königliche Gärtner und Jäger im Paradeisos. Beobachtungen zur Rolle des Herrschers in der vorderasiatischen Hortikultur, Persica 8 (1979), 1-53
Feliks J., Fuchs, BHH 1 (1962), 504
–, Hund, BHH 2 (1964), 752f
–, Dog; Fox, EJ 6 (1971), 152. 1450
Fenlon J.C., Ammonites, CathEnc 1 (1907), 431-433
Ferguson K. / Hudson T., Climate of Tell Hesban and Area, in: Ø.S. LaBianca – L. Lacelle (ed.), Environmental Foundations (Hesban 2), Berrien Springs/MI 1986, 7-22
Field H. et al., North Arabian Desert Archaeological Survey, 1925-50 (Papers of the Peabody Museum of Archaeology and Ethnology, Harvard University Vol. 45,2), Cambridge/MA 1960 = Milwood/NY 1974
Figulla H.H. (ed.), Keilschrifttexte aus Boghazköi II. Autographen (WVDOG 30,2), Leipzig 1916 = Osnabrück 1970
Finkelstein I., The Archaeology of the Israelite Settlement, Jerusalem 1988
Fisch H., Ruth and the Structure of Covenat History, VT 32 (1982), 425-437
Fischer Th., Seleukiden und Makkabäer. Beiträge zur Seleukidengeschichte und zu den politischen Ereignissen in Judäa während der 1.Hälfte des 2.Jahrhunderts v.Chr., Bochum 1980
Fisher E.J., Cultic Prostitution in the Ancient Near East? A Reassessment, Biblical Theology Bulletin 6 (1976), 225-236
Fishman B. – Forbes H. – Lawn B., University of Pennsylvania Radiocarbon Dates XIX, Radiocarbon 19 (1977), 188-228
Fitzmyer J.A. (ed.), The Genesis Apocryphon of Qumran Cave I. A Commentary (BibOr 18A), Rom $^{2}$1971
– / Harrington D.J. (ed.), A Manual of Palestinian Aramaic Texts (BibOr 34), Rom 1978
Flanagan J.W., David's Social Drama. A Hologram of Israel's Early Iron Age (SWBA.S 7), Sheffield 1988
Fohrer G., Die Hauptprobleme des Buches Ezechiel (BZAW 72), Berlin 1952
–, Ezechiel (HAT I 13), Tübingen 1955
–, Eisenzeitliche Anlagen im Raume südlich von *nāʿūr* und die Südwestgrenze von Ammon, ZDPV 77 (1961), 56-71 = ders., Studien zur alttestamentlichen Theologie und Geschichte (1949-1966) (BZAW 115), Berlin 1969, 352-366
–, Studien zur alttestamentlichen Prophetie (1949-1965) (BZAW 99), Berlin 1967
–, Studien zu alttestamentlichen Texten und Themen (1966-1972) (BZAW 155), Berlin – New York 1981
Forrer E., Die Provinzeinteilung des assyrischen Reiches, Leipzig 1920
–, Ba'asa, RlA 1 (1932), 328
Fowler J.D., Theophoric Personal Names in Ancient Hebrew. A Comparative Study (JSOT.S 49), Sheffield 1988
Fowler M.D., Excavated Incense Burners, BA 47 (1984), 183-186
Fragmente der griechischen Historiker IA-IIIC, ed. F. Jacoby, Berlin – Leiden 1923-1958
Franken H.J., The Excavations at Deir ʿAlla in Jordan, 2nd Season, VT 11 (1961), 361-372
–, Excavations at Deir ʿAllā, Season 1964, VT 14 (1964), 417-422

–, Excavations at Tell Deir ʿAllā I. Stratigraphical and Analytical Study of the Early Iron Age Pottery (DMOA 16), Leiden 1969

–, The Other Side of the Jordan, ADAJ 15 (1970), 5-10

–, Einiges über die Methode von archäologischen Oberflächenuntersuchungen, in: Archäologie und Altes Testament. FS für K. Galling zum 70.Geb., ed. A. Kuschke – E. Kutsch, Tübingen 1970, 117-125

–, The Identity of Tell Deir ʿAllā, Jordan, Akkadica 14 (1979), 11-15

–, A Technological Study of Iron Age I Pottery from Tell Deir ʿAllā, SHAJ 1 (1982), 141-144

–, Deir ʿAlla (Tell), in: D. Homès-Fredericq – J. B. Hennessy (ed.), Archaeology of Jordan II 1 (Akkadica Suppl. 7; Leuven 1989), 201-205

–, Deir ʿAlla re-visited, in: J. Hoftijzer – G. van der Kooij (ed.), The Balaam Text from Deir ʿAlla re-evaluated. Proceedings of the International Symposium held at Leiden 21-24 August 1989, Leiden 1991, 3-15

– / Abujaber R.S., Yadoudeh: The History of a Land, in: L.T. Geraty et al. (ed.), Madaba Plains Project 1, Berrien Springs/MI 1989, 407-414

– / Franken-Battershill C.A., A Primer of Old Testament Archaeology, Leiden 1963

– / Ibrahim M.M., Two Seasons of Excavations at Deir ʿAlla, ADAJ 22 (1977-78), 57-79

– / Power W.J.A., Glueck's Explorations in Eastern Palestine in the Light of Recent Evidence, VT 21 (1971), 119-123

Freedman R.D., The Cuneiform Tablets in St.Louis, Ph.D.Thesis (unpubl.) Columbia University 1975

Freedy K.S. / Redford D.B., The Dates in Ezekiel in Relation to Biblical, Babylonian and Egyptian Sources, JAOS 90 (1970), 462-485

Frei P. / Koch K., Reichsidee und Reichsorganisation im Perserreich (OBO 55), Fribourg – Göttingen 1984

Frey J.-B. (ed.), Corpus Inscriptionum Judaicarum I-II (SSAC 1. 3), Città del Vaticano 1936. 1952

Frey W. – Kürschner H., Die Vegetation im Vorderen Orient (BTAVO.A 30), Wiesbaden 1989

Friedrich J. / Röllig W., Phönizisch-punische Grammatik (AnOr 46), Rom $^{2}$1970

Fritz V., Erwägungen zu dem spätbronzezeitlichen Quadratbau bei Amman, ZDPV 87 (1971), 140-152

–, Die Paläste während der assyrischen, babylonischen und persischen Vorherrschaft in Palästina, MDOG 111 (1979), 63-74

–, Paläste während der Bronze- und Eisenzeit in Palästina, ZDPV 99 (1983), 1-42

–, Einführung in die Biblische Archäologie, Darmstadt 1985

–, Rez.: M.H. Niemann, Die Daniten, 1985, ThRv 81 (1985), 460-462

–, Die Fremdvölkersprüche des Amos, VT 27 (1987), 26-38

–, Conquest or Settlement? The Early Iron Age in Palestine, BA 50 (1987), 84-100

–, Jerobeam II., TRE 16 (1987) 589f

–, Kleines Lexikon der Biblischen Archäologie, Konstanz 1987

–, Amosbuch, Amos-Schule und historischer Amos, in: Prophet und Prophetenbuch. FS für O. Kaiser zum 65.Geb., ed. V. Fritz – K.-F. Pohlmann – H.-Ch. Schmitt (BZAW 185), Berlin – New York 1989, 29-43

– / Kempinski A. (ed.), Ergebnisse der Ausgrabungen auf der *Ḫirbet el-Mšāš (Tēl Māśōś)* 1972-1975 (ADPV 6), Wiesbaden 1983

Frontinus, Kriegslisten, lateinisch und deutsch, ed. G. Benz (SQAW 10), Berlin Ost $^{3}$1987

Fuchs R., Silber, LÄ 5 (1984), 939-946

–, Zinn, LÄ 6 (1986), 1409-1414

Fuhs H.F., *naʿar; ʿāḇar*, ThWAT 5 (1986-1988), 507-518. 1015-1033

–, Ezechiel II: 25-48 (Echter-Bibel 22), Würzburg 1988
FULCO W.J., The ʿAmmān Citadel Inscription: A New Collation, BASOR 230 (1978), 39-43
–, A Seal from Umm el Qanāfid, Jordan, *g'lyhw ʿbd hmlk*, Or. 48 (1979), 107f
–, The Amman Theater Inscription, JNES 38 (1979), 37f
–, Review of K.P. JACKSON, The Ammonite Language of the Iron Age, 1983, CBQ 48 (1986), 535f

GALLING K., Ein hebräisches Siegel aus der babylonischen Diaspora, ZDPV 51 (1928), 234-236
–, Judäa, Galiläa und der Osten im Jahre 164/3 v.Chr., PJ 36 (1940), 43-77
–, Beschriftete Bildsiegel des ersten Jahrtausends v.Chr. vornehmlich aus Syrien und Palästina, ZDPV 64 (1941), 121-202
–, Das Gemeindegesetz in Deuteronomium 23, in: FS für A. BERTHOLET zum 80.Geb., Tübingen 1950, 176-191
–, Die Bücher der Chronik, Esra, Nehemia (ATD 12), Göttingen 1954
–, Die Ausrufung des Namens als Rechtsakt in Israel, ThLZ 81 (1956), 65-70
–, Jesaja 21 im Lichte der neuen Nabonidtexte, in: Tradition und Situation. FS für A. WEISER zum 70.Geb., ed. E. WÜRTHWEIN – O. KAISER, Göttingen 1963, 49-62
–, Studien zur Geschichte Israels im persischen Zeitalter, Tübingen 1964
– (ed.), Biblisches Reallexikon (HAT I 1), Tübingen 1937, ²1977
– (ed.), Textbuch zur Geschichte Israels, Tübingen ³1979
GARBINI G., Un nuovo sigillo aramaico-ammonita, AION 17 (1967), 251-256
–, Appunti di epigrafia aramaica, AION 17 (1967), 89-96
–, Further Considerations on the Aramaic-Ammonite Seal (AION NS XVII 1967, 251-6), AION 18 (1968), 453f
–, La lingua degli Ammoniti, AION 20 (1970), 249-258
–, Le Lingue Semitiche. Studi di Storia Linguistica (Pubb. del Seminario di Semitistica, Ricerche IX), Neapel 1972 (und ²1984)
– (ed.), Iscrizioni sudarabiche I: Iscrizioni Minee (Pubblicazioni del Seminario di Semitistica. Ricerche 10), Neapel 1974
–, Ammonite Inscriptions, JSSt 19 (1974), 159-168
–, Le iscrizioni proto-arabe, AION 36 (1976), 165-174
–, Note epigrafiche, AION 37 (1977), 482-485
–, Storia e Problemi dell'Epigrafia Semitica (Supplemento 19 agli AION, Vol.39, NS 29), Neapel 1979
–, Nuovi documenti epigrafici dalla Palestina – 1976. 1977. 1978. 1979. 1981-1982, Henoch 1 (1979), 396-400; 2 (1980), 349-352; 3 (1981), 373-381; 5 (1983), 63-67. 397-401; 7 (1985), 325-330
–, Lingue e „Varietà Linguistiche" nel Semitico Nordoccidentale del I Millenio A.C., AION.L 3 (1981), 95-111 [= ders., Il Semitico Nordoccidentale. Studi di storia linguistica (SS NS 5), Rom 1988, 19-34]
–, I sigilli del regno di Israele, OA 21 (1982), 163-176
–, Le serie alfabetiche semitiche e il loro significato, AION 32 (1982), 403-411
–, Dati epigrafici e linguistici sul territorio palestinese fino al VI sec. a.C., Riv.Bibl. 32 (1984), 67-83
–, Philistine Seals, in: The Archaeology of Jordan and other Essays presented to S.H. HORN, ed. L.T. GERATY – L.G. HERR, Berrien Springs/MI 1986, 443-448
–, Il Semitico Nordoccidentale. Studi di storia linguistica (SS NS 5), Rom 1988
–, History and Ideology in Ancient Israel, New York 1988
GARDINER A., Egyptian Grammar, Oxford ³1982
GARITTE G., Le Calendrier Palestino-Géorgien du Sinaiticus 34 (Xᵉ siècle) (SHG 30), Brüssel 1958
–, La Passion de S.Élien de Philadelphie (ʿAmman), AnBoll 79 (1961), 412-446
GARR W.R., Dialect Geography of Syria-Palestine 1000-586 B.C.E., Philadelphia/PN 1985

GARRETT J., A Geographical Commentary on Ezekiel XXVII, Geography 24 (1939), 240-249
GARSCHA J., Studien zum Ezechielbuch. Eine redaktionskritische Untersuchung von Ez 1-19 (EHS 23,23), Bern – Frankfurt a. M. 1974
GATIER P.-L. (ed.), Inscriptions de la Jordanie 2 (IGLS XXI 2), Paris 1986
– / VÉRILHAC A.-M., Les colombes de Déméter à Philadelphie-Amman, Syria 66 (1989), 337-348
GAUTHIER H., Un monument nouveau du roi Psametik II, ASAE 34 (1934), 129-134
GAVIN C., Jordan's Environment in Early Photographs, SHAJ 2 (1985), 279-285
GEHRIG U. – NIEMEYER H. G. (ed.), Die Phönizier im Zeitalter Homers, Mainz 1990
GEISS H., Die Bedeutung des Eisens und Wechselbeziehungen im postmykenischen östlichen Mittelmeer, Klio 69 (1987), 388-405
GELB I.J., Computer-aided Analysis of Amorite (AS 21), Chicago/IL 1980
GEMSER B., *Beʿēber hajjardēn:* In Jordan's Borderland, VT 2 (1952), 349-355
GENTELLE P., Un „paradis" hellénistique en Jordanie: étude de géo-archéologie, Hérodote 20 (1981), 70-101
GERA D., On the Credibility of the History of the Tobiads (Josephus, Antiquitates 12,156-222,228-236), in: Greece and Rome in Eretz Israel. Collected Essays, ed. A. KASHER – U. RAPPAPORT – G. FUKS, Jerusalem 1990, 21-38
GERATY L.T., A Preliminary Report on the First Season at Tell el-ʿUmeiri (June 18 to August 8, 1984), AUSS 23 (1985), 85-110
– et al., Madaba Plains Project: A Preliminary Report of the 1984 Season at Tell el-ʿUmeiri and Vicinity, in: W. E. RAST (ed.), Preliminary Reports of ASOR-Sponsored Excavations 1980-1984 (BASOR.S 24), Baltimore/MD 1986, 117-144
– et al., Madaba Plains Project: The 1987 Season at Tell el-ʿUmeri and Vicinity, ADAJ 33 (1989), 145-176
– / LABIANCA Ø.S. (ed.), Hesban 2, Berrien Springs/MI 1986
– / WILLIS L.A., The History of Archaeological Research in Transjordan, in: The Archaeology of Transjordan and other Studies presented to S. H. HORN, ed. L. T. GERATY – L. G. HERR, Berrien Springs/MI 1986, 3-72
– / HERR L. G. / LABIANCA Ø.S., The Madaba Plains Project. A Preliminary Report on the First Season at Tell el-ʿUmeiri and Vicinity, ADAJ 31 (1987), 187-199
– / HERR L. G. / LABIANCA Ø.S., A Preliminary Report on the Second Season at Tell el-ʿUmeiri and Vicinity (June 18 to August 6, 1987), AUSS 26 (1988), 217-252
– / HERR L. G. / LABIANCA Ø.S. et al., Madaba Plains Project: A Preliminary Report of the 1987 Season at Tell el-ʿUmeiri and Vicinity, in: W. E. RAST (ed.), Preliminary Reports of ASOR-Sponsored Excavations 1983-1987 (BASOR.S 26), Baltimore/MD 1990, 59-88
– / HERR L. G. / LABIANCA Ø.S. / YOUNKER R. Y. (ed.), Madaba Plains Project 1: The 1984 Season at Tell el-ʿUmeri and Vicinity and Subsequent Studies, Berrien Springs/MI 1989
– / RUNNING L. G. (ed.), Historical Foundations. Studies of Literary References to Hesban and Vicinity (Hesban 3), Berrien Springs/MI 1989
GERLEMAN G., Zephanja textkritisch und literarisch untersucht, Lund 1942
–, Ruth (BK 18), Neukirchen-Vluyn ²1981, 1-39
GESE H., Ammonitische Grenzfestungen zwischen *wādi eṣ-ṣīr* und *nāʿūr*, ZDPV 74 (1958), 55-64
–, Vom Sinai zum Zion. Alttestamentliche Beiträge zur biblischen Theologie (BEvTh 64), München ³1990
–, Alttestamentliche Studien, Tübingen 1991
– / HÖFNER M. / RUDOLPH K., Die Religionen Altsyriens, Altarabiens und der Mandäer (RM 10,2), Stuttgart – Berlin – Köln – Mainz 1970
GEVA SH., Archaeological Evidence for the Trade between Israel and Tyre?, BASOR 248 (1982), 70 [vgl. dies., ErIs 16 (1982), 44-46 (hebr.; English Summary 253*)]

GHANIMEH KH.A., Excavation of *Abū Nṣēr*, ADAJ 26 (1982), 16f* (arab.)
–, Abu Nseir Excavation, ADAJ 28 (1984), 305-318
GIBSON J.C.L., Observations on some Important Ethnic Terms in the Pentateuch, JNES 20 (1961), 217-238
– (ed.), Textbook of Syrian Semitic Inscriptions I-III, Oxford 1971. 1975. 1982
GIBSON SH. / EDELSTEIN G., Investigating Jerusalem's Rural Landscape, Levant 17 (1985), 139-155
GILAD H., Diplomay and Strategy in Two Wars with Ammon, BetM 58 (1974), 416-418 (hebr.; English Summary 454)
GILDEMEISTER J., Beiträge zur Palästinakunde aus arabischen Quellen I-V, ZDPV 4 (1881), 85-92; 6 (1883), 1-12; 7 (1884), 143-172; 8 (1885), 117-145
GILLILAND D.R., Paleoethnobotany and Paleoenvironment, in: Ø.S. LABIANCA – L. LACELLE (ed.), Environmental Foundations (Hesban 2), Berrien Springs/MI 1986, 13-142
GINSBERG H.L., Judah and the Transjordan States from 734-582 B.C., in: A. MARX Jubilee Volume on the Occasion of his Seventieth Birthday (English Section), New York 1950, 347-368
GINZBERG L. (ed.), The Legends of the Jews I-VII, New York 1909-1938
GIVEON R., „The Cities of our God" (II Sam 10:12), JBL 83 (1964), 415f
–, Les Bédouins Shosou des Documents Égyptiens (DMOA 18), Leiden 1971
GLANZMAN W., Xerodiodraphic Examination of Pottery Manufacturing Techniques: A Test Case from the Baqaʿah Valley, Jordan, MascaJ 2,6 (1983), 163-169
GLUECK N., Explorations in Eastern Palestine I-IV (AASOR 14. 15. 18-19. 25-28), (Philadelphia/PN) – New Haven/CT 1934. 1935. 1939. 1951
–, Explorations in the Land of Ammon, BASOR 68 (1937), 13-21
–, Archaeological Activity in Palestine and Transjordan in 1941-1942, AJA 47 (1943), 125-131
–, Wâdī Sirḥân in North-Arabia, BASOR 96 (1944), 7-17
–, The River Jordan, Philadelphia/PN ²1954
–, The other Side of the Jordan, Cambridge/MA ²1970
–, Deities and Dolphins. The Story of the Nabataeans, New York 1965
GÖRG M., Die „Heimat Bileams", BN 1 (1976) 24-28
–, Fremdsein in und für Israel, (1986), in: O. FUCHS (ed.), Die Fremden (Theologie zur Zeit 4), Düsseldorf 1988, 194-214
–, Amalek; Amminadab; Ammon; Besek, NBL 1 (1991), 83. 87f. 88f. 279
–, Beiträge zur Zeitgeschichte der Anfänge Israels. Dokumente – Materialien – Notizen (ÄAT 2), Wiesbaden 1989
–, Noch einmal zu *śdrt* in 1Kön 6,9, BN 57 (1991), 14-16; vgl. BN 60 (1991), 24-26
GOLD V.R., Naamah, IBD 3 (1962), 490
GOLDSTEIN J.A., The Tales of the Tobiads, in: J. NEUSNER (ed.), Christianity, Judaism and other Greco-Roman Cults III (Studies in Judaism in Late Antiquity 12), Leiden 1975, 85-123
GOOD R.M., The Sheep of his Pasture. A Study of the Hebrew Noun ʿAm(m) and its Semitic Cognates (HSM 29), Chico/CA 1983
GOODY J. et al., Entstehung und Folgen der Schriftkultur, Frankfurt a.M. 1986
GORDON C.H., Ugaritic Textbook (AnOr 38), Rom 1965 = 1967
GORDON R.L., Telul edh Dhahab Survey (Jordan) 1980 and 1982, MDOG 116 (1984), 131-137
–, Zarqa – Rajib Survey and Soundings, NIAAUY 3,1 (1987), 13f
– / KNAUF E.A., *Rummān*-Survey 1985, AfO 33 (1986), 282f
– / –, Er-Rumman Survey 1985, ADAJ 31 (1987), 289-298
– / – / HAUPTMANN A./ RODEN CH., Antiker Eisenbergbau und alte Eisenverhüttung im *ʿAğlūn*, AfO 33 (1986), 231-233
– / VILLIERS L.E., Telul edh Dhahab and its Environs Surveys of 1980 and 1982. A Preliminary Report, ADAJ 27 (1983), 275-289

GOSHEN-GOTTSTEIN M., Abraham – Lover or beloved of God, in: Love and Death in Ancient Near East. Essays in Honor of M.H. POPE, ed. J.H. MARKS – R.M. GOOD, Guilford/CT 1987, 101-104

GOSLINGA C.J., Spreekt 2 Sam. 12:31 inderdaad van wrede terechtstelling der Ammonieten?, GThT 59 (1959), 138-148

GOSSE B., La malédiction contre Babylone de Jérémie 51,59-64 et les rédactions du livre de Jérémie, ZAW 98 (1986) 383-399

–, Le recueil d'oracles contre les nations du livre d'Amos et l'„Histoire deutéronomique", VT 38 (1988), 22-40

GOWAN D.E., The Beginning of Exile-Theology and the Root *glh*, ZAW 87 (1975), 204-207

GRAF D.F., Arabia during Achaemenid Times, in: H. SANCISI-WEERDENBURG – A. KUHRT (ed.), Achaemenid History IV: Centre and Periphery (Proceedings of the Groningen 1986 Achaemenid History Workshop), Leiden 1990, 131-148

GRAF R., Durch das Heilige Land westlich und östlich des Jordans im Jahre 1911, PJ 13 (1917), 103-138

GRAHAM M.P., A Connection proposed between II Chr 24,26 and Ezra 9-10, ZAW 97 (1985), 256-258

GRAUPNER A., Auftrag und Geschick des Propheten Jeremia. Literarische Eigenart, Herkunft und Intention vordeuteronomistischer Prosa im Jeremiabuch (BThSt 15), Neukirchen-Vluyn 1991

GRAY G.B., Children named after Ancestors in the Aramaic Papyri from Elephantine and Asuan, in: K. MARTI (ed.), Studien zur semitischen Phililogie und Religionsgeschichte. FS für J. WELLHAUSEN zum 70.Geb. (BZAW 27), Gießen 1914, 161-176

GRAY J., The Desert God ʿAṯtr in the Literature and Religion of Canaan, JNES 8 (1949), 72-83

–, The Legacy of Canaan. The Ras Shamra Texts and their Relevance to the Old Testament (VT.S 5), Leiden ²1965

–, I and II Kings. A Commentary (OT Library), London ²1970

GRAYSON A.K., Assyrian and Babylonian Chronicles (TCS 5), Locus Valley/NY 1975

–, Assyria's Foreign Policy in Relations to Egypt in the Eighth and Seventh Centuries B.C., JSSEA 11 (1981), 85-88

GREEN A., The Lion-Demon in the Art of Mesopotamia and Neighbouring Regions, BaghM 17 (1986), 141-254

GREENBERG M., Ezekiel 17 and the Policy of Psammetichus II, JBL 76 (1957), 304-309

–, Nḥštk (Ezek. 16:36): Another Hebrew Cognate of Akkadian naḫāšu, in: Essays on the Ancient Near East in Memory of J.J. FINKELSTEIN, ed. M. DE JONG ELLIS (Memoirs of the Connecticut Academy of Arts and Sciences 19), Hamden/CT 1977, 85f

–, Nebuchadnezzar at the Parting of the Ways: Ezek. 21:26-27, in: Ah, Assyria ... Studies in Assyrian History and Ancient Near Eastern Historiography presented to H. TADMOR (ScrHie 33), Jerusalem 1991, 267-271

GREENFELL B.P. / HUNT A.S. (ed.), The Oxyrhynchus Papyri Part XI, London 1915

GREENFIELD H.J., Nebuchadnezzar's Campaign in the Book of Judith, Yediot 28 (1964), 204-208 (hebr.)

GREENFIELD J.C., Review of J. HOFTIJZER – G. VAN DER KOOIJ, Aramaic Texts from Deir ʿAlla (1976), JSSt 25 (1980), 248-252

GREGER B., Ein Erklärungsversuch zu *ṣry – ṣor(y)y*, BN 45 (1988), 28-39

GRESSMANN H., Nachbarvölker, RGG 4 (1913), 633-641

–, Die Anfänge Israels (Von 2.Mose bis Richter und Ruth) (SAT I 2), Göttingen ²1922

– (ed.), Altorientalische Texte zum Alten Testament, Berlin – Leipzig ²1926

– (ed.), Altorientalische Bilder zum Alten Testament, Berlin – Leipzig ²1927

–, Ammoniter, RGG² 1 (1927), 304

GRIESHAMMER R., Palästina, LÄ 4 (1982), 642-644

GRIFFITH F.L. (ed.), Catalogue of the Demotic Papyri in the John Rylands Library Manchester I-III, Manchester – London 1909

GRILLI A., L'approccio all'etnologia nell'antichità, in: M. SODI (ed.), Conoscenze etniche e rapporti di convivenza nell'antichità (Scienze storiche 21), Milano 1979, 11-33

GRÖNDAHL F., Die Personennamen der Texte aus Ugarit (StP 1), Rom 1967

GROHMAN E., A History of Moab, Ph.D.Diss. unpubl., John Hopkins University, Baltimore/MD 1958

GROL H.W.M. VAN, Classical Hebrew Metrics and Zephaniah 2-3, in: The Structural Analysis of Biblical and Canaanite Poetry, ed. W. VAN DER MEER – J.C. DE MOOR (JSOT.S 74), Sheffield 1988, 186-206

GROOM N., Frankincense and Myrrh. A Study of the Arabian Incense Trade (Arab Background Series), London – New York – Beirut 1981

GROSS W., Bileam. Literar- und formkritische Untersuchung der Prosa in Num 22-24 (StANT 38), München 1974

GROTTANELLI C., The Enemy King is a Monster: A Biblical Equation, SSR 3 (1979), 5-36

GRUMACH-SHIRUN I., Federn und Federkrone, LÄ 2 (1977), 142-145

GUBEL E., Art in Tyre during the First and Second Iron Age: A Preliminary Survey, in: Redt Tyrus / Sauvons Tyr, Histoire Phénicienne / Fenicische Geschiedenis (OLA 15; Studia Phoenicia I-II), Leuven 1983, 23-52

–, Notes on a Phoenician Seal in the Royal Museums for Art and History, Brussels (CGPH.1), OLoP 16 (1985), 91-110

–, „Syro-Cypriote" Cubical Seals. The Phoenician Connection (CGPH 2), in: E. LIPINSKI (ed.), Studia Phoenicia 5 (OLA 22), Leuven 1987, 195-224

–, Phoenician Seals in the Allard Pierson Museum, Amsterdam (CGPH 3), RSF 16 (1988), 145-163

–, Le répertoire iconographique des sceaux phéniciens et son évolution, in: O. KEEL et al. (ed.), The Iconography of Inscribed Northwest Semitic Seals (OBO), Fribourg – Göttingen 1992, (im Druck)

GUNDLACH R., Goldgewinnung; Goldminen, LÄ 2 (1977), 734-739. 740-751

–, Lapislazuli, LÄ 3 (1980), 937f

–, Min, LÄ 4 (1982), 136-140

GUNKEL H., Die Psalmen (HK II 2), Göttingen [4]1926

GUNNEWEG A.H.J., Geschichte Israels bis Bar Kochba, Stuttgart u.a. [6]1989

GUSTAVSON-GAUBE C. / IBRAHIM M.M., *Saḥāb* Survey 1983, AfO 33 (1986), 283-286

GUZZO AMADASI M.G., Le iscrizioni fenicie e puniche delle colonie in occidente (SS 28), Rom 1967

HAAG E., Studien zum Buche Judith. Seine theologische Bedeutung und literarische Eigenart (TThSt 16), Trier 1963

–, Abraham und Lot in Gen 18-19, in: Mélanges bibliques et orientaux en l'honneur de M.H. CAZELLES (AOAT 212), Neukirchen-Vluyn – Kevelaer 1981, 173-199

HAAS V., Magie in hethitischen Gärten, in: Documentum Asiae Minoris Antiquae. FS für H. OTTEN zum 75.Geb., ed. R. NEU – CH. RÜSTER, Wiesbaden 1988, 121-142

HABICHT Ch. (ed.), 2.Makkabäerbuch (JSHRZ I 3), Gütersloh 1979

HACKETT J.A., The Balaam Texts from Deir ʿAlla (HSM 31), Chico/CA 1983

–, Religious Traditions in Israelite Transjordan, in: Ancient Israelite Religion. Essays in Honor of F.M. CROSS, ed. P.D. MILLER – P.D. HANSON – S.D. MCBRIDE, Philadelphia/PN 1987, 125-136

HACKSTEIN K., Ethnizität und Situation. Ǧaraš – eine vorderorientalische Kleinstadt (BTAVO.B 94), Wiesbaden 1989

HACKWELL Y. / HAYNES L.A., Carbonized Seeds, in: L.T. GERATY et al. (ed.), Madaba Plains Project 1, Berrien Springs/MI 1989, 597-614

HADDAD H.F., The Tomb of *Umm Uḏaina*. Preliminary Report, ADAJ 28 (1984) 7*-14* (arab.)

HADIDI A., The Pottery from the Roman Forum at Amman, ADAJ 15 (1970), 11-15
–, Some Bronze Coins from Amman, ADAJ 18 (1973), 51-53
–, The Pottery from Tell Siran, Faculty of Arts Journal, Amman, University of Jordan 4 (1973), 23-38 = in: H.O. THOMPSON (ed.), Archaeology in Jordan (American University Studies IX 55), New York u.a. 1989, 135-152
–, The Excavation of the Roman Forum at Amman (Philadelphia), 1964-1967, ADAJ 19 (1974), 71-91
–, The Archaeology of Jordan: Achievements and Objectives, SHAJ 1 (1982), 15-21
–, An Early Bronze-Middle Bronze Tomb at Jabal Jofeh in Amman. A Roman Family Tomb at ʿAmman Citadel Hill, ADAJ 26 (1982), 283-288
–, An Ammonite Tomb at Amman, Levant 19 (1987), 101-120
–, Salt, in: D. HOMÈS-FREDERICQ – J. B. HENNESSY (ed.), Archaeology in Jordan II 2 (Akkadica Suppl. 8), Leuven 1989, 546-551
–, Attic Black-Figure Lekythoi from Amman, Jordan, in: Akten des XIII. Internationalen Kongresses für Klassische Archäologie, Berlin 1988 (DAI), Mainz 1990, 431
– / HENNESSY J.B., Amman, in: D. HOMÈS-FREDERICQ – J. B. HENNESSY (ed.), Archaeology in Jordan II 1 (Akkadica Suppl. 7), Leuven 1989, 154-166
HAENY G., Hathor-Kapitell, LÄ 2 (1977), 1039-1041
HAGLUND E., Historical Motifs in the Psalms (CB OT 23), Stockholm 1984
HALPERN B., Dialect Distribution in Canaan and the Deir Alla Inscriptions, in: „Working with no Data". Semitic and Egyptian Studies presented to Th.O. LAMBDIN, ed. G.M. GOLOMB, Winona Lake/IN 1987, 119-139
HAMBURGER J., Ammon, in: ders., Real-Encyclopädie des Judentums I, Leipzig 1896, 89f
HAMILTON R.W., Excavations at Tell Abu Hawām, QDAP 4 (1934), 1-69
HAMMOND Ph.C., An Ammonite Stamp Seal from ʿAmman, BASOR 160 (1960), 38-41
HANBURY-TENISON J.W., Jarash Region Survey, 1984, ADAJ 31 (1987), 129-158
HANDY L.W., A Solution for many mlkm, UF 20 (1988), 57-59
HANKEY V., Mycenaean Pottery in the Middle East: Notes on Finds since 1951, ABSA 62 (1967), 107-147
–, A Late Bronze Age Temple at Amman, Levant 6 (1974), 131-178
–, Imported Vessels of the Late Bronze Age at High Places, in: A. BIRAN (ed.), Temples and High Places: Biblical Times, Jerusalem 1981, 108-117
HANNIG R., Jaspis, LÄ 3 (1980), 246
–, Onyx, LÄ 4 (1982), 574
HARDING G.L., Some Objects from Transjordan, PEQ 69 (1937), 253-255
–, Two Iron Age Tombs from ʿAmman, QDAP 11 (1945), 67-74
–, An Iron-Age Tomb at Sahab, QDAP 13 (1947), 92-102
–, The Seal of Adoni Nur, Servant of the Ammonite King: New Finds from a Seventh-Century B.C. Jordanian Tomb, ILN 215 (1949), 351
–, An Iron-Age Tomb at Meqabelein, QDAP 14 (1950), 44-48
–, A Find of Great Archaeological Interest and Importance: Unique Statues of the Iron Age discovered at Amman, ILN 216 (1950), 266f
–, Excavations on the Citadel, Amman, ADAJ 1 (1951), 7-16
–, Two Iron-Age Tombs from Amman, ADAJ 1 (1951), 37-40
– (ed.), Four Tomb Groups from Jordan (PEFA 6), London 1953
–, Excavations in Jordan, 1953-1954, ADAJ 3 (1956), 74-82
–, Recent Discoveries in Jordan, PEQ 91 (1958), 7-18
–, *ʿAmmān*, EI 1 (1960 = $^{2}$1979), 447f
–, The Antiquities of Jordan, London $^{2}$1967 = $^{5}$1984

–, An Index and Concordance of Pre-Islamic Arabian Names and Inscriptions (NMES 8), Toronto 1971

– / Isserlin B.S.J, A Middle Bronze Age Tomb at Amman, in: G.L. Harding (ed.), Four Tomb Groups from Amman (PEFA 6), London 1953, 14-26

– /–, An Early Iron Age Tomb at Madeba, a.a.O., 27-47

– /–, The Tomb of Adoni Nur in Amman, a.a.O., 48-75

Harel M., Israelite and Roman Roads in the Judean Desert, IEJ 17 (1967), 18-25

Harper E.F. (ed.), Assyrian and Babylonian Letters, Chicago 1892-1914

Harper J.M., A Study in the Commercial Relations between Egypt and Syria in the Third Century before Christ, AJP 49,1 (1928), 1-35

Harper W.R., Amos and Hosea (ICC), Edinburgh 1905 = 1910

Hart S., Excavations at Ghrareh, 1986: Preliminary Report, Levant 20 (1988), 89-99

Hasslberger B., Hoffnung in der Bedrängnis. Eine formkritische Untersuchung zu Dan 8 und 10-12 (ATS 4), St.Ottilien 1977

Hauben H., „Onagres" et „Hémionagres" en Transjordanie au III$^{e}$ siècle avant J.-C. A Propos d'un lettre de Toubias, AncSoc 15 (1984), 89-111

Haude W., Witterung und Weizenanbau in Jordanien, Metereologische Rundschau 19 (1966), 97-111

–, Zur Beurteilung von Fragen des Wasserhaushaltes in Jordanien, ZDPV 85 (1969), 117-135

Hauptmann R., Die sumerische Beterstatuette (Liebieghaus Monographie 12), Frankfurt a.M. 1989

Haussig H.W. (ed.), Wörterbuch der Mythologie, Abt. I: Die alten Kulturvölker, Stuttgart 1962

–, Die Geschichte Zentralasiens und der Seidenstraße in vorislamischer Zeit (Grundzüge 49), Darmstadt 1983

Hawkins J.D., Hamath; Ḫatti: the 1st. millenium B.C., RlA 4 (1972-1975), 67-71. 152-159

–, Irḫuleni; Izrijau, RlA 5 (1976-1980), 162. 227

–, Manṣuate, RlA 7 (1987-1990), 342f

Hay L.C., The Oracles against the Foreign Nations in Jeremiah 46-51, Ph.Diss. (unpubl.), Nashville/TN 1960

Hayes J.H., The Oracles against the Nations in the Old Testament. Their Usage and Theological Importance, Th.Diss. (unpubl.), Theological Seminary Princeton/NJ 1964

–, The Usage of Oracles against Foreign Nations in Ancient Israel, JBL 87 (1968), 81-92

– / Miller J.M. (ed.), Israelite and Judaean History, London 1977

Hayes W.C. (ed.), A Papyrus of the Late Middle Kingdom in the Brooklyn Museum (Papyrus Brooklyn 35.1446), Brooklyn $^{2}$1971

Healey J.F., malkū:mlkm:anunnaki, UF 7 (1975), 235-238

–, MLKM/RPUM and the KISPUM, UF 10 (1978), 89-91

–, The Akkadian „Pantheon" List from Ugarit, SEL 2 (1985), 115-125

Heidel A., The Octogonal Sennacherib Prism in the Iraq Museum, Sumer 9 (1953), 117-188

Heider G.C., The Cult of Molek. A Reassessment (JSOT.S 43), Sheffield 1985

Heinz K., Religion und Politik in Vorderasien im Reich der Achämeniden, Klio 69 (1987), 317-325

Helbaek A., Grains from the Tell Siran Bronze Bottle, ADAJ 19 (1974), 167f

Helck W., Die Beziehungen Ägyptens zu Vorderasien im 3. und 2.Jahrtausend v.Chr. (ÄA 5), Wiesbaden $^{2}$1972

–, Achat; Chalzedon; Diplomatische Beziehungen, LÄ 1 (1975), 53f. 903. 1096-1098

–, Halbedelstein, LÄ 2 (1977), 932f

–, Kanaan; Karneol; „Klettern für Min", LÄ 3 (1980), 309f. 352. 454f

–, Standartenträger, LÄ 5 (1984), 1257

–, Wadj, LÄ 6 (1986), 1126f

Heller B. – Vajda G., *Lūṭ*, EI$^{2}$ 5 (1986), 832f

HELTZER M., Some North-West Semitic Epigraphic Gleanings from the XI-VI Centuries B.C., AION 31 (1971), 183-198

–, Zu einer neuen ammonitischen Siegelinschrift, UF 8 (1976), 441f

–, Dimtu – gt – pyrgos. An Essay about the Non-Etymological Sense of these Terms, JNWSL 7 (1979), 31-35

–, Eine neue Quelle zur Bestimmung der Abfassungszeit des Judithbuches, ZAW 92 (1980), 437

–, Addenda to the List of Names in M. HELTZER – M. OHANA, The Extra-Biblical Tradition of Hebrew Personal Names, in: Studies in the History of the Jewish People and the Land of Israel, ed. B. ODED, Haifa 1980, 57-62 (hebr.; English Summary V)

–, An Old-Aramean Seal-Impression and some Problems of the History of the Kingdom of Damascus, in: M. SOKOLOFF (ed.), Arameans, Aramaic and the Aramaic Literary Tradition, Ramat-Gan 1983, 9-13

–, The Tell el-Mazār Inscription no 7 and some historical and literary Problems of the Vth Satrapy, Transeuphratène 1 (1989), 111-118

HENGEL M., Judentum und Hellenismus. Studien zu ihrer Begegnung unter besonderer Berücksichtigung Palästinas bis zur Mitte des 2.Jh.s v.Chr. (WUNT 10), Tübingen [3]1988

–, Juden, Griechen und Barbaren. Aspekte der Hellenisierung des Judentums in vorchristlicher Zeit (SBS 76), Stuttgart 1976

HENGSTL J. (ed.), Griechische Papyri aus Ägypten als Zeugnisse des öffentlichen und privaten Lebens (Tusculum-Bücherei), München 1978

HENNESSY J.B., Excavation of a Late Bronze Age Temple at Amman, PEQ 98 (1966), 155-162

–, Amman – Excavation of a Late Bronze Age Temple, ADAJ 11 (1966), 105f

–, Supplementary Note, ZAW 78 (1966), 357-359

–, Amman, RB 73 (1966), 561-564

–, A Temple of Human Sacrifice at Amman, Sydney University Gazette 2:20 (1970), 307-309 (mir nicht zugänglich)

–, Thirteenth Century B.C. Temple of Human Sacrifice at Amman, in: Studia Phoenicia III: Phoenicia and its Neighbours, Leiden 1985, 85-104

–, Amman Airport, in: D. HOMÈS-FREDERICQ - ders. (ed.), Archaeology of Jordan II 1 (Akkadica Suppl. 7), Leuven 1989, 167-178

HENSCHEL-SIMON E., Notes on the Pottery of the ʿAmman Tombs, QDAP 11 (1945), 75-80.

HENTSCHKE R., Ammonitische Grenzfestungen südwestlich von *ʿammān*, ZDPV 76 (1960), 103-123.

HERDNER A., Corpus des Tablettes en Cunéiformes alphabétiques découvertes à Ras Shamra-Ugarit de 1929 à 1939 (MRS 19; BAH 79), Paris 1963

–, Nouveaux textes alphabétiques de Ras Shamra – XXIVe campagne, 1961, Ug. 7 (BAH 99; MRS 18), Paris – Leiden 1978, 1-74

HERNTRICH V., Ezechielprobleme (BZAW 61), Gießen 1933

HERODOT, Historiae Vol. I-II, ed. C. HUDE (Scriptorum Classicorum Bibliotheca Oxoniensis), Oxford [3]1927 = 1960

HERR L.G., The Amman Airport Excavations, 1976, ADAJ 21 (1976), 109-111

–, The Scripts of Ancient Northwest-Semitic Seals (HSM 18), Missoula/MT 1978

–, The Formal Scripts of Iron Age Transjordan, BASOR 238 (1980), 21-34

–, The Amman Airport Structure and the Geopolitics of Ancient Transjordan, BA 46 (1983), 223-229

– (ed.), The Amman Airport Excavations, 1976 (AASOR 48), Winona Lake/IN 1983

–, The Servant of Baalis, BA 48 (1985), 169-172

–, Is the Spelling of „Baalis“ in Jeremiah 40:14 a Mutilation?, AUSS 23 (1985), 187-191

–, The Random Surface Survey, in: L.T. GERATY et al. (ed.), Madaba Plains Project 1, Berrien Springs/MI 1989, 216-232

–, The Pottery Finds, in: a.a.O., 299-354

–, The Inscribed Seal Impression, a.a.O., 369-374
–, Shifts in Settlement Patterns of Late Bronze and Iron Age Ammon, SHAJ 4 (1992), 175-177
–, et al., Madaba Plains Project: The 1989 Excavations at Tell el-ʿUmeiri and Vicinity, ADAJ 35 (1991), 155-179
HERRMANN S., New Contribution to the Historical Topography of Jordan, ADAJ 6-7 (1962), 90
–, Operationen Pharao Schoschenks I. im östlichen Ephraim, ZDPV 80 (1964), 55-79
–, Die prophetischen Heilserwartungen im Alten Testament. Ursprung und Gestaltwandel (BWANT 85), Stuttgart 1965
–, Geschichte Israels in alttestamentlicher Zeit, München ²1980
–, Gedalja, TRE 12 (1984), 138f
HERTZBERG H.W., Die Bücher Josua, Richter, Ruth (ATD 9), Göttingen ⁴1969
–, Die Samuelbücher (ATD 10), Göttingen ⁴1968
HERZOG Z. et al., Excavations at Tel Michal, Israel, Tel Aviv 1989
HESTRIN R. / DAYAGI-MENDELS M. (ed.), Inscribed Seals. First Temple Period. Hebrew, Ammonite, Moabite, Phoenician and Aramaic. From the Collections of the Israel Museum and the Israel Department of Antiquities and Museums, Jerusalem 1979
HIEROKLES, Synecdemus, et Notitiae Graecae Episcopatuum, ed. G. PARTHEY, Berlin 1866 = Amsterdam 1967
HIERONYMUS, In Hieremiam Prophetam Libri Sex (CSEL 49), Wien – Leipzig 1913 = New York – London 1961
–, Liber interpretationis hebraicorum nominum (CCSL 72), Turnhout 1959, 57-161
–, Commentarius in Ezechielem, PL 25 (1884), 17-490
–, Commentarius in Naum, PL 25 (1884), 1232-1272
–, Martyrologium vetustissimum, PL 30 (1846), 435-486
HILDESHEIMER H., Beiträge zur Geographie Paästinas, Berlin 1886
HILL G.F., Catalogue of the Greek Coins of Arabia, Mesopotamia and Persia (A Catalogue of the Greek Coins in the British Museum 28), London 1922 = Bologna 1965
HILL H.D. / JACOBSEN T. / DELOUGAZ P., Old Babylonian Public Buildings in the Diyala Region (OIP 98), Chicago/IL 1990
HILLER VON GAERTRINGEN F. Frh., Inschriften von Priene, Berlin 1906
HILLERS D.R., Analyzing the Abominable: Our Understanding of Canaanite Religion, JQR 75 (1985), 253-269
AL-HILOU A., Topographische Namen des syro-palästinischen Raumes nach arabischen Geographen. Historische und etymologische Untersuchungen, Diss. phil. (masch.) Freie Universität, Berlin 1986
HILPRECHT H.V., Explorations in Bible Lands during the 19th Century, Philadelphia/PN 1903
HINZ W., Die Völkerschaften der Persepolis-Reliefs, in: ders., Altiranische Funde und Forschungen, Berlin 1969, 95-114
HITROWO B. VON, Gutachten, betreffend die Nothwendigkeit neuer photographischer Aufnahmen der Ruinen Palästina's und Syriens, ZDPV 19 (1896), 137-143
HODGES Z.C., Conflicts in the Biblical Account of the Ammonite-Syrian War, BS 119 (1962), 238-243
HÖFFKEN P., Zu den Heilszusätzen in der Völkerorakelsammlung des Jeremiabuches, VT 27 (1977), 398-412
–, Untersuchungen zu den Begründungselementen der Völkerorakel des Alten Testaments, Diss. theol. (masch.) Bonn 1977
HÖGEMANN P., Alexander der Große und Arabien (Zet. 82), München 1985
HÖLSCHER G., Hesekiel, der Dichter und das Buch. Eine literarkritische Untersuchung (BZAW 39), Gießen 1924
–, Maanith, RE 16,1 (1928), 92

HOFFMAN Y., Edom as a Symbol of Evil in the Bible, in: Bible and Jewish History. Studies in Bible and Jewish History dedicated to the Memory of J. LIVER, ed. B. UFFENHEIMER, Tel Aviv 1971, 76-89 (hebr.; English Summary XIIf)
HOFFMANN A., David. Namensdeutung zur Wesensdeutung (BWANT 100), Stuttgart – Berlin – Köln – Mainz 1973
HOFFMANN H.-D., Reform und Reformen. Untersuchungen zu einem Grundthema der deuteronomistischen Geschichtsschreibung (AThANT 66), Zürich 1980
HOFFMEIER J.K., A New Insight on Pharaoh Apries from Herodotus, Diodorus and Jeremiah 46:17, JSSEA 11 (1981), 165-170
HOFFNER H.A., Incest, Sodomy and Bestiality in the Ancient Near East, in: Orient and Occident. Essays presented to C. H. GORDON (AOAT 22), Kevelaer – Neukirchen-Vluyn 1973, 81-90
HOFMANN I., Kuschiten in Palästina, GM 46 (1981), 9f
HOFTIJZER J. / KOOIJ G. VAN DER (ed.), Aramaic Texts from Deir ʿAlla (DMOA 19), Leiden 1976
– /–, Inscriptions, in: G. VAN DER KOOIJ – M. M. IBRAHIM (ed.), Picking up the threads ... A Continuing Review of Excavations at Deir Alla, Jordan, Leiden 1989, 62-70
HOLLENSTEIN H., Literarkritische Erwägungen zum Bericht über die Reformmaßnahmen Josias 2 Kön. XXIII 4ff., VT 27 (1977), 321-336
HOMER, Ilias. Griechisch und deutsch, ed. H. RUPÉ (Tusculum), Zürich – München [9]1989
HOMÈS-FREDERICQ D., Possible Phoenician Influence in Jordan in the Iron Age, SHAJ 3 (1987), 89-96
– / FRANKEN H.J. (ed.), POTTERY AND POTTERS – Past and Present. 7000 Years of Ceramic Art in Jordan (Ausstellungskataloge der Universität Tübingen 20), Tübingen 1986
[= ARGILE SOURCE DE VIE. Sept Millénaires de Céramique en Jordanie (Documents du Proche-Orient Ancien – Expositions Temporaires 3), Brüssel 1984]
– / HENNESSY J. B. (ed.), Archaeology of Jordan I. II 1-2 (Akkadica Suppl. 3.7-8), Leuven 1986. 1989
HOMMEL F., Die altisraelitische Überlieferung in inschriftlicher Beleuchtung, München 1897
HONIGMANN E., Bît-Ammâna, RlA 2 (1938), 34f
HOPPE R., Goldene Regel, NBL 1 (1991), 899-901
HOPWOOD K., Towers, Territory and Terror: How the East was held, in: PH. FREEMAN – D. KENNEDY (ed.), The Defence of the Roman and Byzantine East I (BAR.IS 297,1), Oxford 1986, 343-356
HORN S.H., The Ammān Citadel Inscription, ADAJ 12-13 (1967-68), 81-83
–, An inscribed Seal from Jordan, BASOR 189 (1968), 41-43
–, The Amman Citadel Inscription, BASOR 193 (1969), 2-13
–, Three Seals from Sahab Tomb „C“, ADAJ 16 (1971), 103-106
–, A Seal from Amman, BASOR 205 (1972), 43-45
–, The Crown of the King of the Ammonites, AUSS 11 (1973), 170-180
–, An Egyptian Seal in Early Roman Tomb F.31, AUSS 16 (1978), 223f
–, Ammon, Ammonites, IDB Suppl.-Vol., Nashville [3]1982, 20
HORWITZ W.J., The Significance of the Rephaim, JNWSL 7 (1979), 37-43
HOSPERS J.H., Enige pas gevonden zegels uit ʿAmmān, JEOL 11 (1949), 79f
HOUSE P.R., Zephania. A Prophetic Drama (JSOT.S 69 / Bible and Literature Series 16), Sheffield 1988
HROUDA B., Tell Halaf IV, Berlin 1962
HÜBNER U., Mord auf dem Abort? Überlegungen zu Humor, Gewaltdarstellung und Realienkunde in Ri 3,12-30, BN 40 (1987) 130-140
–, Die ersten moabitischen Ostraka, ZDPV 104 (1988), 68-73
–, Wohntürme im eisenzeitlichen Israel?, BN 42 (1988), 23-30
–, Schweine, Schweineknochen und ein Speiseverbot im alten Israel, VT 39 (1989), 225-236
–, Das Fragment einer Tonfigurine vom *Tell el-Milḥ*. Überlegungen zur Funktion der sog. Pfeilerfigurinen in der israelitischen Volksreligion, ZDPV 105 (1989), 47-55
–, Fälschungen ammonitischer Siegel, UF 21 (1989), 217-226

–, Bett; Glas; Hanun; Ismaël/Ismaëliter; Jabesch; Jiftach; Pfeil; Ring, NBL 1 (1988-1991), 288f. 846f; II (1991ff), 43f. 244-246. 254 (bzw. im Druck)
–, Die erste großformatige Rundplastik aus dem eisenzeitlichen Moab, UF 21 (1989), 227-231
–, Der erste moabitische Palast, BN 51 (1990), 13-18
–, Hermeneutische Möglichkeiten. Zur frühen Rezeptionsgeschichte der Jefta-Tradition, in: Die Hebräische Bibel und ihre zweifache Nachgeschichte. FS für R. Rendtorff zum 65.Geb., ed. E. Blum – Ch. Macholz – E. W. Stegemann, Neukirchen-Vluyn 1990, 489-501
–, Ein byzantinischer Brotstempel aus Dibon, ZDPV 106 (1990), 177-179
–, Areal B 2. Areal B 1: Die Keramik; Schminkschalen; Die bemalte Scherbe und Varia, in: V. Fritz (ed.), Kinneret. Ergebnisse der Ausgrabungen auf dem *Tell el-ʿOrēme* am See Gennesaret, 1982-1985 (ADPV 15), Wiesbaden 1990, 91-98. 121-123. 126-129
–, Bozrah III; Esau; Idumaea, ABD 1 (1992), 775f; 2 (1992), 574f; 3 (1992) 382f
–, ʿAmman before the Hellenistic Period, in: A. E. Northedge (ed.), Studies on Roman and Islamic ʿAmman. The Excavations of Mrs C.-M. Bennett and other Investigations, Vol. I: The Site and Architecture (British Institute at Amman for Archaeology and History; British Academy Monographs in Archaeology No. 3), London 1992, (im Druck)
–, Og von Baschan und sein Bett in Rabbat-Ammon (Dtn 3,11), ZAW 104 (1992), (im Druck)
–, Das ikonographische Repertoire der ammonitischen Siegel und seine Entwicklung, in: O. Keel et al. (ed.), The Iconography of Inscribed Northwest Semitic Seals, Bd. V (OBO), Fribourg – Göttingen 1992, (im Druck)
–, Spiele und Spielzeug im antiken Palästina (OBO 121), Fribourg – Göttingen 1992
–, Autorenreferat, ThLZ 117 (1992), 230f
–, Die Ammoniter. Ein transjordanisches Volk im 1. Jahrtausend v. Chr., JAWG 1992, (im Druck)
–, Supplementa Ammonitica I, BN 1992, (im Druck)
–, Keramik aus den italienischen Grabungen (1927-1938) in *ʿAmmān* im Museo Internazionale delle Ceramiche in Faenza, Faenza. Bolletino del Museo Internazionale delle Ceramiche in Faenza 79 (1993), (in Vorbereitung)
–, Ammon (AW Sonderheft), Mainz 1993 (voraussichtlich)
– / Knauf E.A., Rez.: W. E. Aufrecht, A Corpus of Ammonite Inscriptions (Ancient Near Eastern Texts and Studies 4), 1989, ZDPV 108 (1992), (im Druck)
Huehnergard J., Ugaritic Vocabulary in Syllabic Transcription (HSM 32), Atlanta/GA 1987
Hütteroth W.-D., Palästina und Transjordanien im 16. Jahrhundert. Wirtschaftsstruktur ländlicher Siedlungen nach osmanischen Steuerregistern (BTAVO.B 33), Wiesbaden 1978
– / Abdulfattah K., Historical Geography of Palestine, Transjordan and Southern Syria in the Late 16th Century (Erlanger Geographische Arbeiten, Sonderbd. 5), Erlangen 1977
Huffmon H.B., Amorite Personal Names in the Mari Texts: A Structural and Lexical Study, Baltimore/MD 1965
Hugonot J.-C., Le jardin dans l'Egypte Ancienne (EHS 38,27), Frankfurt a. M. – Bern – New York – Paris 1989
Huhn I., Der Orientalist Johann Gottfried Wetzstein als preußischer Konsul in Damaskus (1849-1861), dargestellt nach seinen hinterlassenen Papieren (Islamkundliche Untersuchungen 136), Berlin 1989
Humbert J.-B., El-Fedein / Mafraq, LA 36 (1986), 354-358
–, Les Royaumes de l'âge du Fer, Dossiers Histoire et Archéologie 118 (1987), 30-35
–, Fedein, in: D. Homès-Fredericq – J. B. Hennessy (ed.), Archaeology in Jordan II 1 (Akkadica Suppl. 7), Leuven 1989, 221-224
–, L'occupation de l'espace à l'âge du fer en Jordanie, SHAJ 4 (1992), 199-208
– / Zayadine F. / al-Najjar M., Citadelle de Amman, Jebel Qalaʿh, 1988-1989, LA 39 (1989), 248-253
Hupenbauer H.W., Belial in den Qumrantexten, ThZ 15 (1959), 81-89
Hurd H.P., A Forgotten Ammonite War (Ammonite Notes I), Newark/NJ 1967, 1-17

IBACH R.D. jr., Archaeological Survey of the Ḥesbân Region, AUSS 14 (1976), 119-126
–, Expanded Archaeological Survey of the Ḥesbân Region, AUSS 16 (1978), 201-213
–, An Intensive Surface Survey at Jalūl, AUSS 16 (1978), 215-222
–, Archaeological Survey of the Hesban Region (Hesban 5), Berrien Springs/MI 1987
IBRAHIM M.M., Two Ammonite Statuettes from Khirbet el-Hajjar, ADAJ 16 (1971), 91-97 = in: H.O. THOMPSON (ed.), Archaeology in Jordan (American University Studies IX 55), New York u.a. 1989, 59-71
–, Archaeological Excavations in Jordan, 1971, ADAJ 16 (1971), 113-115
–, What Gods are these? Two Ammonite Statues from Khirbat el-Hajjar, Jordan 4 (1972), 20-27
–, Archaeological Excavations in Jordan 1972, ADAJ 17 (1972), 93-95
–, Archaeological Excavations at Sahab, 1972, ADAJ 17 (1972), 23-36
–, Archaeological Excavations in Jordan, 1973-1974, ADAJ 19 (1974), 11-21 (arab.)
–, Third Season of Excavations at Sahab, 1975 (Preliminary Report), ADAJ 20 (1975), 69-82
–, Excavations in Jordan in 1975, ADAJ 20 (1975), 15-22 (arab.)
–, The Collared-Rim Jar of the Early Iron Age, in: Archaeology of the Levant. Essays for K.M. KENYON, ed. R. MOOREY – P. PARR, Warminster 1978, 117-126
–, Siegel und Siegelabdrücke aus *Saḥāb*, ZDPV 99 (1983), 43-53
–, *Saḥāb*, AfO 29-30 (1983-1984), 257-260
–, Saḥāb and its foreign Relations, SHAJ 3 (1987), 73-81
–, Sahab, in: D. HOMÈS-FREDERICQ – J.B. HENNESSY (ed.), Archaeology of Jordan II 2 (Akkadica Suppl. 8), Leuven 1989, 516-520
– / GORDON R.L. (ed.), A Cemetery at Queen Alia International Airport (Yarmouk University Publications. Institute of Archaeology and Anthropology Series 1), Wiesbaden 1987
– / KAFAFI Z., Mittlere und Späte Bronzezeit, in: Der Königsweg, Mainz 1987, 86-88
– / KOOIJ G. van der, Excavations at Tell Deir ʿAlla, Season 1979, ADAJ 23 (1979), 41-50
– /–, Excavations at Tell Deir ʿAlla, Season 1982, ADAJ 27 (1983), 577-585
– /–, Excavations at Deir ʿAlla. Season 1984, ADAJ 30 (1986), 131-143
– /–, The Archaeology of Deir ʿAlla Phase IX, in: J. HOFTIJZER – G. van der KOOIJ (ed.), The Balaam Text from Deir ʿAlla re-evaluated. Proceedings of the International Symposium held at Leiden 21-24 August 1989, Leiden 1991, 16-29
– / KURDI H., Excavations in Jordan, 1976-1977, ADAJ 22 (1977-1978), 20-30 (arab.)
– /–, Excavations in Jordan, 1978-1979, ADAJ 23 (1979), 15-25 (arab.)
– / MITTMANN S., T. al-Mugayyir, AfO 33 (1986), 171f
ILAN Z., Jehoshaphat's Battle with Ammon and Moab, BetM 53 (1973), 205-211 (hebr.; English Summary 278)
ILIFFE J.H., A Model Shrine of Phoenician Style, QDAP 11 (1945), 91f
ILLMAN K.-J., Thema und Tradition der Asaf-Psalmen (Meddelanden från Stiftelsens för Åbo Akademi Forskningsinstitut Nr. 13 / Publications of the Research Institue of the Åbo Akademi Foundation) Åbo 1976
INGRAHAM M.L. / JOHNSON Th.D. et al., Saudi Arabian Comprehensive Survey Programm: Preliminary Report on the Reconnaissance Survey of the Northwestern Province (with a Note on a Brief Survey of the Northern Province), Atlal 5 (1981), 59-84
INSCRIPTIONS REVEAL. Documents from the Time of the Bible, the Mishna, and the Talmud (Israel Museum Jerusalem, Catalogue No. 100), ed. E. CARMON – R. GRAFMAN, Jerusalem 1972 (hebr.)
IRSIGLER H. Gottesgericht und Jahwetag. Die Komposition von Zef 1,1-2,3 untersucht auf der Grundlage des Zefanjabuches (ATS 3), St.Ottilien 1977
ISRAEL F., Osservazioni sulle iscrizione ammonite, Ph.D.Thesis (unpubl.), Rom 1976
–, Un nuovo sigillo Ammonita? (VATTIONI, Sigilli ebraici, n.126), BeO 19 (1979), 167-170

–, Miscellanea Idumea, RivBib 27 (1979), 171-203
–, The Language of the Ammonites, OLoP 10 (1979), 143-159
–, Un'ulteriore attestazione dell'evoluzione fonetica ā ' ō nel semitico di nord-ouest, RSF 7 (1979), 159-161
–, L'iscrizione di Tell Siran e la Bibbia. La titolatura del sovrano Ammonita, BeO 22 (1980), 283-287
–, Note di onomastica semitica 1-3, Lat. 48 (1982), 106-109
–, Geographic Linguistics and Canaanite Dialects, in: J. Bynon (ed.), Current Progress in Afro-Asiatic Linguistics: Papers of the Third International Hamito-Semitic Congress (Amsterdam Studies in the Theory and History of Linguistic Science IV / Current Issues in Linguistic Theory 28), Amsterdam – Philadelphia 1984, 363-387
–, Rezension: S. Abbadi, Die Personennamen der Inschriften aus Hatra, 1983, WO 15 (1984), 212f
–, Les dialectes de Transjordanie, Le Monde de la Bible 46 (1986), 44
–, Observations on Northwest Semitic Seals, Or. 55 (1986), 70-77
–, Les Sceaux Ammonites, Syria 64 (1987), 143-146
–, Studi Moabiti I: Rassegna di epigrafia moabita e i sigilli, in: G. Bernini – V. Brugnatelli (ed.), Atti della 4a Giornata di Studi Camito-Semitici e Indoeuropei, Bergamo Istituto Universitario, 29 novembre 1985 (Quaderni della collana di Linguistica Storica e Descrittiva), Milano 1987, 101-138
–, Supplementum Idumeum I, RivBib 37 (1987), 337-356
–, Studi Moabiti II: Da Kamiš a Kᵉmôš, SMSR 53 (1987), 5-39
–, Quelques précisions sur l'onomastique hébraïque féminine dans l'épigraphie, SEL 4 (1987), 79-92
–, Note Ammonite 1: Gli Arabismi nella Documentazione onomastica Ammonita, SEL 6 (1989), 91-96
–, Die Sprache des Ostrakons aus Nimrud, UF 21 (1989), 233-235
–, Note Ammonite 2: La religione degli Ammoniti attraverso le fonti epigrafiche, SMSR 56 (1990), 307-337
–, Revised List of Vattioni, Sigilli ebraici, in: O. Keel et al. (ed.), The Iconography of Inscribed Northwest Semitic Seals (OBO), Fribourg – Göttingen 1992, (im Druck)
–, Note Ammonite 3: Problemi di epigrafia sigillare ammonita, in: Studia Phoenicia 12 (1991), 215-241
Isserlin B.S.J., Arabian Place Name Types, PSAS 16 (1986), 45-50

Jackson K.P., The Ammonite Language of the Iron Age (HSM 27), Chico/CA 1983
–, Ammonite Personal Names in the Context of the West Semitic Onomasticon, in: The Word of the Lord shall go forth. Essays in Honor of D.N. Freedman on his 60th Birthday, ed. C.L. Meyers – M. O'Connor, Philadelphia/PN 1983, 507-521
Jacobs-Hornig B., *gan*, ThWAT 2 (1974-1977), 35-41
James F.W., The Iron Age at Beth Shan. A Study of Levels VI-IV (University Museum Monographs), Philadelphia/PN 1966
Jamme A., Safaitic Inscriptions from Saudi Arabia, OA 6 (1967), 189-213
Janzen J.G., Studies in the Text of Jeremiah (HSM 6), Cambridge/MA 1973
Jaroš K., Hundert Inschriften aus Kanaan und Israel, Fribourg 1982
Jastrow M., A Phoenician Seal, Hebr. 7 (1890-91), 257-267
–, A Dictionary of the Targumim, the Talmud Babli, Yerushalmi and the Midrashic Literature, New York 1903 = 1989
Jaussen A. / Vincent H., Notes d'épigraphie Palestinienne, RB 10 (1901), 570-580
– / Savignac R., Mission Archéologique en Arabie I-III (Publications de la Societé Française des Fouilles Archéologiques), Paris 1909-1922
Jean Ch.-F. / Hoftijzer J., Dictionnaire des Inscriptions Sémitiques de l'Ouest, Leiden 1965
Jellinek A. (ed.), Bet ha-Midrasch I-VI, Jerusalem ³1967

JENNI E., *'āḫ; jōm*, THAT 1 (³1978), 98-104. 707-726

–, Jer. 3,17 „nach Jerusalem": Ein Aramaismus, ZAH 1 (1988), 107-111

JENSEN P., Die Götter Kᵉmōš und Maelaek und die Erscheinungsformen Kammuš und Malik des assyrisch-babylonischen Gottes Nergal, ZA 42 (1934), 235-237

JEPPESEN K., Zephaniah I 5B, VT 31 (1981), 372f

JEPSEN A., Die Quellen des Königsbuches, Halle ²1956

JIRKU A., Der angebliche assyrische Bezirk Gileʿad, ZDPV 51 (1928), 249-253

–, Milkom, RE 15,2 (1932), 1671

– (ed.), Die ägyptischen Listen palästinensischer und syrischer Ortsnamen (Klio Bh. 38), Leipzig 1937 = Aalen 1967

JOHANNES MALALAS, Chronographia, PG 97, 65-718

JOHNS C.H.W., Assyrian Deeds and Documents recording Transfer of Property including the so-called Private Contracts, Legal Decisions and Proclamations preserved in the Kouyounjik Collections of the British Museum chiefly of the 7th Century B.C. Vol II, Cambridge – London 1901

JOHNSTONE T.M., Mehri Lexicon and English-Mehri Word-List, London 1987

JONES A.H.M., The Cities of the Eastern Roman Provinces, Oxford ²1971

JONES B.G., Interregional Relationships in Jordan: Persistence and Change, SHAJ 2 (1985), 297-314

JONG C. DE, De Volken bij Jeremia. Hun Plaats in zijn Predeking en in het Boek Jeremia, Diss.theol. Kampen 1978

LA JORDANIE DE L'ÂGE DE LA PIERRE À L'ÉPOQUE BYZANTINE. Recontres de l'École du Louvre (La Documentation Française), Paris 1987

JOSEPHUS FLAVIUS, De Bello Judaico. Der Jüdische Krieg. Griechisch und Deutsch I-III, ed. O. MICHEL – O. BAUERNFEIND, Darmstadt ³1982. 1963. 1969. 1969

–, Vol. I. IV-IX: The Life. Against Apion. Jewish Antiquities, ed. H.S.J. THACKERY et al. (The Loeb Classical Library), London – Cambridge/MA 1926-1965

JOZAKI S., The Secondary Passages of the Book of Amos, Kwansei Gakuin University Annual Studies 4 (1956), 25-100

JUNKER H., Die zwölf Kleinen Propheten (HSAT 8,3,2), Bonn 1938

JUSTIN d. MART., Dialogus cum Tryphone Iudaeo, ed. K.TH. OTTO (Opera Tom. I, Pars II), Jena ³1877

KAFAFI Z., Late Bronze Age Pottery in Jordan (East Bank) 1575-1200 B.C., M.A. Thesis (unpubl.), University of Jordan Amman, Amman 1977

–, Egyptian Topographical Lists of the Late Bronze Age on Jordan (East Bank), BN 29 (1985), 17-22

– / SIMMONS A., ʿAin Ghazal Archaeological Survey, 1987, NIAAUY 4,2 (1987), 8f

– / –, Ain Ghazal Survey, in: D. HOMÈS-FREDERICQ – J. B. HENNESSY (ed.), Archaeology of Jordan II 1 (Akkadica Suppl. 7), Leuven 1989, 13-16

KAISER O., Das Buch des Propheten Jesaja Kapitel 1-12 (ATD 17), Göttingen ⁴1978 und ⁵1981

–, Klagelieder (ATD 16), Göttingen ³1981, 291-386

– (ed.), Texte aus der Umwelt des Alten Testaments I ff, Gütersloh 1982ff

KALLAI Z., Conquest and Settlement of Trans-Jordan. A Historiographical Study, ZDPV 99 (1983), 110-118

–, Historical Geography of the Bible. The Tribal Territories of Israel, Jerusalem – Leiden 1986

KALSBEK J. / LONDON G., A Late Second Millenium B.C. Potting Puzzle, BASOR 232 (1978), 47-56

KARDONG T., Ammonites, NCE 1 (1967), 450

KARGE P., Rephaim (CHier 1), Paderborn 1917

KASHER A., Jews, Idumaeans, and Ancient Arabs. Relations of the Jews in Eretz-Israel with the Nations of the Frontier and the Desert during the Hellenistic and Roman Era (332 BCE – 70 CE) (Texte und Studien zum Antiken Judentum 18), Tübingen 1988

Kaswalder P., Aroer e Iazer nella disputa diplomatica di Gdc 11,12-28, LA 34 (1984), 25-42
–, Lo schema geografico deuteronomista: Dt 3,8-17, LA 36 (1986), 63-84
–, La disputa diplomatica di Iefte (Gdc 11,12-28). La ricerca archeologica in Giordania e il problema della conquesta (SBF.CMi. 29), Jerusalem 1990
Katzenstein H.J., The History of Tyre. From the Beginning of the Second Millenium B.C.E. until the Fall of the Neo-Babylonian Empire in 538 B.C.E., Jerusalem 1973
Kautzsch E. (ed.), Die Apokryphen und Pseudepigraphen des Alten Testaments I-II, Tübingen 1900
– (ed.), Die Heilige Schrift des Alten Testaments I-II, Tübingen $^{4}$1922-1923
Keel O., Feinde und Gottesleugner. Studien zum Image der Widersacher in den Individualpsalmen (SBM 7), Stuttgart 1969
–, Die Welt der altorientalischen Bildsymbolik und das Alte Testament, Zürich – Einsiedeln – Köln – Neukirchen-Vluyn $^{3}$1980
–, Musikinstrumente, Figurinen und Siegel im judäischen Haus der Eisenzeit II (900-586 v. Chr.), Heiliges Land 4 (1976), 35-43
–, Jahwe-Visonen und Siegelkunst. Eine neue Deutung der Majestätsschilderungen in Jes 6, Ez 1 und 10 und Sach 4 (SBS 84-85), Stuttgart 1977
–, Das Böcklein in der Milch seiner Mutter und Verwandtes im Lichte eines altorientalischen Bildmotivs (OBO 33), Fribourg – Göttingen 1980
–, Früheisenzeitliche Glyptik in Palästina/Israel, in: ders. et al., Studien zu den Stempelsiegeln aus Palästina/Israel (OBO 100), Fribourg – Göttingen 1990, 331-421
– (ed.), Die Ikonographie der nordwestsemitischen Stempelsiegel (OBO), Fribourg – Göttingen 1992, (im Druck)
– / Küchler M. / Uehlinger Ch., Orte und Landschaften der Bibel 1, Zürich – Einsiedeln – Köln – Göttingen 1984
– / Schroer S., Studien zu den Stempelsiegeln aus Palästina / Israel I (OBO 67), Fribourg – Göttingen 1985
– / Uehlinger Ch., Altorientalische Miniaturkunst, Mainz 1990
Kegler J., Politisches Geschehen und theologisches Verstehen. Zum Geschichtsverständnis in der frühen israelitischen Königszeit (CThM 8), Stuttgart 1977
–, Das Leid des Nachbarvolkes. Beobachtungen zu den Fremdvölkersprüchen Jeremias, in: Werden und Wirken des Alten Testaments. FS für C. Westermann zum 70.Geburtstag, ed. R. Albertz et al., Göttingen – Neukirchen-Vluyn 1980, 271-287
– / Augustin M., Synopse zum chronistischen Geschichtswerk (BEATAJ 1), Frankfurt – Bern – New York – Nancy $^{2}$1991
Kellermann D., *gûr*, ThWAT 1 (1973), 979-991
–, Die Geschichte von David und Goliath im Lichte der Endokrinologie, ZAW 102 (1990), 344-357
Kellermann U., Nehemia. Quellen, Überlieferung und Geschichte (BZAW 102), Berlin 1967
–, Israel und Edom. Studien zum Edomhaß im 6.-4. Jahrhundert v. Chr., Hab. theol. (masch.) Münster i.W. 1975
–, Erwägungen zum deuteronomischen Gemeindegesetz Dt 23,2-9, BN 2 (1977), 33-47
Kennedy D.L., The Contribution of Aerial Photography to Archaeology in Jordan: with special Reference to the Roman Period, SHAJ 1 (1982), 29-36
Kerestes T.M. et al., An Archaeological Survey of three Reservoir Areas in Northern Jordan, 1978, ADAJ 22 (1977-78), 108-135 [= in: Kh. Yassine, Archaeology of Jordan, 1988, 209-255]
Kessler K., Die Anzahl der assyrischen Provinzen des Jahres 738 v. Chr. in Nordsyrien, WO 8 (1975-1976), 49-63
Kessler R., Die Benennung des Kindes durch die israelitische Mutter, WuD 19 (1987), 25-35
Khairy N.I., A Statue from *ʿArǧān*, ADAJ 15 (1970), $15^{*}$-$18^{*}$, Pl. $1^{*}$-$2^{*}$ (arab.)

–, Nabataean Piriform Unguentaria, BASOR 240 (1980), 85-90

Khalil L.A., A Bronze Caryatid Censer from Amman, Levant 18 (1986), 103-110 [= ders., A Caryatid Incense Burner from Amman, ADAJ 30 (1986), 15*-21* (arab.)]

Al-Khraysheh F., Die Personennamen in den nabatäischen Inschriften des Corpus Inscriptionum Semiticarum, Diss. phil. masch. Marburg/Lahn 1986

Kienitz F.K., Die saïtische Renaissance, in: E. Cassin – J. Bottéro – J. Vercoutter (ed.), Die Altorientalischen Reiche III (Fischer Weltgeschichte 4), Frankfurt a.M. 1967, 256-282

–, Die politische Geschichte Ägyptens vom 7. bis zum 4. Jahrhundert vor der Zeitenwende, Berlin Ost 1953

Kilian R., Die vorpriesterlichen Abrahamsüberlieferungen literarkritisch und traditionsgeschichtlich untersucht (BBB 24), Bonn 1966

–, Zur Überlieferungsgeschichte Lots, BZ 14 (1970), 23-37

Kindler A. / Stein A. (ed.), A Bibliography of the Coinage of Palestine. From the 2nd Century B.C. to the 3rd Century A.D. (BAR.IS 374), Oxford 1987

Kinnier-Wilson J.V. (ed.), The Nimrud Wine Lists (CTN 1), London 1972

Kislev M., Towards the Identity of Some Species of Wheat in Antiquity, Leš. 42 (1977), 64-77 (hebr.)

Kitchen K.A., The Third Intermediate Period in Egypt (1100-650 B.C.), Warminster ²1986

Kittel R., Die Bücher der Chronik (HK I 6), Göttingen 1902

–, Die Psalmen (KAT 13), Leipzig – Erlangen ³⁻⁴1922

Klemm D. und R., Quarz; Quarzit, LÄ 5 (1984), 50f

Klengel H., Zwischen Zelt und Palast. Die Begegnung von Nomaden und Seßhaften im alten Vorderasien, Wien 1972

–, Nomaden und Handel, Iraq 39 (1977), 163-169

– (ed.), Kulturgeschichte des alten Vorderasiens, Berlin Ost 1989

Kletter R., The Rujm el-Malfuf Buildings and the Assyrian Vassal State of Ammon, BASOR 284 (1991), 33-50

Knapp A.B., Complextiy and Collapse in the North Jordan Valley: Archaeometry and Society in the Middle-Late Bronze Ages, IEJ 39 (1989), 129-148

–, Response: Independence, Imperialism, and the Egyptian Factor, BASOR 275 (1989), 64-68

Knauf A.E., Zwei thamudische Inschriften aus der Gegend von *Ǧeraš*, ZDPV 97 (1981), 188-192

–, Supplementa Ismaelitica 5: Die Haartracht der alten Araber, BN 22 (1983), 30-33

–, Supplementa Ismaelitica 6-7: Tall Ḥīra – eine Ituräer-Burg. Zwei Siegel vom Tell el-Mazār, BN 25 (1984), 19-26

–, Arsapolis. Eine epigraphische Bemerkung, LA 34 (1984), 353-35

–, Abel-Keramim, ZDPV 100 (1984), 119-121

–, *Bwtrt* and Batora, GM 87 (1985), 45-48

–, Rez.: M.H. Niemann, Die Daniten, 1985, ZDPV 101 (1985), 183-187

–, Review of J.A. Hackett, The Balaam Text from Deir ʿAlla, 1984, ZDPV 101 (1985), 187-191

–, El Šaddai – der Gott Abrahams?, BZ 29 (1985), 97-103

–, Mu'näer und Mëuniter, WO 16 (1985), 114-122

–, The Proto-Arabic Seal, in: M.M. Ibrahim – R.L. Gordon (ed.), A Cemetery at Queen Alia International Airport (Yarmouk University Publications, Institute of Archaeology and Anthropology Series 1), Wiesbaden 1987, 46f

–, Alia Airport 20/53/44: a Graeco-Egyptian Magical Gem from Jordan, GM 100 (1987), 45f

–, The Tell Deir 'Alla (sic) Tablets, NIAAYU 3,1 (1987), 14-16

–, Supplementa Ismaelitica 12: Camels in Late Bronze and Iron Age Jordan: The Archaeological Evidence, BN 40 (1987), 20-23

–, Supplementa Ismaelitica 13: Edom und Arabien, BN 45 (1988), 62-81

–, Zur Herkunft und Sozialgeschichte Israels. „Das Böcklein in der Milch seiner Mutter", Bib. 69 (1988), 153-169
–, Rez.: K. A. D. Smelik, Historische Dokumente aus dem Alten Israel, 1987, ZDPV 104 (1988), 174-176
–, Hiobs Heimat, WO 19 (1988), 65-83
–, The West Arabian Place Name Province: Its Origin and Significance, PSAS 18 (1988), 39-49
–, Midian. Untersuchungen zur Geschichte Palästinas und Nordarabiens am Ende des 2.Jahrtausends v. Chr. (ADPV 10), Wiesbaden 1988
–, Ismael. Untersuchungen zur Geschichte Palästinas und Nordarabiens im 1.Jahrtausend v. Chr. (ADPV 7), Wiesbaden [2]1989
–, The Migration of the Script, and the Formation of the State in South Arabia, PSAS 19 (1989), 79-91
–, Edomiter; Eglon; Ehud, NBL [1](1991), 468-471. 475. 487f
–, War „Biblisch-Hebräisch" eine Sprache? Empirische Gesichtspunkte zur linguistischen Annäherung an die Sprache der althebräischen Literatur, ZAH 3 (1990), 11-23
–, The Persian Administration in Arabia, Transeuphratène 2 (1990), 201-217
–, Hesbon, Sihons Stadt, ZDPV 106 (1990), 135-144
–, Toponymy of the Kerak Plateau, in: J. M. Miller (ed.), Archaeological Survey of the Kerak Plateau (ASOR Archaeological Reports 1), Baltimore/MD 1991, 281-290
–, Eglon and Ophrah: Two Toponymic Notes on the Book of Judges, JSOT 51 (1991), 25-44
–, King Solomon's Copper Supply, in: E. Lipinski (ed.), Phoenicia and the Bible (Studia Phoenicia 11; OLA 44), Leuven, 1991, 167-186
–, Jeremia XLIX 1-5: Ein zweites Moab-Orakel im Jeremia-Buch, VT 42 (1992), 124-128
–, Die Weihrauchstraße, Köln 1993 (im Druck)
– / Lenzen C.J., Notes on Syrian Toponyms in Egyptian Sources II, GM 98 (1987), 49-53
– / Maʿani S., On the Phonemes of Fringe Canaanite: The Cases of Zerah-Udruḥ and „Kamâŝhaltâ", UF 19 (1987) 91-94
Knibb M. A. (ed.), The Ethiopic Book of Enoch I-II, Oxford 1978 = 1982
Knierim R.P., „I will not cause it to return" in Amos 1 and 2, in: Canon and Authority. Essays in Old Testament Religion and Theologie (FS W. Zimmerli), ed. G. W. Coat – B. O. Long, Philadelphia/PN 1977, 163-175
Koch K. et al., Amos. Untersucht mit den Methoden einer strukturalen Formgeschichte 1-3 (AOAT 30,1-3), Kevelaer – Neukirchen-Vluyn 1976
Kochavi M. / Gophna R. / Porat Y. et al., Judaea, Samaria and the Golan. Archaeological Survey 1967-1968 (Publications of the Archaeological Survey of Israel I), Jerusalem 1972
Köhler L., Alttestamentliche Wortforschung: Der Name der Ammoniter, ThZ 1 (1945), 154-156
Der Königsweg. 9000 Jahre Kunst und Kultur in Jordanien und Palästina. Katalog der Ausstellung im Rautenstrauch-Joest-Museum Köln, Köln 1987
Koldewey R., Das wieder erstehende Babylon. Die bisherigen Ergebnisse der deutschen Ausgrabungen, Leipzig 1925 = Zürich 1981
Kooij G. van der, Early North-West Semitic Script Traditions: An Archaeological Study of the Linear Alphabetic Scripts upto c. 500 B.C.; Ink and Argillary, Ph.Diss. Leiden 1986
–, The Identity of Trans-Jordanian Alphabetic Writing in the Iron Age, SHAJ 3 (1987), 107-121
–, Tell Deir 'Alla *(sic)*, Le Monde de la Bible 46 (1986), 34f
–, Tell Deir ʿAlla (East Jordan Valley) during the Achaemenid Period. Some Aspects of the Culture, in: Achaemenid History I. Sources, Structures and Synthesis. Proceedings of the Groningen 1983 Achaemenid History Workshop, ed. H. Sancisi-Weerdenburg, Leiden 1987, 97-102
–, Book and Script at Deir ʿAllā, in: J. Hoftijzer – G. van der Kooij (ed.), The Balaam Text from Deir ʿAlla re-evaluated. Proceedings of the International Symposium held at Leiden 21-24 August 1989, Leiden 1991, 239-262

– / IBRAHIM M. M. (ed.), Picking up the threads ... A Continuing Review of Excavations at Deir Alla, Jordan, Leiden 1989
KORNFELD W., Studien zum Heiligkeitsgesetz (Lev. 17-26), Wien 1952
–, Onomastica Aramaica aus Ägypten (SÖAW.PH 333), Wien 1978
–, Beschneidung, NBL 1 (1991), 276-279
KOSELLECK R. / MOMMSEN W. J. / RÜSEN J. (ed.), Objektivität und Parteilichkeit in der Geschichtswissenschaft (Theorie der Geschichte 1), München 1977
KOSMALA H., *gbr*, ThWAT 1 (1970-1973), 901-919
KRAELING E.G.H., Aram and Israel or The Aramaeans in Syria and Mesopotamia (OSCU 13), 1918 = New York 1966
KRAHMALKOV V., An Ammonite Lyric Poem, BASOR 223 (1976), 55-57
KRAUS H.-J., Psalmen. 1.-2. Teilband (BK AT 15,1-2), Neunkirchen-Vluyn [5]1978
–, Klagelieder (Threni) (BK AT 20), [4]1983
KREUZER S., Die Ammoniter, in: F. DEXINGER – J. M. OESCH – G. SAUER (ed.), Jordanien. Auf den Spuren alter Kulturen, Innsbruck – Wien 1985, 44-48
KRIERER K.R., Fremdvölkerforschungen in der Klassischen Archäologie. Eine wissenschaftsgeschichtliche Standortbestimmumg, in: Akten des XIII. Internationalen Kongresses für Klassische Archäologie, Berlin 1988 (DAI), Mainz 1990, 569f
KUCHMAN L., Egyptian Clay Anthropoid Coffins, Serapis 4 (1977-1978), 11-22
KUHLMANN K.P., Das Ammoneion. Archäologie, Geschichte und Kultpraxis des Orakels von Siwa (DAI, Abt. Kairo), Mainz 1988
KUSCHKE A., Das Deutsche Evangelische Institut für Altertumswissenschaft des Heiligen Landes, Lehrkurs 1957, ZDPV 74 (1958), 7-34
–, Historisch-topographische Beiträge zum Buche Josua, in: Gottes Wort und Gottes Land. FS für H.-W. HERTZBERG zum 70.Geb., ed. H. Graf REVENTLOW, Göttingen 1965, 90-109
KUTSCHER R., A New Inscription from Rabbath-Ammon, Qad. 17 (1972), 27f (hebr.)
KYRIELEIS H. / RÖLLIG W., Ein altorientalischer Pferdeschmuck aus dem Heraion von Samos. Die aramäische Inschrift für Haza'el, MDAI.A 103 (1988), 37-61. 62-75
KYRILLOS VON SKYTHOPOLIS, ed. E. SCHWARTZ (TU 49,2), Leipzig 1939

LABIANCA Ø. S., Intensification of the Food System in Central Transjordan during the Ammonite Period, AUSS 27 (1989), 169-178
–, Hesban, in: D. HOMÈS-FREDERICQ – J. B. HENNESSY (ed.), Archaeology of Jordan II 1 (Akkadica Suppl. 7), Leuven 1989, 261-268
–, Sedentarization and Nomadization. Food System Cycles at Hesban and Vicinity in Transjordan (Hesban 1), Berrien Springs/MI 1990
– / LACELLE L. (ed.), Environmental Foundations. Studies of Climatical, Geological, Hydrological, and Phytological Conditions in Hesban and Vicinity (Hesban 2), Berrien Springs/MI 1986
LACELLE L., Bedrock, Surficial Geology, and Soils, in: Ø.S. LABIANCA – L. LACELLE (ed.), Environmental Foundations (Hesban 2), Berrien Springs/MI 1986, 23-58
–, Surface and Groundwater Resources of Tell Hesban and Area, Jordan, in: Ø.S. LABIANCA – L. LACELLE (ed.), Environmental Foundations (1986), 59-73
–, Ecology of the Flora of Tell Hesban and Area, Jordan, in: Ø.S. LABIANCA – L. LACELLE (ed.), Environmental Foundations (1986), 99-119
LADDERS TO HEAVEN: Art Treasures from the Lands of the Bible. A Catalogue of some of the Objects in the Collection of E. BOROWSKI, ed. O. W. MUSCARELLA, Toronto 1981
LAHAV M., Who ist the 'Ashurite' (2 Sam 2:9) und 'Ashur' (Ps 83:9)?, BetM 28 (1982-83), 111f (hebr.)
LAJARD F., Recherches sur le culte, les symboles, les attributs, et les monuments figurés de Venus, en Orient et en Occident, Paris 1849

–, Recherches sur le culte public et les mystères de Mithra, en Orient et en Occident, Paris 1867 = Teheran 1976

Lamon R.S. / Shipton G.M., Megiddo I. Seasons of 1925-34 (OIP 42), Chicago/IL 1939

Landersdorfer S. (ed.), Ausgewählte Schriften der syrischen Dichter Cyrillonas, Baläus, Isaak von Antiochien und Jakob von Sarug (BKV 6), Kempten – München 1913

Landes G.M., A History of the Ammonites. A Study of the Political Life and Material Culture of the Biblical Land of Ammon as an autonomous State (ca.1300-580 B.C.), Ph.D. Thesis (unpubl.) John Hopkins University, Baltimore/MD 1956

–, The Fountain at Jazer, BASOR 144 (1956), 30-37

–, The Material Civilization of the Ammonites, BA 24 (1961), 65-86 = BA-Reader II, Missoula/MT ³1977, 69-88

–, Ammon, Ammonites, IDB I (1962), 108-114

Lang B., A Neglected Method in Ezekiel Research: Editorial Criticism, VT 29 (1979), 39-44

–, Kein Aufstand in Jerusalem. Die Politik des Propheten Ezechiel (SBB 7), Stuttgart ²1981

–, Das vergessene Kuhlsche Prinzip und die Ammoniter im Buch Ezechiel, ZDMG Suppl. 4 (1980), 124f

–, Ezechiel (EdF 153), Darmstadt 1981

–, Persönlicher Gott und Ortsgott. Über Elementarformen der Frömmigkeit im alten Israel, in: Fontes atque Pontes. FS für H. Brunner, ed. M. Görg (ÄAT 5), Wiesbaden 1983, 271-301

–, Segregation and Intolerance, in: W. Smith – R.J. Hoffman (ed.), What the Bible really says, Buffalo 1989, 115-135

– / Ringgren H., *nkr*, ThWAT 5 (1986), 454-463

Lapp N.L., The Hellenistic Pottery from 1961 and 1962 Excavations at ʿIraq el-Emir, ADAJ 23 (1979), 5-15

– (ed.), The Excavations at Araq el-Emir, Vol. 1 (AASOR 47), Winona Lake/IN 1983

–, Araq el-Emir, in: Archaeology and Biblical Interpretation. Essays in Memory of D.G. Rose, ed. L.G. Perdue et al., Atlanta/GA 1987, 165-181

–, Rumeith, in: D. Homès-Fredericq – J.B. Hennessy (ed.), Archaeology of Jordan II 2 (Akkadica Suppl. 8), Leiden 1989, 494-497

Lapp P.W., The 1961 Excavations at ʿAraq el-Emir, ADAJ 6-7 (1962), 80-89

–, ʿArâq el-Émir, RB 69 (1962), 94-97

–, The Second and Third Campaigns at ʿArâq el-Emîr, BASOR 171 (1963), 8-39

–, 'Iraq el-Emir, EAEHL 2 (1976), 527-531

– / Lapp N.L. (ed.), Discoveries in the Wâdī ed-Dâliyeh (AASOR 41), Cambridge/MA 1974

Lauha A., Die Geschichtsmotive in den alttestamentlichen Psalmen (AASF B 56), Helsinki 1946

Lawlor J.I., Theology and Art in the Narrative of the Ammonite War (2 Samuel 10-12), GTJ 3 (1982), 193-205

–, Field A: The Ammonite Citadel, in: L.T. Geraty et al. (ed.), Madaba Plains Project 1, Berrien Springs/MI 1989, 233-243

Lawrence T.E., Die sieben Säulen der Weisheit (dtv 1456), München 1979

Layton S.C., Archaic Features of Canaanites Personal Names in the Hebrew Bible (HSM 47), Atlanta/GA 1990

Lebram J.-CH., Das Buch Daniel (ZBK AT 23), Zürich 1984

Leclant J., Taharqa, LÄ 6 (1986), 156-184

Ledrain E., Étude sur quelques intailles sémitiques du Musée du Louvre, RA 1 (1884), 35-38

–, Notice sommaire des monuments phéniciens du Musée du Louvre, Paris 1900

Legendre A., Ammonites, Dictionnaire de la Bible 1,1, Paris 1926, 494-499

Leemans W.F. / Otten H. / Boese J. / Rüss U., Gold, RlA 3 (1957-1971), 504-531

LEGRAIN L., Ur Excavations Vol. X: Seal Cylinders, London 1951
LEMAIRE A., Rez.: N. AVIGAD, Bullae and Seals from a Post-Exilic Judean Archive, 1976, Syria 54 (1977), 129-131
–, Abécédaires et Exercices d'Écolier en Épigraphie Nord-Ouest Sémitique, JA 266 (1978), 221-235
–, Rez.: R. HESTRIN – M. DAYAGI-MENDELS, Inscribed Seals, 1979, Syria 57 (1980), 496f
–, Nouveaux Sceaux Nord-Ouest Sémitiques, Sem. 33 (1983), 17-31
–, Notes d'Épigraphie Nord-Ouest Sémitique, Syria 61 (1984), 251-256
–, Notes d'Épigraphie Nord-Ouest Sémitique, Syria 62 (1985), 31-47
–, Sept Sceaux Nord-Ouest Sémitiques inscrits, ErIs 18 (1985), 29*-32*
–, L'inscription de Balaam trouvée à Deir ʿAlla: épigraphie, in: J. AMITAI (ed.), Biblical Archaeology Today, Jerusalem 1985, 313-325
–, Nouveaux Sceaux nord-ouest sémitiques, Syria 63 (1986), 305-325
–, Divinités Égyptiennes dans l'Onomasticon Phénicienne, Studia Phoenicia IV (1986), 87-98
–, Ammon, Moab, Edom: l'époque du fer en Jordanie, in: La Jordanie de l'âge de la pierre à l'époque Byzantine. Rencontres de l'École du Louvre (La Documentation Française), Paris 1987, 47-74
–, Recherches actuelles sur les sceaux nord-ouest sémitiques, VT 38 (1988), 220-230
–, Les inscriptions palestiniennes d'époque perse: un bilan provisoire, Transeuphratène 1 (1989), 87-105
–, Balaʿam / Bela fils de Beʿôr, ZAW 102 (1990), 180-187
–, Populations et territoires de Palestine à l'époque perse, Transeuphratène 3 (1990), 31-74
–, Les inscriptions sur plâtre de Deir ʿAlla et leur signification historique et culturelle, in: J. HOFTIJZER – G. VAN DER KOOIJ (ed.), The Balaam Text from Deir ʿAlla re-evaluated. Proceedings of the International Symposium held at Leiden 21-24 August 1989, Leiden 1991, 33-57
–, Les territoires d'Ammon, Moab et Edom dans la deuxième moitié du IX e s. avant notre ère, SHAJ 4 (1992), 209-214
–, Quel est le poids des arguments paléographiques, linguistiques et onomastiques pour attribuer un sceau à une certaine ethnie?, in: O. KEEL et al. (ed.), The Iconography of Inscribed Northwest Semitic Seals (OBO), Fribourg – Göttingen 1992, (im Druck)
– / LOZACHMEUR H., Bīrāh / Birtā' en Araméen, Syria 64 (1987), 261-266
LEMCHE N.P., On the Problem of Studying Israelite History. Apropos Abraham Malamat's View of Historical Research, BN 24 (1984), 94-124
–, Early Israel. Anthropological and Historical Studies on the Israelite Society before the Monarchy (VT.S 37), Leiden 1985
LENZEN C.J. / KNAUF E.A., Notes on Syrian Toponyms in Egyptian Sources I, GM 96 (1987), 59-64
– / MCQUITTY A., The Site of Khirbet Salameh, ADAJ 31 (1987), 201-204
– / –, Salameh, in: D. HOMÈS-FREDERICQ – J. B. HENNESSY (ed.), Archaeology in Jordan II 1 (Akkadica Suppl. 7), Leuven 1989, 534-536
LEONARD A., The Significance of the Mycenaean Pottery found east of the Jordan River, SHAJ 3 (1987), 261-266
–, The Jarash – Tell el-Ḥuṣn Highway Survey, ADAJ 31 (1987), 343-390
–, The Late Bronze Age. Archaeological Sources for the History of Palestine, BA 52 (1989), 4-39
LESLAU W., Comparative Dictionary of Geʿez (Classical Ethiopic), Wiesbaden 1987
LEVIN Ch., Joschija im deuteronomistischen Geschichtswerk, ZAW 96 (1984), 351-371
LEVINE B.A., The Balaam Inscription from Deir ʿAlla: Historical Aspects, in: J. AMITAI (ed.), Biblical Archaeology Today, Jerusalem 1985, 326-339
LEVY M.A., Phönizische Studien I-II, Breslau 1856-1857
–, Siegel und Gemmen mit aramäischen, phönizischen, althebräischen, himjarischen, nabathäischen und altsyrischen Inschriften, Breslau 1869

LEWIS N. / YADIN Y. / GREENFIELD J.C. (ed.), The Documents from the Bar Kokhba Period in the Cave of Letters (Judean Desert Studies), Jerusalem 1989
LEWIS T.H., Amman, PEQ 1882, 113-116
LEWY G.R., The Oriental Origin of Herakles, JHS 54 (1934), 40-53
LEWY J., The Old West Semitic Sun-God Ḥammu, HUCA 18 (1944), 429-488
L'HEUREUX C.E., The Ugaritic and Biblical Rephaim, HThR 67 (1974), 265-274
–, Rank among the Canaanite Gods El, Baʿal, and the Repha'im (HSM 21), Missoula/MT 1979
LIDZBARSKI M., Handbuch der nordwestsemitischen Epigraphik nebst ausgewählten Inschriften, I-II, Weimar 1898
–, Ephemeris für semitische Epigraphik I-III, Gießen 1902-1915
LILLEY J.P.U., By the River-Side, VT 28 (1978), 165-171
LINDBLOM J., Die literarischen Gattungen der prophetischen Literatur. Eine literaturgeschichtliche Untersuchung zum Alten Testament (UUA Teologie 1), Uppsala 1924
LINDSAY J., The Babylonian Kings and Edom, 605-550 B.C., PEQ 108 (1976), 23-39
LINDEMANN G., Phoenikische Grabformen des 7./6. Jahrhunderts v. Chr. im westlichen Mittelmeerraum, MDAI.Madrid 15 (1974), 122-135
LIPINSKI E., The Egypto-Babylonian War of the Winter 601-600 B.C., AION 32 (1972), 235-241
–, Studies in Aramaic Inscriptions and Onomastics I (OLA 1), Leuven 1975
–, Western Semites in Persepolis, AAH 25 (1977), 101-112
–, Aramäer und Israel, TRE 3 (1978), 590-599
–, Notes d'épigraphie phénicienne et punique, OLoP 14 (1983), 129-165
–, Vestiges phéniciens d'Andalousie, OLoP 15 (1984), 83-132
–, Zeus Ammon et Baal-Ḥammon, in: ders. (ed.), Studia Phoenicia IV, Namur 1986, 307-332
–, Emprunts suméro-akkadiens en hébreu biblique, ZAH 1 (1988), 61-73
LITKE R.L., A Reconstruction of the Assyro-Babylonian God-Lists, AN:$^{d}$A-NU-UM and AN:ANU ŠA AMÉLI (Ph.D.Diss. unpubl.), Yale University 1958
LITTLE R.M., Human Bone Fragment Analysis, in: L. G. HERR (ed.), The Amman Airport Excavations, 1976 (AASOR 48), Winona Lake/IN 1983, 47-55
LITTMANN E. / MAGIE D. / STUART D.R., Greek and Latin Inscriptions. Section A: Southern Syria (Publications of the Princeton University Archaeological Expeditions to Syria in 1904-5 and 1909, Divison III, Section A), Leiden 1921
LIVERANI M., The Collapse of the Near Eastern Regional System at the End of the Bronze Age: The Case of Syria, in: Centre and Periphery in the Ancient World, ed. M. ROWLANDS – M.T. LARSEN – K. KRISTIANSEN, Cambridge 1987, 66-73
–, The Trade Network of Tyre according to Ezek. 27, in: Ah, Assyria ... Studies in Assyrian History and Ancient Near Eastern Historiography presented to H. TADMOR, ed. M. COGAN – I. EPHʿAL (ScrHie 33), Jerusalem 1991, 65-79
LODS A., La caverne de Lot, RHR 95 (1927), 204-219
LOHFINK N., *jāraš*, ThWAT 3 (1982), 953-985
–, Rez.: H. D. PREUSS, Deuteronomium, 1982, ThLZ 108 (1983), 349-353
–, Zur neueren Diskussion über 2 Kön 22-23, in: ders. (ed.), Das Deuteronomium. Entstehung, Gestalt und Botschaft (BEThL 68), Leiden 1985, 24-48
LONGPÉRIER A. DE, Notice sur les Monuments Antiques de l'Asie nouvellement entrés au Musée du Louvre, JA 5.Série, 6 (1855), 407-434
LOON M. VAN, The Drooping Lotus Flower, in: Insight through Images. Studies in Honor of E. PORADA, ed. M. KELLY-BUCCELLATI (Bibl.Mes. 21), Malibu 1986, 245-252
LORETZ O., Die ammonitische Inschrift vom Tell Siran, UF 9 (1977), 169-171
LUCKENBILL D.D., The Annals of Sennacherib (UCOIP 2), Chicago/IL 1924

–, Ancient Records of Assyria and Babylonia I-II, Chicago/IL 1926-1927

LUKIAN, de Dea Syria (The Syrian Goddess), ed. H.W. ATTRIDGE – R.A. ODEN (SBL. Texts and Translations 9,1), Missoula/MT 1976

LURIA S., Tochterschändung in der Bibel, ArOr 33 (1965), 207f

–, The Profecies unto the Nations in the Book of Amos from the Point of View of History, BetM 54 (1973), 287-301 (hebr.; English Summary 421f)

–, David's Heroes from the Tribe of Benjamin, BetM 60 (1974), 63-71 (hebr.; English Summary 168)

–, The Curse which has come upon Ammon and Moab, BetM 27 (1981-82), 191-194 (hebr.)

LUSCHAN F. VON, Die Kleinfunde von Sendschirli (Sendschirli V) ed. W. ANDRAE, Berlin 1943

LUSCHEY H., Die Phiale, Bleicherode im Harz 1939

LUST J., Balaam, an Ammonite, EThL 54 (1978), 60f

MAAG V., Text, Wortschatz und Begriffswelt des Buches Amos, Leiden 1951

MAʿANI S., Nordjordanische Ortsnamen, Hildesheim 1992

MAʿAYEH F.S., Recent Archaeological Discoveries in Jordan, ADAJ 4-5 (1960), 114-116

–, Chronique Archéologique, RB 67 (1960), 226-29

–, Chronique Archéologique, RB 69 (1962), 80-88

MABRY J. / PALUMBO G., The 1987 Wadi Yabis Survey, ADAJ 32 (1988), 275-305

– /–, Wadi Yabis Survey, 1987, in: D. HOMÈS-FREDERICQ – J.B. HENNESSY (ed.), Archaeology in Jordan II 1 (Akkadica Suppl. 7), Leuven 1989, 91-97

MACADAM H., The History of Philadelphia in the Classical Times, in: A.E. NORTHEDGE (ed.), Studies on Roman and Islamic ʿAmman. The Excavations of Mrs. C.-M. Bennett and other Investigations. Vol. I: The Site and Architecture (British Institute at Amman for Archaeology and History, British Academy Monographs in Archaeology No. 3), London 1992, (im Druck)

MACALISTER R.A.S., The Excavation of Gezer 1902-1905 and 1907-1909, Vol. I-III, London 1912

MACDONALD B. et al., The Wadi al Ḥasā Archaeological Survey 1979-1983, West-Central Jordan, Waterloo/Ontario 1988

MACHOLZ CH., Untersuchungen zur Geschichte der Samuel-Überlieferungen, Diss. theol. (masch.), Heidelberg 1966

MACKENZIE D., Megalithic Monuments of Rabbath Ammon at Amman (PEF 1911), London 1911, 1-40

–, Excavations at Ain Shems (Beth-Shemesh) (PEFA 2), London 1913

MACPHERSON J., Ammon, Ammonites, DB(H) 1 (1898), 82f

MADER E.A., Altchristliche Basiliken und Lokaltraditionen in Südjudäa, Paderborn 1918

MAGNANINI P., Le Iscrizioni Fenicie dell'Oriente. Testi, traduzioni, glossari, Rom 1973

MAIER J., Jüdische Auseinandersetzung mit dem Christentum in der Antike (EdF 177), Darmstadt 1982

MALAMAT A., The Last Kings of Judah and the Fall of Jerusalem. An Historical-Chronological Study, IEJ 18 (1968), 137-155

–, The Twilight of Judah: In the Egyptian-Babylonian Maelstrom, VT.S 28 (1975), 123-145

–, Das davidische und salomonische Königreich und seine Beziehungen zu Ägypten und Syrien. Zur Entstehung eines Großreichs (SÖAW.PH 407), Wien 1983

–, The Kingdom of Judah between Egypt and Babylon: A Small State within a Great Power Confrontation, in: Text and Context. Old Testament and Semitic Studies for F.C. FENSHAM, ed. W. CLAASSEN (JSOT.S 48), Sheffield 1988, 117-129

MALLOWAN M.E.L., Nimrud and its Remains I-II, London 1966

MANTELL A.M., List of Photographs, PEQ 1882, 173-177

MARAQTEN M., Die semitischen Personennamen in den alt- und reichsaramäischen Inschriften aus Vorderasien (TStOr 5), Hildesheim – Zürich – New York 1988

Markert L., Amos / Amosbuch, TRE 2 (1978), 471-487
Marmadji A.-S. (ed.), Textes Géographiques Arabes sur la Palestine (EtB), Paris 1951
Marti K., Das Dodekapropheton (KHC 13), Tübingen 1904
Martin F., Le Livre d'Hénoch traduit sur le texte éthiopien, Paris 1906
Martin M.F., Six Palestinian Seals, RSO 29 (1964), 203-210
Martin P., Discours de Jacques de Saroug sur la chute des idoles, ZDMG 29 (1876), 107-147
Martin W.J., Tribut und Tributleistungen bei den Assyrern (StOr 8,1), Helsinki 1936
Martinez D. – Lohs K. – Janzen J., Weihrauch und Myrrhe, Berlin Ost 1989
Masson M., Remarques sur la racine hébraïque N-Ḥ-Š, Glecs 18-23 (1973-1979), 661-668
Mathys H.-P., Dichter und Beter. Die Theologen aus spätalttestamentlicher Zeit (Hab. theol. masch.), Bern 1989 (erscheint demnächst in OBO)
– / Heiligenthal R. / Schrey H.-H., Goldene Regel, TRE 13 (1984), 570-583
Matsson G.O., The Gods, Goddesses and Heroes on the Ancient Coins of Bible Lands, Stockholm 1969
Matthias D., Die Geschichte der Chronikforschung im 19. Jahrhundert unter besonderer Berücksichtigung der exegetischen Behandlung der Prophetennachrichten des chronistischen Geschichtswerkes. Ein problemgeschichtlicher und methodenkritischer Versuch auf der Basis ausgewählter Texte, Diss. theol. (masch.) Leipzig 1977
Mattingly G.L., Nelson Glueck and Early Bronze Age Moab, ADAJ 27 (1983), 481-489
–, Moabite Religion and the Meshaʿ Inscription, in: J. A. Dearman (ed.), Studies in the Mesha Inscription and Moab (ASOR / SBL Archaeology and Biblical Studies 2), Atlanta/GA 1989, 211-237
May H.G., Jabesh; Jabesh-Gilead, IBD 2 (1962), 778f
Mayer G., *mûl, mûlah*, ThWAT 4 (1984), 734-738
–, *ʿāral*, ThWAT 6 (1989), 385-387
Mayer H.E., Die Kreuzfahrerherrschaft Montréal (*Šōbak*). Jordanien im 12. Jahrhundert (ADPV 14), Wiesbaden 1990
Mazar (Maisler) B., The Historical Background of Psalm 83, (1937), in: E. Stern (ed.), BIES-Reader B, Jerusalem 1965, 289-293
–, The Campaign of Pharaoh Shishak to Palestine, VT.S 4 (1957), 57-66 = in: ders., The Early Biblical Period. Historical Studies, Jerusalem 1986, 139-150
–, The Tobiads, IEJ 7 (1957), 137-145. 229-238 = in: ders., Canaan and Israel. Historical Essays, Jerusalem 1974, 270-290 (hebr.)
–, Geshur and Maaʿah, JBL 80 (1961), 16-28 = in: ders., The Early Biblical Period. Historical Studies, Jerusalem 1986, 113-125
–, The Military Élite of King David, (1963), in: ders., The Early Biblical Period, Jerusalem 1986, 83-103
–, The Historical Background of the Book of Genesis, JNES 28 (1969), 73-83 = in: ders., The Early Biblical Period, Jerusalem 1986, 49-62
–, The Excavations in the Old City of Jerusalem near the Temple Mount. Second Preliminary Report, 1969-70 Seasons, ErIs 10 (1971), 1-36
–, Der Berg des Herrn. Neue Ausgrabungen in Jerusalem, Bergisch-Gladbach 1979
Mazar E. – Mazar B., Excavations in the South of the Temple Mount. The Ophel of the Biblical Jerusalem (Qedem 29), Jerusalem 1989
Mazza F., The Phoenicians as seen by the Ancient World, in: S. Moscati (ed.), The Phoenicians, Mailand 1988, 548-567
Mazzoni S., Observations about Iron Age Glyptics from Tell Afis and Tell Mardikh, in: Resurrection the Past. A Joint Tribute to A. Bounni, ed. P. Matthiae – M. van Loon – H. Weiss (UNHAII 67), Leiden 1990, 215-226
McCarter P.K., II Samuel (AncB 9), Garden City/NY 1984

McCown C.C., Spring Field Trip 1930, BASOR 39 (1930), 10-27
–, The ʿAraq el-Emir and the Tobiads, BA 20 (1957), 63-76
McGovern P.E., The Baqʿah Valley, Jordan: A Cesium Magnetometer Survey, MascaJ V 1,2 (1977), 39-41
–, The Baqʿah Valley, Jordan: Test Soundings of Cesium Magnetometer Anomalies, MascaJ V 1,7 (1981), 214-217
–, Test Soundings of Archaeologcal and Resistivity Survey Results at Rujm al-Ḥenu, ADAJ 27 (1983), 105-141
–, Late Bronze Palestinian Pendants. Innovation in a Cosmopolitan Age (JSOT / ASOR Monograph Series 1), Sheffield 1985
–, Environmental Constraints for Human Settlement in the Baqʿah Valley, SHAJ 2 (1985), 141-148
– et al., The Late Bronze and Early Iron Ages of Central Transjordan: The Baqʿah Valley Project, 1977-1981 (University Museum Monograph 65), Philadelphia/PN 1986
–, Central Transjordan in the Late Bronze and Early Iron Ages: An Alternative Hypothesis of Socio-Economic Transformation and Collapse, SHAJ 3 (1987), 267-274
–, Baqʿah Valley, 1987, LA 37 (1987), 385-389
–, The Baqʿah Valley Project 1987, Khirbet Umm ad-Dananir and el-Qeṣir, ADAJ 33 (1989), 123-136
–, Baqʿah Valley Project – Survey and Excavation, in: D. Homès-Fredericq – J. B. Hennessy (ed.), Archaeology in Jordan II 1 (Akkadica Suppl. 7), Leuven 1989, 25-44
–, Settlement Patterns of the Late Bronze and Iron Ages in the Greater Amman Area, SHAJ 4 (1992), 179-183
– / Harbootle G. / Wnuk C., Late Bronze Age Pottery Fabrics from the Baqʿah Valley, Jordan: Composition and Origins, MascaJ V 2,1 (1982), 8-12
Meeks D., Harpokrates, LÄ 2 (1977), 1003-1011
Meimaris Y.E., Sacred Names, Saints, Martyrs and Church Officials in the Greek Inscriptions and Papyri pertaining to the Christian Church of Palestine (Meletēmata 2), Athen 1986
Mendenhall G.E., Amman – Iron Age Arabic Inscriptions discovered, ADAJ 11 (1966), 104
–, The Tenth Generation. The Origins of the Biblical Tradition, Baltimore – London ²1974
–, The Building Inscription from Umm Rujm, NIAAUY 5,1 (1988), 3
–, Where was the Arabic Language during the Late Bronze Age?, NIAAUY 5,1 (1988), 10
Mensching G., Toleranz und Wahrheit in der Religion, Heidelberg 1955
Merling D., Charles Warren's Explorations between Naʿur and Khirbet as-Suq, in: L. T. Geraty et al. (ed.), Madaba Plains Project 1, Berrien Springs/MI 1989, 26-29
Merrill S., East of the Jordan. A Record of Travel and Observation in the Countries of Moab, Gilead, and Bashan, London 1881
Mershen B., Töpferin, Flechterin, Weberin und Gerberin. Zum Haushaltshandwerk im Ostjordanland, in: Pracht und Geheimnis. Kleidung und Schmuck aus Palästina und Jordanien, ed. G. Völger – K. von Welck – K. Hackstein, Köln 1987, 100-109
Meshorer Y., City Coins of Eretz-Israel and the Roman Period, Jerusalem 1984
– / Qedar Sh., The Coinage of Samaria in the Fourth Century BCE, Jerusalem 1991
du Mesnil du Buisson R., Nouvelles Études sur les Dieux et Mythes de Canaan (EPRO 33), Leiden 1973
Metzger B.M., Bethulia, BHH 1 (1962), 234
Metzger M., Lodebar und der tell el-mghannije, ZDPV 76 (1960), 97-102
Meulenaere H.J. de, Apries, LÄ 1 (1975), 358-360
Meyer E., Die Israeliten und ihre Nachbarstämme: Alttestamentliche Untersuchungen. Mit Beiträgen von B. Luther, Halle/S. 1906 = Darmstadt 1967
–, Pyrgos – „Wirtschaftsgebäude", Hermes 65 (1920), 100-102

–, Geschichte des Altertums I-V, Darmstadt [6]1953-[4]1958
Meyers C., A Terracotta at the Harvard Semitic Museum and Disc-holding Female Figures reconsidered, IEJ 37 (1987), 116-122
Micheel R., Die Seher- und Prophetenüberlieferungen in der Chronik (BET 18), Frankfurt – Bern 1983
Milik J.T., Nouvelles inscriptions sémitiques et grecques du pays de Moab, LA 9 (1958-1959), 330-358
–, La Patrie de Tobie, RB 73 (1966), 522-530
–, (ed.), The Books of Enoch. Aramaic Fragments of Qumrân Cave 4, Oxford 1976
Millard A.R., Alphabetic Inscriptions on Ivories from Nimrud, Iraq 24 (1962), 41-51
–, Adad-Nirari III, Aram, and Arpad, PEQ 105 (1973), 161-164
–, Epigraphic Notes, Aramaic and Hebrew, PEQ 110 (1978), 23-26
–, The Practice of Writing in Ancient Israel, (1972), BA-Reader 4 (1983), 181-195
–, An Assessment of the Evidence for Writing in Ancient Israel, in: J. Amitai (ed.), Biblical Archaeology Today, Jerusalem 1985, 301-312
–, 'BGD... – Magic Spell or Educational Exercise?, ErIs 18 (1985), 39*-42*
–, King Og's Bed and other Ancient Ironmongery, in: Ascribe to the Lord and other Studies in Memory of P.C. Craigie, ed. L. Eslinger – G. Taylor (JSOT.S 67), Sheffield 1988, 481-492
–, Writing in Jordan: From Cuneiform to Arabic, in: Treasures from an Ancient Land. The Art of Jordan, ed. P. Bienkowski (National Museums and Galleries on Merseyside, Liverpool), Glasgow 1991, 133-149
Miller J.M., Moab and the Moabites, in: J.A. Dearman (ed.), Studies in the Mesha Inscription and Moab (ASOR / SBL Archaeology and Biblical Studies 2), Atlanta/GA 1989, 1-40
– (ed.), Archaeological Survey of the Kerak Plateau (ASOR Archaeological Reports 1), Baltimore/MD 1991
– / Hayes J.M., A History of Ancient Israel and Judah, Philadelphia/PN 1986
Mitscherlich A. und M., Die Unfähigkeit zu trauern. Grundlagen kollektiven Verhaltens, München 1977
Mittmann S., Aroer, Minnith und Abel Keramim (Jdc. 11,33), ZDPV 86 (1969), 63-75
–, Beiträge zur Siedlungs- und Territorialgeschichte des nördlichen Ostjordanlandes (ADPV 2), Wiesbaden 1970
–, Zenon im Ostjordanland, in: Archäologie und Altes Testament. FS für K. Galling zum 70.Geb., ed. A. Kuschke – E. Kutsch, Tübingen 1970, 199-210
–, Deuteronomium 1,1-6,3. Literarkritisch und traditionsgeschichtlich untersucht (BZAW 139), Berlin – New York 1975
–, Ri. 1,16f und das Siedlungsgebiet der kenitischen Sippe Hobab, ZDPV 93 (1977), 213-235
Mlaker K., Die Hierodulenliste von Maʿīn (SOA 15), Leipzig 1943
Möhlenbrink K., Sauls Ammoniterfeldzug und Samuels Beitrag zum Königtum des Saul, ZAW 58 (1940), 57-70
del Monte G.F. / Tischler J. et al., Die Orts- und Gewässernamen der hethitischen Texte (RGTC 6; BTAVO.B 7,6), Wiesbaden 1978
Mook W.G., Carbon-14 Dating, in: G. van der Kooij – M.M. Ibrahim (ed.), Picking up the threads ... A Continuing Review of Excavations at Deir Alla, Jordan, Leiden 1989, 71-73
Moor J.C. de, Lexical Remarks concerning *yaḥad* and *yaḥdaw*, VT 7 (1957), 350-355
–, The Semitic Pantheon of Ugarit, UF 2 (1970), 186-228
–, Rāpi'ūma – Rephaim, ZAW 88 (1976), 323-345
Morgenstern J., Ammon, Ammonites, UJE 1 (1939), 276f
–, Amos Studies IV, HUCA 32 (1961), 295-350
Moscati S., L'epigrafia ebraica antica 1935-1950 (BibOr 15), Rom 1951

–, On Ancient Hebrew Seals, JNES 11 (1952), 164-168
–, Il sacrificio punico dei fanciulli: realtà o invenzione? (Accademia Nazionale dei Lincei, Quaderno 261), Rom 1987
– (ed.), The Phoenicians. Catalogue of the Exhibition at Palazzo Grassi, Venezia, Milano 1988
MOSIS R., Untersuchungen zur Theologie des chronistischen Geschichtswerkes (FThSt 92), Freiburg – Basel – Wien – 1973
MOWINCKEL S., Zu Deuteronomium 23,2-9, AcOr 1 (1923), 81-104
MÜLINEN E. VON, Beiträge zur Kenntnis des Karmels, ZDPV 30 (1907), 117-207; 31 (1908), 1-25
MÜLLER H.-P., Die phönizische Grabinschrift aus dem Zypern-Museum KAI 30 und die Formgeschichte des nordwestsemitischen Epitaphs, ZA 65 (1975), 104-132
–, Religionsgeschichtliche Beobachtungen zu den Texten von Ebla, ZDPV 96 (1980), 1-19
–, *molæḵ*, ThWAT 4 (1984), 957-968
–, *ʿšrt*, ThWAT 6 (1989), 453-463
MÜLLER H.W., Der Waffenfund von Balâṭa-Sichem und Die Sichelschwerter (ABAW.PH NF, H.97), München 1987
MÜLLER I., Die Wertung der Nachbarvölker Israels Edom, Moab, Ammon, Philistäa und Tyrus/Sidon nach den gegen sie gerichteten Drohsprüchen der Propheten, Diss. theol. (masch.) Münster i.W. 1968
MÜLLER J., Betulia, NBL 2.Lief. (1989), 290
MÜLLER K.E., Geschichte der antiken Ethnographie und ethnologischen Theoriebildung von den Anfängen bis auf die byzantinischen Historiographen I-II (Studien zu Kulturkunde 29. 52), Wiesbaden 1972. 1980
MÜLLER W.M. / KOHLER K., Ammon, Ammonites, JE 1 (1901), 523-525
MÜLLER W.W., Weihrauch, RE Suppl. 15 (1978), 701-777
–, Sabäische Inschriften vom Ǧabal Balaq al-Ausaṭ, ABerYem 1 (1982), 67-72
AL-MUḤESEN M., *Ǧubēḥa* Church 1976, ADAJ 21 (1976), 8-10 (arab.)
MUHLY J.D. / MADDIN R. / STECH T., The Metal Artifacts, in: V. FRITZ (ed.), Kinneret. Ergebnisse der Ausgrabungen auf dem Tell el-ʿOrēme am See Gennesaret 1982-1985 (ADPV 15), Wiesbaden 1990, 159-175
MULDER J.M., *sᵉdōm, ʿᵃmorāh*, ThWAT 5 (1986), 756-769
MUNK S., Palästina. Geographische, historische und archäologische Beschreibung diess Landes I-II, Leipzig 1871-1872
MUSEUM OF JORDANIAN HERITAGE. Institute of Archaeology and Anthropology Yarmouk University, Irbid, Jordan, ed. M.M. IBRAHIM – B. MERSHEN, Irbid 1988
MUSIL A., Arabia Petraea I-III, Wien 1907-1908 = Hildesheim – Zürich – New York 1989
–, The Northern Ḥeǧâz. A Topographical Itinerary (Oriental Explorations and Studies 1), New York 1926
–, Arabia Deserta. A Topographical Itinerary (Oriental Explorations and Studies 2), New York 1927

NAʼAMAN N., Two Notes on the Monolith Inscription of Shalmaneser III from Kurkh, TA 3 (1976), 89-106
–, The List of David's Officers (*šālîšîm*), VT 38 (1988), 71-79
–, The Historical Background to the Conquest of Samaria (720 BC), Bib. 71 (1990), 206-225
– / ZADOK R., Sargon II's Deportations to Israel and Philistia (716-708 B.C.), JCS 40 (1988), 36-46
NASHEF KH. (ed.), Ausgrabungen, Forschungsreisen, Geländebegehungen: Jordanien I-II, AfO 29-30 (1983-1984), 241-292; 33 (1986), 148-308
NASUTI H.P., Tradition History and the Psalms of Asaph (SBL.DS 88), Atlanta/GA 1988
NAVEH J., Old Aramaic Inscriptions, Leš. 29 (1963-1964), 183-197 (hebr.)

–, Canaanite and Hebrew Inscriptions (1960-1964), Leš. 30 (1965-66), 65-80 (hebr.; English Summary)
–, Phoenician and Punic Inscriptions (1960-1964), Leš. 30 (1965-66), 232-239 (hebr.; English Summary)
–, Old Aramaic Inscriptions (1960-65), AION 16 (1966), 19-36
–, The Development of the Aramaic Script (PIASH V 1), Jerusalem 1970
–, The Scripts in Palestine and Transjordan in the Iron Age, in: Near Eastern Archaeology in the Twentieth Century. Essays in Honor of N. Glueck, ed. J. A. Sanders, Garden City/NY 1970, 277-283
–, Hebrew Texts in Aramaic Script in the Persian Period?, BASOR 203 (1971), 27-32
–, Varia Epigraphica Judaica, IOS 9 (1979), 17-31
–, The Ostracon from Nimrud: An Ammonite Name-List, Maarav 2 (1980), 163-171
–, Early History of the Alphabet. An Introduction to West Semitic Epigraphy and Palaeography, Jerusalem – Leiden 1982
–, Hebrew and Aramaic in the Persian Period, in: The Cambridge History of Judaism Vol. I, ed. N. D. Davies – L. Finkelstein, Cambridge u. a. 1984, 115-129
–, Writing and Scripts in Seventh-Century B.C.E. Philistia: The New Evidence from Tell Jemmeh, IEJ 35 (1985), 8-21
–, Review: P. Bordreuil, Catalogue des Sceaux ouest-sémitiques inscrits (1986), JSSt 33 (1988), 115f
– / Tadmor H., Some doubtful Aramaic Seals, AION 18 (1968), 448-452
Negev A., Ammon, Archäologisches Lexikon zur Bibel, in: ders. – J. Rehork (ed.), München – Wien – Zürich 1972, 38f
–, Ammon, in: ders. (ed.), Archäologisches Bibel-Lexikon, Neuhausen – Stuttgart 1991, 24f
Neher A., Amos. Contribution à l'étude du prophétisme, Paris 1950
Nicolaou I., Inscriptiones Cypriae alphabeticae XXIII, 1982, RDAC 1983, 257-263
Nielsen K., Incense in Ancient Israel (VT.S 38), Leiden 1986
Nötscher F., Zwölfprophetenbuch (HSAT 14), Würzburg 1948
– / Klauser Th. et al., Baal, RAC 1 (1950), 1065-1113
Noort E., Transjordan in Joshua 13: Some Aspects, SHAJ 3 (1987), 125-130
North F., The Oracle against the Ammonites in Jer 49:1-6, JBL 65 (1946), 37-43
North R., Israel's Tribes and Today's Frontier, CBQ 16 (1954), 146-153
Northedge A.E., Survey of the Terrace Area at Amman Citadel, Levant 12 (1980), 135-143
–, The Fortifications of Qal'at ʿAmman (ʿAmman Citadel): Preliminary Report, ADAJ 27 (1983), 437-460
–, Qalʿat ʿAmman in the Early Islamic Period, Ph.D.Diss. unpubl. London 1984
– (ed.), Studies on Roman and Islamic ʿAmman. The Excavations of Mrs. C.-M. Bennett and other Investigations. Vol. I: The Site and Architecture (British Institute at Amman for Archaeology and History, British Academy Monographs in Archaeology No. 3), London 1992 (im Druck)
Northey A.E., Expedition to the East of Jordan, PEQ 1872, 57-73
Noth M., Die israelitischen Personennamen im Rahmen der gemeinsemitischen Namengebung (BWANT III,10), Stuttgart 1928 = Hildesheim – New York 1980
–, Eine palästinische Lokalüberlieferung in 2.Chr. 20, ZDPV 67 (1945), 45-71
–, Das Buch Josua (HAT I 7), Tübingen ²1953
–, Überlieferungsgeschichte des Pentateuch, Darmstadt ²1960
–, Ammoniter, RGG 1 (³1957), 326
–, Gilead, RGG 2 (³1958), 1577
–, Die Welt des Alten Testaments, Berlin ⁴1962 = 1974
–, Überlieferungsgeschichtliche Studien. Die sammelnden und bearbeitenden Geschichtswerke im Alten Testament, Darmstadt ³1967
–, Geschichte Israels, Göttingen ⁷1969

–, Aufsätze zur biblischen Landes- und Altertumskunde I-II, ed. H.W. Wolff, Neukirchen-Vluyn 1971
–, I Könige 1-16 (BK AT 9,1), Neukirchen-Vluyn ²1983
Nougayrol J. / Laroche E., Textes suméro-accadiens des Archives et Bibliothèques privées d'Ugarit. Documents en langue hourrite provenant de Ras Shamra, Ug. 5 (BAH 80; MRS 16), Paris 1968, 1-446. 448-544
Novum Testamentum Graece[26] et Latine, ed. K. und B. Aland, Stuttgart 1983
Nowack D.W., Die kleinen Propheten (HAT III 4), Göttingen 1897

Oakeshott M.F., A Study of the Iron Age II Pottery of East Jordan with special Reference to unpublished Material from Edom, Ph.D.Thesis (unpubl.), London 1978
Oates J.F., The Status Designation: *Persēs, tēs epigonēs*, YCS 18 (1963), 1-129
O'Brien J.M., The Ammonites, BA 48 (1985), 176
O'Callaghan R.T., A Statue recently found in ʿAmmân, Or. 21 (1952), 184-193
O'Ceallaigh G.C., „And *so* David did to *all the Cities* of Ammon", VT 12 (1962), 179-189
O'Connor M., The Ammonite Onomasticon: Semantic Problems, AUSS 25 (1987), 51-64
Oded B., The political Status of Israelite Transjordan during the Period of the Monarchy (to the Fall of Samaria), Ph.D. Thesis (unpubl.) Hebrew University, Jerusalem 1968 (hebr.)
–, The „Amman Theater Inscription", RSO 44 (1969), 187-189
–, Observations on Methods of Assyrian Rule in Transjordania after the Palestinian Campaign of Tiglath-Pileser III, JNES 29 (1970), 177-186
–, The Settlement of the Tribe of Reuben in Transjordania, in: A. Gilboa et al. (ed.), Studies in the History of the Jewish People and the Land of Israel I, Haifa 1970, 11-36 (hebr.; English Summary V)
–, The Campaigns of Adad-Nirari III into Syria and Palestine, in: dies. (ed.), a.a.O., II, Haifa 1970, 25-34 (hebr.; English Summary VI)
–, Ammon, Ammonites, EB(B) 6 (1971), 254-271 (hebr.)
–, Jogbehah and Rujm el-Jebeha, PEQ 103 (1971), 33f
–, Neighbors in the East, in: WHJP 4,1, Jerusalem 1979, 247-275. 358-363. 378f
–, Mass Deportations and Deportees in the Neo-Assyrian Empire, Wiesbaden 1979
– / Rabinowitz L.I., Ammon, Ammonites, EJ 2 (1971), 853-860
O'Dwyer Shea M., The Small Cuboid Incense-Burner of the Ancient Near East, Levant 15 (1983), 76-109
Oeming M., Bedeutung und Funktionen von „Fiktionen" in der alttestamentlichen Geschichtsschreibung, EvTh 44 (1984), 254-266
Offord J., Note on the Winged Figures on the Jar-Handles discovered by Dr. Bliss, PEQ 1900, 379f
Ogawa H., Hellenistic and Roman Towers on the North Rise, Tel Zeror, Orient 20 (1984), 109-128
Ohana M., The Ammonite Inscriptions and the Bible, M.A. (unpubl.), Haifa 1976 (hebr.)
– / Heltzer M., The Extra-Biblical Tradition of Hebrew Personal Names (From the First Temple Period to the End of the Talmudic Period) (Studies in the History of the Jewish People and the Land of Israel. Monograph Series 2), Haifa 1978 (hebr.)
Olavarri E., Moab en nuevo documento asirio del s. VIII a.C., EstB 21 (1962), 315-324
–, Altar de Zeus – Ba'alshamin (sic!), Procedente de Amman, MemHistAnt 4 (1980), 197-202. 207
–, Altar de Hermes, Procedente de Amman, MemHistAnt 4 (1980) 203-206. 211f
Olavarri-Goicoechea E., El Palacio Omeya de Amman II. La Arqueología, Valencia 1985
Oliphant L., The Land of Gilead with Excursions in the Lebanon, Edinburgh – London 1880
Olivier H., Archaeological Discoveries in Jordan: Their Impact on Biblical Studies, In die Skriflig 26 (1992), 53-64
Olmo Lete G. del, Los nombres 'divinos' de los reyes de Ugarit, Aula Or. 5 (1987), 39-69

Opelt I. / Speyer W., Barbar, JAC 10 (1967), 251-290
Oppenheimer A., Babylonia Judaica in the Talmudic Period (BTAVO.B 47), Wiesbaden 1983
Oren E.O., The Northern Cemetery of Beth Shan (Museum Monographs), Leiden 1973
Ornan T., The Dayan Collection, IsrMusJ 2 (1983), 4-18
–, A Man and his Land. Highlights from the Moshe Dayan Collection (Catalogue of the Israel Museum 270), Jerusalem 1986
–, Neo-Assyrian and Neo-Babylonian Elements in Inscribed Nortwest Semitic Seals, in: O. Keel et al. (ed.), The Iconography of Inscribed Northwest Semitic Seals (OBO), Fribourg – Göttingen 1992, (im Druck)
Orrieux C., Les papyrus de Zénon. L'horizon d'un grec en Egypte au III$^e$ siècle avant J.C., Paris 1983
–, Zénon de Caunos, parépidèmos, et le destin grec (Annales Littéraires de l'Université de Besançon 320; Centre de recherches d'Histoire Ancienne 64), Paris 1985
–, Les papyrus de Zénon et la préhistoire du mouvement maccabéen, in: Hellenica et Judaica. Homage à V. Nikiprowetzky, ed. A. Caquot – M. Hadas-Lebel – J. Riaud, Leuven 1986, 321-222
Otto E., Ammon, Reclams Bibellexikon, Stuttgart 1978, 32
–, Israels Werden in Kanaan. Auf dem Weg zu einer neuen Kultur- und Sozialgeschichte des antiken Israel, ThRev 85 (1989), 3-10
Otto W., Hyrkanus, RE 9,2 (1914), 527-533
Ottosson M., Gilead. Tradition and History (CB OT Series 3), Lund 1969
Otzen B., *bdl*, ThWAT 1 (1973), 518-520
–, Israel under the Assyrians. Reflections on Imperial Policy in Palestine, ASTI 11 (1977-1978), 96-110
–, The Aramaic Inscriptions, in: P.J. Riis – M.-L. Buhl (ed.), Hama II 2 (Nationalmuseets Skrifter, Større Beretninger 12), Kopenhagen 1990, 267-318
Oudenrijn M.A van den, *'Eber hayyardēn*, Bib. 35 (1954), 138
Ovid, Metamorphosen. Lateinisch und deutsch, ed. R. Rösch (Tusculum), Zürich – München $^{11}$1988

Palmaitis L., The First Ancient Ammonite Inscription of the 1th Millenium B.C., VDI 118 (1971), 119-126 (russ.)
Papastavrou H., Asteria, LIMC II 1 (1984), 903f
Parayre D., Les cachets ouest-sémitiques à travers l'image du disque solaire ailé (Perspective iconographique), Syria 67 (1990), 269-301
–, Le rôle de l'iconographie dans l'attribution d'un sceau à une aire culturelle et un atelier, in: O. Keel et al. (ed.), The Iconography of Inscribed Northwest Semitic Seals (OBO), Fribourg – Göttingen 1992, (im Druck)
Pardee D., Literary Sources for the History of Palestine and Syria. II: Hebrew, Moabite, Ammonite, and Edomite Inscriptions, AUSS 17 (1979), 47-69
Parker B., Excavations at Nimrud, 1949-1953. Seals and Seal Impressions, Iraq 17 (1955), 93-125
Parpola S., Neo-Assyrian Toponyms (AOAT 6), Neukirchen-Vluyn 1970
– (ed.), The Correspondence of Sargon II. Part I: Letters from Assyria and the West (SAA I), Helsinki 1987
Parr P.J., Contacts between North West Arabia and Jordan in the Late Bronze and Iron Ages, SHAJ 1 (1982), 127-133
–, Pottery of the Late Second Millenium B.C. from North West Arabia and its Historical Implications, in: D.T. Potts (ed.), Araby the Blest. Studies in Arabian Archaeology (The Carsten Niebuhr Institute of Ancient Near Eastern Studies Publications 7), Kopenhagen 1988, 72-89
–, Aspects of the Archaeology of North-West Arabia in the First Millenium BC, in: T. Fahd (ed.), L'Arabie préislamique et son environnement historique et culturel (Actes du Colloque de Strasbourg 1987, Université des Sciences Humaines de Strasbourg; Travaux du Centre de Recherche sur le Proche-Orient et la Grèce Antiques 10), Leiden 1989, 39-66

– / Harding G. L. / Dayton J.E., Preliminary Report in North West Arabia, 1968, BInstALondon 8-9 (1970), 193-242
– / Zarins J./ Ibrahim M. et al., The Comprehensive Archaeology Survey Programm b: Preliminary Report on the Second Phase of the Northern Province Survey 1397/1977, Atlal 2 (1978), 29-50
Paszthory E., Salben, Schminken und Parfüme im Altertum. Herstellungsmethoden und Anwendungsbereiche im östlichen Mediterraneum (AW 21, Sonderheft), Mainz 1990
Paton L.B., Ammonites, ERE 1 (1908), 389-392
Paul Sh.M., A Literary Reinvestigation of the Authenticity of the Oracles against the Nations of Amos, in: De la Thôra au Messie. Mélanges H. Cazelles, Paris 1981, 189-204
Peckham J., The Development of the Late Phoenician Scripts (Harvard Semitic Series 20), Cambridge/MA 1968
Perlitt L., Israel und die Völker, in: G. Liedke (ed.), Frieden – Bibel – Kirche (Studien zur Friedensforschung 9), Stuttgart – München 1972, 17-63
–, Deuteronomium 1-3 im Streit der exegetischen Methoden, in: N. Lohfink (ed.), Das Deuteronomium. Entstehung, Gestalt und Botschaft (BEThL 68), Leiden 1985, 149-163
–, Riesen im Alten Testament (NAWG.PH 1, 1990), Göttingen 1990
Pestman P. W. (ed.), A Guide to the Zenon Archive (P.L.Bat. 21a-b), Leiden 1981
Petrie W.M.F., Researches in Sinai, London 1906
– / Pape C., Malfūf, near 'Amman (*sic!*). Description of Sites, in: ders. – E.J.H. MacKay – M.A. Murray, City of Shepherd Kings. Ancient Gaza V (British School of Egyptian Archaeology Vol. 64), London 1952, 38-42
Petschow H.P.H., Inzest, RlA 5 (1976-1980), 144-150
Pettinato G., Carchemiš – kār-kamiš: le prime attestazioni del III Millenio, OA 15 (1976), 11-15
Pfeffer W. von, Neue römische Steine aus Mainz, MainzZt 54 (1959), 41-46
Pfeifer G., Denkformenanalyse als exegetische Methode, erläutert an Amos 1,2-2,16, ZAW 88 (1976), 56-71
–, Die Fremdvölkersprüche des Amos – spätere vaticinia ex eventu?, VT 38 (1988), 230-233
Pfeiffer R.H., Three assyriological Footnotes to the Old Testament, JBL 47 (1928), 184-187
Philo, Works, Vol. I-X. Suppl. I-II, ed. F.H. Colson et al. (The Loeb Classical Library), London – Cambridge/MA 1967-1971
Picard C. / Picard G.-Ch., Hercule et Melqart, in: Hommages à J. Bayet, ed. M. Renard – R. Schilling (Collection Latomus 70), Brüssel 1964, 569-578
Piccirillo M., Una tomba del Ferro I a Madaba (Madaba B – Moab), LA 25 (1975), 199-224
–, I Re di Ammon, TS.I 51 (1975), 369-371
–, Una Tomba del Ferro I a Mafraq (Giordania), LA 26 (1976), 27-30
–, Una Tomba del Bronzo Medio ad Amman?, LA 28 (1978), 73-86
–, Chiese e mosaici della Giordania Settentrionale (SBF.CMi 30), Jerusalem 1981
–, Il complesso monastico di Zay el-Gharbi e la diocesi di Gadara della Perea, in: Nell'Ottavo Centenario Francescano (Studia Hierosolymitana 3; SBF.CMa 30), Jerusalem 1982, 359-378
–, La chiesa di Massuh e il territorio della diocesi di Esbous, LA 33 (1983), 335-346
–, Chiese e mosaici di Giordania. Una communità cristiana dalle origini bibliche, Anton. 58 (1983) 85-101
–, Le chiese di Quweismeh – Amman, LA 34 (1984), 329-340
–, Églises locales des provinces Palestina Prima et Secunda, Le Monde de la Bible 35 (1984), 8-12
–, The Jerusalem-Esbus Road and its Sanctuaries in Transjordan, SHAJ 3 (1987), 165-172
–, Le iscrizioni di Umm er-Rasas – Kastron Mefaa in Giordania I (1986-1987), LA 37 (1987), 177-239
– (ed.), Ricerca storico-archeologica in Giordania I-VIII, LA 31 (1981), 323-358; 32 (1982), 461-527; 33 (1983) 391-424; 34 (1984), 417-461; 35 (1985), 391-449; 36 (1986), 335-392; 37 (1987), 373-436; 38 (1988), 449-470; 39 (1989), 243-301

– Masuh; Quweismeh; Rihab; Yadudeh; Zay el Gharbi, in: D. Homès-Fredericq – J. B. Hennessy (ed.), Archaeology of Jordan II 2 (Akkadica Suppl. 8), Leuven 1989, 380. 486f. 488. 631f. 640
–, Chiese e mosaici di Madaba (SBF.CMa 34), Jerusalem 1989
– et al., Églises locales de la Province d'Arabie, Le Monde de la Bible 35 (1984), 12-38
– / A.-J. ʿAmr, A Chapel at Khirbet el-Kursi – Amman, LA 38 (1988), 361-382
Pogott V.C. / McGovern P.E. / Notis M.R., The Earliest Steel from Transjordan, MascaJ V 2,2 (1982), 35-39
Pilcher E.J., A Moabite Seal, PEQ 47 (1915), 42
Pintaudi R. (ed.), Papiri Greci e Latini. Secoli III a.C. – VIII d.C. Catalogo della mostra – maggio-giugno 1983 (Papyrologica Florentina XII Supplemento), Florenz 1983
Pisano G., Jewellery, in: S. Moscati (ed.), The Phoenicians, Milano 1988, 370-393
Pitard W.T., Ancient Damaskus: A Historical Study of the Syrian City-State from Earliest Times until its Fall to the Assyrians in 732 B.C.E., Winona Lake/IN 1987
Platt E.E., ʿUmeiri Objects, in: L.T. Geraty et al. (ed.), Madaba Plains Project 1, Berrien Springs/MI 1989, 355-366
Plinius d.Ä., naturalis historia, Vol I-X, ed. H. Rackham et al. (The Loeb Classical Library), London – Cambridge/MA ²1949-1963
Plöger O., Aus der Spätzeit des Alten Testaments. Studien, Göttingen 1971
–, Das Buch Daniel (KAT 18), Gütersloh 1965
Plutarch, Lives Vol. I-XI, ed. B. Perrin (The Loeb Classical Library), London – Cambridge/MA 1914-1926 = 1962-1968
Pohlmann K.-F., Erwägungen zum Schlußkapitel des deuteronomistischen Geschichtswerkes. Oder: Warum wird der Prophet Jeremia in 2.Kön. 22-25 nicht erwähnt?, in: Textgemäß. Aufsätze und Beiträge zur Hermeneutik des Alten Testaments. FS für E. Würthwein, ed. A. H. J. Gunneweg – O. Kaiser, Göttingen 1979, 94-109
Polybios, The Histories Vol. I-VI, ed. W. R. Paton (The Loeb Classical Library), London – Cambridge/MA 1960
Polzin R., On Taking Renewal Seriously 1 Sam 11:1-15, in: Ascribe to the Lord. Biblical and other Studies in Memory of P. C. Craigie, ed. L. Eslinger – G. Taylor (JSOT.S 67), Sheffield 1988, 493-507
Pomorska I., Les flabellifères à la droite du roi en Égypte ancienne, Warschau 1987
Pomponio F., I nomi divini nei testi di Ebla, UF 15 (1983), 141-156
Pope M.H., The Cult of the Dead at Ugarit, in: G. D. Young (ed.), Ugarit in Retrospect. Fifty Years of Ugarit and Ugaritic, Winona Lake/IN 1981, 159-179
– / Röllig W., Syrien. Die Mythologie der Ugariter und Phönizier (WM I 2), Stuttgart 1965, 219-312
Poppa R., Kamid el-Loz 2: Der eisenzeitliche Friedhof. Befunde und Funde (SBA 18), Bonn 1978
Porada E. (ed.), The Collection of the Pierpont Morgan Library (Corpus of Ancient Near Eastern Seals in North American Collections), Washington 1948
–, Two Cylinder Seals from ʿUmeiri, Nos. 49 and 363, in: L. T. Geraty et al. (ed.), Madaba Plains Project 1, Berrien Springs/MI 1989, 381-384
Porphyrios, de abstinentia I-III, ed. J. Bouffartigue (CUFr), Paris 1972-1979
Porten B. / Yardeni A. (ed.), Textbook of Aramaic Documents from Ancient Egypt I: Letters, Jerusalem – Winona Lake/IN 1986
Porteous N.W., Das Buch Daniel (ATD 23), Göttingen ³1978
Post G.E., Narrative of a Scientific Expedition in the Trans-Jordanic Region in the Spring 1886, PEQ 1888, 175-237
Postgate J.N., Taxation and Conscription in the Assyrian Empire (StP.SM 3), Rom 1974
Pracht und Geheimnis. Kleidung und Schmuck aus Palästina und Jordanien. Katalog der Sammlung

W. Kawar anläßlich einer Ausstellung im Rautenstrauch-Joest-Museum, ed. G. Völger – K. von Welck – K. Hackstein, Köln 1987

Prag K., Decorative Architecture in Ammon, Moab and Judah, Levant 19 (1987), 121-127

–, A Comment on the Amman Citadel Female Heads, PEQ 121 (1989), 69f

Prausnitz M.W., Israelite and Sidonian Burial Rites at Akhziv, Proceedings of the Fifth World Congress of Jewish Studies 1 (Jerusalem 1969), 85-89

–, Die Nekropolen von Akhziv und die Entwicklung der Keramik vom 10. bis zum 7. Jahrhundert v. Chr. in Akhziv, Samaria und Ashdod, in: H. G. Niemeyer (ed.), Phöniker im Westen (DAI Madrider Beiträge 8), Mainz 1982, 31-44

Preuss H.D., Verspottung fremder Religionen im Alten Testament (BWANT 92), Stuttgart – Berlin – Köln – Mainz 1971

–, Deuteronomium (EdF 164), Darmstadt 1982

Priebatsch H.Y., Das Buch Judith und seine hellenistischen Quellen, ZDPV 90 (1974), 50-60

Priest J., The Covenant of Brothers, JBL 64 (1965), 400-406

Pritchard J.B. (ed.), Ancient Near Eastern Texts relating to the Old Testament, Princeton/NJ [3]1969

– (ed.), The Ancient Near Eastern Pictures relating to the Old Testament, Princeton/NJ [2]1969

–, On the Use of the Tripod Cup, Ug. 6 (1969), 427-434

–, The Cemetery at Tell es-Saʿidiyeh, Jordan (University Museum Monograph 41), Philadelphia/PN 1980

–, Tell es-Saʿidiyeh Excavations on the Tell, 1964-1966 (University Museum Monograph 60), Philadelphia/PN 1985

Procksch O., Die Völker Altpalästinas (Das Land der Bibel I 2), Leipzig 1914

Prokop von Gaza, Commentarii in Judices, PG 87,1, 1041-1080

Ptolemaios K.P., Geographia. Griechisch und Lateinisch, ed. C. Müller, Paris 1883-1901

Puech E., Deux Nouveaux Sceaux Ammonites, RB 83 (1976), 59-62

–, Milkom, le Dieu Ammonite, en Amos I 15, VT 27 (1977), 117-125

–, Inscriptions sur sceaux et tessons incisés: in: J. Briend – J.-B. Humbert (ed.), Tell Keisan (1971-1976), une cité phénicienne en Galilée (OBO Ser.Arch. 1), Fribourg – Göttingen – Paris 1980, 296-299 [vgl. ders., in: O. Keel et al., Studien zu den Stempelsiegeln aus Palästina/Israel (OBO 100), Fribourg – Göttingen 1990, 248-253]

–, L'inscription christo-palestinienne du monastère d'el-Quweisme, LA 34 (1984), 341-346

–, L'inscription de la statue d'Amman et la paléographie Ammonite, RB 92 (1985), 5-24

–, Rec.: K. P. Jackson, The Ammonite Language of the Iron Age, 1983, RB 92 (1985), 289f

–, L'inscription sur plâtre de Tell Deir ʿAlla, in: J. Amitai (ed.), Biblical Archaeology Today, Jerusalem 1985, 354-365

–, L'inscription de Balaam, Le Monde de la Bible 46 (1986), 36-38

–, Le texte „ammonite" de Deir ʿAlla: Les admonitions de Balaam (première partie), in: La Vie de la Parole. De l'Ancien Testament au Nouveau Testament. Études d'exégèse et d'herméneutiques bibliques offertes à P. Grelot, Paris 1987, 13-30

–, Les Inscriptions Christo-Palestiniennes de Khirbet el-Kursi – Amman, LA 38 (1988), 383-389

–, Approches paléographiques de l'inscription sur plâtre de Deir ʿAllā, in: J. Hoftijzer – G. van der Kooij (ed.), The Balaam Text from Deir ʿAlla re-evaluated. Proceedings of the International Symposium held at Leiden 21-24 August 1989, Leiden 1991, 221-238

– / Rofé A., L'inscription de la Citadelle d'Amman, RB 80 (1973), 531-546

Quennell A.M., The Geology and Mineral Resources of (former) Transjordan, Colonial Geology and Mineral Resources 2 (1951), 85-115

RABENAU K. VON, New Contributions to the Historical Topography of Jordan, ADAJ 6-7 (1962), 93f
–, Ammonitische Verteidigungsanlagen zwischen *Ḫirbet el-Bišāra* und *el-Yādūde*, ZDPV 94 (1978), 46-55
RABIN H., Rice in the Bible, JSSt 11 (1966), 2-9
–, Og, ErIs 8 (1967), 251-254 (hebr.; English Summary 75f*)
–, Lexicographical Remarks, in: Studies in Bible and the Ancient Near East presented to S.E. LOEWENSTAMM, ed. J. AVISHUR – J. BLAU, Jerusalem 1978, 397-407 (hebr.)
RAD G. VON, Der Heilige Krieg im alten Israel, Göttingen ⁵1969
–, Theologie des Alten Testaments I-II, München ⁶1969. ⁵1968
–, Das fünfte Buch Mose. Deuteronomium (ATD 8), Göttingen ²1968
–, Gesammelte Studien zum Alten Testament I-II (ThB 8. 48), München ⁴1971. 1973
RAHMANI L.Y., Two Syrian Seals, IEJ 14 (1964), 180-184
RAINEY A.F., Book Review: Biblical Archaeology Yesterday (and Today), BASOR 279 (1989), 87-96
RAMRAS-RAUCH G., The Arab in Israeli Literature (Jewish Literature and Culture), London – Bloomington/IN 1989
RASHID S.A., Einige Denkmäler aus Tēmā und der babylonische Einfluß, BaghM 7 (1974), 155-165
RAST W.E., Review: P.E. MCGOVERN, The Late Bronze Age und Early Iron Ages of Central Transjordan, 1986, BASOR 280 (1990), 93f
RAWLINSON H.C., Bilingual Readings – Cuneiform and Phoenician. Notes on some Tablets in the British Museum, containing Bilingual Legends (Assyrian and Phoenician), JRAS NS 1 (1865), 187-246
– et al. (ed.), The Cuneiform Inscriptions of Western Asia I-V, London 1861-1891
RAZZAG A.A., Einfluß des Standortes auf den Aufforstungserfolg in Jordanien. Untersuchungen zur Entwicklung einer forstlichen Standortgliederung für die jordanische Erosionsschutz-Aufforstungen, Göttingen 1986
REDFORD D.B., Studies in Relations between Palestine and Egypt during the First Millenium B.C. II: The Twenty-Second Dynasty, JAOS 93 (1973), 3-17
–, A Bronze Age Itinerary in Transjordan (Nos. 89-101 of Thutmose III's List of Asiatic Toponyms), JSSEA 12 (1982), 55-74
–, Necho II, LÄ 4 (1982), 369-371
–, Contact between Egypt and Jordan in the New Kingdom: Some Comments on Sources, SHAJ 1 (1982), 115-119
REED W.L., A Recent Analysis of Grain from Ancient Dibon in Moab, BASOR 146 (1957), 6-10
–, The Archaeological History of Elealeh in Moab, in: Studies in the Ancient Palestinian World presented F.V. WINNETT on the Occasion of his Retirement 1 July 1971, ed. J.W. WEWERS – D.B. REDFORD (Toronto Semitic Texts and Studies 2), Toronto – Buffalo 1972, 18-28
REEG G., Die Ortsnamen Israels nach der rabbinischen Literatur (BTAVO.B 51), Wiesbaden 1989
REES L.W.B., The Round Towers of Moab, Antiquity 3 (1929), 342f
REESE D.S., A New Engraved Tridacna Shell from Kish, JNES 47 (1988), 35-41
REESE G., Die Geschichte Israels in der Auffassung des frühen Judentums. Eine Untersuchung der Tiervision und der Zehnwochenapokalypse des äthiopischen Henochbuches, der Geschichtsdarstellung der Assumptio Mosis und der des 4. Esrabuches (Diss. theol. masch.), Heidelberg 1967
REICKE B., Minnith; Nahas, BHH 2 (1964), 1218. 1281
REIDER J., Etymological Studies in Biblical Hebrew, VT 2 (1952), 113-130; 4 (1954), 276-295
REIFENBERG A., Denkmäler der jüdischen Antike, Berlin 1937
–, Some Ancient Hebrew Seals, PEQ 70 (1938), 113-116
–, Ancient Jewish Stamps, PEQ 71 (1939), 193f
–, Some Ancient Hebrew Seals, PEQ 71 (1939), 195-198

–, Ancient Hebrew Seals III, PEQ 74 (1942), 109-112
–, Ancient Hebrew Seals, London 1950
–, Ancient Hebrew Art, New York 1950
Reinhold G.G.G., Die Beziehungen Altisraels zu den aramäischen Staaten in der israelitisch-judäischen Königszeit (EHS 23, 368), Frankfurt a.M. – Bern u.a. 1989
Reliefs and Inscriptions at Karnak Vol. III: The Bubastide Portal by The Epigraphic Survey, ed. G.R. Hughes et al. (OIP 74), Chicago/IL 1954
Renan E., Observations sur le nom de Sanchoniathon, JA 5.Serie, 7 (1856), 85-88
Rendsburg G., A Reconstruction of Moabite-Israelite History, JANES 13 (1981), 67-73
–, The Ammonite Phoneme /T/, BASOR 269 (1988), 73-79
Rendtorff R., Zur Lage von Jaser, ZDPV 76 (1960), 124-135
–, Gesammelte Studien zum Alten Testament (ThB 57), München 1975
Renger J., Zur Wurzel MLK in akkadischen Texten aus Syrien und Palästina, in: A. Archi (ed.), Eblaite Personal Names and Semitic Name-Giving. Papers of a Symposium held in Rome July 15-17, 1985 (ARES 1), Rom 1988), 164-172
Repertoire d'épigraphie sémitique Répertoire I-VIII, Paris 1900-1938
Reventlow H. Graf, Das Ende der ammonitischen Grenzbefestigungskette?, ZDPV 79 (1963), 127-137
–, „Internationalismus" in den Patriarchenüberlieferungen, in: Beiträge zur alttestamentlichen Theologie. FS für W. Zimmerli zum 70.Geb., ed. H. Donner – R. Hanhart – R. Smend, Göttingen 1977, 354-370
Reviv H., Jabesh-Gilead in I Samuel 11:1-4. Characteristics of the City in Pre-Monarchic Israel, Jerusalem Cathedra 1 (1981), 4-8
Rey-Coquais J.-P., Philadelphie de Coelésyrie, ADAJ 25 (1981), 25-31
Ribar J.W., Death Cult Practices in Ancient Palestine, unpubl. Ph.Diss., University of Michigan 1973
Ribichini S., Poenus adversa. Gli dei fenici e l'interpretazione classica (Collezione di Studi fenici 19), Rom 1985
–, Il tofet e il sacrificio dei fanciulli (Sardo 2), Sassari 1987
Ricciotti G., Ammoniti, EncIt 3 (1929), 15
Richter Will, Melqart, KP 3 (1975), 1184
–, Tiergarten, KP 5 (1975), 823
Richter Wolfgang, Traditionsgeschichtliche Untersuchungen zum Richterbuch (BBB 18), Bonn 1963
–, Die Bearbeitungen des „Retterbuches" in der deuteronomischen Epoche (BBB 21), Bonn 1964
–, Die Überlieferungen um Jephtah Ri 10,17-12,6, Bib. 47 (1966), 485-556
–, Grundlagen einer althebräischen Grammatik I-III (ATS 8. 10. 13), St.Ottilien 1978-1980
–, Transliteration und Transkription. Objekt- und metasprachliche Metazeichensysteme zur Wiedergabe hebräischer Texte (ATS 19), St.Ottilien 1983
Ridder A. de, Collection de Clerq. Catalogue Tome VII: Les bijoux et les pierres gravées, 2.Partie: Les pierres gravées, Paris 1911
Rieckmann W., Der Beitrag Gustaf Dalmans zur Topographie des Ostjordanlandes. Eine Untersuchung der topographischen Aufzeichnungen seiner Notizhefte, die während der Reisen in den Gebieten el-Belḳâ, el-Kerak und el-Gibāl entstanden (Diss. theol. masch.), Greifswald 1986
Riederer J., Fälschungen von Marmor-Idolen und -Gefäßen der Kykladenkultur, in: J. Thimme (ed.), Kunst und Kultur der Kykladen im 3.Jahrtausend v.Chr., Karlsruhe 1976, 94-96
Riis P.J. / Buhl M.-L. (ed.), Hama II 2. Fouilles et recherches de la Fondation Carlsberg 1931-1938: Les objects de la période dite Syro-Hittite (âge du fer), (Nationalmuseets Skrifter, Større Beretninger 12), Kopenhagen 1990
Ringgren H., *'āḫ*, ThWAT 1 (1973), 205-210

– / Seybold K. / Fabry H.-J., *maelaek*, ThWAT 4 (1984), 926-957
– / Rüterswörden U. / Simian-Yofre H., *ʿbd*, ThWAT 5 (1986-1988), 982-1012
Robinson Th.H., Ammonites, EBrit 1 (1962), 819
– / Horst F., Die Zwölf Kleinen Propheten (HAT I 14), Tübingen [3]1964
Röllig W., Baal-Ḥammōn; Milkom, WM I,1 (1965), 271f. 299
–, Eine neue phoenizische Inschrift aus Byblos, NESE 2 (1974), 1-15
–, Alte und neue Elfenbeinarbeiten, NESE 2 (1974), 37-64
–, Jabes, RlA 5 (1976-1980), 229
–, Ein phönikischer Krugstempel, in: R. Hachmann et al., Bericht über die Ergebnisse der Ausgrabungen in Kāmid el-Lōz in den Jahren 1977 bis 1981 (SBA 36), Bonn 1986, 159f [vgl. ders., in: R. Hachmann (ed.), Frühe Phöniker im Libanon. 20 Jahre deutsche Ausgrabungen in Kāmid el-Lōz (Mainz 1983), 47f]
–, Assur – Geißel der Völker. Zur Typologie aggressiver Gesellschaften, Saec. 37 (1986), 116-127
–, Rez.: P. Bordreuil, Catalogue des sceaux ouest-sémitiques inscrits, 1986, WO 19 (1988), 194-197
– / Herrmann G. / Moorey P.R.S., Lapislazuli, RlA 6 (1980-1983), 488-492
Rössler-Köhler U., Obsidian, LÄ 4 (1982), 549f
Rofé A., The Acts of Nahash according to 4QSam[a], IEJ 32 (1982), 129-133
Rogerson J.W., Was Early Israel a Segmentary Society?, JSOT 36 (1986), 17-26
Rosenberger M., The Coinage of Eastern Palestine and Legionary Countermarks, Bar-Kochba Overstrucks, Jerusalem 1978
Rosner D., The Moabites and their Relationship with the Kingdoms of Israel and Judah in the Military, Political and Cultural Spheres, Jerusalem 1976 (hebr.)
Rost L., Das kleine Credo und andere Studien zum Alten Testament, Heidelberg 1965
Rost P., De Inscriptione Tiglat-Pileser III regis Assyriae quae vocatur Annalium, Diss. phil. Leipzig 1892
– (ed.), Die Keilschrifttexte Tiglat-Pilesers III. nach den Papierabklatschen und Originalen des Britischen Museums, Bd. II: Autographierte Texte, Leipzig 1893
Roth A., Abu Nuseir. New Town, Zürich – Amman 1980
Rothenberg B. / Glass J., The Midianite Pottery, in: Midian, Moab and Edom. The History and Archaeology of Late Bronze and Iron Age Jordan and North-West Arabia, ed. J.F.A. Sawyer – D.J.A. Clines (JSOT.S 24), Sheffield 1983, 65-124
– et al., The Egyptian Mining Temple at Timna (Researches in the Arabah 1959-1984, Vol. 1), London 1988
Roussel P. / Launey M. (ed.), Inscriptions de Délos. Décrets postérieurs à 106 av. J.-C. (Nos. 1497-1524). Dédicaces postérieues à 166 av.J.-C. (Nos. 1525-2219), Paris 1937
Rudolph W., Esra und Nehemia samt 3.Esra (HAT I 20), Tübingen 1949
–, Chronikbücher (HAT I 21), Tübingen 1955
–, Jesaja XV-XVI, in: Hebrew and Semitic Studies presented to G.R. Driver in Celebration of his Seventieth Birthday, ed. D.W. Thomas – W.D. McHardy, Oxford 1963, 130-143
–, Jeremia (HAT I 12), Tübingen [3]1968
–, Die angefochtenen Völkersprüche in Amos 1 und 2, in: Schalom. Studien zu Glaube und Geschichte Israels. FS für A. Jepsen zum 70.Geb., ed. K.-H. Bernhardt (AVTRW 51), Berlin Ost 1971, 45-49
–, Joel – Amos – Obadja – Jona (KAT 13,2), Gütersloh 1971
–, Micha – Nahum – Habakuk – Zephanja (KAT 13,3), Gütersloh 1975
Rüger H.P., Das Tyrusorakel Ez 27, Diss. theol. (masch.), Tübingen 1961
–, Ammon, BHH I (1962), 82f
Rüterswörden U., Die Beamten der israelitischen Königszeit. Eine Studie zu śr und vergleichbaren Begriffen (BWANT 117), Stuttgart – Berlin – Köln – Mainz 1985

Ruozzi Sala S.M., Lexicon nominum semiticorum quae in papyris graecis in Aegypto repertis ab anno 323 a.Ch.n. usque ad annum 70 p.Ch.n. laudata reperiuntur (Testi e documenti per lo studio dell'Antichità 46), Milano 1974

Ruppert L., Der Umgang mit dem Volksangehörigen und mit dem Fremden im alttestamentlichen Gottesvolk, in: J. Horstmann (ed.), Und wer ist mein Nächster? Reflektionen über Nächsten-, Bruder- und Feindesliebe (Katholische Akademie Schwerte, Dokumentationen 5), Schwerte 1982, 1-36

Ryckmans J., Zuidarabische Kolonizatie, JEOL 15 (1957-1958), 239-248

–, Les „Hierodulenlisten" de Maʿīn et la Colonisation Minéenne, in: Scrinium Lovaniense: Mélanges historiques E. van Cauwenberg (RTHP 4,24), Louvain, 1961, 51-61

Sabotta L., Zephanja. Versuch einer Neuübersetzung mit philologischem Kommentar (BibOr 25), Rom 1972

Sacchi P., Henochgestalt / Henochliteratur, TRE 15 (1986), 42-54

Sader H.S., Les États Araméens de Syrie depuis leur Fondation jusqu'à leur Transformation en Provinces Assyriennes (BTS 36), Beirut 1987

Saggs H.W.F., The Nimrud Letters, 1952 – Part II, Iraq 17 (1955), 126-160

Sahin M.Ç., Die Inschriften von Stratonikeia I-II 2 (Inschriften griechischer Städte aus Kleinasien 22,1), Bonn 1981-1990

al-Salihi W., Hercules – Nergal at Hatra (I-II), Iraq 33 (1971) 113-115; 35 (1973), 65-68

Saller J., An Eighth-Century Christian Inscription at el-Quweisme, near Amman, Transjordan, JPOS 21 (1948), 138-147

–, Iron Age Tombs at Nebo, Jordan, LA 16 (1965-66), 165-298

Sari S. / ʿAmr A.-J., Ayyubid and Saljuk Darahem and Fulus from the Rujm el-Kursi Excavations, ADAJ 33 (1989), 13*-15* (arab.)

Sarna N.M., The Abortive Insurrection in Zedekiah's Day (Jer. 27-29), ErIs 14 (1978), 89*-96*

Sarsowsky A., Notizen zu einigen biblischen geographischen und ethnographischen Namen, ZAW 32 (1912), 146-151

Sartre M. (ed.), IGLS 13,1: Bostra Nos. 9001 à 9472 (BAH 113), Paris 1982

Sass B., The Genesis of the Alphabet and its Development in the Second Millenium B.C. (ÄAT 13), Wiesbaden 1988

–, Studia Alphabetica. On the Origin and Early History of the Northwest Semitic, South Semitic and Greek Alphabets (OBO 102), Fribourg – Göttingen 1991

–, The Queen Alia Airport Seal – Proto-Arabic or Gnostic?, Levant 23 (1991), 187-190

–, The Iconography of Hebrew Inscribed Seals, in: O. Keel et al. (ed.), The Iconography of Northwest Semitic Seals (OBO), Fribourg – Göttingen 1992, (im Druck)

Sasson V., The ʿAmmān Citadel Inscription as an Oracle promising divine Protection: Philological and literary Comments, PEQ 111 (1979), 117-125

Sauer J.A., Heshbon Pottery 1971. A Preliminary Report on the Pottery from the 1971 Excavations at Tell Ḥesbân (Andrews University Monographs 7), Berrien Springs/MI 1973

–, Iron I pillared House in Moab, BA 42 (1979), 9

–, Prospects for Archaeology in Jordan and Syria, BA 45 (1982), 73-84

–, Ammon, Moab, and Edom, in: J. Amitai (ed.), Biblical Archaeology today, Jerusalem 1985, 206-214

–, Transjordan in the Bronze and Iron Ages: A Critique of Glueck's Synthesis, BASOR 263 (1986), 1-26

Saulcy F. de, Voyage en Terre Sainte I-II, Paris 1865

Saunders E.W., Bethulia, IBD 1 (1962), 403

SAUNERON S. / YOYOTTE J., Sur la politique palestinienne des rois saïtes, VT 2 (1952), 131-136

– /–, La Campagne Nubienne de Psammétique II et sa signification historique, BIFAO 50 (1952), 157-207

SAVIGNAC R.-M., Rec.: D. DIRINGER, Le Iscrizioni antico-ebraiche Palestinesi, 1934, RB 44 (1935), 291-294

SAWYER J.F.A., The Meaning of *Barzel* in the Biblical Expressions 'Chariots of Iron', 'Yoke of Iron', etc., in: ders. – D.J.A. CLINES (ed.), Midian, Moab and Edom. The History and Archaeology of Late Bronze and Iron Age Jordan and North-West Arabia (JSOT.S 24), Sheffield 1983, 129-134

SCHÄFER P., Geschichte der Juden in der Antike, Stuttgart 1983

SCHALIT A., Die Eroberungen des Alexander Jannäus in Moab, Theok. 1 (1967-1969), 3-50

–, König Herodes. Der Mann und sein Werk, Berlin 1969

SCHARBERT J., Genesis 12-50 (Die Neue Echter Bibel 16), Würzburg 1986

SCHELBERT G., Jubiläenbuch, TRE 17 (1988), 285-289

SCHICK R. / SULEIMAN E., Excavations of the Lower Church at el-Quweisma, 1989, LA 39 (1989), 264f

SCHIELE J. (ed.), Keilschrifturkunden aus Boghazköi XV (Religiöse Texte), Berlin 1926

SCHIFFMANN I., Studien zur Interpretation der neuen phönizischen Inschrift aus Byblos (Byblos 13), RSF 4 (1976), 171-177

SCHILLINGER-HÄFELE U., Vierter Nachtrag zu CIL XIII und Zweiter Nachtrag zu F. VOLLMER, Inscriptiones Baivariae Romanae. Inschriften aus dem deutschen Anteil der germanischen Provinzen und des Treverergebietes sowie Rätiens und Noricums, BerRGK 58 (1977), 447-603

SCHMIDT H., Die großen Propheten (SAT II 2), Göttingen 1915

–, Das Datum der Ereignisse von Jer 27 und Jer 28, ZAW 39 (1921), 138-144

SCHMIDT W., Zwei Untersuchungen im *wādi nāʿūr*, ZDPV 77 (1961), 46-55

SCHMIDT W.H., Die deuteronomistische Redaktion des Amosbuches, ZAW 77 (1965), 168-193

SCHMITT A., Das prophetische Sondergut in 2 Chr 20, 14-17, in: Künder des Wortes. Beiträge zur Theologie der Propheten. FS für J. SCHREINER zum 60.Geb., ed. L. RUPPERT – P. WEIMAR – E. ZENGER, Würzburg 1982, 273-285

SCHMITT G., Du sollst keinen Frieden schließen mit den Bewohnern des Landes. Die Weisungen gegen die Kanaanäer in Israels Geschichte und Geschichtsschreibung (BWANT 91), Stuttgart – Berlin – Köln – Mainz 1970

–, Ein indirektes Zeugnis der Makkabäerkämpfe. Testament Juda 3-7 und Parallelen (BTAVO. B 49), Wiesbaden 1983

SCHMITT H.-CH., Das Hesbonlied Num. 21,27aßb-30 und die Geschichte der Stadt Hesbon, ZDPV 104 (1988), 26-43

SCHMÖKEL H., Akkadische Siegellegenden und „Bekenntnis", BaghM 7 (1974), 189-195

SCHNEEMELCHER W. (ed.), Neutestamentliche Apokryphen in deutscher Übersetzung I-II, Tübingen [5]1987. [5]1989

SCHNEIDER N., „Melchom, das Scheusal der Ammoniter", Bib. 18 (1937), 337-343

–, Melchom, Bib. 19 (1938), 204

SCHOLL R., Sklaverei in den Zenonpapyri. Eine Untersuchung zu den Sklaventermini, zum Sklavenerwerb und zur Sklavenflucht (Trierer Historische Forschungen 4), Trier 1983

–, Corpus der ptolemäischen Sklaventexte I-III (Forschungen zur Antiken Sklaverei, Bh. 1), Stuttgart 1990

SCHOLZ B., Mesopotamien und das Ausland. Gastarbeiter im alten Vorderasien, GMSt 1 (1986), 5-12

SCHRADER E. (ed.), Keilinschriftliche Bibliothek I-II, Berlin 1889-1890 = Amsterdam 1970

SCHRAMM W., Einleitung in die assyrischen Königsinschriften. 2.Teil: 934-722 v. Chr. (HO I, Erg.bd. 5,1,2), Leiden – Köln 1973

SCHREINER J., Jeremia (Die Neue Echter-Bibel 3.9), Würzburg 1981. 1984

SCHRETTER M.K., Alter Orient und Hellas. Fragen der Beeinflussung griechischen Gedankengutes aus altorientalischen Quellen, dargestellt an den Göttern Nergal, Rescheph, Apollon (IBKW.S 33), Innsbruck 1974

SCHRÖDER P., Die phönizische Sprache. Entwurf einer Grammatik nebst Sprach- und Schriftproben, Halle 1869 = Wiesbaden 1979

SCHROER S., In Israel gab es Bilder. Nachrichten von darstellender Kunst im Alten Testament (OBO 74), Fribourg – Göttingen 1987

SCHÜPPHAUS J., Richter- und Prophetengeschichten als Glieder der Geschichtsdarstellung der Richter- und Königszeit, Diss. theol. (masch.) Bonn 1967

SCHULT H., Vergleichende Studien zur alttestamentlichen Namenkunde, Diss. theol. (masch.) Bonn 1967

–, Naemans Übertritt zum Yahwismus (2 Könige 5,1-19a) und die biblischen Bekehrungsgeschichten, DBAT 9 (1975), 2-20

SCHULTZE F., Ein neuer Meilenstein und die Lage von Jazer, PJ 28 (1932), 68-80

SCHUMACHER F.T., Baalis, IBD 1 (1962), 331

SCHUMACHER G., Across the Jordan being An Exploration and Survey of Part of Hauran and Jaulan, London 1886

–, Northern 'Ajlûn, „within the Decapolis", London 1890

–, Es-Salṭ, ZDPV 18 1895), 65-72

–, Tell el-Mutesellim I: Fundbericht, Leipzig 1908

SCHUNCK K.-D. (ed.), 1.Makkabäerbuch (JSHRZ I 4), Göttingen 1980

SCHWALLY F., Die Reden des Buches Jeremia gegen die Heiden. XXV. XLVI-LI, ZAW 8 (1888), 177-217

–, Das Buch Ssefanjâ, eine literarkritische Untersuchung, ZAW 10 (1890), 223-229

–, Ueber einige palästinische Völkernamen, ZAW 18 (1898), 126-148

SCHWARTZ S., Israel and the Nations roundabout, JJSt 42 (1991), 16-38

SCHWARZ E., Identität durch Abgrenzung. Abgrenzungsprozesse in Israel im 2.vorchristlichen Jahrhundert und ihre traditionsgeschichtlichen Voraussetzungen. Zugleich ein Beitrag zur Erforschung des Jubiläenbuches (EHS 23, 162), Frankfurt a.M. – Bern 1982

SCHWEIZER H., Elischa in den Kriegen. Literaturwissenschaftliche Untersuchung von 2 Kön 3; 6,8-23; 6,24-7,20 (StANT 37), München 1974

SEETZEN U.J., A Brief Account of the Countries adjoining the Lake of Tiberias, the Jordan, and the Dead Sea, New York 1810

U.J. SEETZEN's Reisen durch Syrien, Palästina, Phönicien, die Transjordan-Länder, Arabia Petraea und Unter-Aegypten, ed. F. KRUSE et al., I-IV, Berlin 1854-1859

SEGAL J.B., An Aramaic Ostracon from Nimrud, Iraq 19 (1957), 139-145

–, Additional Note on Hercules – Nergal, Iraq 35 (1973), 68f

SEGER J.D. / LANCE H.D., Gezer V, Jerusalem 1988

SEGERT S., Kann das Ostrakon von Nimrud für aramäisch gehalten werden?, AAS(B) 1 (1965), 147-151

–, A Controlling Device for Copying Stereotype Passages? (Amos I 3- II 8, VI 1-6), VT 34 (1984), 481f

SEGNI CAMPAGNANO L. di, L'iscrizione metrica greca di Khirbet er-Rajīb, LA 38 (1988), 253-265

SEIBERT J., Die Eroberung des Perserreiches durch Alexander d.Gr. auf kartographischer Grundlage (BTAVO.B 68), Wiesbaden 1985

SEIDL TH., Datierung und Wortereignis. Beobachtungen zum Horizont von Jer 27,1, BZ 21 (1977), 23-44. 184-199

–, Texte und Einheiten in Jeremia 27-29. Literaturwissenschaftliche Studie 1.Teil (ATS 2), St.Ottilien 1977

–, Formen und Formeln in Jeremia 27-29. Literaturwissenschaftliche Studie 2.Teil (ATS 5), St.Ottilien 1978

–, Die Wortereignisformel in Jeremia. Beobachtungen zu den Formen der Redeeröffnung in Jeremia, im Anschluß an Jer 27, 1.2, BZ 23 (1979), 20-47

SEIGNE J., Jerash – The Sanctuary of Zeus, in: D. HOMÈS-FREDERICQ – J. B. HENNESSY (ed.), Archaeology in Jordan II 1 (Akkadica Suppl. 7), Leuven 1989, 319-323

SELLIN E., Das Zwölfprophetenbuch 1.-2. Hälfte, Leipzig $^{2-3}$1929-1930

SELMS A. VAN, Some Remarks on the ʿAmmān Citadel Inscriptions (sic!), BiOr 32 (1975), 5-8

SELZER W. u. a. (ed.), Römische Steindenkmäler. Mainz in römischer Zeit. Katalog zur Sammlung in der Steinhalle (Landesmuseum Mainz, Katalogreihe zu den Abteilungen und Sammlungen 1), Mainz 1988

SEPTUAGINTA. Id est Vetus Testamentum graece iuxta LXX interpretes ed. A. RAHLFS, Stuttgart 1935

SETERS J. VAN, The Terms „Amorite" and „Hittite" in the Old Testament, VT 22 (1972), 64-81

SEYBOLD I. / ROLL P., Kräutergärten in Mesopotamien, GMSt 2 (1989), 297-309

SEYBOLD K., Satirische Prophetie. Studien zum Buch Zefanja (SBS 120), Stuttgart 1985

–, Nahum – Habakuk – Zephanja (ZBK AT 24.2), Zürich 1991

SEYRIG H., Antiquités Syriennes. 39: Héraclès – Nergal, Syria 24 (1944-1945), 62-80

–, Antiquités Syriennes. 83: Les grand dieux de Tyre à l'époque grecque et romaine, Syria 40 (1963), 19-28

SHANY E., A New Unpublished 'Beqʿa' Weight in the Collection of the Biblical Institute, Jerusalem, Israel, PEQ 99 (1967), 54 f

SHEA W.H., Ostracon II from Heshbon, AUSS 15 (1977), 217-222

–, The Siran Inscription: Amminadab's Drinking Song, PEQ 110 (1978), 107-112

–, Menahem and Tiglath-Pileser III, JNES 37 (1978), 43-49

–, Milkom as the Architect of Rabbath-Ammon's Natural Defences in the Amman Citadel Inscription, PEQ 111 (1979), 17-25

–, The Amman Citadel Inscription again, PEQ 113 (1981), 105-110

–, Two Palestinian Segments from the Eblaite Geographical Atlas, in: The Word of the Lord shall go forth. Essays in Honor of D. N. FREEDMAN in Celebration of his Sixty Birthday, ed. C. L. MEYERS – M. O'CONNOR, Philadelphia/PN 1983, 589-612

–, Mutilation of foreign Names by Bible Writers: A possible Example from Tell el-ʿUmeiri, AUSS 23 (1985), 111-115

–, Review: K. P. JACKSON, The Ammonite Language, 1983, JBL 105 (1986), 113 f

–, The Inscribed Tablets from Tell Deir ʿAlla, AUSS 27 (1989), 21-37. 97-119

–, Further Light on the Biblical Connection of the Beth Shemesh Ostracon, AUSS 28 (1990), 115-125

SHEHADEH N., The Climate of Jordan in the Past and Present, SHAJ 2 (1985), 25-37

SHILOH Y., The Population of Iron Age Palestine in the Light of a Sample Analysis of Urban Plans, Areas, and Population Density, BASOR 239 (1980), 25-35

–, A Hoard of Hebrew Bullae from the City of David, ErIs 18 (1985), 73-87 (hebr.)

SHUVAL M., A Catalogue of Early Iron Stamp Seals from Israel, in: O. KEEL et al., Studien zu den Stempelsiegeln aus Palästina/Israel (OBO 100), Fribourg – Göttingen 1990, 67-161

SILKIN J., Ishmael, son of Nethaniah, EJ 9 (1971), 83

SILVERMAN M.H., Aramean Name-Types in the Elephantine Documents, JAOS 89 (1969), 691-709

–, Religious Values in the Jewish Proper Names at Elephantine (AOAT 217), Kevelaer – Neukirchen-Vlyun 1985

SIMIAN-YOFRE H., *pānîm*, ThWAT 6 (1989), 629-659

SIMMONS A.H., The ʿAin Ghazal Survey: Patterns of Settlement in the Greater Wadi Zarqa Area, SHAJ 4 (1992), 77-82

– / Kafafi Z., Preliminary Report on the ʿAin Ghazal Archaeological Survey, 1987, ADAJ 32 (1988), 27-39
Simons J., Handbook for the Study of Egyptian Topographical Lists relating to Western Asia, London 1937
–, Enkele opmerkingen over 'Palestinijsche Zegels' en de bestudeering daarvan, JEOL 8 (1942), 683-689
–, Two connected Problems relating to the Israelite Settlement in Transjordan I-II, PEQ 1947, 27-39. 87-101
Sitarz E., Kulturen am Rande der Bibel. Ein Sachbuch über Völker und Götter im Geschichtsfeld Israels, Stuttgart 1983
Sivan D., On the Grammar and Orthography of the Ammonite Findings, UF 14 (1982), 219-234
Skeat T. C. (ed.), Greek Papyri in the British Museum (now in the British Library), Vol. VII: The Zenon Archive, London 1974
Smelik K.A.D., Historische Dokumente aus dem alten Israel, Göttingen 1987
Smend R. sen., Beiträge zur Geschichte und Topographie des Ostjordanlandes, ZAW 2 (1902), 129-158
Smend R. jr., Zur ältesten Geschichte Israels. Gesammelte Studien 2 (BEvTh 100), München 1987
Smit E.J., The Tell Siran Inscription. Linguistic and Historical Implications, JSem 1,1 (1989), 108-117
Smith J.M.P., Micah – Zephaniah – Nahum (ICC), Edinburgh 1911 = 1948
Smith M., Das Judentum in Palästina während der Perserzeit, in: H. Bengston (ed.), Griechen und Perser. Die Mittelmeerwelt im Altertum I (Fischer-Weltgeschichte 5; Frankfurt a. M. 1965), 356-370
Smith P.H.G.H., A Study of 9th-7th Century Metal Bowls from Western Asia, IrAnt 21 (1986), 1-88
Smith R. H. et al., Pella of the Decapolis Vol. 1, The College of Wooster 1973
Smitten W. Th. in der, Nehemias Parteigänger, BiOr 29 (1972), 155-15
Snijders L.A., *zûr / zār*, ThWAT 2 (1977), 556-563
Soden W. von, Akkadisches Handwörterbuch I-III, Wiesbaden ²1982. 1972. 1981
– / Lipinski E., *ʿam*, ThWAT 6 (1989), 177-194
Soggin J.A., Der offiziell geförderte Synkretismus in Israel während des 10. Jahrhunderts, ZAW 78 (1966), 179-204
–, *maelaek*, THAT 1 (³1978), 908-920
–, La religione fenicia nei dati della Bibbia, in: La Religione Fenicia. Matrici orientali e Sviluppi occidentale. Atti del Colloquio in Roma, 6 Marzo 1979 (SS 53), Rom 1981, 81-88
–, Judges (OT Library), Philadelphia/PN 1981
–, 'Ehud und Eglon, VT 39 (1989), 95-100
Sokoloff M. (ed.), Arameans, Aramaic, and the Aramaic Literary Tradition, Ramat-Gan 1983
Sola-Solé J.M., Miscelánea púnico-hispana I.3: HGD, 'RSP y el pantheon fenico punico de España, Sefarad 16 (1956), 341-355
Solinus C.I., Collectanea rerum memorabilium, ed. Th. Mommsen, Berlin ²1958
Sourdel D., Les Cultes du Hauran à l'époque Romaine (BAH 53), Paris 1952
– / Minganti P., *Filasṭīn*, EI 2 (1965 = ²1983), 910-914
Sourdel-Thomine J., *al-Balḳā'*, EI 1 (1960 = ²1979), 997f
Sourouzian H., Les Monuments du roi Merenptah (DAI Kairo, Sonderschrift 22), Mainz 1989
Spalinger A., The Year 712 B. C. and its Implications for Egyptian History, JARCE 10 (1973), 95-101
–, Egypt and Babylonia: A Survey (c. 620 B. C. – 550 B.C.), SAK 5 (1977), 221-244
–, Psammetichus II, LÄ 4 (1982) 1169-1172
Spieckermann H., Juda unter Assur in der Sargonidenzeit (FRLANT 129), Göttingen 1982
–, Josia, TRE 17 (1988), 264-267
Spijkerman A., The Coins of the Decapolis and Provincia Arabia (SFB.CMa 25), Jerusalem 1978
–, Unknown Coins of Rabbath Mōba – Areopolis, LA 34 (1984), 347-352
Spoer H.H., Some Hebrew and Phoenician Inscriptions 2: A Phoenician Seal, JAOS 28 (1907), 359

Spoerri W., Barabaren, KP 1 (1975), 1545-1547
Spronk K., Beatific Afterlife in Ancient Israel and the Ancient Near East (AOAT 219), Kevelaer – Neukirchen-Vluyn 1986
Spycket A., La Statuaire du Proche-Orient Ancien (HO 7.Abt., 1, 2 B), Leiden – Köln 1981
– et al., Stone Sculptures, in: Ancient Art of Mediterranean World and Ancient Coins. Catalogue No. 7. Public Auction, Numismatic and Ancient Art Gallery AG, Zürich 1991, 78-92
Staerk W., Lyrik (Psalmen, Hoheslied und Verwandtes) (SAT III 1), Göttingen 1911
Stager L.E., The Archaeology of the Family in Ancient Israel, BASOR 260 (1985), 1-35
Stamm J.J., Beiträge zur hebräischen und altorientalischen Namenkunde (OBO 30), Fribourg – Göttingen 1980
Starcky J., Une inscription phénicienne de Byblos, MUSJ 45 (1969), 259-273
–, Note additionelle, Syria 51 (1974), 136
Stark J.K., Personal Names in Palmyrene Inscriptions, Oxford 1971
Starr I., Queries to the Sungod. Divination and Politics in Sargonid Assyria (SAA 4), Helsinki 1990
Stegemann H., „Die des Uria". Zur Bedeutung der Frauennamen in der Genealogie von Matthäus 1,1-17, in: Tradition und Glaube. Das frühe Christentum in seiner Umwelt. FS für K. G. Kuhn zum 65.Geb., ed. G. Jeremias – H.-W. Kuhn – H. Stegemann, Göttingen 1971, 246-276
Steinmueller J. E. / Sullivan K., Ammonites, CBE Old Testament, New York 1955, 60f
Stemberger G., Studien zum rabbinischen Judentum (SBA 10), Stuttgart 1990
Stemmer K., Ein Asklepios-Kopf in Amman, ADAJ 21 (1976), 33-39
Stephanos Byzantios, Ethnika, Tom. I-II, ed. A. Meinike, Berlin 1849
Stern E., Material Culture of the Land of the Bible in the Persian Period 538-332 B.C., Warminster – Jerusalem 1982
Stern M. (ed.), Greek and Latin Authors on Jews and Judaism I-III (Publications of the Israel Academy of Sciences and Humanities, Section Humanities; Fontes ad Res Judaicas Spectantes), Jerusalem 1974-1984
–, Judaea and her Neighbors in the Days of Alexander Jannaeus, Jerusalem Cathedra 1 (1981), 22-46
Steuernagel C., Das Deuteronomium (HAT I 3,1), Gießen $^{2}$1923
–, Der ʿAdschlun. Nach den Aufzeichnungen von G. Schumacher, ZDPV 47 (1924), 191-240; 48 (1925), 1-144. 201-392 und 49 (1926), 1-167. 273-303
–, Bethulia, ZDPV 66 (1943), 232-245
Stiebing W.H., The End of the Mycenean Age, BA 43 (1980), 7-21
Stoebe H.J., Hanun, BHH 2 (1964), 646f
–, David und die Ammoniterkriege, ZDPV 93 (1977), 236-246 [= ders., Geschichte, Schicksal, Schuld und Glaube. Aufsätze (BBB 72), Frankfurt a. M. 1989, 134-144]
–, Das Deutsche Evangelische Institut für Altertumswissenschaft des Heiligen Landes. Lehrkurs 1964, ZDPV 82 (1966), 1-45
Störk L., Gold, LÄ 2 (1977), 725-731
Stolper M.W., Entrepreneurs and Empire. The Murašû Archive, the Murašû Firm and Persian Rule in Babylonia (UNHAII 54), Leiden 1985
Stolz F., Das erste und zweite Buch Samuel (ZBK AT 9), Zürich 1981
–, Kanaan, TRE 17 (1988), 539-556
Strabo, Geographia, Vol. I-VIII, ed. H. L. Jones (The Loeb Classical Library), London – Cambridge/ MA 1917-1932 = 1969
Strack H. L. / Billerbeck P.B., Kommentar zum Neuen Testament aus Talmud und Midrasch I-VI, München $^{8}$1982. $^{8}$1983. $^{7}$1979. $^{7}$1978. $^{5}$1979
– / Stemberger G., Einleitung in Talmud und Midrasch, München $^{7}$1982
Le Strange G., Account of a Short Journey east of the Jordan, PEQ 1885, 157-180

–, A Ride through 'Ajlûn and the Belkâ during the Autumn of 1884, in: G. SCHUMACHER, Across the Jordan being An Exploration and Survey of Part of Hauran and Jaulan (London 1886), 269-323
– (ed.), Palestine under the Moslems. A Description of Syria and the Holy Land from A. D. 650 to 1500, 1890 = Beirut 1965
STRAUSS CH., Kronen, LÄ 3 (1980), 811-816
STRECK M., Assurbanipal und die letzten assyrischen Könige bis zum Untergang Niniveh's I-III (VAB), Leipzig 1916
STROBEL A., Topographische Untersuchungern bei der ʿAin el-Minya, ZDPV 98 (1982), 192-203
–, Das Deutsche Evangelische Institut für Altertumswissenschaft des Heiligen Landes in den Jahren 1984 und 1985, ZDPV 103 (1987), 214-225
STROMMENGER E. / ORTHMANN W., Grab, RlA 3 (1957-1971), 581-605
STRÜBING K., Tradition als Interpretation in der Chronik (BZAW 201), Berlin – New York 1991
STUCKY R.A., The Engraved Tridacna Shells, Dédalo 19 (1974), 10-170
STUMMER F., Geographie des Buches Judith (BWR 3), Stuttgart 1947
SUDER R.W., Hebrew Inscriptions. A Classified Bibliography, London – Toronto 1984
SUIDAE LEXICON I-V, ed. A. ADLER (Lexicographi Graeci 1), 1928-1938 = Stuttgart 1971
SUKENIK E.L., Three Ancient Seals, Qedem (Studies in Jewish Archaeology) 2 (1945), 8-10 (hebr.; English Summary VII)
SULEIMAN E., A Hoard of Ptolemaic Silver Coins from Amman, ADAJ 27 (1983), 549-553
–, An Early Bronze / Middle Bronze Tomb at Tla' el-ʿAli, ADAJ 29 (1985), 179f
–, Salvage Excavations in Jordan 1985 / 1986, ADAJ 31 (1987), 543f
SUMNER W.A., Israel's Encounter with Edom, Moab, Ammon, Sihon and Og according to the Deuteronomist, VT 18 (1968), 216-228
SWIDEREK A., Zenon fils d'Agréophon de Caunos et sa famille, Eos 48,2 (1957), 133-141
SWIGGERS P., Note sur le Nom Moabite Kmšyt, AION 42 (1982), 305f
–, The Moabite Inscription of el-Kerak, AION 42 (1982), 521-525

AṬ-ṬABARI ABŪ ǦAʿFAR M. IBN ǦARĪR, *Ta'rīḫ ar-rusul wa-l-mulūk*, ed. M. A. IBRAHIM, Kairo 1977-1981 bzw. ed. M. J. GOEJE, Leiden 1879-1901 = 1964-1965
TABULA PEUTINGERIANA, ed. K. MILLER, Stuttgart 1962
TADMOR H., The Campaigns of Sargon II of Assur: A Chronological-Historical Study, JCS 12 (1958), 22-40. 77-100
–, Azriyau of Yaudi, ScrHie 8 (1961), 232-271
–, The Southern Border of Aram, IEJ 12 (1962), 114-122
–, A Note on the Seal of Mannu-ki-Inurta, IEJ 15 (1965), 233f
–, Introductory Remarks to a New Edition of the Annals of Tiglath-Pileser III, in: PIASH II,9, Jerusalem 1967, 168-185
–, The Meʿunites in the Book of Chronicles in the Light of an Assyrian Document, in: Bible and Jewish History. Studies in Bible and Jewish History dedicated to the Memory of J. LIVER, ed. B. UFFENHEIMER, Tel Aviv 1971, 222-230 (hebr.; English Summary XXIII)
–, The Historical Inscriptions of Adad-Nirari III, Iraq 35 (1973), 141-150
–, Die Zeit des Ersten Tempels, die babylonische Gefangenschaft und die Restauration, in: H. H. BEN-SASSON (ed.), Geschichte des jüdischen Volkes Bd. I, München 1978, 115-228
TAGLIACARNE P., „Keiner war wie er". Untersuchungen zur Struktur von 2 Könige 22-23 (ATS 31), St.Ottilien 1989
TALEB M. ABU, The Seal of *plṭy bn m'š* the *mazkīr*, ZDPV 101 (1985), 21-29
TALLQUIST K., Assyrian Personal Names, Helsingfors 1914 = Hildesheim 1966
TALMON S., The Sectarian *yḥd* – A Biblical Noun, VT 3 (1953), 133-140

TALMUD, THE BABYLONIAN (Soncino) Vol. 1-18, London 1935-1961
TALMUD, DER BABYLONISCHE, neu übertragen durch L. GOLDSCHMIDT, Bd. I-XII, Berlin 1930-1936 = Königstein/Ts. 1981
TARRAGON DE J.-M., Le Culte à Ugarit d'après les textes de la pratique en cunéiformes alphabétiques (CRB 19), Paris 1980
TEIXIDOR J., Bulletin d'Épigraphie Sémitique (1964-1980) (BAH 127), Paris 1986
ET-TELL Ṣ., New Ammonite Discoveries, ADAJ 12-13 (1967-68), 9*-12*, Pl. 1*-3* (arab.)
THEISSEN G., Aporien im Umgang mit den Antijudaismen des Neuen Testaments, in: Die Hebräische Bibel und ihre zweifache Nachgeschichte, ed. E. BLUM – CH. MACHOLZ – E.W. STEGEMANN, Neukirchen-Vluyn 1990, 535-553
THEODORET, Explanatio in Isaiam, PG 81, 215-494
–, Explanatio in Ezechielem, PG 81, 807-1255
THIEL W., Die deuteronomistische Redaktion von Jeremia 1-25. 26-45 (WMANT 41. 52), Neukirchen-Vluyn 1973. 1981
THIMME J., Phönizische Elfenbeinarbeiten. Möbelverzierungen des 9. Jahrhunderts v. Chr. (Bildhefte des Badischen Landesmuseums Karlsruhe), Karlsruhe 1973
THOLUCK A., Uebersetzung und Auslegung der Psalmen, Gotha ²1873
THOMAS D.W. (ed.), Documents from Old Testament Times, New York ²1961
THOMPSON H.O., The 1972 Excavation of Khirbet al-Hajjar, ADAJ 17 (1972), 47-72 = in: ders., Archaeology in Jordan (American University Studies IX 55), New York u.a. 1989, 73-104
–, Excavations on Campus, Faculty of Arts Journal, University of Jordan 3 (1972), 43-52 (mir nicht zugänglich)
–, Rujm al-Malfuf South, ADAJ 18 (1973), 47-50 = in: ders., Archaeology in Jordan (American University Studies IX 55), New York u.a. 1989, 35-44
–, The Biblical Ammonites, AJBA 1,6 (1973), 31-38
–, The Excavation of Tell Siran (1972), ADAJ 18 (1973), 5-14 = in: ders., Archaeology in Jordan (American University Studies IX 55), New York u.a. 1989, 115-134
–, Commentary on the Tell Siran Inscription, AJBA 1,6 (1973), 125-136
–, Ammonites on Campus, AJBA 1,6 (1973), 23-30
–, Kh. el-Hajjar (Jordanie), RB 81 (1974), 77-80
–, Rujm al-Malfuf Sud et Rujm al-Mekheizin (Transjordanie), RB 82 (1975), 97-100
–, The Ammonite Remains at Khirbet al-Hajjar, BASOR 227 (1977), 27-34
–, The Tell Siran Bottle: An additional Note, BASOR 249 (1983), 87-89 = in: ders., Archaeology in Jordan (American University Studies IX 55), New York u.a. 1989, 195-199
–, The Excavation of Rujm el-Mekheizin, ADAJ 28 (1984), 31-38 = in: ders., Archaeology in Jordan (American University Studies IX 55), New York u.a. 1989, 45-58
–, A Tyrian Coin in Jordan, BA 50 (1987), 101-104 = in: ders., Archaeology in Jordan (American University Studies IX 55), New York u.a. 1989, 105-112
–, The Towers of Jordan, in: ders., Archaeology in Jordan (American University Studies IX 55), New York u.a. 1989, 1-9
– / ZAYADINE F., The Tell Siran Inscription, BASOR 212 (1973), 5-11
– / –, Tell Siran (Jordanie), RB 81 (1974), 80-85
– / –, The Works of Amminadab, BA 37 (1974), 13-19 = BA-Reader 4 (1983), 257-263
THOMPSON J.A., The History of Biblical Moab in the Light of Modern Knowledge, ABR 5 (1956), 121-143
–, The Economic Significance of Transjordan in Old Testament Times, ABR 6 (1958), 145-168
–, Ammon, in: ISBE I (1979), 111f
–, Ammon, Ammoniter, Das Große Bibellexikon 1 (1987), 55f

THOMPSON R.C. (ed.), The Prisms of Esarhaddon and Ashurbanipal found at Niniveh, 1927-8, London 1931

THOMSEN P., Loca Sancta, Leipzig 1907 = Hildesheim 1966

–, Bericht über meine im Frühjahr 1909 auf Grund des Socin-Stipendiums unternommene Reise nach Palästina, ZDMG 67 (1913), 97-106

–, Die römischen Meilensteine der Provinzen Syria, Arabia und Palaestina, ZDPV 40 (1917), 1-103

THRONTVEIT M.A., When Kings speak. Royal Speech and Royal Prayer in Chronicles (SBL.DS 93), Atlanta/GA 1987

THUREAU-DANGIN F. et al., Arslan-Tash (BAH 16), Paris 1931

TIGAY J.H., You shall have no other Gods. Israelite Religion in the Light of Hebrew Inscriptions (HSM 31), Atlanta/GA 1986

TIMM S., Die territoriale Ausdehnung des Staates Israel zur Zeit der Omriden, ZDPV 96 (1980), 20-40

–, Die Dynastie Omri. Quellen und Untersuchungen zur Geschichte Israels im 9. Jahrhundert v. Chr. (FRLANT 124), Göttingen 1982

–, Moab zwischen den Mächten. Studien zu historischen Denkmälern und Texten (ÄAT 17), Wiesbaden 1989

–, Anmerkungen zu vier neuen hebräischen Namen, ZAH 2 (1989), 188-198

–, Die Ausgrabungen in Ḥesbān als Testfall der neueren Palästine-Archäologie (*sic*), NGTT 30 (1989), 169-177

–, Die Eroberung Samarias aus assyrisch-babylonischer Sicht, WO 20-21 (1989-1990) 62-82

–, Das ikonographische Repertoire der moabitischen Siegel und seine Entwicklung, in: O. KEEL et al. (ed.), The Iconography of Inscribed Northwest Semitic Seals (OBO), Fribourg – Göttingen 1992, (im Druck)

TORREY C.C., Remarks on a Phoenician Seal published by H.H. SPOER, JAOS 28 (1907), 359

–, A Few Ancient Seals, in: AASOR 2-3, New Haven/CT 1923, 103-108

TOSI M., Karneol, RlA 5 (1976-1980), 448-452

TOURNAY R., Un Cylindre Babylonien découvert en Transjordanie, RB 74 (1967), 248-254

TOV E., The Textual Affiliations of 4QSam[a], JSOT 14 (1979), 37-53

TRAUTMANN G. (ed.), Die häßlichen Deutschen? Deutschland im Spiegel der westlichen und östlichen Nachbarn, Darmstadt 1991

TREBOLLE-BARRERA J., La transcripión *mlk* = *moloch*. Historia del texto e historia de la lengua, Aula Or. 5 (1987), 125-128

TRIGT F. van, Die Geschichte der Patriarchen Genesis 11,17-50,26, Mainz 1963

TRISTRAM H.B., The Land of Moab: Travels and Discoveries on the East Side of the Dead Sea and the Jordan, New York 1873

TSAFRIR Y., Further Evidence of the Cult of Zeus Akraios at Beth Shean (Scythopolis), IEJ 39 (1989), 76-78

– / HIRSCHFELD Y., Khirbet Bureikut, IEJ 26 (1976), 206f

– / –, Ḥ.Berachot (Khirbet Bureikut), RB 84 (1977), 426-428

– / –, A Church of the Byzantine Period at Ḥorvat Berachot, Qad 11 (1978), 120-128 (hebr.)

– / – / DRORY R. and J., The Church and Mosaics at Ḥorvat Berachot, Israel, DOP 33 (1979), 291-326

TSCHERIKOWER V., Palestine under the Ptolemies (A Contribution to the Study of the Zenon Papyri), Mizraim 4-5 (1937), 9-90

– / FUKS A. (ed.), Corpus Papyrorum Judaicarum Vol. I, Cambridge/MA 1957

TUBB J.T., Tell es-Saʿidiyeh: Preliminary Report on the First Three Seasons of Renewed Excavations, Levant 20 (1983) 23-88

TUFNELL O., Notes and Comparisions, in: G.L. HARDING, The Tomb of Adoni Nur in Amman (PEFA 6), London 1953, 66-72

TUSCHEN W., Die historischen Angaben im Buch des Propheten Amos. Ein Beitrag zur Geschichte Israels, Diss. theol. (masch.), Freiburg 1951
TUSHINGHAM A.D., The Excavations at Dibon (Dhībân) in Moab. The Third Campaign 1952-53 (AASOR 40), Cambridge/MA 1972
–, A Selection of Scarabs and Scaraboids, in: Palestine in the Bronze und Iron Ages. Papers in Honour of O. TUFNELL, ed. J. N. TUBB (University of London, Institute of Archaeology, Occasional Publication No. 11), London 1985, 197-212

UBERTI M. L., Glass, in: S. MOSCATI (ed.), The Phoenicians, Milano 1988, 474-491
UHLIG S. (ed.), Das Äthiopische Henochbuch (JSHRZ V 6), Gütersloh 1984
ULRICH E.CH., The Qumran Text of Samuel and Josephus (HSM 19), Ann Arbor/MI 1978
UNGER E., Babylon. Die heilige Stadt nach der Beschreibung der Babylonier, Berlin – Leipzig 1931
UNGER M.F., Israel and the Arameans of Damascus (A Study in Archaeological Illumination of Bible History), London 1957 = 1980

VANDERKAM J.C., Textual and Historical Studies in the Book of Jubilees (HSM 14), Missoula/MT 1977
VANEL A., Tabe'él en Is. VII 6 et le roi Tubail de Tyr, in: Studies on Prophecy (VT.S 26), Leiden 1974, 17-24
VANONI G., Literarkritik und Grammatik. Untersuchungen der Wiederholungen und Spannungen in 1 Kön 11-12 (ATS 21), St.Ottilien 1984
VATTIONI F., I sigilli ebraici, Bib. 50 (1969), 357-388
–, I sigilli ebraici. II, Aug. 11 (1971), 447-454
–, I sigilli, le monete e gli avori aramaici, Aug. 11 (1971), 47-69
–, Excerpta aramaica, Aug. 11 (1971), 173-181
–, Sigilli ebraici. III, AION 28 (1978), 227-254
–, I sigilli fenici, AION 41 (1981), 177-193
–, Le iscrizioni di Ḥatra (Suppl. no. 20 agli AION 41), Neapel 1981
–, I Semiti nell'epigrafia Cirenaica, SCO 37 (1987), 527-543
VAUX R. DE, Exploration de la région de Salṭ, RB 47 (1938), 398-425
–, Bible et Orient, Paris 1967
VEENHOF K.R., Nieuwe Aramese Inscripties, Phoe. (Leiden) 14 (1968), 132-142
–, De Ammān Citadel Inscriptie, Phoe. (Leiden) 18 (1972), 170-179
–, Een Ammonietische Inscriptie, Phoe. (Leiden) 19 (1973), 299-301
VILLA N. (ed.), F. de Saulcy (1807-1880) et la Terre Sainte, Paris 1982
VILLENEUVE F., Iraq al-Amir, in: ders. – G. TATE (ed.), Contribution française à l'archéologie Jordanienne, Beirut – Amman – Damaskus 1984, 12-19
–, Recherches en cours sur les systèmes défensifs d'un petit site d'époque hellénistique en Transjordanie: Iraq al Amir, in: La Fortification dans l'Histoire du Monde Grec. Actes du Colloque International 'La Fortification et sa Place dans l'Histoire Politique, Culturelle et Sociale du Monde Grec', Valbonne, Décembre 1982, ed. P. LERICHE – H. TRÉZINY, Paris 1986, 157-165
VINCENT H., Un nouveau cachet Israélite, RB NS 7 (1910), 417f
VIROLLEAUD CH., Les inscriptions cunéiformes de Ras Shamra, Syria 10 (1929), 304-310
–, Les nouveaux textes mythologiques et liturgiques de Ras Shamra (XXIVe campagne, 1961), Ug. 5 (MRS 16; BAH 80), Paris 1968, 545-606
VISATICKI K., Die Reform des Josija und die religiöse Heterodoxie in Israel (Dissertationen. Theologische Reihe 21), St.Ottilien 1987
VITTELI G. (ed.), Papiri greci e latini Vol. IV. VI (Pubblicazioni della Società Italiana per la ricerca dei papiri greci et latini in Egitto), Florenz 1917. 1920

VOGEL J.C. / WATERBOLK H.T., Groningen Radiocarbon Dates X, Radiocarbon 14 (1972), 6-110

VOGT E., *ʿēber hayyardēn* = regio finitima Iordani, Bib. 34 (1953), 118f

–, Filius Ṭāb'ēl (Is 7,6), Bib. 37 (1956), 263f

–, Nomina Hebraica-Phoenicia in Assyria exeuntis saec. 7 a Chr., Bibl. 39 (1958), 114f

VOGÜÉ M. DE, Mélanges d'archéologie orientale, Paris 1868

LA VOIE ROYALE. 9000 Ans d'Art au Royaume de Jordanie. De la Préhistoire à l'Islam en Jordanie. Catalogue de l'Exposition au Musée du Luxembourg, Alençon 1986

VOLLMER J., *pānīm*, THAT 2 ($^2$1979), 432-460

VOLZ P., Der Prophet Jeremia (KAT 10), Leipzig $^2$1928

VORBECK E. (ed.), Militärinschriften aus Carnuntum, Wien 1954

VOSS J., Studien zur Rolle von Statuen und Reliefs im syrohethitischen Totenkult während der frühen Eisenzeit (etwa 10.-7.Jh.v.u.Z.), EAZ 29 (1988), 347-362

VRIES B. DE, Archaeology in Jordan, AJA 95 (1991), 253-280

VRIEZEN TH.C. / HOSPERS J.H., Palestine Inscriptions (Textus Minores 17), Leiden 1951

VYHMEISTER W., The History of Heshbon from the Sources, in: L.T. GERATY – RUNNING L.G. (ed.), Historical Foundations. Studies of Literary References to Hesban and Vicinity (Hesban 3), Berrien Springs/MI 1989, 1-23

WÄFLER M., Nicht-Assyrer neuassyrischer Darstellungen (AOAT 26), Kevelaer – Neukirchen-Vluyn 1975

WAGNER M., Die lexikalischen und grammatikalischen Aramaismen im alttestamentlichen Hebräisch (BZAW 96), Berlin 1966

WAHL J., Leichenbranduntersuchungen. Ein Überblick über die Bearbeitung und Aussagemöglichkeiten von Brandgräbern, PZ 57 (1982), 1-125

WAHLIN L., Es-Salt – Eine transjordanische Stadt im Wandel, in: Pracht und Geheimnis. Kleidung und Schmuck aus Palästina und Jordanien, ed. G. VÖLGER – K. VON WELCK – K. HACKSTEIN, Köln 1987, 74-79

WALSER G., Die Völkerschaften auf den Reliefs von Persepolis. Historische Studien über den sogenannten Tributzug an der Apadanatreppe (TF 2), Berlin 1966

WALTER N. (ed.), Fragmente jüdisch-hellenistischer Historiker (JSHRZ I 2), Göttingen 1976

WAINWRIGHT G.A., The Emblem of Min, JEA 17 (1931), 185-195

WANKE G., Die Zionstheologie der Korachiten in ihrem traditionsgeschichtlichen Zusammenhang (BZAW 97), Berlin 1966

WANKEL H. (ed.), Die Inschriften von Ephesos I (Inschriften griechischer Städte aus Kleinasien 11,1), Bonn 1979

WARD W.A., Cylinders and Scarabs from the Late Bronze Temple at ʿAmman, ADAJ 8-9 (1964), 47-55

–, Scarabs, Seals and Cylinders from two Tombs at Amman, ADAJ 11 (1966), 5-18

–, The Four-Winged Serpent on Hebrew Seals, RSO 43 (1968), 135-143

–, A New Possible Link between Egypt and Jordan during the Reign of Amenhotep III, ADAJ 18 (1973), 45f

– / MARTIN M.F., The Baluʿa Stele: A New Transcription with Palaeographical and Historical Notes, ADAJ 8-9 (1964), 5-29

WARREN Ch., Amman, PEQ 1870, 295

– / CONDER C.R., The Survey of Western Palestine: Jerusalem, London 1884 = Jerusalem 1970

WATERHOUSE S.D. / IBACH R.D. jr., The Topographical Survey, AUSS 13 (1975), 217-233

WATERMAN L. (ed.), Royal Correspondence of the Assyrian Empire, translated into English, with a translation of the Text and a Commentary, Part I-IV (University of Michigan Studies, Humanistic Series XVII-XX), Ann Arbor 1930-1936 = New York 1972

WATZINGER C., Tell el-Mutesellim II: Die Funde, Leipzig 1920

–, Denkmäler Palästinas I-II, Leipzig 1933-1935

WEIDNER E., Hochverrat gegen Nebukadnezar II. Ein Großwürdenträger vor dem Königsgericht, AfO 17 (1954-1956), 1-9

WEIHER E. VON, Der babylonische Gott Nergal (AOAT 11), Kevelaer – Neukirchen-Vluyn 1971

WEILER D., Säugetierknochenfunde vom Tell Ḥesbân in Jordanien, Diss. vet.med. masch., München 1981

WEINBERG J.P., Die „außerkanonischen Prophezeiungen" in den Chronikbüchern, AAH 26 (1978), 387-404

WEINBERG S.S., A Moabite Shrine Group, Muse 12 (1978), 30-48

WEINFELD M., The Vasall Treaties of Esarhaddon – an annoted Translation, Shnaton 1 (1975), 89-122 (hebr.)

–, The Extent of the Promised Land – the Status of Transjordan, in: G. STRECKER (ed.), Das Land Israel in biblischer Zeit. Jerusalem-Symposium 1982 (Göttinger Theologische Arbeiten 25), Göttingen 1983, 59-75

WEINSTEIN J.M., Radiocarbon Dating in the Southern Levant, Radiocarbon 26 (1984), 297-366

WEIPPERT H., Edelstein; Feldzeichen; Geld; Gewicht; Rabbat-Ammon; Stein und Steinbearbeitung, $BRL^2$ (1977), 64-66. 77-79. 88-90. 93f. 258f. 317-331

–, Rez.: J. B. PRITCHARD, The Cemetery at Tell es-Saʿidiyeh, 1980, ZDPV 97 (1981), 116-120

–, Die Ätiologie des Nordreiches und seines Königshauses (I Reg 11,29-40), ZAW 95 (1983), 344-375

–, Textilproduktion und Kleidung im vorhellenistischen Palästina, in: Pracht und Geheimnis. Kleidung und Schmuck aus Palästina und Jordanien, ed. G. VÖLGER – K. VON WELCK – K. HACKSTEIN, Köln 1987, 136-142

–, Palästina in vorhellenistischer Zeit (HdArch, Vorderasien 2,1), München 1988

– / WEIPPERT M., Jericho in der Eisenzeit, ZDPV 92 (1976), 105-148

– / –, Die „Bileam"-Inschrift von *Tell Dēr ʿAllā*, ZDPV 98 (1982), 77-103

WEIPPERT M., Die Landnahme der israelitischen Stämme in der neueren wissenschaftlichen Diskussion. Ein kritischer Bericht (FRLANT 92), Göttingen 1967

–, Edom: Studien und Materialien zur Geschichte der Edomiter auf Grund schriftlicher und archäologischer Quellen, Diss. und Hab. theol. (masch.), Tübingen 1971

–, Rez.: T. DOTHAN, The Philistines and their Material Culture, 1967, GGA 223 (1971), 1-20

–, Abraham der Hebräer? Bemerkungen zu W. F. ALBRIGHTS Deutung der Väter Israels, Bib. 52 (1971), 407-432

–, „Heiliger Krieg" in Israel und Assyrien. Kritische Anmerkungen zu Gerhard von Rads Konzept des „Heiligen Krieges im alten Israel", ZAW 84 (1972), 460-493

–, Rez.: S. PARPOLA, Neo-Assyrian Toponyms, 1970, GGA 224 (1972), 150-161

–, Menahem von Israel und seine Zeitgenossen in einer Steleninschrift des assyrischen Königs Tiglathpileser III. aus dem Iran, ZDPV 89 (1973), 26-53

–, Die Kämpfe des assyrischen Königs Assurbanipal gegen die Araber. Redaktionskritische Untersuchung des Berichts in Prisma A, WO 7 (1973), 39-85

–, Semitische Nomaden des zweiten Jahrtausends. Über die *Š³św* der ägyptischen Quellen, Bib. 55 (1974), 265-280.427-433

–, Abiyate', WO 8 (1975), 64

–, Zum Präskript der hebräischen Briefe von Arad, VT 25 (1975), 202-212

–, Über den asiatischen Hintergrund der Göttin „Asiti", Or. 44 (1975), 12-21

–, Ein Siegel vom *Tell Ṣāfūṭ*, ZDPV 95 (1979), 173-177

–, The Israelite „Conquest" and the Evidence from Transjordan, in: Symposia celebrating the Seventy-Fifth Anniversary of the Founding of the American Schools of Oriental Research (1900-1975), ed. F. M. CROSS, Cambridge/MA 1979, 15-34

–, Berichtigung zu ZDPV 95 (1979) 173-177, ZDPV 96 (1980), 100
–, Israel und Juda; Jahwe; Kanaan, RlA 5 (1976-1980), 200-208. 246-253. 352-355
–, Edom und Israel, TRE 9 (1982), 291-299
–, Zur Syrienpolitik Tiglathpilesers III., in: Mesopotamien und seine Nachbarn. Politische und kulturelle Wechselbeziehungen im Alten Vorderasien vom 4. bis 1.Jahrtausend v.Chr., Teil 2, ed. H.-J. Nissen – J. Renger (BBVO 1), Berlin ²1987, 395-408
–, *Kinaḫḫi*, BN 27 (1985), 18-21
–, The Relations of the States east of the Jordan with the Mesopotamian Powers during the First Millenium B.C., SHAJ 3 (1987), 97-105
–, Synkretismus und Monotheismus. Religionsinterne Konfliktbewältigung im alten Israel, in: J. Assmann – D. Harth (ed.), Kultur und Konflikt, Frankfurt a.M. 1990, 143-179
–, The Balaam Text from *Deir ʿAllā* and the Study of the Old Testament, in: J. Hoftijzer – G. van der Kooij (ed.), The Balaam Text from Deir ʿAlla re-evaluated. Proceedings of the International Symposium held at Leiden 21-24 August 1989, Leiden 1991, 151-184
Weiser A., Die Psalmen I-II (ATD 14-15), Göttingen ⁸1973
–, Das Buch Jeremia (ATD 20-21), Göttingen ⁷1976
–, Die Propheten Hosea, Joel, Amos, Obadja, Jona, Micha (ATD 24), Göttingen ⁶1974
Weiss M., The Pattern of Numerical Sequence in Amos 1-2. A Re-Examination, JBL 86 (1967), 416-423
Weissbach F.H. (ed.), Die Keilinschriften der Achämeniden (VAB 3), Leipzig 1911
Wellhausen J., Die kleinen Propheten, Berlin ³1898 = ⁴1963
–, Skizzen und Vorarbeiten VI, Berlin 1899
Welten P., Bezeq, ZDPV 81 (1965), 138-165
–, Geschichte und Geschichtsdarstellung in den Chronikbüchern (WMANT 42), Neukirchen-Vluyn 1973
Wenning R., Hellenistische Skulpturen in Israel, Boreas 6 (1983), 105-118
–, Attische Keramik in Palästina. Ein Zwischenbericht, Transeuphratène 2 (1990), 157-167
Wensinck A.J., *Khitān*, EI² 5 (1986), 20-22
Werner W., Eschatologische Texte in Jesaja 1-39. Messias, Heiliger Rest, Völker (FzB 46), Würzburg 1982
Wernicke K., Asteria, RE 4 (1896), 1781f
Wesselius J.W., Thoughts about Balaam: The Historical Background of the Deir Alla Inscriptions on Plaster, BiOr 44 (1987), 589-599
Westendorf W., Beschneidung, LÄ 1 (1975), 727-729
Westermann C., Forschung am Alten Testament. Gesammelte Studien (Bd. 1) (ThB 24), München 1964
–, Genesis 12-36 (BK I 2), Neukirchen-Vlyun 1981
Wiegand Th., Halbmond im letzten Viertel. Archäologische Reiseberichte, ed. G. Wiegand (Kulturgeschichte der Antiken Welt 29), Mainz 1985
Wiener H.M., The Historical Background of Psalm LXXXIII, JPOS 8 (1928), 180-186
Wiessner G., Ammoniter, Lexikon der Alten Welt (1965 = 1990), 140
Wilcken U., Papyrusurkunden VII, APF 6 (1913-1920), 361-447
Wilda G., Das Königsbild des chronistischen Geschichtswerkes, Diss. theol. (masch.), Bonn 1959
Wildberger H., Jesaja 1-12 (BK X 1), Neukirchen-Vluyn ²1980
Wildung D., Feindsymbolik, LÄ 2 (1977), 146-148
Wilhelm G. / Hrouda B., Leichenverbrennung, RlA 6 (1980-1983), 570f
Will E., L'edifice dit Qasr el Abd à Araq al Amir (Jordanie), CRAIBL 1977, 69-85
–, Un monument hellénistique de Jordanie: Le Qasr el ʿAbd d'ʿIraq al Amir, SHAJ 1 (1982), 197-200
–, Qu'est-ce qu'une baris?, Syria 64 (1987), 253-259

WILLI TH., Die Chronik als Auslegung. Untersuchungen zur literarischen Gestaltung der historischen Überlieferung Israels (FRLANT 106), Göttingen 1972
WILLI-PLEIN I., ŠWB ŠBWUT – eine Wiedererwägung, ZAH 4 (1991), 55-75
WIMMER D.H., Third Archaeological Expedition to Tell Safut, LA 35 (1985), 408-410
–, The Excavations at Tell Safut, SHAJ 3 (1987), 279-282
–, Tell Ṣāfūṭ Excavations, 1982-1985. Preliminary Report, ADAJ 31 (1987), 159-174
–, Safut, in: D. HOMÈS-FREDERICQ – J. B. HENNESSY (ed.), Archaeology of Jordan II 2 (Akkadica Suppl. 8), Leuven 1989, 512-515
WINCKLER H. (ed.), Keilinschriftliches Textbuch zum Alten Testament, Leipzig 1892
WINNETT F. V. / REED W.L., The Excavations at Dibon (Dhībân) in Moab. Part I-II (AASOR 36-37), New Haven/CT 1964
– /–, Ancient Records from North Arabia (NMES 6), Toronto 1970
WIRTH E., Syrien. Eine geographische Landeskunde (Wissenschaftliche Länderkunden 4-5), Darmstadt 1971
–, Die Beziehungen der orientalisch-islamischen Stadt zum umgebenden Land. Ein Beitrag zur Theorie des Rentenkapitalismus, in: E. MEYNEN (ed.), Geographie heute. Einheit und Vielfalt. FS für E. PLEWE zum 65. Geb. (GZ Bh., Erdkundliches Wissen 33), Wiesbaden 1973,323-333
–, Die orientalische Stadt. Ein Überblick aufgrund jüngerer Forschungen zur materiellen Kultur, Saec. 26 (1975), 45-94
WISEMAN D.J., Two Historical Inscriptions from Nimrud, Iraq 13 (1951), 21-26
–, A Fragmentary Inscription of Tiglath-Pileser III from Nimrud, Iraq 18 (1956), 117-129
–, Chronicles of Chaldean Kings (626-556 B.C.) in the British Museum, London 1956
–, Fragments of Historical Texts from Nimrud, Iraq 26 (1964), 118-124
– (ed.), Peoples of Old Testament Times, Oxford 1973
–, Hadadezer; Haza'el, RlA 4 (1972-1975), 38. 238f
–, Jata', RlA 5 (1976-1980), 271f
–, Mesopotamian Gardens, AnSt 33 (1983), 137-144
–, Nebuchadrezzar and Babylon (SchL 1983), Oxford 1985
– / WILSON J.V.K., The Nimrud Tablets, 1950, Iraq 13 (1951), 102-122
WISSMANN H. / BETZ O. / DEXINGER F., Beschneidung, TRE 5 (1980), 714-724
WOLFE L.A., Antiquities of the Phoenician World – Ancient Inscriptions, in: Antike Münzen. Phönizische Kleinkunsdt – Objekte mit antiken Inschriften etc., Auktionskatalog, Auktion XXIV, Zürich 1990, 63-111
– / STERNBERG F. (ed.), Objects with Semitic Inscriptions 1100 B. C. – A. D. 700. Jewish, Early Christian and Byzantine Antiquities. Auction XXIII 1989, Zürich 1989
WOLFF H.W., Joel. Amos (BK XIV 2), Neukirchen-Vluyn $^{3}$1985
WOLTERS A., The Balaamites of Deir ʿAlla as Aramean Deportees, HUCA 59 (1988), 101-113
WONNEBERGER R., Leitfaden zur Biblia Hebraica, Göttingen $^{2}$1986
WOOLLEY L., Ur Excavations Vol. IX: The Neo-Babylonian and Persian Periods, London 1962
– / MALLOWAN M., Ur Excavations VII: The Old Babylonian Period, London 1976
WORSCHECH U., Northwest Arḍ el-Kerak 1983 and 1984. A Preliminary Report (BNB 2), München 1985
–, Die *Šēḫ*burgen am *Wādī Ibn Ḥammād*. Eine Studie zu einer Gruppe von Bauten im antiken Moab, BN 28 (1985), 66-88
–, War Nebukadnezar im Jahre 605 v. Chr. vor Jerusalem?, BN 36 (1987), 57-63
–, Die Beziehungen Moabs zu Israel und Ägypten in der Eisenzeit. Siedlungsarchäologische und siedlungshistorische Untersuchungen im Kernland Moabs (*Arḍ el-Kerak*) (ÄAT 18), Wiesbaden 1990
–, Das Land jenseits des Jordan. Biblische Archäologie in Jordanien(SBAZ 1), Wuppertal – Zürich – Hamburg 1991

WRIGHT G.R.H., The Bronze Age Temple at Amman, ZAW 78 (1966), 351-357
WRIGHT W., On three Gems bearing Phoenician Inscriptions, PSBA 4 (1882), 54
–, On five Phoenician Gems, PSBA 5 (1883), 100-103
WÜNSCHE A., Aus Israels Lehrhallen I-V, Leipzig 1907-1910 = Hildesheim 1967
WÜRTHWEIN E., Die Josianische Reform und das Deuteronomium, ZThK 73 (1976), 395-423
–, Die Bücher der Könige (ATD 11,1-2), Göttingen $^{2}$1985. 1984
WÜST M., Die Einschaltung in die Jiftachgeschichte. Ri 11,13-26, Bib. 56 (1975), 464-479
–, Untersuchungen zu den siedlungsgeographischen Texten des Alten Testaments I. Ostjordanland (BTAVO. B 9), Wiesbaden 1975

XELLA P., I testi rituali di Ugarit I. Testi (SS 54), Rom 1981
–, Baal Hammon. Recherches sur l'identité et l'histoire d'un dieu phenico-punique (Contributi alla storia della religione fenicio-punica 1; Collezione di studi fenici 32), Rom 1991

YADIN Y., Some Aspects of the Strategy of Ahab and David (I Kings 20; II Sam. 11), Bib. 36 (1955), 332-351
– (ed.), The Scroll of the War of the Sons of Light against the Sons of Darkness, Oxford 1962
– et al., The James A. de Rothschild Expedition to Hazor I-IV, Jerusalem 1958-1989
– / NAVEH J. (ed.), Masada I, Jerusalem 1989
YASSINE KH., Anthropoid Coffins from Raghdan Royal Palace Tomb in Amman, ADAJ 20 (1975), 57-68 [= ders., Archaeology of Jordan, Amman 1988, 31-46]
–, Tell el-Mazar, Field I. Preliminary Report of Area G, H, L, and M: The Summit, ADAJ 27 (1983), 495-513 [= ders., Archaeology of Jordan, 1988, 73-113]
–, Social-Religious Distinctions in Iron Age Burial Practice in Jordan, in: J. F. A. SAWYER – D. J. A. CLINES (ed.), Midian, Moab, and Edom. The History and Archaeology of Late Bronze Age Jordan and North-West Arabia (JSOT.S 24), Sheffield 1983, 29-36 [= ders., Archaeology of Jordan, 1988, 55-59]
–, El Mabrak: An Architectural Analogue of the Amman Airport Building?, ADAJ 27 (1983), 491-494 [= ders., Archaeology of Jordan, 1988, 61-64]
–, The Open Court Sanctuary of the Iron Age I Tell el-Mazār Mound A, ZDPV 100 (1984), 108-118 [= ders., Archaeology of Jordan, 1988, 115-135]
–, Tell el Mazar I. Cemetery A, Amman 1984
–, Tell el-Mazar dans la Vallée du Jourdain, Dossiers Histoire et Archéologie 118 (1987), 96-98
–, Archaeology of Jordan: Essays and Reports, Amman 1988
– / BORDREUIL P., Ammonite Seals from Tell El-Mazar, SHAJ 1 (1982), 189-194 [= in: KH. YASSINE, Archaeology of Jordan, 1988, 143-155]
– / TEIXIDOR J., Ammonite and Aramaic Inscriptions from Tell El-Mazar in Jordan, BASOR 264 (1986), 45-50 [= in: KH. YASSINE, Archaeology in Jordan, 1988, 137-142]
YELLIN-KALLAI Y., Notes on the New Ammonite Inscription, IEJ 3 (1953), 123-126
YOUNKER R.W., Israel, Judah, and Ammon and the Motifs on the Baalis Seal from Tell el-ʿUmeiri, BA 48 (1985), 173-180
–, Present and Past Plant Communities of the Tell el-ʿUmeiri Region, in: L.T. GERATY et al. (ed.), Madaba Plains Project 1, Berrien Springs/MI 1989, 32-40
–, Towers in the Region surrounding Tell el-ʿUmeiri, in: a. a. O., 195-198
–, Historical Background and Motifs of a Royal Seal Impression, in: a. a. O., 375-380
– et al., The Joint Madaba Plains Project: A Preliminary Report of the 1989 Season, including the Regional Survey and Excavations at el-Dreijat, Tell Jawa, and Tell el-ʿUmeiri (1989), AUSS 28 (1990), 5-52

YOYOTTE J., Sur le voyage asiatique de Psammetique II, VT 1 (1951), 140-144
–, Un souvenir du „Pharaon“ Taousert en Jordanie, VT 12 (1962), 464- 469

ZACCAGNINI C., Calchi semantici e persistenze istituzionali: A proposito di „torri“ nel Vicino Oriente Antico, VO 3 (1980), 123-151
–, The Enemy in the Neo-Assyrian Royal Inscriptions: The „Ethnographic“ Description, in: Mesopotamien und seine Nachbarn. Politische und kulturelle Wechselbeziehungen im alten Vorderasien vom 4. bis 1.Jahrtausend v.Chr., Teil 2, ed. H.J. NISSEN – J. RENGER (BBVO 1), Berlin $^{2}$1987, 409-424
ZADOK R., On West Semites in Babylonia during the Chaldean and Achaemenian Periods. An Onomastic Study, Jerusalem 1977
–, Historical and Onomastic Notes, WO 9 (1977-78), 35-56
–, Addenda to „Historical and Onomastic Notes“, WO 9 (1977-78), 240f
–, Phoenicians, Philistines, and Moabites in Mesopotamia, BASOR 230 (1978), 56-65
–, The Jews in Babylonia during the Chaldean and Achaemenian Periods according the Babylonian Sources (Studies in the History of the Jewish People and the Land of Israel, Monograph Series 3), Haifa 1979
–, Notes on the Early History of the Israelites and Judeans in Mesopotamia, Or. 51 (1982), 391-393
–, Geographical Names according to New- and Late-Babylonian Texts (RGTC 8; BTAVO.B 7,8), Wiesbaden 1985
ZAYADINE F., Fouilles classiques récentes en Jordanie, AAS 21 (1971), 147-155
–, Recent Excavations on the Citadel of Amman (A Preliminary Report), ADAJ 18 (1973), 17-35
–, Late Bronze Age. Iron Age, in: The Archaeological Heritage of Jordan. Part I: The Archaeological Periods and Sites / East Bank), ed. The Department of Antiquities, Jordan, Amman 1973, 19-29
–, Excavations on the Upper Citadel of Amman, Area A (1975 and 1977), ADAJ 22 (1977-178), 20-56
–, An Early Bronze-Middle Bronze Bilobate Tomb at Amman, in: Archaeology in the Levant: Essays for K.M. KENYON, ed. P.R. MOOREY – P. PARR, Warminster 1978, 59-61
–, Amman, Le Monde de la Bible 22 (1982), 20-28
–, Une tombe du Fer II à Umm Udheinah, Syria 62 (1985), 155-158
–, Paradies im Wadi es-Sir: Iraq el-Emir, in: F. DEXINGER – J.M. OESCH – G. SAUER (ed.), Jordanien. Auf den Spuren alter Kulturen, Innsbruck – Wien 1985, 90-95
–, Fouilles de Djebel Akhdar, Syria 62 (1985), 152
–, Ammon, Moab et Edom: Une longue histoire commune avec Israël, Le Monde de la Bible 46 (1986), 10-16
–, Le pays d'Ammon: La citadelle d'Amman, Le Monde de la Bible 46 (1986), 17-20
–, La bouteille de Siran, Le Monde de la Bible 46 (1986), 22f
–, Les Fortifications préhellénistiques et hellénistiques en Transjordanie et Palestine, in: La Fortification dans l'Histoire du Monde Grec. Actes du Colloque International 'La Fortification et sa Place dans l'Histoire Politique, Culturelle et Sociale du Monde Grec', Valbonne, Décembre 1982, ed. P. LERICHE – H. TRÉZINY, Paris 1986, 149-156
–, La Campagne d'Antiochos III le Grand en 219-217 et le siège de Rabbatamana, RB 97 (1990), 68-84
–, La Campagne d'Antiochos III le Grand en 219-217 et le siège de Rabbatamana, in: Akten des XIII. Internationalen Kongresses für Klassische Archäologie, Berlin 1988 (DAI), Mainz 1990, 433f
–, Sculpture in Ancient Jordan, in: Treasures from an Ancient Land. The Art of Jordan, ed. P. BIENKOWSKI (National Museums and Galleries on Merseyside, Liverpool), Glasgow 1991, 31-61
– / THOMPSON H.O., The Ammonite Inscription from Tell Siran, Ber. 22 (1973), 115-140 = in: H.O. THOMPSON (ed.), Archaeology in Jordan (American University Studies IX 55), New York u.a. 1989, 159-193
– / (STARCKY J)., Note sur l'inscription de la statue d'Amman J.1656, Syria 51 (1974), 129-136

– / NAJJAR M. / GREENE J.A., Recent Excavations on the Citadel of Amman (Lower Terrace). A Preliminary Report, ADAJ 31 (1987), 299-311

– / HUMBERT J.-B. / NAJJAR M., The 1988 Excavations on the Citadel of Amman – Lower Terrace, Area A, ADAJ 33 (1989), 357-363

ZAZOFF P. (ed.), Antike Gemmen in deutschen Sammlungen Bd. IV, Wiesbaden 1975

ZENGER E. (ed.), Das Buch Judit (JSHRZ I 6), Gütersloh 1981

–, Herrschaft Gottes / Reich Gottes. II. Altes Testament, TRE 15 (1986), 176-189

–, Judith / Judithbuch, TRE 17 (1988), 404-408

ZENOBIOS, Paroimiai, in: Corpus Paroemiographorum Graecorum I, ed. E.L.A. LEUTSCH – F.G. SCHNEIDEWIN, Göttingen 1839 = Hildesheim 1958, 1-175

ZGUSTA L. , Kleinasiatische Personennamen (Monografie Orientálniko ústavu CSAV 19), Prag 1964

ZIMMERLI W., Ezechiel 1-24. 25-48 (BK XIII 1-2), Neukirchen-Vluyn ²1979

–, 1.Mose 12-25: Abraham (ZBK AT 1,2), Zürich 1976

ZIMMERMANN F., Folk Etymology of Biblical Names, VT.S 15 (1966), 311-326

ZIRKER H., Die kultische Vergegenwärtigung der Vergangenheit in den Psalmen (BBB 20), Bonn 1964

ZOBEL H.-J., *jᵉhûḏāh; jiśrā'el*, ThWAT 3 (1977-1982), 512-533. 986-1012

–, *knʿn*, ThWAT 4 (1982-1984), 224-243

ZOHARY M., Vegetation in Israel and Adjacent Areas (BTAVO.A 7), Wiesbaden 1982

ZOLLI I., Rez. D. DIRINGER, Le iscrizioni antico-ebraiche palestinesi, Florenz 1934, MGWJ 79 (1935), 335f

ZWICKEL W., Räucherkult und Räuchergeräte. Exegetische und archäologische Studien zum Räucheropfer im Alten Testament (OBO 97), Fribourg – Göttingen 1990

–, Eisenzeitliche Ortslagen im Ostjordanland (BTAVO.B 81), Wiesbaden 1990

ZYL A.H. VAN, The Moabites (POS 3), Leiden 1960

## Konkordanz zu den Siegeln[1]

| Hübner | Aufrecht | VSE-VSA-VSF | CIS – RÉS | Galling | et al. |
|---|---|---|---|---|---|
| 1 | 82 | | | | |
| 2 | (S. 344 f) | VSF 79 | | | |
| 3 | 60 | VSE 234 | | | |
| 4 | 24 | VSA 54. 133 | | Nr. 127 | |
| 5 | 115 | | | | |
| *6* | *114* | | | | |
| 7 | 22 | | RÉS 925 | | |
| *8* | *93* | *VSE 391* | | | |
| 9 | | | | | |
| 10 | 23 | VSE 103 | RÉS 878 | | Bordreuil Nr. 78 |
| 11 | 126 | | | | |
| 12 | 56 | VSF 82 | | | Bordreuil Nr. 80 |
| *13* | | | | | Wolfe *1989: Nr. 23* |
| *14* | *40* | *VSE 164* | | | |
| *15* | *17* | *VSE 98* | | *Nr. 99* | |
| 16 | (S. 343) | | RÉS 1239 | | Bordreuil Nr. 5 |
| *17* | *49* | *VSE 194* | | | |
| 18 | 98 | VSE 444 | | | |
| 19 | | VSA 109 | | | Bordreuil Nr. 79 |
| *20* | *132* | | | | Bordreuil *Nr. 72* |
| *21* | | | | | Wolfe *1990: Nr. 442* |
| *22* | *69* | *VSE 262* | | | |
| *23* | *18* | *VSE 115* | *RÉS 1888* | *Nr. 128* | *AOB² Nr. 579* |
| 24 | 148 | | | | |
| *25* | *134* | | | | Bordreuil *Nr. 82* |

1 *Kursiv* die sicher und wahrscheinlich ammonitischen Siegel. Neben den üblichen Abkürzungen werden hier zusätzlich verwendet: Aufrecht = W. E. Aufrecht, A Corpus of Ammonite Inscriptions (1989); Avigad 1989: Nr. = N. Avigad, Michmanim 4 (1989), 7-21; Bordreuil Nr. = P. Bordreuil, Catalogue (1986); Galling Nr. = K. Galling, ZDPV 64 (1941), 121-202; Geraty 1988 = L. T. Geraty et al., AUSS 26 (1988), 217-252; Wolfe 1989: Nr. = L. A. Wolfe – F. Sternberg, Objects with Semitic Inscriptions (1989); Wolfe 1990: Nr. = L. A. Wolfe, in: F. Sternberg, Antike Münzen etc. (1990), 63 ff; Younker 1990 = R. W. Younker et al., AUSS 28 (1990), 5-52.

| | | | | |
|---|---|---|---|---|
| 26 | 7 | VSA 8 | | Bordreuil Nr. 88 |
| 27 | 19 | VSE 5 | RÉS 243 | |
| *28* | *122* | | | |
| *29* | | | | Avigad *1989: Nr. 11* |
| *30* | *141* | | | Avigad *1989: Nr. 13* |
| *31* | *39* | *VSE 133* | | |
| 32 | 10 | VSE 6 | RÉS 1872 | |
| *33* | *38* | *VSE 117* | | |
| *34* | *79* | *VSE 317* | | Bordreuil *Nr. 81* |
| 35 | 91 | VSE 389 | | |
| 36 | 104 | VSE 397 | | |
| *37* | | | | Avigad *1989: Nr. 15* |
| *38* | *118* | | | |
| *39* | *104* | *VSE 442* | | |
| 40 | 64 | VSE 357 | | |
| 41 | 142 | | | |
| 42 | 32 | VSE 138 | | |
| *43* | *90* | *VSE 388* | | |
| 44 | (S. 344) | VSE 129 | | |
| *45* | *96* | *VSE 353* | | |
| 46 | 46 | VSE 170 | | |
| 47 | 28 | VSA 113 | | |
| 48 | 135 | | | Bordreuil Nr. 83 |
| 49 | 15 | VSE 94 | | |
| 50 | 9 | VSE 59 | AOB[2] Nr. 591 | |
| *51* | *105* | | | Bordreuil *Nr. 77* |
| *52* | *125* | | | |
| *53* | *119* | | | |
| *54* | *111* | *VSE 448* | | |
| *55* | *88* | *VSE 386* | | |
| 56 | 95 | VSE 352 | | |
| 57 | 62 | VSE 443 | | |
| *58* | | | | Avigad *1989: Nr. 14* |
| *59* | *67* | *VSE 259* | | |
| 60 | (S. 345) | VSE 316 | | |
| *61* | *103* | *VSE 400* | | |
| *62* | *54* | *VSE 221* | | |
| 63 | 100 | VSE 450 | | |
| 64 | 26 | VSE 17 | RÉS 879 | |
| *65* | *13* | *VSE 403 =* | *CIS II 1, 76* | Bordreuil *Nr. 69* |

| | | | | | |
|---|---|---|---|---|---|
| | | *VSA 9* | | | |
| 66 | *(S. 344)* | *VSE 118* | | | |
| *67* | *37* | *VSE 159* | | | |
| *68* | *140* | | | | |
| *69* | | | | | Avigad *1989: Nr. 16* |
| *70* | | | | | Avigad *1989: Nr. 12* |
| 71 | 116 | | | | |
| *72* | *136* | | | | Bordreuil *Nr. 84* |
| 73 | 139 | | | | |
| 74 | 74 | VSE 297 | | | Bordreuil Nr. 71 |
| 75 | 130 | | | | |
| 76 | 117 | | | | |
| *77* | *99* | *VSE 449* | | | |
| 78 | 4 | VSE 23 | | | |
| 79 | 8 | VSE 28 | | | |
| *80* | | | | | Wolfe *1990: Nr. 443* |
| 81 | 123 | | | | |
| 82 | 138 | | | | Avigad 1989: Nr. 23 |
| 83 | 20 | VSE 85 | RÉS 61 | | |
| 84 | 11 | VSE 86 | | Nr. 29 | |
| 85 | | VSA 29 | | | Bordreuil Nr. 24 |
| 86 | 107 | VSE 441 | | | |
| *87* | *101* | *VSE 445* | | | |
| *88* | *129* | | | | |
| *89* | *127* | | | | |
| *90* | *55* | *VSE 225* | | | Bordreuil *Nr. 76* |
| *91* | *124* | | | | |
| 92 | 29 | VSA 48 | | Nr. 117 | Bordreuil Nr. 108 |
| 93 | 83 | | | | |
| 94 | | | | | |
| 95 | 133 | | | | Bordreuil Nr. 75 |
| *96* | *42* | *VSE 166* | | | |
| 97 | | | | | |
| 98 | | | | | |
| *99* | *48* | *VSE 195* | | | |
| *100* | *71* | *VSE 264* | | | |
| 101 | | VSE 64 | AOB$^2$ Nr. 594 | Nr. 82 | |
| *102* | *92* | *VSE 390* | | | |
| 103 | | VSF 19 | | Nr. 134 | Bordreuil Nr. 65 |
| 104 | | | | | |

| | | | | | |
|---|---|---|---|---|---|
| 105 | | VSA 24 | | Nr. 61 a | |
| 106 | 21 | VSF 42 | RÉS Nr. 62 | Nr. 24 | |
| 107 | 31 | VSE 146 | | | |
| *108* | *110* | *VSE 447* | | | |
| 109 | 106 | | | | |
| *110* | *70* | *VSE 263* | | | |
| 111 | 25 | VSE 29 | RÉS Nr. 881. 1489 | | |
| *112* | *51* | *VSE 201* | | | |
| *113* | *85* | *VSE 383* | | | |
| 114 | 27 | VSE 102 | RÉS Nr. 1267 | | |
| 115 | 50 | VSF 78 | | | |
| *116* | *53* | *VSE 217* | | | |
| 117 | 131 | | | | |
| 118 | | VSE 87 | RÉS Nr. 616 | | BORDREUIL Nr. 16 |
| 119 | 120 | | | | |
| 120 | 52 | VSE 200 | | | |
| 121 | 2 | VSA 11 | CIS II 90 | Nr. 33 | |
| 122 | 97 | VSE 439 | | | |
| 123 | 112 | | | | |
| *124* | *121* | | | | |
| 125 | 36 | VSE 157 | | | |
| 126 | 72 | VSF 90 | | | |
| *127* | *44* | *VSE 116* | | | |
| 128 | 6 | VSE 88 | | Nr. 21 | |
| 129 | 33 | VSE 135 | | | |
| *130* | *87* | *VSE 385* | | | |
| *131* | | | | | WOLFE *1989: Nr. 22* |
| 132 | | | | | |
| *133* | *109* | *VSE 446* | | | |
| 134 | 24 | VSE 216 | | | |
| *135* | *5* | *VSF 17* | | | BORDREUIL *Nr. 74* |
| *136* | *41* | *VSE 165* | | | |
| 137 | 45 | VSF 71 | | | |
| *138* | *68* | *VSE 261* | | | |
| 139 | 66 | | | | |
| 140 | 12 | | | | |
| 141 | 63 | VSE 440 | | | |
| *142* | | | | | GERATY *1988: 250, Pl. 27* |
| 143 | | | | Nr. 183 | |
| *144* | *75* | *VSE 298* | | | BORDREUIL *Nr. 70* |

| | | | | | |
|---|---|---|---|---|---|
| 145 | 35 | VSE 128 | | | |
| *146* | *30* | *VSE 41* | | *Nr. 28* | |
| 147 | 143 | | | | |
| 148 | 128 | | | | |
| *149* | *3* | *VSE 318* | | *Nr. 27* | Bordreuil *Nr. 73* |
| *150* | *84* | *VSE 382* | | | |
| 151 | 14 | VSE 347 | | | |
| *152* | *113* | | | | |
| *153* | *1* | *VSA 16* | *CIS II, 94* | | |
| *154* | *86* | *VSE 384* | | | |
| *155* | | | | | Younker *1990: 25, Pl. 25* |
| *156* | | | | | Younker *1990: 23. 25* |

# REGISTER

In den Registern, die eine Auswahl der wichtigsten Belege auflisten, beziehen sich Seitenangaben unterschiedslos auf Text und Anmerkungen. Durch die verschiedenen Abkürzungen werden manche Stellen doppelt aufgelistet, ohne daß dies stets eigens festgehalten wird. Stichwörter wie „Ammon", „Cisjordanien", „Israel", „Ostjordanland", „Palästina", „Transjordanien" u.a. sind nicht eigens erfaßt. *Ǧebel*, *Ḫirbet*, *Ruǧm*, *Tell* und *Wādī* werden als *Ǧ.*, *Ḫ*, *R.*, *T.* und *W.* abgekürzt.

## *1. Stellen-Register*

*Ägyptische Texte*



*Akkadische Texte*

*Hethitische und hurritische Texte*



*Ugaritische Texte*



*Altes Testament*

*Apokryphen, Pseudepigraphen u. a.*

*Neues Testament*



*Qumrān-Literatur*



*Kanaanäische und aramäische u. a. Inschriften*

298 114. 406
316 73. 404
317 62. 404
318 117. 407
329 209
347 118. 407
352 71. 404
353 404
357 65. 404
373 192
376 217
382 117. 407
383 99. 406
384 119. 407
385 107. 406
386 71. 404
387 91
388 66. 404
389 404
390 93. 405
391 49. 403
397 63. 404
400 74. 404
401 91
403 75. 404
404 31
419 34. 209
420 209
439 103. 406
440 113. 406
441 85. 405
442 64. 404
443 72. 404
444 55. 403
445 86. 405
446 109. 406
447 96. 406
448 70. 404
449 81. 405
450 404
VSF Nr. 17 110. 406
19 94. 405
42 95. 406
71 111. 406
78 100. 406
79 47. 403
82 51. 403
90 105. 406


*Altnord- und südarabische Inschriften*


CIS IV,1, Nr. 87 217
M 391 244
M 392 128. 235. 288
M 392-398 216
nab. 24. 129 u. ö.
RÉS Nr. 1284 (nab.) 132. 244. 260. 329
RÉS Nr. 3934 s. Ur U.7815
sabä. 128. 258
safait. 24. 28. 57. 127f. 244 u. ö.
thamud. 44. 128 u. ö.
*Umm Ruǧūm* 217
Ur U.7815 44


*Rabbinische u. a. Literatur*


b<sup>c</sup>Abod.Zar. 44a 176
bBabaQam 38a 181
b<sup>c</sup>Er. 19a 150
bGiṭṭ. 85a 287
bḤag. 3b 286
bHor. 10b.11a 287. 294
bJad. 4,4 195. 242. 289. 295
bJoma 22b 285. 290
bNidd. 50b 287
bQidd. 72a 208
bQidd. 74b-75a 287

*Griechische und lateinische Inschriften und Texte*

*Arabische, syrische und türkische Inschriften und Texte*



## 2. *ON, SN, Ethnonyme, Dynastien u. ä.*

## *3. GN, Heilige u. a.*